国家社科基金
GUOJIA SHEKE JIJIN HOUQI ZIZHU XIANGMU
后期资助项目

农村公共产品供给标准论

On Provision Standard of Rural Public Goods

李立清　著

科学出版社

北　京

内 容 简 介

本书运用系统原理将农村公共产品供给标准体系分解为农村公共教育供给、公共医疗卫生服务供给等十个子系统。通过对子系统标准现状研究、典型案例分析和指标设定、指数测算，验证农村公共产品供给重点领域标准化的可执行性、可持续性、可评价性，并制订调整系数方案，确保标准既符合社会经济发展状况，又能满足农村基本公共服务需求。本书理论视角独特、问题导向凸显，研发出了兼具"公共性""系统性""通用性""可测性""有效性"五大优势的农村公共产品供给标准模板，创新性地将综合指数评价法运用于农村公共产品供给标准化实践中，打通了标准制定、执行和评价之间的隔阂，是一部关于新时代中国特色农村公共产品供给标准化建设这门"实践科学"的探索之作。

本书可供公共部门实践工作者和从事公共管理及相关专业科学研究的专家学者、教师、高年级本科学生、硕士生和博士生使用。

图书在版编目（CIP）数据

农村公共产品供给标准论 / 李立清著. —北京：科学出版社，2022.12
国家社科基金后期资助项目
ISBN 978-7-03-072090-0

Ⅰ. ①农… Ⅱ. ①李… Ⅲ. ①农村-公共物品-供给制-研究-中国
Ⅳ. ①F299.241

中国版本图书馆 CIP 数据核字（2022）第 061690 号

责任编辑：邓　娴 / 责任校对：王晓茜
责任印制：张　伟 / 封面设计：无极书装

科学出版社 出版
北京东黄城根北街 16 号
邮政编码：100717
http://www.sciencep.com
北京中石油彩色印刷有限责任公司印刷
科学出版社发行　各地新华书店经销
*
2022 年 12 月第 一 版　开本：720×1000　1/16
2022 年 12 月第一次印刷　印张：30 1/4
字数：550 000
定价：**268.00 元**
（如有印装质量问题，我社负责调换）

国家社科基金后期资助项目
出版说明

后期资助项目是国家社科基金设立的一类重要项目，旨在鼓励广大社科研究者潜心治学，支持基础研究多出优秀成果。它是经过严格评审，从接近完成的科研成果中遴选立项的。为扩大后期资助项目的影响，更好地推动学术发展，促进成果转化，全国哲学社会科学工作办公室按照"统一设计、统一标识、统一版式、形成系列"的总体要求，组织出版国家社科基金后期资助项目成果。

全国哲学社会科学工作办公室

序

《农村公共产品供给标准论》一书是 2020 年国家社科基金后期资助重点项目"我国农村公共产品供给标准理论与实践研究"（批准号：20FGLA001）的最终成果。

中华人民共和国成立初期，因为国际环境极其严峻，国内经济濒临崩溃，我国只能在自力更生的基础上实行以重工业为主的工业优先发展战略。工业优先发展意味着把公共资源、公共产品主要投入到了城市地区，农产品与工业品之间的"价格剪刀差"，实际上是通过牺牲农村利益为城市工业化发展提供支持，加上在第一个五年计划期间大规模招收农村劳动力进城务工、务商，也为工业化、城镇化的发展提供了要素支撑，导致城市发展水平远远高于农村地区，于是就形成了包括体制、技术和发展水平等在内的多重城乡二元结构。城乡非均衡发展当然不是社会主义的本质，党和政府自改革开放以来对"三农"问题的关注强度日益加大。应该说，在党和政府系列支农、强农政策的鼎力支持下，我国农村各项事业的发展均取得了突破性的进步，农业生产水平显著提高、乡村产业结构日益优化，农民收入与生活水平持续提升。在农村基本面貌得以不断改善的良好局面下，城乡要素互动明显增加，原本固化的城乡二元结构开始松动，为城乡经济社会协调融合发展奠定了坚实的基础。

然而，"三农"问题依然是新时代我国经济社会持续、稳定发展的最大制约因素。优化农村公共产品供给，有效、彻底解决好"三农"问题，已经成为实施乡村振兴战略、实现中华民族伟大复兴的内在迫切要求。客观地说，农村公共产品供给落后既是农村发展全面落后于城市的关键原因，同时也是重要表现。为了彻底解决好"三农"问题，党的十九大报告提出，要实施乡村振兴战略[①]。该战略提出为今后一段时期农业发展、农民生活水平提高和农村治理现代化建设提供了核心理论指导和关键实践遵循，而加快落实乡村振兴战略的重要抓手之一正是加强和优化农村公共产品供给。纵观 2020 年到 2022 年连续 3 年的中央一号文件可以发现，优化农村

---

① 《习近平：决胜全面建成小康社会 夺取新时代中国特色社会主义伟大胜利——在中国共产党第十九次全国代表大会上的报告》，http://www.gov.cn/zhuanti/2017-10/27/content_5234876.htm[2022-11-20]。

公共产品供给已经进入党和中央政府彻底解决好"三农"问题的政策清单。2020年的中央一号文件指出,要"对标全面建成小康社会加快补上农村基础设施和公共服务短板"①"推动基本公共文化服务向乡村延伸"①;2021年的中央一号文件指出:要"加强乡村公共基础设施建设"②"建立城乡公共资源均衡配置机制,强化农村基本公共服务供给县乡村统筹,逐步实现标准统一、制度并轨"②;2022年中央一号文件强调,"加强普惠性、基础性、兜底性民生建设,推动基本公共服务供给由注重机构行政区域覆盖向注重常住人口服务覆盖转变"③。

优化农村公共产品供给是一个纲领性的方向和战略性的目标,但具体如何优化,供给标准又如何界定以及如何推广实践,这些具体、操作层面的问题尚待理论界和实务界的深化研究和深入落实。因此,开展农村公共产品供给标准理论与实践研究,是深刻领悟党中央关于"新发展阶段""新发展理念""新发展格局"的最新阐述和深入贯彻习近平"坚持以人民为中心"的重要思想、"三农"重要论述的现实之举,是"十四五"时期全面推进乡村振兴、加快农业农村现代化建设的紧迫需要,是对党中央、国务院关于"加强农业农村标准化工作""健全基本公共服务标准体系""推进基本公共服务均等化""增进民生福祉,改善人民生活品质""推进国家治理体系和治理能力现代化"等重大决策部署的务实回应,对不断满足人民日益增长的美好生活需要、促进社会公平正义、推进人的全面发展和全体人民共同富裕而言,同样意义深远。

在研究逻辑上,本书将新时代中国特色农村公共产品供给标准化定位为一门"实践科学",将其视作"中国之制"和"中国之治"的重要观测点和切入点。在深入梳理、总结其"三个阶段""三个转变""五江汇流"实践背景的基础上,针对现有标准存在的"导向性失效""系统性失效""执行性失效""制度性失效""评价性失效"等五重"失效"实践困境,提出"如何在政策科学指导下精准把握标准的向度和维度""如何在系统原理指导下构建具有集成性的标准体系""如何立足现实解决标准的

---

① 《中共中央 国务院关于抓好"三农"领域重点工作确保如期实现全面小康的意见》,http://www.gov.cn/zhengce/2020-02/05/content_5474884.htm[2022-11-20]。

② 《中共中央 国务院关于全面推进乡村振兴加快农业农村现代化的意见》,http://www.gov.cn/zhengce/2021-02/21/content_5588098.htm?trs=1[2022-11-20]。

③ 《中共中央 国务院关于做好2022年全面推进乡村振兴重点工作的意见》,http://www.gov.cn/zhengce/2022-02/22/content_5675035.htm[2022-11-20]。

适配性和执行偏差的难题""如何通过标准化建设促进制度优势转化为治理效能""如何通过配套机制建设推动实现标准的评价性功能"等五个关键问题的破解策略，以期实现促进我国农村公共产品供给标准体系"更科学地建起来"和"更有效地转起来"两大研究目的，为农村公共产品供给优化提供标准体系。

本书的学术创新性主要体现在四个方面：一是基于"实践科学"的立意创新。本书把新时代中国特色农村公共产品供给标准化进程优化定位为一门"实践科学"，将其视作"中国之制"和"中国之治"的一个重要观测点和切入点。全书基于实践脉络梳理、实践案例分析和实践规律总结，突出"顶层设计与地方试点的相互赋能""强制性制度变迁与诱致性制度变迁的良性互动"，立足"战略高地"进行系统性理论创新。所有研究均建基于对我国公共产品供给标准化演进过程"三个阶段""三个转变"的认知之上，在"五江汇流"的实践图景中揭示国家治理现代化的价值使命，在"制度变迁"的逻辑梳理中确立研究目标和关键问题。由此，创新性地论证了"制度""标准""效能"之间的关系，确立了使农村公共产品供给标准从文本中"建起来"到实践中"转起来"、助力于实现制度优势向治理效能转化的研究"靶心"。二是基于"问题导向"的理论创新。本书在问题诊断的基础上，以系统科学、政策理论、供给理论和效能理论为指导，借鉴新公共管理、新公共服务、新公共治理的观点，着力破解标准制定和实施中的两个"有效性"问题，创新性地提出了"标准效能论""标准体系论""标准指数论"，为我国农村公共产品供给标准化建构了相对完整、有参考性的理论体系。同时，立足乡村振兴战略，建构了兼具"公共性""系统性""通用性""可测性""有效性"五大优势的农村公共产品供给标准模板，推动了人民满意的服务型政府建设从理念倡导到方法技术的转变。三是基于"系统原理"的方法创新。因农村公共产品供给标准体系是一个复杂系统，全书将系统原理和方法贯穿研究各环节，不仅为研究提供了认识论和方法论上的指导，也促成了农村公共产品供给标准实践中具体的方法创新。四是基于案例研究的应用创新。为进一步对接标准化实务工作、进一步强化综合标准指数运用的建议，课题组持续加强与国家市场监督管理总局、农业农村部、国家标准化管理委员会以及湖南、山东、浙江等地市场监督管理局和标准化研究机构的交流、合作，将《美丽乡村建设评价》（GB/T 37072—2018）等国家标准和广东《乡村振兴 村级公共服务规范》（DB44/T 2246—2020）等地方标准的最新实践经验有机融入本书标准指标体系构建及其案例研究中，并向湖南省农业农村厅、湖南省市场监督管理局建言献策，为湖南农村公共产品供给地方标准化工作提供智力支持。

作为一部关于新时代中国特色农村公共产品供给标准化建设这门"实践科学"的探索之作，本书的学术价值有直接和间接两个方面。从直接价值来看，首先，本书从价值论、认识论、方法论、实践论等角度形成有关我国农村公共产品供给标准"意义""效能""体系""制定""运用""评价"等方面的系统性理论框架，在一定程度上有助于改善农村公共产品供给标准化建设"实践先行、理论滞后"的现状，对该领域进一步凝练学术问题清单、汇聚学术资源、推进学术共识和论辩具有一定的价值。其次，在国家治理现代化建设的背景下，本书有望对于"三农"领域研究向公共治理范式的转变发挥一定的推动作用。最后，本书为弥合标准制定和执行中的"间隙"，促进"标准"和"指数"之间的转化，尝试在通用性模板中嵌入 2013～2017 年的数据，测得我国农村公共产品供给综合指数，为某一地区不同时期农村公共产品供给情况的纵向比较，或是同一时期不同地区的农村公共产品供给情况的横向比较提供了科学依据。从间接价值来看，作为一门"实践科学"，本书的价值最终体现在对现实问题的回应和破解上。本书将"农村公共产品供给标准化建设"与"农业农村现代化建设""人民满意的服务型政府建设""法治政府建设""国家治理现代化建设"结合起来，不仅有助于解答"标准化"与"均等化"之间同构共生的关系，促进城乡基本公共服务均等化、普惠化、便捷化，还有助于推进乡村全面振兴和农业农村的高质量发展，提升乡村治理体系和治理能力的现代化水平，推动法治政府和人民满意的服务型政府建设，彰显社会公平正义，使人民群众的获得感、幸福感和安全感更加充实、更有保障、更可持续。

陈绪文

2022 年 12 月 26 日于北京

目　　录

第一章 绪 论

第一节 研究背景与研究意义

一、研究背景

乡村是具有自然、社会、经济特征的地域综合体，兼具生产、生活、生态、文化等多重功能，与城镇互促互进、共生共存，共同构成人类活动的主要空间。当前，我国人民日益增长的美好生活需要和不平衡不充分的发展之间的矛盾在乡村最为突出，我国仍处于并将长期处于社会主义初级阶段的特征很大程度上表现在乡村。全面建成小康社会和全面建设社会主义现代化强国，最艰巨最繁重的任务在农村，最广泛最深厚的基础在农村，最大的潜力和后劲也在农村。[1]实施乡村振兴战略，强化和优化农村公共产品供给，是解决新时代我国社会主要矛盾、实现"两个一百年"奋斗目标和中华民族伟大复兴中国梦的必然要求，是实现全体人民共同富裕目标、不断增强亿万农民获得感、幸福感、安全感的必然选择。

党的十八大以来，党中央、国务院高度重视"农村公共产品供给"问题，并强调要运用"标准化"手段优化资源配置、规范服务流程、提升服务质量、明确权责关系、创新治理方式，确保城乡全体公民都能公平可及地获得大致均等的基本公共服务。党的十九大作出中国特色社会主义进入新时代的科学论断，强调要"实施乡村振兴战略"[2]，提出了"产业兴旺、生态宜居、乡风文明、治理有效、生活富裕"[3]的总体要求，并明确指出到 2035 年"基本公共服务均等化基本实现"[4]。而要达成这一目标，关键手段是推进基本公共服务标准化。

---

①《中共中央 国务院印发〈乡村振兴战略规划（2018—2022 年）〉》，http://www.gov.cn/zhengce/2018-09/26/content_5325534.htm[2022-11-20]。

②《习近平：决胜全面建成小康社会 夺取新时代中国特色社会主义伟大胜利——在中国共产党第十九次全国代表大会上的报告》，http://www.gov.cn/zhuanti/2017-10/27/content_5234876.htm[2022-11-20]。

③《习近平：决胜全面建成小康社会 夺取新时代中国特色社会主义伟大胜利——在中国共产党第十九次全国代表大会上的报告》，http://www.gov.cn/zhuanti/2017-10/27/content_5234876.htm[2022-11-20]。

④《习近平：决胜全面建成小康社会 夺取新时代中国特色社会主义伟大胜利——在中国共产党第十九次全国代表大会上的报告》，http://www.gov.cn/zhuanti/2017-10/27/content_5234876.htm[2022-11-20]。

从 2002 年国务院政府工作报告首次出现"公共服务"一词以来，在党的历次党代会报告、国务院政府工作报告以及国家层面的重要"三农"政策文本中，"公共服务""基本公共服务""公共产品""公共产品供给"等概念之间是同构共生、辩证统一的关系。政策文本中常见的"公共服务"一词有时是从宏观上表述政府职能转变的一个重要方向，有时则更具体地指代那些为满足社会公共需要、保障公民权利、增进人民福祉、改善社会福利，以政府为代表的公共部门供给公共产品的活动及其供给的内容。"基本公共服务"则是指适应于一定经济社会发展水平，为保障全体公民由宪法所规定的基本权利，必须由政府主导供给的具有均等性、可及性、普惠性特征的公共服务事项。在现阶段，其主要涵盖义务教育、劳动就业创业、社会保险、医疗卫生、社会服务、住房保障、文化体育等领域，这些领域的基本公共服务聚焦的是人民群众当前最关心、最直接、最现实的利益问题，凸显的是政府兜底供给、标准供给、有效供给的重大政治责任。相比之下，公共产品作为公共经济学中的一个重要概念，与私人产品相对，是指由于消费产权难以界定、分割收费不可行、"搭便车"现象普遍存在，单靠市场不能有效供给、无法充分满足的那些具有非竞争性、非排他性的产品，同时这些产品又是公共必须、公共选择、公共消费的产品。可以看出，"公共产品"和"公共服务"两个概念之间绝不是简单的相互替代或平行并列的关系，它们表面上交叉错杂，实质上相互映衬、相互比照、相互补充，最终归于共同的公共性内核——从目的上看，都是为了实现公共利益；从功能上看，都是为了满足公共需求；从过程上看，主要表现为运用公共权力、制定公共政策、配置公共资源；从结果上看，增进了人民福祉，改善了社会福利。但稍有区别的是，在不同语境下，当我们使用"公共服务"一词时，更强调解决公众利益的保障性问题，凸显国家与公民之间的关系以及政府的合法性基础；当使用"公共产品"一词时，则更强调这种服务所具有的非竞争性、非排他性、不可分割性、外部性等自然属性或产品消费特征，相应地，公共产品供给重在解决公共资源配置的有效性问题，可以被视为公共服务的分析工具、度量标准和实现手段。

2013 年 10 月，国家标准化管理委员会、财政部联合下发了《关于开展农村综合改革标准化试点工作的通知》（国标委农联〔2013〕79 号），围绕美丽乡村建设、农村公共服务运行维护和农业社会化服务三个方面开展先行先试，以期建立结构合理、层次分明、与当地经济发展水平相适应的标准体系，确保重要标准相对完善并得到有效实施，促进资源有效整合，建立健全"建设高质量、管理高效率、维护可持续、服务有依据、评价更科学"的服务模式，逐步形成以标准化支撑农村公共服务的长效机制，促进城乡发展一体化。党的十八届三中全会强调，"推进城乡要素平等交换和公共资源均衡配置"①。2014年1月，中央一号文件《中共中央 国务院关于全面深化农村改革加快推进农业现代化的若干意见》（中发〔2014〕1号）明确提出"推进城乡基本公共服务均等化"，要求"开展农村公共服务标准化试点工作"，旨在充分发挥标准化对农村综合改革的技术支撑作用，保证农村综合改革措施更具可操作性。2015年11月，中共中央办公厅、国务院办公厅印发的《深化农村改革综合性实施方案》从"体系建设"和"制度改革"的高度进一步强调，要"推进形成城乡基本公共服务均等化的体制机制"，"规范基本公共服务标准体系，促进城乡区域标准水平统一衔接可持续，完善综合监测评估制度。鼓励地方开展统筹城乡的基本公共服务制度改革试点"。

在具体的制度实践中，2013年，国家标准化管理委员会、财政部启动了农村综合改革标准化试点工作，第一批有39个试点单位，分别在美丽乡村建设、农村公共服务运行维护以及农业社会化服务三个领域展开标准化试点。2016年11月，国家标准化管理委员会又下达了第二批50个农村综合改革标准化试点项目，主要涉及美丽乡村建设、农村产权流转交易服务、农业社会化服务、建制镇标准化试点等方面工作。2018年7月，为贯彻落实党的十九大会议精神，推进实施乡村振兴战略，推动农村综合改革标准化试点示范项目的实践与优化升级，规范全国农村综合改革标准化试点示范项目的管理，国家标准化管理委员会编制了《全国农村综合改革标准化试点示范项目管理办法》。2018年10月，国家标准化管理委员会批准开展第三批40个农村综合改革标准化试点项目，试点内容进一步拓展，涉及美丽乡村建设、农村公共服务、农业社会化服务、村级集体经济发展、农村产权流转交易服务、小城镇建设、农村可持续发展等方面的标准化工作（表1-1）。

表 1-1　全国农村综合改革标准化试点项目领域

主要领域	具体内容
美丽乡村建设	主要包括村镇建设规划，农村生产、生活、生态设施，农村公共基础设施，农村生活环境治理，农业生态保护，农业资源综合利用，农业产业化经营，休闲农业与乡村旅游，农村文化传承，基层组织建设，乡村治理等
农村公共服务	主要包括农村基本社会服务，公共医疗卫生服务，公共教育服务，公共文化体育服务，公共就业服务，社会事务与社会管理等
农业社会化服务	主要包括农资供应，农业生产，农技推广，动植物疫病防控，农产品流通，农业信息化，农产品质量监管，农业金融保险服务等

① 《中共中央关于全面深化改革若干重大问题的决定》，http://www.gov.cn/jrzg/2013-11/15/content_2528179.htm[2022-11-20]。

续表

主要领域	具体内容
村级集体经济发展	主要包括农村集体经济组织培育，新型农业经营主体发展
农村产权流转交易服务	主要包括农村产权流转交易市场建设，农村产权流转交易信息化建设，各类农村产权确权、登记、流转交易服务等
小城镇建设	主要包括特色小镇建设，城乡发展一体化，投融资机制创新，田园综合体建设，农村三产融合等
农村可持续发展	主要包括农村生态文明建设，精准扶贫脱贫等

资料来源：《国家标准委办公室关于开展第三批农村综合改革试点项目申报工作的通知》

推进基本公共服务均等化和标准化，也是我国"十三五"规划的重要内容。2016 年颁布的《中华人民共和国国民经济和社会发展第十三个五年规划纲要》提出，要"统筹规划城乡基础设施网络，健全农村基础设施投入长效机制，促进水电路气信等基础设施城乡联网、生态环保设施城乡统一布局建设。把社会事业发展重点放在农村和接纳农业转移人口较多的城镇，推动城镇公共服务向农村延伸，逐步实现城乡基本公共服务制度并轨、标准统一"。2017 年 1 月，国务院印发的《"十三五"推进基本公共服务均等化规划》提出，"把社会事业发展重点放在农村和接纳农业转移人口较多的城镇，补齐农村和特大镇基本公共服务短板。鼓励和引导城镇公共服务资源向农村延伸，促进城市优质资源向农村辐射"，还指出要建立基本公共服务均等化标准体系，这项工作在"十三五"时期的主要目标是：到 2020 年，"国家基本公共服务清单基本建立，标准体系更加明确并实现动态调整，各领域建设类、管理类、服务类标准基本完善并有效实施"。

随着中国特色社会主义进入新时代，党的十九大报告作出"我国社会主要矛盾已经转化为人民日益增长的美好生活需要和不平衡不充分的发展之间的矛盾"[①]的重大论断，其中最大的不平衡是城乡发展不平衡，最大的不充分是农村发展不充分。农业农村发展与快速推进的工业化、城镇化相比，步伐明显跟不上，特别是在基础设施、公共服务、社会事业等方面，"一条腿长一条腿短"现象比较突出。在实现乡村振乡、全面建设社会主义现代化国家的新征程中，作为最基础的产业、最广阔的区域、最多数的群体，农业不能拖后腿、农村不能掉队、农民不能缺席。因此，党的十九大报告提出，"农业农村农民问题是关系国计民生的根本性问题，必须始终把解决好'三农'问题作为全党工作的重中之重"[①]。基于乡村振

---

① 《习近平：决胜全面建成小康社会 夺取新时代中国特色社会主义伟大胜利——在中国共产党第十九次全国代表大会上的报告》，http://www.gov.cn/zhuanti/2017-10/27/content_5234876.htm[2022-11-20]。

兴和城乡统筹的考量，党的十九大报告还提出，到 2035 年"基本公共服务均等化基本实现"①，而实现基本公共服务均等化的关键手段是推进基本公共服务标准化。

党的十九大之后，党中央、国务院又多次强调"以标准化促进基本公共服务均等化、普惠化、便捷化"，并部署推动这项工作加快迈向体系建构的实操层面，从而使农村公共产品供给标准化研究和实践的意义更加凸显。2018 年，中央一号文件《中共中央 国务院关于实施乡村振兴战略的意见》将"城乡基本公共服务均等化基本实现，城乡融合发展体制机制更加完善"作为实施乡村振兴战略的重要目标任务。同年，在中共中央、国务院印发的《乡村振兴战略规划（2018—2022 年）》中，首次提出了由 22 项具体指标（其中约束性指标 3 项、预期性指标 19 项）组成的乡村振兴指标体系（表 1-2）；第三十章以"增加农村公共服务供给"为主题，就"优先发展农村教育事业""推动健康乡村建设""加强农村社会保障体系建设""提升农村养老服务能力""加强农村防灾减灾救灾能力建设"等进行了专项部署，并引入标准化思维，专题制定了农村公共服务提升计划（表 1-3）。2018 年 7 月，中共中央办公厅、国务院办公厅印发的《关于建立健全基本公共服务标准体系的指导意见》进一步提出"建立健全基本公共服务标准体系"，并指出"明确中央与地方提供基本公共服务的质量水平和支出责任，以标准化促进基本公共服务均等化、普惠化、便捷化，是新时代提高保障和改善民生水平、推进国家治理体系和治理能力现代化的必然要求，对于不断满足人民日益增长的美好生活需要、不断促进社会公平正义、不断增进全体人民在共建共享发展中的获得感，具有重要意义"。

表 1-2　《乡村振兴战略规划（2018—2022 年）》主要指标

分类	序号	主要指标	单位	2016 年基期值	2020 年目标值	2022 年目标值	2022 年比 2016 年增加[累计提高百分点]	属性
产业兴旺	1	粮食综合生产能力	亿吨	>6	>6	>6	—	约束性
	2	农业科技进步贡献率	%	56.7	60	61.5	[4.8]	预期性
	3	农业劳动生产率	万元/人	3.1	4.7	5.5	2.4	预期性

①《习近平：决胜全面建成小康社会 夺取新时代中国特色社会主义伟大胜利——在中国共产党第十九次全国代表大会上的报告》，http://www.gov.cn/zhuanti/2017-10/27/content_5234876.htm[2022-11-20]。

续表

分类	序号	主要指标	单位	2016年基期值	2020年目标值	2022年目标值	2022年比2016年增加[累计提高百分点]	属性
产业兴旺	4	农产品加工产值与农业总产值比	—	2.2	2.4	2.5	0.3	预期性
	5	休闲农业和乡村旅游接待人次	亿人次	21	28	32	11	预期性
生态宜居	6	畜禽粪污综合利用率	%	60	75	78	[18]	约束性
	7	村庄绿化覆盖率	%	20	30	32	[12]	预期性
	8	对生活垃圾进行处理的村占比	%	65	90	＞90	[＞25]	预期性
	9	农村卫生厕所普及率	%	80.3	85	＞85	[＞4.7]	预期性
乡风文明	10	村综合性文化服务中心覆盖率	%	—	95	98	—	预期性
	11	县级及以上文明村和乡镇占比	%	21.2	50	＞50	[＞28.8]	预期性
	12	农村义务教育学校专任教师本科以上学历比例	%	55.9	65	68	[12.1]	预期性
	13	农村居民教育文化娱乐支出占比	%	10.6	12.6	13.6	[3]	预期性
治理有效	14	村庄规划管理覆盖率	%	—	80	90	—	预期性
	15	建有综合服务站的村占比	%	14.3	50	53	[38.7]	预期性
	16	村党组织书记兼任村委会主任的村占比	%	30	35	50	[20]	预期性
	17	有村规民约的村占比	%	98	100	100	[2]	预期性
	18	集体经济强村比重	%	5.3	8	9	[3.7]	预期性

续表

分类	序号	主要指标	单位	2016年基期值	2020年目标值	2022年目标值	2022年比2016年增加[累计提高百分点]	属性
生活富裕	19	农村居民恩格尔系数	%	32.2	30.2	29.2	[-3]	预期性
	20	城乡居民收入比	—	2.72	2.69	2.67	-0.05	预期性
	21	农村自来水普及率	%	79	83	85	[6]	预期性
	22	具备条件的建制村通硬化路比例	%	96.7	100	100	[3.3]	约束性

资料来源:《乡村振兴战略规划(2018—2022年)》

表1-3 《乡村振兴战略规划(2018—2022年)》农村公共服务提升计划

乡村教育质量提升	合理布局农村地区义务教育学校,保留并办好必要的小规模学校,乡村小规模学校和乡镇寄宿制学校全部达到基本办学标准。实施加快中西部教育发展行动计划,逐步实现乡村义务教育公办学校的师资标准化配置和校舍、场地标准化。加大对教育薄弱地区高中阶段教育发展支持力度,努力办好乡镇普通高中。加强乡村普惠性幼儿园建设。推进师范生实训中心和乡村教师发展机构建设,加大对乡村学校校长教师的培训力度。继续实施并扩大特岗计划规模,逐步达到每年招聘10万人,落实好特岗教师待遇。加快实施"三通两平台"建设工程,继续支持农村中小学信息化基础设施建设
健康乡村计划	加强乡镇卫生院、社区卫生服务机构和村卫生室标准化建设,基层医疗卫生机构标准化达标率达到95%以上,公有产权村卫生室比例达到80%以上,部分医疗服务能力强的中心乡镇卫生院医疗服务能力达到或接近二级综合医院水平,乡村两级医疗机构的门急诊人次占总诊疗人次65%左右。深入实施国家本公共卫生服务项目。开展健康乡村建设,建成一批整洁有序、健康宜居的示范村镇
全民参保计划	实施全民参保计划,基本实现法定人员全覆盖。开展全民参保登记,建立全面、完整、准确、动态更新的社会保险基础数据库。以在城乡之间流动就业和居住农民为重点,鼓励持续参保,积极引导在城镇稳定就业的农民工参加职工社会保险。实施社会保障卡工程,不断提高乡村持卡人口覆盖率
农村养老计划	通过邻里互助、亲友相助、志愿服务等模式,大力发展农村互助养老服务。依托农村社区综合服务中心(站)、综合性文化服务中心、村卫生室、农家书屋、全民健身设施等,为老年人提供关爱服务。统筹规划建设公益性养老服务设施,50%的乡镇建有1所农村养老机构

资料来源:《乡村振兴战略规划(2018—2022年)》

二、研究意义

总体来看,党的十八大以来,农村公共产品供给的理念逐步明晰,制度框架渐趋成熟,权责关系逐渐理顺,政策措施日臻完善,服务水平不断提升,保障能力不断增强,群众满意度不断提高。但与人民日益增长的美好生活需要相比,与实施乡村振兴战略、推动农业农村现代化发展的要求相比,农村公共产品供给水平、基本公共服务均等化发展仍然面临着一些困难和障碍，亟须以标准化手段促进农村公共产品的有效供给。正如习近平所言，"小康不小康，关键看老乡。一定要看到，农业还是'四化同步'的短腿，农村还是全面建成小康社会的短板。中国要强，农业必须强；中国要美，农村必须美；中国要富，农民必须富。农业基础稳固，农村和谐稳定，农民安居乐业，整个大局就有保障，各项工作都会比较主动"①。因此，在实践中要"坚持把解决好'三农'问题作为全党工作重中之重，坚持工业反哺农业、城市支持农村和多予少取放活方针，不断加大强农惠农富农政策力度，始终把'三农'工作牢牢抓住、紧紧抓好"②；任何时候都不能忽视农业、不能忘记农民、不能淡漠农村。在推进实施乡村振兴战略的背景下，更是要"把振兴乡村作为实现中华民族伟大复兴的一个重大任务，以更大的决心、更明确的目标、更有力的举措，书写好中华民族伟大复兴的'三农'新篇章"③。农村公共产品供给标准化工作，有助于规范和确保农村公共产品供给规模增加，引导和激励农村公共产品供给品质提升，有助于推动城乡基本公共服务均等化基本实现，使城乡融合发展体制机制更加完善。通过推动城镇公共服务向农村延伸，逐步实现城乡基本公共服务制度并轨、标准统一，以标准化促进基本公共服务均等化、普惠化、便捷化，社会公平正义得以彰显，人民群众的获得感、幸福感和安全感将更加充实、更有保障、更可持续。

（一）标准化有助于城乡基本公共服务均等化、普惠化、便捷化

作为公共产品供给的重要内容，享有基本公共服务是公民的基本权利，保障人人享有基本公共服务是政府的重要职责。促进城乡基本公共服务的均等化、普惠化、便捷化，对于促进社会公平正义、增进人民福祉、增强全体人民在共建共享发展中的获得感、实现中华民族伟大复兴的中国梦，都具有十分重要的意义。推进基本公共服务均等化和标准化，也是国家"十二五"规划、"十三五"规划的重要内容。2012 年 7 月，国务院印发的《国家基本公共服务体系"十二五"规划》，这是我国国家级基本公共服务体系规划。该规划勾勒了国家基本公共服务的制度安排，明确了我国基本公共服务的范围、标准和工作重点，承诺把基本公共服务制度作为公共产品向全民提供。

农村公共产品供给标准化作为实施乡村振兴战略的重要手段，从根本

---

① 中共中央文献研究室编：《十八大以来重要文献选编（上）》，中央文献出版社 2014 年版，第 658 页。
② 《中央农村工作会议在北京举行 习近平李克强作重要讲话》，《人民日报》2013 年 12 月 25 日。
③ 《人民日报署名文章：谱写农业农村改革发展新的华彩乐章——习近平总书记关于"三农"工作重要论述综述》，http://www.gov.cn/xinwen/2021-09/23/content_5638778.htm[2022-11-20]。

上就是为了实现城乡基本公共服务均等化、普惠化、便捷化目标，二者之间是形式合理性与实质合理性的关系。如果离开了标准化手段，均等化、普惠化、便捷化就有可能成为镜花水月。因此，城乡公共产品供给尤其是基本公共服务制度并轨、标准统一，是推进基本公共服务均等化、普惠化、便捷化的逻辑所指、现实所需。

（二）标准化有助于推进乡村全面振兴和农业农村的高质量发展

一方面，乡村全面振兴就是要抓重点、补短板、强弱项，实现乡村产业振兴、人才振兴、文化振兴、生态振兴、组织振兴，推动农业全面升级、农村全面进步、农民全面发展。在上述各领域，建立和完善农村公共产品供给标准体系，对于各地诊断乡村发展问题、监测乡村振兴进展、支撑完善乡村振兴政策、实现乡村振兴目标具有重要意义。另一方面，随着中国特色社会主义进入了新时代，我国经济发展也进入了新时代，基本特征就是我国经济已由高速增长阶段转向高质量发展阶段，推动高质量发展是当前和今后一个时期确定发展思路、制定经济政策、实施宏观调控的根本要求。从这个层面上理解，农业农村高质量发展的切入点首先是农业，即以农业供给侧结构性改革为主线，着力构建现代农业产业体系、生产体系、经营体系。但需要注意的是，农业农村高质量发展又不单纯是一个产业问题、经济问题。这是因为，经济基础决定上层建筑，而上层建筑又反作用于经济基础。农业的高质量发展既不能离开、也必然需要借助农村公共产品供给制度所提供的反作用力。然而，由于多方面因素的制约，在城乡结构上，我国公共产品供给过程中的资源配置更多地集中于城市，农村的公共产品供给相对薄弱；在支出结构上，政府偏向于投资维护性和经济性的公共产品供给，社会性公共产品供给相对不足；在供需结构上，现有的农村公共产品供给水平难以满足农民日益增长的美好生活需要。因此，更加迫切地需要以农村公共产品供给侧结构性改革为主线，推动农村公共产品供给的质量变革、效率变革、动力变革，增加农村公共产品的有效供给，增强供给体系对需求体系和需求结构变化的动态适应和反应能力，继而反作用于现代农业产业体系、生产体系、经营体系，为全面实施乡村振兴战略、推动农业农村全方位高质量发展提供坚实保障。标准、计量、认证认可、检验检测，共同构成了可持续高质量发展的四大支柱，其中，标准是质量的硬约束、引向标、试金石，农村公共产品供给标准化是推动农业农村高质量发展的有效手段。

（三）标准化有助于提升乡村治理体系和治理能力的现代化水平

标准化是治理现代化的基石。《中共中央关于全面深化改革若干重大问题的决定》将"完善和发展中国特色社会主义制度,推进国家治理体系和治理能力现代化"确立为全面深化改革的总目标。国务院印发的《深化标准化工作改革方案》明确指出,标准化工作改革,要"发挥标准化在推进国家治理体系和治理能力现代化中的基础性、战略性作用"。要从协调推进"四个全面"战略布局的高度来理解和把握标准化与国家治理现代化的关系,更加自觉地转变观念理念、拓宽视野思路,不断提升标准化建设的速度和水平,深化标准化工作改革和标准化管理体制机制创新,推动国家治理体系和治理能力的现代化。

加强乡村治理现代化体系建设是实现乡村全面振兴、巩固党在农村执政基础、满足农民群众美好生活需要的必然要求,根据 2019 年 6 月中共中央办公厅、国务院办公厅印发的《关于加强和改进乡村治理的指导意见》,乡村治理体系和治理能力现代化的总体目标是:到 2020 年,现代乡村治理的制度框架和政策体系基本形成,农村基层党组织更好发挥战斗堡垒作用,以党组织为领导的农村基层组织建设明显加强,村民自治实践进一步深化,村级议事协商制度进一步健全,乡村治理体系进一步完善。到 2035 年,乡村公共服务、公共管理、公共安全保障水平显著提高,党组织领导的自治、法治、德治相结合的乡村治理体系更加完善,乡村社会治理有效、充满活力、和谐有序,乡村治理体系和治理能力基本实现现代化。

标准化是乡村治理体系和治理能力现代化的必然要求。在维持乡村社会运行的诸多规范中,国家层面的基本制度、执政党的指导思想和涉及"三农"的基本政策可称为乡村治理的定向性规范,它从最高层次上规定着乡村社会的发展方向。相比之下,标准更加具体细致,是定向性规范的细化和延伸。如果说定向性规范主要回答的是"可为"还是"不可为"的问题,标准则包含更多的定量要求,主要回答"如何为"的问题,因而具有较强的可操作性。在乡村社会规范体系中,标准存在和发生作用的时空非常广泛,对乡村社会行为所起的作用更加直接,灵活性、针对性更强,可以被视为乡村治理的"基础性规范"[①]。例如,浙江省安吉县制定的地方标准规范《乡村治理工作规范》以乡村治理"余村经验"为蓝本,构建了"支部带村、发展强村、民主管村、依法治村、道德润村、生态美村、平安护村、清廉正村"的"八村治理"路径主体框架,用 11 章正文和 6 个附录明确了乡村治理基本原则、组织架构、工作方法、运行流程、负面指标等具体工作要求和 16 项量化指标,以标准化的语言回答了"谁

---

① 高其才:《乡村治理地方标准规范的实践、意义与局限——以浙江省安吉县为对象》,《甘肃政法学院学报》2019 年第 3 期,第 12—21 页。

来治理、怎么治理、治理什么内容、如何考评治理成效"四个乡村治理的基本问题,有理念的引领、具体的做法、量化的指标和细化的考评细则,从而为社会治理最基本单元——行政村如何开展乡村治理提供了接地气、重实操、规范化的标准指导。

农村公共产品供给标准化在推进农村综合改革中能够发挥规范、支撑和引领作用。例如,在提升乡镇和村为农服务能力方面,标准化有助于充分发挥乡镇服务农村和农民的作用,加强乡镇政府公共服务职能,加大乡镇基本公共服务投入,使乡镇成为为农服务的龙头;有助于推进"放管服"改革和"最多跑一次"改革向基层延伸,整合乡镇和县级部门派驻乡镇机构承担的职能相近、职责交叉工作事项,建立集综合治理、市场监管、综合执法、公共服务等于一体的统一平台;有助于构建县乡联动、功能集成、反应灵敏、扁平高效的综合指挥体系,着力增强乡镇统筹协调能力,发挥好乡镇服务、带动乡村作用;有助于推进农村社区综合服务设施建设,引导管理服务向农村基层延伸,为农民提供"一门式办理""一站式服务",构建线上线下相结合的乡村便民服务体系;有助于将农村民生和社会治理领域中属于政府职责范围且适合通过市场化方式提供的服务事项,纳入政府购买服务指导性目录;有助于推动各级投放的公共服务资源以乡镇、村党组织为主渠道落实。

当前,乡村治理体系和治理能力现代化标准体系亟待优化。目前,有关乡村治理的标准化工作主要是在地方探索基础上的"试点性"或"示范性"的突破,系统性不够强,既有标准还不足以涵盖乡村治理体系和治理能力现代化指涉的相关内容,因此,亟待通过进一步推进试点示范工作,促进标准体系的完善和标准的优化,进一步发挥标准化工作对乡村治理现代化的规范及指引功能。具体而言,乡村治理现代化标准体系要与加强和改进乡村治理的重点工作紧密结合,标准体系应涵盖以下相关内容:关于完善村党组织领导乡村治理的体制机制的相关标准;关于发挥党员在乡村治理中的先锋模范作用的相关标准;关于规范村级组织工作事务的相关标准;关于增强村民自治组织能力的相关标准;关于丰富村民议事协商形式的相关标准;关于全面实施村级事务阳光工程的相关标准;关于积极培育和践行社会主义核心价值观的相关标准;关于实施乡风文明培育行动的相关标准;关于发挥道德模范引领作用的相关标准;关于加强农村文化引领的相关标准;关于推进法治乡村建设的相关标准;关于加强平安乡村建设的相关标准;关于健全乡村矛盾纠纷调处化解机制的相关标准;关于加大基层小微权力腐败惩治力度的相关标准;关于加强农村法律服务供给的相关标准;关于支持多方主体参与乡村治理的相关标准;关于提升乡镇和村为农服务能力的相关标准。

（四）标准化有助于增强服务型政府合法性并提升人民的满意度

党的十九大报告提出，"转变政府职能，深化简政放权，创新监管方式，增强政府公信力和执行力，建设人民满意的服务型政府"①。"人民满意"和"服务型"两个关键词勾勒出了符合国家治理现代化特点、具备政治合法性特征的政府形态。合法性即正当性，是"政党、政府或者统治者基于价值体系、历史规律、民心向背、治理绩效、国际承认等单个或者综合因素而获得的治理国家的正当理由，由一整套支持着政党、政府的意识形态解释系统构成"②。从根本上看，政府的合法性来自人民群众心悦诚服的认同、支持和忠诚。建设人民满意的服务型政府，就是要把"人民满意"和"社会认同"作为衡量政府合法性的根本标准，以"坚持以人民为中心""坚持人民当家作主""坚持在发展中保障和改善民生"作为指导政府工作的基本方略，通过政府"自我革命"，促进自身从"官本位"向"人民本位"转变，从"政府本位"向"社会本位"转变，从"权力行政"向"服务行政"转变。上述逻辑也就决定了：新时代的服务型政府必须在"政府—人民"的框架中建构一致性行动关系，"牢记人民对美好生活的向往就是我们的奋斗目标，坚持以人民为中心的发展思想，努力抓好保障和改善民生各项工作，不断增强人民的获得感、幸福感、安全感，不断推进全体人民共同富裕"③。这些行动特征为建设人民满意的服务型政府提供了行动指南，也为衡量政府合法性提供了判断标准。

从政府绩效的角度理解，"人民满意度"是指人民群众对政府绩效的感知与他们的期望值相比较后产生的一种失望或愉快的感觉程度④。满意与否取决于政府绩效感知与民众期望之比，满意的最高境界是民众的政治忠诚。当前，随着人民群众对美好生活需要的日益增长，政府公共产品的供给应尽可能满足民众对其数量、质量、内容、类型、方式和路径等方面的更高要求，政府应当不断加大基本公共服务投入，不断提升基本公共服务有效供给的能力。尤其是在教育、就医、就业、房价过高、收入差距过大、社会保障水平不高等影响老百姓获得指数、幸福指数、安全指数等痛点、难点、焦点问题上，政府要通过公共政策调控和公共产品供给的方式予以化解。但是，在一定的经济社会发展阶段，民众期望的公共产品供给

---

① 《习近平：决胜全面建成小康社会 夺取新时代中国特色社会主义伟大胜利——在中国共产党第十九次全国代表大会上的报告》，http://www.gov.cn/zhuanti/2017-10/27/content_5234876.htm[2022-11-20]。

② 苏长和：《正确认识、使用合法性概念》，《领导科学》2017年第7期，第21页。

③ 《习近平在十九届中共中央政治局常委同中外记者见面时强调 新时代要有新气象更要有新作为 中国人民生活一定会一年更比一年好》，https://www.12371.cn/2017/10/25/ARTI1508921834409967.shtml[2022-11-20]。

④ 黄恒学、张勇：《政府基本公共服务标准化研究》，人民出版社2011年版，第65页。

水平也应保持合理限度，如果严重超出当前公共财力状况和政府供给能力，且市场和社会力量在公共产品供给体系中的功能未得到充分激发，民众过高的期望也是很难实现的。因此，对于政府的公共产品供给，应该有一个各方基本达成共识的标准，只有这样，才能使政府公共产品供给在追求政治合法性和考量现实可能性的道路上，朝着最优化方向可持续性地螺旋上升。在很大程度上，公共产品供给的标准化就是这样一个达成基本共识的过程，它能够在民众期待与政府供给之间寻求契合点，促进二者的相对平衡，从而避免因民众期望过高或政府供给水平过低而造成的结构性矛盾或社会失序状态。

从社会正义的角度理解，无论是政府的现代性指向、合法性指向，还是政府的公共性指向、服务性指向，都内在地要求政府把促进社会的公平正义作为自身价值皈依和行动标准。民心是最大的政治，正义是最强的力量，这在政府公共产品供给方面的要求体现为：关注区域差距、城乡差距、贫富差距，不断完善促进区域协调、城乡融合和共同富裕的政策，健全政府主导、社会参与、全民覆盖、普惠共享、城乡一体、可持续的基本公共服务体系，在逐步缩小城乡差距基础上建立起权责清晰、财力协调、标准合理、保障有力的基本公共产品供给制度体系和保障机制，让城乡所有民众都有机会均等地享有基本公共服务。对此，农村公共产品供给标准化的意义在于：它有助于政府把社会公平正义内化于心，并外化于行，通过农村公共产品供给标准体系的制定和实施来化解城乡二元矛盾，强化政府在农村公共产品供给中的责任，规范政府在农村公共产品供给中的行为，提升政府在农村公共产品供给中的绩效及其未来可预期性、可持续性，提升农民群众的获得感、幸福感、安全感，继而使政府获得更为广泛、更为可靠的合法性基础。

第二节　相关概念与理论基础

一、概念界定

（一）标准和标准化

作为一项标准化研究，中国农村公共产品供给标准体系首先要满足"标准"的科学性、实证性要求及"标准化"的结构功能和实践导向。《中华人民共和国标准化法》将"标准"界定为"农业、工业、服务业以及社会事业等领域需要统一的技术要求"，包括"国家标准、行业标准、地方标准和团体标准、企业标准"。根据《标准化工作指南　第1部分：标准化和相关活动的通用术语》（GB/T 20000.1—2014），在外在表现形式上，标准是指通过标准化活动，按照规定的程序经协商一致制定，为各种活动或其结果提供规则、指南或特性，供共同使用和重复使用的文件。标准化活动中确立的条款，可形成诸如标准、技术规范、可公开获得规范、技术报告等标准化文件。作为"世界的通用语言"和"公认的技术规则"，标准是经济社会活动的技术依据，在国家治理体系和治理能力现代化进程中发挥着基础性、引领性、战略性作用。因此，标准宜以科学、技术和经验的综合成果为基础。制定标准应当在科学技术研究成果和社会实践经验的基础上，深入调查论证，广泛征求意见，保证标准的科学性、规范性、时效性，提高标准质量。

"标准化"，就是对"标准"的动词化，即一系列基于既定目标功能的编制、发布和应用标准的活动及其过程，是指"为了在既定范围内获得最佳秩序，促进共同效益，对现实问题或潜在问题确立共同使用和重复使用的条款以及编制、发布和应用文件的活动"。从过程上看，标准化是由非标准到标准再到标准再造的一个从无到有到调整的变迁过程，其中包含了需求分析、标准制定、标准合法化、标准颁布、标准监控、标准调整等一系列活动。从功能上看，标准化可以有一个或更多特定目的，这些目的可能包括但不限于品种控制、适用性、兼容性、互换性、健康、安全、环境保护、产品防护、相互理解、经济绩效、贸易，而且这些目的可能相互重叠①。对现实问题和潜在问题制定共同使用和重复使用的规则，具有事前预防、事中调整和事后调整的功能，通过资源的合理配置，有助于提高工作效率和质量。

（二）公共产品

"公共产品"是公共经济学话语体系中的一个核心概念，对其内涵和外延的研究经历了一个漫长的过程，至今未形成定论。一般认为，休谟（Hume）、亚当·斯密（Adam Smith）和穆勒（Mill）等对政府职责的探讨可以作为公共产品研究的初步成果，奥意财政学派、瑞典学派和庇古（Pigou）则共同完成了使公共产品研究走向成熟的任务。其中，奥意财政

① 此处的"品种控制"是指为了满足主导需求，对产品、过程或服务的规格或类型数量的最佳选择。"适用性"是指产品、过程或服务在具体条件下适合规定用途的能力。"兼容性"是指诸多产品、过程或服务在特定条件下一起使用时，各自满足相应要求，彼此间不引起不可接受的相互干扰的适应能力。"互换性"是指某一产品、过程或服务能用来代替另一产品、过程或服务并满足同样要求的能力。功能方面的互换性称为"功能互换性"，量度方面的互换性称为"尺寸互换性"。"安全"是指免除了不可接受的伤害风险的状态。标准化考虑产品、过程或服务的安全时，通常是为了获得包括诸如人类行为等非技术因素在内的若干因素的最佳平衡，将伤害到人员和物品的可避免风险消除到可接受的程度。"环境保护"是指环境免受产品的使用、过程的操作或服务的提供所造成的不可接受的损害。参见《标准化工作指南 第1部分：标准化和相关活动的通用术语》（GB/T 20000.1—2014）。

学派的主要贡献体现为,将边际效用理论引入到公共产品的研究领域,其代表性人物主要有奥地利学者萨克斯(Sax)、意大利学者潘塔莱奥尼(Pantaleoni)、马佐拉(Mazzolla)和马尔科(Morrco)等。瑞典学派在奥意财政学派所取得的成就之基础上,将公共经济学向边际主义方向推进了一大步,其代表性人物有维克塞尔(Wicksell)和林达尔(Lindahl)等。庇古则以外溢性概念为中心来区分社会净产品和个人净产品,从而提出了外溢性理论。

1. 公共产品的经典定义

"公共产品"一词的正式使用,始见于瑞典学派代表性人物林达尔于1919年发表的《公平税收》一文。而"公共产品"一词首次被赋予经典的形式化定义,则主要归功于美国著名经济学家萨缪尔森(Samuelson)。萨缪尔森在1954年发表的《公共支出的纯理论》一文中指出,公共产品必须是能保障集体中所有成员均等消费的产品,如果集体中的任何一个成员可以得到一个单位,那么该集体中的每一个其他成员也必须可以得到一个单位;每个人消费这种产品或劳务不会导致别人对该种产品或劳务消费的减少。萨缪尔森还用数学方法把纯公共产品表示为:$X = X_{ki}$($i = 1, 2, \cdots, i$;$k = 1, 2, \cdots, k$),式中,i 为消费者的序号;k 为公共产品的序号;X_k 为对第 k 种公共产品的全部消费;X_{ki} 为第 i 个消费者对第 k 种公共产品的消费。$X_k = X_{ki}$,因而任何一个消费者对某种公共产品的个人消费都等于全体消费,即每个消费者都消费了整个公共产品。受萨缪尔森的启发,现代财政学之父马斯格雷夫(Musgrave)从公共产品的生产和消费的关联度方面对其特性进行了进一步阐述,认为一种纯粹的公共产品在生产或供给的关联性上具有不可分割性,一旦提供给社会的某些成员,在排斥其他成员的消费上显示出不可能或无效。在此基础上,他将公共产品的特征总结为后来广为人知的非排他性和非竞争性。非排他性是指如果将一种公共产品提供给某人或集体,它并不能或者至少要花费很大的成本才能阻止其他人从该产品中受益。非竞争性是指同一单位的公共产品可以被很多人消费,某个人享用该产品得到的效用并不减少对其他人所得到的效用。

很显然,在早期研究中,萨缪尔森[1]主要是从公共产品消费的非排他性和非竞争性角度来界定公共产品概念的。但实际上,他本人对最初的这个定义并不满意,后来他又把公共产品归纳为"那种不论个人是否愿意购买,都能使整个社会每一成员获益的物品"。而私人产品恰恰相反,是"那些可以分割、可以供不同人消费,并且对他人没有外部收益或成本的

---

① Samuelson P A, "The Pure Theory of Public Expenditure", *The Review of Economics and Statistics*, Vol. 36, No. 4, 1954, pp. 387—389.

物品"。这里，他主要是从"可否分割"和"是否具有外部性"的角度来界定公共产品的。

应该说，萨缪尔森、马斯格雷夫等对公共产品比较精确的分析，奠定了公共产品理论研究的现代基础，因而成为公共产品的经典定义，在学界广为流传。但这个定义只是对纯公共产品的界定，并没有涉及非纯公共产品。布坎南（Buchanan）在其《俱乐部的经济理论》中指出了这点不足："萨缪尔森定义的公共产品是'纯公共产品'，现实社会中，大量存在的是介于公共产品和私人产品之间的'准公共产品'或'混合商品'，是所谓'俱乐部产品'，一些人能消费，而另外一些人则被排除在外。"[①]诸如国防、立法、基础科学研究等，其消费群体从部分成员一直扩大到全社会成员的过程中，边际成本始终为零，这些物品属于典型的纯公共产品；诸如公路、公园、学校、图书馆、公共交通等，其消费群体扩大到一定数量时边际成本开始上升，而且继续扩大到某一数量时，边际成本变得非常大甚至无穷大，这些公共产品就是准公共产品。

2. 公共产品的多维属性

萨缪尔森等对于公共产品属性的经典分析主要是从产品消费和使用的角度展开的，对公共产品的"非竞争性""非排他性""不可分割性""外部性"等技术性规定、自然属性、消费属性界定得比较清楚。但也有不少学者关注到了政府、伦理、道德等因素对公共产品性质的影响和作用。

例如，国外学者中，休·史卓顿（Hugh Stretton）和莱昂内尔·奥查德（Lionel Orchard）[②]认为：那些供给不是由个人市场需求而是由集体的政治选择决定的产品，即把任何由政府决定免费或以低费用供给其使用者的物品和服务，可视为公共产品。美国经济伦理学家乔治·恩德勒（Georges Enderle）[③]则从经济伦理的角度指出：甚至可更广泛地理解公共产品，即把它理解为社会和个人生活以及追求经济活动的可能性的条件，并提出用两条原则来定义公共产品。第一条原则是非排斥原则，即与私人物品相比较，对受公共产品影响的和受个人或集团权力限定的"消费"不排斥其他人的消费，无论出于技术的原因（因为产品的性质不允许排斥）或效率的原因（因为这种通过价格负担的排斥将不恰当地变得昂贵），还

---

① Buchanan J M, "An Economic Theory of Clubs", *Economica*, Vol. 32, No. 125, 1965, pp. 1—14.

② 〔澳〕史卓顿 H、奥查德 L：《公共物品、公共企业和公共选择——对政府功能的批评与反批评的理论纷争》，费朝晖、徐济旺、易定红译，经济科学出版社 2000 年版，第 87 页。

③ 〔美〕恩德勒 G：《面向行动的经济伦理学》，高国希、吴新文等译，上海社会科学院出版社 2002 年版，第 58 页。

是出于法律或伦理的原因（因为其他人不应当被排斥）；第二条原则是非敌对原则，即它假定与其他消费者的关系缺乏敌对性或竞争性。

国内学者中，李雷[①]从公共产品的所有权角度出发，对其进行了详细分析。公共产品的所有权不是产品的自然属性、物质属性、技术性特征或消费特征，而是它的法律属性、社会属性、公共属性。因此，实际上，什么样的产品是公共产品，产品什么时候成为公共产品，并不是公共产品自身所能决定的，除少数纯公共产品外，产品的性质不是从它一"生"下来起就定了的，不是天然的，而是由后天决定的。私人产品、准公共产品和纯公共产品（少数除外）没有绝对的界限，是可以互相转化的。交易前后，所有权主体产生变化，其产品性质也就不同。比如，面包具有效用可分割、消费的可竞争性特点，一般被认为是私人产品，但是面包也可以成为公共产品。比如，国家为了救济受洪灾的群众，紧急从商家购买了大量的面包送给灾民，这时面包是国家所有的，是公共产品，面包发到灾民手中以后，又成了私人产品，因为这时候面包已经归灾民所有。再比如，一辆"奔驰"牌高级轿车，如果国家买了，作为公用，所有权是政府的，是公共产品；如果被个人买来私用，所有权是个人的，就是私人产品。

吕恒立、余斌[②]从民主政治视角对公共产品的属性进行了考察。他们认为，从公共产品分析的经济学视角出发，公共产品的非排他性和非竞争性加之理性经济人假设，会导致人们对公共产品的生产、提供和维护漠不关心，其结果是社会参与的不断降低和民主政治生活的退化。但现实情况是民主政治在不断发展，社会公众对公共产品提供过程的参与度不断提升。这一矛盾的产生说明，公共产品分析的经济视角遇到了某种困境，公共产品的非排他性和非竞争性不足以解释民主政治过程。从民主政治视角出发，不可逃避性是指由于公共产品的公共性，无论是具有正外部性的公共产品，还是具有负外部性的公共产品，公共产品的融资、生产、提供、消费都是和社会公众的切身利益息息相关的。这就是说，公共产品对于社会公众来说具有不可逃避性。个人几乎不可能逃避公共产品所带来的影响。

朱鸿伟[③]综合政治和经济两个维度对公共产品的含义进行了解读。他认为，公共产品是公共必须、公共选择、公共消费的产品，这是从政治上

---

① 李雷：《公共产品的所有权界定及其现实意义》，《现代经济探讨》2010年第9期，第69—73页。

② 吕恒立、余斌：《论公共产品的不可逃避性与民主政治》，《郑州大学学报（哲学社会科学版）》2007年第2期，第31—34页。

③ 朱鸿伟：《公共产品含义新探》，《中国行政管理》2011年第8期，第36—39页。

的界定；公共产品是消费产权难以界定、分割收费不可能、"搭便车"普遍存在的产品，是从经济上的界定。两者缺一不可，如果只有前者，公共产品难以与私人产品划分开来；如果只有后者，难以说明其公共性。前者说明公共产品是必须要供给或满足的，这是公共产品成立的必要条件；后者说明单靠市场不能供给、不能满足，市场是失败的、失灵的，是公共产品成立的充分条件。二者合一，则是公共产品成立的充要条件。公共产品导致的市场失灵是发挥政府职能的必要条件，但不是充分条件。

秦颖[①]比较研究了公共产品的技术性特征和社会伦理道德层面的属性，认为非竞争性和非排他性是市场经济条件下公共产品的技术性特征，社会共同需要是以社会伦理道德为基础的公共产品的本质；社会共同需要是公共产品的存在基础，是决定公共产品的永久条件，非竞争性和非排他性是公共产品存在的阶段性条件；社会共同需要是主动性因素，非竞争性和非排他性是被动性因素；社会共同需要决定政府必须做的事，非竞争性和非排他性决定政府不得不做的事。而公共产品的社会共同需要，也可以表述成一个国家、经济社会，在一定时期之内基于自身经济发展水平和一定价值标准与道德标准的、在个人偏好汇总的基础上形成的，对某种产品或服务是否属于公共产品，以及对所有公共产品中的重要性排序而形成的社会共识或社会偏好。

综上所述，我们在本书中使用公共产品这一概念时，尽可能将事实判断和价值判断相结合，但又根据语境的不同而重点揭示其中的某一方面特征。也就是说，在事实层面上，我们承认公共产品作为产品的自然属性、消费属性和非竞争性、非排他性、不可分割性、外部性等技术性规定。由于本书研究的是农村公共产品供给及其标准化问题，所以必然涉及供给结果的有效性、供给标准的科学性、供给模式的合理性等工具层面的问题，其核心是为了解决资源配置的有效性问题。因此，在使用公共产品一词时，其自然属性、消费属性和相关技术性规定内含其中。但是，在价值层面上，我们要透过现象看本质，正如前文所述，尽管本书是一项标准化研究，但从本质上必然涉及对提升服务型政府合法性、满足人民群众对美好生活的需要、促进共建共治共享和社会公平正义等公共价值的诉求，因此，也就离不开从所有权、民主政治、政府职责、社会共同需要、伦理道德等层面上对公共产品的性质进行透视。一言以蔽之，公共产品的价值属性在本质上就是公共性，即公共产品供给从目的上看，是为了实现公共利益；从功能上看，是为了满足公共需求；从

---

① 秦颖：《论公共产品的本质——兼论公共产品理论的局限性》，《经济学家》2006 年第 3 期，第 77—82 页。

过程上看，表现为运用公共权力、制定公共政策、配置公共资源；从结果上看，是促进社会福利的共享。

（三）公共服务

1. 公共服务界说

早在 20 世纪初，狄骥（Duguit）就对"公共服务"进行了较为系统的论述。他认为，作为公法基础的公共权力观念应该被公共服务观念所替代，即掌握着权力的人要运用手中的权力来组织公共服务，并保障和支配公共服务提供的义务[①]。基于这样的认识，狄骥[①]对"公共服务"一词进行了如下界定：由政府来加以规范和控制的活动就是一项公共服务，它具有除非通过政府干预，否则便不能得到保障的特征。由此开始，"公共服务"与"公共产品"的概念相比，其理念更贴近国家与政府职能理论及其实践。换言之，公共服务的理性基础主要来源于国家与公民之间的关系。

但是，需要注意的是，社会科学相关概念的内涵和外延分析总是基于一定的经济社会发展水平和历史阶段进行的。近代以来，在政府职能发展的过程中，经历了一个从"守夜人"政府到全能型政府再到有限政府的演化阶段，公共管理随之经历了从"官僚制"范式到新公共行政、新公共管理、新公共治理的范式变迁，所以，人们对公共服务的主体、内容、范围、供给方式以及政府基本公共服务的认识均发生了变化。尤其是随着市场经济的发展，公共服务的主体不再局限于政府，非政府组织、公共企业、国际组织等多元主体在公共产品、混合性公共物品以及特殊私人产品的生产和供给中也承担了一定的职责或履行了一定的职能，从而形成了公共服务多元协同供给的新格局。因此，对公共服务的界定也随之发生变化，它是指以政府为代表的公共部门、公共企业和国际组织等多元主体，为满足社会公共需要、保障公民权利而进行的公共产品或服务的提供，它以人民福祉的增进和社会福利的改善为目的。

正如陈振明[②]所指出的，我国的公共服务是在全面推进现代化进程中产生的。作为全面深化改革顶层设计的关键词，当代中国的公共服务，不仅关注社会公共需要的满足和公民基本权利的保障，而且与民生发展滞后引发的社会问题相联系，关注民生保障对于消解社会矛盾、维护公正秩序、重塑政府合法性产生了重要的意义。因此，我国公共服务的概念界定，不能单纯地从西方寻求理论依据，而应更多地考虑中国因素。因此，对公共

[①] 〔法〕狄骥 L，《公法的变迁 法律与国家》，郑戈、冷静译，辽海出版社 1999 年版，第 40—53 页。

[②] 陈振明：《公共服务导论》，北京大学出版社 2011 年版，第 13 页。

服务的界定也应该同时观照价值维度和事实维度。在概念内涵上，应当致力于探寻公共服务的价值规范；而在概念的外延上，应当注意其现实的政策指向。具体来说，公共服务在内涵上应涵盖公民权利、社会公正的要素，实现公共服务"在为公民服务的需求中寻求其合法性"。

"公共服务"与"公共产品"两个概念之间有着交叉错杂的关系。从侧重点上看，公共产品重在解决资源配置的有效性问题，公共服务重在解决公众利益的保障性问题；公共产品供给往往被当成公共服务的分析工具、度量标准和实现手段，而公共服务更加凸显了国家与公民之间的关系以及政府的公共性意涵，尤其是处于政府职能层面的公共服务，更加强调政府对公民、国民所肩负的责任。在本书写作的过程中，主要基于不同的学术语境和政策语境对两个概念进行选择使用。但无论如何，"公共产品"与"公共服务"两个概念之间绝不是简单的相互替代或平行并列的关系，而是表面上交叉错杂，实质上相互映衬、相互比照、相互补充。这是因为，"公共服务"与"公共产品"两个概念都皈依于"公共性"的神韵，从根本上看，这是因为"政府产生、存在的目的是公共利益、公共目标、公共服务以及创造具有公益精神的意识形态"[①]。

2. 政府基本公共服务

在公共服务多元协同供给格局中，有一些服务由政府提供，其满足的是公众最基本、最迫切和最必要的需求，这些构成了公共服务最核心的组成部门，即政府基本公共服务。在国家与公民关系的意义上，政府基本公共服务是对公民最基本人权的保障，具有强烈的均等化倾向和要求。因此，"基本公共服务的提供对全体公民中的任何一员都是一样的，具有无差别、均等化的特点，这使它成为很好的促进社会和谐的平衡机制，是促进公平的有效手段"[②]。享有基本公共服务是每个公民的基本权利，这就天然决定了政府在基本公共服务提供中承担主导和兜底职能。然而，政府兜底保障并不意味着全部由政府直接提供，特别是在我国社会主义市场经济体制日益完善的情况下，要充分发挥市场在资源配置中的决定性作用，通过政府与市场的有效配合，协同发力加强基本公共服务供给。因此，党中央、国务院的政策导向是：在切实履行政府兜底责任的基础上，充分发挥市场机制作用，鼓励多方投入，扩大服务供给，不断提高公共服务供给的质量和效率，满足人民日益增长的美好生活需要。

从类型学上考察，有学者指出，政府基本公共服务包括"一是底线生

---

① 祝灵君、聂进：《公共性与自利性：一种政府分析视角的再思考》，《社会科学研究》2002年第2期，第7—11页。

② 陈海威：《中国基本公共服务体系研究》，《科学社会主义》2007年第3期，第98—100页。

存服务，就业服务、社会保障、社会福利和社会救助，主要目标是保障公民的生存权；二是公众发展服务，义务教育、公共卫生和基本医疗、公共文化体育，主要目标是保障公民的发展权；三是基本环境服务，居住服务、公共交通、公共通信、公用设施和环境保护，主要目标是保障公民起码的日常生活和自由；四是公共安全服务，食品药品安全、消费安全、社会治安和国防安全等领域，主要目标是保障公民的生命财产安全"[1]。还有学者指出，政府基本公共服务关注的是现代社会中个体意义上的公民生存发展过程中最基本的环节，其目标具有鲜明的基础性、不可替代性和公共性。从这个意义上，政府基本公共服务的基本内容以国家法定为基础，包括义务教育、基本医疗卫生服务、基本社会保障、基本公共环境与公共安全服务等方面（图 1-1）[2]。

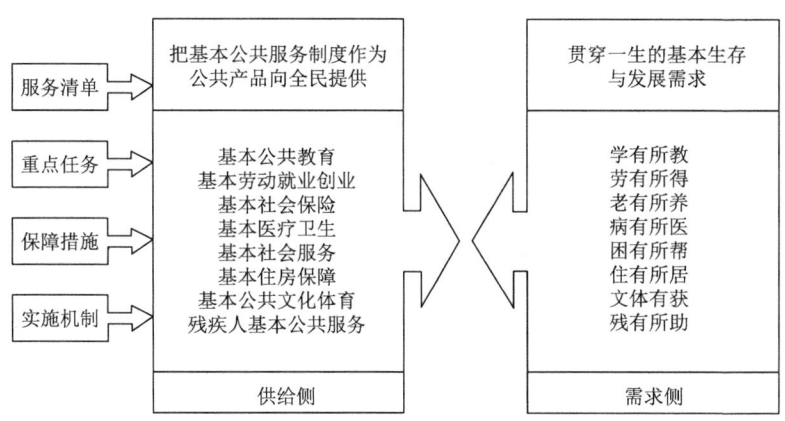

图 1-1 国家基本公共服务制度框架

在国家治理体系与治理能力现代化的时代语境下，党的十九届四中全会通过的《中共中央关于坚持和完善中国特色社会主义制度推进国家治理体系和治理能力现代化若干重大问题的决定》提出：必须健全幼有所育、学有所教、劳有所得、病有所医、老有所养、住有所居、弱有所扶等方面国家基本公共服务制度体系，尽力而为，量力而行，注重加强普惠性、基础性、兜底性民生建设，保障群众基本生活。创新公共服务提供方式，鼓励支持社会力量兴办公益事业，满足人民多层次多样化需求，使改革发展成果更多更公平惠及全体人民。根据《"十三五"推进基本公共服务均等化规划》，基本公共服务是由政府主导、保障全体公民生存和发展基本需要、与经济社会发展水平相适应的公共服务。综上

① 陈海威：《中国基本公共服务体系研究》，《科学社会主义》2007 年第 3 期，第 98—100 页。
② 黄恒学、张勇：《政府基本公共服务标准化研究》，人民出版社 2011 年版，第 21—22 页。

可见，国家基本公共服务制度紧扣以人为本，围绕从出生到死亡各个阶段和不同领域，以涵盖教育、劳动就业创业、社会保险、医疗卫生、社会服务、住房保障、文化体育等领域的基本公共服务清单为核心，以促进城乡、区域、人群基本公共服务均等化为主线，以各领域重点任务、保障措施为依托，以统筹协调、财力保障、人才建设、多元供给、监督评估等五大实施机制为支撑，是政府保障全民基本生存发展需求的制度性安排。

二、理论基础

（一）新时代"三农"论

党的十八大以来，习近平总书记始终将"三农"工作视为全党工作的重中之重，就做好"三农"工作做出了一系列重要论述，提出了一系列新理念、新思想、新战略，深刻阐明了"三农"工作的战略地位、发展规律、形势任务、方法举措。这些新理念、新思想、新战略，以马克思主义理论为方法指导，以中国共产党的"三农"思想为理论来源，以其青年和执政经历为实践基础，具有立足实践的思想来源、一心为民的思想基调，是中国共产党"三农"理论创新的最新成果，是习近平新时代中国特色社会主义思想的重要组成部分，是指导十八大以来我国农业农村发展取得历史性成就、发生历史性变革的科学理论，是实施乡村振兴战略、做好新时代"三农"工作的行动指南，也是我们开展农村公共产品供给标准化研究和实践的根本遵循。

加强和改善农村公共产品供给，是我们党的初心和使命所决定的历史任务。正如习近平所强调的，"我们的人民热爱生活，期盼有更好的教育、更稳定的工作、更满意的收入、更可靠的社会保障、更高水平的医疗卫生服务、更舒适的居住条件、更优美的环境，期盼孩子们能成长得更好、工作得更好、生活得更好。人民对美好生活的向往，就是我们的奋斗目标。人世间的一切幸福都需要靠辛勤的劳动来创造。我们的责任，就是要团结带领全党全国各族人民，继续解放思想，坚持改革开放，不断解放和发展社会生产力，努力解决群众的生产生活困难，坚定不移走共同富裕的道路"[①]，"中国梦归根到底是人民的梦，必须紧紧依靠人民来实现，必须不断为人民造福"[②]。

十八大以来，习近平一直强调要破解城乡二元结构、推进城乡要素平等交换和公共资源均衡配置。2013 年 4 月，习近平在海南考察工作结束

---

① 中共中央文献研究室编：《十八大以来重要文献选编（上）》，中央文献出版社 2014 年版，第 70 页。
② 中共中央文献研究室编：《十八大以来重要文献选编（上）》，中央文献出版社 2014 年版，第 235 页。

时发表讲话指出："要加快推进民生领域体制机制创新，促进公共资源向基层延伸、向农村覆盖、向弱势群体倾斜。关键要抓住以下四点。一是要抓重点，抓住人民最关心最直接最现实的利益问题，抓住最需要关心的人群，多做雪中送炭的事情。二是要抓实在，既尽力而为、又量力而行，做那些现实条件下可以做到的事情，让群众得到看得见、摸得着的实惠。决不能开空头支票，也要防止把胃口吊得过高，否则就会失信于民。三是要抓持久，把保障和改善民生作为长期任务来抓，一件事情接着一件事情办、一年接着一年干，锲而不舍向前走。四是要抓组织，各级干部要带领群众一起干，通过辛勤劳动创造幸福生活，而不能领导热群众不热，也不能群众热而领导不热。"①2014 年 3 月，习近平在河南考察期间指出："把城镇和乡村贯通起来。推进新型城镇化，一个重要方面就是要以城带乡、以乡促城，实现城乡一体化发展。要打破城乡分割的规划格局，建立城乡一体化、县域一盘棋的规划管理和实施体制。要推动城镇基础设施向农村延伸，城镇公共服务向农村覆盖，城镇现代文明向农村辐射，推动人才下乡、资金下乡、技术下乡，推动农村人口有序流动、产业有序集聚，形成城乡互动、良性循环的发展机制。"②2015 年 4 月，在十八届中央政治局第二十二次集体学习时，习近平指出："全面建成小康社会，最艰巨最繁重的任务在农村特别是农村贫困地区。我们一定要抓紧工作、加大投入，努力在统筹城乡关系上取得重大突破，特别是要在破解城乡二元结构、推进城乡要素平等交换和公共资源均衡配置上取得重大突破，给农村发展注入新的动力，让广大农民平等参与改革发展进程、共同享受改革发展成果。要完善农村基础设施建设机制，推进城乡基础设施互联互通、共建共享，创新农村基础设施和公共服务设施决策、投入、建设、运行管护机制，积极引导社会资本参与农村公益性基础设施建设。"③2016 年 4 月，习近平在农村改革座谈会上讲话指出："教育、文化、医疗卫生、社会保障、社会治安、人居环境等，是广大农民最关心最直接最现实的利益问题，要把这些民生事情办好。新增教育、文化、医疗卫生等社会事业经费要向农村倾斜，社会建设公共资源要向农村投放，基本公共服务要向农村延伸，城市社会服务力量要下乡支援农村，形成农村社会事业发展合力，努力让广大农民学有所教、病有所医、老有所养、住有所居。"④2017 年 12 月，习

---

① 中共中央文献研究室编：《习近平关于社会主义社会建设论述摘编》，中央文献出版社 2017 年版，第 5 页。

② 习近平：《做焦裕禄式的县委书记》，中央文献出版社 2015 年版，第 53 页。

③ 习近平：《在十八届中央政治局第二十二次集体学习时的讲话》，《人民日报》2015 年 5 月 2 日。

④ 中共中央文献研究室编：《习近平关于社会主义社会建设论述摘编》，中央文献出版社 2017 年版，第 14 页。

近平在中央农村工作会议上指出："要坚持以工补农、以城带乡，把公共基础设施建设的重点放在农村，推动农村基础设施建设提档升级，优先发展农村教育事业，促进农村劳动力转移就业和农民增收，加强农村社会保障体系建设，推进健康乡村建设，持续改善农村人居环境，逐步建立健全全民覆盖、普惠共享、城乡一体的基本公共服务体系，让符合条件的农业转移人口在城市落户定居，推动新型工业化、信息化、城镇化、农业现代化同步发展，加快形成工农互促、城乡互补、全面融合、共同繁荣的新型工农城乡关系。"①

建立健全城乡基本公共服务均等化的体制机制，推动公共服务向农村延伸、社会事业向农村覆盖，不断提高农村基本公共服务的标准和水平，是实施乡村振兴战略的必然要求。对此，早在 2013 年中央农村工作会议上，习近平就提出："要不断提高农村基本公共服务的标准和水平，实现从有到好的转变，逐步推进城乡基本公共服务均等化。"②2018 年 9 月，习近平在十九届中央政治局第八次集体学习时强调："要把乡村振兴战略这篇大文章做好，必须走城乡融合发展之路。我们一开始就没有提城市化，而是提城镇化，目的就是促进城乡融合。要向改革要动力，加快建立健全城乡融合发展体制机制和政策体系。要健全多元投入保障机制，增加对农业农村基础设施建设投入，加快城乡基础设施互联互通，推动人才、土地、资本等要素在城乡间双向流动。要建立健全城乡基本公共服务均等化的体制机制，推动公共服务向农村延伸、社会事业向农村覆盖。要深化户籍制度改革，强化常住人口基本公共服务，维护进城落户农民的土地承包权、宅基地使用权、集体收益分配权，加快农业转移人口市民化。"③

在农村公共产品供给的重点领域及其标准化工作，习近平也有诸多重要论述。例如，2014 年 12 月，习近平在江苏调研时指出，"推动城乡基本公共服务均等化"④。均等化实际就是标准化，要求在推动城乡基本公共服务方面实行统一的标准⑤。在扶贫开发领域，2013 年 11 月，习近平在湖南考察期间指出："扶贫开发要同做好农业农村农民工作结合起来，同发展基本公共服务结合起来，同保护生态环境结合起来，向增强农业综合生产能力和整体素质要效益。"⑥2019 年 8 月，习近平在甘肃调研期间

---

① 《中央农村工作会议在北京举行　习近平作重要讲话》，《人民日报》2017 年 12 月 30 日。
② 中共中央文献研究室编：《十八大以来重要文献选编（上）》，中央文献出版社 2014 年版，第 682 页。
③ 习近平：《习近平谈治国理政（第三卷）》，外文出版社 2020 年版，第 260 页。
④ 中共中央文献研究室编：《习近平关于社会主义社会建设论述摘编》，中央文献出版社 2017 年版，第 99 页。
⑤ 郭占恒：《习近平标准化思想与浙江实践》，《浙江日报》2015 年 9 月 25 日。
⑥ 特约调研组：《习近平调研指导过的贫困村脱贫纪实》，人民出版社 2021 年版，第 83 页。

指出："要深化脱贫攻坚，坚持靶心不偏、焦点不散、标准不变，在普遍实现'两不愁'的基础上，重点攻克'三保障'方面的突出问题，把脱贫攻坚重心向深度贫困地区聚焦，以'两州一县'和18个省定深度贫困县为重点，逐村逐户、逐人逐项去解决问题，坚决攻克最后的贫困堡垒。"①在农村教育方面，习近平多次强调"再穷不能穷教育，再穷不能穷孩子"，并将标准化思想深入浅出地融入农村教育工作的相关论述中。在医疗卫生服务供给方面，习近平提出"基本和非基本的界限是相对的，随着经济发展、政府保障能力增强、医疗技术不断提高，基本医疗卫生服务范围可以逐步扩大，服务标准也可以逐步提高。同时，我们也要认识到，发展基本医疗卫生服务要同我国国情和发展阶段相适应，重点是保障人民群众得到基本医疗卫生服务的机会，而不是简单的平均化"②。在农村公共文化产品供给方面，2018年8月，习近平在全国宣传思想工作会议上强调"要推动公共文化服务标准化、均等化"③。在农村生态环境保护方面，习近平同志在主持浙江工作期间，就已经形成了以绿色为基调的生态文明思想，体现为以人为本、人与自然和谐为核心的生态理念和以绿色为导向的生态发展观。"绿水青山就是金山银山""发展经济是为了民生，保护生态环境同样也是为了民生"④……党的十八大以来，习近平在众多场合多次强调生态环境保护在民生事业中不可或缺的地位，充分体现了以习近平同志为核心的党中央的人民情怀。良好生态环境是最公平的公共产品，是最普惠的民生福祉。对此，习近平强调"生态环境是关系党的使命宗旨的重大政治问题，也是关系民生的重大社会问题"⑤。坚定走生产发展、生活富裕、生态良好的文明发展道路，建设美丽中国，提供更多优质生态产品以满足人民日益增长的优美生态环境需要，是新时代中国共产党始终把人民放在心中最高位置，始终全心全意为人民服务，始终为人民利益和幸福而不懈奋斗的必然选择。在乡村治理的基层组织建设方面，习近平提出，"要建立和完善以党的基层组织为核心、村民自治和村务监督组织为基础、集体经济组织和农民合作组织为纽带、各种经济社会服务组

---

① 《加快建设幸福美好新甘肃——习近平总书记甘肃考察重要讲话引发热烈反响》，《人民日报》2019年8月24日。

② 中共中央文献研究室编：《十八大以来重要文献选编（下）》，中央文献出版社2018年版，第368页。

③ 《习近平出席全国宣传思想工作会议并发表重要讲话》，http://www.gov.cn/xinwen/2018-08/22/content_5315723.htm[2022-11-20]。

④ 《努力建设人与自然和谐共生的现代化（新时代的关键抉择）》，http://cpc.people.com.cn/n1/2021/1106/c64387-32275124.html[2022-11-20]。

⑤ 《习近平出席全国生态环境保护大会并发表重要讲话》，http://www.gov.cn/xinwen/2018-05/19/content_5292116.htm[2022-11-20]。

织为补充的农村组织体系，使各类组织各有其位、各司其职"[1]，"加强农村基层基础工作，健全自治、法治、德治相结合的乡村治理体系"[2]，"要抓住健全乡村组织体系这个关键，发挥好农村基层党组织在宣传党的主张、贯彻党的决定、领导基层治理、团结动员群众、推动改革发展等方面的战斗堡垒作用。要加强农村基层党组织带头人队伍和党员队伍建设，整顿软弱涣散农村基层党组织，解决弱化、虚化、边缘化问题，稳妥有序开展不合格党员处置工作，着力引导农村党员发挥先锋模范作用。全面向贫困村、软弱涣散村、集体经济薄弱村党组织派出第一书记，是实施乡村振兴战略和培养锻炼干部的重要举措，要建立长效工作机制"[3]。

（二）农村公共产品"供给"论

标准是质量的"硬约束"、"引向标"和"试金石"，农村公共产品供给标准化是推动其质量变革、效率变革、动力变革的有效手段。因此，农村公共产品供给标准化研究的一个重要理论基础是从"供给"的角度关注农村公共产品的供给效率问题。

农村公共产品供给结构主要包括供给主体结构、内容结构和层次结构三方面，即由谁来供给、供给什么、不同层次的供给主体相应提供哪些公共产品。发达国家普遍拥有高度的分权体制，非政府组织依据自身的组织目标普遍愿意提供部分公共产品，其参与公共产品供给的渠道也相对畅通。非政府组织供给公共产品过程中起决定性作用的就是民主决策机制。非政府组织供给公共产品的内容差异主要由其组织目标决定。围绕公共产品供给层次结构的研究，其理论支撑是公共产品供给决策中的"分权理论"。奥茨（Oates）证明了分权理论，即在一定行政辖区内，如果公众对地方政府提供的公共服务具有需求差异，也就是说，辖区内居民对公共服务的需求具有异质性偏好，那么，地方政府就会比中央政府更有效地满足辖区内居民的这种异质性偏好。依据分权理论，大量文献研究了政府间分权有利于改进地方政府提供公共服务的技术效率，同时"分权"有利于选民对政府加强监督、防止政府腐败，并增进地方政府之间的竞争。

供给结构反映出不同的农村公共产品内容及其比例关系，而且包括不同供给主体承担的供给份额。中国现行农村公共产品供给制度是在

---

① 中共中央文献研究室编：《十八大以来重要文献选编（上）》，中央文献出版社 2014 年版，第 685 页。

② 习近平：决胜全面建成小康社会 夺取新时代中国特色社会主义伟大胜利——在中国共产党第十九次全国代表大会上的报告》，http://www.gov.cn/zhuanti/2017-10/27/content_5234876.htm[2022-11-20]。

③ 习近平：《论坚持全面深化改革》，中央文献出版社 2018 年版，第 407—408 页。

人民公社时期供给体制基础上逐渐演变并延续而来的，城市化倾向仍然十分明显。政府通过公共财政提供大部分城市公共物品，而在广大农村地区，公共财政供给农村公共产品的范围十分有限、供给规模水平相对较小，基本上还是实行"政府主导、制度外筹资"的农村公共产品供给体制。由于公共产品供给具有层次性，农村地区大量公共产品的受益范围局限于一定的农村地域，因此，地方政府在农村公共产品供给中具有当然主体的地位。提供农村公共产品不仅是中央政府的重要职责，更是地方政府职责的首要目标。因此，必须在农村公共产品供给中坚持"财权与事权相统一"的原则，建立由中央、省、市、县和农村社区多层次共同供给的农村公共产品供给体制[①]。当前，中国农村公共产品供给正在实现由原来依靠村级集体组织单一供给为主向多元供给体制供给的转变，供给主体正逐渐演变为政府特别是县乡政府，私人、慈善组织等民间供给主体参与供给的多元供给主体体系。虽然从数量上看，民间组织目前提供的农村公共产品品种及数量还有限，基层政府仍是农村公共产品供给的主体。但要走出农村公共产品供给困境，就要适当调整原有的供给格局，打破旧有的政府单一供给制度，将政府、第三部门、私人部门以及农民的利益有机结合起来，力求在"非零和博弈"中达到互动多赢结果。除此之外，农村公共产品供给主体还存在"第四部门"的创新空间。因为，在政府、第三部门、私人部门以及农民供给农村公共产品之外，仍然有可能出现供给遗漏，而政府、第三部门、私人部门以及农民都只会根据自身获取资源的方式和生产供给公共产品的方式，有选择地提供外部性强度各不相同且具有自身比较优势的农村公共产品[②]。

评价农村公共产品的供给效率，主要包括公共产品供给的生产绩效、消费绩效和社会效益三个方面。公共产品的生产绩效是从投入与产出意义上对公共产品进行评价，生产绩效高，表明相同的投入能够获得更多、更好的产出水平，即技术效率高。从公共产品消费角度而言，公共产品供给的消费效率是由公共产品交换公平程度与纳税人对公共产品供给的纳税遵从程度反映出来的。农村公共产品具有效用不可分割性、消费非竞争性和受益非排他性等基本特点，每个纳税人从政府所获得的个人收益无法精确衡量，因此，农村公共产品的消费效率计算相对较复杂。金（King）和谢弗林（Sheffrin）的研究发现，纳税人参与公共产品供给决策的程度

①　张季、任东梅：《取消农业税后农村公共产品供给问题探析》，《地方财政研究》2009年第5期，第10、11—15页。

②　何安华、涂圣伟：《农村公共产品供给主体及其边界确定：一个分析框架》，《农业经济与管理》2013年第1期，第88—96页。

直接关系到纳税人的交换公平感和纳税遵从决策,并直接影响公共产品供给效率[①]。奥茨从社会知识的使用角度研究了公共服务的社会效益,他认为,与中央政府相比,地方政府掌握更加丰富的公共产品需求信息,因而能更有效地提供地方公共服务,可充分发挥公共服务的社会效益[②]。

近年来,农村公共产品供给绩效评价的实证研究越来越丰富。从公共产品供给的生产绩效来看,瓦格斯塔夫（Wagstaff）的研究表明,中国实施新型农村合作医疗制度（以下简称"新农合"）之后,虽然由于医疗保险能够通过健康状况、劳动效率、劳动供给、人力资本投资、生产投资等多种渠道促进农民收入增长,但中国的"新农合"并未显著降低农民的直接医疗费用,也没有通过减少医疗支出而对农民收入产生明显影响[③]。在消费绩效方面,罗泽尔（Rozelle）等的研究发现,中国政府实施包括农村基础教育的"两免一补""新农合"等多项惠民政策,但大量转移支付资金投入到农村和不发达地区的效果并不明显[④]。在社会效益方面,刘易斯（Lewis）和帕蒂纳萨兰尼（Pattinasarany）的研究认为,农村公共产品供给的社会效益受社会资本的影响程度,在不同地区具有明显差异[⑤]。

国内学者较早的文献多从农村公共产品供给效率的内涵、评价方法及改进、评价结果应用价值等方面展开研究,实证研究主要采用财政支农支出数据进行农村公共服务的一般性效率评估。这些研究较为一致的结论有三:一是中国农村公共产品供给总量长期不足,其中结构性供给不足矛盾尤为显著;二是中国农村公共产品供给内容结构"偏态"严重,财政支农资金重点投向第一产业生产性基础设施、农村基础教育、农村公共卫生等领域,而这些财政支农支出的综合效率一般都不太理想;三是农村公共产品供给中技术效率不稳定且规模效率低下,进而使农村公共产品供给总体上处于显著无效率状态[⑥]。

---

① King S, Sheffrin S M, "Tax Evasion and Equity Theory: An Investigative Approach", *International Tax and Public Finance*, Vol. 9, 2002, pp.505—521.

② Oates W E, "On the Evolution of Fiscal Federalism: Theory and Institutions", *National Tax Journal*, Vol. 61, No. 2, 2008, pp. 313—334.

③ Wagstaff A, Lindelow M, Gao J, et al., "Extending Health Insurance to the Rural Population: An Impact Evaluation of Chinaps New Cooperative Medical Scheme", *Journal of Health Economics*, Vol. 28, No. 1, 2009, pp. 1—19.

④ Rozelle S, Huang J, Zhang L, "Rural Fiscal Policy: The Key to China's Development in the 21st Century", Canberra: Australian Centre for International Agricultural Research, 2005.

⑤ Lewis B D, Pattinasarany D, 2009, "Determining Citizen Satisfaction with Local Public Education in Indonesia: The Significance of Actual Service Quality and Governance Conditions", *Growth and Change*, Vol. 40, No. 1, 2009, pp. 85—115.

⑥ 张鸣鸣:《我国农村公共产品效率评价——基于 DEA 方法的时间单元检验》,《经济体制改革》2010 年第 1 期, 第 107—111 页。

近年来，农村公共产品供给效率评价研究越来越朝着"精细化"方向发展，注重对具体农村公共产品（或服务项目）进行实证分析。杨丽、陈超实证研究了公共教育和医疗投入所产生的居民人力资本存量变化以及对促进西部地区农村居民生活消费水平的有效性问题，其研究表明，医疗公共支出投入到乡镇医院，比直接投入到村卫生所更能有效地促进当地农村居民生活消费倾向[①]。李晓燕以四川省民族地区为例展开实证研究发现，当地经济水平的高低对农村医疗卫生机构的公共服务效率并不具有决定性影响。改善农村卫生机构经营状况，仅靠加大投入等单一措施或过分依赖当地经济的发展，很难从根本上奏效[②]。骆永民、樊丽明从空间相关性和空间异质性两个角度，对中国农村科教服务类、福利保障类、水电气环保类、交通信息类等四种基础设施建设促进农民增收的空间效果进行了实证分析。其研究结果发现，各种农村基础设施投资对本省和邻省的农民收入均具有正向促进作用，这说明农村基础设施建设对农民收入的影响存在显著的空间溢出效应[③]。

（三）标准化管理的"效能"论

从泰勒（Taylor）的科学管理开始，"有效"就被定位为"效率"，追求效率成为现代管理学的出发点和归宿。简而言之，效率即投入产出之比，得到的结果与所使用的资源之间的关系就是效率。除了"科学管理之父"泰勒之外，在"现代经营管理之父"法约尔（Fayol）、"组织理论之父"韦伯（Weber）、"公共行政学鼻祖"威尔逊（Wilson）、"公共行政学先驱"古德诺（Goodnow）、"公共行政学元老"久利克（Gulick）、"行为学派领军人物"西蒙（Simon）等管理学家或公共行政学家架构的经典理论体系中，无不体现着对效率的追求。在公共行政中，"发轫于美国进步改革运动的管理行政的内核是科学，而科学理性的嵌入使效率至上成为管理行政的基本价值取向"[④]。威尔逊认为，行政学的研究目的，在于揭示政府能够适当地和成功地进行什么工作，以及政府怎样才能以尽可能高的效率及在费用或能源方面用尽可能少的成本完成这些适当的工作。古德诺则系统阐述了"政治与行政二分"理论，强调为了行政的经济和效率，最好排

① 杨丽、陈超：《教育医疗公共品供给对我国农村居民消费的影响分析——基于人力资本提升的视角》，《农业技术经济》2013年第9期，第4—12页。

② 李晓燕：《新医改背景下农村卫生服务效率问题研究——以四川省为例》，《西北农林科技大学学报（社会科学版）》2012年第1期，第8—12页。

③ 骆永民、樊丽明：《中国农村基础设施增收效应的空间特征——基于空间相关性和空间异质性的实证研究》，《管理世界》2012年第5期，第71—87页。

④ 余敏江：《论管理行政的"科学"内核及其政治哲学基础》，《社会科学》2010年第11期，第44—51页。

除政党因素和政治权宜[1]。韦伯提出了理论上效率最高的理想的官僚制模型，试图依靠稳定、可靠、严格、精细的管理实现组织效率最大化的目标。他认为，"官僚体制的组织广泛传播的决定性的原因，向来是由于它的纯技术的优势超过其他任何组织形式。一种充分发达的官僚体制机制与其他形式的关系，恰恰如同一台机器与货物生产的非机械性方式的关系一样。精确、迅速、明确、精通档案、持续性、保密、统一性、严格地服从、减少摩擦、节约物资费用和人力"[2]。久利克则宣称："尽管从应用意义上来看，效率必须与其他的社会价值和政治价值相适应，但是科学研究工作本身所特有的价值就是效率。在行政科学看来，其基本的'善'就是'效率'。"[3]西蒙认为，效率准则指的是，在给定可用资源的条件下，选择能产生最大效益的备选方案；从组织的角度看，"好"的或"正确"的行政行为本质上就是指有效率的行政行为，即能够最大程度实现管理目标的方案，而在若干个实现程度相同的备选方案中，应当总是选择成本最低的方案[4]。可见，传统公共行政的几乎所有研究（包括价值理念、组织设计、决策导向）都始终围绕着一个中心即高效率。效率是传统公共行政的价值尺度中的头号公理，也是行政科学的大厦得以建立起来的价值基石。

效率是一种工具理性。韦伯对此从哲学层面上的解读堪称经典。在他看来，合理性有两种形式，即形式合理性和实质合理性。形式合理性是指合乎工具理性原则的科学性，也可使用哲学的概念把它称作逻辑形式主义，它是一种纯形式的、客观的、不包括价值判断的思维方式和立场，其主要表现是手段和程序的可计算性。韦伯指出，"一种行动类型为'理性化'的，是指这种活动为明确设计的规则所控制，是指对活动范围的限制精确，并涉及专门概念和知识的应用，是指这种活动被系统地安排成内恰的整体。在这些特点用指工具性行动时，它们意味着极其严格的操作上的精确性和可计算性"[5]。可见，形式合理性是通过实践的途径确认工具（手段）的有用性，从而追求事物的最大功效，为人的某种功利服务。形式合理性是通过精确计算功利的方法最有效达致目的的理性，是一种以工具崇拜和技术主义为生存目标的价值观，所以形式合理性又被称

---

① 彭和平、竹立家：《国外公共行政理论精选》，中共中央党校出版社 1997 年版，第 1—47 页。

② 〔德〕韦伯 M，《经济与社会（下卷）》，林荣远译，商务印书馆 1997 年版，第 296 页。

③ Gulick L，Urwick L，*Papers and the Science of Administration*，London：Routledge，2003，p. 192.

④ Simon H A，Smithburg D，Thompson V A，Public Administration，New York：Alfred Knopf Co.，1950，p. 256.

⑤ 〔英〕比瑟姆 D：《马克斯·韦伯与现代政治理论》，徐鸿宾、徐京辉、康立伟译，浙江人民出版社 1989 年版，第 67—68 页。

为功效理性或效率理性。形式合理性的核心是对效率的追求，所以资本主义社会在发展工业现代化的道路上，追求效率就具有了真理性。这是一种时代的需求，效率中心论反映了这种需求，同时也适应了这一历史性诉求。

标准往往被视为效率的"生命线"。科学管理以来的大量实践证明，在大规模的组织中，如果缺少科学合理、透明公开、操作性强且相对稳定的标准，很难在其生产经营活动中保持可持续的高效率。为了探索提高效率的途径，泰勒、韦伯、法约尔及其跟随者的标准化思想在他们的管理理论中均占据一席之地。例如，泰勒基于工厂管理的视域指出，科学管理的重要措施就是实行工具标准化、操作标准化、劳动动作标准化、劳动环境标准化等标准化管理。只有实行标准化，才能使工人使用更有效的工具，采用更有效的工作方法，从而达到提高劳动生产率的目的。同时，要对工人操作的每一个动作进行科学研究，以形成标准的作业方法。在动作分解与作业分析的基础上进一步观察和分析工人完成每项动作所需要的时间，为标准作业的方法制定标准的作业时间。法约尔提出的管理的五项职能、管理的十四项原则，久利克提出的 POSDCORB[①]职能说和分部化原则，实际上都是在建构一般管理原则或组织管理标准。韦伯提出的经典组织范式——"官僚制"确立了如组织法治化、科层化、专业化、专职化、绩效制、非人格化、公私分开等可预见性的规则，也可以被视为一种更宏大的组织标准化设计。

在 20 世纪 80 年代初的新公共管理运动中，英国的效率小组建议设立"3E"[②]标准体系，以取代传统的效率标准。不久，英国审计委员会将"3E"标准纳入绩效审计框架，并将其应用于地方政府以及国家健康服务的管理实践，从而实现了行政价值从"效率优位"向"绩效优位"的转变。新公共管理以对企业范式的模仿为基本前提，在僵化的、缺乏回应性的官僚体制中引入竞争，在政治和行政关系中引入经济学的市场分析模式——公共选择、协议契约、交易成本、放松规制以及委托—代理理论，将市场机制和私人部门管理策略引入公共部门，改革倾向于市场化、企业化。在新公共管理的影响下，西方国家开展了多种形式的改革，包括变革政府的组织结构、领导体制、公共财政和预算制度、公共人事管理制度、政府绩效评价系统，以及地方分权、放松管制等。美国的"重塑政府运动"、新西兰的"新公共管理运动"和英国的"民营化"在提高政府效率、转变政府职能、优化政府角色、强化市场竞争、改善公共服务

---

① POSDCORB: planning（计划）、organising（组织）、staffing（人事）、directing（指挥）、coordinating（协调）、reporting（报告）、budgeting（预算）。

② "3E"，即经济（economy）、效率（efficiency）、效果（effectiveness）。

等方面表现卓越，被认为是"一场与传统决裂的转型"①。与传统公共行政追求的效率原则有所不同，新公共管理要求实现从"效率优位"向"绩效优位"的转变，实际上是拓展了效率的内涵。但如果我们从中抽象出它们共同的本质属性，两者的立足点都是追求效率和生产率等价值。因此，英国学者费利耶（Ferlie）把新公共管理的价值取向归纳为"效率驱动模式"②。

随着标准化在政府各部门的进一步应用和发展，为了更加充分地反映公共组织目标的多样性和复杂性，诸如"新公共行政""新公共服务"所倡导的公平、正义、代表性、回应性、参与性、公民权、责任性等与人本主义、民主政治紧密相关的概念被引入评价公共服务有效性的维度，并通过指标的操作化，使评价标准的内涵外延得以拓展，公共价值优先地位得以彰显。之所以出现这些不同看法，一方面源于效率主义的运行逻辑导致了与人本主义、民主政治的冲突；另一方面，也与评价工具自身的"脱靶"或"失效"问题有关，即评价公共服务有效性的工具和手段本身不够科学、效度不高，从而越来越偏离公共服务的本真目标及其公共性的内核。要解决这一问题，需要强化对评价目标的认知，并在此基础上改进评价工具和方法。

值得注意的是，近年来，新公共治理这一新兴范式对于公共服务有效性及其评价标准进行了新的诠释。其一，从评价单元上看，传统范式对公共服务有效性的评价往往聚焦于单个或几个单元，而新公共治理聚焦于整个公共服务系统，力求使有效性的评价回归到公共利益的系统有效性上。其二，从评价维度上看，由于新公共治理重视公共服务提供主体之间的网络合作关系，甚至视顾客（或服务对象）为合作生产者，所以，"合作""关系""信任""对话""承诺""整体"等成为评价公共服务组织有效性的流行话语。例如，有学者将关系绩效解构为回应性（responsiveness）、保证性（assurance）和关怀性（empathy），并对关系绩效分别与运作绩效、成本绩效和顾客满意度的关系进行了分析③。总之，在新公共治理范式下，治理网络的有效性不仅取决于有形的产出绩效，也取决于无形的关系绩效。但在一定程度上来讲，关系绩效的实现并不是治理网络的终极价值追求，而只是实现终极价值的手段。其三，从公共价值

---

① 汪大海、刘金发：《转型期中国公共行政市场价值和公共价值的整合》，《中国行政管理》2011 年第 11 期，第 10—14 页。

② Ferlie E，Pettigrew A，Ashburner L，et al. *The New Public Management in Action*，Oxford：Oxford University Press，1996，pp. 10—15.

③ 包国宪、赵晓军：《新公共治理理论及对中国公共服务绩效评估的影响》，《上海行政学院学报》2018 年第 2 期，第 29—42 页。

上看，新公共治理范式下进行的公共服务有效性评价突出了公共价值的基础性地位。对作为合作生产者的公民的重视及对整个公共服务系统的关注，使得公共服务有效性评价更易于关注公共价值而非私人价值，因而在内容和程序上更具合法性。

综上所述，尽管对于有效性的内涵及其评价维度存在不同的认知，但基本的共识还是存在的，这些基本共识应当在农村公共产品供给标准化过程中融会贯通。标准要素应该形成一个系统性的结构。经过实践的检验，"3E"标准已成为结构相对优化的出发点，因为它们建立在一个相当清楚的模式之上，为我们遴选标准指标提供了关键性的思考主轴。在经济指标内，主要考虑农村公共产品供给的"成本"与"资源"；在效率指标内，主要考虑农村公共产品供给的"资源"与"产出"；在效果指标内，主要考虑农村公共产品供给的"产出"与"结果"。在这样环环相扣的过程中，观察其对标团体所产生的"服务水准"与"接收比率"。从发展的趋向看，绩效越来越成为一个包括"3E"、质量、公平、责任、回应等在内的综合性的要素结构。

第三节　标准现状与问题诊断

农村公共产品供给标准化研究和实践，是实施乡村振兴战略、绘制现代版"富春山居图"的题中之义，是推进实现城乡基本公共服务均等化目标的现实所需。从这一意义上看，"标准化"与"均等化"这两个命题之间是同构共生的关系，在诠释和实现机制上要努力做到"由技入道""道技合一"。但这并不意味着，只要制定并实施了农村公共产品供给标准，城乡基本公共服务均等化乃至乡村振兴战略目标就一蹴而就了。在现实中，存在类似于"政策失败"的逻辑，不仅农村公共产品供给行为有可能出现"低效供给"问题，由政府主导制定的标准作为一种特殊的政策性公共产品，也有可能存在诸如标准的"系统性失效""导向性失效""体制性失效""执行性失效""评价性失效"等问题。

本书要着力破解和研究的关键问题是如何建立科学有效的供给标准并以此推动农村公共产品的有效供给。其中，科学有效的供给标准属于形式合理性的范畴，重在"由技入道"，探求的是标准化操作层面的问题；农村公共产品的有效供给属于价值理性的范畴，重在"道技合一"，研究的是标准化目标指向的问题。

一、农村公共产品供给标准发展现状

如前文所述，自 2014 年中央一号文件中提出要"开展农村公共服务

标准化试点工作"①，国家标准化管理委员会、财政部就启动了农村综合改革标准化试点工作。截至 2022 年，已经先后开展了四批共计 141 个农村综合改革标准化试点项目，试点范围涵盖了美丽乡村建设、农村公共服务、农业社会化服务、村级集体经济发展、农村产权流转交易服务、小城镇建设、农村可持续发展等与农村公共产品供给直接相关的重点领域。江苏、浙江、安徽、四川、贵州、湖北等地结合本地发展需要，制定与当地经济社会发展水平相适应的、体现地方特色的地方标准。农村公共服务标准化试点工作促进了农村资源的有效整合，积累了以标准化支撑农村公共产品供给的经验，促进了城乡基本公共服务均等化发展。农村基础设施得到改善，人居环境得到美化，公共服务得到规范，乡村治理水平有所提升。

（一）构建农村基本公共服务标准框架

如前文所述，国务院分别于 2012 年、2017 年印发的《国家基本公共服务体系"十二五"规划》《"十三五"推进基本公共服务均等化规划》从总体上勾勒了国家基本公共服务的制度安排。其中，《国家基本公共服务体系"十二五"规划》突出体现"学有所教、劳有所得、病有所医、老有所养、住有所居"的要求，将规划范围确定为公共教育、劳动就业服务、社会保障、基本社会服务、医疗卫生、人口计生、住房保障、公共文化等领域的基本公共服务（图 1-2）。《国家基本公共服务体系"十二五"规划》还指出，基础设施、环境保护两个领域也是基本公共服务重点任务，包括：行政村通公路和客运班车，城市建成区公共交通全覆盖；行政村通电，无电地区人口全部用上电；邮政服务做到乡乡设所、村村通邮；县县具备污水、垃圾无害化处理能力和环境监测评估能力；保障城乡饮用水水源地安全等。这些内容分别纳入综合交通运输、能源、邮政、环境保护等专项规划中。这就相当于为基本公共服务标准体系设置了一个相对系统的框架。

根据《关于建立健全基本公共服务标准体系的指导意见》所设定的目标："到 2025 年，基本公共服务标准化理念融入政府治理，标准化手段得到普及应用，系统完善、层次分明、衔接配套、科学适用的基本公共服务标准体系全面建立"。因此，"十四五"时期将主要解决基本公共服务标准化的问题。国家基本公共服务制度紧扣以人为本，围绕从出生到死亡各个阶段和不同领域，以涵盖教育、劳动就业创业、社会保险、

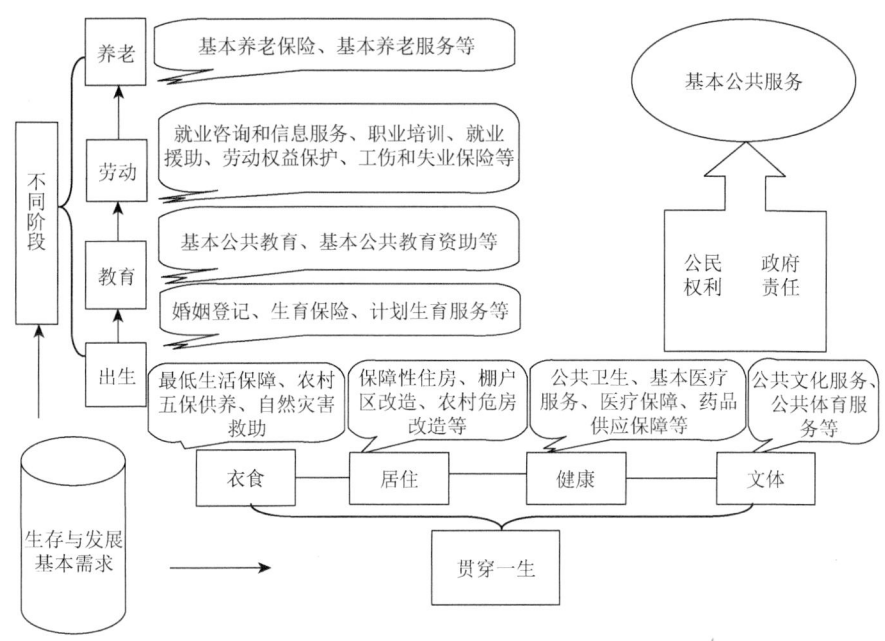

图 1-2 《国家基本公共服务体系"十二五"规划》的范围和内涵

医疗卫生、社会服务、住房保障、文化体育等领域的基本公共服务清单为核心，以促进城乡、区域、人群基本公共服务均等化为主线，以各领域重点任务、保障措施为依托，以统筹协调、财力保障、人才建设、多元供给、监督评估等五大实施机制为支撑，成为政府保障全民基本生存发展需求的制度性安排。

（二）建立农村基本公共服务标准机制

建立国家基本公共服务"清单制"。依据现行法律法规和相关政策确定基本公共服务主要领域，以及各领域具体服务项目和国家基本标准，向社会公布，作为政府履行职责和公民享有相应权利的依据。"十三五"国家基本公共服务清单包括基本公共教育、基本劳动就业创业、基本社会保险、基本医疗卫生、基本社会服务、基本住房保障、基本公共文化体育、残疾人基本公共服务等 8 个领域的 81 个项目。每个项目均明确服务对象、服务指导标准（表 1-4）。其中，服务对象是指各项目所面向的受众人群；服务指导标准是指各项目的保障水平、覆盖范围、实现程度等。"清单制"是"十三五"时期实现基本公共服务均等化的重要基础，各项目服务内容和标准要在规划期内落实到位。在规划实施过程中，可结合经济社会发展状况，按程序对清单具体内容进行动态调整。

表1-4 "十三五"国家基本公共服务清单

序号	服务项目	服务对象	服务指导标准
一、基本公共教育			
1	免费义务教育	义务教育学生	对城乡义务教育学生免除学杂费，免费提供教科书；统一城乡义务教育学校生均公用经费基准定额
2	农村义务教育学生营养改善	贫困地区农村义务教育学生	在集中连片特困地区开展国家试点，中央财政为试点地区学生提供每生每年800元的营养膳食补助，鼓励各地因地制宜开展地方试点
3	寄宿生生活补助	义务教育家庭经济困难寄宿学生	小学生每生每年1000元，初中生每生每年1250元
4	普惠性学前教育资助	经县级以上教育行政部门审批设立的普惠性幼儿园在园家庭经济困难儿童、孤儿和残疾儿童	减免保育教育费，补助伙食费，具体资助方式和资助标准由省级人民政府结合本地实际自行制定
5	中等职业教育国家助学金	中等职业学校全日制正式学籍一、二年级在校涉农专业学生和非涉农专业家庭经济困难学生；六盘山区等11个集中连片特困地区和西藏、四省藏区、新疆南疆四地州中等职业学校农村（不含县城）学生	国家助学金每生每年2000元，中央财政按区域确定家庭经济困难学生比例，西部地区按在校学生的20%确定，中部地区按在校学生的15%确定，东部地区按在校学生的10%确定
6	中等职业教育免除学杂费	公办中等职业学校全日制正式学籍一、二、三年级在校生中所有农村（含县镇）学生，城市涉农专业学生和家庭经济困难学生（艺术类相关表演专业学生除外），符合条件的民办职业学校学生	按各省（区、市）人民政府及其价格、财政主管部门确定的学费标准免除学杂费。公办中等职业学校，中央财政统一按平均每生每年2000元标准，与地方按比例分担免除学杂费补助资金。符合条件的民办职业学校学生参照当地同类型、同专业公办学校免除学杂费标准予以补助
7	普通高中国家助学金	普通高中在校生中的家庭经济困难学生	国家助学金平均资助标准为每生每年2000元，具体标准由各地结合实际分档确定
8	免除普通高中建档立卡等家庭经济困难学生学杂费	公办普通高中建档立卡等家庭经济困难在校学生（含非建档立卡的家庭经济困难残疾学生、农村低保家庭学生、农村特困救助供养学生），符合条件的民办普通高中学生	按各省（区、市）人民政府及其价格、财政主管部门确定的学费标准免除学杂费（不含住宿费）。中央财政逐省（区、市）核定免学杂费财政补助标准。符合条件的民办学校学生参照当地同类型公办学校免除学杂费标准予以补助
二、基本劳动就业创业			
9	基本公共就业服务	有就业需求的劳动年龄人口	提供就业政策法规咨询、职业供求信息、市场工资指导价位信息和职业培训信息、职业指导和职业介绍、就业登记和失业登记、流动人员人事档案管理等服务
10	创业服务	有创业需求的劳动者	提供项目选择、开业指导、融资对接、岗位信息等服务，对符合政策规定的创业者提供创业担保贷款扶持
11	就业援助	零就业家庭和符合条件的就业困难人员	提供政策咨询、职业指导、岗位信息等服务，使城镇有就业能力的零就业家庭至少一人就业

序号	服务项目	服务对象	服务指导标准
12	就业见习服务	离校一年内未就业高校毕业生	组织有意愿的离校未就业毕业生参加就业见习;指导见习单位和见习人员签订见习协议,安排带教老师,为见习人员办理人身意外保险;见习单位和地方人民政府为见习人员提供基本生活补助。对见习期满留用率达到50%以上的见习单位,适当提高见习补贴标准
13	大中城市联合招聘服务	有求职愿望的高校毕业生和青年人才以及有招聘需求的各类用人单位	提供大中城市联动、线上线下融合的招聘服务,方便服务对象登录用人单位需求库和求职简历库;提供职业能力测试和评估、简历(岗位)筛查和需求分析、预就业创业体验、双向定制推荐岗位(人才)信息、就业创业指导、实用基础课程培训等就业服务
14	职业技能培训和技能鉴定	城乡各类有就业创业、提升岗位技能要求和培训愿望的劳动者	贫困家庭子女、毕业年度高校毕业生、城乡未继续升学的应届初高中毕业生、农村转移就业劳动者、城镇登记失业人员,以及符合条件的企业在职职工可按规定享受职业培训补贴;按规定给予参加劳动预备制培训的农村学员和城市低保家庭学员一定生活费补贴;符合条件人员享受职业技能鉴定补贴
15	"12333"人力资源和社会保障服务热线电话咨询	所有单位和个人	提供就业、社会保障、劳动关系、人事制度、人才建设、工资收入分配等方面的政策咨询及信息查询服务。人工服务为5×8小时,自助语音服务为7×24小时,综合接通率达到80%以上
16	劳动关系协调	用人单位和与之建立劳动关系的劳动者	提供劳动关系政策咨询、劳动用工指导、获得劳动合同和集体合同示范文本、劳动纠纷调解、集体协商指导等服务,推动企业劳动合同签订率达到90%以上
17	劳动人事争议调解仲裁	存在劳动人事关系的用人单位和劳动者	提供劳动人事争议调解和仲裁服务,推动劳动人事争议调解成功率达到60%以上,仲裁案件结案率达到90%以上
18	劳动保障监察	各类用人单位和劳动者	提供法律咨询和执法维权服务
三、基本社会保险			
19	职工基本养老保险	符合条件的参保退休人员	发放基本养老金,包括基础养老金和个人账户养老金,对改革前参加工作、改革后退休的参保人员增发过渡性养老金,建立基本养老金合理调整机制
20	城乡居民基本养老保险	符合条件的城乡居民	发放基础养老金和个人账户养老金。目前,国家确定的基础养老金最低标准为每人每月70元。根据经济发展和物价变动等情况,建立基础养老金水平合理调整机制
21	职工基本医疗保险	职工、无雇工的个体工商户、非全日制从业人员及灵活就业人员	政策范围内住院费用医保基金支付比例稳定在75%左右

序号	服务项目	服务对象	服务指导标准
22	生育保险	各类企业、机关、事业单位、社会团体等用人单位	基金支付生育期间的医疗费和生育津贴，生育津贴按职工所在用人单位上年度职工月平均工资计发
23	城乡居民基本医疗保险	除职工基本医疗保险应参保人员以外的其他所有城乡居民（包括农村人口和城镇非就业人员）	整合城镇居民基本医疗保险和新型农村合作医疗保险，政策范围内住院费用医保基金支付比例稳定在75%左右，大病保险的报销比例达到50%以上
24	失业保险	依法参保并足额缴纳失业保险费的用人单位及其职工、失业人员	对符合条件的失业人员支付失业保险金、基本医疗保险费、丧葬补助金和抚恤金等，对符合条件的企业给予各类稳定岗位补贴。参保人数在1.8亿人左右
25	工伤保险	企业、事业单位、社会团体、民办非企业单位、基金会、律师事务所、会计师事务所等组织的职工和个体工商户的雇工	保障因工作遭受事故伤害或者患职业病的职工获得医疗救治和经济补偿，促进工伤预防和职业康复。工伤保险基金和用人单位按规定支付工伤医疗和康复费用、伤残津贴和补助、生活护理费及工亡补助等。参保人数达到2.2亿人以上
四、基本医疗卫生			
26	居民健康档案	城乡居民	为辖区常住人口建立统一、规范的居民电子健康档案，建档率逐步达到90%
27	健康教育	城乡居民	提供健康教育、健康咨询等服务
28	预防接种	0—6岁儿童和其他重点人群	在重点地区，对重点人群进行针对性接种国家免疫规划疫苗。以乡镇（街道）为单位，适龄儿童免疫规划疫苗接种率逐步达到90%以上
29	传染病及突发公共卫生事件报告和处理	法定传染病病人、疑似病人、密切接触者和突发公共卫生事件伤病员及相关人群	就诊的传染病病例和疑似病例以及突发公共卫生事件伤病员及时得到发现、登记、报告、处理，提供传染病防治和突发公共卫生事件防范知识宣传和咨询服务。传染病报告率和报告及时率均达到95%，突发公共卫生事件相关信息报告率达到100%
30	儿童健康管理	0—6岁儿童	提供新生儿访视、儿童保健系统管理、体格检查、儿童营养与喂养指导、生长发育监测及评价和健康指导等服务。0—6岁儿童健康管理率逐步达到90%
31	孕产妇健康管理	孕产妇	提供孕期保健、产后访视及健康指导服务。孕产妇系统管理率逐步达到90%以上
32	老年人健康管理	65岁及以上老年人	提供生活方式和健康状况评估、体格检查、辅助检查和健康指导等健康管理服务。65岁及以上老年人健康管理率逐步达到70%
33	慢性病患者管理	原发性高血压患者和Ⅱ型糖尿病患者	提供登记管理、健康指导、定期随访和体格检查服务。全国计划管理高血压患者约1亿人，糖尿病患者约3500万人

序号	服务项目	服务对象	服务指导标准
34	严重精神障碍患者管理	严重精神障碍患者	提供登记管理、随访指导服务。在册患者管理率和精神分裂症治疗率逐步均达到80%以上
35	卫生计生监督协管	城乡居民	提供食品安全信息报告、饮用水卫生安全巡查、学校卫生服务、非法行医和非法采供血信息报告等服务。逐步覆盖90%以上的乡镇
36	结核病患者健康管理	辖区内确诊的肺结核患者	提供肺结核筛查及推介转诊、入户随访、督导服药、结果评估等服务。结核病患者健康管理服务率逐步达到90%
37	中医药健康管理	65岁以上老人、0—3岁儿童	通过基本公共卫生服务项目为65岁以上老人提供中医体质辨识和中医保健指导服务，为0—3岁儿童提供中医调养服务。目标人群覆盖率逐步达到65%
38	艾滋病病毒感染者和病人随访管理	艾滋病病毒感染者和病人	在医疗卫生机构指导下，为艾滋病病毒感染者和病人提供随访服务。感染者和病人规范管理率逐步达到90%
39	社区艾滋病高危行为人群干预	艾滋病性传播高危行为人群	为艾滋病性传播高危行为人群提供综合干预措施。干预措施覆盖率逐步达到90%
40	免费孕前优生健康检查	农村计划怀孕夫妇	提供健康教育、健康检查、风险评估和咨询指导等孕前优生服务。目标人群覆盖率逐步达到80%
41	基本药物制度	城乡居民	政府办基层医疗卫生机构全部实行基本药物零差率销售，按规定纳入基本医疗保险药品报销目录，逐步提高实际报销水平
42	计划生育技术指导咨询	育龄人群	提供计划生育技术指导咨询服务、计划生育相关的临床医疗服务、符合条件的再生育技术服务和计划生育宣传服务
43	农村部分计划生育家庭奖励扶助	年满60周岁、只生育一个子女或两个女孩的农村计划生育家庭夫妇	发放一定数额的奖励扶助金，并根据经济社会发展水平实行奖励扶助标准动态调整
44	计划生育家庭特别扶助	符合条件的独生子女伤残、死亡的父母及节育手术并发症三级以上人员	根据不同情况，给予适当扶助，并根据经济社会发展水平实行特别扶助标准动态调整
45	食品药品安全保障	城乡居民	对供应城乡居民的食品药品开展监督检查，及时发现并消除风险。对药品医疗器械实施风险分类管理，提高对高风险对象的监管强度
五、基本社会服务			
46	最低生活保障	家庭成员人均收入低于当地最低生活保障标准，且符合当地最低生活保障家庭财产状况规定的家庭	按照共同生活的家庭成员人均收入低于当地最低生活保障标准的差额，按月发给最低生活保障金

序号	服务项目	服务对象	服务指导标准
47	特困人员救助供养	无劳动能力、无生活来源且无法定赡养、抚养、扶养义务人，或者其法定义务人无赡养、抚养、扶养能力的老年人、残疾人以及未满16周岁的未成年人	提供基本生活条件；对生活不能自理的给予照料；提供疾病治疗；办理丧葬事宜；对符合规定标准的住房困难的分散供养特困人员，给予住房救助；对在义务教育阶段就学的特困人员，给予教育救助；对在高中教育（含中职）、普通高等教育阶段就学的特困人员，根据实际情况给予适当教育救助
48	医疗救助	重点救助对象：最低生活保障家庭成员和特困救助供养人员。低收入救助对象：低收入家庭的老年人、未成年人、重度残疾人和重病患者，以及其他特殊困难人员。重特大疾病医疗救助对象：除上述救助对象以外，还包括因病致贫家庭重病患者。疾病应急救助对象：在中国境内发生急重危伤病、需要急救但身份不明确或无力支付相应费用的患者	对重点救助对象参加城乡居民基本医疗保险的个人缴费部分进行补贴，对特困救助供养人员给予全额资助，对最低生活保障家庭成员给予定额资助。重点救助对象在定点医疗机构发生的政策范围内住院费用，可经过基本医疗保险、城乡居民大病保险及各类补充医疗保险、商业保险报销的个人负担费用，在年度救助限额内按不低于70%的比例给予救助。对重点救助对象和低收入救助对象经基本医疗保险、城乡居民大病保险及各类补充医疗保险、商业保险等报销后个人负担的合规医疗费用，直接予以补助；因病致贫家庭重病患者等其他救助对象负担的合规医疗费用，先由其个人支付，对超过家庭负担能力的部分予以救助。医疗机构对疾病应急救助对象紧急救治所发生的费用，可向疾病应急救助基金申请补助
49	临时救助	家庭对象：因火灾、交通事故等意外事件，家庭成员突发重大疾病等原因，导致基本生活暂时出现严重困难的家庭；因生活必需支出突然增加超出家庭承受能力，导致基本生活暂时出现严重困难的最低生活保障家庭；遭遇其他特殊困难的家庭。个人对象：因遭遇火灾、交通事故、突发重大疾病或其他特殊困难，暂时无法得到家庭支持，导致基本生活陷入困境的个人	为救助对象发放临时救助金；根据临时救助标准和救助对象基本生活需要，发放衣物、食品、饮用水，提供临时住所；对给予临时救助金、实物救助后，仍不能解决临时救助对象困难的，可分情况提供转介服务。县级以上地方人民政府根据救助对象困难类型、困难程度，统筹考虑其他社会救助制度保障水平，合理确定临时救助标准，并适时调整
50	受灾人员救助	基本生活受到自然灾害严重影响的人员	及时为受灾人员提供必要的食品、饮用水、衣被、取暖、临时住所、医疗防疫等应急救助；对住房损毁严重的受灾人员进行过渡性安置；及时核实本行政区域内居民住房恢复重建补助对象，并给予资金、物资等救助；受灾地区人民政府应当为因当年冬寒或者次年春荒遇到生活困难的受灾人员提供基本生活救助
51	法律援助	经济困难公民和特殊案件当事人	提供必要的法律咨询、代理、刑事辩护等无偿法律服务

续表

序号	服务项目	服务对象	服务指导标准
52	老年人福利补贴	经济困难的高龄、失能老年人	对经济困难的高龄老年人,逐步给予养老服务补贴;对生活长期不能自理、经济困难的老年人,给护理补贴
53	困境儿童保障	因家庭贫困导致生活、就医、就学等困难的儿童,因自身残疾导致康复、照料、护理和社会融入等困难的儿童,以及因家庭监护缺失或监护不当遭受虐待、遗弃、意外伤害、不法侵害等导致人身安全受到威胁或侵害的儿童	为困境儿童提供基本生活、基本医疗、教育等服务,落实监护责任。各地统筹考虑困境儿童的困难类型、困难程度、致困原因,完善落实社会救助、社会福利等保障政策
54	农村留守儿童关爱保护	父母双方外出务工或一方外出务工另一方无监护能力、未满16周岁的农村户籍未成年人	强化家庭监护主体责任;落实县、乡镇人民政府和村(居)民委员会职责;加大教育部门和学校关爱保护力度;动员群团组织开展关爱服务;推动社会力量积极参与
55	基本殡葬服务	执行国家殡葬政策的困难群众	为城乡困难群众以减免费用或补贴方式提供遗体接运、暂存、火化、骨灰寄存等基本殡葬服务;为优抚对象及城乡困难群众免费或低收费提供骨灰节地生态安葬服务
56	优待抚恤	享受国家抚恤补助的优抚人员	建立完善优抚对象待遇与贡献相一致的优抚保障体系,将优抚对象优先纳入覆盖一般群众的救助、养老、医疗、住房以及残疾人保障等各项社会保障制度体系
57	退役军人安置	退役军人	自主就业的,在领取退役金后,按规定享受扶持就业优惠政策;其他分别采取安排工作、退休、供养等方式予以安置
58	重点优抚对象集中供养	需要常年医疗或者独身一人不便分散安置的一级至四级残疾退役军人;老年、残疾或者未满16周岁的烈士遗属、因公牺牲军人遗属、病故军人遗属和进入老年的残疾军人、复员军人、退伍军人中无法定赡养人(扶养人、抚养人)或赡养人(扶养人、抚养人)无赡养(扶养、抚养)能力且享国家定期抚恤补助待遇的优抚对象	建立完善优抚对象待遇与贡献相一致的优抚保障体系,依托优抚医院、光荣院,给予符合条件的重点优抚对象集中供养、医疗等保障
六、基本住房保障			
59	公共租赁住房	符合条件的城镇低收入住房困难家庭、城镇中等偏下收入住房困难家庭、新就业无房职工、城镇稳定就业的外来务工人员	实行实物保障与货币补贴并举,并逐步加大租赁补贴发放力度
60	城镇棚户区住房改造	符合条件的城镇居民	实物安置和货币补偿相结合,具体标准由市、县级人民政府确定(有国家标准的,执行国家标准)。全国开工改造包括城市危房、城中村在内的各类棚户区住房2000万套

续表

序号	服务项目	服务对象	服务指导标准
61	农村危房改造	居住在危房中的建档立卡贫困户、分散供养特困人员、低保户、贫困残疾人家庭等贫困农户	支持符合条件的贫困农户改造危房，各省份确定不同地区、不同类型、不同档次的省级分类补助标准，中央财政给予适当补助，基本完成存量危房改造任务。地震设防地区结合危房改造，统筹开展农房抗震改造
七、基本公共文化体育			
62	公共文化设施免费开放	城乡居民	公共图书馆、文化馆（站）、公共博物馆（非文物建筑及遗址类）、公共美术馆等公共文化设施免费开放，基本服务项目健全
63	送地方戏	农村居民	根据群众实际需求，采取政府购买服务等方式，为农村乡镇每年提供戏曲等文艺演出服务
64	收听广播	城乡居民	为全民提供突发事件应急广播服务。通过直播卫星提供不少于17套广播节目，通过无线模拟提供不少于6套广播节目，通过数字音频提供不少于15套广播节目
65	观看电视	城乡居民	通过直播卫星提供25套电视节目，通过地面数字电视提供不少于15套电视节目，未完成无线数字化转换的地区提供不少于5套电视节目
66	观赏电影	农村居民、中小学生	为农村群众提供数字电影放映服务，其中每年国产新片（院线上映不超过2年）比例不少于1/3。为中小学生每学期提供2部爱国主义教育影片
67	读书看报	城乡居民	公共图书馆（室）、文化馆（站）和行政村（社区）综合文化服务中心（含农家书屋）等配备图书、报刊和电子书刊，并免费提供借阅服务；在城镇主要街道、公共场所、居民小区等人流密集地点设置公共阅报栏（屏），提供时政、"三农"、科普、文化、生活等方面的信息服务
68	少数民族文化服务	主要少数民族地区居民	通过有线、无线、卫星等方式提供民族语言广播影视节目；提供民族语言文字出版的、价格适宜的常用书报刊、电子音像制品和数字出版产品。提供少数民族特色的艺术作品，开展少数民族文化活动
69	参观文化遗产	未成年人、老年人、现役军人、残疾人和低收入人群	参观文物建筑及遗址类博物馆实行门票减免，文化和自然遗产日免费参观
70	公共体育场馆开放	城乡居民	有条件的公共体育设施免费或低收费开放；推进学校体育设施逐步向公众开放
71	全民健身服务	城乡居民	提供科学健身指导、群众健身活动和比赛、科学健身知识等服务；免费提供公园、绿地等公共场所全民健身器材

续表

序号	服务项目	服务对象	服务指导标准
		八、残疾人基本公共服务	
72	困难残疾人生活补贴和重度残疾人护理补贴	困难残疾人和重度残疾人	为低保家庭中的残疾人提供生活补贴,为残疾等级被评定为一级、二级且需要长期照护的重度残疾人提供护理补贴。有条件的地方可逐步提高补贴标准、扩大补贴范围
73	无业重度残疾人最低生活保障	生活困难、靠家庭供养且无法单独立户的成年无业重度残疾人	经个人申请,可按照单人户纳入最低生活保障范围
74	残疾人基本社会保险个人缴费资助和保险待遇	贫困和重度残疾人	为参加居民基本养老保险、居民基本医疗保险的服务对象按规定提供个人缴费补贴;将符合规定的医疗康复项目、基本的治疗性康复辅助器具逐步纳入基本医疗保障范围
75	残疾人基本住房保障	残疾人	对符合基本住房保障条件的城镇残疾人家庭给予优先轮候、优先选房等政策;同等条件下优先为经济困难的残疾人家庭实施农村危房改造,完成农村贫困残疾人家庭存量危房改造任务
76	残疾人托养服务	就业年龄段智力、精神及重度肢体残疾人	支持日间照料机构和专业托养服务机构为100万残疾人提供护理照料、生活自理能力和社会适应能力训练、职业康复、劳动技能培训、辅助性就业等服务
77	残疾人康复	有康复需求的持证残疾人、残疾儿童	提供康复建档、评估、训练、心理疏导、护理、生活照料、辅具适配、咨询、指导和转介等基本康复服务;开展残疾儿童康复救助,逐步为0—6岁视力、听力、言语、智力、肢体残疾儿童和孤独症儿童免费提供手术、辅助器具配置和康复训练等服务
78	残疾人教育	残疾儿童、青少年	逐步为家庭经济困难的残疾学生提供包括义务教育、高中阶段教育在内的12年免费教育;对残疾儿童普惠性学前教育予以资助;对残疾学生特殊学习用品、教育训练、交通费等予以补助
79	残疾人职业培训和就业服务	有劳动能力和就业意愿的城乡残疾人	各级公共就业服务机构及残疾人就业服务机构按规定为城镇残疾人提供有针对性的职业技能培训、岗位技能提升培训、创业培训等就业创业服务;为50万中西部地区农村贫困残疾人提供农业实用技术培训
80	残疾人文化体育	残疾人	能够收看到有字幕或手语的电视节目,在公共图书馆得到盲文和有声读物等阅读服务;为基层残疾人体育活动场所和残疾人综合服务设施配置适宜的器材器械
81	无障碍环境支持	残疾人、老年人等	推进公共场所和设施无障碍改造;对贫困重度残疾人家庭继续开展无障碍改造;逐步开展互联网和移动互联网无障碍信息服务

资料来源:《"十三五"推进基本公共服务均等化规划》

优化国家基本公共服务实施机制。推动建立健全科学有效的基本公共服务实施机制，改善人财物等基础条件，以推动规划目标顺利实现，努力确保国家基本公共服务制度高效运转。一是统筹协调机制。加强中央和地方、政府和社会的互动合作，促进各级公共服务资源有效整合，形成实施合力。二是财力保障机制。拓宽资金来源，增强县级政府财政保障能力，稳定基本公共服务投入。三是人才建设机制。加强人才培养培训，强化激励约束，促进合理流动，相关政策重点向基层倾斜，不断提高服务能力和水平。四是多元供给机制。积极引导社会力量参与，推进政府购买服务，推广政府与社会资本合作（public private partnership，PPP）模式。五是监督评估机制。坚持目标导向和问题导向，完善信息统计收集和需求反馈机制，加强对规划实施的动态跟踪监测，推动总结评估和督促检查。

（三）制定农村公共产品供给推荐标准

党的十八大以来，围绕农村公共产品供给相关领域，国家标准化管理委员会发布了大量国家推荐性标准，部分标准见表 1-5，内容涉及村庄基础设施和公共服务设施管护、村庄环境卫生维护、村综合服务中心运行维护、村文体活动设施管护等若干方面。这些标准的发布实施对规范和引导农村公共产品供给行为起到了积极作用。

表 1-5　关于农村公共产品供给的部分现行国家标准

标准号	标准名称	标准内容与范围
GB/T 32000—2015	美丽乡村建设指南	规定了美丽乡村的村庄规划和建设、生态环境、经济发展、公共服务、乡风文明、基层组织、长效管理等建设要求，适用于指导以村为单位的美丽乡村的建设
GB/T 37072—2018	美丽乡村建设评价	规定了美丽乡村建设的评价原则、评价内容、评价程序、计算方法，适用于美丽乡村建设的综合评价
GB/T 37926—2019	美丽乡村气象防灾减灾指南	规定了美丽乡村气象防灾减灾工作的总体原则，基础能力以及风险识别与防范、信息传播与反馈、应急处置、培训和科普等方面的建议，适用于以行政村为单位的美丽乡村气象防灾减灾建设
GB/T 15659—2014	水电新农村电气化验收规程	规定了水电新农村电气化建设的验收依据、条件、内容与要求、程序与方法、验收报告等，适用于水电新农村电气化县（市、区、旗）的验收
GB/T 33495—2017	农村地区家电维修服务规范	规定了农村地区家电维修服务的基本要求、业务项目、程序、测评内容，适用于农村地区从事家电拆装和维修服务的各级组织、经营者和从业人员的有关经营活动
GB/T 34294—2017	农村民居防御强降水引发灾害规范	规定了农村民居村镇和单栋防御强降水引发灾害的一般原则、选址要求和防御要求，适用于农村民居强降水引发灾害的防御
GB/T 35343—2017	农村综合服务社规范	规定了农村综合服务社的基本原则、功能与项目构成、建设、管理和主要项目服务要求，适用于农村综合服务社的建设、管理和经营服务活动。农村综合服务中心、乡村综合服务社（中心）、农村综合服务站、为农服务社等可参照本标准执行

续表

标准号	标准名称	标准内容与范围
GB/T 35958—2018	农村土地承包经营权要素编码规则	规定了农村土地承包经营权要素（发包方、承包方、承包地块、承包合同、农村土地承包经营权登记簿、农村土地承包经营权证）的代码结构、编码方法和赋码规则，适用于农村土地承包经营权确权登记中对发包方、承包方、承包地块、承包合同、农村土地承包经营权登记簿、农村土地承包经营权证进行信息标识、处理、交换等
GB/T 35878—2018	农村日用消费品连锁经营网络规范	规定了农村日用消费品连锁经营网络（以下简称"网络"）构成及其功能、网络基本要求、网络管理和运营要求，适用于从事县及乡（镇）、村日用消费品连锁经营的组织
GB/T 37071—2018	农村生活污水处理导则	规定了农村生活污水的收集、处理、排放及以上过程的运行维护和监督的相关要求，适用于规划保留的行政村、自然村和农村集中居住区生活污水的处理。农村其他区域可参照执行
GB/T 37066—2018	农村生活垃圾处理导则	规定了农村生活垃圾处理的基本要求，分类投放与收集、运输、处理和运行管理，适用于规划保留的行政村、自然村和农村集中居住区生活垃圾的处理。农村其他区域可参照执行
GB/T 38354—2019	农村电子商务服务站（点）服务与管理规范	规定了农村电子商务服务站（点）的建设要求、服务内容、服务流程、服务要求及管理要求,适用于农村电子商务服务站（点）的建设、服务与管理
GB/T 38353—2019	农村公共厕所建设与管理规范	规定了农村公共厕所的建设、管理维护、服务质量和持续改进要求，适用于农村地区新建及改扩建独立式公共厕所，附属式农村公共厕所可参照使用
GB/T 38370—2019	农业社会化服务农机维修养护服务规范	规定了农机维修养护的术语和定义、基本要求、服务流程及要求、服务质量控制，适用于农机的维修及养护服务
GB/T 38303—2019	农业社会化服务农民技能培训规范	规定了农民技能培训的基本要求、培训内容、培训准备、培训实施、培训评估与改进、培训档案管理，适用于由培训组织开展的农民技能培训
GB/T 38307—2019	农业社会化服务农业良种推广服务通则	规定了农业良种推广服务的术语和定义、服务原则、基本要求、服务要求、服务流程、服务质量控制、服务评价与改进等内容，适用于农作物良种和林木良种的推广服务，其他农业良种的推广服务可参照使用
GB/T 37689—2019	农业社会化服务水产养殖病害防治服务规范	规定了水产养殖病害防治服务的基本要求、服务流程、服务要求、管理要求、投诉处理及持续改进，适用于提供水产养殖病害防治服务的社会化组织和机构
GB/T 37690—2019	农业社会化服务农业信息服务导则	规定了农业信息服务的术语和定义、基本要求、服务内容、服务方式、服务流程及服务质量要求，适用于提供农业信息服务的社会化组织和机构
GB/T 36209—2018	农业社会化服务农机跨区作业服务规范	规定了农机跨区作业服务的术语和定义、基本要求、合同签订、作业队组建、作业预案、农机具转运、作业服务、信息服务、服务质量、投诉处理，适用于农机跨区作业服务组织
GB/T 34802—2017	农业社会化服务土地托管服务规范	规定了土地托管服务方式、基本要求、服务内容及要求、纠纷处理、评价与改进和风险控制，适用于土地托管服务的提供和管理，也可作为对土地托管服务组织进行评估的依据
GB/T 34803—2017	农业社会化服务分类	规定了农业社会化服务的分类原则、代码结构、编码方法、服务分类代码与名称，适用于农业社会化服务的分类

续表

标准号	标准名称	标准内容与范围
GB/T 34804—2017	农业社会化服务 农业信息服务组织（站点）基本要求	规定了农业信息服务组织（站点）的建设要求、管理要求、服务要求、服务质量要求，适用于农业信息服务组织（站点）的建设、运行及管理
GB/T 31600—2015	农业综合标准化工作指南	规定了农业综合标准化的基本原则、程序、步骤与方法等，适用于农业、林业、畜牧业、渔业等领域内的农业生产、经营和服务的综合标准化工作
GB/T 32940—2016	乡镇综合文化站服务标准	规定了乡镇综合文化站公共文化服务的总则、服务条件、服务规范、服务安全、服务评价与改进等，适用于设置在乡（民族乡）、镇的综合文化站（综合性文化服务中心）。城市街道综合文化站（综合性文化服务中心）可参照执行
GB/T 31597—2015	城乡居民基本养老保险服务规范	规定了城乡居民基本养老保险参保登记、参保信息变更、养老保险费收缴、个人账户权益记录、待遇支付、保险关系转移、保险关系终止、服务监督、评价与改进的基本要求，适用于办理城乡居民基本养老保险的各级社会保险经办机构、乡镇（街道）劳动保障事务所、行政村（居）民委员会协办人员、合作金融机构
GB/T 34300—2017	城乡社区网格化服务管理规范	规定了城乡社区网格化服务管理的总体目标、网格划分、工作机构和运行方式、设施和经费保障等方面的要求，适用于全国城乡社区网格化服务管理工作，也适用于指导尚未开展农村社区建设的行政村的网格化服务管理工作
GB/T 37705—2019	城乡居民基本养老保险个人账户管理规范	规定了城乡居民基本养老保险个人账户管理的基本要求、个人账户管理内容、个人账户管理内部控制、个人账户基金管理、个人账户查询服务及个人账户管的争议及其处理，适用于县级以上社会保险经办机构开展城乡居民基本养老保险个人账户管理服务工作
GB/T 37702—2019	城乡居民基本养老保险待遇支付服务规范	规定了城乡居民基本养老保险待遇支付服务的要求，包括待遇核定、待遇支付、资格核对、争议处理、档案管理、服务监督评价与改进，适用于社会保险经办机构、乡镇（街道）劳动保障事务所、村（居）民委员会协办人员办理城乡居民基本养老保险待遇支付服务
GB 18055—2012	村镇规划卫生规范	规定了村镇规划和村镇环境卫生基础设施建设的基本卫生要求，适用于村镇的新建、改建、扩建的规划，也适用于现有的村镇规划的卫生学评价

二、农村公共产品供给标准问题诊断

尽管近年来我国农村公共产品供给标准化工作进程突飞猛进，也获得了一定的成效，但我国农村公共产品供给标准化发展时间短，系统化程度低，普及率不高，标准化工作中的有效性理念欠缺，体制性问题突出，这就造成了农村公共产品供给标准制定的"量"和"质"上均存在不少问题，在实施过程中出现了标准失效的问题。

（一）标准的"系统性失效"

农村公共产品供给标准体系作为一个由各组成部分或要素相互联系

构成的整体。标准体系是理顺标准关系、完善标准内容、有效管理标准和发挥系统效应的科学系统规划，是提高标准化效率的基础和保障。但是，目前尚未针对我国农村公共产品供给实际，对农村公共产品供给标准体系开展系统研究和顶层设计。

从系统论出发，标准体系内部的相互联系应当包括系统联系（整体性联系）、结构联系（层次性联系）和功能联系（目的性联系）三个方面。第一，系统联系是指标准体系内各组成部分之间（即子体系之间）及各组成部分内部（即子体系内部）存在着相互依赖又相互制约的联系。第二，结构联系包括上下联系和左右联系两个方面。上下联系即上层标准与下层标准之间的纵向联系；左右联系是指标准门类之间相互协调统一、衔接配套的联系，即在制定标准时，应考虑左右标准的协调统一。第三，功能联系包括标准的相同功能联系和标准的不同功能联系。功能不同的标准可按功能联系安排标准的先后顺序。只有如此"庖丁解牛"，才能使标准体系发挥系统性集成效应。但综观我国农村公共产品供给标准化现状可见，由于农村公共产品供给缺乏顶层设计，标准体系并不健全，各项标准之间远未做到协调统一、衔接配套、功能相连，"碎片化"的标准之间未能发挥集成效应而出现"系统性失效"。

（二）标准的"导向性失效"

道由技生，技由道合，两者相辅相成。标准是作为一种工具手段的"技"，它是为有效达成目的之"道"而服务的，我们不能为了标准化而标准化。在实施乡村振兴战略的背景下，农村公共产品供给标准化工作和建立健全基本公共服务标准体系的根本目的是以标准化促进基本公共服务均等化、普惠化、便捷化，推动城乡基本公共服务均等化基本实现，城乡融合发展体制机制更加完善。农村公共产品供给标准化是新时代提高保障和改善民生水平、推进国家治理体系和治理能力现代化的必然要求，对于不断满足人民日益增长的美好生活需要、不断促进社会公平正义、不断增进全体人民在共建共享发展中的获得感，具有重要意义。这就要求我们要把握好长期目标和短期目标的关系、增强群众获得感和适应发展阶段的关系、充分发挥市场决定性作用和更好发挥政府作用的关系。

但在现实中，农村公共产品供给标准化工作中却存在诸如"贪大求快、刮风搞运动""超越发展阶段而脱离实际""搞形式主义和'形象工程'"等问题。从作用结果来看，现实中的标准有可能产生负导向功能。主要有两种情况：一种是有的标准本身违反事物发展规律，对事物发展方向起逆反作用，被实践证明是错误的标准。另一种是标准本身基本正确，但在实施过程中产生了未能克服的负效应。在当前实施乡村振兴战略的背景下，之所以格外强调"以标准化促进基本公共服务均等化、普惠化、便捷化"这一目的，一个重要的原因就是要克服和纠正以往的一些农村公共产品供给标准或政策产生的负效应，努力消除制约农业农村现代化进程的制度因素。

例如，在以往的标准设定上，一些地方标准更多地关注见效快、周期短、具有显性政绩效应的"硬"公共产品供给，而在农业科技服务、农民技能培训、市场信息供给等"软"公共产品供给方面和一些见效慢、周期长但具有战略意义的纯公共产品供给方面，缺乏标准上的有效引导，从而使农村公共产品供给出现了供需结构上的失衡。一些地方标准脱离实际地追求"以多取胜"，农村基础设施重复建设、利用率低；公共产品供给出现逆向选择，财政支农资金得不到有效利用；甚至在农业农村项目制运作过程中，出现了乡村精英对扶贫政策资源的"俘获"现象，从而降低了扶贫效果，造成了农村社会结构的固化和治理结构的内卷化。一些地方标准把乡村回流人口作为乡村振兴的重要指标，而实际上，乡村振兴是要把人均收入提上去，而不是把规模做上去，乡村振兴绝对不是逆城镇化，而是要与新型城镇化国家战略紧密协同，共同促进城乡统筹和高质量发展。在标准化工作中，还有人把乡村全面振兴理解为所有乡村都一定要保留、都要振兴。实际上，标准不能"一刀切"，有条件的、基础好的特色村，应该支持做大做强和鼓励周边乡村向其靠拢乃至合并。基础条件很差、地处偏远的村落，要努力动员整村迁居。此外，有人错误地认为政府在农村公共产品供给及其标准化工作中要背负所有的责任。而事实上，作为一种"调控手段"，政府制定的标准应着重在规划引导、政策支持、市场监管、法治保障等方面发挥积极作用。正如有学者指出的那样，"政府对脱贫和保障基本生活水准有责任，对秩序治理和提供教育等基本公共服务有责任，但对乡村能否兴旺，尤其是具体某个村、某个乡的产业能否兴旺并没有责任，不能做无限政府基层社区可以通过政府公共服务购买引入社会组织社会力量，但并不应该具有'造血'功能，就应该以转移支付和保障功能为主"[①]。各种补助要量力而行，做到可持续发展，财政压力已经越来越大，不能盲目追求高标准和高承诺。在标准化工作中，要同时坚持以市场需求为导向，引导农业供给侧结构性改革不断深化，不断提高农业综合效益和农业农村竞争力，培育乡村发展持续新动能。

（三）标准的"体制性失效"

尽管 2018 年 1 月 1 日开始施行的《中华人民共和国标准化法》明确

---

① 陈杰：《乡村振兴须谨防五大误区和谨记六大要点》，《中国经济时报》2019 年 4 月 1 日。

了国务院建立标准化协调机制，统筹推进标准化重大改革，研究标准化重大政策，对跨部门跨领域、存在重大争议标准的制定和实施进行协调。设区的市级以上地方人民政府可以根据工作需要建立标准化协调机制，统筹协调本行政区域内标准化工作重大事项。然而，这样的协调机制从另一侧面印证我国标准化多头管理的尴尬现状。尤其是在农村公共产品供给标准化工作中，管理交叉，职能分散，进一步增加了标准协调难度，也难以保证标准之间的协调配套，导致越重要的标准越难产，难以满足农业农村发展对标准的多样需求，增加了标准化工作的风险。

《中华人民共和国标准化法》第五条进一步确认了我国自上而下、条块分割的标准化工作管理格局，即国务院标准化行政主管部门统一管理全国标准化工作。国务院有关行政主管部门分工管理本部门、本行业的标准化工作。县级以上地方人民政府标准化行政主管部门统一管理本行政区域内的标准化工作。县级以上地方人民政府有关行政主管部门分工管理本行政区域内本部门、本行业的标准化工作。团体标准和企业标准在政府主管的标准备案平台上进行公示。各个层级的标准化管理机构缺乏有效的沟通、协调和制约程序，对于同一标准化对象，不同的政府主管部门可不受制约分别立项；因而各级标准之间容易产生矛盾和冲突。《中华人民共和国标准化法》第十五条规定，在制定过程中，应当按照便捷有效的原则采取多种方式征求意见，组织对标准相关事项进行调查分析、实验、论证，并做到有关标准之间的协调配套。而我国现行的标准备案制度下，各级标准主管部门只需要将相关材料向上级标准化主管部门上报即可，是一种事后的行政行为，不具备事前技术审查的功能。这样导致标准备案工作只具备形式审查的作用，没有专门的技术机构和制度支撑各级标准协调配套之间的技术审查工作。国家标准制修订平台、地方标准备案平台、团体标准、企业标准公开声明平台都是信息发布平台，无法保证标准之间的协调配套。

（四）标准的"执行性失效"

"执行性失效"主要指两种情况。

第一种情况：标准执行不到位，影响标准的实施效果。对于这种情况，一方面有可能是标准制定后，执行力度不够，缺乏监督评价措施，从而出现"重制定、轻实施"的问题；另一方面有可能是因为部分标准的内容与实际情况脱节，或刻板僵化，可操作性亟待提升。

与我国经济发展一样，标准化工作同样经历了从计划经济向市场经济过渡的阶段。计划经济条件下，绝大多数标准是"生产型"标准。到目前为止，很多人实际上并没有从"生产型"标准的思维中解放出来，思维理念的转变，思想的解放，需要从根本上解决。"生产型"标准最突出的特点就是将现实存在的生产工艺或产品经过推算、实际检测对比后固化为几个代表性的技术要求或数量指标，再加上一些编制标准特有的章条要求，便制定出了技术规范、定额标准等。此类标准在计划经济时期既实用又可行，但时至今日，很少能作为一般性通用标准使用。尽管"生产型"标准不能一概否定，但要作为地方标准甚至行业、国家标准时，必须慎重地做深入研究和取舍。从我国农村经济社会发展的现实情况出发，有关农村公共产品供给的各级地方标准、行业标准、国家标准要突出需求性标准的制定，把重点放到管理性、通用性、方法性等标准化工作。

第二种情况：标准执行要求过于刚性而扩大了标准本身有可能存在的负效应。例如，为治理华北地区大气污染问题，环境保护部、国家发展和改革委员会、国家能源局、财政部及有关地方政府要求北京、天津、廊坊、保定等"禁煤区"要在 2017 年 10 月底前对小燃煤锅炉"清零"，并确保 300 万户居民"煤改电"或"煤改气"。基础设施建设工期过于紧张，"禁煤区"的农村政策过于刚性且没有考虑配套居民被禁止烧煤后天然气的供应是否充足，导致"禁煤区"的农村居民无暖可供，平白受冻。从标准化视角看，尽管上述规定并不属于正式颁布的国家标准或地方标准，但是因其在目标、方案和时限上均有很强的刚性特征，在实际发挥的作用上相当于强制性标准。针对这类现象，有学者通过对 2003～2018 年 252 个"三农"政策文本的分析，发现"'三农'政策执行弹性程度正在逐渐减弱，对政策执行的要求趋于刚性"，并建议"中央政府和省级政府制定的'三农'政策预留出弹性空间，较低层级政府应保持对弹性空间的控制和执行中的刚性"[①]。

诚然，当前我国关于农村公共产品供给的标准及其政策多数是分配性、普惠性的，且相关研究表明，分配性政策一般没有明确的失利者，只有明确的得利者，因此，在我们制定构建公共产品供给标准的过程中，主要的方面是通过标准化过程，尤其是通过制定和实施定量标准的办法，将这些分配性、普惠性的政策落到实地；在政策标准化的基础上加强对标准实施过程的数据动态统计、绩效评价和政绩考核，以避免执行走样、执行变通、执行效果偏差。但要坚决防止采取过于刚性的标准而扩大政策负效应或限制地方必要的自主性，更要防止那些对现实误判、对政策曲解甚至因私利趋向而形成盲动冒险的"错误标准"、虚张声势的"运动标准"和徒具形式的"乌托邦标准"。

---

① 赵天航：《"三农"政策执行弹性度的影响因素研究——基于 252 个"三农"政策文本的分析》，《长白学刊》2019 年第 2 期，第 73—81 页。

（五）标准的"评价性失效"

标准、计量、认证认可、检验检测，共同构成了国家的质量基础设施，也是可持续高质量发展的四大支柱。"必须加快形成推动高质量发展的指标体系、政策体系、标准体系、统计体系、绩效评价、政绩考核"①，农村公共产品供给标准体系是农村公共产品有效供给评价体系的核心，但标准评价性功能的实现，还有赖于衔接并优化相关的指标体系、政策体系、统计体系、绩效评价和政绩考核体系。

但现实情况是，由于配套体系的不完善，标准的评价性功能很难有效达成。以指标体系和统计体系为例。过去的"三农"指标体系主要包括速度指标体系、总量指标体系、财务指标体系等方面，反映农业建设方面的指标偏多，反映农村社会发展、人与自然和谐发展的指标较少，并且在衡量农村经济社会发展水平时多采用单一指标，只能反映出某一方面的数量特征，缺乏整体性与全局观。在实施乡村振兴战略、推动农业农村高质量发展的背景下，我们必须增加结构协调性的指标、质量效益指标和新动能发展指标，从长期与短期、宏观与微观、总量与结构、全局与局部、经济发展与社会发展等多个维度推动农业农村高质量发展指标体系的构建。此外，传统的统计信息难以突破部门的限制进行多部门互联共享，不仅容易形成"信息孤岛"，而且容易因统计口径的不同、统计生产流程不规范而造成"信息误导"。农业农村高质量发展统计体系的建立要重点解决这一问题，实现统计体系的共建共享。只有这样，农村公共产品供给标准的评价性功能也才能真正实现。

第四节　本书内容与研究设计

一、研究逻辑

开展农村公共产品供给标准理论与实践研究，是学习贯彻习近平"坚持以人民为中心"的重要思想和新时代"三农"工作重要论述的现实之举，是坚持农业农村优先发展、实施乡村振兴战略、推进乡村治理体系和治理能力现代化的紧迫需要，是贯彻落实党中央、国务院关于"加强农业农村标准化工作""健全基本公共服务标准体系""推进基本公共服务均等化""加大基本民生保障和兜底力度""建设人民满意的服务型政府"等决策部署的必然要求，对于不断满足人民日益增长的美好生活需要、促进社会公平正义、增进全体人民在共建共享发展中的获得感，具有重要意义。

---

① 刘伟、陈彦斌：《新时代宏观经济治理的发展脉络和鲜明特点》，http://theory.people.com.cn/n1/2021/1012/c40531-32250473.html。

本书将新时代中国特色农村公共产品供给标准化活动定位为一门"实践科学",并将其视作"中国之制"和"中国之治"的一个重要观测点和切入点。在对其"三个阶段""三个转变""五江汇流"的实践背景进行梳理和总结的基础上,进一步从价值论、认识论、方法论、实践论等角度形成有关我国农村公共产品供给标准的"意义""效能""体系""制定""运用""评价"等方面的系统性理论。

从实践进程看,我国农村公共产品供给标准化工作已历经三个阶段:一是议程启动期。20 世纪 90 年代到 21 世纪初,尤其是"十一五"时期的服务业标准化建设、公共服务"质量管理"与"绩效评估"、新农村建设以及基本公共服务均等化的早期实践,为我国农村公共产品供给标准化奠定了基础。二是初步探索期。"十二五"时期,《国家基本公共服务体系"十二五"规划》和《社会管理和公共服务标准化工作"十二五"行动纲要》成为国家层面上农村公共产品供给标准化的纲领性、战略性文件。为贯彻落实党的十八届三中全会精神,推进城乡要素平等交换和公共资源均衡配置,2014 年中央一号文件《关于全面深化农村改革加快推进农业现代化的若干意见》明确提出"推进城乡基本公共服务均等化"和"开展农村公共服务标准化试点工作",国家标准化管理委员会和财政部启动了第一批涉及 12 个省(区、市)的 39 个农村综合改革标准化试点工作,陆续在美丽乡村建设、农村公共服务、农业社会化服务、村级集体经济发展、农村产权流转交易服务、小城镇建设、农村可持续发展等农村公共产品供给重点领域发布了一批国家标准、地方标准。三是全面推进期。在顶层制度上,党的十九大提出"实施乡村振兴战略"[①],2017~2020 年中央一号文件对农业农村标准化工作提出了新要求;《"十三五"推进基本公共服务均等化规划》明确了国家基本公共服务制度框架,建立了"清单制",优化了实施机制;《乡村振兴战略规划(2018—2022 年)》首次提出由 22 项指标(约束性指标 3 项、预期性指标 19 项)组成的乡村振兴指标体系。在地方实践中,截至 2019 年,我国共计开展三批 129 个农村综合改革标准化试点项目。由国家市场监督管理总局、农业农村部发布的《关于加强农业农村标准化工作指导意见》要求,到 2022 年,我国要制修订相关标准(含地方标准 1000 项以上)1500 项以上,建设美丽乡村试点 100 个左右、农村基本公共服务标准化试点示范 30 个左右。

基于实践脉络梳理、政策和案例分析,本书所有研究均建基于对我国农村公共产品供给标准化实践"三大转变"的认知上:一是从主要关注增

①《习近平:决胜全面建成小康社会 夺取新时代中国特色社会主义伟大胜利——在中国共产党第十九次全国代表大会上的报告》,http://www.gov.cn/zhuanti/2017-10/27/content_5234876.htm[2022-11-20]。

量供给转变为同时关注增量供给、存量改革、结构优化和效能提升。二是从以物质性公共产品供给为主转变为物质性公共产品和制度性公共产品供给并重。三是标准化工作重心从自下而上的试点探索转变为顶层设计与地方试点的相互赋能、强制性制度变迁与诱致性制度变迁的良性互动。"地方试点"是根植于我国农村公共产品供给标准化演进过程的关键性机制。以局部经验为样本，在"摸着石头过河"的渐进式改革中不断调试、扩散，继而上升到国家"顶层设计"，这已成为当前学界颇为关注的重大课题。

总体而论，本书将遵循以下研究逻辑。

（一）在农村公共产品供给标准"五江汇流"的实践图景中揭示国家治理现代化的价值使命

一方面，从"十一五"到"十三五"时期，我国"农村公共产品供给标准化建设""农业农村现代化建设""人民满意的服务型政府建设""法治政府建设""国家治理现代化建设"形成"五江汇流"之势。因此，本书在共时态研究中强调农村公共产品供给标准化建设与相关国家战略的系统性、交汇性，在历时态研究中凸显农村公共产品供给标准化进程的现代性、公共性，不仅要追求科学、有效与合理，还要秉承价值合理性的目标去努力实现社会公平与正义。

另一方面，随着党的十九届四中全会强调"把我国制度优势更好转化为国家治理效能"[①]，对农村公共产品供给标准的研究和实践必然上升到更高层次，即有机融通"制度""标准""治理"，着力推动标准的存量改革，通过具体的体制机制和程序设计，使标准从文本中"建起来"到农村实践中"转起来"，服务于制度优势向治理效能的转化。可以说，制度是破题之钥、治理之基，标准是制度之形、治理之道，治理是运转之能、制度之效；农村公共产品供给标准是"中国之制"和"中国之治"的重要观测点。

（二）在农村公共产品供给标准制度变迁的逻辑梳理中确立研究的核心目标和关键问题

从发展趋势看，在"十四五"时期，我国农村公共产品供给标准化工作将同时关注增量供给、存量改革、结构优化和效能提升，物质性公共产品和制度性公共产品供给并重，推进顶层设计与地方试点的相互赋能、强制性制度变迁与诱致性制度变迁的良性互动。

---

① 《中共中央关于坚持和完善中国特色社会主义制度 推进国家治理体系和治理能力现代化若干重大问题的决定》，http://www.gov.cn/xinwen/2019-11/05/content_5449023.htm[2022-11-20]。

基于新时代的实践需要，本书将理论与实践相结合，一方面，以系统科学、政策理论、供给理论和标准效能论为指导，借鉴新公共管理、新公共服务、新公共治理的观点，为农村公共产品供给标准化建构较为完整、有用的理论体系；另一方面，立足于乡村振兴战略，研发兼具"公共性""系统性""通用性""可测性""有效性"五大优势的农村公共产品供给标准模板，推进人民满意的服务型政府建设从理念倡导到方法技术转变。

基于职能管理、目标管理、绩效管理导向，本书着力破解两个"有效性"问题：一是如何建立科学有效的农村公共产品供给标准，其重在"由技入道"，旨在探求标准化操作层面的问题；二是如何以标准化推动农村公共产品的有效供给，其重在"道技合一"，并行聚焦标准化的根本目的和运用路径。

（三）在农村公共产品供给标准双重属性的有机融合中明确概念、建构理论模型和方法

本书所论的"农村公共产品供给"具有双重属性：在价值属性上强调具有合法性的政府在满足公共需求、促进社会正义、增进社会福祉中的应然责任；在工具属性上被视为乡村治理和公共服务的一种系统性分析工具、度量标准和实现手段，强调政府要通过标准化活动推进基本公共服务均等化和农业农村现代化。农村公共产品供给标准是指为按照"精简、统一、协调、优化"原则制定的用来衡量、规范和指导农村公共产品有效供给的一整套可共同使用、重复使用的系统化的规则、行动指南和技术方法。

本书根据系统原理，把农村公共产品供给标准体系置于"六位一体"评判模型的大格局中思考和构建，运用公共政策分析法研究农村公共产品供给标准体系的向度、维度、指标；借助综合指数评价法，力促"标准"与"指数"相互转化，打通标准制定与执行之间的隔阂，使农村公共产品供给标准体系有效发挥"硬约束""度量衡""引向标""纠偏器"四大功能，真正成为实施乡村振兴战略、推进基本公共服务均等化和促进社会公平正义的重要工具。

二、内容框架

本书依循"理论界说→问题诊断→模型构建→体系设计→实证检验→指数测算→方案调整→标准运用"的研究路径，行文架构和主要内容如下所述。

第一章为绪论部分,包括研究背景与研究意义、相关概念与理论基础、标准现状与问题诊断。

——理论界说:梳理新时代"三农"论、农村公共产品供给论、标准化活动效能论,为全书奠定理论基础。

——问题诊断:评估我国农村公共产品供给标准化存在的"系统性失效""导向性失效""体制性失效""执行性失效""评价性失效"五大问题,确立研究的"靶心"。

第二章为总论部分,即我国农村公共产品供给标准体系的构建。

——模型构建:根据系统原理和实践需要,建构我国农村公共产品有效供给的"六位一体"评判模型(标准体系、指标体系、政策体系、统计体系、绩效评价、政绩考核),力求使标准体系达致可能性与现实性、科学性与政治性的辩证统一。

——体系设计:①对中央一号文件等"三农"重要政策文本进行历时性、共时性研究,从战略角度分析农村公共产品供给标准化的顶层设计,识别基本向度(目标层次)和维度(指标类别),确保指标设计与政策导向相吻合。②依据科学方法和严格程序,构建出涵盖8个方面的"维度标准"(农村公共教育、农村科技公共服务、农村公共文化服务、农村公共医疗卫生服务、农村社会保障、农村生态公共品、农村基础设施、农村基层基础工作)、2个方面的"向度标准"(农村脱贫攻坚、乡村振兴)、共计79个指标的通用型、菜单式模板。

第三到第十二章为分论部分,对通用模板中的八类农村公共产品供给专业标准以及两项表征供给效果的标准展开专题研究。

——实证检验:基于"六位一体"评判模型和标准通用模板,将研究拓展到农村公共产品供给各个领域的标准化现状、基于标准的指数测算以及典型案例分析,证明农村公共产品供给标准化的可执行性、可持续性、可扩散性、可评价性。分论重在模型检验和创新探索,实现架构通用框架与选择试点相结合;重在创新提升,实现借鉴企业经验与体现公共精神相结合;重在推广运用,实现通用标准与个别标准相结合。

第十三章和第十四章为结论部分,即我国农村公共产品供给综合指数与标准化运用。

——指数测算:在通用模板中嵌入2013～2017年的数据,测得我国农村公共产品供给综合指数。综合指数为某一地区不同时期农村公共产品供给情况的纵向比较,或是同一时期不同地区的农村公共产品供给情况的横向比较提供依据。

——方案调整:探寻影响农村公共产品供给综合指数的核心因素,制订调整系数方案，确保标准既符合社会经济发展状况，又能满足该农村地区基本公共服务需求。

——标准运用：阐明农村公共产品供给标准指数化的优点、适用性和需要注意的问题，并对标准化与乡村全面振兴的深层关系进行总结和展望。

第十五章为结语部分，对本书的主要内容进行概述，并阐明本书的突出特色及主要建树。

三、研究方法

本书遵循规范研究与实证研究相结合、定性研究与定量研究相结合、理论研究与实务研究相结合的原则。具体采取文献分析、比较分析、案例分析、统计分析、深度访谈、问卷调研等方法。

（一）规范研究方法

文献分析方面，本书在综合分析国内外有关公共产品供给标准化研究文献的基础上，进行现状分析、问题诊断，获取理论基础和参考经验，在此基础上提出本书的分析思路和框架。

比较研究方面，本书通过分析企业管理标准与政府管理标准、服务标准与公共服务标准、国家标准与地方标准、规范化与标准化的区别和联系，同中寻异、异中求同、寻求原因、发现规律，为农村公共产品供给标准模板设计提供启发思路。

系统分析方面，本书将农村公共产品供给标准模板设计作为一个完整的系统，各个子系统相互区别又相互联系，通用标准和特定标准、全国标准和地方标准各种类型、各个层级和各个部门之间，按照统一的思路，形成完整的一、二、三层级标准体系。

（二）实证研究方法

本书在调研初期选择了深度访谈法，了解具体部门在农村公共产品供给标准化影响因素的看法，以便及时调整问卷设计和模型建构。通过专家咨询进行指标筛选。选取在试点示范项目实施的相关机构，以实际参与标准化工作的单位领导和工作人员作为调研对象，对地方标准化创新的构成因素进行了一定规模的调研。

本书选择若干实践中的典型案例进行深入和全面的考察，运用访谈、观察、实物分析等方法汇集资料，面对大量已有的技术标准、管理标准、工作标准、质量手册、规范制度的基础资料，在描述是什么、分析为什么的过程中"解剖麻雀"，觉察变量，形成假设，发现或探求一般规律和特殊性，为模板设计寻求方式对策。

本书借鉴综合指数评价法，基于统计分析，运用熵值法求得标准体系中各指标权重，再根据各指标的权重和数据计算我国农村公共产品供给综合指数，继而将影响指数的核心因素作为参数，根据其变动来确定不同地区的调整系数，并依此对下年度农村公共产品供给综合指数标准进行有规律性的合理调整。上述方法的应用使农村公共产品供给这个抽象且不易衡量的复杂系统变得可理解、可量化、可评估。

第二章　我国农村公共产品供给标准体系的构建

标准是产品质量的"硬约束"和"度量衡"，也是产品有效供给的"引向标"和"纠偏器"。标准体系是一定范围内的标准按其系统联系、结构联系和功能联系优化形成的科学的有机整体。标准体系的构建就是把一定范围内已有或应有的各种标准按其类别、性质、适用范围以及标准之间的内在联系排列组合，并用标准体系结构图、标准明细表、标准统计表等形式呈现出来的过程。标准体系的构建是标准化活动的起点，能够为标准化活动提供总体规划与科学指导。

农村公共产品供给标准体系是用来衡量、规范和推动农村公共产品供给高质量发展的一整套系统化的规则、行动指南和技术要求，它既是农村公共产品有效供给的评判约束系统、监测纠偏系统，也是实施乡村振兴战略的重要导向工具。无论在农村公共产品供给的宏观目标上，还是在供给系统的中观结构上，抑或是在供给的微观指标上，都应该根据一定的科学原理设置定性或定量标准，最终形成一整套标准体系，对农村公共产品供给发挥类似于"硬约束""度量衡""引向标""纠偏器"功能，推动农村公共产品有效供给和高质量发展。

构建农村公共产品供给标准体系，根本的原则就是要坚持现实性、科学性和实践可行性的辩证统一。一方面应该认识到，"三农"政策及其旨在解决的"三农"问题才是农村公共产品供给标准体系生根的"沃土"。从1982年到1986年，中央连续颁布五个一号文件；从2004年至今，中央又连续颁布以"三农"为主题的一号文件，国务院各部委每年颁布大量涉农政策，各地区各地方部门每年颁布本地"三农"政策实施细则或实施方案。进入新时代，我国"三农"政策越来越"注重鲜活现实与宏大理念的深层结合与良性互动"[①]，这些政策基于现实建构的向度和维度及其蕴含的宏大理念追求，正是农村公共产品供给标准体系构建过程中必须一以贯之的。另一方面，系统性原理为农村公共产品供给标准体系构建过程提供了科学哲学意义上的指导。作为一种科学思维方式，系统论被公认为

① 金太军、姚虎：《公共政策的思维范式：中国场域的实践》，《马克思主义与现实》2012年第6期，第116—122页。

现代自然科学、社会科学和思维科学发展综合的产物，为农村公共产品供给标准体系的构建提供了一般认识论和方法论的基础。鉴于此，本章首先对我国农村公共产品供给标准体系构建过程中理应依据的"三农"政策的向度、维度进行梳理研究；其次对系统性原理、标准化方法及其启示和借鉴意义进行阐释；最后基于对我国乡村振兴战略等"三农"政策的考量，在系统性原理和标准化方法指导下，构建我国农村公共产品供给标准体系，对其构建原则、思路、方法和体系框架、指标构成进行具体分析。

第一节　我国农村公共产品供给标准体系构建的政策向度

从系统思维出发，农村公共产品供给标准体系并不是孤立存在的封闭系统，而是连同相关的指标体系、政策体系、统计体系、绩效评价、政绩考核，共同构成了推动农村公共产品有效供给的"六位一体"评判体系（图 2-1）。其中，政策体系、指标体系为标准体系的构建提供了依据；相关的统计体系、绩效评价和政绩考核，又为标准体系的运行提供了保障。因此，只有把农村公共产品供给标准体系放置于"六位一体"评判体系的大格局中思考和构建，才能使其保持现实性与可行性的辩证统一。

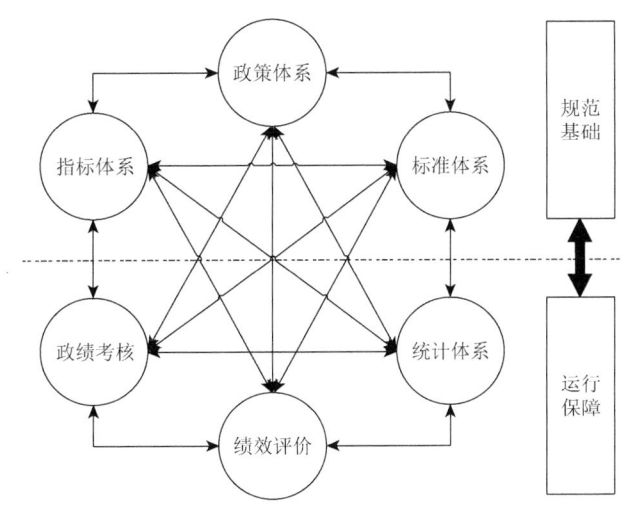

图 2-1　农村公共产品有效供给的"六位一体"评判体系

农村公共产品供给标准体系构建的起点是对现有"三农"政策体系向度和维度进行系统分析。这种分析类似于公共政策制定中议程设定环节的重演，"就是将所有问题中真正成为关注焦点的问题筛选到列表中的过程"①，即从政策主体的角度甄别公共问题的性质，认识现实的主要矛盾和矛盾的主要方面，以及确定政策总体目标、分目标和子目标的过程。一方面，近年来，我国中央层面上颁布的相关政策中，诸如《深化农村改革综合性实施方案》（2015年）、《"十三五"推进基本公共服务均等化规划》（2017年）、《中共中央 国务院关于实施乡村振兴战略的意见》（2018年）、《乡村振兴战略规划（2018—2022年）》（2018年）、《关于建立健全基本公共服务标准体系的指导意见》（2018年）等，为农村公共产品供给勾勒出了一些评价性的维度或核心指标群，甚至在有的指标上还确定了定量的标准。这些公共政策内含的维度、指标和标准，在农村公共产品供给标准体系构建过程中具有重要参考价值。另一方面，标准是扎根于公共政策之中的，甚至有的标准本身就是公共政策的组成部分，因此，农村公共产品供给相关政策的目标指向、内含的价值追求为标准体系确定了向度。在公共管理的"工具箱"中，政策与标准往往是同构共生、相辅相成的，公共政策体系对标准化活动发挥着导向、规范、协调、分配、内化等基础性作用。本节首先阐释标准体系构建中的公共政策向度原理，然后运用内容分析法，通过对党和国家在"三农"方面的元政策、基本政策的梳理和"透视"，对我国农村公共产品供给标准体系构建的向度和维度进行探索。

一、公共政策在标准体系构建中的向度功能

公共政策是指公共组织在特定时期为解决公共问题和实现公共利益而采取的政治行为或所规定的行为准则，表现为法律、政令、计划、方案、程序等形式，具有权威性、阶级性、普遍性、层次性、多样性等特征。根据陈庆云教授的观点，利益是公共政策的核心要素，公共政策的本质是社会利益的集中体现，就此而言，"公共政策是政府依据特定时期的目标，通过对社会中各种利益进行选择和整合，在追求有效增进与公平分配社会利益的过程中所制定的行为准则"②。公共政策既是政府对社会利益实行的权威性分配，也是为了增进全社会的利益。前者主要体现在公平上，后者主要与效率有关。

对于公共政策与标准、标准化、标准体系的关系问题，早在2008年，就有学者指出，"对于我国而言，公共政策与标准化工作分属政治制度和技术制度范畴，实现两个制度的有机结合，是我国政府管理史上的一次进步"，"标准是科技发展与管理经验的总结，标准化的作用是变无序为

---

① 〔美〕豪利特 M、拉米什 M：《公共政策研究——政策循环与政策子系统》，庞诗等译，生活·读书·新知三联书店2006年版。

② 陈庆云主编：《公共政策分析（第二版）》，北京大学出版社2011年版。

有序，标准体系的作用是整合原有的各管理系统，减少重复与内耗，增加资源共享。使公共政策的制定与实施减少成本，增加效率，提高执政与行政水平及能力"[①]。当前学界对公共政策与标准、标准化、标准体系之间的关系的探讨，主要是从标准与公共政策的异同，以及标准对公共政策制定与实施的意义方面展开的。例如，有学者提出，"公共政策是方向和目标，标准是遵循方向和实现目标的重要工具"，"充分发挥标准对于公共政策的支撑作用，有助于实现对公共政策的技术支撑，使政府制定的公共政策更具科学性和合理性，同时可使标准通过公共政策的实施充分发挥其在国家经济、安全和贸易和领域中的作用"[②]。但是，国内尚未有学者专门就公共政策在标准体系构建中的功能及其向度原理进行过探讨。

实际上，公共政策与标准、标准化、标准体系之间是双向建构的关系。一方面，标准是公共政策的有支撑，是政策目标的一个重要实现工具；另一方面，公共政策在标准化活动中，尤其在标准和标准体系的构建过程中，也发挥着重要的向度功能。通过分析这些功能的运作逻辑，可以为标准和标准体系的构建提供具有指导意义的一般规律。在本节中，结合农村公共产品供给的标准化研究和实践，我们认为，公共政策的向度功能主要体现在以下四个方面（图 2-2）。

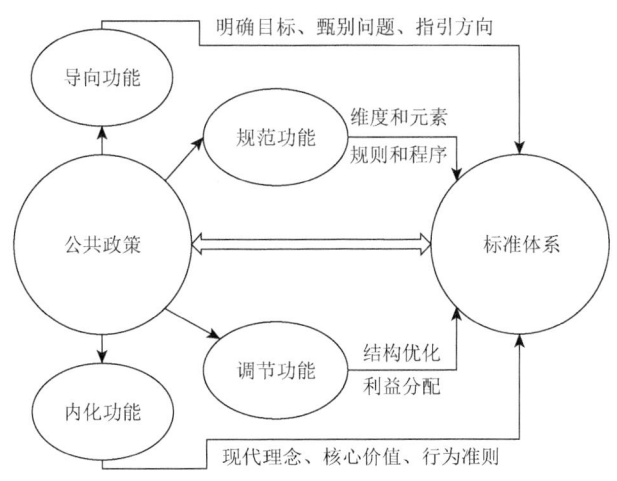

图 2-2　公共政策的向度功能

（一）导向功能

公共政策是针对社会利益关系中的矛盾所引发的社会问题而提出的。

---

① 春季：《科学发展观与公共政策中的标准支撑》，《世界标准信息》2008 年第 11 期，第 20—23 页。

② 刘春青：《论标准对公共政策的支撑作用》，《科技与法律》2011 年第 2 期，第 6—10 页。

为解决某个政策问题，政策主体依据特定的目标，通过政策对人们的行为和事物的发展加以正面的引导。政策为社会的发展、人们的行为确定了方向，能够有效地使整个社会生活由复杂、多变、相互冲突、漫无目的变为有统一目标的按照既定方向有序前进的行为。从这个意义上看，公共政策是国家自主性的产物，它建立于政治国家的宏观视野之上，是国家建构主义在社会秩序生成中的作用体现，其基本逻辑是人类能够根据理性原则对社会进行精心设计和制度安排，从而实现国家的正义与目的，社会的再组织化过程也就在理性的指引下具有可控性和规定性[①]。

一般而言，公共政策能够对标准体系的构建产生正导向功能。公共政策制定和标准体系建构所共同的基础是"信息"。面对同样的社会公共问题，决策过程和标准化过程都可以被视作信息的"输入—加工—输出"过程。公共政策和标准体系能否有效地解决社会公共问题，关键都在于能否拥有完备的、真实的、具有时效性的信息。在农村公共产品供给标准体系构建的过程中，公共政策尤其是"三农"政策之所以发挥正导向功能，是因为决策过程往往先于标准体系的构建，这样就相当于提前为标准化活动收集处理了信息，甄别界定了问题，在此基础上，进一步为农村公共产品供给标准体系的构建提供诸如"总目标""总方针""总要求"之类的方向指引。

当前，我国实施乡村振兴战略的一系列政策表明，乡村振兴战略是新时代"三农"工作"总抓手"，农业农村现代化是实施乡村振兴战略的"总目标"，坚持农业农村优先发展是"总方针"，产业兴旺、生态宜居、乡风文明、治理有效、生活富裕是"总要求"，建立健全城乡融合发展体制机制和政策体系是制度保障。而乡村振兴战略总目标的实现和城乡融合发展政策体系的建立健全，均离不开推进城乡基本公共服务均等化。在 2017 年国务院印发的《"十三五"推进基本公共服务均等化规划》开篇的"规划背景"部分，首先对目前我国基本公共服务存在的主要问题进行了甄别和界定，即"规模不足""质量不高""发展不平衡"，突出表现在：城乡区域间资源配置不均衡，硬件软件不协调，服务水平差异较大；基层设施不足和利用不够并存，人才短缺严重；一些服务项目存在覆盖盲区，尚未有效惠及全部流动人口和困难群体；体制机制创新滞后，社会力量参与不足。正因为此，作为我国民生领域的一部综合性规划，该规划提出"普惠性、保基本、均等化、可持续"总体方向，明确了国家基本公共服务制度框架，提出建立基本公共服务清单制以及

---

① 高猛：《现代主体性：西方社会组织体制建构的逻辑基础》，《浙江海洋学院学报（人文科学版）》2015 年第 3 期，第 15—21 页。

一系列保障措施。基本公共服务标准化工作与均等化目标是紧密联系在一起的。因此，在 2018 年中共中央办公厅、国务院办公厅印发的《关于建立健全基本公共服务标准体系的指导意见》中，把建立健全基本公共服务标准体系的总目标确定为：到 2025 年，基本公共服务标准化理念融入政府治理，标准化手段得到普及应用，系统完善、层次分明、衔接配套、科学适用的基本公共服务标准体系全面建立；到 2035 年，基本公共服务均等化基本实现，现代化水平不断提升。应该说，诸如此类"三农"政策中"总体性"的表述为农村公共产品供给标准体系的构建确立了"总纲"。

但是，需要特别注意的是，从作用结果来看，现实中的公共政策在制定和实施过程中也有可能产生负导向功能。主要有两种情况：一是有的政策本身违反事物发展规律，对事物发展方向起逆反作用，被实践证明是错误的政策。二是政策本身基本正确，但在实施过程中产生了未能克服的负效应。在当前实施乡村振兴战略的背景下，我们之所以格外强调城乡基本公共服务均等化，并要求建立健全基本公共服务标准体系，一个重要的原因就是要克服以往公共产品供给政策产生的负效应，努力消除制约农业农村的现代化进程的制度因素。例如，在农村公共产品供给总量上，由于国家长期实行"一品两制"的城乡二元体制，城市公共产品主要由国家财政支出，而农村公共产品供给以农民为主，国家只是适当补助；国家还通过税收、工农业产品"剪刀差"、垄断土地一级市场等方式，把农业剩余积累由农村转入城市，上述因素导致农村公共产品供给总量不足，城乡差距一度增大。在公共产品供给结构上，政府作为"理性经济人"在做农村公共产品供给决策时常常"重有形轻无形""重短期轻长期"，如道路建设、路灯建设等"有形"的"政绩型"公共产品供给过剩，而基础教育、农业科技服务、农业咨询平台等农民实际所需的公共产品供给不足，导致农村公共产品供给不契合农民需求、供需错配现象时有发生，从而使农村公共产品供给出现了供需结构上的失衡。在供给效率上，如一些地方农业基础设施低效重复建设、注重前期建设忽视后期维护和配套供给，因此导致农村公共产品的质量差，寿命短，使用率低；公共产品供给出现"逆向选择"，财政支农资金得不到有效利用；在贫困救济、农村公共产品供给和农业项目组织管理等方面，出现政策资源被"俘获"现象，影响政策效果的发挥，这些问题的出现与以往政策在导向上的消极效应不无关系。我们在构建农村公共产品供给标准体系的过程中，要尽可能防止或减少公共政策负导向功能的影响。

（二）规范功能

在农村公共产品供给标准体系构建过程中，公共政策的规范功能主要体现在两个方面：一是"三农"政策发挥的规范功能；二是标准化政策发挥的规范功能。规范功能本身又包括两个方面：一是保证实施平等和结果平等的规则确立，属于实质正义的范畴，二是程序的规范，即过程的规范。程序正义是"看得见的正义"，实体依照法律法规的要求，按照法定的程序收集所有相关政策信息，并使政策制定过程，包括政策议程的创立、政策规划以及政策合法化过程符合法定的顺序、方式和步骤，以最大限度地实现公共利益，保障公民权利。判断一个公共政策是否程序正义，主要有三个标准：程序所产生的结果与实质正义相一致，公民参与性的广度、深度，以及这种程序所允许的政治权力使用的正当性。

"三农"政策为农村公共产品供给标准体系的构建与运行，为重点领域具体标准的设定与实施，提供了具有法定权威效力的"规则"和"程序"。对此，有学者从中国文件机制的角度概括了政策文本的四大功能，即政治控制、蓝图规划、行为规范和任务布置[1]。还有学者指出，中国的政策文本事实上承担了法律约束功能，作为"其他规范性文件"在行政法层面上具备法律效力[2]；在中国法治建设进程中，政策法律化是一个重要趋势，文件起到了立法预备的功能[3]。

"改革开放以来，我国政府对标准化政策的供给能力不断加强，政策发文效力扩大"，"不同时期的标准化政策重点随技术变革而不断扩散，渗透到更多领域"[4]（图 2-3）。例如，2017 年新修订的《中华人民共和国标准化法》将制定标准的范围由工业产品、工程建设和环保领域扩大到农业、工业、服务业以及社会事业等领域；规定制定标准应当在科学技术研究成果和社会实践经验的基础上，深入调查论证，广泛征求意见，保证标准的科学性、规范性、时效性，提高标准质量。诸如此类标准化政策为我们构建农村公共产品供给标准体系提供了基础通用的规则和程序。

2013 年、2016 年、2018 年以及 2020 年相关部门启动了四个批次的农村综合改革标准化试点工作，试点项目管理工作按照"自愿申报、集中评定、分类考核"的原则开展，国家标准化管理委员会组织专家对省级推荐的示范项目进行评审，符合要求的确定为国家级示范项目，批复开展示范工作，到 2022 年全国共批准建设 141 个农村综合改革标准化试点项目，涉及美丽乡村建设、农村公共服务、农业社会化服务、村级集体经济发展、农村产权流转交易服务、小城镇建设、农村可持续发展七

① 潘同人：《中国文件机制初探》，《理论导报》2011 年第 1 期，第 39—42 页。
② 王景斌、顾颖：《"红头文件"违法之原因及对策论析》，《行政与法》2005 年第 11 期，第 78—81 页。
③ 陈潭：《浅论政策合法化与政策法律化》，《行政与法》2001 年第 1 期，第 53—55 页。
④ 祝鑫梅、余晓、卢宏宇：《中国标准化政策演进研究：基于文本量化分析》，《科研管理》2019 年第 7 期，第 12—21 页。

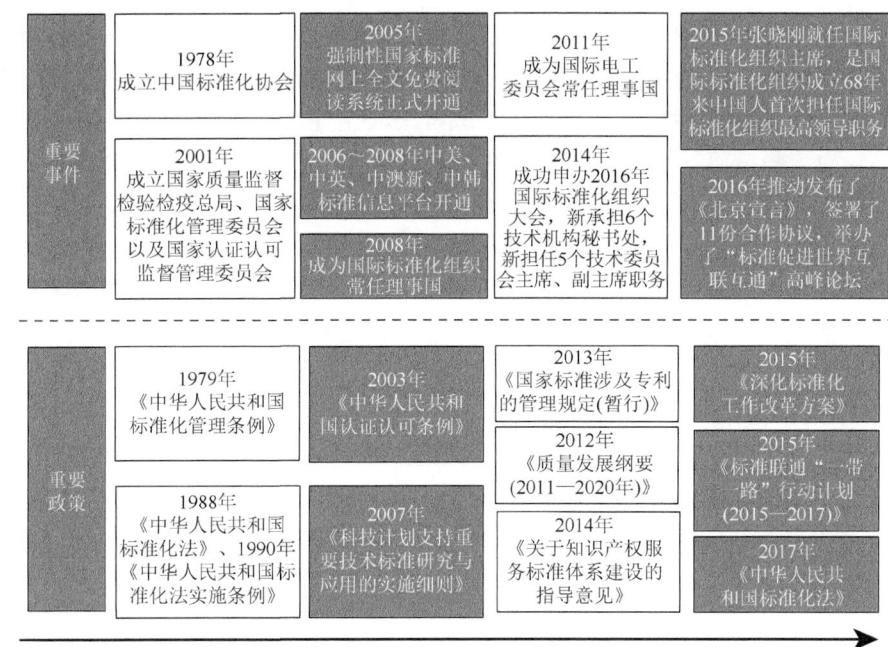

阶段一：1978～2001年 阶段二：2002～2008年 阶段三：2009～2014年 阶段四：2015年至今

图 2-3 改革开放以来我国标准化发展的重要事件和重要政策

个农村公共事务领域。在为期三年的建设期中，各试点项目要依据围绕试点、示范项目建设重点，做好组织实施工作，建立健全工作机制，不断完善标准体系，强化标准实施，依据实施方案开展试点工作；各相关省（区、市）质量技术监督局要根据试点项目内容和目标，按照《全国农村综合改革标准化试点示范项目管理办法》规定的程序和标准，客观公正、实事求是地组织考核验收工作，真实反映试点项目建设情况，截至 2022 年已对第一批、第二批试点项目开展了验收工作。通过开展农村综合改革标准化试点的申报、评估立项、检查验收等标准工作程序，充分发挥了标准化对农村综合改革的规范与支撑作用，使农村资源配置有标可依，农村公共服务有章可循，农村治理效果有据可考，解决农村综合改革中存在的资源配置标准不一和管理评价标准缺乏、政府效果评价难和政府绩效考核难等方面问题。随着 2013 年第一批农村综合改革标准化试点的启动，至今已有10 年，无论是标准化试点项目立项的程序的规范性，还是农村综合改革标准化领域，已形成可复制、可推广经验，具有较强示范效应，有利于发挥标准在农村公共服务高质量发展中的规范作用，有助于开展群众监督，着实提高农村治理能力和治理水平。

（三）调节功能

公共政策的调节功能表现为指政府运用政策工具，调整和化解社会中出现的各种利益矛盾。需要注意的是，公共政策的调节功能在不同时期有可能表现出不同的倾向性，即在满足整体利益的前提下，优先对某个领域，以及相应的某些利益群体施加保护或者采取促进性措施，使之得到充分发展，而这些措施往往是政策倾向性的重要表现。也就是说，一定时期的公共政策不仅指明应该做什么、不该做什么，还指明应该先做什么、后做什么，以此达到对社会利益矛盾进行调节的目标。

中华人民共和国成立以来，在我国不同的发展阶段，公共政策调节功能的倾向性表现出不同的向度。工农关系、城乡关系本应相互协调、相互配合和相互促进，但在相当长的历史现实中，工农城乡之间的利益矛盾时有发生，其根源在于政府之前在公共资源配置政策上的城市偏向。从中华人民共和国成立到改革开放前，国家通过农村农产品的价格"剪刀差"来支撑城镇居民享受比农民高得多的所得，并支撑着国家的工业化战略。一是通过计划体制下的定价权，定价定量收购农业产品，让农民以低价将大部分农产品作为"公粮"上缴，农村和农民当时的一个政治任务是"缴足国家的，剩余才可能是自己的"。二是城乡二元的户籍制度限制了农民向非农产业的工业和向城镇转移的自由，牺牲了农民的利益。改革开放以后，农民获得了自由迁徙权，随着工业化进程的推进和城市的不断扩张，越来越多的农民进城务工，逐步成为产业工人的主体。然而，在二元分割的户籍制度下，农民工不但与城市居民同工不同酬，而且不能享有同样的社会保障。

习近平强调："要把工业和农业、城市和乡村作为一个整体统筹谋划，促进城乡在规划布局、要素配置、产业发展、公共服务、生态保护等方面相互融合和共同发展。着力点是通过建立城乡融合的体制机制，形成以工促农、以城带乡、工农互惠、城乡一体的新型工农城乡关系。"[①]公共产品供给的城乡一体化就是要通过优化公共产品资源在城乡之间的统筹配置，提高农村公共产品的供给水平和效能，实现乡村振兴和新型城镇化双轮驱动。"公共产品好比一条扁担，由政府一肩挑起城乡两头，控制平衡，不仅考量政府的决策智慧和行政伦理，而且是推进城乡协调发展和实施乡村振兴战略的现实路径和微观基础"[②]。

从政策旨在调节的利益矛盾来看，自中国特色社会主义进入新时代，我国社会主要矛盾已经转化为人民日益增长的美好生活需要和不平衡不

---

① 中共中央文献研究室编：《习近平关于社会主义经济建设论述摘编》，中央文献出版社 2017 年版，第 188 页。

② 任淑艳：《城乡和谐与新农村建设的现实路径和微观基础——公平视域下的农村公共产品供给》，《理论界》2013 年第 4 期，第 72—74 页。

充分的发展之间的矛盾，其中最大的不平衡是城乡发展不平衡，最大的不充分是农村发展不充分。当前农业农村发展与快速推进的工业化、城镇化相比，步伐明显跟不上，特别是在基础设施、公共服务、社会事业等方面，"一条腿长一条腿短"现象比较突出。在全面推进乡村振兴、全面建设社会主义现代化国家的新征程中，作为最基础的产业、最广阔的区域、最多数的群体，农业不能拖后腿、农村不能掉队、农民不能缺席。因此，2019年中央一号文件《中共中央 国务院关于坚持农业优先发展做好"三农"工作的若干意见》指出，"坚持农业农村优先发展总方针，以实施乡村振兴战略为总抓手"，"确保顺利完成到2020年承诺的农村改革发展目标任务"。具体而言，"农业农村优先发展"在政策内容上主要体现为"四个优先"，即在干部配备上优先考虑，在要素配置上优先满足，在资金投入上优先保障，在公共服务上优先安排。从本质上看，"农业农村优先发展"是从全局和战略高度来把握和处理工农关系、城乡关系，通过"工业反哺农业、城市支持农村"，加快补齐农业农村发展短板，不断缩小城乡差距，因此具有较强的政策倾向性。农村公共产品供给标准体系基于"三农"政策，正是用来实现基本公共服务均等化、城乡关系和工农关系更加协调、城乡融合和乡村振兴加速发展的。公共政策对多种利益关系的协调作用，为我们优化农村公共产品供给标准体系的内部结构提供了依据。

（四）内化功能

借用发生认识论的概念，内化就是将看、听、想等思维观点转化成自己的观念态度、价值标准，最终变成自己内在心理特征的一部分。它可以通过"同化"和"顺应"两种机制来实现。现代政策体系可以被视为由现代性理念和集体观念相互交织集成的场域，其中内嵌着诸如民主、法治、公平、正义、绩效、责任、公共利益、文化传统、社会道德、意识形态等价值以及现代政府的行为准则。农村公共产品供给标准化活动正是要把现代政策体系中蕴含的这些价值属性和行为准则内化于标准体系之中，并进一步挖掘、诠释、细化、操作，从而"用技术手段传达和承载基本公共服务的公平性、公益性价值属性，在标准化过程中发挥群众参与的民主价值"[①]。在很大程度上，政策体系为农村公共产品供给标准体系的构建和实施提供了价值内化的基础。

二、改革开放以来我国"三农"政策的文本透视

公共政策所要面对和解决的公共问题具有多样性和层次性特征。如果

---

① 郁建兴、秦上人：《论基本公共服务的标准化》，《中国行政管理》2015年第4期，第47—51页。

以同一政策体系内的各项政策相互之间是否存在着涵盖与衍生的关系为标准，我们可以把公共政策在纵向层次上划分为元政策、基本政策、部门政策。一般而言，公共政策的主体包括国家机关（立法机关、行政机关、司法机关）以及由它们授权的有关机构或部门。结合我国国情，由于中国共产党的领导是中国特色社会主义最本质的特征，"党政军民学，东西南北中，党是领导一切的"，因此，对于我国"三农"政策的考察，离不开对党和国家制定的"三农"元政策、基本政策尤其是对党的相关路线、方针、政策的梳理和研究。

从 1982 年到 1986 年，党中央、国务院连续五年发布的以"三农"为主题的中央一号文件，在中国农村改革史上成为专有名词，即五个一号文件。从 2004 年至今，党中央、国务院连续又开始连续下发以"三农"为主题的中央一号文件。中央一号文件逐渐成为中央重视农村问题的专有名词，也是党和政府指导"三农"工作的最高政策。在中央一号文件中，增强农村公共产品供给能力、提高农村公共产品供给效率，日益成为农村公共产品供给的核心政策主张[①]。所以，本节主要通过对改革开放以来中央一号文件的政策透视来解读我国"三农"政策的演变轨迹。

（一）改革开放初期五个中央一号文件

改革开放以来，党中央、国务院高度关注"三农"工作。从 1982 年开始，党中央、国务院连续下发了五个以"三农"为主题的一号文件：1982 年正式承认包产到户的合法性，1983 年主要是放活农村工商业，1984 年主要是疏通流通渠道、以竞争促发展，1985 年主要是调整产业结构和取消统购统销，1986 年主要是增加农业投入和调整工农城乡关系。1984 年，以基本实现家庭联产承包责任制为标志，我国完成了农村改革的第一步。从 1985 年开始，我国推进农村改革的第二步，重心转向发展农村商品经济和改变农村产业结构方面。

从农村公共产品供给的角度进行内容分析，可以看出，改革初期中央一号文件着力于供给主体的体制改革。1982 年中央发出的第一个一号文件《全国农村工作会议纪要》，高度重视基层农业技术推广、农村中学和职业教育，"要恢复和健全各级农业技术推广机构，充实加强技术力量。重点办好县一级推广机构，逐步把技术推广、植保、土肥等农业技术机构结合起来，实行统一领导"，"县级以及县以下农村的中学要设置农业课程，有的可以改为农业专科学校"。1983 年中央一号文件《当前农村经济

---

① 李燕凌：《县乡政府农村公共产品供给政策演变及其效果——基于中央"一号文件"的政策回顾》，《农业经济问题》2014 年第 11 期，第 43—50、110—111 页。

政策的若干问题》明确实施"政社分设"的人民公社体制改革，文件十分重视农村道路、水电、文化、卫生等基础设施建设投资体制改革，强调要广辟资金来源、解决资金问题。文件明确提出，小型农田基本建设和服务设施所需要的投资主要依靠农业本身的资金积累和劳动积累，农村有些基础设施，如仓库、公路、小水电等，可鼓励农民个人或合股集资兴办，并实行有偿使用制度，谁兴建谁得益，农村各种文化、卫生设施建设，国家办，集体办，更要鼓励和扶持农民自己办。1984年中央一号文件《中共中央关于一九八四年农村工作的通知》阐述了在稳定和完善生产责任制的基础上，提高生产力水平，疏理流通渠道，发展商品生产的农村工作重点。1985年中央一号文件《中共中央、国务院关于进一步活跃农村经济的十项政策》着重部署进一步解放农村生产力、搞活农村经济、改革农村经济体制的政策，同时强调"积极兴办交通事业"，"鼓励技术转移和人才流动"，"加强对小城镇建设的指导"，"防止工业污染"。1986年中央一号文件《中共中央、国务院关于一九八六年农村工作的部署》提出"发展农村经济必须依靠科学技术"的重要方针，明确要求逐步合理调整农业科研机构的方向、任务和布局，发展县的试验示范、推广、培训相结合的农业技术推广中心，加强农业第一线的技术推广工作。

　　总体来看，从1982年到1986年中央连续五年发布的以"三农"为主题的一号文件，在中国农村改革史上成为专有名词，即五个一号文件。针对县乡范围内的农村公共产品，五个一号文件对基层农业技术推广和农村教育事业发展，对农村各类基础设施、各种文化卫生设施建设的多元化投资体系改革进行了重点部署。在五个一号文件的指导下，我国农村公共产品供给迎来一个新高潮，取得了可喜成绩。但是，从1987年到2003年，随着我国改革重心全面向工业和城镇转移，尽管工业化和城镇化进程不断推进、快速发展，然而农业在国民经济中所占份额逐渐下降，农业和农村无力抗衡工业和城市对资源要素的市场竞争。国家对农业和农村的投入较少，农民承担的税负较重，到1995年前后，"三农"领域就开始出现问题，从1998年到2003年，粮食产量连续五年大幅下降，粮食播种面积大幅减少，农村前所未有地出现大量的"抛耕"现象。鉴于这些问题，2003年10月召开的党的十六届三中全会将"统筹城乡发展"放在"五个统筹"（统筹城乡发展、统筹区域发展、统筹经济社会发展、统筹人与自然和谐发展、统筹国内发展和对外开放）之首，形成了关于中国社会经济发展阶段的重大判断，开创了中国特色的工业化、城镇化和农业现代化道路的新途径。

　　（二）十八大以来中央一号文件词分析

　　时隔18年，中央一号文件再次回归"三农"发展。从2004年到

2019 年，党中央、国务院连续下发以"三农"为主题的一号文件。增强农村公共产品供给能力、提高农村公共产品供给效率，日益成为农村公共产品供给的核心政策主张。

2004 年到 2019 年中央一号文件的主要内容包括：促进农民增加收入（2004 年），进一步加强农村工作、提高农业综合生产能力（2005 年），推进社会主义新农村建设（2006 年），积极发展现代农业、扎实推进社会主义新农村建设（2007 年），切实加强农业基础设施建设、进一步促进农业发展农民增收（2008 年），促进农业稳定发展、农民持续增收（2009 年），加大统筹城乡发展力度、进一步夯实农业农村发展基础（2010 年）、加快水利改革发展（2011 年），加快推进农业科技创新、持续增强农产品供给保障能力（2012 年），加快发展现代农业、进一步增强农村发展活力（2013 年），全面深化农村改革、加快推进农业现代化（2014 年），加大改革创新力度、加快农业现代化建设（2015 年），落实发展新理念、加快农业现代化、实现全面小康目标（2016 年）、深入推进农业供给侧结构性改革、加快培育农业农村发展新动能（2017 年），实施乡村振兴战略（2018 年），坚持农业农村优先发展、做好"三农"工作（2019 年）。习近平指出："任何时候都不能忽视农业、不能忘记农民、不能淡漠农村。"[①]整体来看，"三农"工作在党和国家各项工作中具有"重中之重"的战略地位，尤其是近年来的强农惠农政策的密度之大、力度之大、突破之大，前所未有。

为了在政策透视的基础上找准我国农村公共产品供给标准体系建构的向度、维度，我们可以运用词温语象分析法，对 2004 年到 2019 年中央一号文件标题及正文各部分的小标题的词频进行分析，以此明确我国"三农"工作重点领域，把握新时代"三农"工作发展趋势。我们将 2004 年以来中央一号文件颁布的历史背景划分为 2004 年到 2007 年（党的十七大之前）、2008 年到 2012 年（党的十七大到十八大之前）、2013 年到 2019 年。词温的划分标准设定为："金级"词温，即词频比重排在前三名；"银级"词温，即词频比重排在第四名到第九名；"铜级"词温，即词频排在第十名及第十名之后。通过词温语象的内容分析，得到以下结果。

其一，从 2004 年到 2007 年，主要是围绕社会主义新农村建设推进各项改革，尤其是把提高粮食供给水平和加强农业基础设施建设摆在优先发展位置，此外，科技和产业的作用越来越受重视（图 2-4）。

---

① 《任何时候都不能忽视农业忘记农民淡漠农村》，http://www.xinhuanet.com/politics/2015-08/13/c_128125203.htm[2022-11-20]。

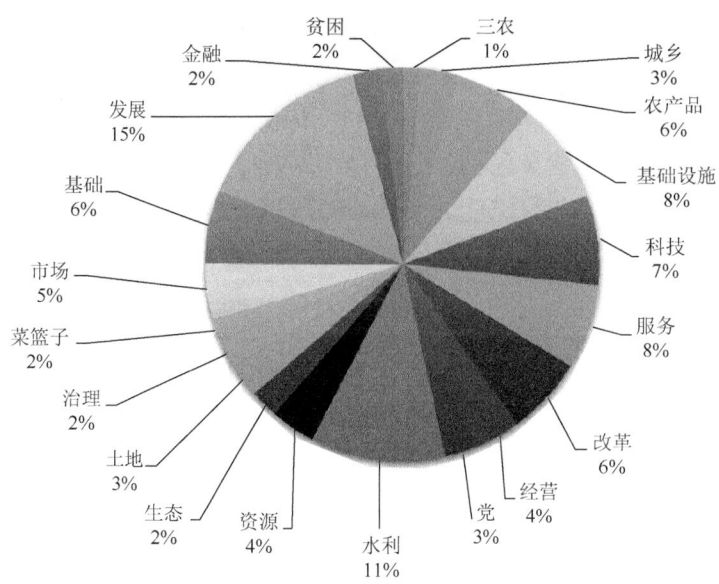

图 2-4　2004 年到 2007 年中央一号文件词温语象

　　进一步从农村公共产品供给的角度分析，可以看出：2004 年中央一号文件强调加强农村基础设施建设，为农民增收创造条件，并提出建立健全财政支农资金的稳定增长机制，要切实把发展农村社会事业作为工作重点，落实好新增教育、卫生、文化等事业经费主要用于农村的政策规定[1]。2005 年中央一号文件明确提出，要落实新增教育、卫生、文化、计划生育等事业经费主要用于农村的规定，用于县以下的比例不低于 70%，扩大"农村劳动力转移培训阳光工程"实施规模，积极稳妥推进新型农村合作医疗试点和农村医疗救助工作，有条件的地方可以探索建立农村社会保障制度，切实提高农村广播电视"村村通"水平[2]。2006 年中央一号文件首次采用了"公共品"、"公共服务"和"公共财政"的提法。此后，中央一号文件开始更多地用"公共服务""基本公共服务""公共财政"等提法，持续要求扩大农村公共产品供给、提高县乡政府农村公共产品和公共服务效率，从理论、制度和道路三个方面，基本形成了日臻完善的"以工促农、以城带乡"制度框架和城乡统筹发展政策体系。2007 年中央一号文件要求，建立健全财力与事权相匹配的省以

---

　　① 《中共中央国务院关于促进农民增加收入若干政策的意见》，http://www.gov.cn/test/2005-07/04/content_11870.htm[2022-11-20]。

　　② 《中共中央 国务院关于进一步加强农村工作提高农业综合生产能力若干政策的意见（2004 年 12 月 31 日）》，http://www.moa.gov.cn/nybgb/2005/derq/201806/t20180617_6152394.htm[2022-11-20]。

下财政管理体制，进一步完善财政转移支付制度，增强基层政府公共产品和公共服务的供给能力①。

总体来看，从 2004 年到 2007 年，中央针对农村公共产品和公共服务，做出了一系列重要的制度安排和政策设计，其最显著特点就是扩大公共财政覆盖农村的范围，改善农村民生的政策导向逐渐凸显，坚持"多予少取放活"的方针，重点在"多予"上下功夫。

其二，2008 年到 2012 年，着重从加强农业基础设施建设的角度来推进"三农"工作，尤其是 2011 年的中央一号文件直接聚焦于农村生产性公共产品供给——水利建设，这是到目前为止唯一专门就一个具体农村公共产品的改革发展问题发布的中央一号文件。这一文件从大兴农田水利建设、加快中小河流治理和小型水库除险加固、提高防汛抗旱应急能力、加大公共财政对水利的投入等 30 个方面，对加快水利改革发展进行了全面部署。

当然，在这一时期，除了注重加强基础设施建设，中央一号文件的具体内容也越来越透露出"促进公共产品供给公共性回归"②的指向。例如，2008 年中央一号文件提出加快发展农村公共事业，提高农村公共产品供给水平，加快转变乡镇政府职能，着力强化公共服务和社会管理③。2009 年中央一号文件是落实党的十七届三中全会《中共中央关于推进农村改革发展若干重大问题的决定》的历史产物。针对改革开放以来，广大农村公共产品和公共服务体系支撑能力不断弱化的现实状况，《中共中央关于推进农村改革发展若干重大问题的决定》将"城乡基本公共服务均等化明显推进，农村文化进一步繁荣，农民基本文化权益得到更好落实，农村人人享有接受良好教育的机会，农村基本生活保障、基本医疗卫生制度更加健全，农村社会管理体系进一步完善"等基本内容，清晰地列入 2020 年我国农村改革发展的基本目标任务之中，强调政府对农村公共服务的基本财政职能，促进农村基本公共服务的公共性回归。2009 年中央一号文件提出，按照 3 年内在全国普遍健全乡镇或区域性农业技术推广、动植物疫病防控、农产品质量监管等公共服务机构的要求，尽快明确职责、健全队伍、完善机制、保障经费，切实增强服务能力。建立个人缴费、集体补助、政府补贴的新型农村社会养老

---

① 《中共中央 国务院关于积极发展现代农业扎实推进社会主义新农村建设的若干意见》，https://news.12371.cn/2013/12/17/ARTI1387264966791794.shtml[2022-11-20]。

② 李燕凌：《县乡政府农村公共产品供给政策演变及其效果——基于中央"一号文件"的政策回顾》，《农业经济问题》2014 年第 11 期，第 43—50、110—111 页。

③ 《中共中央 国务院关于切实加强农业基础建设进一步促进农业发展农民增收的若干意见》，http://www.farmer.com.cn/2020/02/12/99848288.html[2022-11-20]。

保险制度。[①]2010 年中央一号文件提出积极发展农村远程教育、远程医疗、完善农村三级医疗卫生服务网络、提高农村社会保障水平、加强农村水电路气房建设等一系列惠农措施[②]。2012 年中央一号文件充分肯定农业科技"具有显著的公共性、基础性、社会性",要求"进一步完善乡镇农业公共服务机构管理体制","加快国家农村信息化示范省建设"。[③]

总体来看,党的十七大以后的五年,中央一号文件,既有对加快发展农村文化、教育、医疗卫生、社会保障、促进农村社会全面进步进行的政策顶层设计,又有对农村中等职业教育和县域职业教育培训网络、重点办好县级医院并在每个乡镇办好一所卫生院、支持村卫生室建设等一系列重要的农村公共产品和公共服务供给进行的系统改革部署,对于防止农村公共产品供给的公共性流失、恢复农村公共产品的公共性回归具有重要的指导作用,充分体现出中央对县乡政府农村公共产品供给的高度重视。[④]

其三,2013 年到 2019 年,更加注重从全局角度把握"三农"工作大局,通过全面深化改革,推进系统化制度创新,实施乡村振兴战略,促进基本公共服务均等化,提高乡村治理体系和治理能力现代化水平(图 2-5)。此外,十八大以来,中央一号文件的词频还有两点值得注意的变化:一是与公共产品供给直接相关的服务词频高达 8%。相关表述如"推进城乡基本公共服务均等化""改进农村公共服务机制,积极推进城乡公共资源均衡配置""构建农业社会化服务新机制,大力培育发展多元服务主体","提高金融服务水平""推进城镇基础设施向乡村延伸""推动提升农村基础设施建设和公共服务水平""健全覆盖城乡的公共就业服务体系""健全农业劳动力转移就业服务体系""健全农村留守儿童困境儿童关爱服务体系""加强和改善农村残疾人服务""加强农村公共文化服务体系建设""健全农村公共法律服务体系""创新基层管理服务""逐步形成完善的乡村便民服务体系""实现基层服务和管理精细化、精准化""提高农村专业人才服务保障能力"等。二是"农村生态文明"工作首次与脱贫攻坚、市场化等工作摆在同等重要的位置。实际上,上述谈及的热词也基本上涵盖了农村公共产品供给标准体系构建中需要去关涉的核心问题和重点领域。

---

① 《中共中央 国务院关于 2009 年促进农业稳定发展农民持续增收的若干意见》,http://www.gov.cn/gongbao/content/2009/content_1220471.htm[2022-11-20]。

② 《中共中央 国务院关于加大统筹城乡发展力度进一步夯实农业农村发展基础的若干意见》,http://www.gov.cn/jrzg/2010-01/31/content_1524372.htm[2022-11-20]。

③ 《中共中央 国务院关于加快推进农业科技创新持续增强农产品供给保障能力的若干意见》,http://www.gov.cn/gongbao/content/2012/content_2068256.htm[2022-11-20]。

④ 李燕凌:《县乡政府农村公共产品供给政策演变及其效果——基于中央"一号文件"的政策回顾》,《农业经济问题》2014 年第 11 期,第 43—50、110—111 页。

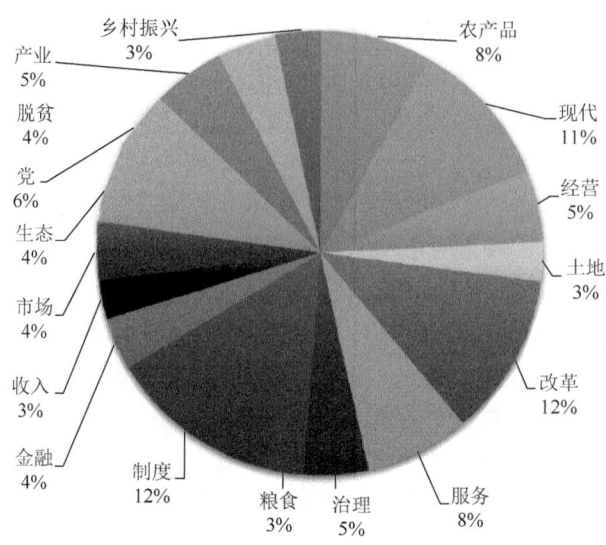

图2-5　2013年到2019年中央一号文件词温语象

进一步通过对十八大以后中央一号文件涉及的公共产品供给的文本内容分析，可以看出，党的十八大特别是党的十八届三中全会以后，我国"三农"工作进入全面深化农村改革的新时期。

2013年中央一号文件《中共中央国务院关于加快现代农业进一步增强农村发展活力的若干意见》十分重视建设中国特色现代农业过程中充分发挥公共服务机构的作用，明确提出不断提升乡镇或区域性农业技术推广、动植物疫病防控、农产品质量监管等公共服务机构的服务能力，积极推进城乡公共资源均衡配置，加快实现城乡基本公共服务均等化，健全村级组织运转和基本公共服务经费保障机制，巩固乡镇机构改革成果，加强社会管理和公共服务职能。

2014年中央一号文件《关于全面深化农村改革加快推进农业现代化的若干意见》从33个方面对全面深化农村改革、走出一条中国特色新型农业现代化道路进行了全面部署。其从县乡基层农村教育、文化体育、卫生与计生、社会养老、最低生活保障、扶贫开发等领域，全方位提出稳定农业公共服务机构、推进城乡基本公共服务均等化，并要求开展农村公共服务标准化试点工作。2014年中央一号文件也是首个直接、明确关注县乡基层政府农村公共产品供给效率的中央一号文件。第一次正式提出，按照方便农民群众生产生活、提高公共资源配置效率的原则，健全农村基层管理服务体系，扩大小城镇对农村基本公共服务供给的有效覆盖，统筹推进农村基层公共服务资源有效整合和设施共建共享。为提高县乡政府农村公共产品供给效率，还首次提出开展农村公共服务标准化试点工作。可以说,2014 年中央一号文件的发布,成为我国从"农村改革"到"全面深化农村改革"的历史演进新起点,更加强调基本公共服务均等化,更加强调充分调动多元供给主体的积极性和创造性,县乡政府农村公共产品供给由此迎来新春天[①]。

2015 年中央一号文件《中共中央国务院关于加大改革创新力度加快农业现代化建设的若干意见》要求围绕城乡发展一体化,深入推进新农村建设。除了提出要加大农村基础设施建设力度、提升农村公共服务水平,还凸显了两大亮点:一是提出让农村成为农民安居乐业的美丽家园,全面推进农村人居环境整治;二是要求切实加强农村基层党建工作,加强以党组织为核心的农村基层组织建设。

2016 年中央一号文件《中共中央国务院关于落实发展新理念加快农业现代化实现全面小康目标的若干意见》要求促进城乡公共资源均衡配置、城乡要素平等交换,稳步提高城乡基本公共服务均等化水平,提出开展农村人居环境整治行动和美丽宜居乡村建设,还首次提出实施脱贫攻坚工程。

2017 年中央一号文件《中共中央国务院关于深入推进农业供给侧结构性改革加快培育农业农村发展新动能的若干意见》贯穿"改革"主题,不仅提出要从持续加强农田基本建设、深入开展农村人居环境治理和美丽宜居乡村建设、提升农村基本公共服务水平、扎实推进脱贫攻坚等四个方面补齐农业农村短板,夯实农村共享发展基础,还提出加大农村改革力度,激活农业农村内生发展动力。其对农村改革的制度和机制进行了系统化设计,主要包括七个方面,一是深化粮食等重要农产品价格形成机制和收储制度改革,二是完善农业补贴制度,三是改革财政支农投入机制,四是加快农村金融创新,五是深化农村集体产权制度改革,六是探索建立农业农村发展用地保障机制,七是健全农业劳动力转移就业和农村创业创新体制。

2018 年中央一号文件《中共中央国务院关于实施乡村战略的意见》对十九大提出的乡村振兴战略进行了系统化的顶层设计。其中,涉及农村公共产品供给的内容主要有"提高农村民生保障水平,塑造美丽乡村新风貌"部分提到的"优先发展农村教育事业""促进农村劳动力转移就业和农民增收""农村基础设施提档升级""加强农村社会保障体系建设""推进健康乡村建设""持续改善农村人居环境",还包括文件其他部分提到的推进乡村绿色发展、加强农村公共文化建设、加强农村基层基础

---

① 李燕凌:《县乡政府农村公共产品供给政策演变及其效果——基于中央"一号文件"的政策回顾》,《农业经济问题》2014 年第 11 期,第 43—50、110—111 页。

工作、打好精准脱贫攻坚战、强化乡村振兴制度性供给、强化乡村振兴人才支撑、强化乡村振兴投入保障等方面内容。

（三）农村公共产品供给标准体系构建的政策向度

通过对改革开放以来我国"三农"政策内容透视，可以看出，我国农村公共产品供给政策在党的十八大以后发生了明显的变化，简而言之就是两句话：一是从主要关注增量供给转变为同时关注增量供给、结构优化和质量提升；二是从以物质性公共产品供给为主转变为物质性公共产品供给和制度性公共产品供给并重。

1. 扩大农村公共产品供给规模和范围，推进公共产品的城乡一体化供给

由于当前我国农村公共产品供给中最突出的矛盾是城乡差距。城乡基本公共服务规模和水平的巨大差距，使农民不能享受与城市市民同质化的基本公共服务，农村的社会福利权利缺失，严重制约了广大农民的发展能力与发展机会，成为影响社会公正与和谐稳定的突出问题。[1]在供给规模方面，目前我国公共财政用于"三农"支出的比重与我国农林牧渔业对国民经济发展的实际贡献，与我国农村人口占全国人口总数的比重相比都不相适应。在供给范围方面，例如，与城镇居民医疗保障制度相比，"新农合"无论是在制度的保障水平还是制度的公平性上都存在很大的差距。[2]再比如，当前我国新型城镇化进入高质量发展阶段，但是由于多方面原因，依然存在着农民工就业质量不高、农民工随迁子女公平获得教育资源困难、农民工缺乏市民身份认同等问题。因此，党和国家在政策上要求加快城乡统筹步伐，扩大农村公共产品供给规模和范围，推进公共产品的城乡一体化供给。

2019年中央一号文件《中共中央 国务院关于坚持农业农村优先发展做好"三农"工作的若干意见》指出，"扎实推进乡村建设，加快补齐农村人居环境和公共服务短板"。加速推动公共产品向农村延伸、公共服务事业向农村覆盖是实施乡村振兴战略的重要抓手，也是推进城乡基本公共服务均等化的必然要求。习近平强调，"要把工业和农业、城市和乡村作为一个整体统筹谋划，促进城乡在规划布局、要素配置、产业发展、公共服务、生态保护等方面相互融合和共同发展。着力点是通过建立城乡融合的

---

① 姜晓萍：《统筹城乡中基本公共服务均等化研究——以四川省成都市为例》，《社会科学研究》2012年第6期，第33—40页。

② 周贤君、杨远吉、李立清：《新农合"乡镇住院全报销模式"效果评估——基于桑植县的调查数据》，《湖南农业大学学报（社会科学版）》2013年第6期，第33—37页。

体制机制，形成以工促农、以城带乡、工农互惠、城乡一体的新型工农城乡关系"[1]。公共产品供给的城乡一体化就是要通过优化公共产品资源在城乡之间的统筹配置，提高农村公共产品的供给水平和效能，实现乡村振兴和新型城镇化双轮驱动。首先，加快推动公共产品在城乡之间布局的一体化统筹规划和设计。针对集聚城市空间和分散农村空间的差异化不同特点，把城乡公共产品配置作为一个整体进行规划和设计，形成城市功能区、县城和镇及农村功能区公共产品的统一配置与规划布局结构，切实解决公共产品布局"重城市、轻农村"的问题。其次，加快推进城乡公共产品的无缝对接。把国家财政支持的基础设施建设重点放在农村，建好、管好、护好、运营好农村基础设施，实现城乡差距显著缩小。健全农村基础设施投入长效机制，促进城乡基础设施互联互通、共建共享。在此基础上，着力推动城市教育、社会保障、信息、技术、医疗卫生和文化等公共服务全方位向农村辐射、扩散与覆盖，让农民近距离感知均等化的服务。再次，要加快构建城乡一体的公共产品共享机制。推动城市与农村公共产品建设、运营与维护管理的联动统一，推动以"村村通"工程为代表的公共基础设施网络全覆盖，降低公共产品总体的供给成本。最后，统一城乡之间公共产品的供给标准与尺度，实现由城乡差序的非均衡格局向城乡同一平面的均衡格局转变，缩小城乡公共产品供给标准和水平之间的差距。推动大数据和云计算等电子政务由城市延伸至乡村，通过信息化让农村居民享受到与城市居民同等水平和相同标准的公共产品服务。

2. 推进农村公共产品供给侧结构性改革，引领公共产品供给高质量发展

推进供给侧结构性改革是发展方式从重速度规模向重质量效益转换的需要。长期以来，我国农村公共产品既有供给不足的瓶颈，又有结构性失衡问题，最终体现在综合效益明显偏低。推动农村公共产品供给高质量发展的关键在于加强供给侧结构性改革，重点在于供给模式创新。

首先，供给结构反映出不同公共产品内容及其比例关系。一般而言，应优先供给维持生存型公共物品，如增加电能、给排水、通信设施、邮政及农田灌溉工程等，然后提供发展型公共物品的供给，最后考虑公共文化娱乐设施等享受型公共产品的供给。但在实践中，还要把握阶段和层次的关系。一定范围的农村居民对公共产品的需求具有相对一致性，但由于家庭情况、富裕程度、文化水平等不同，对公共产品的需求也具有明显差异性。满足农民对公共产品的多层次需求，一是畅通需求表达机制，尊重农

---

[1] 中共中央文献研究室编：《习近平关于社会主义经济建设论述摘编》，中央文献出版社 2017 年版，第 188 页。

民的话语权，了解其对公共产品的价值偏好、需求优先次序，发挥村民自治机制的民主决策作用，做到公共产品供给有的放矢、物尽其用；二是实施分阶段供给，分清供给主体职责和公共产品供给的主次，尽量优先提供农民生产迫切需要的公共产品，然后逐步扩大农村生活类和农民发展类公共产品供给，使公共产品供给发挥最大效应。[①]

其次，供给结构包括不同的供给主体承担的供给份额。我国现行农村公共产品供给制度是在人民公社时期供给体制基础上逐渐演变并延续而来的，城市化倾向仍然十分明显。政府通过公共财政主要提供大部分城市公共物品，而在广大农村地区，公共财政供给农村公共产品的范围十分有限、供给规模水平相对较小，基本上还是实行"政府主导、制度外筹资"的农村公共产品供给体制。由于公共产品供给具有层次性，农村地区大量公共产品的受益范围局限于一定的农村地域，因此，地方政府在农村公共产品供给中具有当然主体的地位。提供农村公共产品不仅是中央政府的重要职责，更是地方政府职责的首要目标。因此，必须在农村公共产品供给中坚持"财权与事权相统一"的原则，建立由中央、省、市、县和农村社区"多层次共同供给"的农村公共产品供给体制。当前，中国农村公共产品供给正在实现由原来主要依靠村级集体组织单一供给为主向多元供给体制供给的转变，供给主体正逐渐演变为政府特别是县乡政府为主体，私人、慈善组织等民间供给主体参与供给的多元供给主体体系。[②]

3. 推动农村制度性公共产品供给更系统化，优化"三农"领域顶层设计

与具有一定物质形态的公共产品不同，制度性公共产品是指"那些具有非物质形态且须由政府提供的，满足人们生活的需要，要求社会成员共同遵守的制度或规则，包括一国政府所制定的政治制度、法律制度和经济制度，以及公共政策和公共道德"[③]。十八大以来，无论是实施乡村振兴战略，还是建立健全城乡融合发展体制机制和政策体系，抑或是国务院和地方政府不断推动开展的农村综合改革，实际上都可以被视为制度性公共产品的输出。在实施乡村振兴战略的背景下，以往的各种制度性公共产品得以整合、衔接和优化（图 2-6），形成了一个相对完整的内在逻辑框架，

---

① 刘兴云：《处理好农村公共产品供给的几个关系》，人民日报 2013 年 3 月 20 日。

② 李燕凌：《中国农村公共产品供给新趋势——基于新供给经济学的视角》，《河北学刊》2015 年第 3 期，第 139—144 页。

③ 唐明、宋德安：《地方政府制度性公共产品有效供给分析》，《西北大学学报（哲学社会科学版）》2017 年第 5 期，第 109—116 页。

这就使"三农"领域在顶层设计上取得了前所未有的突破,有助于推动农业全面升级、农村全面进步、农民全面发展。

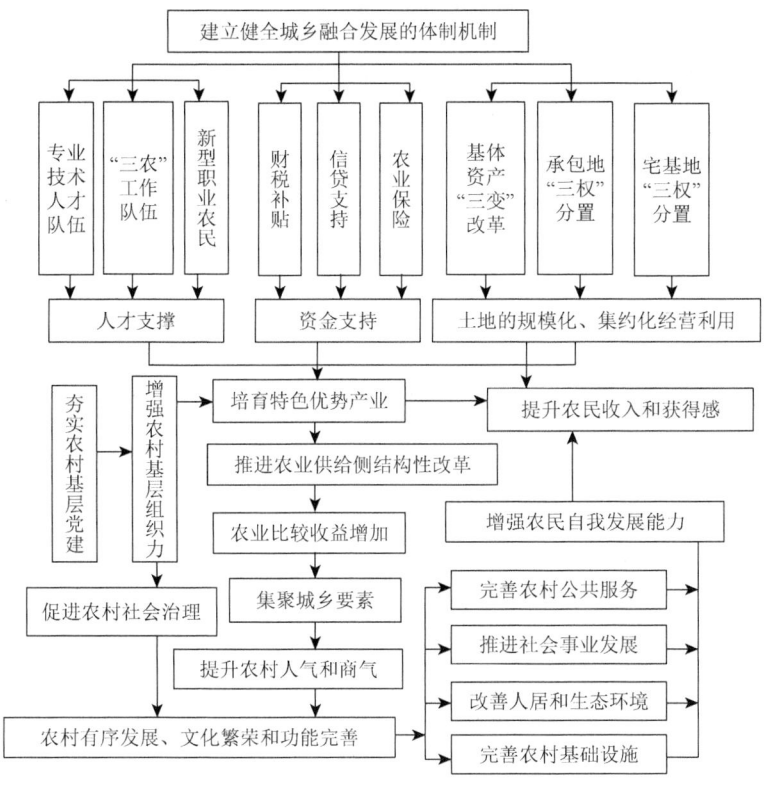

图 2-6　制度性公共产品输出视角的乡村振兴内在逻辑

在近年来"三农"工作顶层制度设计上,最有系统性的、内容最系统、最完备的是乡村振兴战略。党的十九大把实施乡村振兴提升到战略高度,提出"要坚持农业农村优先发展,按照产业兴旺、生态宜居、乡风文明、治理有效、生活富裕的总要求,建立健全城乡融合发展体制机制和政策体系,加快推进农业农村现代化"[①]。面对农村综合改革的新形势,各级政府不断探索农村公共产品供给的新机制、新途径,逐步推进城镇公共服务向农村延伸,主要政策包括:一是通过实施农村集体经济发展试点,探索建立农村集体经济发展新机制,解决农业生产上的适度规模经营问题。二是完善村级组织运转经费保障政策,探索建立乡村治理新机制,促进农村社会安定和谐。三是创新财政支持农民合作社发

① 《习近平:决胜全面建成小康社会 夺取新时代中国特色社会主义伟大胜利——在中国共产党第十九次全国代表大会上的报告》,http://www.gov.cn/zhuanti/2017-10/27/content_5234876.htm[2022-11-20]。

展机制，完善新型农业社会化服务体系。四是突破城乡二元结构的体制障碍，探索统筹城乡发展新机制。五是进一步改善农村人居环境，建立农村公益事业发展新机制。六是扩大农村公共服务运行维护试点范围，搭建农村公共服务平台，开展农村公共服务标准化试点，建立农村公共服务供给新机制。七是以建制镇示范试点和美丽乡村建设试点为抓手，开展新型城镇化与新农村建设的有机衔接，建立城乡协同发展新机制。八是突破农村资源环境瓶颈，探索农业农村可持续发展新模式。九是加快农村生活污水和垃圾无害化处理设施的建设步伐，开展畜禽粪污等农业农村废弃物综合利用试点，积极探索解决农业面源污染问题。十是探索建立多种形式的农村产权流转交易市场和服务平台，稳定农民土地经营预期，增加农民财产性收入。

第二节　我国农村公共产品供给标准体系构建的科学原理

农村公共产品供给标准体系构建研究是科学技术和社会发展的客观需要。如上所述，随着我国科学技术和社会经济的发展，标准化领域在不断扩大，标准化的对象越来越复杂，系统的特征越来越明显，系统之间的联系也越来越密切，迫切需要应用系统论原理和系统工程方法来解决一定范围内标准协调的秩序问题。为了适应我国农村公共产品供给的系统管理，就必须制定一套技术内容完整、相互配套、相互协调的标准，这些标准建立在相互作用、相互依赖的一个有机整体范围内，通过对这个整体进行合理的优化组合、明确的层次划分来展现一个系统内标准的基本情况，用于指导该系统标准的协调发展，获得整体标准化工作的最佳效果。因此，农村公共产品供给标准体系构建研究是科学技术和社会发展的客观需要。农村公共产品供给标准体系就是指在农村公共产品供给过程中，为获得农村公共产品供给提供的最佳工作秩序和最佳综合效益，由具有内在联系的全部农村公共产品供给标准组成的科学有机整体。本章系统地阐述中国农村公共产品供给标准构建的系统原则、基本原则、建构方法和框架构成。

一、标准化原理

标准化原理就是标准化活动基本规律和本质的理论概括。标准化原理是在大量标准化活动实践的基础上，归纳、概括而得出的，具有普遍意义的指导作用，既能指导标准化实践，又必须经受标准化实践的检验，并在标准化实践中不断完善、提高。

标准化活动是为数众多的人的一种社会实践，而且是有目的、有组织、有计划的实践，伴随着这种实践的便是理性的思维。在 20 世纪前 50 年，标准化的理论成果并不很多。至 1972 年桑德斯（Sanders）的《标准化的目的与原理》和松浦四郎（Matsura Shiro）的《工业标准化原理》的出版，才开始有了标准化理论研究。标准化理论是不断发展与进步的。一方面，人类社会发展过程中，发展环境不断变化，不断变化的环境对标准化活动不断产生影响，从而促进标准化理论的进步。另一方面，随着标准化实践的深化和发展，人类对标准化活动规律的认识也必将逐步深入，新的更完善的理论必将取代旧的行将过时的理论。标准化理论研究，随着人类社会发展而进步，随着标准化实践活动开展而逐步深入，是一个无限渐进提高的过程。

标准化原理主要有三个方面：一是标准化的法治原理。在标准化活动中，标准的制定需要法律作为依据，标准化活动开展需要法治作为保障，同时，标准化也是实现民主与法治的重要手段之一。因此，标准是法律的拓展，标准化是法治的延伸。二是标准化的和谐原理。标准化活动旨在维护社会公平，保障生态安全，促进经济有序发展。稳定健康的生态环境是人类社会发展的物质基础与环境基础，文明和谐的社会是人类社会发展的政治基础与社会基础，繁荣有序的经济是人类社会发展的经济基础，生态安全、社会公平与有序的经济是人类社会和谐发展的底线。如果生态环境日益恶化可能会导致生态危机危及人类生存，如果社会公平（包括区域公平、种族公平和国际公平）问题日益恶化可能会导致社会危机日益突出并严重影响社会稳定与区域稳定乃至全球安全，如果经济无序发展可能会导致全球经济危机周期性暴发，这些都是人类社会发展的关键性制约因子。面对三大危机，由于不同阶层的利益冲突，在宏观上，短时间内，在法律上很难取得一致意见，通过法律来规范人类行为的阻力很大。因此，在解决三大危机的宏观性法律措施发布实施前，需要在微观上通过标准化活动来规范人类行为，缓解三大危机，并通过标准化活动的实践，促使相关标准上升为法律，协调解决生态危机、社会危机、经济危机，实现人类社会和谐发展。要实现人类社会和谐发展，需要将和谐理念贯穿到人类生产生活具体实践中去，推行生活和谐化、社会和谐化、经济和谐化。三是标准化的系统原理。标准化就是运用系统理论与技术，采取计划、组织、监督、控制、调节等手段，对标准系统内部各要素间的关系以及同外部环境间的关系进行协调，以充分发挥标准化功能，实现标准化目标。简单地说，标准化系统原理就是对标准化的系统化管理过程。因此，标准化系统原理实际上是标准化活动的基本原理，即标准化基本原理，也叫标准化科学原理。传统的标准化理论，基本上都属于标准化系统原理。

二、整体性原理

在构建中国农村公共产品供给标准体系的研究中，系统原理是我们始终依循的最为基础的原理，在很大程度上，我们是将其作为一般性原理使用的。系统原理作为一种科学思维，被公认为现代自然科学、社会科学和思维科学发展综合的产物，是现代科学研究所共持的一般认识论和方法论的基础。从系统原理出发，我们可以把包括农村公共产品供给及其标准化活动视作一个系统，在研究过程中统筹兼顾系统整体中相互联系、相互作用、相互影响的各组成部分，促进整体与部分、各部分之间的协同行动，从而充分释放系统本身的整合优化功能。系统思维古来有之、源远流长，但作为一门科学的系统论是 20 世纪 40 年代美籍奥地利理论生物学家和哲学家贝塔朗菲（Bertalanffy）创立的。当代系统论内容庞大，分支很多，但新旧各种系统科学理论都有一个共同的基本命题：世界皆系统，一切事物和对象都可以用系统观念来考察，用系统方法来描述。这同时意味着人们洞察世界的方式发生了一个重大转变，即从以"实物"为中心转变为以"系统"为中心，注重系统之间和系统内部各要素之间的相互关系，通过一系列传递和反馈机制，对系统进行优化和控制（图 2-7）。本节首先介绍系统原理的主要内容，在此基础上进一步阐释系统原理在标准体系构建中的实用价值。

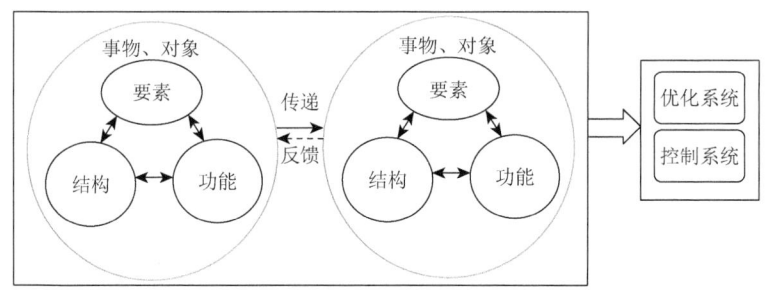

图 2-7　系统论基本逻辑

对于"系统"的界定，一般系统论的创始人贝塔朗菲认为，它"是指处于一定相互联系中的与环境发生关系的各组成成分的总体"[①]。在我国学界，关于"系统"的最具代表性的界定来自"中国导弹之父""系统科学大师"钱学森。在他主编的《现代科学技术与技术政策》一书中，对"系

[①]〔美〕贝塔朗菲 L：《一般系统论：基础、发展和应用》，林康义、魏宏森等译，清华大学出版社 1987 年版，第 145 页。

统"进行了非常简明的界定。他认为，"简单地说，系统就是由许多部分所组成的整体"，并指出，"系统思想和学说的科学概念就是要强调事物的整体，强调事物是由相互关联、相互制约的各个部分组成的具有特定功能的有机整体"。①此外，依循一般系统论的解释，《韦氏词典》将"系统"解释为有组织的或被组织化的总体，是构成总体的各种概念、各种原理的综合，是以有规律的相互作用、相互依赖的形式结合起来的对象的集合。在"系统"一词的日常使用上，正如《中华大字典》给出的解释，人们至少对"系统"赋予两种含义：一是把"系统"作为名词使用，即同类事物按照一定的关系组成的整体，如"组织系统""灌溉系统"等；二是把"系统"作为形容词使用，即表示"有条理的"，如"系统学习""系统研究"等。②

根据贝朗塔菲、钱学森对"系统"的界定以及人们在日常生活中的使用习惯，我们可以把"系统"视为相互联系的要素组成的有机整体。这里包含四层递进含义：首先，系统是整体；其次，整体由要素构成；再次，要素是相互联系的，从而形成了系统结构；最后，系统结构使整体发挥了"1＋1＞2"的整体性功能。上述含义层层递进，缺一不可，其中，整体性是系统的前提和基础。

尽管上述定义很简明，但进一步的分析又表明，系统实际上是十分复杂的概念，它是一种复杂思维或高级思维的基本模型。对此，借鉴钱学森的观点③：第一，系统整体包含着一个"边界"的概念，任何作为可以独立研究的实体的系统，必须有空间或动态的边界。第二，系统整体包含着"组织"的或"相互作用"的概念。系统的组织化程度即是一种有序性，有序性越高，系统越复杂、越高级。系统内部各要素不应当是离散的，相互无关的，而是相互作用的组成部分的复合体。各部分之间的具体联结方式构成了系统的结构，系统的结构是系统整体功能的内在机制。为了适应环境或达到一定的功能，系统（生物的、社会的、机械的）无须增加新的组成部分，只需调整原有各部分的联系结构就能实现目标。第三，系统整体包含"动态"的概念。现实的系统是运动的物质世界中的系统，是辩证唯物主义精辟概括的无限运动和发展的物质世界中的系统。系统的整体运动又与简单的机械力的作用有所不同：它是内在的，以有序程度的变化为标志；它是主动的，以一定的能克服干扰的目标行为为标志；它是发展的，以表现出突变和突现行为，能引起事物从简单

---

① 钱学森主编：《现代科学技术与科技政策》，中共中央党校出版社1991年版，第143—144页。
② 王新平：《管理系统工程：方法论及建模》，机械工业出版社2011年版，第23页。
③ 钱学森主编：《现代科学技术与技术政策》，中共中央党校出版社1991年版，第143—144页。

到复杂、从低级到高级的进化式的运动为标志。在当代国内学者中，苗东升把系统的特性概括为整体性、秩序性、组织性、目的性、演化性等[①]；魏宏森、曾国屏将其概括为整体性、层次性、开放性、目的性、稳定性、突变性、自组织性和相似性[②]；沈骊天将其概括为整体性、内部相关性、环境相关性、层次性、动态性、开放性和功能性[③]。

综合上述学者的观点，我们可以进一步把"系统"解读为：系统是由两个或两个以上相互区别又相互依赖、相互联系、相互协调、相互制约、相互影响的组成部分（或称为要素、元素、单元、子系统等）按一定结构联系起来的具有特定功能的有机整体，具有整体性、组织性、开放性、层次性、演化性、复杂性等特征（图2-8）。对上述系统特性的洞察和把握尤为重要，唯此，我们才有可能进一步思考——如何通过优化系统整体的结构和功能关系来解决农村公共产品供给的标准化问题？

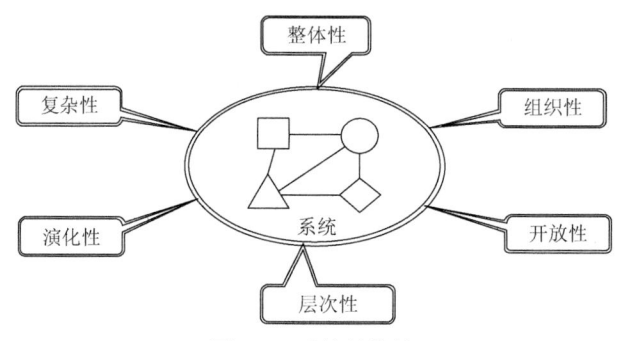

图 2-8　系统的特性

正如清代陈澹然在《迁都建藩议》中所说："不谋万世者，不足谋一时；不谋全局者，不足谋一域。"系统论就是要让我们做到统筹兼顾，讲全局、懂全局，进而谋全局。中国古语中所说的"牵一发而动全身""唇亡齿寒""城门失火，殃及池鱼""皮之不存，毛将焉附""千里之堤，溃于蚁穴"等也都包含着朴素系统论的意蕴。近代以来，国内外的各种系统理论都不约而同地把系统的整体性问题作为自己的基本问题之一[④]，"我们被迫在一切知识领域中运用'整体'或'系统'概念来处理复杂性问题，这就意味着科学思维基本方向的转变"[⑤]。可以说，系统的本质属性就

① 苗东升：《系统科学精要》，中国人民大学出版社2006年版。

② 魏宏森、曾国屏：《系统论——系统科学哲学》，清华大学出版社1995年版，第201页。

③ 沈骊天：《当代自然辩证法》，南京大学出版社2000年版，第59—60页。

④ 魏宏森，曾国屏：《试论系统的整体性原理》，《清华大学学报（哲学社会科学版）》1994年第3期，第57—62页。

⑤〔美〕贝塔朗菲 L：《一般系统论：基础、发展和应用》，林康义、魏宏森等译，清华大学出版社1987年版，第1页。

是整体性的凸显。系统的整体性要求我们在学术研究中不能"见子打子"，不能"只见树木，不见森林"，也不能满足于引进几个对具体问题研究有助益的"范式"或几种新的人文社会科学理论。用形象的话语来说，"系统性在学术上要求建构的是航空母舰或各单一舰只间具有互补关系、配备合理的联合舰队，而非总吨位相等却不相互构成有机整体的若干舰只的随意组合"①。因此，我们至少要从以下四个方面来理解系统的整体性原理。

第一，整体与部分的关系不可分割，分析和综合应当辩证统一。一方面，各组成部分是构成整体的基础，没有部分就没有整体。但另一方面，各组成部分又是在整体的制约下相互联系、相互作用、相互影响、相互转化的，"已经被肢解成为部分的东西，就不再是有机体，如果再堆积在一起，也不会成为有机体"②，这正像黑格尔（Hegel）所说的，"譬如一只手，如果从身体上割下来，按照名称虽仍然可以叫作手，但按照实质来说，已不是手了"③。依此逻辑，在研究中应当辩证统一地运用分析方法和综合方法。

第二，系统的各组成部分按照整体目标的最优化而发挥作用。各组成部分的性质和功能是由其在系统整体中的地位和自身结构的规定性来确定的，其行为则受到整体与部分的关系的规定。在这一认识上，系统论与结构主义倡导的观点基本一致，系统整体性原理要求人们对研究对象的成分、结构、功能及其相互联系方式进行综合分析。在很大程度上，"对研究对象整体性认识的追求，一开始就是结构主义和系统论共同的动力和目标"④。因此，进一步看，在系统的目标上，就要求整体目标的最优化，而不是某个组成部分或要素的最优化。整体具有的孤立的部分不具有的特性，被称为整体的涌现性（或突现性）。

第三，系统整体是物质、能量、信息相互转换而成的有机综合体。物质、能量、信息，共同构成了现实世界中系统整体的三大要素。一般而言，物质和能量在本质上具有同一性，质能方程 $E = mc^2$ 为我们揭开了这种同一性的面纱。根据质能方程，物质质量通过亏损转化为能量，而正反物质相碰后也会湮灭为能量，光子（能量子）是最基本最普遍的能量存在方式。所以，我们可以把物质看成能量变化过程中的相对稳定状态。只不过，物质是具有空间、时间、质量的客观存在，而能量不具备时空和质量，因此是一种非物质性的存在。除了物质和能量，信息也是现实世界的一大要素。

---

① 杨天宏：《系统性的缺失：中国近代史研究现状之忧》，《近代史研究》2010年第2期，第42—50，2页。
② 魏宏森，曾国屏：《试论系统的整体性原理》，《清华大学学报（哲学社会科学版）》1994年第3期，第57—62页。
③〔德〕黑格尔ＧＷ：《小逻辑》，贺麟译，商务印书馆1986年版，第405页。
④ 石亚军：《试析"结构"和"系统"之同异》，《哲学动态》1988年第6期，第43—45页。

只要事物之间存在相互联系、相互作用，就会出现信息。信息可以用来描述物质和能量，即可以将物质和能量表征化，能够用来消减人们对于现实世界认识的不确定性。

第四，系统整体与各组成部分都处于非线性的运动发展变化中。系统各组成部分的变化总是以整体联系为前提，而系统整体的变化，又总是在各组成部分变化的联系中得以实现。整体与部分及各部分之间的相互作用是系统运动发展变化的根本原因。需要注意的是，系统之中的相互作用，并不是简单的线性的相互作用，而是一种非线性的相互作用。对于线性的相互作用，其作用的各方实际上是可以逐步分开来讨论的，各组成部分可以在不影响系统整体性质的情况下从整体中分离出，整体的相互作用是可以看作各个部分相互作用的简单叠加，即线性叠加。而对于非线性的相互作用，各组成部分都处于有机的复杂的联系之中，每一个部分都是相互影响、相互制约的，正因为此，每一个组成部分都影响着系统整体，反过来整体又制约着部分。

三、层次性原理

在认识系统整体性的同时，还要关注系统的层次性。层次性是在系统所有元素整合为整体的过程中的涌现等级，它与系统的整体性是紧密联系在一起的。具体而言，它是指"系统都处于物质的一定层次，以及不同系统之间必定存在一定层次关系"[①]的性质（图 2-9）。层次关系包括上下层级之间的包含关系、同层级关系、不同层级也不包含的关系这三种类型。层次性是系统整体的一种规定性，它反映了系统整体从简单到复杂、从低级到高级的发展过程。层次不同，系统整体的属性、结构、功能也不同。层次越高，其属性、结构和功能越复杂。系统的层次性也使得在现实问题

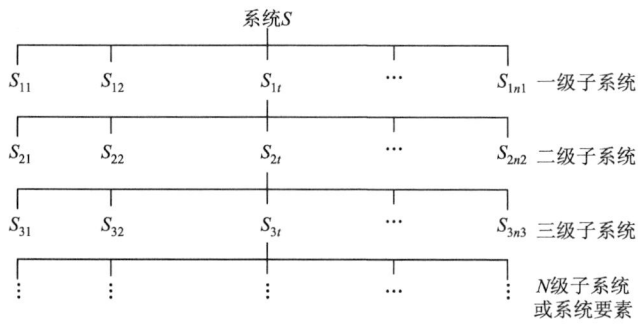

图 2-9　系统的层次性

---

① 沈骊天：《当代自然辩证法》，南京大学出版社 2000 年版，第 59 页。

处理中广泛使用"黑箱"方法成为可能，将问题分解到不同层次，解决上一层次问题时仅需关注元素相应方面的功能，而不用考虑元素具体的结构，这样能显著提高思维的经济性。

标准化实践意在创建一个控制或干预系统，须以系统的层次性为基础。首先，系统中的每一要素都依自身的属性和功能，从属于与之相符的层次，执行系统分配的职能。因此，创建的标准化体系必须以层次结构明确为基本要求。其次，通过标准化活动实现对系统的管理、控制，实际上就是对系统层次进行协调的过程。系统层次之间，各自按照自己的职能，依循系统的总目标运动，这是系统有序化的保证。再次，通过标准化活动实现对系统的干预和改造，关键就在于对系统层次及要素之间比例关系的调整，把不适合居于较高层次的要素调整到低层次，而把低层次要素中已具备高层次属性和功能的要素，调整到高层次，从而确保系统从层次内容到层次形式的真正统一。最后，系统的层次性也使得我们在标准化活动中广泛使用的"黑箱"方法成为可能，即将问题分解到不同层次，解决上一层次问题时仅需关注元素相应方面的功能，而不用考虑元素具体的结构，这样能显著提高标准化思维和活动的经济性。

四、动态性原理

系统的动态性，是系统生命力的重要来源。动态性体现为系统的组织性和演化性两个方面。组织性也被称为内部相关性；演化性是指系统在内部元素相互作用和与环境的相互作用下，总体上从简单走向复杂、走向更加有序状态的性质，这本身也是系统优化的趋势体现。

系统的组织性体现在：系统是由两个以上可区别的组成部分或要素构成的，是多样性的统一，而多样性正是系统生命力的第一个重要源泉。系统的各组成部分或要素之间特有的相互依赖、相互作用的关系，成为系统生命力的又一个重要源泉。亚里士多德（Aristotle）所说的"整体大于部分之和"就表达了上述思想。一般来说，整体与部分之间的关系有四种不同情况：一是整体功能大于各组成部分功能的总和；二是整体功能小于各组成部分功能的总和；三是整体功能是各组成部分都不具备的功能；四是整体的功能等于各组成部分功能的总和。系统整体处于第一或第三种情况时，就可以看成在演化进程中处于一个优化阶段。优化后的系统发生了"增值"，这个"增值"就是在自组织涌现中的剩余功能与剩余结构。而处于第二或第四两种情况下的系统在总体上还是受到整体优化规律制约，只不过在一定的时空环境下表现为负剩余结构和负剩余功能。

　　系统各组成部分或元素之间常常发生带有正/负反馈的、非线性的相互作用，这就使得系统整体有可能通过自组织而走向演化之路。各组成部分或元素之间的相互适应、相互学习、相互冲突都是系统组织性和演化性的表现形式。当然，这并不意味着供给系统内部不存在相互无知的现象，也不排除系统不同部分之间存在的裂痕。标准化实践在很大程度上就是为了消除这种裂痕并促进系统整体结构和功能的优化。处于整体等于或小于部分之和的劣化系统，在整体优化规律的作用下有三种发展趋势：一是处于劣化阶段的系统整体在自身固有规律与外部环境作用下，系统结构进行有序的调整，克服部分系统要素劣化的因素，补充新的有序结构，使原系统整体在新的有序结构中达到新的整体优化。二是处于劣化阶段的系统整体在自身固有规律与外部条件作用下，进行结构重组，把所有系统要素中的劣化因素淘汰，从而形成新的有序结构，达到新的整体优化。三是处于劣化阶段的系统整体在客观系统、内在要素的相互作用下，使原系统结构解体，并让位于新的合理的系统整体，达到新的整体优化。由此看来，要素的优化与劣化不等同于系统整体的优化与劣化，走向更加有序状态的系统优化是总体性的趋势。

　　在标准化实践中，系统优化具有客观性和相对性。客观性是指优化有着不以人的意志为转移的客观内容，是由系统结构和功能所固有的差异性和运动的不平衡性决定的。相对性一是指优化只有相对于一定的标准才有意义。标准或是某些固有规律的要求，或是某些内外部条件的限制，或是可能出现概率的大小。二是指某一对象的优化，或者只是相对于一定标准在某一个或某几个方面的优化，而不是一切都优化。三是某一对象的优化不是固定不变的，而是随着时空与内外部条件的变化而变化。四是在肯定某一方面优化的同时，也包含了其他方面的不优化。优化与不优化是相对而言的，相比较而存在的。

五、开放性原理

　　系统的开放性是指开放系统与其环境之间能进行物质、能量和信息的交流，表现为系统与环境的相互影响（图2-10）。系统的开放性及环境影响的重要性是当今系统问题的新特征，日益引起人们的关注。任何一个系统都存在于一定的环境之中，并与环境之间产生物质、能量和信息的交流。环境的变化必然会引起系统功能及结构的变化。系统必须首先适应环境的变化，并在此基础上使环境得到持续改善。管理系统的环境适应性要求更高，通常应区分不同的环境类（技术环境、经济环境、社会环境等）和不同的环境域（外部环境、内部环境等）。

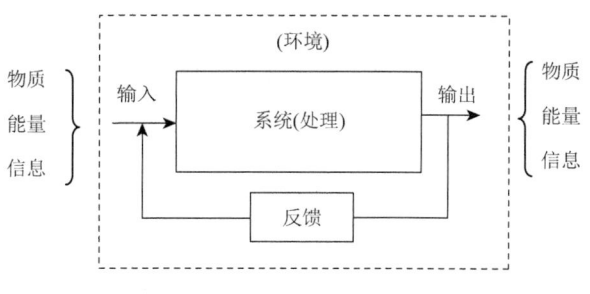

图 2-10 系统与环境的相互影响

六、复杂性原理

复杂性近年来已成为科学与哲学领域中的一个研究热点，但至今仍"不存在大家一致认可的'复杂性'定义"[1]。著名系统学家霍兰（Holland）认为复杂性就是复杂系统的行为组织特性。协同学创立者哈肯（Haken）指出，"系统的复杂性不仅表现在它们是由大量数目的部分所构成的，还表现在它们具有复杂的行为"[2]。美国学者雷舍尔（Rescher）认为，"复杂性首先和最重要的是关乎系统组成要素的数量和种类多样性的问题，以及是关乎相互关联的组织构造和运作构造的精巧性问题"[3]。法国思想家莫兰（Morin）指出，"复杂性的构成特点：它不仅包含着多样性、无序性、随机性，而且显然也包含着它的规律、它的秩序和它的组织"[4]。吴彤指出，绝大多数复杂性的定义都包含这样的共识："复杂性表现为一种众多因素相互作用的状态；复杂性即'交织在一起的东西'；复杂性表达了一种不可还原的特征"[5]。

综合上述学者的看法，系统的复杂性就是指具有巨大数量元素的系统在演化过程中因为元素间非线性的相互作用使得系统的结构和行为难以用传统科学理论来解释的特性。对复杂性的认识包含以下几个要点：第一，不是所有系统都具有复杂性，元素数目足够多是复杂性的前提条件。第二，复杂性源于非线性。第三，系统行为的自组织性、相互适应性、混沌性等都是复杂性的体现。尽管复杂性并不是一切系统都具有的特性，但正如贝塔朗菲所指出的那样，"系统问题本质上是针对分

①〔美〕雷舍尔 N：《复杂性：一种哲学概观》，吴彤译，上海科技教育出版社2007年版，第17页。

②〔德〕哈肯 H：《信息与自组织：复杂系统中的宏观方法》，郭治安等译，四川教育出版社1988年版，第10页。

③〔美〕雷舍尔 N：《复杂性：一种哲学概观》，吴彤译，上海科技教育出版社2007年版，第8页。

④〔法〕莫兰 E：《复杂思想：自觉的科学》，陈一壮译，北京大学出版社2001年版，序言。

⑤吴彤：《复杂性范式的兴起》，《科学技术与辩证法》2001年第6期，第20—24页。

析方法在科学中应用的局限性问题"[1]，而无法处理复杂性正是传统科学的主要局限所在。因此，对复杂性的处理必然成为系统思维的主要方面。系统思维的根本目的不是要建立一个能说明任何细节、无所不包的体系，而主要是解决那些在传统科学思维下不能得到满意处理结果的问题。

第三节　我国农村公共产品供给标准体系通用模板的生成

究其本质，上一节中提到的六大科学原理都是由系统论推导而出的。

一方面，上述科学原理为标准体系构建奠定了认识论基础。基于系统原理，我们可以把标准体系视为一个系统，它"是一定范围内的标准按其内在联系形成的科学的有机整体"[2]。在外在表现形式上，标准体系通常是用图表的形式把一个国家、一个行业、一个企业或组织已有及应有的各种标准，按照标准的类别、性质、适用范围以及标准之间的内在联系，分层次逐项排列起来的图表。标准体系作为一个由各组成部分或要素相互联系构成的整体，其内部的相互联系主要包括系统联系（整体性联系）、结构联系（层次性联系）和功能联系（目的性联系）三个方面：其一，系统联系是指标准体系内各组成部分之间（即子体系之间）及各组成部分内部（即子体系内部）存在着相互依赖又相互制约的联系。例如，通用和基础标准子体系对其他子体系具有指导和制约作用。其二，结构联系包括上下联系和左右联系两个方面。上下联系即上层标准与下层标准之间的纵向联系；左右联系是指标准门类之间相互协调统一、衔接配套的联系，即在制定标准时，应考虑左右标准的协调统一。其三，功能联系包括标准的相同功能联系和标准的不同功能联系。例如，包装物标准、包装质量标准和包装重量标准都是为了保证包装质量而制定的标准，应归入同一个包装标准子系统中。而功能不同的标准可按功能联系安排标准的先后顺序，如原材料标准是保证半成品标准的实现，半成品标准是保证成品标准的实现，所以各子系统排列顺序应为"原材料标准—半成品标准—成品标准"。

另一方面，科学原理对标准体系的构建具有方法论上的指导意义。系统原理不仅是一种认识论，也是一种方法论。例如，有学者基于系统论提出了标准群框架构建的"4C"法，包括需求确定（clarifying）、核心构建（core identifying）、标准匹配（corresponding）和动态调整（continuously

---

①〔美〕贝塔朗菲 L：《一般系统论：基础、发展和应用》，林康义、魏宏森等译，清华大学出版社1987年版，第15页。

②侯月丽、钱荣富、顾长青等：《农村公共服务标准化实务》，中国质检出版社、中国标准出版社2018年版，第18页。

improving）四个环节[①]。第一步是在需求确定环节中，确认并系统分析该标准体系的主要利益相关方及各方的需求。第二步是在核心构建环节中，系统研究标准利益相关方的核心需求，由每类核心需求引申出一类或一组核心标准，每组核心标准之间的关系是相互的，由此形成树状结构的标准体系。然后，可以进一步根据实际情况扩展其他非核心标准分支。分支的层级和分布依据核心需求的逻辑框架判定。每个子体系都是开放的，可以随时调整子体系结构。第三步是在标准匹配环节中，基于已经确定的体系框架，将现行标准根据类别比匹配进体系框架中，并根据子体系层级对各标准编号，形成标准体系表。第四步是在动态调整环节中，通过定期检查体系框架适用性，及时跟进相关领域政策法规、标准规范、工作需要等，及时增加、删减或移动某个子体系，补齐薄弱环节，最终形成标准体系，促进标准编制、标准编制完善标准体系的良性循环与动态提升。

一、标准体系的构建原则

（一）时代性原则

中国特色社会主义已进入新时代，我国经济社会发展已由高速增长阶段转入高质量发展阶段。作为质量基础设施的重要组成部分，标准对促进转型升级、引领创新驱动发挥支撑作用，因此，标准化工作理应更加牢固地坚持"质量第一、效益优先"的原则。新时代我国社会主要矛盾是人民日益增长的美好生活需要和不平衡不充分的发展之间的矛盾，这就要求坚持"以人民为中心"的发展思想，将标准化工作从原来侧重工业领域进一步扩展到农业、服务业和社会事业等与民生紧密相关的领域，保障标准有效供给，全方位满足人民群众的需求。

（二）目标性原则

除了自然系统外，所有的人造系统或者人为与自然相结合的系统，在建立之前，都要先确定一个系统的建立总目标，然后在一系列分析、研究、规划、制订方案的基础上，将完成总目标下的总功能分配到所有的组成要素或次级系统，进而确定每一要素或次级系统的功能。作为系统的农村公共产品供给标准体系也有自己的建立目标，那就是要建成"科学先进的协调配套的有机整体"，从农村公共产品供给及其服务管理水平上控制影响农村公共服务效能的因素。农村公共产品供给标准体系不是任意数量标准的累加，也不是杂乱无章的堆砌，而是在对农村公共产品供给现状、公众

---

① 王瑞潇：《基于系统论的标准体系建设"4C"法研究》，《中国标准化》2018年第9期，第67—71页。

需求、外部环境和发展趋势等进行分析研究的基础上，科学合理地确定农村公共产品供给标准体系的目标与功能，并按一定的逻辑关系对其进行分解。也就是说，所有的农村公共产品供给标准都是为农村公共产品供给标准体系的总目标服务的。

（三）系统论原则

用系统性原则指导农村公共产品供给标准体系的构建研究，就是把作为研究对象的农村公共产品供给作为一个整体来进行分析，既注重整体中不同类型、不同层次公共产品供给之间的相互联系、相互制约，又关注各类型、层次之间的协调配合，服从整体最优的要求。整体具有部分集合所没有的特性和功能，即整体功能不等于各部分功能之和，这种"非加和性"正是系统的主要特性之一。建立农村公共产品供给标准体系是要获得这种整体性功能，从而"使该农村公共服务系统具备协调有序、高质量、高效率生产经营能力，满足社会公众的需求、稳定持续地创造出高质量的农村公共服务，获得良好的社会和经济效益"①。

（四）结构性原则

任何系统都是按照一定的结构形式组成的。农村公共产品供给标准体系是一个有机的组合体，并列的分系统之间、层次之间，单个标准与标准系统之间，都要根据总目标的要求建立一定的依存和制约关系，可以按照系统的功能逐级分解成次级、第二次级等直至要素，也可以按照组织关系进行分解。最基本的结构形式有层次性结构和程序性结构。标准之间有并列与协调的关系，有制约与从属的关系，有基础与专业的关系，有先导与后续的关系，有继承与发展的关系，有关键与一般的关系，有共性与个性的关系，有主干与配套的关系，有因和果的关系等。例如，农村基础设施标准与农村公共产品质量管理标准是并列与协调的关系，农村公共产品质量管理标准与农村公共产品过程标准是制约与从属的关系，通过这些相互之间的内在联系或相关性，才能将各要素的功能融合为一个总功能，并且总功能要超过各要素功能的叠加。

（五）稳定性原则

农村公共产品供给标准体系建立的目的是使生产服务提供过程中的活动具有协调统一的秩序，并为农村公共产品供给的监督管理提供科学的依据。农村公共产品供给标准一经批准而开始发挥作用，在修订或废止前

---

① 李上：《公共服务标准化体系及评价模型研究》，中国矿业大学，2010 年。

的一段时间内要保持稳定，不得随意变动。在此期间，即使有许多重要的外界信息有理由要求调整农村公共产品供给标准内容，客观上也不容许。其原因在于：当农村公共产品供给系统自身在某一时空阶段内不断发生变化时，农村公共产品供给标准体系内部的稳定结构和最佳秩序将遭到破坏，必将影响到生产服务经营及管理，使农村公共产品供给体系原有的协调统一的最佳秩序不复存在，失去农村公共产品供给标准化的目的和意义。由于客观环境一般不是剧变的，一套精心制定出来的农村公共产品供给标准体系总有一个基本的适用期，其前期可能觉得这套标准体系超前；其后期可能觉得它稍微有些落后，但在一定阶段（即适用期）内，农村公共产品供给标准体系相对而言应该是比较稳定的。从这个意义上说，研究建立农村公共产品供给标准体系必须充分了解农村公共产品供给发展现状和相关国际标准的制定情况，以科学发展的眼光编制具有前瞻性的、先进的、具有一定弹性的标准体系，使之经得起环境的干扰和变化。

（六）开放性原则

任何事物都是发展变化的，相对的稳定并不意味着农村公共产品供给标准体系一成不变，当农村公共服务业自身或其所处的环境发生变化时，个别不合时宜的标准及落后的标准就要为先进、科学的标准所取代。系统的开放性在于与外部环境的物质、能量和信息的交换。农村公共产品供给标准体系是信息系统，在其形成过程中经历了充分的信息交换。在制定相关标准的过程中，要经过反复的论证试验，耗费物质和能量，但主要是信息交换。

二、标准体系的构建思路

一般而言，标准体系的构建主要有三个步骤：第一步是做好相关理论准备，强化政策研究，尤其是要在系统原理的指导下对政策的维度和向度进行分析。第二步是分解体系层次结构，构建由初始指标组成的指标池。按照内涵分析法，将目标按内涵分成几个关键要素，即一级指标；每个要素自成一个子系统，再分解每个子系统，列出能反映其内涵的项目，即二级指标；每个二级指标又是一个子系统，再进行分解，直到认为具有可操作性为止。第三步是筛选、精简指标，获得最终的标准指标体系。由初拟指标组成的指标池往往具有冗余性，因此，有必要对其进行筛选和精简。对初拟指标进行筛选的原则是：同层指标内涵相同的要合并，指标有因果关系的留因去果，相互矛盾时选择合理的，可操作性差或无法获取信息的可寻找替代指标。

根据上述思路，在整体框架上，我们将农村公共产品供给标准体系分解为总体目标层、分类（目标）指标层和具体指标层。其中，总体目标层为综合指数，刻画我国或某个地区在某个时期的农村公共产品供给综合状况。分类（目标）指标层是我们在对相关农村公共产品供给政策进行内容分析并确定向度和维度的基础上所分解出的十个子系统。其中的八个子系统与我国农村公共产品供给的重点领域及其产品形态相互契合，即"农村公共教育""农村科技公共服务""农村公共文化服务""农村公共卫生医疗服务""农村社会保障""农村生态公共品""农村基础设施""农村基层基础工作"，我们可以把这八个子系统看成农村公共产品供给的维度标准。另外两个子系统分别是"农村脱贫攻坚""乡村振兴"，这两个子系统与推动农村公共产品有效供给和农业农村高质量发展的政策目标紧密相关，因此可将其视为农村公共产品供给的向度标准。

那么，为什么要用"农村脱贫攻坚"和"乡村全面振兴"两个子系统来标识农村公共产品供给向度呢？

首先，从战略实施的角度理解，乡村全面振兴不可能一蹴而就，它既是一场"攻坚战"，也是一场"持久战"；既要坚持"底线"思维，又要保持"战略"定力。当前，党中央已做出战略部署，国务院进行了战略规划，《中共中央 国务院关于实施乡村振兴战略的意见》确定了"到2020 年，乡村振兴取得重要进展""到 2035 年，乡村振兴取得决定性进展""到 2050 年，乡村全面振兴，农业强、农村美、农民富全面实现"。其中，近期目标 2020 年取得重要进展的标志是制度框架和政策体系基本形成，如期完成脱贫攻坚任务；中期目标即 2035 年取得决定性进展的总体表征是农业农村现代化基本实现；长期目标即 2050 年乡村全面振兴则主要表现为农业农村全面实现社会主义现代化，农业强、农村美、农民富全面实现，农民享有更加幸福安康的生活。因此，打赢脱贫攻坚战是实现乡村振兴的前提和基础，坚守脱贫标准是把握"底线"思维的体现；而乡村全面振兴是中长期目标任务，因此要科学规划、注重质量、从容建设、久久为功，这是保持战略定力的体现。

其次，从哲学原理上看，维度和向度体现了"共时性"与"历时性"的辩证统一，它们是从静态与动态、横向与纵向的方面考察我国农村公共产品供给结构及其形态的视角。前者侧重于以农村公共产品供给运动的系统及系统中要素间相互关系为基础，把握系统结构；后者侧重于以农村公共产品供给运动的过程及过程中的矛盾运动发展的规律为基础，把握系统形态。运动通过静止表现出来，相对静止中有永恒的运动。因此，上述八个维度子系统和两个向度子系统之间既不是二元对立的，也不是"线性"交叠的，而是同构共生、辩证统一的关系。农村公共产品供给的直接目标（推动农村公共产品的有效供给和农业农村高质量发展）

和长远意义（乡村全面振兴）就是在螺旋式上升的矛盾运动中最终建构完成的。

最后，在确立了总体目标层、分类（目标）指标层之后，再构建具体指标层。具体指标层涵盖了所选取的描述各个子系统特征的可测量的指标。在具体指标层构建的过程中，应先由课题组研究选取指标，建立由初始指标组成的指标池，然后由"外脑"共同参与指标遴选。在充分考虑指标重要性、代表性和测量合理性的同时，尽量选取公开数据，使得指数在保持科学性和政策契合性的基础上更具有可操作性、可运算性。

三、初始指标的筛选精简

在初始指标池构建过程中，主要还是运用系统分析法。这种分析方法是从系统的整体性出发，将与目标或上级指标有关的诸因子按系统（或属性、类别）划分，在对各系统的因子进行分析的基础上，结合以往相关研究成果和政府部门公开发布的与农村公共产品供给相关的指标，主要依据定性选取指标的原则（目的明确、综合全面、切实可行、稳定性强、协调一致等），从我国现阶段农村公共产品供给实际发展水平及指数标准希望达到的评价目标、约束目标、激励目标、引领目标出发，找出代表性强的指标。此外，在确定初始指标池的过程中，除了采取系统分析外，结合多元相关分析（即相关度分析）对指标池的指标进行初步筛选。在掌握有关农村公共产品供给历史资料的基础上，以诸影响因子作为自变量，以可能出现的评价结果作为因变量进行多元线性相关分析，计算各影响因子与评价结果间的偏相关系数。一方面，根据偏相关系数的绝对值大小，对各影响因子进行初步排序；另一方面，逐个对这些偏相关系数进行假设检验，挑选那些偏相关系数在某一概率水平上显著的影响因子作为评价因子。这种方法作为一种辅助方法，有助于将来主观与客观相结合，而且既考虑到各影响因素的单独作用，又考虑到各影响之间的相互作用。

在初始指标池的基础上，进一步按指标的重要性和以易获得性进行专家问卷调查。问卷调查包含两方面内容：一是指标的重要性程度，采取 7 级量表，"1"表示"非常不重要"，"7"表示"非常重要"；二是指标数据的易获得性，采用二分变量，"0"表示"不易获得"，"1"表示"易获得"。问卷经汇总和统计处理后，向专家反馈咨询结果。经过多轮咨询后，专家意见趋于集中，由此按照最后一轮咨询确定出农村公共产品供给标准体系的指标。

综合前文的研究，基于数据的可得性及农村公共产品供给各指数测算的基本内涵，本书将农村公共产品供给指标主要分为农村公共教育、农村科技公共服务、农村公共文化服务、农村公共医疗卫生服务、农村社会

保障、农村生态公共品、农村基础设施、农村基层基础工作等 8 个方面的
79 个指标来构建指标体系。基于前文对这 8 个方面的具体研究，综合考
虑此 8 个方面的具体指标，在前人关于农村公共产品供给评价体系研究成
果的基础上，根据指标构建系统性、客观性、可行性以及整体性与个体性
相结合的原则，全部使用客观性指标以避免因为选择主观指标而使对一个
地区农村公共产品供给水平的衡量掺杂主观因素，并得出本书中测算中国
农村公共产品供给综合指数的指标体系，详见表 2-1。79 个指标为本书的
农村公共产品供给指数提供了数据基础，此处需要说明的是该指标体系
并非包含所有农村公共产品供给相关指标，各地区在实际的公共产品供
给指数计算时，需要根据数据的可得性及实际情况来筛选合适的指标体
系，以此形成符合地区特性的公共产品供给综合指数。

表 2-1   我国农村公共产品供给标准的指标体系与数据来源

一级指标	二级指标	三级指标	单位	来源
我国农村公共产品供给标准的指标体系	农村公共教育供给	农村普通中小学生均预算内事业费支出	元	中国教育经费统计年鉴
		农村中小学生师比		根据中国农村统计年鉴计算
		每万名农村中小学生拥有校数	所	中国农村统计年鉴
		农村中小学人均校舍建筑面积	平方米	中国农村统计年鉴
		农村中小学毕业生数	万人	中国农村统计年鉴
		农村中小学在校生数	万人	中国农村统计年鉴
	农村科技公共服务供给	农业科学 R&D[①] 机构数	个	中国科技统计年鉴
		农业科学 R&D 人员	人	中国科技统计年鉴
		农业 R&D 全时人员	人	中国科技统计年鉴
		农业 R&D 人员全时当量	人年	中国科技统计年鉴
		农业科学 R&D 经费内部支出	万元	中国科技统计年鉴
		农业科学 R&D 经费外部支出	万元	中国科技统计年鉴
		发表科技论文	篇	中国科技统计年鉴
		出版科技著作	本	中国科技统计年鉴
		有效发明专利	个	中国科技统计年鉴
		形成国家或行业标准	个	中国科技统计年鉴
	农村公共文化服务供给	乡镇文化站机构数	个	中国文化文物统计年鉴
		乡镇文化站计算机数	台	中国文化文物统计年鉴
		乡镇文化站资产总计	千元	中国文化文物统计年鉴

① R&D 是 research and development 缩写，翻译成中文就是研究与试验发展。

一级指标	二级指标	三级指标	单位	来源
我国农村公共产品供给标准的指标体系	农村公共文化服务供给	村文化室数	个	中国文化文物统计年鉴
		农村有线广播电视用户数占农村家庭总户数的比重	%	中国统计年鉴
		农村广播节目综合人口覆盖	%	中国文化及相关产业统计年鉴
		农村电视节目综合人口覆盖	%	中国文化及相关产业统计年鉴
		乡镇文化站收入	亿元	文化和旅游发展统计公报
		乡镇文化站藏书	册	中国文化文物统计年鉴
		乡镇文化站从业人员	人	中国文化文物统计年鉴
		乡镇文化站培训人次	万人次	中国文化文物统计年鉴
		乡镇文化站支出	千元	中国文化文物统计年鉴
		乡镇文化站组织文艺活动次数	次	中国文化文物统计年鉴
		乡镇文化站举办展览个数	个	中国文化文物统计年鉴
		农村居民人均文化娱乐消费支出	元	中国文化及相关产业统计年鉴
		艺术表演团体国内演出农村观众人次	千人次	中国文化文物统计年鉴
		艺术表演团体到农村演出场次	万场次	中国文化文物统计年鉴
	农村公共医疗卫生服务供给	每千农村人口拥有卫生技术人员	人	中国卫生健康统计年鉴
		每千农村人口拥有执业（助理）医师	人	中国卫生健康统计年鉴
		每千农村人口拥有注册护士	人	中国卫生健康统计年鉴
		农村卫生院数	个	中国卫生健康统计年鉴
		每千农村人口乡镇卫生院床位数	个	中国卫生健康统计年鉴
		乡镇卫生院万元以上设备总价值	万元	中国卫生健康统计年鉴
		乡镇卫生院业务用房面积占总面积比例	%	中国卫生健康统计年鉴
		财政补助收入占乡镇卫生院总收入比例	%	中国卫生健康统计年鉴
		医疗收入占乡镇卫生院总收入比例	%	中国卫生健康统计年鉴
		医疗卫生支出占乡镇卫生院支出比例	%	中国卫生健康统计年鉴
		农村卫生院诊疗人次数	亿次	中国卫生健康统计年鉴
		农村婴儿死亡率	‰	中国卫生健康统计年鉴

续表

一级指标	二级指标	三级指标	单位	来源
我国农村公共产品供给标准的指标体系	农村社会保障供给	农村最低生活保障支出	亿元	民政部民政统计季报
		农村低保平均标准	元（人·年）	中国民政统计年鉴
		农村特困人员人数	万人	民政部民政统计公报
		农村低保人数	万人	民政部民政统计公报
		农村养老服务机构数	个	中国社会统计年鉴
		农村社区服务中心	个	民政部民政统计季报
		农村社区服务站	个	民政部民政统计季报
	农村生态公共品	生活污水净化沼气池	个	中国环境统计年鉴
		卫生厕所普及率（累计使用卫生厕所数/农村总户数）	%	中国环境统计年鉴
		农用化肥施用量	万吨	中国农村统计年鉴
		农用塑料薄膜使用量	万吨	中国农村统计年鉴
		农用柴油使用量	万吨	中国农村统计年鉴
		农药使用量	万吨	中国农村统计年鉴
		水土流失治理面积	万公顷	中国农村统计年鉴
		堤防保护地耕地面积	万公顷	中国农村统计年鉴
		节水灌溉面积	万公顷	中国农村统计年鉴
	农村基础设施供给	农业耕地有效灌溉面积	千公顷	中国农村统计年鉴
		除涝面积	万公顷	中国农村统计年鉴
		农村沼气池产气量	亿立方米	中国农村统计年鉴
		太阳能热水器	万平方米	中国农村统计年鉴
		农村用电量	亿千瓦时	中国农村统计年鉴
		农村有线电视普及率	%	中国统计年鉴
		农村宽带接入用户	人	中国社会统计年鉴
		设卫生室的村数占行政村数比重	%	中国农村统计年鉴
		农村医生和卫生员	人	中国卫生健康统计年鉴
		平均每千农村人口村卫生室人员	人	中国农村统计年鉴
		农村无害化卫生厕所普及率	%	中国卫生健康统计年鉴
	农村基层基础工作供给	基层村委会中共党员数量	人	中国民政统计年鉴
		村个数	个	中国统计年鉴
		村民人数	万人	中国统计年鉴
		村民委员会数	个	中国社会统计年鉴
		村委会中大学及以上学历人数	人	中国民政统计年鉴
		农村就业人数	万人	中国社会统计年鉴
		村卫生室	个	中国第三产业统计年鉴

四、指数指标的权重计算

一般而言，指数是基于某一经济现象在某时期内的数值和同一现象在另一个作为比较标准的时期内的数值的比值，能表明经济现象变动的程度。本书通过对农村公共产品供给综合指数的构建与测算，为某一地区不同时期农村公共产品供给情况的纵向比较，或是同一时期不同地区的农村公共产品供给情况的横向比较提供依据。

在信息理论中，熵是系统无序程度的量度，可以从数据度量中获取其有效信息。熵值法则是通过各指标特征所具备的信息量大小来确定指标权重的方法。某项指标评价的差异越大，熵值则越小，且该指标所能包含和表达的信息也就越多，相对应的权重就越大。

第一步：将各项指标数值进行归一化处理，然后计算第 i 个单位在第 j 项指标属性的贡献度 a_{ij}。

$$a_{ij} = x_{ij} \bigg/ \sum_{i=1}^{n} x_{ij} \qquad (i=1,2,3,\cdots,n; j=1,2,3,\cdots,m) \qquad （2-1）$$

第二步：计算评价指标的熵值。

$$H_j = -k \sum_{i=1}^{n} a_{ij} \ln a_{ij} \qquad (k=1/\ln n) \qquad （2-2）$$

熵值法与变异系数法的基本原理比较相似，也是将原始数据的差异大小作为权重确定的依据，因而数据的独立性及评价者的偏好在权重中不能得以体现[1]。在用熵值法求得各指标权重之后，可以根据各指标的权重和数据计算中国农村公共产品供给综合指数。基于数据的可得性和综合考虑上文中农村公共产品供给指数测算的统一性，选取上文与农村公共产品供给高度相关的八大方面的各服务指数，利用 2013 年至 2017 年农村公共产品供给指数相关指标数据，重新以 2013 年为基期计算各相关农村公共产品供给指数，并在此基础上计算中国农村公共产品供给综合指数。在计算中国农村公共产品供给综合指数时，先用熵值法求得各相关公共产品供给指数的指标权重，再根据各指标的权重和数据计算中国农村公共产品供给综合指数。

---

[1] 李昶达、韩跃红：《健康中国评价指标体系的构建》，《统计与决策》2019 年第 9 期，第 24—27 页。

第三章　我国农村公共教育供给标准

第一节　我国农村公共教育供给界说与发展现状

农村公共教育是我国圆满完成农村"普九"任务的坚实基础，也是事关我国经济社会持续发展与长治久安的一项有效投资。《中共中央关于制定国民经济和社会发展第十四个五年规划和二〇三五年远景目标的建议》提出："坚持教育公益性原则，深化教育改革，促进教育公平，推动义务教育均衡发展。"因此，从供给方面去考量我国农村公共教育的概念内涵与变迁现状，是牢牢把握我国教育高质量发展规律的关键所在[①]。

一、农村公共教育供给概念界说

（一）农村公共教育界说

我国农村公共教育主要是指义务教育，本书中农村公共教育概念和数据均只涵盖九年义务教育范畴：小学和初中。依据 1985 年《中国大百科全书　教育卷》中公共教育的界定，农村公共教育是指"在农村地区，国家采用法律的形式让达到适学年龄的儿童受到免费的学校教育，一般也被称强迫教育、免费教育或普及义务教育"[②]。而义务教育在《中华人民共和国义务教育法》中的含义是"国家统一实施的所有适龄儿童、少年必须接受的教育，是国家必须予以保障的公益性事业"，"凡具有中华人民共和国国籍的适龄儿童、少年，不分性别、民族、种族、家庭财产状况、宗教信仰等，依法享有平等接受义务教育的权利，并履行接受义务教育的义务"。

外延上，"义务"概念有两方面指向：一是指国家的义务；二是指适龄儿童和少年的义务。由此可界定"国家公共教育"概念为国家规定所有适龄儿童和少年必须接受义务教育，由国家配置学校和师资等各种教育资源，国家要确保监护人依法送适龄子女接受教育。内涵上，义务教育的入学年龄、就读年限和责任程度在不同社会历史发展阶段存在规定差异性。

---

① 林万龙：《从城乡分割到城乡一体：中国农村基本公共服务政策变迁 40 年》，《中国农业大学学报（社会科学版）》2018 年第 6 期，第 24—33 页。

② 中国大百科全书出版社编辑部编：《中国大百科全书　教育卷》，中国大百科全书出版社 1985 年版，第 487 页。

尽管如此，义务教育的强制性与公共性是固定不变的。参照国家规定，本书界定农村公共教育概念为：在农村地区，国家保障所有适龄儿童和少年接受必需的教育，年限由五年增至九年，由付费转为"两免一补"。

（二）农村公共教育供给界说

从供给视角上看我国农村义务教育，其供给主体是公共部门，我们要明确农村公共教育目标，与时俱进地给出农村公共教育的动态概念。著名教育学者秦玉友认为"我国公共教育供给，是指由政府主导，公共组织和其他事业单位协同合作，满足公民（包括被监护人如未成年子女等）及其组织的教育需求，秉承着实现教育公平的决心，从而优化公共教育资源配置，实现为国家培育精英、全面提升国民素质、促进经济发展、建设和谐社会目标的社会生产与供给过程"①。而学者张旸与吴婷婷定义我国公共教育供给为公共组织为了满足公共教育需要而提供的公共物品或混合物品②。其实从动态上看，农村公共教育供给的概念内涵产生了变化。无论是公共组织还是个人，其实都能提供农村公共教育服务。农村公共教育供给是指以满足农村公共教育需求而提供的公共物品或混合产品。尽管农村教育供给与教育服务在考察角度上存在些许差别，但实质上农村公共教育供给与农村教育公共服务的概念基本相同。

综合以上概念，本书界定农村公共教育供给的概念为：在农村地区，为保障所有适龄儿童和少年接受必需的教育，由政府、事业单位和其他公共组织协同合作，提供农村教育人力、物力与财力，并促进农村教育事业发展的过程。

二、我国农村公共教育供给现状

自中华人民共和国成立后，中国共产党和政府的一系列农村和农业政策，都十分强调农村公共教育的重要性。改革开放 40 多年以来，随着教育制度体系的不断改革与完善，我国农村公共教育的财政投入、师资力量与教育质量都有了质的飞跃。

我国小学教育普及工作始于 1980 年，并于 1986 年《中华人民共和国义务教育法》中明确"普九攻坚"为农村公共教育事业的主旋律，由此为中心开展了诸多特殊支持项目。国务院 2004 年批转教育部的《2003—2007 年教育振兴行动计划》中，确立农村特别是西部农村地区的"两基"

---

① 秦玉友：《农村义务教育师资供给与供给侧改革》，《教育研究》2020 年第 4 期，第 139—151 页。

② 张旸、吴婷婷：《新中国成立 70 年义务教育供给的变迁逻辑与展望》，《中国教育学刊》2019 年第 10 期，第 36—41 页。

攻坚为教育振兴工作的重中之重。2004 年，我国实施《国家西部地区"两基"攻坚计划（2004—2007 年）》，中央采取集中投入、分步实施原则为尚未实现"基本普及九年义务教育，基本扫除青壮年文盲"目标的 410 个西部县级单位投入 100 亿元的专项资金。此外，中央政府、教育部门和财政部门还专门提出并实施了发展中西部地区农村义务教育的众多专项工程：1995 年的"国家贫困地区义务教育工程"、2001 年国务院实施的"农村中小学危房改造工程"、2003 年开展的"东部地区学校对口支援西部贫困地区学校工程"、2003 年实施的"农村中小学现代远程教育工程"、2004 年启动的"西部地区农村寄宿制学校建设工程"、2006 年实行的"农村义务教育阶段学校教师特设岗位计划"、2011 年推进的"农村义务教育学生营养改善计划"等。20 世纪 80 年代，我国开始推进教育部门、农业部门和科技部门三者协同合作，在非义务教育领域展开了一系列以农村经济社会的全面发展为目标的专项活动：教育部在 1988 年启动面向全国的"燎原计划"，主要是通过农村实用技术推广实现农业、科技与教育的有机结合。农村职业教育同样得到了高度重视与大力发展。例如，2004 年由教育部和农业部等六部委联合开展的"农村劳动力转移培训阳光工程"，就是面向转移至非农部门和城镇的农村劳动力转移前的引导与职业技能培训。统计数据显示，2004 年全国约有 5127 万农民接受了教育系统实施的实用技术培训，接受转移培训的农村劳动力规模为 3160 万人。[①]同时，教育部等部门以提高农村劳动力素质为目标提出并实施了"新型农民科技培训工程""农民科技书屋""高校农业科技教育网络联盟计划""百万中专生计划"等项目。此外，各类项目还成立了相对应的部门、领导班子，提供对应的教育经费投入支持[②]。2005 年党和政府提出"建设社会主义新农村"概念后，中共中央和国务院在《关于推进社会主义新农村建设的若干意见》中强调要"加快发展农村义务教育""大规模开展农村劳动力技能培训"，提高农民整体素质，为建设社会主义新农村建设培养专门人才。

2010 年，国务院颁布的《国家中长期教育改革和发展规划纲要（2010—2020 年）》中，着重指出要建立城乡一体化义务教育发展机制，在财政拨款、学校建设、教师配置等方面向农村倾斜。其不仅强调了农村义务教育发展，还给予农村职业教育在社会主义新农村建设中的关键定位，要求加强基础教育、职业教育和成人教育统筹发展，促进农科教结合。在遵循城乡

---

① 张乐天等：《新中国成立以来农村教育政策的回顾与反思》，北京师范大学出版社 2016 年版，第 169 页。

② 沈费伟：《教育信息化：实现农村教育精准扶贫的战略选择》，《中国电化教育》2018 年第 12 期，第 54—60 页。

统筹、公平发展原则的教育政策引领下，新时代我国农村教育发展的不再是"就农村教育论农村教育"，而是转变为城乡教育尤其是城乡义务教育一体化发展，相较于以往默认农村教育弱势地位的政策表达方式，无疑是一次大的飞跃。2015 年，在《中共中央关于制定国民经济和社会发展第十三个五年规划的建议》文件中，正式提出"共享"的发展理念。习近平指出，"共享发展就要共享国家经济、政治、文化、社会、生态各方面建设成果，全面保障人民在各方面的合法权益"[①]。党和国家要求不断推进教育公平与质量，深入贯彻"全民共享""全面共享""共建共享""渐进共享"四大内涵。因此，农村公共教育供给领域也要和党中央保持一致步调，贯彻"共享"四大内涵，实现农村公共教育供给的全面共享。2018 年中共中央和国务院发布的《关于实施乡村振兴战略的意见》的纲领性文件和随后发布的《乡村振兴战略规划（2018—2022 年）》文件中，都对"优先发展农村教育事业"进行了大篇幅论述，并明确设立了农村义务教育、学前教育、高中教育和职业教育的发展目标，详细提出了农村教育信息化和农村教资建设要求。从中华人民共和国成立至今的一系列相关农村教育文件看来，党和政府始终高度重视农村公共教育发展，立志实现我国城乡教育发展从"非均衡"到"均衡"的战略转变，农村教育体制从"民间办"到"政府办"的制度变迁，农村教育思想由"应试教育"向"素质教育"的观念转换，农村学生机会由"有学上"向"上学好"的方向转移等。[②]

中华人民共和国成立以来，我国农村公共教育发展成就瞩目，这一过程积累的经验和创设的智慧，既是推进我国农村义务教育优质均衡发展的宝贵资源，也为新时代我国实现农村教育现代化创造了良好基础。党的十九大描绘了我国面向 2035 年的社会主义现代化美好蓝图，规划了实现我国社会主义现代化目标的行动纲领和路线步骤。立足于新的历史起点、时代节点和历史方位，我国城乡社会发展呈现出新特点，农村教育需求呈现出新特征，农村公共教育发展面临着新机遇和挑战。为此，我们必须顺势而为、因势而动、应势而谋，分析新问题、应对新挑战、解决新问题、创设新思路，加快农村公共教育现代化进程，谱写新时代农村教育新篇章。[③]

综上所述，我国出台的一系列农村公共教育政策在目标上与农村发展实际结合越发紧密、内容上越渐翔实。例如，早期出台相关农村政策只

①《把握深刻内涵　坚持共享发展》，https://news.12371.cn/2017/09/01/ARTI1504218098443187.shtml[2022-10-08]。

② 邬志辉：《中国农村教育：政策与发展（1978～2018）》，社会科学文献出版社 2018 年版，第 12 页。

③ 邵泽斌：《改革开放 40 年国家支持农村义务教育的政策经验与反思》，《教育发展研究》2018 年第 20 期，第 1—7 页。

提出了总目标,而后的农村发展政策中对相应的发展目标提出了对应的措施。如今,农村公共教育政策不再视农村公共教育为发展农村经济的武器,而是越发注重发展农村公共教育本身。

第二节　我国农村公共教育供给的典型案例分析

一、案例背景

农村公共教育供给属于我国国民教育体系中的重点与弱点。我国自改革开放以来在农村公共教育发展上付出了巨大努力并取得了显著成效,但较之于城市,农村公共教育师资规模小、质量低等问题还很突出,难以适配广大农村群众与日俱增的教育需要。党的十九大报告明确将深化教育改革、推进教育公平、推动城乡义务教育一体化发展[①]作为建设教育强国的重要内容。2021 年中央一号文件强调提高农村教育质量,建立城乡公共资源均衡配置机制[②]是提升农村基本公共服务水平的重要内容。落实党和政府的重大部署,推进农村公共教育有效供给,亟待聚焦农村典型案例,揭示农村公共教育供给的现实矛盾,提出相应可行策略。

Q 县坐落于我国河南省北部,全县面积为 567 平方公里,人口总规模超过 27 万人,下辖地区有乡镇与街道办共计 9 个,行政村 174 个。Q 县地理位置优越,交通出行便利,距离河南省会城市郑州不到 100 公里,距离我国首都北京不超过 500 公里,且 Q 县铁路、公路交通发达,石武高速铁路与京广铁路与之毗邻,北京—港澳高速公路与 G107 国道也从中横穿,南水北调与西气东输等国家级工程皆交汇于此。同时,Q 县还被国家认定为科技进步先进县和食品工业强县。

Q 县政府十分重视农村义务教育发展,先后出台了《Q 县推进义务教育均衡发展规划》《关于加强薄弱学校建设的意见》等农村义务教育保障政策与措施。2013 年,Q 县已取得全国义务教育均衡发展先进县的优异成绩。2014 年,Q 县进一步提高教育经费投入,在原标准的基础上增加了城乡义务教育生均公用经费 40 元。依据 2015 年河南省统一实施的城乡义务教育公用经费标准,Q 县小学生与初中生年均经费分别达到了 600 元与 800 元,实现了一定程度上的城乡义务教育经费供给均衡。同时,Q 县还设立有专门经费用于农村中小学学校校园环境与教育意识的维护。截至 2019 年底,Q 县

---

①《习近平:决胜全面建成小康社会　夺取新时代中国特色社会主义伟大胜利——在中国共产党第十九次全国代表大会上的报告》,http://www.gov.cn/zhuanti/2017-10/27/content_5234876.htm。

②《中共中央　国务院关于全面推进乡村振兴加快农业农村现代化的意见》,http://www.gov.cn/zhengce/2021-02/21/content_5588098.htm[2022-11-20]。

一般公共预算教育经费超过 3.3 亿元，占当地一般公共预算支出的 15%，其中小学与初中生均一般公共预算教育经费分别为 5352.04 元与 8869.81 元。从学生规模来看，Q 县中小学在校生数共计有 38 540 人，其中小学在校生数为 27 187 人，初中在校生数为 11 353 人。从教师规模来看，Q 县义务教育专任教师总规模达 2160 人，其中小学专任教师数为 1119 人，初中专任教师数为 1041 人[①]。总体而言，随着 Q 县对义务教育发展的不断重视，当地义务教育经费、学校、学生与教师情况都得到了显著性改善。

然而，Q 县人每每提起 2013 年以前的义务教育情况，脑海里浮现的又是另一番景象。当地农村中小学学校校长普遍认为，Q 县城乡中小学校资源配置并不均衡，其中师资差距最为明显。江校长说："其实从硬件来看，城区学校因生源基本每年都在增加，有些办学条件的生均数还不如农村学校，但师资匮乏是个大问题。"可以说，受师资影响，Q 县农村地区的许多中小学校一度陷入"无师可用""一师多用"的境地，以至于最基本的义务教育亦无法得到保障。而今天的 Q 县农村教育面貌焕然一新，还成为河南省农村教育发展经验的样板城镇，究竟是怎样的凤凰涅槃让昨日 Q 县实现华丽蜕变呢？

二、案例过程

（一）呼声不断，Q 县农村义务教育改革迫在眉睫

Q 县 A 镇是有名的经济欠发达地区，农畜业是当地的重要经济基础之一。因计划生育、青壮年进城务工和部分适龄儿童随父母进城上学等，当地农村中小学在校生数量不断减少，部分"麻雀学校"难以为继。同时，留守儿童主要由爷爷奶奶照看，但老人年纪大，文化水平低，在生活和学习上难以对儿童进行管理。

A 镇刘校长颇感无奈，"有能力的就带着小孩去了大城市读书，能力再差点的也去了县城，还留在镇里读书的也就不多了""学生少，老师更少，一个老师教几门课也很常见，我既要搞管理，也还负责教授语文、数学，应付不过来""农村学生娃子心野，坐不住，学起来慢，教起来辛苦""学校经费也存在困难，老师待遇普遍较差，偶尔还会拖欠工资"。

B 村务农回来的王爷爷对于照看孩子也颇感头疼，"孩子父母不在家，我文化不多，学习上是帮助不了的，只能干着急""人老了，精力、体力都差了，每天除了做饭弄菜，还要下地，没得多少时间管（孩子）""想到孩子待在学校，多少老师能管着，学点东西，以后不至于耕田一辈子"。

---

① 数据由 Q 县教育体育局、统计局、财政局联合发布。

镇里读初二的陈同学在班上成绩名列前茅，她对学校也有自己的看法，"班上同学越来越少，之前还有 70 多名同学，现在只有 61 个同学""离开学校的老师越来越多，我很喜欢李老师的数学课，因此数学成绩也还不错，但李老师说准备下个月调到县城"。

事实上，全国范围内像 Q 县 A 镇这样的情况还有很多。一方面老师在农村留守儿童教育中扮演重要角色，另一方面农村学校普遍师资匮乏、师生流失严重、学校维持困难，许多留守儿童最基本的教育环境、稳定与质量都缺乏保障，农村义务教育供需矛盾日益尖锐，农村义务教育改革呼声不断。

（二）初次尝试，Q 县农村"学校撤并"有序推行

2007 年，Q 县政府积极贯彻《国务院关于基础教育改革与发展的决定》，以降低办学成本、优化资源配置、提高教学质量、促进教育均衡为目的，决定加速开展中小学学校撤并活动，即把那些师资力量弱、学生规模少、地理位置差的学校撤销并合并入优势学校。这样一来，学校义务教育各方面资源就更加集中，能够对地区产生更大的服务辐射功能。2009 年10 月，Q 县教育局调研小组莅临 A 镇就学校撤并情况进行考察，发现学校撤并通过规范学校管理、整合教育资源，在减少多余学校数量的同时，显著改善了当地学校师生规模、教学环境与教育质量。总的来说，学校经历了数量向质量的转变。

（三）问题犹在，Q 县农村义务教育改革成效不尽如人意

然而，调研小组却发现，当地学校师资问题依旧没有得到根本性解决，依然存在巨大的教师数量与质量缺口。

A 镇刘校长谈起学校教师情况，颇感无奈："学校人员比以前是多了，但走得也快，有条件的都进县城了，暂时没条件的也在想办法，留下来的就是我们这些干了很多年，实在不想走也走不动的。"

进一步对 Q 县各镇考察发现，除了极少数十分靠近城区的镇外，师资有效供给问题在农村地区普遍存在，城乡师资差距十分明显。Q 县农村义务教育改革效果不尽如人意。

（四）追本溯源，Q 县农村义务教育根本矛盾浮出水面

这一过程中，调研小组与 Q 县农村地区部分学校校长、教师、行政人员进行了深度访谈，意图洞悉受访者关于"师资为何匮乏"的直接真实看法。不止一位受访者认为，农村学校留不住人的关键原因有三方面，一是薪资待遇差，二是社会地位低，三是工作环境苦。

从薪资待遇来看，农村教师待遇在收入本就偏低的县域地区，亦处于平均或平均偏下水平。即便有政策明文规定要提高农村教师工资，确保不

低于当地公务员最低水平。但实际上，依据 Q 县当地补贴标准，每月农村教师补贴额仅多于城区教师不足 100 元，且教龄增长并不会显著改善乡村教师收入水平。有教师指出，当前社会经济发展如此迅速，农村教师补贴又微乎其微，当不了什么东西（Q 县当地方言，大意是少量经费补贴不经用）。实际上，农村教育需要投入大量工作时间，同等工作量下的农村教师工资却比城区教师或其他多数工作要少得多，一年到头，农村教师收入勉强够糊口，甚至比不上学历低不少的外出务工者，造成了脑力劳动收入与体力劳动收入"倒挂"的现象，还会引发人们从经济地位上对教师、教育与文化的不尊重。

许多有数十年从教经历的教师谈论起关于教师地位变化的切身感受，无不感慨："现在教师的社会地位和以前没法比。"有校长回忆，大约是十多年前，农村教师职业还是颇受人们尊重的，不论是收入水平还是发展前景都处于较好的社会地位，而后，随着城市化、工业化与信息化发展的不断深入，尊师重道传统逐渐淡薄，农村教师地位不断降低，许多村民不太把农村教师职业当一回事。一般而言，农村教师的社会地位待遇和当地社会因素有关。有教师直接举例子：一部分村民进城务工赚取比教师多得多的工资后，就以为教师赚钱本领不如自己，不愿把孩子放在农村就读。再加之部分村民眼界不宽，言行易受短期经济利益驱动，视教育为一项周期长、回报慢与效益低的投资，在很大程度上忽略了教育在塑造个人优质品行、培育家庭良好风气等方面的长期隐性收益，由此产生与其读书不如外出打工的短视观念。也有部分村民盲目追捧城市教育，认为城市教师什么都好。此外，还有一些村民抱有慕富嫌贫的观念，觉得只要赚得了钱、办得了事就是有真本事，而工资收入顶多"撑不着，饿不死"的农村教师，似乎光维持自身生计就已很勉强，就更不能有别的指望了。总体而言，农村教师社会地位的降低与其不断弱势的经济地位存在密切联系。

"农村发展水平落后，工作环境自然是落后于城市学校的，而现在的许多年轻老师，光是工资待遇就已让其'望而生畏'，就更不要谈适应艰苦的农村学校环境了"，一位资深教师如此说道。他还指出，有的年轻教师自我主义强，集体奉献意识弱，总想着坐享其成，对于学校任务安排时有消极应付。虽然部分年轻教师的确有吃苦耐劳品质缺失的一方面，但农村教学环境艰苦也确实是客观事实。事实上，自当地大力推进学校撤并以来，地方政府对于教育投入越发重视，学校环境已经有了较大改善，但受制于资金有限性，与城区学校环境还是差别巨大。同时，农村整体发展落后也是驱动农村教师流失的重要原因，相比城区，农村地区在基础设施、公共服务等方面都毫无竞争力，教师自然会"用脚投票"。

（五）对症下药，Q县农村义务教育改革把握关键

在充分了解 Q 县农村义务教育的实际情况后，当地政府深刻认识到农村教师资源匮乏的严峻性，以及问题解决的紧迫性和产生问题的关键原因。2010 年 1 月，Q 县成立专门工作小组，与各部门协同合作，围绕农村义务教育亟待解决的师资困难问题，开展了一系列针对性、有效性极强的改革措施。改革措施主要围绕"提高农村学校经费投入""加强义务教育教师培训""建立农村教师激励机制"三方面展开。具体而言，提高农村学校经费投入主要是由各级政府共同加大教育经费的支出力度，在改善校园软硬件环境的同时，着重提高农村教师基本工资待遇，并按照农村地区艰苦程度给予相应补助津贴，确保农村教师工资高于城区教师，从而提高农村教师职业的整体经济与社会地位，这不仅能提高农村教师工作积极性，也有助于改变农村教师匮乏的局面。加强义务教育教师培训是提高农村教师教育能力的利器。各级政府在加大培训资金供给的基础上，通过组织专业培训班、引导城乡师资交流、鼓励农村教师定期进修等方式，强化农村教师知识基础与业务能力，并逐渐形成一套农村特色教学模式，确保农村孩子教育质量得以充分保障。建立农村教师激励机制主要是构建一套规范、合理、多层次的绩效考核标准，并将职称评定、物质激励与荣誉表彰等激励和教师绩效水平挂钩，在强化农村教师教学工作中获得感、幸福感与满足感的同时，也极大提高了农村教师队伍的稳定性。

（六）今非昔比，Q县农村义务教育改革成绩斐然

从"学校撤并"到"师资改革"，Q 县近五年的农村义务教育治理"战役"，可以说实现了胜利，通过"提高农村学校经费投入""加强义务教育教师培训""建立农村教师激励机制"三方面措施，农村学校基础设施不断完善，师资队伍日益壮大，城乡教育更加均衡。在 Q 县，农村教师职业已然是一份体面工作，不仅工作环境好，收入待遇也高。A 镇王老师是某师范大学毕业的应届生，他谈起自身职业选择时说道："在这里（学校）各方面都不错，乡亲们对我也很关照，回家照看父母也很方便，不见得就要去县城。"负责在家照看孙子的王爷爷也感慨："本来孩子父母最担心的就是孩子的教育问题，现在镇里的学校办得不错，也就放心了。"读五年级的王同学对于学校的变化深表开心："学校环境好了，老师也更负责了，学起来更有效了。"可见，农村学校师资问题的解决，为农村学校服务辐射千家万户提供了"无限可能"。

2015 年，再次走进 Q 县 A 镇学校，发现往日的无奈景象已然不复存

在，学校更是办得有声有色，已经成为全县代表性极强的示范性改革学校。同时，Q 县这套农村义务教育师资改革模式还在全市引发了广泛关注，市领导就 Q 县农村学校改革成绩给予了高度肯定，并针对如何在全市范围内推广开展了实质性工作。同时，还有越来越多来自其他市区的调研小组专门对 Q 县农村义务教育改革的成功经验与模式进行学习。当前，Q 县已经成为河南省农村义务教育改革颇具代表性的范式样本，省政府要求各市各县有效吸收结合 Q 县智慧，利用自身优势，发挥自身特色，结合自身状况，因地制宜形成能有效解决地方农村义务教育师资问题的科学模式。总体来说，Q 县农村义务教育师资改革是成功的。

三、案例启示

我国作为农业人口大国，农村教育是国民素质提高的关键，农村义务教育资源的优化配置是农村教育水平提高的基础。本书聚焦颇具代表性的河南省 Q 县农村义务教务师资改革案例，充分认识到农村地区义务教育供需矛盾普遍尖锐，而"提高农村学校经费投入""加强义务教育教师培训""建立农村教师激励机制"是补齐师资短板、改善农村教学关系的有力举措，这三点又主要从农村义务教育的财力、人力、物力投入和产出方面体现。由此，本书在构建我国农村公共教育供给标准体系时，从案例中凝练智慧，选取能够切实反映我国农村义务教育供给水平的相关指标，为我国农村公共教育供给的精准有效测度提供现实依据。

第三节　我国农村公共教育供给标准体系的构建

一、我国农村公共教育供给标准体系的文献述评

教育家约翰斯通（Johnstone）的投入、过程与产出框架，是建构国家层面的教育指标体系中最常用的分析架构。[①]2003 年经济合作与发展组织（Organization for Economic Co-operation and Development，OECD）国家构建的国家公共教育供给指标体系中，把公共教育供给归纳为教育背景、教育投入、受教育机会、学习环境与学校组织、教育产出、学生成绩六项一级指标。在一级指标下划分了若干互斥且具代表性的二级指标，采用同样的方法，将各二级指标再逐步化解细分为三级指标。通过这一系列的划分，评价公共教育供给所需要的具体指标、公共教育供给过程中的各种问题都可能在层层分解和筛选汇集过程中愈渐明晰。OECD 国家公共教

---

① Johnstone J N，*Indicators of Education System*，London：Kogan Page，1981，pp.202—203.

育供给指标体系之所以在国际上的认可度高，正是因为该指标体系具有考核、评估和检测整个国家公共教育水平和质量的功能。

教育指标体系有垂直与水平两大维度。我国农村公共教育供给标准的垂直维度指标体系主要是不同的教育层级和教育过程，包括农村学前教育、农村义务阶段教育、农村高中阶段教育、农村高等教育四个阶段。而水平维度指标体系主要是指教育类别和教育要素，如农村普通教育、农村职业教育、农村成人教育等。我国农村公共教育供给指标体系构建必须要建立在理论基础之上，同时要有科学的理论分析框架和定量分析模型。本书的农村公共教育仅限于普通农村义务阶段，综合垂直和水平维度考量农村公共教育供给指标选取的优缺点，为农村公共教育供给指标体系构建提供了理论和实操指导，能够较好地体现农村公共教育供给指标体系的逻辑完整一致性。[1]

我国农村公共教育指标体系的结构与功能的效用密不可分，结构影响并决定了它的部分功能。学者薛正斌提出的公共教育指标，主要是从公共教育的教师数量、教师质量、师资结构、师资稳定等方面出发，具体量化指标有生师比、学历结构、职称结构、年龄结构、教师培训、兼课（两科及以上）教师比与教师流动性等现代化的量化指标。[2]学者毛寿龙和王猛基于公共教育的多中心框架，围绕政府、学校、教师、学生、家长和社会六个维度，构建了"投入/条件—生产—产出/结果"的逻辑顺序的公共教育服务标准化指标体系。[3]有专家认为，我国农村公共教育供给指标体系应该分为学生、教师及职工、经费和办学条件等一级指标与相对应的多项二级指标。农村公共教育供给指标体系具有整体和系统效应。所以，不能只一味地追求某一特定指标或者所有指标的提高。例如，类似农村普通中小学生均预算内事业费支出的教育支出指标，随着国家对于农村公共教育的财力投入日渐提高，这种指标的指数降低反倒更能体现出农村公共教育水平的提高。在考虑我国整体农村公共教育供给上，还应该立足动态视角，计算义务教育增长指数，系统预测全国农村公共教育供给发展。[4]

我国农村公共教育供给指标体系要具体应用农村公共教育领域并有效实现其价值，取决于指标衡量和评估农村公共教育现状、产出与质量时的可靠性。本书在架构我国农村公共教育供给指标体系时，即借鉴 OECD

① 朱德全、李鹏、宋乃庆：《中国义务教育均衡发展报告——基于〈教育规划纲要〉第三方评估 1 的证据》，《华东师范大学学报（教育科学版）》2017 年第 1 期，第 63—77，121 页。

② 薛正斌：《县域义务教育师资均衡发展指标体系建构》，《教育与经济》2020 年第 4 期，第 83—89 页。

③ 毛寿龙、王猛：《地方义务教育公共服务标准化指标体系构建——基于多中心的视角》，《教育发展研究》2015 年第 22 期，第 1—8 页。

④ 刘善槐、王爽：《我国义务教育资源空间布局优化研究》，《教育研究》2019 年第 12 期，第 79—87 页。

国家公共教育发展指标体系划分的层次性的特点，也因地制宜地选取能够切实凸显我国农村公共教育财力投入、人力投入和产出等各方面供给水平的各层级指标，并加入时间这一维度，构建具有预测功能的农村公共教育供给指标体系。基于农村公共教育体系中各指标对农村教育相关要素的进展变化进行定量和定性分析，能促使农村公共教育管理者和研究者更为系统、全面地考量农村公共教育系统的运行和农村公共教育供给现状，也能够更好地权衡、监测和预测未来农村公共教育的发展方向和趋势，对我国现行农村公共教育政策规划和未来全面小康农村公共教育建设有着重要指导意义，可以进一步缩小城乡公共教育供给的差距。[①]

二、我国农村公共教育供给标准体系的构建方法

农村公共教育供给标准指标体系是对我国整个农村公共教育发展现状的一个客观评价。本书在构建农村公共教育供给标准指标体系时，参照河南省 Q 县农村公共教育供给案例，对其中涉及农村公共教育供给标准的因素进行梳理总结，并遵守系统性原理，研究整个指标体系与每个构成部分之间是否具有相关性与整体性、动态性与合理性、关联性与系统性，以保障遴选指标的可行性，从而构建一个科学有效的农村公共教育供给标准指标体系，以达到评估、监控、促进农村公共教育供给发展的目的。

首先，考虑相关性与整体性。全国农村公共教育供给指标体系的效用是各个部分相互影响作用下的结果，我们从性质上划分构成部分为定量与定性两类。定量指标是具有描述和统计功能的部分，能够直观且客观地反映出农村公共教育指标系统的结构和功能变化，如全国农村的中小学教育学生数、全国农村的中小学教育教师数、全国农村普通中小学生均预算内事业费等。定性指标是指具有功能性作用的部分。对于农村公共教育有评估功能和监测功能的构成部分都可以称作定性构成部分，如政府的治理水平、农村中小学学校的管理水平、全国农村中小学公共教育费用支出、农村学生高等教育的入学率等。本书在构建我国农村公共教育供给指标体系时，综合考虑了有着直观增长或者降低的定量指标与具有评估或者监测功能性作用的定性指标。因此，农村公共教育供给指标体系有着相关性、整体性。

其次，应具有动态性与合理性。农村公共教育供给是个动态过程，不同时期下的国家农村公共教育拥有特定的内外部环境、主要矛盾与农村公共教育目标，因此与之相对应的教育指标也要顺应时代。例如，2000 年

---

① 李玲、刘一波、戴秋萍：《义务教育"十四五"发展规划目标任务的评估指标体系研究》，《中国电化教育》2020 年第 7 期，第 10—19，44 页。

我国农村公共教育供给目标是基本普及农村义务教育并且扫除青壮年农村文盲，这时候的农村公共教育供给指标体系，无论是结构还是内容上都要体现"两个基本"的进度和实现状况。农村义务教育巩固率、农村青壮年的学历水平等指标就能够良好而准确地反映"两个基本"的实现程度。2000 年以后，我国农村公共教育供给目标转为"两个全面"，即全面提高九年义务教育的普及率、全面提高义务教育质量。此时农村公共教育供给指标体系中的农村义务教育的完成率、农村中小学的教师比例、农村中小学的高中升学率等指标能做到客观反映"两个全面"的推进效果。在 2010 年，我国全面普及了九年义务教育，新构建的农村公共教育供给指标体系的侧重点要从数量向质量与公平转变。简而言之，农村公共教育供给指标体系具有动态性的特点，在构建指标体系时要着重考虑到国家农村教育政策的大背景。

最后，关联性与系统性。农村公共教育供给指标体系中的各构成部分都在不同程度上具备一定联系。只有各构成部分紧密联系，相互适应，才能在整体发挥功能的同时也能使得各部分都发挥自己的效益。如果脱离整个体系，不与农村小学和初中师生比、农村小学和初中教师年龄及职称结构、农村小学和初中学校管理水平等可以评估农村公共教育质量和教育水平的定性指标相互配合，农村公共教育供给指标体系功能就无法有效发挥。①直观的定量指标和功能性的定性指标相互协调，在相互的效用下构建而成的农村公共教育供给指标体系，才称得上一个定量与定性分析相结合、包含评估和监测效用的系统标准体系。

综上，本书确定了我国农村公共教育供给标准体系构建的三点根据：一是政策根据，在构建农村公共教育供给指标体系过程中侧重于党的十八大、十九大有关教育部分的精神，即优先发展教育事业、推动农村教育发展、基本教育均等化等有关精神。二是现状根据，对指标中的所有数据来源计算进行核查、分析，所有指标的选取要客观反映我国农村公共教育供给现状。三是学术根据，综合考虑、借鉴其他国家有关农村教育供给问题研究和国内教育学家对农村教育供给问题研究及相关教育成果。

具体而言，本书对整理收集到的资料和数据进行了研究分析，厘清我国农村教育供给的含义，并梳理中华人民共和国农村教育的历史，在借鉴国内外学者有关农村公共教育供给方法理论基础上，确定农村公共教育供给指标的遴选原则，构建我国农村公共教育供给指标体系。

---

① 张旸、吴婷婷：《新中国成立 70 年义务教育供给的变迁逻辑与展望》，《中国教育学刊》2019 年第 10 期，第 36—41 页。

三、我国农村公共教育供给标准体系的指标内涵

农村公共教育供给标准指标大致可以分为统计指标、督导指标、发展指标和绩效指标等。即使指标内容可能相似，但由于数据收集过程中各有侧重点，所以在农村公共教育的某一层面上有着独特作用。举例而言，在2020年到2030年10年内，高中教育阶段的升学率也许可以归为农村公共教育供给指标，但是初中教育阶段的升学率就无法归为农村公共教育供给指标。目前，我国各地区之间的教育经费支出千差万别，全国农村公共教育的经费投入和全国农村公共教育产出之间的绩效评价必须要有一致认可的标准。各类型教育的教育供给指标，从功能上分类有描述类功能指标、评价类功能指标、监测类功能指标、绩效类功能指标，其作用分别是描述、评价、监控、评比，这些指标的主体分别是统计部门、各级政府、办学主体等。

农村公共教育供给的统计指标，如《中国农村统计年鉴》《中国教育事业统计年鉴》均是由统计部门在每年的固定时间点上进行统计，以此来比对不同时间段的指标数量关系，其统计重点聚焦于客观反映农村年度教育成果。农村公共教育供给评价类功能指标，可以供教育行政部门或者民间组织用于评估农村公共教育供给现状，还可以运用于全国不同地方农村的公共教育供给比较，这种比较可以聚焦于农村公共教育的结果与过程。农村公共教育供给监测类功能指标，可以运用于监测农村学校的教育供给情况，而它聚焦于对学校的监管。农村公共教育供给绩效类功能指标用于评估学校产出绩效，可以反馈农村教育供给绩效现状。同时要综合考虑农村教育投入和产出的合理性，如学生成绩，不仅仅只考虑学生的毕业考试成绩，还要考虑学生入学以来的成绩增长，由哪些因素造就，教育投入是多少，而教育产出又是多少。

在征求各方面意见和深入研究的基础上，遴选农村公共教育中小学财力投入、农村公共教育中小学人力投入、农村公共教育中小学物力投入、农村公共教育中小学教育产出在内的四大类六个指标。财政主要指的是政府对于农村教育的经费支持，这是保障中国农村教育供给的经济支柱也是最重要的制约因素之一。本书用农村普通中小学生均预算内事业费支出表示财务类指标。教师是衡量教育水准的基本因素，具有教师资格的职业教师对于中国农村教育的影响至关重要，合理数量的教师是保证教学质量的前提。农村中小学生师比不但能够反映一个国家教育资源的使用效益情况，而且能考查教育质量状况，所以，本书采用专任教师数和农村中小学生师比来表示教师类指标。学校是教育的基础设施，全国农村小学和初中学校数量可以衡量我国农村教育基础设施的全面性。全国农村

小学和初中的班数可表示学校规模大小，招生数表示该学校考虑师资力量、学校规模而可容纳的学生数。学生是检验教育成果的一个重要标准。农村中小学毕业生数表示全国农村小学生和初中生中通过结业考试能按时拿到文凭的学生数量，能够直观检测全国农村教育的成果。农村中小学在校生数表明全国农村在学校接受教育的小学生和初中生之和。农村中小学毕业生数可衡量全国农村教育效果。

考虑到数据可得性和统计数据的限制，综合考虑各专家构建的我国农村教育供给指标，设计了我国农村公共教育供给标准指标体系，如表3-1所示。

表3-1 我国农村公共教育供给标准指标体系

一级指标	二级指标	三级指标	单位	指标说明
农村公共教育供给	农村公共教育中小学财力投入	农村普通中小学生均预算内事业费支出	元	中央和地方各级政府预算内对农村的教育拨款
	农村公共教育中小学人力投入	农村中小学生师比		全国农村小学生和初中生总数与小学教师和初中教师总数的比例
	农村公共教育中小学物力投入	每万名农村中小学生拥有校数	所	全国农村小学和初中学校总数与农村小学生及初中生总数的比例
		农村中小学人均校舍建筑面积	平方米	全国农村小学和初中校舍建筑面积与农村小学生及初中生总数的比例
	农村公共教育中小学教育产出	农村中小学毕业生数	万人	在学校期满，达到规定的要求，准予结业的小学生和初中学生数之和
		农村中小学在校生数	万人	全国农村在读的小学生和初中生数之和

资料来源：《中国统计年鉴》《中国教育经费统计年鉴》《中国农村统计年鉴》

第四节　我国农村公共教育供给指数测算

一、我国农村公共教育供给指标权重

农村公共教育供给指标体系和农村教育规划政策之间有着密切联系。根据农村教育规划政策构建农村公共教育供给指标体系并进行完善，应该以学术理论和现实情况为基础，做出合理判断，从而避免出台的农村教育政策的失误。举例而言，某年教育政策规定在未来某年时高中普及率要达到80%，而根据当时专家预测，如果按照现行高中普及率增速，届时高中普及率一定不会超过80%。因此，我们构建农村公共教育指标体系必须有科学的视野，要从本国和别国经验出发，深刻把握现实情况并理性看待农村教育规划和政策，以严肃的态度进行大量有价值的工作。[①]

---

① 袁利平、丁雅施：《教育扶贫政策实施效果评估指标体系构建》，《教育研究》2019年第8期，第139—149页。

我们通过科学的方法构建指标体系，计算获得我国农村公共教育供给指数。熵值法作为根据各指标传输给决策者信息量的大小来确定指标权数的方法，可以科学反映数据所提供的有效信息。一般而言，指标差异越大，熵值越小，该指标包含和传输的信息越多，相应权重越大。[①]具体计算流程如下。

第一步：将各项指标数值进行归一化处理。

$$a_{ij} = x_{ij} \bigg/ \sum_{i=1}^{n} x_{ij} \qquad (i = 1, 2, 3, \cdots, n; j = 1, 2, 3, \cdots, m) \qquad （3-1）$$

第二步：计算评价指标的熵值。

$$H_j = -k \sum_{i=1}^{n} a_{ij} \ln a_{ij} \qquad (k = 1 / \ln n) \qquad （3-2）$$

二、我国农村公共教育供给指标比值

用熵值法求得各指标权重之后，再根据各指标的权重和数据计算我国农村教育事业发展指数。我们选取 2000～2017 年的我国农村教育事业发展各指标的数据，计算了我国农村公共教育供给指数，具体步骤如下。

2000～2017 年的我国农村公共教育供给各指标的数据如表 3-2 所示。

表 3-2   2000～2017 年我国农村公共教育供给情况

年份	农村普通中小学生均预算内事业费支出/元	农村中小学生师比	每万名农村中小学生拥有校数/所	农村中小学人均校舍建筑面积/平方米	农村中小学毕业生数/万人	农村中小学在校生数/万人
2000	966.51	22.26	0.303 1	46 772.14	2 471.40	11 932.18
2001	1 207.14	21.94	0.302 5	47 594.21	2 455.01	11 726.11
2002	1 504.23	21.39	0.300 3	49 606.20	2 454.43	11 250.51
2003	1 681.86	20.77	0.291 0	49 689.29	2 460.75	10 849.55
2004	2 000.65	19.03	0.276 6	52 915.50	2 471.35	10 546.86
2005	2 519.52	19.07	0.267 1	56 693.64	2 306.13	9 732.49
2006	3 222.73	18.41	0.261 7	60 210.28	2 155.74	9 239.80
2007	4 517.56	17.71	0.258 2	62 562.93	1 941.37	8 494.05
2008	5 920.75	16.85	0.250 6	65 888.11	1 824.09	7 989.12
2009	7 243.71	16.43	0.251 3	68 193.73	1 694.53	7 590.05
2010	8 699.29	15.99	0.248 7	71 181.38	1 559.72	7 134.69
2011	10 971.75	15.84	0.248 8	106 746.97	1 098.50	5 228.18

[①] 刘云菲、李红梅、马宏阳：《中国农垦农业现代化水平评价研究——基于熵值法与 TOPSIS 方法》，《农业经济问题》2021 年第 2 期，第 107—116 页。

续表

年份	农村普通中小学生均预算内事业费支出/元	农村中小学生师比	每万名农村中小学生拥有校数/所	农村中小学人均校舍建筑面积/平方米	农村中小学毕业生数/万人	农村中小学在校生数/万人
2012	13 924.19	14.75	0.238 2	120 627.40	988.21	4 626.59
2013	16 050.73	13.76	0.217 9	138 433.50	874.22	4 031.57
2014	17 392.84	13.56	0.214 4	146 928.80	725.34	3 798.32
2015	20 187.23	13.68	0.215 8	152 135.68	676.23	3 668.39
2016	21 723.35	13.24	0.219 9	156 825.40	657.00	3 558.77
2017	23 215.65	14.57	0.223 5	163 242.80	638.70	3 418.77

我们以 2000 年为基期,各年指标与 2000 年相应指标的数据进行比较,求出比值:

$$\frac{2001年农村普通中小学生均预算内事业费支出}{2000年农村普通中小学生均预算内事业费支出} \times 100$$

$$= \frac{1207.14}{966.51} \times 100 = 124.89$$

表 3-3 和表 3-4 展示了 2000～2017 年我国农村公共教育供给各年指标与 2000 年相应指标的数据比值,总体来看,我国农村公共教育供给稳步发展,逐年趋好。农村普通中小学生均预算内事业费支出逐年增加,2017 年较 2000 年年均增长率为 20.56%,增幅远超同期我国 GDP(gross domestic product,国内生产总值)增长,体现了我国高度重视农村教育发展,与 2004 年至 2020 年我国连续 17 年发布以"三农"为主题的中央一号文件精神相符合。数据显示,农村中小学在校生数 2000～2004 年缓慢减少,2005～2017 年呈现大幅度快速下降的趋势。农村中小学毕业生数也有类似变化,2000～2004 年变化不明显,2005～2017 年呈现大幅度快速下降的趋势。课题组调研了解到,农村中小学毕业生数和在校生数的减少并不是因为农村发展不好、农村教育质量下降。事实上,2000 年以后,我国经济快速发展、城镇化率逐渐提高、农村道路硬化率提升、校车普及率提高。部分农户已经在城市定居,部分未在城市定居的农户也因便捷的条件可将孩子送到镇上或城市郊区就学,因此统计数据呈现大幅度减少的现象。我国对教育事业投入不断加大,农村义务教育阶段学生数又在不断减少,二者共同作用下,农村中小学生师比逐渐减小,每万名农村中小学生拥有校数也在降低,农村中小学人均校舍建筑面积快速增大。

表 3-3　2000~2008 年我国农村公共教育供给各年指标与 2000 年相应指标的数据比重

一级指标	二级指标	三级指标	2000 年	2001 年	2002 年	2003 年	2004 年	2005 年	2006 年	2007 年	2008 年
农村公共教育供给	农村公共教育中小学财力投入	农村普通中小学生均预算内事业费支出	100.00	124.90	155.64	174.01	207.00	260.68	333.44	467.41	612.59
	农村公共教育中小学人力投入	农村中小学生师比	100.00	98.56	96.09	93.31	85.49	85.67	82.70	79.56	75.70
	农村公共教育中小学物力投入	每万名农村中小学生拥有校数	100.00	99.80	99.08	96.01	91.26	88.12	86.34	85.19	82.68
		农村中小学人均校舍建筑面积	100.00	101.76	106.06	106.24	113.13	121.21	128.73	133.76	140.87
	农村公共教育中小学教育产出	农村中小学毕业生数	100.00	99.34	99.31	99.57	100.00	93.31	87.23	78.55	73.81
		农村中小学在校生数	100.00	98.27	94.29	90.93	88.39	81.57	77.44	71.19	66.95

表 3-4　2009~2017 年我国农村公共教育供给各年指标与 2000 年相应指标的数据比值

一级指标	二级指标	三级指标	2009 年	2010 年	2011 年	2012 年	2013 年	2014 年	2015 年	2016 年	2017 年
农村公共教育供给	农村公共教育中小学财力投入	农村普通中小学生均预算内事业费支出	749.47	900.07	1135.19	1440.67	1660.69	1799.55	2088.67	2247.61	2402.01
	农村公共教育中小学人力投入	农村中小学生师比	73.81	71.83	71.16	66.26	61.81	60.92	61.46	59.48	65.45
	农村公共教育中小学物力投入	每万名农村中小学生拥有校数	82.91	82.05	82.09	78.59	71.89	70.74	71.29	72.55	73.74
		农村中小学人均校舍建筑面积	145.80	152.19	228.23	257.90	295.97	314.14	325.27	335.30	349.02
	农村公共教育中小学教育产出	农村中小学毕业生数	68.57	63.11	44.45	39.99	35.37	29.35	27.36	26.58	25.84
		农村中小学在校生数	63.61	59.79	43.82	38.77	33.79	31.83	30.74	29.82	28.65

三、我国农村公共教育供给指数分析

各年度各项指标比值与权重相乘即可求得相应指标指数,指标指数求和即可得到各年我国农村公共教育供给总指数,具体结果见表 3-5 和表 3-6。从结果来看,三级指标权重较为接近,农村普通中小学生均预算内事业费支出、农村中小学生师比、每万名农村中小学生拥有校数、农村中小学人均校舍建筑面积、农村中小学在校生数和农村中小学毕业生数权重分别为0.1698、0.1634、0.1632、0.1728、0.1653 和 0.1654,说明各项指标重要性相近,均是反映农村公共教育供给的重要指标,各项指标变化趋势和比值变化趋势较为一致,这里不再赘述。

表 3-5　2000～2008 年我国农村公共教育供给指数测算

三级指标 (权重)	2000 年	2001 年	2002 年	2003 年	2004 年	2005 年	2006 年	2007 年	2008 年
农村普通中小学生均预算内事业费支出 (0.1698)	16.98	21.21	26.43	29.55	35.15	44.26	56.62	79.37	104.02
农村中小学生师比 (0.1634)	16.34	16.11	15.70	15.25	13.97	14.00	13.51	13.00	12.37
每万名农村中小学生拥有校数 (0.1632)	16.32	16.29	16.17	15.67	14.89	14.38	14.09	13.90	13.49
农村中小学人均校舍建筑面积 (0.1728)	17.28	17.58	18.33	18.36	19.55	20.95	22.24	23.11	24.34
农村中小学在校生数 (0.1653)	16.53	16.42	16.42	16.46	16.53	15.42	14.42	12.98	12.20
农村中小学毕业生数 (0.1654)	16.54	16.25	15.60	15.04	14.62	13.49	12.81	11.77	11.07
农村公共教育供给总指数	100.00	103.86	108.64	110.32	114.71	122.50	133.69	154.14	177.50

注:表中数据进行过修约,故存在合计不等于 100 的情况,因 2000 年为初始年份,仍将其计为 100

表 3-6　2009～2017 年我国农村公共教育供给指数测算

三级指标（权重）	2009 年	2010 年	2011 年	2012 年	2013 年	2014 年	2015 年	2016 年	2017 年
农村普通中小学生均预算内事业费支出（0.1698）	127.26	152.83	192.76	244.63	281.99	305.56	354.66	381.64	407.86
农村中小学生师比（0.1634）	12.06	11.74	11.63	10.83	10.10	9.95	10.04	9.72	10.70
每万名农村中小学生拥有校数（0.1632）	13.53	13.39	13.40	12.83	11.73	11.54	11.62	11.84	12.03
农村中小学人均校舍建筑面积（0.1728）	25.19	26.30	39.44	44.57	51.14	54.28	56.21	57.94	60.31
农村中小学在校生数（0.1653）	11.33	10.43	7.35	6.61	5.85	4.85	4.52	4.39	4.27
农村中小学毕业生数（0.1654）	10.52	9.89	7.25	6.41	5.59	5.27	5.09	4.93	4.74
农村公共教育供给总指数	199.90	224.58	271.81	325.87	366.40	391.46	442.13	470.47	499.91

　　我国农村公共教育供给总指数变化（图 3-1）大致可分为三个阶段。第一阶段为我国农村教育供给缓慢增长阶段。2000～2004 年，国家对农村教育事业投入力度较小，城镇化率较低，仅有少部分发达地区的农村实现了道路硬化，农村中小学在校生数、农村中小学毕业生数都比较多，因此农村中小学生师比较高，农村中小学人均校舍建筑面积也相对较小，这一阶段为我国农村教育供给增长较为缓慢。第二阶段为我国农村教育供给加速增长阶段。2005～2010 年，我国城镇化步伐加快，大量农村人口向城市转移，农村中小学在校生数、农村中小学毕业生数不断减少。与此同时，我国政府对农村教育投入力度不断加大，各种资源向农村涌入，党和政府及时调整农村教育管理政策（如撤点并校），因此这一阶段生均资源不断改善，农村教育供给表现为加速增长。第三阶段为我国农村公共教育供给快速增长阶段。在这一阶段，教育资源均等化成为全国人民关注的话题，党和政府投入大量资源，出台了诸多政策以增强农村学校师资力

量。此外，越来越多的农民移居城市，农村中小学生数大量减少，农村中小学生生均资源得到了优化和增强。在诸多因素共同作用下，这一阶段我国农村公共教育供给迅速增长，农村公共教育得到了极大改善。

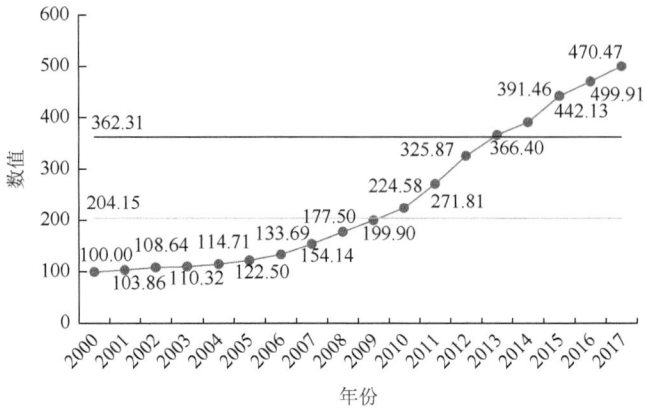

图 3-1　2000～2017 年我国农村公共教育供给总指数及平均先进值

　　本书以 2000 年作为基准指数年，测算了我国农村公共教育供给标准指数，一方面是为了举例说明问题，另一方面是为了能够在实际应用中依据现实情况来确定我国农村公共教育供给标准。然而，为确保统计上的一致性，我国农村公共教育供给基准指数确认后，不适宜再去修改变动。本书在考虑现有统计数据可操作性的基础上，构建了此指标体系。因此，若地方政府要制定本地区教育供给标准，应统筹考虑地方各方各面的因素。随着我国农村公共教育供给的相关数据越来越完整，未来应对我国农村公共教育供给标准体系的相关指标做出适当调整。此外，建议选取不同地区较长时期的统计数据，这样的数据结果更科学，更有可比性。

第四章　我国农村科技公共服务供给标准

第一节　我国农村科技公共服务供给界说与发展现状

科技是第一生产力，农村科技公共服务是提高农村生产、助力农业增效和农民增收的重要保障。中华人民共和国成立以来，我国日益重视科技在农村地区的推广与应用。科技进步和创新是推进农业农村转型升级的关键所在，党的十九届五中全会明确指出提高农业质量效益和竞争力[①]。当前，我国农村科技公共服务在供给层面尚存在资金匮乏、人才缺失与供需错位等一系列问题，极大削弱了"科技扶农"的实际效果。因此，本章探析农村科技公共服务供给的概念内涵与发展现状，对于明确农业科技地位作用、推进科技与农业深度融合、实现农村现代化具有重要意义。

一、农村科技公共服务供给概念界说

（一）农村科技公共服务界说

随着 18 世纪以来两次工业革命的相继开展，科学技术逐步在农业生产领域推广与运用，国外学者开始聚焦于"农村科技公共服务"概念的界定。英国学者埃拉伦登（Elarendon）较早认为，农村科技公共服务本质上是来自政府委派的科技推广人员，通过说服、培训和提供农业信息等非强制方式提高农民生产技能的活动。[②]美国学界认为农村科技公共服务的主要形式表现为基于公共权力和公共资源的相关组织提供有助于农村地区发展的一整套科研、教育和推广系统[③]。日本学界则称之为"农业改良普及"，专指由政府派遣改良普及专员前往农村地区将新的科学技术与科技产品普及至农业生产的过程。[④]荷兰学界更聚焦于农业生产管理，定义农村科技公共服务是来自政府、社会组织与非营利组织的专业人员，基于

---

① 《中国共产党第十九届中央委员会第五次全体会议公报》，http://www.gov.cn/xinwen/2020-10/29/content_5555877.htm[2022-11-20]。

② 王文玺：《世界农业推广之研究》，中国农业科技出版社 1994 年版，第 5—21 页。

③ 张晓雯、眭海霞：《现代农业科技服务体系创新实践与思考——以成都市为例》，《农村经济》2015 年第 12 期，第 89—93 页。

④ 李金龙、修长柏：《农业科技特派员制度的国际借鉴研究》，《科学管理研究》2015 年第 5 期，第 91—95 页。

农村农业生产的实际情况，有针对性地向农民提供专业知识与技能，并制定未来农业生产目标，指导相关部门做出正确决策的服务。[①]

20世纪50年代，随着我国计划经济体制与农村合作经济体制的推行，人们对农业生产效率与效益的关注不断增加，逐渐着眼于科技手段在农村经济发展中的运用。国内学者尚未就农村科技公共服务的概念达成共识，主要从三方面进行界定。其一是从科技服务主体角度出发，认为依托政府主导下的科技公共服务资源平台，农业科技推广部门、涉农科研高校、院所、企业等机构均可成为农村地区科技试验、示范、培训指导与咨询等公共服务的开展主体。[②]其二是从农业生产角度出发，认为将先进、适用的农业科技成果应用于农业生产环节，从而提高农村生产力、助力农业增效和农民增收是农村科技公共服务的主要价值体现。[③]其三是从农村整体发展的角度出发，将农村科技公共服务供给视为一整套连贯的方案体系，认为农村科技公共服务是由包括政府、公共服务组织、教学科研单位、农村社会合作组织、龙头企业及提供科技公共服务的个人等在内的社会生产组织、部门和个人等为农业经济活动提供农业科研、教育、科技推广、科技信息服务等从产前到产中及产后的一整套科技公共服务。[④]

通过比较国内外学者关于农村科技公共服务的思想观点，发现农村科技公共服务概念有广义与狭义之分。广义上的农村科技公共服务概念为：由政府、农业技术推广机构、农业科研单位与有关学校提供的与农业科技活动相关的公共服务。本书更侧重从狭义层面理解农村科技公共服务，界定其概念为：为促进农业科技创新、带动农村社会发展和满足农民公共需要，由政府、农业技术推广机构、农业科研单位与有关学校共同参与并提供的各种科技服务和科技产品。

（二）农村科技公共服务供给界说

农村科技公共服务供给是有效转换农业科研成果和实用技术为农村地区农业生产效能的关键所在。在2012年修订的《中华人民共和国农业技术推广法》中，就侧重从农业科技推广方面就农村科技公共服务供给进行阐释。同时，伴随我国农村地区发展形势的不断变化，农村科技公共服务供给的相关内容与方式也应相应调整，呈现动态性与系统性的特点。

---

① 〔美〕斯旺森 B E：《世界农业推广》，许无惧、罗泽伟译，四川科技出版社1989年版。

② 彭凌凤：《农业科技推广模式的创新探索——新农村发展研究院服务农业科技推广的模式比较》，《农村经济》2017年第2期，第104—109页。

③ 张静、朱玉春：《社会资本视角下科特派企业精准扶贫分析》，《资源科学》2019年第2期，第352—361页。

④ 陈俊红、田有国、龚晶等：《我国农业技术推广主体的行为实践研究》，《农业现代化研究》2018年第4期，第567—575页。

鉴于此，本书界定农村科技公共服务供给的概念为：在农村地区，为确保农业科研成果和实用技术普及应用于农业生产产前、产中、产后全过程，在政府主导下，主要由政府、农业技术推广机构与农业科研单位、有关学校提供人员、经费与科技成果，由农民专业合作社、涉农企业、群众性科技组织与农民技术人员协同合作，提供非营利性农业科技服务与管理的过程。

二、我国农村科技公共服务供给现状

（一）我国农业科技公共服务供给政策

我国的农业科技政策按目标侧重点不同分为几个不同阶段。1978～1990 年制定的农业科技政策，主要目的在于促使社会各界尤其是农业生产主体恢复及增强对农业科技的重视度，以推动农业技术在实际生产过程中的运用，促使农业科研机构进行改革调整以适应社会发展，这一阶段可以看作农业科技政策的恢复调整阶段。到了 1990～2003 年，随着我国农业科技制度的相关法律逐步出台，再加上科技兴农战略的提出与实施，国家对农业科技的重视程度日益增强，也让各个农业生产主体意识到推动先进农业科技与农业生产相结合是推动农业实现现代化发展的任务要求。推动农业科研机构积极开展科技研发创新，有利于实现我国可持续发展的战略目标，这一阶段可以视为我国农业科技政策的调整创新阶段。而从 2003 年至今，随着我国农业科技研发技术不断创新升级，从事农业科技研究的研发及推广人员不断增多，农业技术推广成效不断增强，我国农业科技政策也不断转型升级以适应现代社会发展，解决农业科技推广过程中面临的新挑战、新问题，这一阶段是农业科技政策的全面调整阶段。

重视农业科技相关研发与推广工作并不断完善农业科技公共服务供给机制，提高农业体制机制发展创新水平是我国现行农业科技政策的主要特点，从历年的中央一号文件所强调的相关内容也可以看出国家对科技创新在农业科技政策中占据地位的重视。2010 年强调提高农业科技研发创新及推广能力，2011 年强调强化为水文气象和水利发展提供科学技术支撑，2012 年强调出台并贯彻实施"强农惠农富农"的国家政策，2013 年强调要做到"统筹城乡、四化同步"，2014 年强调加强农业补贴政策的实施力度并将其积极落实到位，2015 年及 2016 年均聚焦于农业现代化建设，2017 年则侧重农业供给侧改革[①]，2018 年则主张将生产建设重点放在乡村振兴战略上来，2019 年持续关注乡村振兴战略的开展实施。自党的十六

---

① 黄季焜：《四十年中国农业发展改革和未来政策选择》，《农业技术经济》2018 年第 3 期，第 4—15 页。

大以来，我国农业科技政策针对的主要目标不仅仅局限于农业相关企业及农民科技教育、农技实施运用，对农业科技相关政策的重视程度也大大增加。①

（二）农村科技公共服务供给体系

农村科技公共服务体系是一个系统且专业的网络状体系，它既包括设立于农村地区、为农民及农业相关组织提供农业技术的农村科技公共服务组织，又包括有助于农村科技发展的相关基础设施及与农业科技密切相关的政策环境。农村科技公共服务要求发挥农村地区的地域与资源优势，借助科学技术手段与方式，将农业创新品种与技术投入农业生产之中，使其转化为现实生产力并为农业生产实践活动提供便利。在此过程中积极探究农业科技在实际运用中存在的现实问题，寻找行之有效的解决方案，以实现农业现代化及现代农业的可持续发展。

现代农业的可持续发展离不开农业科技的支撑，农业科技的进步有利于发展现代化农业，推动传统农业向现代农业转变。除此之外，农业科技还是促进乡村振兴战略得以良好实施的重要因素。近年来我国农村地区发展较为迅速，农业结构不断改革、农业产量不断提高，为农业产业的发展革新奠定了良好的基础，农业科技公共服务供给的不断扩大也有利于推动农村农业的可持续发展。而推动农业科技体系革新，根据我国基本国情及现阶段发展需要制定适应农业发展现状的农业制度，是克服农业发展弊端、促进农业健康发展的重要内容。现阶段我国农业发展仍面临着农业科技利用率不高、农业生产劳动力不足、生产效益低下等诸多问题，因此构建完善的农业科技公共服务供给体制对缓解农业生产矛盾、保障农业生产合理开展、推动农业生产发展极为重要。随着我国国情的发展变化，农业科技公共服务供给体系也在实际运行中不断调整转型，并致力于加强科技创新体系建设，拓宽农业科技公共服务资金链。

1. 发展历程

改革开放之前，我国农村科技公共服务供给体系就已初具规模，但这一阶段由于政治经济体制不完善、思想理念不完备、对农村科技的认识不足，我国农村科技供给体系存在一些缺陷。

改革开放初期，我国农村科技公共服务供给体制改革逐步展开，此时处于初步调整阶段。此阶段农村科技公共服务的发展主要依靠政府扶持，政府对农业机械化生产、农业生产化肥使用、水利设施建设等方面加大财

---

① 林青宁、毛世平：《国内外农业科技政策进展及我国新兴农业科技政策研究》，《科技管理研究》2018年第16期，第24—29页。

政资金投入力度,有效地提高了我国的农业科技水平。为了贯彻党的十一届三中全会关于农村经济发展的基本要求,我国农业科技公共服务供给体系根据社会形势的变换不断改革调整,其主要调整内容可以大致分为五个方面,其一是对农业科研机构进行重组与完善,并根据地域差别设置地方性科研机构,有针对性地开展农业科研活动。其二是调整农业相关政府机构设置,包括设立农业咨询审议机构,重组科技委员会等。其三是增强农业高等院校在农业科技的地位作用,将农业院校作为农业科技公共服务的重要供给方,鼓励其开展农业科技研发创新活动。其四是鼓励农民自发组建或参与技术推广机构,推动农业科技与生产活动相结合。其五是农业科技供给筹资方式由国家主导投资逐步向地方投资转变,充分调动地方提供农业科技公共服务的积极性。

1985~1994 年,我国农村科技公共服务供给体系进入市场化探索阶段。1985 年我国出台相关政策决定对科学技术体制进行改革,社会各界对科技体制改革的关注程度日益加强。1986 年农村科技体制改革试行办法的发布强调了科学技术对经济建设的作用,并呼吁农业科技单位积极培养高素质农业人才,加快农业科技的创新研发,提高农业科技成果产出效率,除此之外还提出应当加快推进农业科技管理体制的优化升级,农业科研单位与高等农业院校也要着眼于应用技术研究,注重农业科技的实际运用,以此推动我国农业科技公共服务供给体系改革的进一步开展。1988 年,邓小平提出"科学技术是第一生产力"[①]。1989 年国务院发布《关于依靠科技进步振兴农业加强农业科技成果推广工作的决定》提出"要从根本上解决关系到国家兴衰的农业问题,科技兴农尤为重要",并指出"农业的发展,一靠政策,二靠科技,三靠投入",通过大力加强农业科技成果的推广应用,建立健全各种形式的农业技术推广服务组织,进一步稳定和发展农村科技队伍,大力加强农村教育、广泛开展技术培训,广辟资金来源、增加农业科技投入等手段加强农村科技公共服务供给。1992 年邓小平南方谈话肯定了改革开放的有效成果,并提出了发展社会主义市场经济的伟大构想,同年的中共十四大明确提出了要建立社会主义市场经济体制,农村科技公共服务供给体系的市场化不断加强。1994 年,我国制定了深化科技体制改革的实施办法,引导科技体系借助市场机制的作用进行转型升级。

1995~2005 年,我国农村科技公共服务供给体系迈入深化改革时期。1995 年中共中央、国务院出台了《关于加速科学技术进步的决定》,肯定了科学技术的作用并提出了科教兴国战略,继续推动产、学、研三结合,

---

① 《科学技术是第一生产力》, https://fuwu.12371.cn/2012/08/09/ARTI1344491765828747.shtml [2022-05-26]。

鼓励科研院所、高等学校的科技力量以多种形式进入企业或企业集团，参与企业的技术改造和技术开发。把农业科技摆在科技工作的突出位置，推动传统农业向高产、优质、高效的现代农业转变。1999年的全国技术创新大会再次强调了深化改革的重要性，鼓励进行技术创新、推动科技成果实现产业化。随之而来的是一系列农业科技相关内容的改革调整，包括农业科研机构结构调整、政府部门分流改制、科研院所分类转制、农推体系分类改革等，为我国增强农村科技公共服务的有效供给提供了有力支持。

2006年至今，我国农村科技公共服务供给体系进入创新发展时期。2006年的《国家中长期科学和技术发展规划纲要（2006—2020年）》，使引导科研人员及科研机构树立创新意识、提高科技自主创新能力成为现阶段我国科学技术发展的一项重要任务，也为我国农村科技的确立提供了发展方向。2007年，党的十七大报告中明确将建设创新型国家作为我国发展战略的核心，要坚持走中国特色自主创新道路，把增强自主创新能力贯彻到现代化建设各个方面。2007年《现代农业产业技术体系建设实施方案（试行）》中明确提出建立现代农业产业技术体系，我国农村科技公共服务供给体系由此翻开创新发展的新篇章。[1]党的十八大以来，"创新驱动发展"被设立于国家发展全局的核心战略地位。2016年，国务院办公厅印发了《关于深入推行科技特派员制度的若干意见》，强调要"完善科技特派员制度"，推动创新驱动发展战略的深入开展。2017年，科学技术部按照国家科技创新专项规划编制的总体要求，编制发布了《"十三五"农业农村科技创新专项规划》，提出了到2020年，"我国农业科技进步贡献率达到60%以上，农业科技创新整体实力进入世界前列"的发展目标，聚焦农村科技发展与农业供给侧结构性改革，致力于加快农业现代化建设。

2. 农村科技公共服务供给创新体系

农村科技公共服务供给创新体系是一个复杂多元集合体，它包含了科技研发与推广运用、科技资源与农业资源、科研机构与农村基础设施建设、生产建设环境等多方面内容。[2]目前我国已经初步形成了由政府主导、企业投资参与、科研机构与高校提供科技支持的农业科技创新体系。政府为农业科研机构及高校提供财政资金支持，并出台相应的政策措施鼓励企业、科研院所等多重主体投入农村科技公共服务建设之中，鼓励农业科研人员在提高自身专业技术水平的同时深入农村进行实地走访考察并进行农业科技推广，针对农民在农业生产过程中遇到的实际问题提供专业技术指导。除此之外，农村科技公共服务创新体系还要求企

---

① 郭海红：《改革开放四十年的农业科技体制改革》，《农业经济问题》2019年第1期，第86—98页。

② 王雅鹏主编：《现代农业经济学（第三版）》，中国农业出版社2015年版，第154—167页。

业加大对农业科技的投资与运用，推动农业技术与企业生产相结合，促进农业生产更加规模化、技术化以实现科学合理发展。科研院所、高校等农业科技研发机构应当自觉学习以提高专业知识素养，强化先进农业科学技术与优质农业产品的研发力度，树立并不断提高农业科技公共服务的供给及推广意识，自觉为农户及农产品企业提供农业科技指导，推动农业科技的发展。

我国农业建设基本情况不断发展变化，农业科技体制也不断革新以适应社会发展。从事农业科技研究的组织机构不断调整精简，对农业科技研发人员的技术水平与研发能力也有了更高要求。1995 年至 2017 年，我国农业科技人员的数量在农业科研机构人员总数中所占的比重根据农业发展状况不断调整变化，呈现"Z"字形波动，并随着社会经济市场化改革的逐步深入呈现出上升趋势，这也意味着农业科研机构中的科技研发人员数目增加，农业科技研发力量增强。但农业科技人员占全部科技人员的比重却并不高，表明我国在农业方面的科研力度投入不足，重视水平不够，农业科研队伍建设并不完善，仍有较大提升空间。

伴随着农村科技公共服务供给创新体系的发展壮大，与农业科技研发相关的基础设施和人才队伍建设逐渐加强与完善。目前我国已经建立了多个全国性的综合重点实验室及区域性、专业性的重点实验室，并配有精密的专业仪器为农业科技的研发提供基础设施保障。其中农业科学观测站还拥有田间工程及物联网等专业配套设施，致力于为农村农业生产提供更优质的农业科技创新服务。为了更好地推动农业科研技术的进步，促进农业科技研发设施资源的合理利用，充分发挥农业科研领域创新人才的作用，我国选拔引进了多名从事农业科技研究的创新型人才进入重点实验室开展科研工作，其中单农业部重点实验室就已经吸纳了全国 82%的农业科技领域优秀人才。[①]

3. 农村科技公共服务供给资金来源渠道多样化

农业科研机构的主要经费来源是从事农业科技相关活动所取得的盈利收入，它是农业科研机构得以高效运转的基础与保障。[②]我们以《中国科技统计年鉴》研究与开发机构农、林、牧、渔及其服务业来衡量农业科技公共服务供给资金，通过对我国 1991～2018 年农业科研机构经费来源状况进行整理分析，可以发现政府对从事农业科技研究的相关机构财政

---

① 《农业部关于印发〈农业科技创新能力条件建设规划（2016—2020 年）〉的通知》，http://journal.crnews.net/nybgb/2016n/dseq/915732_20161229024102.html[2022-11-20].

② 陈祺琪、张俊飚、程琳琳等：《农业科技资源配置能力区域差异分析及驱动因子分解》，《科研管理》2016 年第 3 期，第 110—123 页。

拨款力度不断加大，从 1991 年的 10.87 亿元增长至 2017 年的 161.73 亿元，整体涨幅较大且仍呈现增长趋势。除此以外，政府财政支持占科研机构资金来源构成的比重也呈现整体增长态势，从 1991 年的 55.22%增长至 2017 年的 88.58%。这些变化表明近年来政府对农业科研技术的重视程度不断提高，对农业科研机构的扶持力度不断加强。

政府资金投入在农业经费主要来源之中所占的比重增加，这也意味着银行贷款、企业资金投入等由市场所提供的非政府资金占比减少。尽管如此，非政府资金的农业投资总量却呈现出增长趋势，这意味着有更多的企业部门与科研机构共同发展，推动科研与产业紧密结合以寻求合作共赢，这也是我国农业体制改革发展的必然趋势。此外，国外资金与其他资金也是我国农业科研经费的来源之一。我国科研机构经费主要来源呈现出多元化趋势，有利于充分发挥市场经济的优势，促进农业科研机构健康发展。

农业 R&D 经费内部支出结构的变化能够较为直观地反映出现阶段我国农业科技发展的重点目标调整情况，为实际农业生产提供基本方向保障。通过对我国 2002 年至 2016 年的农业 R&D 经费支出分配状况进行观察研究，可以发现农业科研经费内部支出结构并不均衡。我国农业 R&D 经费主要耗费在几个基础农业产业上，种植业是我国农业生产的主要方式，也是农业科研经费支出的主要方向。尽管种植业的农业科研经费耗资占比在 2002 年至 2016 年呈现出波动下降趋势，但对种植业的科研扶持经费仍然占据农业 R&D 经费总支出的一半以上。林业也是我国农业科研经费支出的一个重要方向，但其在农业内部经费支出中所占比例并不高，基本保持在十分之一，并且还呈现出下降趋势。除此之外，畜牧业、渔业以及与农业生产密切相关的服务业都是农业 R&D 经费的主要支出对象，而与林业经费占比逐渐下降不同的是，它们的农业科研经费支出占比则呈现出增长趋势，其中给予农业服务业的科研经费占据农业 R&D 总支出经费的比重在 2016 年时已经接近五分之一，可以看出国家对农业发展的支持方向发生了转变，对农业生产中的畜牧业、渔业及农业服务业等生产产业的技术支持及重视程度增加。

4. 农业科技公共服务供给资源配置效率提升

对农业科技资源与实际农业产出的转换比率进行优化调整，有利于反映农业科技的产出效率。[①]通过对 1990~2016 年我国农业技术研发人员、农业科技相关课题以及政府财政对农业科技的投入经费等农业科技资源

---

① 李柏洲、董恒敏：《协同创新视角下科研院所科技资源配置能力研究》，《中国软科学》2018 年第 1 期，第 53—62 页。

投入状况进行研究分析，可以发现自 1985 年国家开展科技体制改革以来，1990～1996 年，政府充分利用市场作用发展科技，对农业科技的财政支持力度有所降低，农业科研机构经费也因此大幅度减少，投入农业科技研发的资金数目不足。再加上裁撤了部分科研机构以推动机构改革中机构精简目标的实现，大量农业科研人员下岗或转行，导致这一阶段我国农业科技相关课题与农业技术研发人员数量出现小幅减少的状况，此阶段的农业科技公共服务资源供给效率较低。而 1997～2000 年，随着我国经济市场化运作机制逐渐发展健全，再加上一系列有关农业科技公共服务的有力措施出台并作用于农业生产与实践之中，我国农业科技资源投入力度也逐步加强，农业技术研发人员数量、政府财政投入数目及农科课题总数均呈现迅速增长趋势。受农业科研机构调整转型影响，我国对研发人员的工作任务要求也随之发生变化，人员结构实行动态调整并不断优化，致使部分农业科研人员被迫选择改行。到 2001 年末，我国农业技术研发人员总数呈现较低水平。而后随着我国农业科技公共服务体系的逐步构建，政府政策引导及资金支持吸引更多农业技术人员从事农业科技研发与服务供给活动，农业科技公共服务供给的资源配置效率逐步提升。尽管 2008 年受金融危机影响，我国农业科技资源投入曾出现短暂下降，但随着中共十八大"深入实施创新驱动发展战略"的提出及 2017 年农业部《"十三五"农业科技发展规划》的出台，科技体制改革不断深化，据 2018 年中国农业农村科技发展高峰论坛发布的《中国农业农村科技发展报告（2012—2017）》我国农业科技投入力度与从业人员数量不断增加，农业科技进步贡献率也从 2012 年的 53.5%上升至 2017 年的 57.5%。整体上来看，我国农业科技供给资源呈现稳步增长趋势，其中农业技术人员与财政经费投入的变化较为显著，而农业科技课题数目则基本保持稳定增长，可以看出农业科技研发人员的工作成效明显。

5. 农业科技公共服务供给创新产出水平不断提高

农业科技体制改革成效及农业科技公共服务供给水平可以借助科研成果这一重要指标进行衡量。自我国科技创新体系创立以来，从事科研工作的人员数目不断增加，科技研发水平也不断提高，涌现了诸多优秀的科技创新成果。在农业科技成效方面，我国农业科技研究创新成效较为显著，与农业科技相关的科研论文发表与著作出版数量大幅增加，内容质量水平显著提高，科研著作种类、所涉及的研究领域也趋于多样化，可谓实现了质与量的飞跃。从科研成果占比来看，近年来我国农业类的科研论文占我国各领域科研论文总量的比重虽然出现小幅度下降，但其科研论文总量却明显增加，且在国外发表的农业领域科研论文数量及所占比例均大幅增加，这也表明学术界对农业科技的重视程度逐渐增强，对农业技术与涉农产业发展之间关联的认识水平逐步提高。

除此之外，包括专利申请数目及有效发明专利等在内的农业科技相关专利数量明显增加，农业类发明专利占我国专利总数的比例也明显提升，这也显示了我国农业科技供给创新成效颇为显著、创新水平稳步提升。尽管如此，我国农业科技领域在重大科技成果方面的成就相比其他领域而言却并不突出，仍有较大的发展空间，所获得的国家级奖励也存在较大缺口，还需要进一步提高创新型农业科技产品质量、提升农业科技创新水平。尽管我国农业科技创新服务体系中产出了大量科研成果，但农业领域的国家发明奖获得情况却并不理想。与其他产业相比，农业科技的发明数量不多、占比较少且发明创造的难度也更大。

6. 农业科技公共服务供给推广体系多点覆盖

做好农业科技推广工作，是促使科研成果与生产实践相结合、推动农业科技与产业实现良好互动的关键内容，也是实现农业生产过程更加科学合理、农业生产效率显著提高的目标要求。[①]为了更好地分析我国农业科技产业机制改革的工作成效，可以从推广人员、推广内容与推广手段三个层面进行探讨。从推广人员发展情况来看，我国从事农业技术推广的人员数量有明显的增加，总体增幅较大。而在1990年至2017年，基层农业技术推广人员流失过多，农村生产科技公共服务供给不足。

为此，政府根据我国基本国情与农村地区农业发展现状，出台了大量顺应农村农业及市场经济发展的相关政策文件，包括2016年的《全国农业现代化规划（2016—2020年）》《关于深入推行科技特派员制度的若干意见》等，为强化农村科技公共服务供给、规范发展农村农业科技公共服务体系发挥了重要作用。随着我国市场经济体制改革的深入开展，我国鼓励科研人员投入农业生产一线，落实农业科技的宣传推广工作，促进先进农技与生产实践相结合，促使科研成果转化取得实质成效，这也成为现阶段我国农村农业科技公共服务体系健康发展的目标要求。目前我国农业科技推广人员的总体数量并不多，在我国技术人员中所占的比例也不高，在农业科技人员队伍扩充上仍有较大发展空间。

从我国农业科技推广体系的内容特征上来看，可以发现我国农技推广涵盖的地域范围广、涉及领域多。随着政府财政对农村农业科技发展支持力度的增强，现阶段农村农业技术推广几乎遍布全国包括偏远地区在内的各个乡镇地区，农业科技公共服务供给范围广，此外还涉及包括农作物种植、水产畜牧养殖、林业种植在内的诸多领域，为多

---

① 郭海红：《改革开放四十年的农业科技体制改革》，《农业经济问题》2019年第1期，第86—98页。

个领域范围内的农业生产提供科学技术支持，以推动各个农业生产领域的科学发展。

在农业科技推广过程中，致力于探索农业科学技术、研制新型农业产品的农业科技推广机构发挥着重要作用。[1]我国基层农业科技推广体系不断发展壮大，在推广先进农业科技的基础上，积极为从事农业生产的人员提供全方位农业科技公共服务，推动先进技术与产业结合以发展生产，保障产品质量与生态安全的同时为市场提供更为优质的农业领域产品。[2]

从农业科技公共服务的方式上来看，我国农技服务供给模式呈现多元创新的特征。各农业生产地区根据自身的地域、资源特征，探索制定适合本地区发展的农业科技推广模式。譬如，福建省率先设立的农村科技特派员制度、浙江省创制的"农技 110"模式以及湖南省发挥高素质人群作用、以大学生村官为主导的创新模式等，在实践过程中适时调整农业科技公共服务模式中不适应实际农业生产发展的部分，以推动农业科技公共服务供给体系的不断发展优化。

第二节 我国农村科技公共服务供给的典型案例分析

一、案例背景

1999 年，为解决"三农"问题所面临的发展困境，福建省南平市委市政府在所辖行政区域内率先探索实施了农村科技特派员供给服务制度，并取得了良好成效。"南平模式"的成功引起了科学技术部等有关部门的高度关注与重视，随后有关政府部门将其变成一项政策制度在全国范围内逐步推广。2004 年科学技术部联合人事部出台《关于开展科技特派员基层创业行动试点工作的若干意见》，要求在现有试点工作基础上，在全国范围内开展实施科技特派员试点工作。

湖南省地处中部地区，是传统农业大省，"三农"问题一直是当地政府工作的"重中之重"。2004 年，湖南省成为农村科技特派员制度的试点省份之一，湖南省委及省政府部门给予了高度重视，湖南省副省长甘霖带领省委组织部、省人民政府办公厅、省科学技术厅、省人事厅等部门的同志，专程赴福建省、浙江省考察科技特派员试点工作情况。2005 年，省委办公厅、省人民政府办公厅印发了《向湘西地区选派科技特派员工作方

---

① 高启杰、董杲：《基层农技推广人员的组织公平感知对其组织公民行为的影响研究——以主观幸福感为中介变量》，《中国农业大学学报（社会科学版）》2016 年第 2 期，第 75—83 页。

② 陈辉、赵晓峰、张正新：《农业技术推广的"嵌入性"发展模式》，《西北农林科技大学学报（社会科学版）》2016 年第 1 期，第 76—80，88 页。

案》，决定先在湘西土家族苗族自治州进行试点，取得经验后逐步向全省推开。在政府政策引导下，一批科学素养高、专业技能强的农村科技特派员深入农业生产一线，利用自身专业科技知识为农民提供及时有效的专业农业科技指导，促使其充分利用现有农业资源，推动农业技术与生产实践相结合以发展农业生产，提高农业产出效率。同时，科技特派员还协调包括企业、科技机构在内的多个市场主体共同参与农村科技公共服务推广，鼓励企业为科技推广提供资金与设备支持、科研机构为其提供人员与技术支持，推动资金、人才、技术等农业资源实现合理配置，为农业科技推广特派员制度的蓬勃发展提供坚实的基础设施保障。此外，科技特派员积极引进先进农业生产技术与高质农产品，选取部分农田作为试验田并利用农业科技进行农业生产试验，并对农户开展农业生产起到良好的示范作用，引进农业生产新技术与新产品并将其推广运用于当地农业生产实践之中，推动农业科技与农业生产更加紧密地联系结合起来，使农业科技推广的"最后一公里"难题得以解决。

对湖南省农村科技特派员制度实施以来取得的成效进行不完全统计，从 2005 年到 2019 年湖南省累计选派了 2.5 万名科技特派员深入农村基层一线开展科技创新服务，仅 2018 年，向农户推广新技术 1161 项，引进新品种 1125 个，开展技术培训 5746 次，带动了 17 万农户增收。总体而言，湖南省农村科技特派员制度实施有效推进大量科技成果向现实生产力的转化，对农村经济发展、"三农"问题解决发挥了重要驱动作用。湖南省将"南平模式"成功结合自身实际并有效运用的过程，自然不是一帆风顺的。那么，这一过程面临何种挑战呢？又是经历怎样的脱胎换骨，从而取得今日成就，并形成独具一格的"湖南农村科技特派员模式"呢？

二、案例过程

（一）寸步难行，湖南省农村科技推广工作困难重重

随着农村科技特派员制度在湖南省范围内推广，涌现了一批广泛联系基层一线的科技工作者，科技特派员充分利用自身优势结合当地特色，为推动科技资源下沉，带动农村农业发展做出了重要贡献。

然而，由于湖南省农村地区在科技需求和产业发展上呈现多样性和复杂性的特点，科技特派员工作实践中的困难与挑战接连不断，许多特派员的推广工作停滞不前，成绩不尽如人意。

湖南省第一批科技特派员江某感叹道，"办法是比问题多，但多数办法缺乏条件支持，在农村难以实施""科技推广工作之所以受阻，不是单方面原因，真正的困难十分复杂"。

在基层开展科技推广工作已有数年的刘某颇感无奈："往往需要花费大量精力琢磨着如何开展工作，但时间长了，成绩也不见好，多少是有些灰心的。"

湖南省农村科技推广工作陷入"寸步难行"的窘境。

（二）聚合人心，湖南省农村科技推广工作达成共识

湖南省科学技术厅对此表示高度重视，很快主持召开座谈会，就如何有效推进农村科技推广开展做出了深入讨论。

会初，科学技术厅领导指出："湖南既不靠海也不沿边，农业是重要的经济基础，推广科技成果下沉至广大农村地区既利当前又利长远，是湖南乡村振兴的有效举措。许多特派员同志在农村科技推广工作中取得了喜人成绩，收获了宝贵经验。要在全省农村区域实现科技供给深度覆盖，还有很长的路要走，不可避免要面临新的困难与挑战。我们要抓住主要矛盾，把握问题关键，'对症下药'推进农村科技推广工作。"

会中，农村科技推广相关人员纷纷发言。有农民直言对农村科技推广的质疑，也有科技特派员坦诚表露了自身工作过程中存在的问题，更有基层政府人员阐述了科技推广工作中的无奈。经过一番深入交流与讨论，大伙思路越理越清，方法越论越明。

会末，针对湖南农村科技推广工作要如何有效开展的问题，各方主体达成一致共识，还是要认真贯彻落实农村科技推广的工作安排，揽大局，抓小局，从基层实践中精准把握根本矛盾，对症下药，并总结经验、形成理论，凝聚湖南省特色鲜明的农村科技推广智慧。

（三）审时度势，湖南省农村科技推广主要矛盾真相大白

新的工作安排下，调研员围绕湖南省农村科技推广工作存在的根本问题与相关人员展开了面对面访谈，发现主要问题有"地方政府重视不足""科技服务人才单一""科技服务基础薄弱"三方面。

第一，地方政府对科技特派员工作认识不足、重视不够，在政策尤其是经费支持方面的力度较小，与科技特派员辛勤付出不相匹配。同时，部分基层领导对科技特派员这项工作的认识还停留在表面，误把科技特派员工作与传统扶贫工作画等号，希望科技特派员能带来项目和资金，而对特派员科技服务却并不看重。这两方面因素极大地遏制了科技特派员开展科技服务的动力和热情。奔赴湘西土家族苗族自治州龙山县的湖南省农业科学院卞研究员表示，"这里对外交通不便，有的乡镇甚至没有像样的公路，村民们又多数散居大山之中，要挨家挨户了解情况开展

科技推广工作，没有相当资金支持是不够的"，"当地政府往往认为科技扶农短期利润低，在资金投入上很不积极"。

第二，科技特派员承载着农业科技成果，人才结构的合理性反映了科技供给有效性，若人才结构与实际需求不相匹配，势必会消极影响科技扶农成果。湖南省以科技特派员为主的科技服务人才结构主要有以下不足表现：中低层次人才多而高层次人才少，高校、科研单位来源多而科技成果转化单位来源人员少，年龄偏大多而年轻人员少，简单技术咨询类多而创业科技类人员少，种植养殖领域人员多而工业科技领域人员少。

第三，湖南省科技特派员工作主要依赖政府部门推动，而来自市场与社会的科技服务机构与人才不足，且农村地区科技型龙头企业稀缺，农业产业化基础薄弱，难以为科技特派员工作开展与成果转化提供必需的配套软硬件服务，往往"事倍功半"，特别在一些贫困农村地区，村里大都以老年人口为主，对于科技特派员所传授的知识难以理解应用，导致人才下去后无用武之地。科技特派员刘某谈道："湖南多数农村地区偏远落后，当地农民传统农业观念根深蒂固，农村科技氛围淡薄，光依靠我们'点对点'的努力，要实现发挥科技在全区域的带动作用谈何容易。"

（四）脱胎换骨，湖南省新一轮农村科技推广工作步入正轨

在基本把握农村科技推广实践面临的主要挑战后，湖南省科学技术厅对症下药，开启有效推进农村科技推广的新一轮工作部署。

与实践问题相对应，相关举措体现为"加大支持力度""优化人才结构""健全工作机制"三方面。在加大支持力度上，重点是通过进一步整合资源，加大经费投入，建设科技特派员公共服务平台，开展交流培训活动，安排工作宣传经费，总结实践经验模式，从而发挥好科技特派员的作用。在优化人才结构上，着重强调提升人才队伍的多样性、全面性、专业性和适应性，突出对科技成果转化中介服务人才、农业科技型企业人才、青年人才、科技创业人才、经营管理人才的支持，确保特定地区、特定领域、特定阶段有特定人才可用。在健全工作机制上，加强有关部门对科技推广队伍的工作监督与考核力度，对于解决实际问题能力强、服务质量好的专家服务队伍，给予表彰奖励，对于表现较差的队伍，实施优胜劣汰的动态人才调整方针。

很快，"脱胎换骨"的农村科技特派员制度在"湖湘大地"动了起来。

（五）卓有成效，湖南省新一轮农村科技推广工作特色有效

2018年，湖南省科学技术厅调研组深入农村，与乡亲们面对面、手拉手、心贴心接触，近距离倾听乡亲们对农村科技特派员工作的真实声音。

油茶被誉为"油中之王"。然而,老油茶林以前平均每亩产茶油仅 3～5 公斤,年产值才 200～300 元,林农的生产积极性很低。要培育出高产优质的油茶新品种也不是一朝一夕的工夫,往往需要十几年甚至几十年。作为省科技特派员,湖南省林业科学院研究员陈某在邵阳县连续服务 11 年。2021 年,他组织选育的油茶新品种比传统品种增产 6 倍以上,最高亩产达到了 75.5 公斤,亩产值超过 5000 元。陈某等人成功的背后,是湖南省构建完善的对科技特派员的支持体系。湖南充分发挥科技项目平台集聚效应,畅通科技人才流动渠道,搭建科技特派员干事创业平台。加快推进创新平台建设,依托科技特派员布局建设 13 个国家级、30 个省级农业科技园区,培育建设星创天地 240 家。大力培育农业高新技术企业和产业,以产业集群发展带动科技特派员服务乡村振兴。

"有了省里专家给我们指导,技术上再也不愁了。"村里来了个养鱼专家,让聂市镇黄盖村的黄某打心眼里高兴。黄某告诉调研组,他所说的专家,就是科技特派员余某。从 2005 年开始,余某每年花费 10 万元自筹资金用于租赁聂市镇黄盖村的部分空闲水面,除此之外他还根据该村的水质与气候条件等基本状况,承包 60 口网箱来养殖鳝鱼,每年仅靠鳝鱼养殖这一产业便可获纯利 5 万～6 万元,对周边农户起到了良好的示范作用,使广大农户也纷纷效仿。除此之外,他还利用自身的专业知识背景对从事鳝鱼养殖的黄盖村村民进行技术培训,以提高其产品质量与养殖效率。在他的示范引导下,当年临湘市依靠网箱所养殖的鳝鱼总量达到了 12 万口,其中仅聂市镇一个镇的鳝鱼养殖数量就占到了全市养鳝总量的二分之一,达到了 6 万口之多。临湘市的养鳝产业逐渐规模化发展,产业总产值也迅速增加,达到了 1.2 亿元,可以为养殖户每年带来 6000 多万元的纯利润,大大增加了当地农民的收入。

调研组还了解到,在干了大半辈子农村科技推广工作的邓主任的带领下,2015～2018 年近 1.5 万余名农民接受了技能培训,超过 1000 位贫困户从"一亩田脱贫"[①]模式中收益,约 30 个协会(合作社)和家庭农场得到了指导扶持,他还组建了当地首个校农合作教学实验基地,并推广实施至全县中小学。

可见,湖南省农村科技特派员模式的种子在"湖湘大地"生根发芽,有的已经成长为"参天大树",有的已经"开花结果","胜利果实"造福了千家万户。

三、案例启示

湖南省人民将"南平模式"从福建省"请"了过来,在原本的基础上

---

① 1 亩≈666.7 平方米。

展开了探索与学习，从实践中融入了自己的智慧，实现了"脱胎换骨"，形成了高度契合湖南省发展实际的湖南省农村科技特派员模式，为推进农业科技公共服务工作的开展落实，提高农业生产效率、加快产业升级与推动农村经济发展发挥了重要作用。正因如此，这种特色鲜明的农村科技特派员模式，不仅成为其他地区开展科技推广工作学习模仿的新标杆，同时其蕴含的精神与智慧更是值得推崇借鉴。接下来，湖南省科学技术厅将继续在省委、省政府的正确领导下，在科学技术部的指导支持下，深入推行湖南省科技特派员制度，聚焦乡村振兴，进一步加强支持力度，优化人才结构，健全工作机制，努力探索新时代科技特派员湖南模式，使之成为乡村振兴新引擎、创新发展新动能。

我国是传统农业大国，科技是立国之本，强国之基，农村科技公共服务供给是解决"三农"问题的重要保障。本章聚焦湖南省农村科技特派员模式案例，充分认识我国农村科技公共服务供给存在的"地方政府重视不足""科技服务人才单一""科技服务基础薄弱"三方面问题，而"加大支持力度""优化人才结构""健全工作机制"是强化农村科技公共服务供给的有力举措，由此明晰"农业科研人员""农业科研经费""农业科技产出"是反映农村科技公共服务供给的重要指标。因此，本章在构建我国农村科技公共供给标准体系时，从案例中凝练智慧，选取能够切实反映我国农村科技公共服务供给水平的相关指标，从而为我国农村公共教育供给的精准有效测度提供现实依据。

第三节 我国农村科技公共服务供给标准体系的构建

一、我国农村科技公共服务供给标准体系的文献述评

（一）农业科技公共服务供给创新政策

对于科技创新政策的基本含义，不同的学者有不同的理解与观点，但大家基本上都认可的一种说法是，科技创新政策是国家出台的鼓励科研人员参与科技研发，运用创新思维研制新型科技产品并在实践中不断观察与创造以寻找新的技术突破点，影响科技创新成效的诸多政策集合。国外学者拉斯韦尔（Lasswell）作为政策科学创始人，在研究公共创新政策的时候指出科技创新政策应该将政策目标集中在促进科技政策与产业生产的有效融合上，加快推进科学技术向实际生产力转变，使其能转化为实体成果，从而更好地为经济发展服务。国内专家罗伟等在《技术创新与政府政策》中则认为技术创新成效与政府出台的科技政策密切相关，与实际状况条件相协调的科技政策能有效促进科技进步与经济发

展。此外他们还认为针对科技创新领域出台的有关政策是科技政策中的一项重要内容，而创新政策也与经济及产业发展政策息息相关，主张将科技发展的重点聚焦于推动技术创新层面。[1]农业科技创新政策是涉及农业生产领域、为推动农业产业与科学技术相结合、充分发挥农业科技的实际运用、提高农业生产效率而设立的鼓励政策，相关政策内容涵盖科技研发人员、国家财政投入、农业科研机构、农业生产建设用地、农业技术市场等多个方面。[2]现阶段针对农业科技创新政策的学术研究，可以从定性研究与定量研究两个不同角度进行探讨。

从定性研究层面来看，国内外学者运用内容分析法，对农业科技政策的演变历程与变化趋势进行时间分类并深入分析。通过探究国外农业科技政策的演变历程，谢冰发现美国的农业科技政策与其各个农业发展阶段特征相适应并不断调整，不断强化农业政策中对农业生产科技的重视程度。他将现代美国的农业发展过程按各自特征分为三个阶段，分别是保证生存阶段、专业化阶段和现代化阶段。保证生存阶段即农业生产能够满足日常基本生活需要、维持生存即可，对农业生产的技术水平与专业化程度要求不高。专业化阶段是伴随着美国工业化进程的推进发展而来的，农产品商品化程度不断提高，农业生产规模逐步扩大，对农业生产专业化、技术化的要求逐渐提高，农业发展的专业化程度逐渐增强。而现代化阶段则是利用更为机械化、规模化、技术水平更高的生产模式进行农业生产。除此之外，他还发现农业科技政策的改革调整对推动农业经济结构调整也发挥着重要作用。[3]针对我国国内的农业科技扶持政策的演变历程，董江爱和张嘉凌也对其进行了分类整理，并结合这些农业科技政策的实际运用效果，在归纳总结的基础上给予政策评价。[4]对于我国现行农业科技政策中存在的与实际农业生产状况不相适应的内容，也有学者对其展开研究，探寻现阶段农业技术政策中存在的问题与面临的挑战，并积极借鉴国内外成功经验以寻求行之有效的解决方案，指导政策制定部门对政策进行适时调整。[5]

从定量研究层面来看，国内学者以借助相应的农业经济指标对政策实

---

① 罗伟、连燕华、方新：《技术创新与政府政策》，人民出版社 1996 年版，第 120—131 页。

② 曹博、赵芝俊：《基于产业结构升级的现代农业科技创新体系研究》，《农村经济》2017 年第 1 期，第 99—104 页。

③ 谢冰：《美国农业科技政策变迁及对中国的启示》，《科学管理研究》2020 年第 3 期，第 146—151 页.

④ 董江爱，张嘉凌：《政策变迁、科技驱动与农业现代化进程》，《科学技术哲学研究》2016 年第 5 期，第 104—109 页。

⑤ 李容容、罗小锋、余威震：《中国农业科技政策的历史演进及区域政策重点差异分析》，《情报杂志》2018 年第 4 期，第 55—61 页。

施效果进行评价分析为主，但针对农业科技创新政策本身开展评估研究的情形较少。毛世平等构建了包含农业科技基础和科技投入、科技产出和科技转化、科技促进经济社会发展等三个层面的评估指标体系，更加准确客观地反映农业科技创新政策支撑效果，并利用层次分析法，通过对影响科技创新能力的不同层次主要因素进行权重排序的方式对其政策效果进行评价。[1]而张永安等则以区域科技创新政策为研究对象，运用 PMC（policy consistency modeling，政策一致性模型）指数模型并结合文本挖掘方法，对区域科技创新政策进行量化评价，从而为新一轮农业科技创新政策的实施、调整和修正及延续提供决策支持。[2]毛世平等对自 1978 年改革开放以来至 2015 年我国颁布的农业科技创新相关政策依据政策层级、政策目标以及政策措施三个维度进行判别归类并对其进行量化，进而从政策强度、目标力度和措施力度三个不同角度出发，对我国农业科学技术政策的演变趋势与发展特征进行定量探究与分析。与此同时，他们在得出政策量化结果的基础上对计量经济模型进行设定构建，利用实证分析的方式探究不同政策维度对我国农业科研机构科技创新产出绩效的影响及其政策实施效果。[3]经研究分析得出的结论可以从两方面来探讨，一方面是从我国农业科技创新政策的发展演变趋势和基本特征的角度来看，政策数量、强度、目标力度以及措施力度均呈现出不同程度的波动增加趋势；其基本特征则表现为政策措施以推动农业科技管理层面体制改革为主，并致力于将理论性政策投入生产实践使其转化为实质性科研成果。另一方面是从政策实施效果的角度看，农业科技创新政策强度的增加促使农业科研机构所获得的技术性收入及农业科研专利申请数量显著提高，而基础研究目标力度和管理体制改革措施力度的加大所产生的影响却并不显著甚至还会产生负向影响，并未达到预估的政策效果。此项研究所选取的描述农业科研机构行为的指标可以分为创新投入指标与创新产出指标，其中创新投入指标主要包含研发经费与人员，农业科技创新政策累计强度、措施累计力度和目标累计力度，创新产出指标则主要包含经济产出和知识产出。其中的研发经费与人员、经济产出和知识产出等指标均来自由农业部编制的数据资料《全国农业科技统计资料汇编》（1998～2015 年）（表 4-1）。

---

① 毛世平、杨艳丽、林青宁：《改革开放以来我国农业科技创新政策的演变及效果评价——来自我国农业科研机构的经验证据》，《农业经济问题》2019 第 1 期，第 73—85 页。

② 张永安、耿喆、王燕妮：《区域科技创新政策分类与政策工具挖掘——基于中关村数据的研究》，《科技进步与对策》2015 年第 17 期，第 116—122 页。

③ 毛世平、杨艳丽、林青宁：《改革开放以来我国农业科技创新政策的演变及效果评价——来自我国农业科研机构的经验证据》，《农业经济问题》2019 第 1 期，第 73—85 页。

表 4-1　农业科研机构创新投入、创新产出测量指标情况

一级指标	二级指标
经济产出	技术性收入（单位：千元）
	发表科技论文（单位：篇）
知识产出	专利申请量（单位：件）
	R&D 课题人员（单位：人）
研发经费与人员	R&D 课题经费投入（单位：千元）
农业科技创新政策累计强度	政策累积强度
农业科技创新目标累积力度	基础研究目标累积力度
	知识产权保护目标累积力度
	科技成果转化目标累积力度
农业科技创新措施累积力度	管理体制改革措施累积力度
	人才激励措施累积力度
	科技经费管理措施累积力度

（二）农业科技公共服务供需对接有效性

市场经济背景要求建设农业科技公共服务体系时以市场需求为主导，以保证农业科技公共服务供给的有效性。从市场供给与推广等方面来看，我国现阶段的农业科技公共服务中缺乏有效供给、供给结构不平衡等矛盾仍然广泛存在。[1]针对农业科技公共服务所面临的这些供需问题，黄祖辉和朋文欢认为应当选择更有利于解决农业科技公共服务供给不足问题的"自下而上"形式的农民专业合作社供给模式，相比较之下"自上而下"形式的政府供给模式的解决效果则稍显逊色[2]；张静与朱玉春提出要根据农户的特征及需求，不断改革乡镇农业技术推广机构的部门设置、职能设计以及服务开展方式等多方面内容，使其符合农户需求并能够更有效地为农户提供服务[3]；刘新智与李奕提出从优化农业技术供给内容和技术推广方式着手，根据当地农业产业特点及农户对农业技术的实际需求，构建以政府为主导的多元主体共同推广模式，为农户提供较为完善的农业科技公共服务。[4]

① 张华泉：《我国 71 年农村科技扶贫变迁历程及演化进路研究》，《科技进步与对策》2020 第 15 期，第 18—27 页。

② 黄祖辉、朋文欢：《农民合作社的生产技术效率评析及其相关讨论——来自安徽砀山县 5 镇（乡）果农的证据》，《农业技术经济》2016 年第 8 期，第 4—14 页。

③ 张静、朱玉春：《社会资本和产业融合视角下科技特派员精准扶贫机制创新——以秦巴山区陇南片区为例》，《农村经济》2020 年第 6 期，第 83—90 页。

④ 刘新智、李奕：《政府购买农业技术推广服务存在的问题及对策》，《经济纵横》2016 年第 5 期，第 79—83 页。

以上观点均认同对于推动农村农业发展与农业科技进步而言建立有效的供需对接机制的重要性，也提出了以用户为核心根据用户需求提高农业科技公共服务水平、扩大农业科技公共服务供给、增强农业科技公共服务供需对接有效性、促进供需均衡发展的方法措施，但研究重点主要集中在较为宽泛的宏观层面，如推动供给模式改革创新、加强机构体制建设等，而微观层面的分析比较匮乏，难以保证农业科技在实际运用过程中充分发挥其应有的作用效果。

事实上，对农业科技公共服务的需求及供给认知水平、农业科技产品服务运用的成本价格以及供给与需求是否对口等因素都会直接影响到农业科技公共服务的供需对接有效性。供需对接有效性一方面表现在用户需求得到充分且优质的满足，另一方面表现在供给能够高效且广泛地应用于用户的生产实践之中，使供需双方均能满意。在这些理论基础支持下，对供给的投入与产出效率及需求的满足程度进行比较探究，并从微观层面着手对认为可能会对农业科技公共服务供需有效对接产生影响的因素和指标进行归纳分析，利用重要度识别和敏感性分析等方式将指标按照重要程度重组排序，并根据指标分析结果制定相关对策措施以增强农业科技公共服务供需对接有效性，这样所得出的农业科技公共服务供需双方有效对接方法便将用户需求作为目标导向，将提升供需对接有效性作为重要目标，同时兼顾供需双方的利益诉求，更符合实际状况要求，有利于建立有效的供需双方对接机制，推动农业科技公共服务体系的构建与完善。

以用户需求为主导是在社会市场经济背景下实现农业科技公共服务供需双方有效对接的一项基本前提。农业科技公共服务从产品服务研发到实际供给应用都必须以需求为基准，将满足用户需求作为根本服务目标，并在这一过程中充分满足用户需求以实现自身价值。这就对农业科技产品服务的供给方提出了任务要求，要求其必须及时准确地掌握新时期农民对于农业科技公共服务需求的前沿动态，并依据需求类型、规模等基本特征，结合实际情况研发与之相适应的服务产品，同时加强对该服务产品信息的宣传推广工作，让广大目标用户能够实时准确地了解相关服务产品的信息并根据自身实际需求进行判别选择。由此我们可以得知，需求特征、供给特征和信息认知等微观因素均会对供需对接有效性造成影响。

需求是农业科技公共服务供需实现有效对接的根本前提和目标导向，有效的农业科技公共服务必须达到的任务要求由需求特征决定，农业科技公共服务产品越适应需求特征，则供给与需求的对接就会越有效。一般情况下选取用户文化程度、农业机械化水平和农民人均纯收入等指标对用户自身条件及农业生产方式等用户需求特征进行衡量评估。

而作为农业科技公共服务供需有效对接的另一项决定性因素，供给特征受农业科技公共服务产品供给种类、数量及价格与用户需求满足程度影响，一般选取农业科技专家团队规模、产品服务覆盖率以及农业科技产品服务价格作为主要衡量指标。

信息认知则是为需求和供给双方提供联系的桥梁，倘若信息掌握不够全面准确则会影响供需双方的选择，从而导致农业科技公共服务供需难以实现有效对接。信息认知既包括需求用户对供给信息的认知，又包括产品服务供给方对用户需求信息的认知，一般选取需求信息认知和供给信息认知即供需双方对信息的全面及准确掌握程度作为衡量指标。

基于以上内容，可以选取用户文化程度、农业机械化水平、农民人均纯收入等分属三种不同类型影响因素的八项指标，来衡量农业科技公共服务供需对接有效性，具体内容见表4-2。

表 4-2　影响因素及指标

影响因素	指标
需求特征	用户文化程度
	农业机械化水平
	农民人均纯收入
供给特征	农业科技专家团队规模
	产品服务覆盖率
	农业科技产品服务价格
信息认知	需求信息认知
	供给信息认知

在选取相关指标对供需对接有效性进行衡量之后，运用主成分分析和灰色关联分析相结合的综合赋权法对指标重要度予以识别，根据指标重要程度进行排序，进而根据各指标的重要度制定与之协调适应的政策措施，促使农业科技公共服务的供需对接更加有效，从而提高农业科技资源利用率。研究表明：考虑供给方利益的同时不能忽视需求方利益，推动农业科技公共服务产出效率不断提高，更有利于实现供需双方的有效对接；通过对指标重要度进行识别分析，选取对供需对接有效性具有显著影响的指标，并据此指导农业科技政策的制定，有利于政策目标的实现。

（三）农村财政金融、农业科技创新与农村经济发展

农村经济的发展状况与我国经济的平稳健康运行息息相关，农村经济高效发展有利于缩小城乡差距，实现城乡区域平衡发展，对实现现代社会的和谐稳定具有重要意义。而发展农村农业科技，借助农业先进科技推动

农业生产水平提高是现阶段我国农业经济发展的重要目标。随着我国农业科技体系的逐步建立与完善,对农业科技发展的重视程度逐渐加强,政府也不断增强对农业科技的财政资金投入力度,积极推动农业科技研发创新,鼓励各个农业生产主体充分发挥农业技术的指导作用,加强农村经济建设,有效促进我国农业经济健康发展,实现农村农业产业发展繁荣,提高农民实际收入与生活水平、增强农民满意度,并不断缩小社会贫富差距以维护社会稳定。

对农村财政金融现状、农业科技创新情况以及农村经济发展状况进行比较分析,探究三者之间的关联并充分利用相互之间的积极作用,有利于为农村经济发展提供动力。针对农业经济发展过程中遇到的各种问题,应当积极改进农村财政支撑与农业科技创新中的薄弱环节使其能与农村农业发展现状相适应,并对不适应农村经济发展的内容予以适时调整。对现有文献进行比较分析可以发现,目前我国关于农村财政金融、农业科技创新与农村经济发展的研究大致可以分为以下三种类型。

一是探究农村财政金融与农业科技创新之间存在的联系。在研究二者关系时,一项重要环节就是对农业科技创新能力与效率进行测算。一部分学者利用 DEA(data envelopment analysis,数据包络分析)、SFA(stochastic frontier approach,随机前沿方法)以及 C-D 生产函数等方法来测算农业科技创新效率[1][2];而另一部分学者则采用因子分析法、聚类分析或者熵值法等研究方法,针对农业科技创新的能力水平进行衡量评价。取得测算结果之后对不同条件下的测算结果进行比较,进而以此为参考,探究农村财政金融与农业科技创新存在的实际联系。根据分析结果,一些学者研究发现财政金融机构为农业科技研发创造提供资金支持以推动农业科研活动的有效开展,而拥有稳定的资金来源和坚实的资金保障是农业科研机构进行科技创新的基础和前提。农村财政金融的发展与农业技术创新密切联系,农村金融体系的发展、金融产品的革新进步、金融服务质量的提升都有助于农业领域科技创新效率的显著提高。[3]除此之外,研究我国农村财政金融现状可以发现,目前我国农村金融财政对农业技术研发的支持力

① Kalirajan K P,Obwona M B,Zhao S,"A Decomposition of Total Factor Productivity Growth: the Case of Chinese Agricultural Growth Before and After Reforms",*American Journal of Agricultural Economics*,Vol.78,No.2,1996,pp.331-338.

② Aigner D,Lovell C A K,Schmidt P,"Formulation and Estimation of Stochastic Frontier Production Function Models",*Journal of Econometrics*,Vol.6,No.1,1977,pp.21-37.

③ 蒋伯亨、温涛:《农业供应链金融(ASCF)研究进展》,《农业经济问题》2021 年第 2 期,第 84—97 页。

度不够，且还未与农业科技创新之间形成良好的互动机制。[①]

二是研究农业科技创新与农村经济发展之间存在的联系。农业经济的发展离不开农业科技的研发创新，农业科技的发展创新又能够推动农业经济发展水平提高，二者相互影响、相互作用。鼓励农业科技创新有利于促进农村农业生产技术的研发进步，并将农业科学技术与农产品推广运用于农业生产当中，推动生产产量增加、生产效率稳步提高。同时，对农产品品种进行改良创新，推进农产品质量的提升，使其更具有市场竞争力、吸引更多人群进行消费，从而提高农户收入水平，促进农业生产产业发展繁荣，推进农村地区经济建设，促使农村经济迅速发展、农业经济水平提高。[②③]但李大胜和李琴则表明了担忧，他们提出利用农业科技创新发展农业可能会导致不同农户之间的收入水平出现显著差异，运用了先进技术进行生产的农民收入显著提升，而未使用农业科技的农民收入相较而言更低，拉大了农户之间的收入差距，不利于农村社会的稳定与农村经济的平稳发展。[④]而关于农村经济发展对农业科技创新的作用，部分学者则表示农村经济发展也能够有效推动农业科技创新。经济发展为农村带来更多收益，农民收入水平提高的同时可支配收入增加，用于农业科技创新的资金投入也增加，为农业科技研发提供了更多的资金支持，有利于农业技术的发展创新。

三是研究农村财政金融与农村经济发展之间存在的联系。国外对此有积极促进和配置无效率两种主要观点，而我国的研究文献则主要侧重于针对农村金融业的发展对农村经济建设所产生的影响进行研究。大多数学者通过研究发现，农村财政金融发展有利于推动农业收入水平提高，提高农民的生活质量，促进农村经济发展。[⑤]农村财政金融与经济发展之间存在较为均衡稳定的关系，但现阶段我国的农村财政金融发展与经济发展却并不协调。[⑥]我国农村经济得以较快发展的一项重要原因是财政支农政策的推行实施，即国家财政对农村、农民以及农业发展提供资金支持，以保障农村

---

① 陈径天、温思美、陈倩儿：《农村金融发展对农业技术进步的作用——兼论农业产出增长型和成本节约型技术进步》，《农村经济》2018 年第 11 期，第 88—93 页。

② 张宽、邓鑫、沈倩岭等：《农业技术进步、农村劳动力转移与农民收入——基于农业劳动生产率的分组 PVAR 模型分析》，《农业技术经济》2017 年第 6 期，第 28—41 页。

③ 杨义武，林万龙：《农业技术进步的增收效应——基于中国省级面板数据的检验》，《经济科学》2016 年第 5 期，第 45—57 页。

④ 李大胜、李琴：《农业技术进步对农户收入差距的影响机理及实证研究》，《农业技术经济》2007 年第 3 期，第 23—27 页。

⑤ 斯琴塔娜：《从西部七省区看农村金融对经济发展的影响》，《国家行政学院学报》2018 年第 4 期，第 115—120，151 页。

⑥ 王劲屹：《农村金融发展、资本存量提升与农村经济增长》，《数量经济技术经济研究》2018 年第 2 期，第 64—81 页。

经济体系平稳运行，农村经济健康发展。[1]但有学者表示，财政支农政策与农村经济发展之间存在着门槛效应，农村经济发展过程中不能完全依赖于政府的财政支持。[2]对现阶段我国农村财政金融发展状况进行分析可知，目前我国的金融发展水平不高，并且农村经济之间的资金配置效率也不高，农村财政金融在农业经济建设中的作用并未得到充分发挥，对农村经济活动的支持力度仍有待提升，[3]因此对农村财政金融的改革是一项系统性工程，需要依赖多方主体共同参与。[4]

为了进一步研究三者的关系，孙志红和周婷选取 2000～2014 年我国农村财政金融、农业科技创新以及农村经济发展三方面的有关数据作为样本，借助构建耦合协调度模型的方式，研究农村财政金融与农业科技创新之间、农村财政金融与农村经济发展之间以及农业科技创新与农村经济发展之间的相互关系，具体指标见表 4-3，并对三者总体间的耦合协调度变化进行实证探究。[5]实证分析得出的结果显示，农村财政金融的各个子系统与财政及农业科技创新的耦合协调度并不强，需要对农村财政金融体系进行调整与完善使其适应农业科技创新的发展，并加强财政支农力度，提供更多财政资金用于农业科技的研发与创新领域；农村财政金融、农业科技创新与农村经济发展三者之间则始终存在着耦合关系且耦合协调度不断提升，但仍有较大上升空间，需要更加充分地发挥农村财政金融对农业科技创新的支持促进作用，不断提高农村经济发展水平以缩小城乡贫富差距，实现三者的有机统一。

表 4-3　农村财政金融、农业科技创新与农村经济发展的指标体系

一级指标	二级指标	三级指标
农村财政金融	银行	农村存款余额
		农村贷款余额
		中国农业发展银行贷款余额
		中国农业发展银行不良贷款率
		中国农业发展银行净利润

---

① 徐学军、陈雪君：《农村经济增长的财政支持与金融引导的 PSTR 模型实证检验》，《统计与决策》2015 年第 17 期，第 128—131 页。

② 刘宏霞、汪慧玲、谢宗棠：《农村金融发展、财政支农与西部地区减贫效应分析——基于面板门槛模型的研究》，《统计与信息论坛》2018 年第 3 期，第 51—57 页。

③ 谢金楼、吴晓俊：《公共财政支出、政治性放贷与农村金融体系效率——基于协调博弈模型的分析》，《现代经济探讨》2015 年第 7 期，第 63—66，71 页。

④ 李宏伟：《农村金融改革突破口》，《中国金融》2018 年第 1 期，第 94—95 页。

⑤ 孙志红、周婷：《农村财政金融、农业科技创新与农村经济发展》，《武汉金融》2019 年第 4 期，第 66—71 页。

续表

一级指标	二级指标	三级指标
农村财政金融	保险	农业保险保费收入
		农业保险赔款及给付
		农业保险密度
		农业保险深度
	财政	财政用于农业的支出
农业科技创新	科技投入	农业 R&D 机构数
		从事农业科技活动人员
		农业 R&D 人员全时当量
		农业 R&D 经费内部支出
	科技产出	农林牧渔业专利申请授权数
		国外主要检索工具收录我国农学科技论文总数
		农林牧渔业总产值
		农业科技著作
	科技支撑	高等农业院校数量
		农业综合开发资金投入
农村经济发展	经济实力	农业生产总值
		农村居民人均纯收入
	生产能力	农业劳动生产率
		农林牧渔业总产值
		农业机械总动力
		农田有效灌溉面积占耕地面积
	生活水平	农民人均生活消费支出
		农村居民人均住房面积
		农村居民家庭恩格尔系数
		农村每千人口医疗卫生机构床位数

（四）农业科技公共服务农民支付意愿

近年来我国积极推进建设社会主义新农村工作的开展与落实，致力于促进农村产业经济蓬勃发展，刺激农业生产人员的工作积极性，推动产业生产力不断提升、农产品品质不断增强。这也意味着农业科技在生产建设中的地位作用日益重要，大力发展农业科技并积极推广使其能有效运用于农村农业生产也成为目前我国农村农业发展建设的重要方向。然而现阶段我国农业科技的实际运用成效并不理想，仍面临着技术推广力度不足、农民接受程度不高等诸多问题。针对农业科技发展困境，一些国内研究专家在研究分析我国农业科技公共服务供给现状的基础上，对导致这些现状的主要原因进行归纳总结，并提出了自己的观点建议，为我国农业科技公共服务的发展提供了理论指导。

李兆亮等对我国农业科技研究的主要资金来源及现状进行归纳研究，发现相比世界主要发达国家，我国农业科技投入总量已位居世界前列，但农业科技投入主体相对单一，政府作为资金投入的重要主体，投资水平保持在 85% 以上，而企业等其他主体投入资金不足 15%。①从自身发展的角度来看，我国农业科技体制改革与经济体制改革不同步，不能很好地适应现代社会经济发展。从国际对比的角度，与国际其他国家的农业科技投资状况和农业科研技术人员数量进行比较发现，我国政府对农业科研及农业技术推广的投资强度均远低于世界最低收入国家水平，与其他国家的农业科技投资力度存在较大差距，但我国从事农业科技研究的科研人员数量却远多于其他国家。

陈江涛与吕建秋则认为导致我国农业科技体系发展不健全、农业科技推广及供给存在缺口的主要原因包括三方面内容。一是农业科技宣传推广不到位致使农户对农业科技公共服务的认知不足且重视程度不高，造成其对先进农业技术的需求及支付意愿不高。二是农业科技研发与农业技术成果推广缺乏足够的资金支持，现阶段我国政府对农业技术推广的投资总量少、投资结构不合理，财政资金投入力度不足。除此之外，县乡政府机构体制改革及农村税费改革也对我国农业科技推广体系造成了一定影响，致使县乡政府的可支配收入减少，对农村科技产业的财政支持力度也有所降低。三是由于我国乡镇政府财政收入水平不高，大量农业科技人才及农业科技推广人员收入较低，再加上市场经济迅速发展，第二、三产业逐渐崛起吸引了大量农业技术人才的转型，农业科研推广队伍人员不稳定，不利于农业科技公共服务的推广。从我国农村地区自身发展特征的角度来看，可以发现大多数农村农业生产地区仍采用的是传统的分散经营农业生产方式，受传统文化影响遵从"自给自足"的小农经济生产理念，农业专业化、技术化程度不高，农民对农业科技成果的需求意愿也不高；针对农业生产人员的农业科技教育发展落后，难以与农业科技公共服务推广体系相适应，因此农民对农业科学技术的认知及接受能力不高，对农业科技公共服务的支付意愿不强。②

———————

① 李兆亮、罗小锋、张俊飚等：《农业科研要素投入的时空差异及其影响因素》，《中国科技论坛》2016 年第 2 期，第 120—125 页。

② 陈江涛、吕建秋：《基于知识图谱的我国农技推广的研究现状及热点分析》，《科技管理研究》2018 年第 4 期，第 175—180 页。

通过对国内学术界关于现阶段我国农业科技公共服务发展问题与现状的关注方向进行对比分析可以得知，大部分学者将关注重点集中在农村农业科技公共服务的供给即产品技术研发与推广成效上，更侧重于研究农业科技推广普及过程中农业科研机构所发挥的作用，但是对农业科技需求方即农村从事农业生产的劳动者自身的基本特征及对农业技术的关注、了解与需求程度却不够重视，农业科技需求层面相关的研究也不多。许佳贤等基于福建省 2 县 11 个乡镇 240 份样本农户的调查数据，采用结构方程模型实证分析了农户农业科技公共服务需求的影响机理，发现影响农业科技公共服务需求受农户农业技术获取成本与技术更新成本等因素的影响。[1]张小有等以农户个人风险偏好为切入口分析了农业低碳技术的采用行为，发现农户文化水平、是否为村干部、农户类型、政策了解度、指导培训度等与风险偏好显著相关的禀赋因素是影响农业低碳技术采用的重要原因。[2]李瑾等[3]基于需求视角，以北京近郊农业区县的农业企业及合作社作为调研对象，采取问卷调查与实地访谈相结合的方式进行调研，调查结果显示农户对农业生产机械化设备的需求最为迫切，除此之外高效栽培技术、采后处理及加工技术、信息设备与智能设备等科技公共服务需求也较为强烈。

（五）农业科研院所科技推广效果及影响因素

农业科技推广将农户与科技关联起来，对促进科研成果转化发挥着重要作用，但在农技推广过程中，面临着农业技术机构体制不完善、农技推广人员科学文化素质不高、财政投入不足、科研资金匮乏且设备落后等诸多问题。[4]为焕发科研机构活力、激发研发动力，促进农业科技资源合理分发配置，推动科研成果向实际生产力有效转化，需要构建合理有效的农业科技推广效果评价体系。在国家创新体系战略实施背景下，我国农业科技公共服务推广体系迅速发展，但与农业科技推广效果评价相关的研究却相对滞后。

陈香玉等[5]在北京市农林科学院创立的"双百对接"农业科技公共服

① 许佳贤、郑逸芳、林沙：《农户农业新技术采纳行为的影响机理分析——基于公众情境理论》，《干旱区资源与环境》2018 年第 2 期，第 52—58 页。

② 张小有、刘红、赖观秀：《基于农户风险偏好的农业低碳技术采用行为研究——以江西为例》，《科技管理研究》2018 年第 5 期，第 253—259 页。

③ 李瑾、冯献、韩瑞娟等：《设施农业发展的科技需求及对策研究——基于北京地区的调研》，《江苏农业科学》2017 年第 11 期，第 301—306 页。

④ 黄安胜、朱春奎、张一博：《中国省域科技特派员制度实施绩效评估》，《科技进步与对策》2020 年第 19 期，第 32—40 页。

⑤ 陈香玉、陈俊红、黄杰等：《农业科研院所科技推广效果及影响因素探析——以北京市农林科学院"双百对接"项目为例》，《科技管理研究》2018 年第 24 期，第 103—108 页。

务新模式的基础上，探索构建农业科技推广效果评价的指标体系（表4-4）及其评价方法。通过对农业科技推广效果相关指标进行比较，可以得出以下几种观点：①农业科技推广类型对推广效果的影响最为显著，不同推广类型的推广效果也不同。其中直接为农民提供农业技术或品种比间接提供更为有效，遇到农业生产难题时可以直接与科研专家进行交流沟通并及时解决，简化双方沟通流程，实现农户与农技提供方的及时有效对接，使农户能够高效便捷地获取农业科技有效信息，提高解决农业生产问题的效率。而与直接提供技术品种相比，开展宣传教育培训的农业科技推广效果则稍显逊色，尽管同样有利于提高农民技术水平，但部分理论知识不能完全适用于实际的农业生产运用。②农业科技推广基地对农业技术需求的迫切程度与农业科技推广效果呈正相关，基地对技术的需求程度越高、需求越迫切，则其对农业技术的重视程度越高，农业科技推广的效果也就越好，反之则推广效果越差。农业科技推广基地对农业技术越渴求，对科技研发基础设施条件越重视，在技术创新与引进应用、技术人员配备、科技成果等方面的投入上就会越大，更有利于开展科技推广工作，增强科技推广效果。③科技推广的效果还与科研专家自身职称具有较大关联。职称高的专家由于承担着大量的项目课题，工作任务较为繁忙，没有足够的时间与精力向农民推广科学技术，其进行科技推广的效果并不理想；而职称较低的专家由于时间精力充沛，可以全身心投入推广工作之中，农业科技推广的效果反而更好。④农业科技推广专家的性别也会影响推广成效。相较于女性专家，男性专家的科技推广效果要更好一些，一方面由于科研专家大多属于中青年，处于关注婚姻家庭、重视子女培养教育、发展上升事业的重要节点，而女性专家作为处理家庭日常事务的主力军，工作之余需要耗费大量时间用于照顾家庭生活与子女教育，因而个人精力有限、难以平衡工作与生活；另一方面由于科技推广工作地点大多位于郊区或者农村地区，而女性具有天生性别劣势导致女性专家无法经常下乡进行技术推广，因此其科技推广效果与男性专家相比要差一些。⑤农业科技需求方的受教育程度也会正向影响农业科技推广的效果。接受农业科技公共服务的农户受教育程度越高，对农业科技的需求程度更高，对所学农业技术的接受与运用能力越强，科技推广的效果也更好。⑥农业科技推广专家的年龄对农业科技推广效果也有正向影响。年纪较长的专家经验与阅历比年轻专家更加丰富，农业问题解决经验更为充足，能够更好地指导农户将农业科技投入实际运用之中，从而增强农业的推广效果。⑦通过比较可以发现对接产业基地的主体类型与农业作物种类对"双百对接"工作农业科技推广服务效果产生的影响较弱，这也意味着不同基地主题类型、不同产业的科技推广服务效果相差不大。

表 4-4 "双百对接"农业科技推广效果评价指标

一级指标	二级指标	三级指标
农业科技推广效果	基地选择的合理性	生产经营水平
		产业发展潜力
		技术创新与引进应用的投入水平
		技术人员配备情况
		科技成果应用的基础条件
	对接内容的实用性	推广科技成果的先进性
		推广科技成果的适用性
		满足基地技术需求程度
		科技成果实际应用程度
	对接方式的有效性	双方信息沟通的时效性
		专家技术服务的及时性
		基地掌握技术或应用新品种、新产品的难易程度
		基地生产技术问题的解决程度
	对接效果的显著性	对基地生产节本增收的作用程度
		对基地技术水平的提升程度
		对基地生态环境的改善程度
		对农户辐射带动程度
		基地的满意度
	继续支持的可行性	基地对技术需求的迫切程度
		专家提供技术服务的能力水平

二、我国农村科技公共服务供给标准体系的构建方法

评价指标体系由能够体现评价对象各方面特征及其相互联系的多个不同指标所构成，是具有内在结构的有机整体。[①]本章在参考现有文献、分析农村科技公共服务典型案例并全面考量农村科技公共服务供给状况与特点的基础上，按照系统性、典型性、动态性、简明性、可量化性与综合性原则，对评价指标进行筛选并参考《中国科技统计年鉴》中的统计指标构建，选取了包括农业研究与开发机构 R&D 人员在内的符合标准规范要求的评价指标对我国农村科技公共服务供给标准体系进行评价，并依据现有文献对各项指标的具体内涵进行阐释。

---

① 朱振中、石志敏：《新产品开发中评价指标体系的建立与模糊综合评价》，《山东工程学院学报》2001 年第 3 期，第 70—74 页。

三、我国农村科技公共服务供给标准体系的指标内涵

我国农村科技公共服务供给统计指标见表 4-5。

表 4-5　我国农村科技公共服务供给统计指标

一级指标	二级指标	三级指标	单位	指标说明
农村科技公共服务供给	农业 R&D 人员	农业科学 R&D 机构数	个	农业研究与开发机构数量
		农业科学 R&D 人员	人	农业研究与开发机构内部直接参加基础研究、应用研究和试验发展三类活动的人员以及研究活动的管理人员和直接服务人员
		农业 R&D 全时人员	人	在报告年度实际从事 R&D 活动的时间占制度规定的工作时间 90%及以上的人员
		农业 R&D 人员全时当量	人年	R&D 全时人员的工作量与非全时人员按照其实际工作时间所折算的工作量总和
	农业 R&D 经费	农业科学 R&D 经费内部支出	万元	调查单位在报告年度用于单位内部开展 R&D 活动所产生的实际支出费用。主要包括用于 R&D 项目（课题）活动的直接支出、管理费、服务费、与 R&D 有关的基本建设支出以及外协加工费等用于 R&D 活动的间接支出
		农业科学 R&D 经费外部支出	万元	报告年度调查单位委托外单位或与外单位合作进行 R&D 活动而拨给对方的经费
	农业科技产出	科技论文	篇	在学术刊物上以书面形式发表的最初的科学研究成果
		科技著作	本	论述科学技术方面问题的理论性论文集或专著和大专院校教科书及科普著作，由正式出版部门编印出版，但并不包括翻译国外文献的著作。由多人联合写作出版的科技著作需要由第一作者所在单位进行统计
		有效发明专利	个	调查单位作为专利权人在报告年度拥有的、国内外只是产权行政部门授权且在有效期内的发明专利件数
		形成国家或行业标准	个	报告年度调查单位在自主研发或自主知识产权基础上形成的国家或行业标准。必须经有关部门批准才能形成国家或行业标准

资料来源：《中国科技统计年鉴》

　　根据《中国科技统计年鉴》中的农村科技公共服务相关数据，可以将我国主要农村科技公共服务供给统计指标分为农业 R&D 人员、农业 R&D 经费、农业科技产出三个层面，从人员、经费与产出三个不同维度对农业科技公共服务供给标准体系主要内容进行统计分析。其中"农业 R&D 人员"这一指标内包含农业科学 R&D 机构数、农业科学 R&D 人员、农业 R&D 全时人员以及农业 R&D 人员全时当量等四个子指标，"农业 R&D 经费"包含农业科学 R&D 经费内部支出及农业科学 R&D 经费外部支出

两个子指标，"农业科技产出"则包含科技论文、科技著作、有效发明专利以及形成国家或行业标准等四个子指标。

第四节　我国农村科技公共服务供给指数测算

一、我国农村科技公共服务供给指标权重

本节利用熵值法，对农村科技公共服务供给的主要指标所占权重进行计算。熵值法是一种客观赋权的方法，主要依据权重计算结果对指标的原始统计数据进行评价，而不是仅仅依赖于个人的主观判断，与德尔菲法相比在一定程度上能够减少受人为主观因素的影响所产生的偏差。熵值法的基本思路是根据指标变异性的大小来确定该指标的客观权重，某个指标的信息熵越小，则表明其指标值的变异程度越大，提供的信息量越多，在综合评价中所能起到的作用也越大，其客观权重也就越大。

设有 m 个评价指标，n 个被评价对象，第 j 个指标的权重 W_j 计算公式如下：

$$W_j = \frac{1 - H_j}{m - \sum_{j=1}^{m} H_j} \tag{4-1}$$

$$H_j = -(\ln n)^{-1} \sum_{i=1}^{n} P_{ij} \ln P_{ij} \tag{4-2}$$

$$P_{ij} = \frac{S_{ij}}{\sum_{i=1}^{n} S_{ij}} \tag{4-3}$$

式中，H_j 为第 j 个指标的信息熵；S_{ij} 为第 i 个评价对象第 j 个指标的标准化值。为使 $\ln P_{ij}$ 有意义，一般规定，当 $P_{ij} = 0$ 时，$\ln P_{ij} = 0$。

熵值主要依据评价指标样本数据进行确定，因此，熵值对于样本数据特征的敏感性将会直接影响评价结果。有研究表明，在指标极值不变的情况下，随着样本数目发生变化，各指标熵值虽也发生了变化，但变化的幅度较小。当样本数确定时，仅改变单项指标的极值，指标熵值对最大值变化的敏感性大于对最小值变化的敏感性。

本节选取 2009～2017 年我国农村科技公共服务供给数据作为研究对象，将农业 R&D 人员、农业 R&D 经费以及农业科技产出三项指标作为衡量我国农村科技公共服务供给体系的标准，并将这三项指标根据农村科技公共服务基本内容进一步细化，构建包含农业科学 R&D 机构数、农业科学 R&D 人员、农业科学 R&D 经费内部支出等多项指标在内的农业科技公共服务供给标准体系，计算相关科技公共服务指标权重，具体见表4-6。

表 4-6　农村科技公共服务供给指标权重及数据

一级指标	二级指标	三级指标	权重	2009 年	2010 年	2011 年	2012 年	2013 年	2014 年	2015 年	2016 年	2017 年
农村科技公共服务供给	农业 R&D 人员（0.273 7）	农业科学 R&D 机构数	0.220 5	1 293	1 293	1 288	1 284	1 279	1 280	1 278	1 260	1 247
		农业科学 R&D 人员	0.281 1	42 843	46 323	47 641	51 491	52 240	53 833	56 354	57 958	60 318
		农业 R&D 全时人员	0.255 9	18 343	20 055	21 105	21 326	23 620	23 398	24 224	24 019	25 805
		农业 R&D 人员全时当量	0.242 4	21 782	23 800	24 310	24 625	26 562	26 679	27 528	27 111	28 453
	农业 R&D 经费（0.328 9）	农业科学 R&D 经费内部支出	0.309 0	71 4762	82 4986	90 9109	1 097 947	1 170 155	1 244 090	1 485 688	1 625 800	1 920 969
		农业科学 R&D 经费外部支出	0.691 0	22 115	22 240	22 967	23 993	28 588	30 889	30 462	78 244	68 128
	农业科技产出（0.397 4）	科技论文	0.191 1	30 576	31 492	32 013	31 638	31 667	32 377	32 508	33 547	34 060
		科技著作	0.215 1	888	920	926	839	917	1 029	974	1 056	1 086
		有效发明专利	0.336 8	1 819	2 282	3 132	4 930	7 576	9 481	11 658	15 378	17 611
		形成国家或行业标准	0.257 0	585	466	522	581	828	888	735	879	932

通过对 2009~2017 年我国主要的农村科技公共服务供给指标权重及数据予以计算并进行比较分析，可以发现在本章所选取的用来描述"农村科技公共服务供给"的三个二级指标中，"农业科技产出"的指标权重最大，为 0.3974；其次是"农业 R&D 经费"，指标权重为 0.3289；而"农业 R&D 人员"的指标权重最小，为 0.2737。此外，在"农业 R&D 人员"的四个子指标中，"农业科学 R&D 人员"所占权重最大，"农业科学 R&D 机构数"所占权重最小。而在"农业 R&D 经费"的两个子指标中，"农业科学 R&D 经费外部支出"的权重远大于"农业科学 R&D 经费内部支出"的权重。在"农业科技产出"的四个子指标中，"有效发明专利"所占权重最大，"科技论文"所占权重最小。

从农村科技公共服务供给各级指标权重的比较情况可以看出，农业科技产出对我国农村科技公共服务的发展影响显著，而农业 R&D 人员建设状况尤其是农业科学 R&D 机构的建设则存在欠缺、有待加强。农业科学 R&D 经费外部支出在农业 R&D 经费中所占指标权重较高，这表明我国农业 R&D 经费外部支出是农业 R&D 经费中的一项重要内容，农业科学 R&D 经费内、外部支出存在严重的不平衡状况。而农业科技产出指标中，有效发明专利所占的权重较高，说明农业科技有效发明专利在衡量我国农业科技产出效果的过程中发挥着重要作用，而农业科技论文产出水平不足、论文发表数量及质量有待提升。针对这些问题，我国应该增强农业科技公共服务意识，积极加强农业科技机构建设，加强科技人员培训以提高农业科技人员数量及素质水平，合理规划农业 R&D 经费支出，鼓励科研人员发表科技论文著作、提高农业科技产出水平。

二、我国农村科技公共服务供给指标比值

根据获取到的 2009~2017 年与农业科技公共服务供给相关的指标数据，我们将 2009 年的农村科技公共服务供给指数作为计算的基准指数，即假设 2009 年我国的农村科技公共服务供给指数为 100；进而以 2009 年的各项指标数据为基础，将之后历年的各项指标与 2009 年相应指标的数据进行比较，并求出相关比值。将各年度各项指标比值与权重相乘求和再即可求得各年农村科技公共服务供给指数，通过计算得出的各年指标与 2009 年相应指标的数据比值如表 4-7 所示。

对比 2009~2017 年我国农村科技公共服务供给主要指标的数据比值，可以发现以 2009 年数据为参考依据，2009~2017 年除了农业科学 R&D 机构数这一指标外，其余指标均呈现增长趋势，其中有效发明专利的增长幅度最大，比值为 968.17；其次是农业科学 R&D 经费外部支出，比

表 4-7 各项指标与 2009~2017 年相应指标的数据比值

比值×100

一级指标	二级指标	三级指标	三级指标权重	2009年	2010年	2011年	2012年	2013年	2014年	2015年	2016年	2017年
农村科技公共服务供给	农业R&D人员（0.2737）	农业科学R&D机构数	0.2205	100.00	100.00	99.61	99.30	98.92	98.99	98.84	97.45	96.44
		农业科学R&D人员	0.2811	100.00	108.12	111.20	120.19	121.93	125.65	131.54	135.28	140.79
		农业R&D全时人员	0.2559	100.00	109.33	115.06	116.26	128.77	127.56	132.06	130.94	140.68
		农业R&D人员全时当量	0.2424	100.00	109.26	111.61	113.05	121.94	122.48	126.38	124.47	130.63
	农业R&D经费（0.3289）	农业科学R&D经费内部支出	0.3090	100.00	115.42	127.19	153.61	163.71	174.06	207.86	227.46	268.76
		农业科学R&D经费外部支出	0.6910	100.00	100.57	103.85	108.49	129.27	139.67	137.74	353.81	308.06
	农业科技产出（0.3974）	科技论文	0.1911	100.00	103.00	104.70	103.47	103.57	105.89	106.32	109.72	111.39
		科技著作	0.2151	100.00	103.60	104.28	94.48	103.27	115.88	109.68	118.92	122.30
		有效发明专利	0.3368	100.00	125.45	172.18	271.03	416.49	521.22	640.90	845.41	968.17
		形成国家或行业标准	0.2570	100.00	79.66	89.23	99.32	141.54	151.79	125.64	150.26	159.32

值为 308.06；再次是农业科学 R&D 经费内部支出，比值为 268.76。由此我们可以比较清晰地把握近年来我国农村科技公共服务供给状况。

从各年指标的相应比值变化情况我们可以看出，除农业科学 R&D 机构数外，其他各项农业科技公共服务供给指标数据比值均呈增长趋势，其中有效发明专利增长最为显著。除此之外，农业科学 R&D 经费内部及外部支出增长比率与其他指标相比也较高，这也表明 2009 年至 2017 年我国农业 R&D 经费投入力度加大。但在农业科技公共服务从业人员即农业 R&D 人员的培养方面存在欠缺，重视程度不高、投入力度不足。

这也表明我国需要加强农业科技人员培育工作，同时注重农业科研经费支出状况的均衡发展及农业科技产出水平的合理提升，使我国农业科技公共服务得以良好发展。

三、我国农村科技公共服务供给指数分析

如表 4-8 所示，以 2009 年我国农村科技公共服务供给各项指标为基准对 2009～2017 年我国农村科技公共服务供给指数进行计算，可以发现在此阶段中农业 R&D 人员、农业 R&D 经费以及农业科技产出这三项指标的指数均明显增加且涨幅较大，表明在此期间我国农村科技公共服务供给发展成效较为显著。其中，农业科技产出指数的增长幅度最大，这表明社会各界对科技成果尤为重视。

表 4-8　2009～2017 年我国农村科技公共服务供给指数

二级指标	2009 年	2010 年	2011 年	2012 年	2013 年	2014 年	2015 年	2016 年	2017 年
农业 R&D 人员	100.00	106.91	109.75	112.84	118.60	119.48	123.20	123.19	128.51
农业 R&D 经费	100.00	105.16	111.06	122.43	139.91	150.30	159.41	314.76	295.92
农业科技产出	100.00	104.69	123.36	156.90	218.65	259.72	292.06	369.90	414.62
总指数	100.00	105.45	115.58	133.51	165.37	185.35	202.21	284.24	297.27

2009～2017 年我国农村科技公共服务供给指数如图 4-1 所示。以 2009 年为基准，农村科技公共服务供给指数逐年递增，2010 年我国农村科技公共服务供给标准的指数为 105.45，2011 年缓慢增至 115.58，2012 年为 133.51，2013 年指数增幅有所扩大，增长至 165.37；2014 年增速略微下降，指数增至 185.35；2015 年为 202.21，2016 年迅速增长至 284.24，2017 年增速放缓，农村科技公共服务供给指数达到了 297.27，我国农村科技公共服务供给指数增长显著。

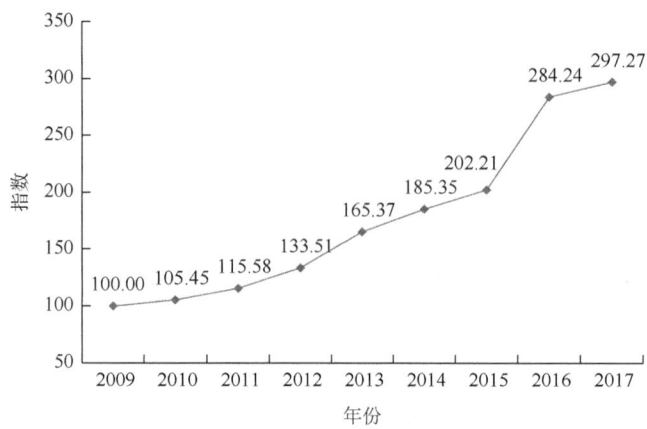

图 4-1　2009～2017 年我国农村科技公共服务供给指数

通过折线图可以较为直观地看出我们所选取的这九年内我国农村科技公共服务供给总指数的变动趋势，同时也可以对每个指标的变动进行趋势分析。从折线图中可以看出，2009 年以来我国农村科技服务供给指数呈现稳步增长趋势，其中 2015～2016 年增速最快。2015 年，中央一号文件《关于加大改革创新力度加快农业现代化建设的若干意见》等一系列深化农村改革、发展现代农业相关政策的发布与实施为农村科技公共服务的迅速发展创造了良好的条件。提高农村科技公共服务水平、焕发农村农业科技活力也是现阶段农村建设的重要内容。

本书基于数据资料的可得性与可操作性以及指标的可量化性选取了2009～2017 年我国农业 R&D 人员、农业 R&D 经费以及农业科技产出三大类别的指标构建了我国农村科技公共服务供给标准体系，而在实际的管理操作过程中，可以根据具体情况与实际需求进行指标体系的调整与重构。根据平均先进水平的基本理念进行中国农村科技公共服务供给标准的确定，将高于我国农村科技公共服务平均指数的各年指数均值作为我国农村科技公共服务供给标准，可以为政府科技公共服务供给水平的测算与评估提供参考依据，便于进行绩效考核。

第一步，先根据已确定的各项指标数据对各项指标的各年比值及总指数进行计算，并利用各年指数总和除以年份数即求出在此期间我国农村科技公共服务供给发展指数的几何均值。求出几何均值之后，再将每年的发展指数与指数均值进行逐一比较，可以看出哪些年份的指数超过了平均值，而哪些年份的指数是低于平均值的。最后，计算超过平均指数年份的指数的几何平均，将所求得的几何平均值作为我国农村科技公共服务供给标准，只要农村科技公共服务供给指数数值超过这个均值即达到了标准，该年度的农村科技公共服务供给服务才算达标，否则为不合格。

第二步：计算得出各项指标总指数并计算指数几何均值（表4-9）。

表 4-9　2009～2017 年我国农村科技公共服务供给总指数

项目	具体数据								
年份	2009 年	2010 年	2011 年	2012 年	2013 年	2014 年	2015 年	2016 年	2017 年
总指数	100.00	105.45	115.58	133.51	165.37	185.35	202.21	284.24	297.27

求出指数几何均值：

$$\sqrt[9]{100.00 \times 105.45 \times 115.58 \times 133.51 \times 165.37 \times 185.35 \times 202.21 \times 284.24 \times 297.27}$$
$$\approx 163.87$$

第三步：比较各年份的指标总指数与指数均值的大小。

2012 年的农村科技公共服务供给指数：133.51＜163.87

2013 年的农村科技公共服务供给指数：165.37＞163.87

第四步：将总指数值大小超过了指数几何均值的年份的总指数相加并再次计算均值。

$$\sqrt[5]{165.37 \times 185.35 \times 202.21 \times 284.24 \times 297.27} \approx 220.71$$

比较各年份总指数与该均值的大小。

2015 年的农村科技公共服务供给指数：202.21＜220.71

2016 年的农村科技公共服务供给指数：284.24＞220.71

以之前计算的 2009～2017 年我国农村科技公共服务供给指数为例，我们计算了这九年间的农村科技公共服务供给总指数的几何均值，得出的几何均值为 163.87。2012 年我国农村科技公共服务供给总指数是 133.51，是小于这个均值的，直到 2013 年我国农村科技公共服务供给总指数增长至 165.37 才超过了均值，而 2013～2017 年的指数水平又是逐年上升的，由此我们再选取 2013 年之后这几年的指数计算平均值，得到一个最终的平均指数是 220.71，这就是基于本书中的农村科技公共服务供给标准指标体系测算出来的我国农村科技公共服务供给标准指数。

按照这个标准指数来看，在 2009～2017 年这九年间，只有 2016 年和 2017 年的农村科技公共服务供给总指数超过了均值，即只有这两年的农村科技公共服务供给水平是达标的，说明我国的农村科技公共服务供给仍然有较大的发展空间。尽管农村科技公共服务已经成为我国现阶段农业农村建设中的一项重要内容，但农村科技公共服务供给方面仍存在欠缺，农业科技公共服务供给人员建设不足、农业科研机构投入有限、农村科技公共服务供给覆盖面狭窄、服务水平不高，致使我国的农村科技公共服务供给存在不达标的现象。对于政府而言，提供优质、高效、公平的农村科技公共服务，是政府加强经济建设的重要目标及推进农村经济改革发展的重要途径。依据各区域实情制定适宜的农村科技公共服务供给标准体系，政府部门工作人员可以依据这个标准制定相关工作评估方法，设立与该地区实际情况相适应的农村科技公共服务供给标准，并要求科技公共服务人员据此标准开展科技公共服务供给工作，以便更好地为农村地区提供科技公共服务支持与保障，增强部门执行效力。

第五章　我国农村公共文化服务供给标准

第一节　我国农村公共文化服务供给界说与发展现状

一、农村公共文化服务供给概念界说

（一）公共文化服务的界定

随着物质生活的改善，人民群众对美好生活的向往中包含了更多的文化期待。公共文化服务需要以更高品质、更加贴心的方式惠及人民群众，不断提升人民群众的幸福感。2005 年，党的十六届五中全会首次在中央文件《中共中央关于制定国民经济和社会发展第十一个五年规划的建议》中提出"加大政府对文化事业的投入，逐步形成覆盖全社会的比较完备的公共文化服务体系"。2015 年，《国家基本公共文化服务指导标准（2015—2020 年）》首次明确国家基本公共文化服务内容和种类的标准。2016 年，《公共文化服务保障法（草案）》从法律上对"公共文化服务"做出界定，即"由政府主导、社会力量参与，以满足公民基本文化需求为主要目的而提供的公共文化设施、文化产品、文化活动以及其他相关服务"。2020 年 9 月 22 日，习近平主持召开教育文化卫生体育领域专家代表座谈会时强调："着力提升公共文化服务水平，让人民享有更加充实、更为丰富、更高质量的精神文化生活。"[1]学界则从主体职能、服务模式、功能定位等角度对公共文化服务内涵进行界定。王学琴和陈雅认为公共文化服务由政府、企业、公共产品与服务、公众四个部分构成，是在政府主导下，政府、企业、社会向公众提供以社会效益为基础的非竞争性、非排他性、非营利性的公共文化产品和服务的资源配置活动。[2]李娟以供给主体、内容和目的为角度，认为公共文化服务是"以政府作为主要的供给主体，通过公共文化服务的建设、规划、政策保障等方式向公民提供公共文化产品与服务的活动过程"[3]。申静和李沁芯认为我国侧重于从政

---

① 《习近平：在教育文化卫生体育领域专家代表座谈会上的讲话》，http://politics.people.com.cn/n1/2020/0922/c1024-31871216.html[2022-10-08]。

② 王学琴、陈雅：《公共文化服务绩效评估基本理论辨析》，《图书馆》2015 年第 7 期，第 18—21 页。

③ 李娟：《社区公共文化服务供给机制的优化创新策略分析》，《中华文化论坛》2017 年第 6 期，第 46—50 页。

策与管理视角分析公共文化服务的"服务作用",认为公共文化服务是指"公共部门向公众提供具有公共属性的文化产品和服务的活动"①。白晶等认为,公共文化服务是指"由政府主导、社会力量参与,以满足公民基本文化需求为主要目的而提供的公共文化设施、文化产品、文化活动以及其他相关服务"②。

通过对上述梳理,可以看出学界对公共文化服务的理解主要侧重于政府的主导性,公共文化服务特殊的公益性和服务性。鉴于此,本书认为公共文化服务是指由政府主导,其他社会力量广泛参与,以满足公民基本的文化权益和文化需求为目的的公益性文化活动与服务,具有均等化和标准化的特点。

（二）农村公共文化服务的界定

我国农村文化历史悠久,底蕴深厚。打造农村公共文化空间有助于促进乡村文化振兴,实现文化富民。2005 年,党中央出台了《关于进一步加强农村文化建设的意见》,指出要"加强乡村文化设施建设"。2015 年,文化部等七部委于编制印发了《"十三五"时期贫困地区公共文化服务体系建设规划纲要》,加大农村公共文化服务对老少边穷地区的倾斜力度。2019 年,文化和旅游部办公厅印发了《公共数字文化工程融合创新发展实施方案》,提出"以国家公共文化云统筹全国数字文化馆建设"。2021 年,文化和旅游部、国家发展和改革委员会、财政部三部委联合印发《关于推动公共文化服务高质量发展的意见》,强调要"加大对城镇化过程中新出现的居民聚集区、农民新村的公共文化设施配套建设力度"。围绕"三农"问题,学者在提升农村公共文化服务水平上展开了广泛的研究工作,系统地阐述了农村公共文化服务的相关概念。张青认为,农村公共文化服务是具有不完全非竞争性、一定程度排他性和外部性的非生产性公共品。③李国新指出,农村公共文化服务是保障农民文化权利,缩小城乡文化差距的公共服务和产品。④胡运哲强调,农村公共文化服务是解决乡村文化落后、边缘化的重要公共品,包括农村文化产业发展、农民思想文化教育、传统乡村文化保护及其相关法律法规、政策制定与实行等内容。⑤许丹认

---

① 申静、李沁芯:《公共文化服务促进创新文化发展作用探究》,《图书馆杂志》2018 年第 9 期,第 20—26、128 页。

② 白晶、冯丹娃、张睿:《基于公众满意度的政府公共文化信息服务研究》,《情报科学》2019 年第 9 期,第 17—21、28 页。

③ 张青:《农村公共文化服务需求表达流程设计》,《北京行政学院学报》2017 年第 3 期,第 41—47 页。

④ 李国新:《完善农村公共文化服务政府购买政策与机制》,《行政管理改革》2019 年第 5 期,第 24—26 页。

⑤ 胡运哲:《打通农村公共文化服务的"最后一公里"》,《人民论坛》2020 年第 1 期,第 54—55 页。

为农村公共文化服务是国家治理体系的重要组成部分，以政府为主导，确保农民共享改革发展文化成果的公共产品和服务[①]。

结合众多学者的观点，可以发现农村公共文化服务具有公共性、公益性、社会性等特征，是政府满足农民文化需求的重要途径。鉴于此，本书认为农村公共文化服务是指在政府主导下，由政府、企业、非营利组织以及个人等供给主体为农民提供公共文化产品与服务，保障服务正常供给的管理体制以及运行机制的活动。

（三）农村公共文化服务供给的界定

农村是公共文化服务供给的重点，也是构建现代公共文化服务体系的难点。2005 年，中共中央办公厅、国务院办公厅发文要求加大政府投入，加强农村文化建设，构建公共文化服务体系，实现和保障农民群众的基本文化权益。党的十九大报告以及 2018 年《中共中央 国务院关于实施乡村振兴战略的意见》都强调了公共文化资源要重点向乡村倾斜，提高农村公共文化产品和服务的"精准供给"。2021 年，中央一号文件《中共中央 国务院关于全面推进乡村振兴加快农业农村现代化的意见》提出，推进城乡公共文化服务体系一体建设，创新实施文化惠民工程。现实中，我国农村人口结构不断变化，相关需求也日益多元。在此背景下，学界以农村公共文化服务供给的构成部分为逻辑起点，对其概念界定展开广泛研究。陈建认为由于农村公共文化服务供给由供给内容、供给主体、供给方式等结构性要素组成，其内涵可概括为"在政府的主导下，政府与社会力量共同参与，以满足农民基本文化需求为主要目的的公共文化产品及服务的活动"[②]。毛雁冰和龙新亚指出，农村公共文化服务供给是刚性的，与农村经济与社会发展密切相关。在供给过程中，由于供需方之间容易产生时间偏差，对此政府应当时刻关注农民需求变化的方向和侧重点，变"政府文化输入"为"农民自主选择"[③]。廖晓明和徐海晴提出农村公共文化服务供给主体可分为政府主导型、多元合作型、私人承包型等，其供给有效性建立在农民的满意度基础上，为此要通过供给侧结构性改革的加强来缩小城乡之间的公共文化服务供给水平的差距[④]。

[①] 许丹：《试论中国农村公共文化服务制度变迁》，《华中师范大学学报（人文社会科学版）》2020 年第 6 期，第 22—30 页。

[②] 陈建：《超越结构性失灵：农村公共文化服务供给侧改革研究》，《图书馆建设》2017 年第 9 期，第 37—43 页。

[③] 毛雁冰、龙新亚：《农村地区公共文化服务供给的影响因素—利用固定效应模型的实证检验》，《图书馆论坛》2018 年第 4 期，第 77—83 页。

[④] 廖晓明、徐海晴：《新时代农村公共文化服务供需问题探析》，《长白学刊》2019 年第 1 期，第 149—155 页。

综合上述观点，可以发现农村公共文化服务供给的供给主体包括政府或企业、非政府组织、农民等，供给内容有满足农民精神层面需求的休闲娱乐活动和技能培训类活动、知识学习类活动等公共文化服务。综上所述，本书界定农村公共文化服务供给的概念为：在农村地区，为满足农民文化需求和提升农村地区的人文素养，在政府主导下，主要由政府文化事业主管部门、事业单位和村民自治组织、农村社会组织、农村企业等组成的多元供给主体，为农民提供非营利性文化产品和服务的过程。

二、我国农村公共文化服务供给现状

（一）我国农村公共文化服务供给发展过程

党和人民在艰苦的条件下对农村公共文化服务进行了不断的探索，由此形成了各具特色的供给主题。本章根据供给内容、模式、主体将其划分为以下四个阶段。

初步发展阶段（1949~1977 年）。中华人民共和国成立伊始，我国农村公共文化服务处于一个严格控制阶段，主要服务于国家政治变革和经济建设的现实需要。受限于国家资源的短缺，政府集中力量优先发展重工业。农业生产合作社作为执行方，代行政府的农村公共文化服务供给义务。此阶段，农村公共文化服务供给的筹资渠道单一，由农民自行筹资为主。1958 年后，在高度集中的计划经济体制的影响下，我国开始实行人民公社运动，由人民公社作为农村公共文化服务的唯一供给主体。在国家的支持下，人民公社以单向文化输入为主，开展了文化站、广播站等基础设施建设，定期组织文艺演出、电影放映和图书阅读等活动。1962 年到 1966 年，"左倾"的错误观点愈演愈烈，农村公共文化服务供给陷入低谷期。1966 年，"文化大革命"爆发，农村公共文化服务供给创伤严重，大批文艺工作者、文艺界的领导受到批判，直到"四人帮"被粉碎才获得新生。

探索阶段（1978~2001 年）。在十一届三中全会"解放思想、实事求是"思想路线的指引下，农村公共文化服务供给开始复苏。家庭联产承包责任制和分税制的改革，促进了农村基层政权的发展，促使农村公共文化服务供给主体向多元化过渡。一些农村企业、社区协会等民间力量开始出现。此阶段，政府依然是首要供给主体，把握着农村公共文化服务的供给方式、数量、内容、途径等发展方向。受人民公社时期的固化思维等影响，农村公共文化服务处于强自上而下的供给特点。为了改变农民负担过重的困境，1984 年《关于当前农村文化站问题的请示》指出"文化站（政、社分开以后，即乡、镇办地方财政补助的文化站）的经费开支，主要依靠集体经济力量解决"，强调了地方负责的主体性以及农民在农村公共文化服务供给中的在场性与分担性。

振兴阶段（2002～2010 年）。进入 21 世纪，我国改革和发展进入到了一个新的阶段。随着农民文化权利意识兴起，政府公共服务职能开始转变，公共文化服务建设不再单一地依赖强自上而下的行政逻辑。2002 年。党的十六大对农村公共文化服务供给作出全景部署。文化部颁布的《关于进一步活跃基层群众文化生活的通知》明确要求为城乡基层群众提供快捷、丰富的文化信息产品和文化服务。2005 年，中共中央办公厅、国务院办公厅颁布的《关于进一步加强农村文化建设的意见》进一步要求，构建公共文化服务体系，实现和保障农民群众的基本文化权益。在此背景下，加快农家书屋、村图书室等基础设施建设以及积极开展电视入户、电影放映等服务活动日渐增多，政府购买、补贴、服务合同外包以及志愿者服务等市场配置方式趋向成熟。

繁荣阶段（2011 年至今）。为改善与保障农村文化民生，国家正式确立了政府主导、多元参与的"一核多元"供给体系，相继出台了《关于做好政府向社会力量购买公共文化服务工作的实施意见》《国家"十二五"时期文化改革发展规划纲要》《中央补助地方美术馆公共图书馆文化馆（站）免费开放专项资金管理暂行办法》等各项政策文件，引导民间资本向农村公共文化服务领域投资，做好农村公共文化服务的供给侧结构性改革。2015 年，国务院办公厅印发《关于推进基层综合性文化服务中心建设的指导意见》，要求到 2020 年，全国范围的乡镇（街道）和村（社区）普遍建成集宣传文化、党员教育、科学普及、普法教育、体育健身等功能于一体，资源充足、设备齐全、服务规范、保障有力、群众满意度较高的基层综合性公共文化设施和场所。2017 年，党的十九大报告提出实施乡村振兴战略，被认为是对"重农村社会轻乡村公共文化"的矫正。2018 年习近平总书记在中央农村工作会议上强调，要"加快补齐农村基础设施和公共文化服务短板"[①]。2021 年，中央一号文件《中共中央国务院关于全面推进乡村振兴加快农业农村现代化的意见》提出，推进城乡公共文化服务体系一体建设，创新实施文化惠民工程。这些举措反映国家从战略层面重新审视过去农村公共文化服务供给内容，扭转"农村社会发展简化为乡规民约""农村文化发展简单化为送文化下乡"的认识偏差。

---

① 《中央农村工作会议在京召开　习近平对做好"三农"工作作出重要指示》，https://www.12371.cn/2018/12/29/ARTI1546083836610176.shtml[2022-11-20]。

（二）我国农村公共文化服务供给存在的困境及归因

1. 农村文化事业财政投入明显不足

农村缺乏思想文化发展的引导，普遍面临着文化设施匮乏、文化场馆较少、公共文化投入不足等问题，不能很好地满足农民多元化的文化需要。虽然近年来政府对农村文化事业的财政投入逐年增长，但由于农村基数较大，财政投入与实际需求存在较大的差距。2019 年，县及县以下文化和旅游事业费 548.11 亿元，占 51.5%，比重比上年降低了 2.7 个百分点。

2. 农村文化事业参与主体存在偏少与失衡

从总体上看，农村基层工作较为繁重，大多数乡镇政府面临着环保执法、综合治理、社会维稳、社会保障等任务，很难将过多的人力、物力、财力投放到文化服务上，因此导致了农村公共文化场所被占用、文化服务专干缺位等问题。一些有专业水平、懂管理的乡镇骨干人才纷纷跳槽，留下的专兼职人员年龄普遍偏大，学历和能力不高。此外，由于工资较低、工作环境复杂、晋升前景不明确以及上升空间有限等原因，农村基层文化站难以吸引高素质的人才且现存在人员素质普遍偏低。

3. 农村公共文化服务设施供应不足、利用率不高

当前，在绝大多数农村已经设立了涵盖体育运动、教育学习、文化娱乐等功能的文化服务站点，但令人惋惜的是，虽然这些文化服务站点功能较齐全，但常常是处于"休眠"状态。主要原因是部分政府单方面追求政绩，在决策前不征求或象征性征求农民的意见，以官员意志取代民众偏好，将重点放在重基础设施建设而忽视后续维护。例如，图书馆的书籍针对性差，更新速度慢，农民借书难、读书难；健身馆、文化馆的数量不足且占地面积很小，农民人流量小；电视、电影放映以老旧的武侠片、战争片为主，或是影院下映很久的影片，不契合于潜在观影对象的特殊需求，出现了一场观影只有几个人或放映员一人观看的窘困局面。

4. 农村公共文化服务供给结构时有失调

多年来，我国农村公共文化服务供给多采用"自上而下"填塞式的行政化配置，有的地方政府为了最大化地展现政绩，采用可视性的文化设施"硬供给"，而对文化活动的"软供给"则在数量上和质量上都提供不足，继而导致供给总量过剩、高质量产品短缺、农村落后文化泛滥、农民积极性和满意度不高的困境。例如，有的农村的文化服务站、文化活动室、农家文化大院等文化基础设施建设都是地方政府说了算，较少考虑农民的需要。农民常见的活动是政策普及、象棋、扑克和麻将，人文培训、技能培训等有关的文化活动较少。

5.农村公共文化服务供给绩效评估常规碎片化

由于缺乏有效的控制手段和规范，农村公共服务供给绩效评估常通过碎片化的管理模式来监督，逐渐偏离农村公共文化服务供给的"初心"。当前，已经出台的农村公共文化服务目录的内容水平参差不齐，有的基本是转述上级政府的标准，有的内容比较虚泛，有的缺乏刚性的量化指标等。一方面，政府作为最大的供给者，在农村公共文化服务供给拥有天然的垄断优势，缺乏提高服务质量和公众满意度的内在动力。另一方面，政府对农村公共文化服务供给的绩效评估通常在公平与效率之间做出权衡，多部门的职能重叠交叉在一定程度上延迟了政府的整体评估的时效性。[①]与此同时，多元化主体供给常存在协调不当、分工不明确等问题，容易造成供给绩效评估的碎片化的局面。农民作为农村公共服务供给的最直接受益者，在意见表达、利益维护等方面处于相对劣势，并未真正参与到评价过程中，容易导致绩效评价结果的失真。

第二节　我国农村公共文化服务供给的典型案例分析

一、案例背景

D市位于我国中部，是湖北省省级公共文化服务体系的示范区，其经济发展水平在中部城镇中较为突出。D市文化礼堂的建设于2015年2月启动，2016年已建成430多个文化礼堂。这些文化礼堂各有特色，政府和社会力量在礼堂的建设和使用方面表现出密切的合作关系。行走在D市乡野，一座座承载乡土历史记忆的农村文化礼堂从小到大，由点及面，成为引领乡村文明的重要文化地标。然而，提起2000年前的D市，人们脑海里浮现的却是另一番景象。"过去，我们村无特色、无产业、无娱乐，大伙文化生活十分单调，干农活也提不起神来。"村民刘大爷说。由于缺乏文化基础配套设施和群体文化活动，村民们的精神文化生活贫乏，他们多以在家里看电视或者听广播、打扑克、搓麻将、唠唠嗑等活动消磨时光。其中，有近30%的农民在打扑克、搓麻将的时候赌过钱，数额不大，一般都是一元、两元。"那时村里没有什么娱乐活动，也没有这些娱乐活动设施，如果不来点小意思，就找不到人跟你玩。"村民刘大姨说，"村里办红白喜事都是临时在户外搭棚，食材、货架随地摆放，交通和食品安全存在隐患。"

---

① 刘大伟、于树贵：《新时代公共文化服务绩效评价的结构转向》，《江西师范大学学报（哲学社会科学版）》2019年第6期，第11—18页。

二、案例过程

（一）案例经过

1. 提高思想认识，理清发展思路

D市委宣传部得知各村文化需求后，通过实地调研、入户走访等方式主动与村民们联系，倾听村民们的意见和需求。"我希望咱村有一个可以举办红白喜事、文艺活动和技能培训的文化礼堂。""咱大伙晚上只能看电视、打牌，没有什么条件健身，希望文化礼堂有篮球架、乒乓球台、健身器材，让大家都能享受健身运动乐趣。""咱还得有个文化长廊，展示村里的好人、英模、风貌、文艺作品，传播本村优秀文化。""村里小孩子多，希望能在文化礼堂举办多姿多彩的活动，比如主题教育、科学普及、全民运动会……""咱平时没有什么渠道了解政府政策，一般都是工作人员入户宣传。有了文化礼堂，咱就方便多了，村民大会和政策宣讲活动都可以在此进行。"宣传部工作人员做好村里沟通的"连心桥"，将村民的建议和需求一一记录下来。"咱村不是蛮干，村民需要什么文化项目，我们就要带头去干。通过文化礼堂来筑牢村民们的精神家园。"宣传部负责人说。

在D市委宣传部的带领下，农村文化礼堂的建设如火如荼地进行。各村结合现有的文化硬件资源，通过改建、扩建、修缮现有的祠堂、祖堂、礼堂等方式，量身定制文化礼堂建设方案。面对建设时间紧、任务重、要求高又缺乏经验的客观实际，各村礼堂建设负责人并没有退缩，而是拧成一根绳，汇成一股劲。"只要想到文化礼堂的建设可以为咱们村民带来好处，一切辛苦都是值得的"，宣传部负责人说，"我们要在场所建设、展陈布置等方面多花心思，让广大村民见证文化礼堂能够留住乡愁、品味乡韵、展现最美。"短短数年间，文化礼堂由点到面地伫立在D市的各大乡村，成为民有所乐的重要窗口。

2. 加强内容供给能力，突出特色和内涵吸引力

农村文化礼堂建成后，村民有事没事都会来这儿。但日子长了，村民参与的积极性减少了。各地村委意识问题后，通过实地考察、入户走访、开座谈会等方式倾听村民的意见。有部分村民反映："文化礼堂建成后，各种活动多了，大家闲余时有了好去处。但是时间长了大家发现礼堂开展的活动太少了，都不愿意参加活动了""文化礼堂的活动有点单调，难以满足咱们大伙的一些个性化的文化需求""文化艺术培训活动太少了，咱们平时没怎么接触文化活动，不懂得如何发挥自身所长参与活动"。"文化礼堂建后，常年是'铁将军'把门，有的就算是偶尔开几次门，一年到头也没啥

活动。"D市收集村民意见后，召集各农村文化礼堂干事及所在村负责人举办了工作会议，就如何让礼堂真正"活"起来展开讨论。经过多轮探讨，大家一致认为，要从供给侧结构性改革上下功夫，挖掘各村历史文化、乡土风情、祖上先贤、村史村情等本地特色文化资源。为此，D市结合农户的需求，按照"政府主导、社会参与、多元投入、协力发展"的原则，增加优质内容和服务的供给，定期举办"一人一艺""我们的村歌""我们的村晚"等"赛文化""育文化""种文化"活动，让村民充分展示自己的才艺，从而激活村民的文化热情。同时，各村通过举办训练班、讨论会等方式，挖掘和培养乡土文化人才，让教师、农技人员、种植户等乡村文化能人参与到文化活动中，培养内生性的供给能力。村里的年轻小伙子更是利用文化创意产品和移动新媒体相结合方式，精心组织创作精品节目，打造本村的文化活动品牌。经过几个月的轮番动员，村民纷纷参与电影放映、文艺演出、书画展览等文化活动，越来越多"草根达人"亮相村晚大舞台，整个村子洋溢着欢声笑语。村民们自豪地说："村里文化活动太丰富了。无论是老人、孩子还是妇女，都能找到适合自己的活动。现在咱们全村就数文化礼堂这儿人流量最多。"

3. 提高管理运行能力，创新作用发挥的机制

随着文化礼堂的投入运营，当中存在的管理使用问题和短板逐渐浮现。例如，管理上较多依靠宣传文化部门，现有的管理人员大多数是兼职，精力投入不足。运营设备老化问题严重，对于大规模的文化活动的支持功能不足，无法正常发挥文化礼堂的作用。D市委宣传部负责人说："建好、用好文化礼堂只是实现了第一步，接下来我们要让文化礼堂动起来。"为充分调动管理员的积极性，D市出台了专职管理员聘任考核制，通过村聘、镇补、市奖的形式，吸引村里的管理人才参与文化礼堂的管理和运营当中。各村结合实际需求定期线上线下的管理培训，使管理员真正成为文化礼堂的"操作员""组织员""维护员"。同时，为解决文化礼堂设施"空壳"问题，D市财政局安排专项资金，为文化礼堂配备购置电脑、音响、播放器、桌椅、书架等设备，优化活动运营流程，保障业务活动的正常开展。

（二）案例结果

目前，D市已经完成第一批和第二批文化礼堂建设任务，在过去的一年左右的时间里，文化礼堂的功能布局越来越完善，民间力量也积极参与其中，文化礼堂正逐渐成为D市农村不可或缺的公共生活空间。从最初村民简单的自娱自乐，到政府"送文化"，再到村民自主"秀文化"，农村文化礼堂发挥了重大作用。现在每逢文艺演出，许多村都能拿出一台精美完

整的节目。一些基层党员干部反映，自从有了文化礼堂，村里的大小活动举办方便了，大家沟通交流顺畅了，工作也好开展了。D 市成功的关键在于充分发挥政府作用，调动村民积极参与活动。以 J 镇最大的 N 村文化礼堂为例，祖庙主体由吴氏家族筹建，筹集资金 640 万元。政府出资 10 万元将其改建为文化礼堂。吴氏理事会每年投资 5 万元用于日常管理。大型活动如电视电影放映、村民议事、文艺演出、训练班等由所在行政村或业务部门提供资金，节庆典礼、听广播、读书看报等主要由吴氏理事会组织开展，而诸如广场舞、健身运动、下象棋等文体活动则多为村民自发活动。在所有活动中，文艺演出是群众参与度最高的活动，同时也是政府支持力度最大的。如今，随着文化礼堂活动的日益丰富多元，村民参与赌博的次数少了，精神生活有了更好的寄托，与邻里的关系更为和睦。

三、案例启示

党的十九届五中全会明确提出"要提高社会文明程度，提升公共文化服务水平，健全现代文化产业体系"①。可见，增加农村公共文化服务总量供给，缩小城乡之间的文化发展差距对于农村长远发展意义重大。农村文化礼堂"建设好、管理好、运转好"，是延续其生命力最根本，也是最为行之有效的办法。D 市农村公共文化服务供给的最大特点是，在政府主导和社会多元力量参与下，立足村民现实需求和接受特点，凸显文化礼堂"建的宽度"和"用的深度"。同时，按照一定的标准，通过乡镇综合文化站和村农家书屋建造、广播电视台（站）改造、农村文化活动和训练班活动举办等方式，推动文化礼堂的常态使用，全面提升村民的文明涵养、文化素养，促进基本公共文化服务均等化。

第三节　我国农村公共文化服务供给标准体系的构建

一、我国农村公共文化服务供给标准体系的文献述评

新的形势下，为了满足农村居民日益增长的美好生活需要，国家把农村公共文化服务供给摆在更为突出的位置，相继出台了《关于加快构建现代公共文化服务体系的意见》《中华人民共和国公共文化服务保障法》等政策法规。在此背景下，研究农村公共文化服务供给标准体系，对于进一步提升农村公共文化服务供给水平具有重要的理论意义。

---

① 《中国共产党第十九届中央委员会第五次全体会议公报》，http://www.gov.cn/xinwen/2020-10/29/content_5555877.htm[2022-11-20]。

（一）农村公共文化服务供给体系指标

有研究认为，我国农村公共文化服务供给并不理想。如 Wang 等指出，政府的政策偏颇和行为扭曲是城乡公共文化服务存在差距的关键。[①]徐双敏和宋元武发现农村公共文化活动、设施、服务等存在供需对接错位等问题。[②]李锦兰和杨小凤研究发现，农民对村文化活动表示不满意的占比接近六成，而经常参加村文化活动的农民占比也仅有 29.4%。[③]李锋认为，我国农村地区公共文化产品存在供给结构不合理、供给总量不足、供给效率不高等问题。[④]毛雁冰和龙新亚采用固定效应模型方法，探讨影响农村地区公共文化服务供给水平的主要因素。研究发现，农村经济发展水平、财政分权强度和农村地区人口受教育程度对农村地区公共文化服务供给水平有显著的正向影响。[⑤]吴理财和解胜利则指出改革开放后相对于私人生活而言，农民的公共文化生活严重不足。[⑥]对于造成这些问题的原因学者们认为，农民的参与不足使得农村公共文化建设缺少群众基础，进而导致供给乏力。[⑦]综合上述学者的观点，可以发现随着农村公共文化服务建设的深入发展，不少短板也不断被发现。农村文化服务供给体系指标的选取可从农村公共文化建设短板入手，解决城乡公共文化服务不平衡的痛点，以更好地满足农户对公共文化服务的需求。例如，徐睿在调查 C 市的过程中选取了文化站、村文化中心的建筑面积、藏书量、报刊种类、光碟种类及室外活动器材的配置种类和数量、读书活动、文体活动、志愿服务活动等指标作为衡量农村现代公共文化服务体系质量的依据。[⑧]陶晶认为农村公共文化服务体系应由文化投入、服务项目、服务绩效三部分构成，与国家文化改革发展规划相衔接，让农民享受均等化公共文化

① Wang X B，Piesse J，Weaver N，"Mind the Gap: a Political Economy of the Multiple Dimensions of China's Rural-Urban Divide"，*Asian-Pacific Economic Literature*，Vol. 27，No. 2，2013，pp. 52-67.

② 徐双敏、宋元武：《当前农村公共文化服务供需契合状况实证研究》，《学习与实践》2015 年第 5 期，第 67—75 页。

③ 李锦兰、杨小凤：《公众对公共文化服务体系认知现状的调查与分析》，《图书馆研究》2015 年第 5 期，第 111—115 页。

④ 李锋：《农村公共文化产品供给侧改革与效能提升》，《农村经济》2018 年第 9 期，第 100—105 页。

⑤ 毛雁冰、龙新亚：《农村地区公共文化服务供给的影响因素——利用固定效应模型的实证检验》，《图书馆论坛》2018 年第 4 期，第 77—83 页。

⑥ 吴理财、解胜利：《文化治理视角下的乡村文化振兴：价值耦合与体系建构》，《华中农业大学学报（社会科学版）》2019 年第 1 期，第 16—23、162—163 页。

⑦ 任成金：《国家治理现代化视域下乡村文化建设的多维透视》，《云南社会科学》2020 年第 5 期，第 49—55、187—188 页。

⑧ 徐睿：《S 省 C 市构建农村现代公共文化服务体系现状调查研究》，《山东行政学院学报》2018 年第 6 期，第 41—46 页。

服务。[①]李少惠以 Malmquist 指数模型中的全要素生产率为衡量指标，从公共文化服务财政投入、服务机构投入和服务人员投入等方面测算西部农村公共文化服务供给效率。[②]

综上所述，学者多从基础设施建设、人才队伍建设、资金投入、公共文化活动、非物质文化遗产保护、社会参与等方面选取指标，构建农村公共文化供给效果指标体系，进而反映农村公共文化服务的可及性。其中基础设施建设包括农家书屋、综合文化站、社区电影放映站、文化广场、文体活动中心和公共电子阅览室等指标，人才队伍建设包括群众业余演出团队、文化专业户和文化志愿者等指标，公共文化活动包括地方剧目演出群众性娱乐活动、大型节庆、假日活动、农业技能和就业指导培训活动等指标，非物质文化遗产保护包括制度保护和传承保护等指标，社会参与包括公众需要和意见反馈等指标。

（二）农村公共文化服务供给绩效评估指标

申亮和王玉燕认为由于公共文化服务的目的是使广大人民群众享受到文化权益，通过保证每一个公民都能够享受到公共文化服务来展现出公共和均等的特点，所以主要在活动服务和受惠人次两个方面选取指标。[③]鲍丽娜和谭刚以内蒙古、甘肃、西藏、新疆、广西、云南、青海、宁夏为研究区域，结合当地实际情况，从提升其供给效率方面入手，评价农村公共文化服务投入。[④]寇垠和刘杰磊基于《中华人民共和国公共文化服务保障法》，构建了包含数量、便利性、宣传和质量四项维度的农村公共文化服务绩效评估指标体系，认为农村公共文化服务体系建设需考虑居民个体差异。[⑤]李少惠和邢磊从人才培育、供给主体、资金来源、技术手段、需求回应性等方面构建具有多重复合性的农村公共文化服务评估体系。[⑥]

① 陶品：《乡村振兴视域下农村公共文化服务体系建设的路径选择》，《农业经济》2020 年第 8 期，第 30—32 页。

② 李少惠、韩慧：《西部农村公共文化服务供给效率及收敛性分析》，《深圳大学学报（人文社会科学版）》2020 年第 6 期，第 54—63 页。

③ 申亮、王玉燕：《我国公共文化服务政府供给效率的测度与检验》，《上海财经大学学报》2017 年第 2 期，第 26—37、49 页。

④ 鲍丽娜、谭刚：《乡村振兴战略下的农村公共文化服务供给效率研究——基于边疆少数民族地区的分析》，《江西农业学报》2018 年第 8 期，第 144—150 页。

⑤ 寇垠、刘杰磊：《东部农村居民公共文化服务满意度及其影响因素》，《图书馆论坛》2019 年第 11 期，第 79—86 页。

⑥ 李少惠、邢磊：《公共文化服务体系建设的驱动机制研究——基于 15 个案例的定性比较分析》，《图书馆学研究》2020 年第 21 期，第 13—22、82 页。

综上所述，学者主要围绕供给对象满意度、回应性有效性、服务便利性、内容广泛性等方面来选取农村公共文化服务供给绩效评估指标，继而运用定性比较分析方法反映出农村公共文化服务供给的驱动机制。

（三）农村公共文化服务供给满意度指标

王秋基于对昆明市 32 个乡镇 69 个村农户数据的分析，探讨了农村公共文化服务公众满意度基本状况及其影响因素。满意度调查选取的指标包括参与者的地区分组、性别、年龄、民族、婚姻状况、学历以及对公共文化服务的兴趣度、知晓度和参与度等。研究发现：农户的学历和职业对公共文化服务满意度有显著的正向影响。研究建议：政府应加大农村地区公共文化设施与活动的供给力度，并注重协调地区间公共文化服务供给的不平衡性。同时，加强引导农民积极参与农村公共文化活动，增强其公共文化服务获得感。[1] 张莉莉等基于泉州市岵山镇农户对公共文化服务满意度的调查数据，运用单因素方差分析方法，从公共文化服务基础条件、公共文化服务品质、公共文化服务效益等维度来探析影响农村公共文化服务农户满意度的因素。研究结果发现，农户个体特征、参与程度及满足程度与农户对公共文化服务供给的评价间存在相关性。村民的参与程度是提高农村公共文化服务满意度的直接来源。基于此，提出建立公众需求表达机制，鼓励农户参与，合理布局，提升服务精准度的建议对策。[2] 曾鸣基于中国综合社会调查 2015 年的大样本微观数据，探究互联网使用对农村公共文化服务满意度的影响。研究发现，互联网使用有助于提高农村公共文化服务满意度，提高公共文化财政支出、促进农村居民公共事务参与和加强对政府财政的监督是互联网使用影响农村公共文化服务满意度的重要路径机制。[3]

从总体上，学者对农村公共文化服务指标体系的设计主要遵循定性与定量相结合的方式。这样既能充分显示政府的主导作用，又能充分反映农民的主体地位。同时，学者多通过实地调研、走访入户等方式，掌握农村公共文化服务供给的现实情况、发展水平和发展趋势，以便更好地设计农村公共文化服务供给的满意度指标。

---

① 王秋：《农村公共文化服务满意度及其影响因素研究——基于昆明市 32 个乡镇 69 个村的实证分析》，《图书馆理论与实践》2018 年第 7 期，第 96—99 页。

② 张莉莉、郑永平、杨国永：《农村公共文化服务供给的公众满意度分析——以泉州市岵山镇为例》，《台湾农业探索》2019 年第 2 期，第 23—28 页。

③ 曾鸣：《互联网使用与农村公共文化服务满意度》，《华南农业大学学报（社会科学版）》2018 年第 4 期，第 84—94 页。

二、我国农村公共文化服务供给标准体系的构建方法

主要通过以下四个基本步骤构建农村公共文化服务供给指标体系的层次结构。

（一）确立目标层

指标体系的目标层意味着对评估目标的全面描述和全面反映，体现评价的目标与目的。农村公共文化服务供给显然是指标体系的最高层次。

（二）确立准则层

在新的大背景下充分理解农村公共文化服务供给的组成部分后，农村公共文化服务供给被分为基础设施建设、政府投入、人才队伍建设、社会参与四个方面。

（三）确定子准则层

重复第二步，找到影响农村公共文化服务供给中每个基础层实施的组件，并建立子系统与这些组件之间的对应关系。根据农村公共文化服务供给的具体情况，"基础设施建设"具体分为六个部分：乡镇文化站机构数、村文化室数、农村广播节目综合人口覆盖、农村电视节目综合人口覆盖、乡镇文化站藏书、乡镇文化站计算机数；"资金投入"具体分解成乡镇文化站收入、乡镇文化站藏书、乡镇文化站从业人员、乡镇文化站举办训练班班次、乡镇文化站培训人次五个构成要素；"人才队伍建设"具体分解成乡镇文化站从业人员、乡镇文化站培训人次两个构成要素；"社会参与"具体分解成艺术表演团体国内演出农村观众人次、艺术表演团体到农村演出场次两个构成要素。

（四）确定指标层

根据在第三级配置的特定内容，设计这些指标，直到每个指标层因子都可以由几个明确的特定指标直接反映出来。

三、我国农村公共文化服务供给标准体系的指标内涵

在借鉴现有研究成果以及《国家公共文化服务体系示范区（项目）创建标准》《创建国家公共文化服务体系示范区（项目）验收标准》中关于重点创建内容及其验收标准的基础上，本书围绕"综合指标—分类指标—单项指标"的思维框架来设计评价指标体系，见表 5-1。

表 5-1　我国农村公共文化服务供给指标体系与数据来源

一级指标	二级指标	三级指标	单位	来源
我国农村公共文化服务供给	基础设施建设	乡镇文化站机构数	个	中国文化文物统计年鉴
		村文化室数	个	中国文化文物统计年鉴
		农村广播节目综合人口覆盖	%	中国文化及相关产业统计年鉴
		农村电视节目综合人口覆盖	%	中国文化及相关产业统计年鉴
		乡镇文化站藏书	万册	中国文化文物统计年鉴
		乡镇文化站计算机数	台	中国文化文物统计年鉴
	人才队伍建设	乡镇文化站从业人员	人	中国文化文物统计年鉴
		乡镇文化站培训人次	万人次	中国文化文物统计年鉴
	资金投入	乡镇文化站资产总计	千元	中国文化文物统计年鉴
		乡镇文化站收入	千元	中国文化文物统计年鉴
		乡镇文化站支出	亿元	文化和旅游发展统计公报
	公共文化活动	乡镇文化站组织文艺活动次数	次	中国文化文物统计年鉴
		乡镇文化站举办展览个数	个	中国文化文物统计年鉴
		艺术表演团体到农村演出场次	万场次	中国文化文物统计年鉴
	社会参与	艺术表演团体国内演出农村观众人次	千人次	中国文化文物统计年鉴

第四节　我国农村公共文化服务供给指数测算

一、我国农村公共文化服务供给指标权重

在信息理论中，熵是系统无序程度的量度，可以度量数据所提供的有效信息。与变异系数法的基本原理相似，熵值法根据各指标传输给决策者的信息量的大小来确定指标权数的方法。某项评价指标的差异越大，熵值越小，该指标包含和传输的信息越多，相应权重越大。本书以 2009～2017 年作为研究时间段，各指标数据如表 5-2 所示。

第一步：将各项指标数值进行归一化处理。

$$a_{ij} = x_{ij} / \sum_{i=1}^{n} x_{ij} \qquad (i=1,2,3,\cdots,n; j=1,2,3,\cdots,m) \qquad （5-1）$$

第二步：计算评价指标的熵值

$$H_j = -k \sum_{i=1}^{n} a_{ij} \ln a_{ij} \qquad (k=1/\ln n) \qquad （5-2）$$

表5-2　2009~2017年我国农村公共文化服务供给指标体系的原始数据及指标权重

一级指标	二级指标	三级指标	权重	2009年	2010年	2011年	2012年	2013年	2014年	2015年	2016年	2017年
我国农村公共文化服务供给	基础设施建设（0.3800）	乡镇文化站机构数	0.1100	33 378	34 121	34 139	34 101	34 343	34 465	34 239	34 240	33 997
		村文化室数	0.2200	229 711	258 804	308 159	355 920	424 290	475 865	562 440	604 436	588 313
		农村广播节目综合人口覆盖	0.1600	95.10	95.64	98.24	97.79	97.53	97.29	97.00	96.60	96.09
		农村电视节目综合人口覆盖	0.1200	91.90	96.78	98.74	98.49	98.32	98.11	97.86	97.55	97.10
		乡镇文化站藏书	0.1800	10 067.80	11 503.06	13 350.62	15 422.19	17 199.73	18 494.54	19 330.55	20 205.04	21 160.69
		乡镇文化站计算机数	0.2100	48 542	71 137	111 483	157 741	200 735	238 423	248 029	257 990	263 540
	人才队伍建设（0.1600）	乡镇文化站从业人员	0.5100	71 768	73 920	78 148	83 676	87 922	93 307	95 939	101 970	100 216
		乡镇文化站培训人次	0.4900	865.10	927.66	1 231.28	1 336.59	1 488.10	1 615.82	1 771.39	1 955.63	1 950.25
	资金投入（0.1700）	乡镇文化站资产总计	0.3000	779 730	11 755 715	15 987 387	20 148 783	20 007 071	27 303 562	27 673 309	29 149 315	33 294 464
		乡镇文化站收入	0.3500	3 188 568	3 776 065	5 647 201	6 104 977	6 762 353	7 472 639	8 169 719	8 556 145	1 002 453
		乡镇文化站支出	0.3500	314 433.40	373 475.20	561 834	644 540	662 200	730 262	781 682	840 204	1 040 176
	公共文化活动（0.2400）	乡镇文化站组织文艺活动次数	0.3700	300 228	304 927	326 376	371 936	398 373	456 507	514 182	554 405	595 553
		乡镇文化站举办展览个数	0.3300	71 395	76 273	66 832	70 477	88 539	82 615	88 386	95 754	97 444
	社会参与（0.0500）	艺术表演团体到农村演出场次	0.3000	74.06	84.67	100.67	81.16	105.07	114.04	139.08	151.60	184.31
		艺术表演团体国内演出农村观众人次	1.0000	515 891	563 680	439 235	521 024	529 734	558 627	584 537	620 521	829 564

二、我国农村公共文化服务供给指标比值

本章以 2009 年农村公共文化服务供给指标为基准（100.00），之后历年的各指标与 2009 年相应指标的数据进行比较，求出比值，例如：

$$\frac{2010年乡镇文化站机构数}{2009年乡镇文化站机构数}=\frac{34\,121}{33\,378}=1.0223$$

其他以此类推。各年度各项比值与权重相乘求和再乘 100 即可求得各年农村公共文化服务供给指数，各年指标与 2009 年相应指标的数据比值如表 5-3 所示。

三、我国农村公共文化服务供给指数分析

已假设 2009 年的农村公共服务供给总指数为 100.00，不需再计算，计算结果如表 5-4 所示。

如图 5-1 所示，本章通过折线统计图反映 2009～2017 年我国农村公共文化服务供给总指数的变动趋势。可以看出，2009 年以来我国农村公共文化服务供给指数呈稳步增长状况，且保持在一个稳定的水平范围内。

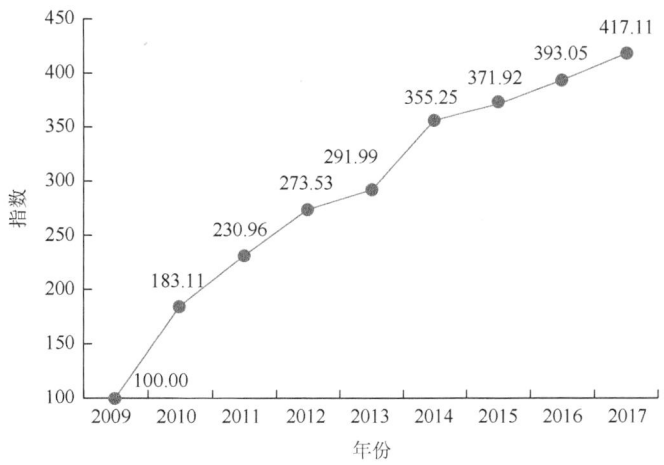

图 5-1　2009～2017 年我国农村公共文化服务供给总指数变化趋势

在本章中确定基准指数的方法如下：本章以 2009 年作为基准指数只是为了举例说明问题，在实际应用中可根据具体情况确定基准指数。一旦基准指数确定，就不宜变动，以便保持统计上的一致性。今后，若相关数据更加系统完备，可考虑对该指标体系进行调整。

表 5-3　各年指标与 2009 年相应指标的数据比值

比值×100

一级指标	二级指标	三级指标	权重	2009 年	2010 年	2011 年	2012 年	2013 年	2014 年	2015 年	2016 年	2017 年
我国农村公共文化服务供给	基础设施建设（0.380 0）	乡镇文化站机构数	0.110 0	100.00	102.23	102.28	102.17	102.89	103.26	102.58	102.58	101.85
		村文化室数	0.220 0	100.00	112.67	134.15	154.94	184.71	207.16	244.85	263.13	256.11
		农村广播节目综合人口覆盖	0.160 0	100.00	100.57	103.30	102.83	102.56	102.30	102.00	101.58	101.04
		农村电视节目综合人口覆盖	0.120 0	100.00	105.31	107.44	107.17	106.99	106.76	106.49	106.15	105.66
		乡镇文化站藏书	0.180 0	100.00	114.26	132.61	153.18	170.84	183.70	192.00	200.69	210.18
		乡镇文化站计算机数	0.210 0	100.00	146.55	229.66	324.96	413.53	491.17	510.96	531.48	542.91
	人才队伍建设（0.160 0）	乡镇文化站从业人员	0.510 0	100.00	103.00	108.89	116.59	122.51	130.01	133.68	142.08	139.64
		乡镇文化站培训人次	0.490 0	100.00	107.23	142.33	154.50	172.01	186.78	204.76	226.06	225.44
	资金投入（0.170 0）	乡镇文化站资产总计	0.300 0	100.00	1 507.66	2 050.37	2 584.07	2 565.90	3 501.67	3 549.09	3 738.39	4 270.00
		乡镇文化站收入	0.350 0	100.00	118.43	177.11	191.46	212.08	234.36	256.22	268.34	31.44
		乡镇文化站支出	0.350 0	100.00	118.78	178.68	204.98	210.60	232.25	248.60	267.21	330.81
	公共文化活动（0.240 0）	乡镇文化站组织文艺活动次数	0.370 0	100.00	101.57	108.71	123.88	132.69	152.05	171.26	184.66	198.37
	公共文化活动（0.240 0）	乡镇文化站举办展览个数	0.330 0	100.00	106.83	93.61	98.71	124.01	115.72	123.80	134.12	136.49
	社会参与（0.050 0）	艺术表演团体到农村演出场次	0.300 0	100.00	114.33	135.93	109.59	141.87	153.98	187.79	204.70	248.87
		艺术表演团体国内演出农村观众人次	1.000 0	100.00	109.26	85.14	100.99	102.68	108.28	113.31	120.28	160.80

表 5-4　2009～2017 年我国农村公共文化服务供给指数

一级指标	二级指标	三级指标	权重	2009年	2010年	2011年	2012年	2013年	2014年	2015年	2016年	2017年
我国农村公共文化服务供给	基础设施建设（0.3800）	乡镇文化站机构数	0.1100	100.00	102.23	102.28	102.17	102.89	103.26	102.58	102.58	101.85
		村文化室数	0.2200	100.00	112.67	134.15	154.94	184.71	207.16	244.85	263.13	256.11
		农村广播节目综合人口覆盖	0.1600	100.00	100.57	103.30	102.83	102.56	102.30	102.00	101.58	101.04
		农村电视节目综合人口覆盖	0.1200	100.00	105.31	107.44	107.17	106.99	106.76	106.49	106.15	105.66
		乡镇文化站藏书	0.1800	100.00	114.26	132.61	153.18	170.84	183.70	192.00	200.69	210.18
		乡镇文化站计算机数	0.2100	100.00	146.55	229.66	324.96	413.53	491.17	510.96	531.48	542.91
	人才队伍建设（0.1600）	乡镇文化站从业人员	0.5100	100.00	103.00	108.89	116.59	122.51	130.01	133.68	142.08	139.64
		乡镇文化站培训人次	0.4900	100.00	107.23	142.33	154.50	172.01	186.78	204.76	226.06	225.44
	资金投入（0.1700）	乡镇文化站资产总计	0.3000	100.00	1507.66	2050.37	2584.07	2565.90	3501.67	3549.09	3738.39	4270.00
		乡镇文化站收入	0.3500	100.00	118.43	177.11	191.46	212.08	234.36	256.22	268.34	31.44
		乡镇文化站支出	0.3500	100.00	118.78	178.68	204.98	210.60	232.25	248.60	267.21	330.81
	公共文化活动（0.2400）	乡镇文化站组织文艺活动次数	0.3700	100.00	101.57	108.71	123.88	132.69	152.05	171.26	184.66	198.37
		乡镇文化站举办展览个数	0.3300	100.00	106.83	93.61	98.71	124.01	115.72	123.80	134.12	136.49
	社会参与（0.0500）	艺术表演团体到农村演出场次	0.3000	100.00	114.33	135.93	109.59	141.87	153.98	187.79	204.70	248.87
		艺术表演团体国内演出农村观众人次	1.0000	100.00	109.26	85.14	100.99	102.68	108.28	113.31	120.28	160.80
		总指数	1.0000	100.00	183.11	230.96	273.53	291.99	355.25	371.92	393.05	417.11

在本章中确定我国农村公共文化服务供给标准指数的方法如下：本章以 2009～2017 年我国农村公共文化服务供给总指数为例，取这几年数据的几何均值，将高于均值的年度供给指数作为基础，再计算其几何均值，得出 290.77。同时，对 2009～2017 年的指数变动趋势进行分析可知，虽然 2009 年以来我国农村公共文化服务供给总指数呈稳步上升趋势，但是只有从 2013 年开始我国农村公共文化服务供给才开始达到此标准，这主要是跟我国农村公共文化服务体系进一步完善和创新有关，从供给角度来看，农村公共文化服务相关法律法规供给、农村公共文化服务相应的资金供给、农村公共文化服务从业人员供给以及农村公共文化各分领域的服务供给都比较充分，尤其是 2016 年 12 月 25 日通过的《中华人民共和国公共文化服务保障法》的出台，标志着农村公共文化服务工作取得了突破性进展，同时这也为我国农村公共文化发展提供了保障。

第六章　我国农村公共医疗卫生服务供给标准

第一节　我国农村公共医疗卫生服务供给界说与发展现状

一、农村公共医疗卫生服务供给概念界说

（一）公共医疗卫生服务的界定

《国务院关于印发"十三五"推进基本公共服务均等化规划的通知》（国发〔2017〕9号）明确了"医疗卫生服务"的范围和内容。"医疗卫生服务"包括"基本医疗服务"和"公共卫生服务"两大范畴，是由政府向全体居民提供的，用以保障居民身心健康的一揽子公共卫生服务措施。储德银等认为公共医疗卫生服务的需求方是全体公民，主要供给方是政府，其他社会组织和企业作为补充供给方存在[①]。王俊豪与贾婉文指出公共医疗卫生服务的主要特点包括普遍性、公平性与可支付性，即服务对象是全体社会成员，各社会成员享有基本相同的服务标准，社会成员用较少的经济代价，甚至免费即可享有相应的医疗服务[②]。杨少垒等认为公共医疗卫生服务的标准应与一个国家或地区的经济发展状况、卫生环境和社会成员健康水平相适应，并随着经济水平的提高而相应提高[③]。本书认为公共医疗卫生服务包括基本医疗服务和公共卫生服务，基本医疗服务是在一定经济发展阶段内，政府提供的能满足人类较低层次并且必不可少的、可以保障人人享有的、经济上公众具有承受能力的医疗服务，强调以治疗为主。公共卫生服务是指政府为达到预防疾病、促进健康的目的，通过公共卫生政策与规划的制定，动员社会力量，预防、监测、控制传染病及其他疾病的流行，监测公众健康，进行公共卫生研究和开发。公共卫生服务的内容是卫生，强调以预防为主，是一种无病防病的模式，消费者可通过疫苗接种、卫生保健等活动达到健康的目的。

[①] 储德银、韩一多、张同斌：《财政分权、公共部门效率与医疗卫生服务供给》，《财经研究》2015年第5期，第28—41、66页。

[②] 王俊豪、贾婉文：《中国医疗卫生资源配置与利用效率分析》，《财贸经济》2021年第2期，第20—35页。

[③] 杨少垒、刘涛、陈娟：《西部地区农村医疗卫生服务效率测度及动态分析》，《农村经济》2020年第11期，第129—135页。

（二）农村公共医疗卫生服务供给的界定

农村公共医疗卫生服务是以满足农村居民基本医疗卫生服务需求为目的，将农村居民作为服务对象、以农村居民日常生活的农村地区为主要服务范围，为农村居民提供包括预防、医疗、保健、康复和健康教育等内容的完善、全面、连续的基本医疗卫生服务。胡洪曙认为公共医疗卫生服务供给具有时效性强、医疗卫生服务不可替代、生命周期较长和供给必须连贯等四个特点[①]。这就要求农村地区提供医疗卫生服务的单位利用最佳生产要素组合和最合理管理方式，在既定的资金条件下最大限度地产出满足消费者需要的医疗卫生服务。然而，当前农村地区在资源拥有量、吸引力、稳定性等方面相对于城市来说都处于较为劣势的地位，尤其是在决定农村医疗卫生服务能否有效开展最关键的供给人员[②]、设施[③]与资金方面[④]，这些资源的长期匮乏和不足成为制约农村医疗卫生服务全面发展的一个重要问题，所以这一项内容必须要作为未来社会发展和我国医疗卫生事业推进的重中之重。

综上所述，本书将农村公共医疗卫生服务供给的概念界定为：在农村地区，政府部门主导下，由政府、事业单位和其他公共组织协同合作投入人力、物力与财力，为农村居民提供包括预防、医疗、保健、康复与健康教育等内容的完善、全面、连续的公共医疗卫生服务的过程。

二、我国农村公共医疗卫生服务供给现状

（一）我国农村公共医疗卫生服务供给的发展阶段

对于我国农村公共医疗卫生服务供给，基层实行了以下三项创举，一是在农村建立了三级医疗服务网，二是创立了乡村医生制度，三是推行了以相互帮助、风险共担为基础的合作医疗制度。自中华人民共和国成立以来，我国农村医疗卫生服务供给体系的发展主要可以分为以下四个时期。

1. 1949 年至 20 世纪 60 年代中期，初步形成时期

在 1950 年至 1952 年，医疗卫生事业是由中央政府统一在全国范围内规划和分配有限的卫生资源。即使在 1950 年至 1970 年，卫生事业也有非

---

① 胡洪曙：《中国基本公共服务供给指数报告（2017）》，经济科学出版社 2018 年版。

② 陈志勇、韩韵格：《基本医疗卫生服务供给的动态演进及空间差异》，《中南财经政法大学学报》2021 年第 2 期，第 53—64 页。

③ 辛冲冲、李健、杨春飞：《中国医疗卫生服务供给水平的地区差异及空间收敛性研究》，《中国人口科学》2020 年第 1 期，第 65—77、127 页。

④ 吉黎星、鲍曙光：《中国式财政分权、转移支付体系与基本公共服务均等化》，《中国软科学》2019 年第 12 期，第 170—177 页。

凡表现：每千人拥有的医院床位数量从 0.18 增加到了 1.34，大约增长了六倍。这一时期，主要以政府资金和集体经济的投入作为医疗机构补偿的基础，不注重营利性。医疗价格控制在合理水平，个人只需支付少量费用。农村医疗以普通病的治疗为基础，强调中医与西医治疗相结合，主要预防常见病和发生概率低的病，这类疾病具有干预成本低且效果好的特点。这从根本上保证了大多数社会成员都能获得最基本的医疗和保健服务，并在一定程度上解决了他们的医疗资金问题，促进了医疗的公平化。

2. 20 世纪 60 年代后期至 70 年代末，建设发展时期

在这段时间内，党中央高度重视农村卫生事业。表现为：一是大量城市医务工作者和医学院毕业生被长期调派到农村工作；二是向农村派遣城市流动医疗队；三是对农村基层"半农半医"的"赤脚医生"进行短期培训；四是由财政部和集体经济共同承担对卫生中心进行新建和扩建。到 20 世纪 70 年代末，中国约有 160 万名"赤脚医生"、350 万名卫生工作者和 70 多万名助产士，合作医疗的覆盖率达到 90% 以上。这些措施极大地促进了农村居民健康水平的提高。这一时期主要将集体经济作为支撑，没有国家财政的大规模投资，农村卫生系统效率高、成本低、覆盖面广。

3. 20 世纪 80 年代至 21 世纪初，改革中的探索调整时期

农村经济体制改革始于 1978 年，建立起家庭承包管理和统一整合的两级管理体系。这项改革改变了农业管理的主体，极大地影响了最初依靠集体经济来提供资金支撑的农村卫生组织。地方财政代替了人民公社成为医疗补偿的重要来源。因为受限于预算，政府很难承担其所有公共卫生职能。卫生部门借鉴了市场经济的理念，提出采用经济手段进行卫生保健。卫生部门认为医疗费用太低，医疗机构效率低下，吃"大锅饭"现象是卫生保健发展的主要问题。同时，还建议调动医疗各方面的积极性，促进多样的合同责任制，对多种形式和层次的医疗给予支持，提高其自主性。卫生服务提供者不再将改善居民健康作为机构发展的首要目标，而是将组织产生多少收入作为响应政府评估和检查的一项重要成就。以经济收入衡量管理效率和以产出为中心的补偿方式限制了健康产业的发展方向。此外，在反思"文化大革命"时，合作医疗被认为是"极左产品"。在此期间，蓬勃合作的医疗体系基本瓦解了。

4. 21 世纪初至 2008 年，新机制建设和发展时期

2002 年颁布的《中共中央　国务院关于进一步加强农村卫生工作的决定》明确了坚持以农村为重点的卫生工作方针。从农村经济社会发展的现实出发，加大对农村卫生的投入，推动农村卫生服务体系的改革和发展建设，建立和完善"新农合"制度。2003 年，国务院提供资金，农民自愿参

加政府资助的农村合作医疗开始进行试点测试，作为大多数农民的基本医疗保障，"新农合"制度与其经济社会发展相适应，在大多数农民的支持下推动了农村卫生与健康的发展。在积极推进"新农合"制度试点的同时，建立农村卫生服务体系已成为深化农村卫生改革的重中之重。在新的农村合作医疗服务中，需要三对一的协作以及在医疗、医疗保健方面的一系列改革，重点是对农村和医疗机构的合理规划与功能定位。"十一五"期间实施的《关于建立新型农村合作医疗制度的意见》，提出"加强农村卫生服务网络建设，强化对农村医疗卫生机构的行业管理，积极推进农村医疗卫生体制改革，不断提高医疗卫生服务能力和水平，使农民得到较好的医疗服务"。

5. 2009 年至今，深化改革时期

2009 年，国务院颁布的《关于深化医药卫生体制改革的意见》提出加强政府在制度、规划、筹资、服务、监管等方面的职责，维护公共医疗卫生的公益性，促进公平公正。我国农村卫生工作已进入新的发展阶段。自 2010 年以来，多个城市和地区开始试点公立医院改革，积极开展改善服务体系探索、体制机制创新等。2013 年，全国 311 个县（市）还启动了县级公立医院综合改革试点，打破了"以药补医"为主要纽带的机制，推进了管理体制、薪酬机制和人员分配机制的改革。通过积极实施临床途径管理，在同等水平的医疗机构就诊及限时就诊的情况下相互认可检测结果，对各地医疗费用实施控制，为群众就医提供方便。2017 年，国务院印发的《"十三五"深化医药卫生体制改革规划》显示，2015 年居民人均预期寿命比 2010 年增长 1.51 岁，个人卫生支出占卫生总费用比重从 35.29%降至 29.27%，80%以上的居民可以在 15 分钟内到达最近的医疗点。群众健康情况高于世界平均水平，初步减少了医疗费用的不合理增长，大大提高了基本医疗卫生服务的公平性和可及性。

（二）我国农村公共医疗卫生服务发展的政策支持

我国农村公共医疗卫生服务供给在合作医疗、"赤脚医生"和三级农村卫生网点等方面取得了辉煌成就。这在保障农民基本医疗服务获取、农民健康状况改善和农村发展方面发挥了重要作用。但正如 2002 年《中共中央 国务院关于进一步加强农村卫生工作的决定》所指出的那样，"从总体上看，农村卫生工作仍比较薄弱，体制改革滞后，资金投入不足，卫生人才匮乏，基础设施落后，农村合作医疗面临很多困难，一些地区传染病、地方病危害严重，农民因病致贫、返贫问题突出，必须引起各级党委和政府的高度重视"。围绕这些问题，从 2004~2018 年，15 个中央一号文件逐步提出了一系列含金量很高的关键举措，如表 6-1 所示。它们都将农村公共医疗卫生作为主题或将与之高度相关的方面作为重点，体现了中央对农村公共医疗卫生事业的重视。其中，"新农合"和医疗救助制度建设、农村卫生经费投入、城乡医疗卫生资源分配等在不同时期呈现出鲜明的时代特征。[①]

表 6-1　2004～2018 年中央一号文件涵盖农村卫生的概况

内容主题	中央一号文件的年份
农村卫生经费等投入	2004、2005、2006、2007、2009、2015
"新农合"、医疗救助	2005、2010、2013、2015、2016
农民工医疗保险和职业病防治制度建设	2007、2008、2010
传染病、地方病防治	2006、2008、2018
农村人居环境改善	2008、2013
卫生支农（城市和其他社会力量建设农村卫生事业）	2006、2007、2010
农村医疗卫生服务体系建设	2006、2007、2010、2013、2014、2015、2017、2018
农村卫生监管	2006、2007、2008、2010
整合城乡居民基本医疗保险制度	2016、2017、2018

1. 建立健全农村社会保障制度中的医疗保险制度，将农民工等特殊职业纳入系统保护范围

2002 年 10 月，《中共中央　国务院关于进一步加强农村卫生工作的决定》明确指出要"逐步建立新型农村合作医疗制度"，从 2003 年起在全国部分县（市）试点，2006 年《国务院关于解决农民工问题的若干意见》提出抓紧解决农民工大病医疗保障问题。有条件的地方，可直接将稳定就业的农民工纳入城镇职工基本医疗保险。农民工也可自愿参加原籍的"新农合"。2008 年基本实现"新农合"的全覆盖。2009 年中央一号文件《中共中央国务院关于 2009 年促进农业稳定发展农民持续增收的若干意见》指出"巩固发展新型农村合作医疗，坚持大病住院保障为主、兼顾门诊医疗保障，开展门诊统筹试点，有条件的地方可提高财政补助标准和水平。进一步增加投入，加强县、乡、村医疗卫生公共服务体系建设"。2016 年中央一号文件《中共中央国务院关于落实发展新理念加快农业现代化实现全面小康目标的若干意见》提出"全面实施城乡居民大病保险制度。健全城乡医疗救助制度"。2017 年中央一号文件《中共中央国务院关于深入推进

① 柯洋华、单大圣：《从中央"一号文件"看农村卫生事业发展》，《卫生经济研究》2014 年第 11 期，第 3—7 页。

农业供给侧结构性改革加快培育农业农村发展新动能的若干意见》提出"继续提高城乡居民基本医疗保险筹资水平,加快推进城乡居民医保制度整合,推进基本医保全国联网和异地就医结算。加强农村基层卫生人才培养"。2018年中央一号文件《中共中央国务院关于实施乡村振兴战略的意见》提出"完善统一的城乡居民基本医疗保险制度和大病保险制度,做好农民重特大疾病救助工作。巩固城乡居民医保全国异地就医联网直接结算"。

2. 加大农村卫生投入

2004年,中央一号文件《中共中央国务院关于促进农民增加收入若干政策的意见》简要提出了"落实好新增教育、卫生、文化等事业经费主要用于农村的政策规定",2005年中央一号文件《中共中央国务院关于进一步加强农村工作提高农业综合生产能力若干政策的意见》又进一步提出"要落实新增教育、卫生、文化、计划生育等事业经费主要用于农村的规定,用于县以下的比例不低于70%"。2006年中央一号文件《中共中央 国务院关于推进社会主义新农村建设的若干意见》指出了政府重点投入的卫生领域。这些领域包括建立以乡镇医院为重点的基础设施,为乡村医生提供足够的资金支持,培养乡村卫生专业人员以及提高乡镇医疗和硬件及软件服务的能力。2007年中央一号文件《中共中央 国务院关于积极发展现代农业扎实推进社会主义新农村建设的若干意见》提出继续扩大新型农村合作医疗制度试点范围,加强规范管理,扩大农民受益面。2009年中央一号文件《中共中央 国务院关于2009年促进农业稳定发展农民持续增收的若干意见》提出加大"加强县、乡、村医疗卫生公共服务体系建设"。2009年和2010年,中央一号文件为新型农村合作医疗制度提供了有条件的政府补助,鼓励将标准逐步提高。在2015年,中央一号文件《中共中央 国务院关于加大改革创新力度加快农业现代化建设的若干意见》提出"建立新型农村合作医疗可持续筹资机制,同步提高人均财政补助和个人缴费标准,进一步提高实际报销水平"。

3. 加强农村三级医疗卫生服务体系建设

2006年、2008年、2009年和2013年的中央一号文件都提出了改善和完备农村三级医疗服务网络的建议。从具体任务看,2006年农村卫生基础设施建设重点是改善卫生环境,美化农村城镇卫生院和村卫生所的风貌。2005年,为促进人才短缺和城市医院技术人员的流动,提出了"促进农村医护人员的培训",并于2006年向农村医生提供补贴和培训农村医务人员的资金预算以及配置城市医疗机构和人员以支持农村地区。在2007年,继续强调对农村卫生发展的支持,通过大专或中职学校的毕业生促进农村服务，并建立现场医生培训系统以加强教育。2010 年中央一号文件《中共中央国务院关于加大统筹城乡发展力度进一步夯实农业农村发展基础的若干意见》提出"完善精神物质奖励、职务职称晋升、定向免费培养等措施，引导更多城市教师下乡支教、城市文化和科研机构到农村拓展服务、城市医师支援农村"，完善农村三级医疗卫生服务网络，落实乡镇卫生院人员绩效工资和乡村医生公共卫生服务补助政策，逐步实施免费为农村定向培养全科医生和招聘执业医师计划。2014 年，"深化农村基层医疗卫生机构综合改革，实施中西部全科医生特岗计划。继续提高新型农村合作医疗的筹资标准和保障水平，完善重大疾病保险和救助制度，推动基本医疗保险制度城乡统筹"。2015 年，"建立新型农村合作医疗可持续筹资机制，同步提高人均财政补助和个人缴费标准，进一步提高实际报销水平。全面开展城乡居民大病保险，加强农村基层基本医疗、公共卫生能力和乡村医生队伍建设"。2017 年，"加强农村基层卫生人才培养。完善农村低保对象认定办法，科学合理确定农村低保标准"。2018 年，"完善基本公共卫生服务项目补助政策，加强基层医疗卫生服务体系建设，支持乡镇卫生院和村卫生室改善条件。加强乡村中医药服务。开展和规范家庭医生签约服务，加强妇幼、老人、残疾人等重点人群健康服务"。

4. 加大地方病、传染病防治，加强药品安全监管

缺乏常识和防治能力，农村生活水平和营养状况差是导致流行病危害农村地区的主要原因。针对这种情况，2005 年的中央一号文件将预防和治疗艾滋病和血吸虫病等主要疾病列入议程。农村饮用水安全，废物和污水处理以及改善农村居住环境被反复提及，在 2006 年和 2008 年，中央一号文件提出了"加大农村传染病和地方病防治力度"，还建议加强对农村药品的监管。2018 年，提出强化农村公共卫生服务，加强慢性病综合防控，大力推进农村地区精神卫生、职业病和重大传染病防治。

（三）我国农村公共医疗卫生服务事业的发展状况

我国作为正处在高速成长中的农业大国，全国总人口中农村人口的数量占到 36.11%。改善农村卫生服务条件，提高农村卫生服务能力，同时预防和控制农村重大疾病，改善农民健康，防止农民因病致贫，促进其与农村合作医疗制度结合都十分重要。

我国建立了由县医疗机构带头、乡镇卫生院为纽带、村卫生室为基础的农村公共医疗卫生服务供给体系。它主要执行诸如预防保健、基本医疗与健康教育等任务，并确保农村居民获得基本保健服务。村卫生室是农村公共医疗卫生服务供给体系的基础，是中国农村医疗团队的重要组成部

分,为广大农村居民提供基础医疗服务,也是促进农村医疗卫生工作和确保农村居民健康的重要力量。①乡村医生是农村医疗队伍最基本的组成部分,在农村初级卫生保健服务体系中担负着重要任务,为农村居民提供便捷、经济和恰当的医疗、预防和保健服务,其他卫生机构不能代替它。中央和地方政府发布了一系列指导文件,以改善农村卫生服务水平并促进农村卫生发展。2011年《中华人民共和国国民经济和社会发展第十二个五年规划纲要》指出加强以县医院为龙头、乡镇卫生院和村卫生室为基础的农村三级医疗卫生服务网络建设,新增医疗卫生资源重点向农村和城市社区倾斜。因此,在《"十二五"期间深化医药卫生体制改革规划暨实施方案》中,国务院提议继续支持村卫生室、乡镇卫生院、社区卫生服务机构标准化建设。2012年中国共产党第十八次报告明确指出,坚持为人民健康服务的方向,坚持预防为主、以农村为重点、中西医并重,健全农村三级医疗卫生服务网络和城市社区卫生服务体系,深化公立医院改革,鼓励社会办医。②2013年,《深化医药卫生体制改革2013年主要工作安排》强调"继续支持基层医疗卫生机构",特别是乡村诊所建设。2015年,为部署进一步加强乡村医生队伍建设,切实筑牢农村医疗卫生服务网底,《国务院办公厅关于进一步加强乡村医生队伍建设的实施意见》提出"通过10年左右的努力,力争使乡村医生总体具备中专及以上学历,逐步具备执业助理医师及以上资格,乡村医生各方面合理待遇得到较好保障,基本建成一支素质较高、适应需要的乡村医生队伍,促进基层首诊、分级诊疗制度的建立,更好保障农村居民享受均等化的基本公共卫生服务和安全、有效、方便、价廉的基本医疗服务"。由国家卫生和计划生育委员会印发的《2017年卫生计生工作要点》强调"进一步深化基层综合改革,完善财政补偿、服务价格、人事分配、绩效考核等政策措施,提高医疗服务价格和奖励性绩效工资比例,落实乡村医生待遇政策,妥善解决养老问题"。这些政策文件的执行为农村卫生特别是乡村诊所的发展提供了坚实的政治保证。随着深化医疗卫生体制改革工作的继续,中央和地方政府继续增加对乡村诊所的投资,村医的素质和服务水平稳步提高,农村居民享有的基本卫生服务更为公平和可持续,乡村诊所的基础设施条件和服务实力与上一个阶段相比有了显著改善。据统计,中国合法报告中传染病发病率从1949年的每十万人中有两万人患病下降到2020年的每十万人中只有

---

① 田孟:《乡村治理转型与村级卫生人力资源配置变迁》,《中国卫生经济》2016年第2期,第45—50页。

② 《胡锦涛在中国共产党第十八次全国代表大会上的报告》,http://www.xinhuanet.com//18cpcnc/2012-11/17/ c_113711665.htm[2022-11-20]。

413.63 个人患病。①全国农村婴儿死亡率从 1949 年的 200‰降至 2020 年的 6.2‰，农村产妇死亡率从 1949 年的每十万孕妇中有 1500 个死亡降至 2020 年的每十万个孕妇中仅有 18.5 个死亡。

（1）卫生资源。在医疗卫生机构总数上，2020 年末，全国基层医疗卫生机构中，社区卫生服务中心（站）35 365 个，乡镇卫生院 35 762 个，诊所和医务室 259 833 个，村卫生室 608 828 个；在床位数上，2020 年末，基层医疗卫生机构 164.9 万张，乡镇卫生院床位 139.0 万张，较 2019 年床位增加 2.0 万张；在卫生人员总数上，农村拥有乡村医生和卫生员 79.2 万人，乡镇卫生院有卫生人员 148.1 万人，其中卫生技术人员 126.7 万人。

（2）医疗服务。2020 年乡镇卫生院和社区卫生服务中心（站）门诊量达 18.5 亿人次，占门诊总量的 23.9%，比 2019 年减少 1.8 亿人次。2020 年入院人数中，医院 18 352 万人（占 79.7%），基层医疗卫生机构 3 707 万人（占 16.1%），其他医疗机构 954 万人（占 4.1%）。与 2019 年比较，医院入院减少 2831 万人，基层医疗卫生机构入院减少 588 万人，其他医疗机构入院减少 164 万人。

（3）基层卫生服务。2020 年，全国县级（含县级市）医院诊疗人次达 11.6 亿人次，比 2019 年减少 1.2 亿人次；入院人数 8064.9 万人，比上年减少 1070.1 万人；病床使用率 71.6%，比 2019 年下降 9.1 个百分点。2020 年乡镇卫生院诊疗人次为 11.0 亿人次，比 2019 年减少 0.7 亿人次；入院人数 3383 万人，比 2019 年减少 526 万人。2020 年医师日均担负诊疗 8.5 人次和住院 1.3 床日。病床使用率 53.6%，出院者平均住院日 6.6 日。与 2019 年相比，乡镇卫生院医师工作负荷略有下降，病床使用率下降 3.9 个百分点，平均住院日比上年延长 0.1 日。2020 年村卫生室诊疗量达 14.3 亿人次，比 2019 年减少 1.7 亿人次，平均每个村卫生室年诊疗量 2349 人次；根据《关于做好 2021 年基本公共卫生服务项目工作的通知》在社区卫生方面，国家基本公共卫生服务项目人均经费补助标准从 2020 年的 74 元提高至 2021 年的 79 元。

（4）病人医药费用。2020 年乡镇卫生院次均门诊费用 84.7 元，按当年价格比 2019 年上涨 9.6%，按可比价格上涨 6.9%；人均住院费用 2038.0 元，按当年价格比 2019 年上涨 5.8%，按可比价格上涨 3.2%。日均住院费用 317.5 元。2020 年，乡镇卫生院次均门诊药费（51.8 元）占 61.2%，比 2019 年（59.8%）上升 1.4 个百分点；人均住院药费（731.2 元）占 35.1%，比 2019 年（38.5%）下降 3.4 个百分点。

---

① 《2020 年全国法定传染病疫情概况》，http://www. nhc.gov.cn/jkj/s3578/202103/f1a448b7df7d4760976fea6d55834966.shtml[2022-11-20]。

（5）妇幼卫生与健康老龄化。2020 年农村 5 岁以下儿童死亡率 8.9‰；农村婴儿死亡率 6.2‰。与 2019 年相比，5 岁以下儿童死亡率、婴儿死亡率均有不同程度的下降。农村孕产妇死亡率为 18.5/10 万，较 2019 年有所下降。[①]

（四）我国农村公共医疗卫生服务事业的成就、经验与问题措施

1. 我国农村卫生的主要成就

（1）2002 年，党中央与国务院做出关于在全国建立"新农合"制度的重大决定后，在全国农业人口众多的县（市、区）建立了"新农合"制度。这是在中国所建立的"全民医保"基本工程。2016 年，国务院印发了《关于整合城乡居民基本医疗保险制度的意见》，提出"整合城镇居民基本医疗保险和新型农村合作医疗两项制度，建立统一的城乡居民基本医疗保险制度"，这对促进社会正义、改善人民福祉具有重大意义。

（2）随着农村卫生三级网点的不断整合和发展，政府在每个县建立医疗、妇幼保健和疾病预防控制机构，以及在每个乡镇设立卫生室。县级医疗机构除了提供医疗卫生服务外，还为农村一级医疗机构提供业务指导。镇卫生院具有基本医疗、预防保健和公共卫生保健功能，镇诊所主要诊治常见病、提供初级保健和公共卫生服务。截至 2017 年底，县级共建立医院、妇幼保健、疾病预防控制中心和卫生监督机构 20347 个，平均每个县卫生机构 7.14 个。2017 年底，全国 3.16 万个乡镇共设 3.7 万个乡镇卫生院，床位 129.2 万张，卫生人员 136.0 万人，每千农村人口乡镇卫生院床位达 1.35 张，每千农村人口乡镇卫生院人员达 1.42 人。

（3）继续加强农村卫生队伍的建设。国家分别于 1998 年和 2003 年制定了《中华人民共和国执业医师法》和《乡村医生从业管理条例》，并实施了全国执业注册制度，以明确医疗专业人员的入职要求。为了加强农村卫生人员的教育，中央政府对农村卫生人员进行了大规模的职业培训，并通过优惠政策、划拨专项资金为农村基层服务吸引优秀人才，在全国范围内发展农村医师教育计划。我国农村卫生队伍结构、数量和专业程度已有一定程度的改善。2015 年，国务院办公厅印发了《关于进一步加强乡村医生队伍建设的实施意见》，加强了乡村医生的建设，有效地建立了乡村医疗卫生服务网络。2020 年底，全国村卫生室人员达 144.2 万人，乡村医生和卫生员 79.1 万人。平均每村卫生室人员 2.37 人。

（4）农村居民的健康水平大大提高。我国农村地区的孕产妇和婴儿

---

①《2020 年我国卫生健康事业发展统计公报》，http://www.nhc. gov.cn/guihuaxxs/s10743/202107/af8a9c98453c4d9593e07895ae0493c8.shtml[2022-11-20]。

死亡率自 1949 年以来持续下降，在 2017 年创下历史新低。其中，孕产妇死亡率从 1949 年的 1500/10 万下降到 2020 年的 18.5/10 万。农村地区的婴儿死亡率从 1991 年的 58‰下降到 2017 年的 7.9‰，远低于发展中国家的平均水平。人口平均寿命从中华人民共和国成立前的 35 岁提高到 2017 年的 77.3 岁。

2. 我国农村公共医疗卫生服务事业的基本经验

1949 年以来，我国积极探索适合国情的农村卫生发展模式，探索医疗和卫生需求，以支持医疗和卫生资源不足的广大人口，并且有许多基本经验值得总结。

一是坚持把农村卫生作为重点。中华人民共和国成立初期全国卫生大会制定了针对工农兵的卫生工作政策。在 20 世纪 60 年代，考虑到卫生部门将重点放在城市地区的现实局面，毛泽东亲自起草《关于医疗卫生工作的重点问题》强调"把医疗卫生工作的重点放到农村去"。1992 年《中华人民共和国国民经济和社会发展十年规划和第八个五年计划纲要》提出"把医疗卫生工作的重点放在农村"，1997 年，《中共中央 国务院关于卫生改革与发展的决定》再次对其进行重申并提出将它放到首要位置。2002 年，《中共中央 国务院关于进一步加强农村卫生工作的决定》对农村卫生项目指导思想和目标提出了具体要求，并将农村卫生项目推向了新的发展阶段。自 2009 年开始的农村卫生改革是一项医疗卫生体制改革，其不仅是改革的重点，还是一项重要的创新，在整个改革中发挥着重要作用。至此以农村为中心的原则已得到全党、全国和所有卫生工作者的一致认可，已成为协调卫生政策和分配资源的重要指南，是我国农村卫生事业的快速发展的根本原因。

二是坚持实事求是的原则，根据我国国情探索农村卫生的发展模式。我国经济发展的总体水平处于社会主义的初级阶段，城乡地区之间的发展不平衡。因此，为了做好在农村卫生项目中的工作，需加强硬件和软件基础设施，充分调动农村热情和积极性，坚持走以预防为主、注重公益性的公共卫生事业道路。目前在广大农村地区正在进行的医疗卫生重大改革也应遵循上述原则，并遵循中国特色的农村卫生发展道路。

三是着眼于农村卫生系统的整体发展。农村卫生服务体系和农民的医疗保障体系是相互依存、共同促进的两个支撑点。农村卫生服务体系建设的优劣直接影响农民医疗保障体系的有效性，农村卫生保障体系的发展水平影响着农民对农村卫生服务体系的利用。为了发展我国的农村卫生体系，必须坚持共同进步与发展。要注意避免"一条腿长一条腿短"的问题，并设法使农民受益更多。

　　四是坚持农村卫生发展改革创新。建立可以在农村地区推广的体制机制，并有效解决农民的医疗和健康需求，这是一项长期、复杂而困难的任务，必须依靠改革和创新。建立和发展我国农村卫生体系的过程是不断改革和创新体制机制的过程。中华人民共和国成立初期，依靠农业合作经济，在全国县、乡和村三级创造性地建立了卫生和保健机构。通常基于相对较高的收入分配来建立乡村医师制度。为了充分调动和培养农民的合作积极性，建立了合作医疗制度。在社会主义市场经济条件下，我国建立了农村卫生工作者工作方法体系。另一种机制是在主要疾病的融合基础上建立新的农村合作医疗体系，建立一个意义更广泛的三级医疗网络，并为所有人提供基本的医疗卫生服务，这些改革适应了农村经济社会变革的新要求，促进了和谐社会的建设，促进了农村卫生事业向新的方向发展。[①]

　　3. 我国农村公共医疗卫生服务事业发展存在的问题

　　总体而言，农村卫生并没有发生根本性的变化，特别是农村经济体制改革和经济社会的发展，已经扩大了城乡和东西部之间的卫生水平差距。当前存在明显的困难和问题有以下四点。

　　（1）农村地区医疗卫生资源相对缺乏，且配置不均衡。长期以来城乡二元结构和较集中的医疗卫生管理体制，使医疗资源的分配缺乏公平性和均衡性，从城乡差距来看，《中国统计年鉴2021》数据显示，城市每万人医疗机构床位数88.10张，农村每万人医疗机构床位数只有49.5张；每万人拥有城市卫生技术人员数115人，而每万人拥有农村卫生技术人员数只有52人；每万人拥有城市执业（助理）医师数43人，而每万人拥有农村执业（助理）医师数只有21人；每万人拥有城市注册护士数54人，而每万人拥有农村注册护士数21人。再从区域差距来看，就每万人拥有农村卫生技术人员数这个指标来说，经济发达地区如浙江省有81人，江苏省有66人，而欠发达地区如山西省只有45人，黑龙江省只有46人；每万人拥有城市执业（助理）医师数这个指标来说，经济发达地区如浙江省只有34人，江苏有29人，而欠发达地区如山西省只有20人，黑龙江省只有20人；再来比较每万人拥有农村注册护士数这个指标，经济发达地区如浙江省只有33人，江苏有27人，而欠发达地区山西省只有17人，黑龙江省只有16人。

　　（2）农村公共医疗卫生服务人才缺乏。农村公共卫生服务的需求量大且事务繁杂，对公共卫生服务人员的综合业务素质要求也比较高，乡镇卫生院从事公共卫生工作的大多是护理人员，有的地方甚至就是普通的高中

---

　　① 尚文茹、李秀霞、魏莉莉等：《农村卫生服务质量评价指标体系研究进展》，《中国卫生政策研究》2017年第3期，第61—69页。

毕业生，其中一部分是无法胜任临床医疗工作的，有公共卫生专业背景的寥寥无几，医生几乎没有进修学习的机会，不少医生工作 40 年左右直到退休都只是初级职称，职称高的工作人员大都跳槽另谋高就了，《中国卫生健康统计年鉴 2020》数据显示，55 岁以上的乡村医生占比达到 37.7%，大学本科及以上的占比仅为 0.3%，农村执业（助理）医师中职称在中级及以上的比重仅为 0.7%，及农村注册护士中职称在中级及以上的比重仅为 0.8%，在农村卫生室的工作人员基本是当地农民，基本上处于兼业性质，很多人只是被动地完成任务，基本不能够积极地开展工作，影响公共卫生服务规范化实施，不能很好地满足群众的需求。

（3）人口流动对农村公共卫生构成巨大挑战。自从 1983 年在农村地区实施家庭联产承包责任制以来，大多数农民摆脱了土地的束缚，在过去的 40 年中政府不断出台解决农民进城务工的户口落地问题的政策，并且为大多数农民去主要城市寻找机会创造条件。人口流动给农村和城市公共卫生带来了许多挑战。一方面，流动人口的年龄结构较为年轻。他们必须面对这个年龄段的特定健康问题，如性传播疾病、艾滋病和其他传染病等带来的生殖健康问题和精神健康问题。传染病很容易通过流动人口传播到家庭，并传播到整个村庄。另一方面，他们的生活方式、生活条件和生活行为会影响传染病的发展。许多移民人口生活在环境恶劣的城市边缘地带，加上不健康的生活方式和行为，恶劣的生活条件和拥挤的居住状况可能威胁到人身安全。农村人口的流动给城市医疗公共卫生工作带来了沉重负担。[①]

（4）农村基础医疗网点服务能力差。随着农村老龄化的越来越大，农村医疗服务保健的需求也日益剧增，政府有关部门也及早进行了统一的部署，根据"15 分钟就医圈"的原则，在农村加大了农村医务室的建设，大部分乡镇农村都建有医务室，解决了绝大部分农村村民的医疗保健问题。但是，农村医疗网点没有全覆盖，农村居民医疗服务可及较差，《中国卫生健康统计年鉴 2020》数据显示，2018 年农村调查地区住户距最近医疗单位距离在 4 公里以上的占比为 7.6%，比城市高出 4.9 个百分点；农村调查地区住户到最近医疗点所需时间 15 分钟以上的占比为 12.4%，比城市高出 4.3%，在对居住分散、交通不便的偏远山区这个比例会更高。但由于基层财政、医疗机构实力及群众的承受能力等原因，医疗设备年久老化，许多基层医疗机构尤其是边远地区医疗机构接受城市大医院超期服役医疗设备"下乡"已司空见惯，这

---

① 王红珠：《当前农村公共卫生的困境及解决措施探析》，《中国农村卫生事业管理》2018 年第 11 期，第 1377—1380 页。

可能为临床用械安全埋下了巨大隐患，让农村患者花高价也得不到精准医疗，加重"看病贵"的状况。

4. 农村公共医疗卫生服务体系改革的措施

随着我国新医改的不断发展，对农村三级医疗卫生服务体系改革的呼声日益高涨。同时，建立分级诊疗体系也成为改革卫生服务体系的一项重要挑战。深化医疗卫生体制改革后，对农村医疗卫生服务体系的改革措施主要包括规范基层医疗卫生机构、全科医生系统配置、县级公立医院改革、分级诊疗体系建设、医联体建设。

一是规范基层医疗卫生机构。基层医疗卫生机构的标准化是政府制定的一项专门标准，旨在投资基层医疗机构的住房和设备等基础设施，以提高基层医疗卫生机构的供应能力。在基层建立标准化的医疗卫生机构，对乡村振兴和城乡一体化建设意义重大。第一，严格实现"一体化政策、一体化设计、一体化建设、一体化管理方法"。第二，软硬结合。基层卫生机构的建设不仅仅是配备优质的硬件条件，鼓励优秀的医疗人才主动前往基层工作也非常重要。第三，重视信息组织。信息系统必须在一定范围内统一，每个市县医院都不能仅是单独孤立的系统。第四，是落实筹建和资金保障。目前主要农村医疗机构的供应能力，特别是基础设施水平，已经大大提高，并得到了农民的支持，但仍需努力提高房屋（床）和设备的使用效率以及随后的维护与更新的效率。2018年9月，相关部门发布了《乡镇卫生院服务能力标准（2018年版）》，制订了有关乡村医院建设和设备设施的详细计划，努力确保服务能力满足基本标准，部分具有较强能力的乡镇卫生院符合推荐标准。

二是全科医生系统配置。全科医生计划旨在以各种层次和方式解决农村基层医疗从业者的不足和质量低下的问题，这是提高农村基层医疗机构供给能力的关键。2010年，多个部委联合发布了《以全科医生为重点的基层医疗卫生队伍建设规划》，提出"三年内培养6万名全科医生，基本实现城市每万名居民有1—2名全科医生，农村每个乡镇卫生院有1名全科医生""到2020年，通过多种途径培养30万名全科医生，基本满足'小病在基层'的人力资源要求"。2018年，国务院办公厅发布了《关于改革完善全科医生培养与使用激励机制的意见》，提出"到2020年，城乡每万名居民拥有2—3名合格的全科医生。到2030年，城乡每万名居民拥有5名合格的全科医生，全科医生队伍基本满足健康中国建设需求"。目前，基层医疗机构设施条件明显改善，基层人员规模、专业职称、年龄结构等医疗卫生服务的"软件"仍然不合理。"赤脚医生"时代留下来的五十岁至七十岁的乡村医生仍是目前农村医疗卫生从业人员的主体，基层医务人员的缺陷形成仍然很明显。全科医生与其他医生的不同之处在于，他们为社区提供服务。他们是城市居民和农村地区的最佳医疗保健提供者，因为他们擅长处理常见、频繁、紧急的现场医疗服务。但是，有关劳动力市场流动性理论的研究表明，医生群体更喜欢城市化水平高的城市，而全科医生也不例外。原因之一是出于专业原因，如能与更高水平的同事合作，使用高级设施并专注于特定领域的研究。更重要的是，城市能够向其及其家人提供的公共设施，如教育、文化和娱乐。因此，基层缺乏全科医生是市场经济中的普遍现象，为此政府和社会必须进行干预，以平衡基层医疗卫生服务人员的供求矛盾。针对基层医疗卫生从业者短缺的问题通过制定公共政策使全科医生进入城市社区和农村地区，并为致力于提供高收入或为进入基层的医生提供更高的待遇。在可持续发展方面，在建立全科医生体系中，两个机制是必不可少的：激励机制和人才培训机制。建立与全科医生经济待遇、职业生涯等相挂钩的激励措施，同时为居民提供标准化教育，全科医生培训，面向农村订单定向免费教育及全科医生进行培训和特殊教育。通过加强一般医疗部门，基础设施和人员建设，严格控制教育基地的动态管理，使人员培训质量不断提高。

三是县级公立医院改革。县级公立医院改革是农村卫生服务网络不可缺少的一环。该网络将城乡卫生和卫生服务系统联系在一起，并促进县级公立医院全面改革卫生和卫生系统。这是深化和缓解"难而贵"的问题的关键一步。2012 年在试点工作的基础上，在全国范围内推广，到 2017 年基本建成现代医院管理体系，进一步完善了县级医疗卫生服务体系，县医院就医条件发生改善，从而使得解决重大疾病和问题的能力大幅度提升，积极推进基层诊治。改革的主要任务是：第一，优化医疗和卫生资源分配。确定县级公立医院的基本位置，并通过政府计划分配合理的医疗和卫生资源。第二，改革管理体系。进一步确定政府与公立医院的关系，注重公立医院的公益性，努力实现社会效益与运行效益的有机统一，效率和责任制，提高医院自费医疗水平，建立适当的绩效考核体系和内部管理制度。第三，建立县级医院运行机制。全面实行药品"零加成"政策，加强政府责任制，增加对公立医院的投资，促进医疗服务价格合理化。第四，建立药物供给保障制度。通过药品招标和采购等创新方法降低药品价格，并加强政府对药品的监督。第五，改革医疗保险支付制度。充分利用各种类型的健康保险来规范、指导和监督医疗保健行为和费用，并彻底改变医疗保险支付方式。第六，建立医疗卫生行业的薪酬体系。完善机构和人事制度，体现医疗卫生服务的价值。提高薪酬水平，激发工作热情，限制医疗卫生服务行为不规范，促进医疗卫生恢复福利。第七，加强上下连接互动。县级公立医院的建设将促进和支持基层医疗机构，并通过分级诊疗，在多个医疗机构之间建立联系。尽管改革取得了一些进展，但改革仍然面临许多问题。①县级公立医院与政府之间的关系仍然受到"管办不分"的困扰，医院的自治权尚未完全清晰明确，并且医院更加关注自身是否可以从医疗保健服务中获得更多收入而不关注患者。②县级公立医院的主体地位仍需加强，这在医院之间对病源的竞争、自下而上的转诊、缺乏自上而下的转诊以及县级医院的竞争中表现突出。基层医院对人员和技术的支持尚未制度化，内部激励机制和约束机制不足。

四是分级诊疗体系建设。根据病情的急缓和诊断的难易，构建分级的诊断和治疗系统，这不是医疗机构的传统选择，具体取决于其管理的水平和规模。该系统是基层系统和系统内的双向推荐系统的"守门人"，可实现医疗机构之间的病人流动，提升效率并减轻病人的经济负担。根据国务院办公厅于2015年发布的《关于推进分级诊疗制度建设的指导意见》，我们可以看到分级诊断和治疗集中在四个方面。第一是基层的首诊。坚持群众自愿、政策引导，鼓励并逐步规范常见疾病的患者先去基层医疗机构进行治疗。第二是双向转诊。在患慢性病和康复期间，提高效率，改进交互式转诊程序，建立健全转诊目录，使转诊通道畅通并让患者意识到存在不同类型的医疗机构。第三是急慢分治。明确履行各级医疗机构急性、慢性疾病诊治服务的职能，完善康复治疗的持续畅通的服务，为病人提供科学、适当、持续的诊治服务。重症患者可以在二级以上医院接受治疗。第四是上下联动。引导不同层次、不同类型的医疗机构建立分工明确的责任机制，促进优质医疗资源的下沉，推动医疗资源的合理配置和纵向流动。

五是医联体建设。医联体被广泛称为利益社区和责任社区，由地区的高级医院和联合基层社区卫生服务组成。从方式上讲，医联体属于医疗卫生资源与医疗卫生机构之间的纵向整合，引导着高质量医疗卫生资源的有效汇聚，提供了合理有序的诊治模式。目前有四种主要的组织模式：医联体、专科联盟、医共体和远程医疗协作网。当前的垂直整合模式在提高患者信心和促进"双向转诊"方面具有特定作用，但是却揭示出深刻问题，主要是医联体内部关注点和职责上存在差异。实际上，双向转诊基本上是向上转诊。如果医保支付难以协调，独立的医疗机构将面临单一的医疗保险评估和最高限额，因此基层医疗机构通常不接受转诊。但农村三级医疗体制改革中仍然存在利益分配和技术操作等问题。在全科医生的系统中，对全科医生的业务能力有很高的要求，现有的福利和能力要求不能与之相匹配，因此难以培养人才。在县级公立医院改革中，绩效分配系统尚不明确，县级医疗机构的定位不准确，导致对县级医疗机构的大规模、全面的要求，造成了经济负担、医疗投诉与患者难以认同情况。在分级诊疗体系的建设中，村卫生所和乡镇卫生院切实可行的转诊模式，因此病人对转诊机构的选择更加随机，交叉和跨区域就诊的现象十分突出，资金与医疗资源浪费严重。有必要对县级公立医院进行综合管理，以提高地方医院医疗技术服务的能力，并加强对地方和乡村医院的综合管理。通过分工协作机制，主要医疗机构之间交流流转，远程诊治等有效形式，建立医务劳动与合作机制，并促进优质资源合理向农村流动。这种全面的医疗改革囊括了三级医疗卫生机构，包括人才发展，机构发展，资金投入和业务发展等因素，这样的全面性弥补了先前改革的不足。

第二节　我国农村公共医疗卫生服务供给的典型案例分析

一、案例背景

从 20 世纪 50 年代开始，我国就对农村老百姓生病就医难的问题重点对待，历经多年发展，逐步建立起了省、市、县、乡、村多层级的医疗卫生服务体系。2009 年以来，我国基本公共卫生服务免费提供，乡村卫生院、村卫生室实现了从无到有，并逐步建立起一套标准化方案。我国用自己的办法在面对农村公共医疗卫生这个课题上，取得了卓越的成效，其中一个重要经验，就是要提高国家治理能力，用制度体系的力量去推动公共医疗卫生服务水平的迅速提高。特别是党的十九大报告中重点提到，"全面建立中国特色基本医疗卫生制度、医疗保障制度和优质高效的医疗卫生服务体系"[①]，这对当前的医疗卫生服务建设提出了更高的要求。为了解决医疗卫生服务领域发展不平衡不充分的问题，为人民群众提供全方位的医疗卫生服务，在当前和今后一段时期内农村医疗卫生服务供给的相关研究将成为重点关注内容。

然而在广大农村地区，卫生院和计生服务站往往缺乏整合，导致难以形成资源共享和优势互补，造成资源浪费。卫生院的人才储备充分，但是医疗设备不足，当地居民身体不适，遇到稍大点的病痛只能建议病人转去城市大医院进行检查。而计生服务站的情况与之正好相反，医疗设备相对齐全，但是没有经验丰富的医疗卫生工作人员，囿于自我业务能力而无法为病人进行诊断。两家单位即使一墙之隔，却因职能不同鲜有往来，严重影响广大农村居民看病。从 2013 年 5 月开始，贵州省大方县就通过将原先的卫生院与计生服务站打通，整合两个机构，组建卫生和计划生育服务中心，探索建设出一套双方资源开放、优势互补的农

---

① 《习近平：决胜全面建成小康社会 夺取新时代中国特色社会主义伟大胜利——在中国共产党第十九次全国代表大会上的报告》，http://www.gov.cn/zhuanti/2017-10/27/content_5234876.htm[2022-11-20]。

村公共医疗卫生服务体系。持续到 2020 年，当地卫生和计划生育服务中心门诊就诊量已经超过 1.6 万人次，同比增长 5 倍，农村的医疗卫生服务效能大大提高。

二、案例过程

（一）农村老人，病有所医比天难

在广大农村地区，上了年纪的老人身上多多少少会有些病痛，尤其是体力劳动了一辈子的农村老人，正是因为年轻时干体力活，对身体造成了各种损害。农村老人们寄希望于通过在年轻之时勤劳工作，能够使自己在晚年时实现"老有所养、病有所医"。在农村，上了年纪的老人明明身体出现病痛，却不愿意去就诊检查，甚至拒绝前往医院救治。即使经济条件相对较好的家庭，对于医院也是很恐惧的，去一次医院一般都是全家出动，唯恐有什么闪失，给老人和家庭都带来了巨大的麻烦。

（二）老人受伤，住院之痛"谁之过"？

贵州省大方县羊场镇穿岩村 52 岁的王中敏因为常年下地干活落下了病根，双手酸软无力，跑到家门口的卫生院去检查，却被告知医疗设备不足，不能进行检查。又跑到隔壁计生服务站，发现设备都是有的，就是医务人员没有那个技术能力，不敢轻易诊断。最终只能全家出动，进城住院。在城里医院花费了 3000 多元后，得出来的检查结果是因为骨质增生导致颈椎压迫，才产生病痛。王中敏说："这次来城里医院，光门诊就有数百人，检查、输液、配药、住院一系列程序走完，耗费了一整天，本来就不是什么大病，还让家里人忙上忙下的，既费时费力，还花了大把钱，要不是在家门口看不了我这个病，这医院我才不来呢。"

在大方县羊场镇，卫生院和计生服务站仅仅一墙之隔。卫生院有人才有技术，却因为缺乏医疗卫生设备，没有网络支撑，即使患者来到卫生院，也是望其兴叹，使"英雄无用武之地"。而计生服务站虽然有相对健全的医疗卫生设备和网络基础，却因为医务人员缺乏必要的医疗卫生服务技术，而不能正常开展医疗卫生服务，也是有心无力。

一堵墙，将卫生院与计生服务站割裂开来，更严重的是有一堵无形的墙，将渴望得到优质医疗卫生服务的当地老百姓阻挡在外。因机制掣肘，两家单位只能苦苦支撑，连最基本的医疗卫生服务都无法提供。

（三）寻找出路，人人实现病有所依

出路在哪里？这个问题深深地印刻在每一位大方县羊场镇村民的心中。2013 年 5 月，大方县羊场镇正式开展了卫生院和计生服务站机构整

合的相关工作。通过撤销卫生院和计生服务站，组建形成资源开放、优势互补的卫生和计划生育服务中心试点，构建具有卫生防疫、计划生育、妇幼保健和养老治疗等功能的农村医疗卫生服务体系。

2013年6月7日上午，当地计生服务站站长刘庭芬站在自己的办公室窗前，向窗外望去，十多个工人举起锤子开始砸墙，锤子一锤一锤地敲在墙上，好像每一下都敲打在刘庭芬的心上。刘庭芬从事计生工作十多年，现在被任命为卫生和计划生育服务中心副主任，虽说两个单位资源进行整合后，效率会提高，资源配置也更合理，但是原计生服务站的那些职工如何进行合理安排，她也还在摸索之中。

从马场镇卫生院调任到羊场镇卫生院当院长的胡仕勇就提到："早些时候在其他卫生院工作时，像是B超机、X光机这些医疗设备都是坏的，手术室等相关设施也不齐全。"面对这种状况，胡仕勇只好去计生服务站就医疗设备问题进行交涉，从计生服务站的仓库里借来所需要的设备应个急，甚至自己掏腰包去修理B超机。来到羊场镇，看着这一墙之隔的两个单位，他早就打起了计生服务站那些好设备的主意。

说干就干，在胡仕勇的推动下，隔墙被敲掉了，卫生和计划生育服务中心试点的牌子挂在了大门口的显著位置，两个单位打通后，占地4340平方米，有86个床位，设置了卫生防疫、计划生育、妇幼保健和养老治疗等多个科室部门，能够满足当地居民的基本医疗卫生服务需求。

（四）资源整合，解决群众看病难

说到两个单位的资源整合，胡仕勇提到这不仅仅是硬件上的资源合并，而是构建了一整套资源开放，优势互补的医疗卫生服务体系。在医疗卫生服务体系探索中，在资金方面进行有效供给，特别是对农村妇幼保健、健康档案的建立等方面提出更高要求，对计生妇女进行产前健康检查、计划免疫、宫颈癌乳腺癌筛查等公共医疗卫生服务项目进行提供，扩大服务范围的同时，也提高了医疗卫生服务水平。

刘庭芬提出，我们要充分利用卫生和计划生育服务中心的托底优势，让村级计生干部积极展开宣传工作，让卫生部门工作人员能够及时跟进，对当地居民展开医疗卫生服务，让当地患病的患者能够在家门口就享受到良好的治疗服务。另外，在卫生院和计生服务站整合过程中将"新农合"与病患治疗进行无缝衔接，患者在做完手术后马上就可以在医疗服务部门进行输液消炎，所需要的费用从"新农合"里进行报销，有效解决了当地群众看病难、报销难的问题。

当资金和设备的问题得到解决后，卫生院与计生服务站的人员应该怎样优化配置？羊场镇卫生和计划生育服务中心提出因事设岗、因岗定人、竞聘上岗、绩效考核的要求，让卫生院与计生服务站的工作人员根据自己的业务能力进行分工合作。卫生和计划生育服务中心财务按原卫生院"院财局管""收支两条线"的方式进行管理，每年获得的服务性收入的一半继续投入到中心的发展建设中，另外一半则用于中心工作人员的奖励激励。

同时，为了避免两个单位在整合过程中忽视人口计生行政管理职能的作用，羊场镇特意在该镇行政编制中调剂 1 个编制增加到计生办，将全镇 12 个计生特岗编制挂靠到计生协会，实行镇计生办和计生协会合署办公，工作人员达 20 名。通过对羊场镇的群众走访了解发现当地患者偏爱中医治疗，于是卫生和计划生育服务中心重点打造中医馆，增加了熏蒸、针灸、推拿、拔罐、牵引等多种中医治疗服务项目，受到了当地居民的一致好评。在每天高峰时期能对 60 多名患者进行服务，截止到 2020 年11 月，中心门诊就诊达到 16 104 人次，住院人数 2834 人次，比去年增加 5 倍，收入超过 500 万元。

（五）群众夸赞，医院形神终臻完备

"计卫整合的'形'已经基本完备了，而'神'在哪里？这个'神'就是让当地群众真正享受到优质的医疗卫生服务。"胡仕勇说。

卫生和计划生育服务中心成立之后，通过将人力、物力、财力进行全面整合，将所需要的医疗设备都供给到位。以前的健康卫生档案内容简单，准确率不高，保存的相关数据相对粗糙。而现在通过互联网技术，以电子病历为基础，建立包含门诊医生、住院医生、住院护士等全流程全覆盖的医疗卫生信息系统，实现患者的 100%见面率，而当地妇科病普查的覆盖面也从原先的 60%提升至 90%。

"这个 100%的结果是我们中心所有工作人员一步一个脚印走出来的。"刘庭芬说。想要达到这个水平，卫生和计划生育服务中心从各个科室随机抽选职工组成下乡服务队，每个月至少下乡 12 次，每次下乡都带着心电图、B 超机等相关检查仪器，充分考虑到偏远地区的老弱病残孕等患者的相关情况，切切实实关注每一位农村患者的身体状况，将医疗卫生服务送到每一位群众的家门口。

"刚开始，有的患者质疑我们的服务，认为我们是抱着想让他们住院花钱的目的的将他们的身体情况进行夸大处理，并纷纷要求我们打出病历清单，好让他们去县市医院进行复查，一段时间下来后，这种声音就渐渐消失了，来到我们医院治疗的患者都纷纷竖起大拇指"刘庭芬说。其次，了解到当地群众普遍接受中医治疗，卫生和计划生育服务中心因地制宜，重点打造中医馆，高峰时期每天接收 60 名病人，为其提供医疗服务。甚至远在响水乡和理化乡的老百姓也纷纷慕名前来。

（六）谋求双赢，全新模式放异彩

计卫整合效果到底如何？群众对其提供的医疗卫生服务到底满不满意？相信当地每位老百姓心中都清清楚楚。

短短半年时间，卫计中心办公室墙上就挂满了患者送来的锦旗。82岁高龄患者胡严虎老人由于年事已高，又患上严重的伤寒，其老伴儿在中医馆抓了两副中药给其服下，没过多久，就恢复了健康状态。老人家心里感激，抱着一只大公鸡就来到医院，想要好好谢谢为他抓药诊断的医生。羊场镇新田村61岁的曾友华老人，因为不幸患上脑梗死，行动不便，辗转花费了近30万元，最后老人家选择就近来到卫生和计划生育服务中心进行治疗，通过医生们的认真护理和治疗，老人家竟能够慢慢恢复讲话，也能够扶着墙慢慢前行。"平时有个小病小痛的也就忍忍过去了，年纪大也不想出远门折腾，听说这里有个中医馆，能够通过针灸的方式缓解一下我的疼痛，离家里也近，我就想着试试看，没想到真还挺有效果，现在轻松许多。"家住理化乡的彭友军说道。

胡仕勇在昆明召开的西南地区卫计整合工作经验交流会上介绍，"整合不但突破了公共资源利用的瓶颈，而且卫生与计生技术服务范围也得到了很大的拓展，大大提升了农村基层卫生和计生的服务效能"。

服务更便捷、群众更满意，老百姓由衷地说：这回像个医院啦！

三、案例启示

"基层卫生和计划生育服务的整合要想顺利推进，必须从人员、设施、资金等多方面做好准备，明确相关责任划分，真正做到提高服务水平和供给能力，这也将是我县接下来要重点解决的问题。"大方县委书记说。农村公共医疗卫生服务工作没有休止符，要不断地创新，打通服务群众的"最后一公里"，为当地老百姓提供更优质的服务。而测量农村公共医疗卫生服务供给水平，建立农村公共医疗卫生服务供给指标体系，对我国医疗卫生服务供给高质量发展提供了重要的示范意义和引导作用。

目前，我国农村公共医疗卫生服务供给还是以医院为中心的碎片化结构，这种供给模式并不能长期有效地满足当前的日益增长的医疗卫生服务需求。它难以应对当前老龄化日趋严重的社会现实，因此为了实现我国农村公共医疗卫生服务供给的高质量和可持续发展，我国必须了解当前的医疗卫生供给水平和供给模式，探索建立优质高效的，有中国特色的复合型医疗卫生服务供给体系。

第三节　我国农村公共医疗卫生服务供给标准体系的构建

一、我国农村公共医疗卫生服务供给标准体系的文献述评

构建农村公共医疗卫生服务供给标准是衡量和规范服务提供者行为、改善医患关系、确保卫生服务质量和促进居民健康的重要手段。我国农村公共医疗卫生服务供给标准研究主要包括农村卫生服务指标体系和农村卫生服务评价方法的研究。

在指标体系构建方面，王俊豪和贾婉文以年鉴中的数据为依据，选取人均医疗卫生支出、人均卫生技术人员数、人均医疗机构床位数、医师人均每日担负诊疗人次、卫生人员平均负担住院人数、医师人均每日担负住院床日、甲乙类法定报告传染病病死率、婚前检查率和设卫生室的村数占行政村数的比重九个指标构建地区医疗卫生服务均等化评价指标体系。测量标准是地区医疗卫生服务均等化评价指标体系的中等标准，即各种医疗和卫生服务的全国平均水平，以构建国家卫生服务绩效评估体系[①]。许诗瑶等、孙玉栋和臧芝红在构建农村公共服务指标体系时选取镇卫生院个数、镇卫生人员数、村卫生室个数和乡村医生和卫生员人数来衡量农村公共医疗卫生水平[②][③]。刘玮和王肖惠霞从投入、能力和效果三方面对我国农村公共卫生绩效指标体系进行构建，其中投入类指标指某项农村公共卫生的投入水平，选取了人均财政医疗卫生支出、人均财政医疗卫生支出和设卫生室的村数占行政村数的比重 3 个指标；能力类指标指所提供的某项农村公共卫生所具有的相关软硬件能力，选取每千农业人口乡镇卫生院床位数、每千农业人口乡镇医生数和使用入户管道水人口占农村常住人口的比例 3 个指标；效果类指标是指某项农村公共卫生供给所能产生的实际效果，选取户籍人口死亡率、3～6 岁儿童贫血患病率和中招体检基本合格率 4 个指标[④]。汪莎莎等从投入、产出和评价三个方面构建了 52 项评价指标，其中投入方面选取千人口公共卫生人员数、每千农业人口乡镇防保人员数、人均公共卫生投入、县级公共卫生机构必备检验设

① 王俊豪、贾婉文：《中国医疗卫生资源配置与利用效率分析》，《财贸经济》2021 年第 2 期，第 20—35 页。

② 许诗瑶、陈畑至、廖鹏等：《中国农村基本医疗卫生服务综合评价指标体系构建的定性系统评价》，《中国卫生资源》2021 年第 1 期，第 62—70 页。

③ 孙玉栋、臧芝红：《新医改视角下我国政府卫生支出绩效评价》，《中国特色社会主义研究》2016 年第 2 期，第 78—85 页。

④ 刘玮、王肖惠霞：《农村基本公共卫生服务效率影响因素空间分析》，《中国卫生事业管理》2020 年第 9 期，第 687—691 页。

备达标率等 35 个指标，产出方面选取中小学生身体匀称度、学校学习场所卫生情况、中小学生近视眼发生率等 14 个指标。评价方面选取居民公共卫生服务满意度、公共卫生从业人员对政策执行和经费投入满意度 3 个指标。指标体系以农村视角从多个方面多重考虑了卫生体系，对在实际运用中快速评价其绩效有重要价值[1]。马东平等建立了乡村卫生服务能力评估指标体系，该体系由 5 个一级和 15 个二级指标组成，囊括卫生人员、住房、设备、资金和服务功能多个方面[2]。廖庆梅和吴际纬根据《中国卫生统计年鉴》构建了含每千人口医疗卫生人员数、每千人口医疗卫生机构床位数、门诊病人均次医疗费、住院病人均次医疗费和孕产妇死亡率 5 个指标的指标体系来综合评价中国农村基层医疗服务水平[3]。

在评价方法研究方面。自从 20 世纪 70 年代初，美国萨迪（Saady）教授提出层次分析法以来，层次分析法引起了人们的注意，并将其逐步应用于计划、资源分配、程序排序和政策分析。随着层次分析法应用的扩展，该理论不断发展和完善。这个构建的过程将繁复的问题分解为各个部分单元，并将其进一步分解目标、准则、指标三层。通过两两比较方法确定层次结构中每个因素的相对重要性，然后综合评估主题的判断以确定每个因素的相对重要性的总体顺序并设置每个因素的权重。[4][5]孙玉栋和臧芝红使用平均值法对指标进行加权，并且认为投入和产出同样重要，所以在赋权重时用其平均，同时进行无量纲处理。采用此方法的主要原因是：第一，它在转换数据后显示出相对明显的相对数。第二，在以这种方式转换每个指标之后，每个数据的值在 0～1，有利于进一步的数学处理和比较；第三，就每个单独指标的特定值的转换而言，无量纲化基于较少的原始数据信息，并且仅采用数据单个指标的最大值和最小值。[6]王晓东等、吴焕等为免除变量之间的信息交叠，以及主观确定权重的不准确性，使用熵值法客观地确定权重。熵是信息的不确定性。熵值越小，指标提供的信息量越

① 汪莎莎、陈文琴、吴进等：《县域农村公共卫生服务复合系统协同发展的实证分析》，《中华医院管理杂志》2018 年第 11 期，第 905—910 页。

② 马东平、尹文强、宋春燕等：《山东省农村居民对村卫生室医疗服务的满意度及其影响因素研究》，《中国卫生事业管理》2019 年第 4 期，第 280—282 页。

③ 廖庆梅、吴际纬：《医疗卫生综合服务水平对健康产出的影响分析》，《中国卫生经济》2016 年第 12 期，第 58—59 页。

④ 刘云菲、李红梅、马宏阳：《中国农垦农业现代化水平评价研究——基于熵值法与 TOPSIS 方法》，《农业经济问题》2021 年第 2 期，第 107—116 页。

⑤ 陈婷、何维、许立平等：《江西省县级疾病预防控制中心卫生服务能力建设综合评价》，《中国卫生事业管理》2018 年第 4 期，第 310—314 页。

⑥ 孙玉栋、臧芝红：《新医改视角下我国政府卫生支出绩效评价》，《中国特色社会主义研究》2016 年第 2 期，第 78—85 页。

大，反之亦然。①②最近，中国的卫生系统已经采用这种方法来为卫生事业的发展做出预测、评估、决策分析，这是一种有效而直观的预测技术，并且需要与专家进行广泛协商。其克服了传统定量分析的局限性，并拓宽了理性决策的思路。③

二、我国农村公共医疗卫生服务供给标准体系的构建方法

结合我国的实际情况，遵循一定的原则，运用科学的方法构建了一套完整的农村公共医疗卫生服务供给标准体系。用于解释、评估、预测和监督我国农村卫生服务供给发展。根据分析和掌握的理论和经验数据，解释现代农村医疗服务供给的内涵和历史演变，掌握国内外农村医疗卫生供给标准体系的经验，并阐明指标体系的构建思路。在借鉴前人关于卫生服务供给标准体系丰富研究成果的基础上，本章基于指标构建系统性、客观性、可行性以及整体性与个体性相结合的原则，全都采用客观性指标，以避免由于主观指标的选择而使得主观因素被揉进对医疗卫生服务水平的衡量之中。卫生人员供给方面选取每千农村人口拥有卫生技术人员、每千农村人口拥有执业（助理）医师和每千农村人口拥有注册护士3个指标。在卫生设施供给方面选取农村卫生院数、每千农村人口乡镇卫生院床位数、乡镇卫生院万元以上设备总价值、乡镇卫生院业务用房面积占总面积比例4个指标。在卫生资金供给方面选取财政补助收入占乡镇卫生院总收入比例、医疗收入占乡镇卫生院总收入比例和医疗卫生支出占乡镇卫生院支出比例3个指标。在卫生供给产出方面选取农村卫生院诊疗人次数、农村婴儿死亡率2个指标，构建了包含四大类13个指标的农村卫生服务供给标准体系。

三、我国农村公共医疗卫生服务供给标准体系的指标内涵

我国农村公共医疗卫生服务供给标准与指标说明，如表6-2所示。

---

① 王晓东、王旭冉、张路瑶等：《公共服务绩效评价体系构建与应用研究——以河北省为例》，《会计之友》2016年第8期，第67—71页。
② 吴焕、阎晓静、孟勇：《基于熵值法的河南省卫生服务能力差异性分析》，《现代预防医学》2017年第2期，第272—274、300页。
③ 任光圆、蒋志云、洪钟鸣等：《整合型健康服务绩效指数评价体系及实证研究》，《卫生经济研究》2020年第10期，第16—20页。

表 6-2　我国农村公共医疗卫生服务供给标准指标体系与指标说明

一级指标	二级指标	三级指标	单位	指标说明
农村公共医疗卫生服务供给	卫生人员供给	每千农村人口拥有卫生技术人员	人	报告期末每千农村人口所拥有的卫生技术人员数量
		每千农村人口拥有执业（助理）医师	人	报告期末每千农村人口所拥有的执业（助理）医师
		每千农村人口拥有注册护士	人	报告期末每千农村人口所拥有的注册护士
	卫生设施供给	农村卫生院院数	个	报告期末农村所拥有的卫生院数量
		每千农村人口乡镇卫生院床位数	张/千人	报告期末每千农村人口所拥有的乡镇卫生院床位数量
		乡镇卫生院万元以上设备总价值	万元	报告期末乡镇卫生院所拥有的万元以上设备的总价值
		乡镇卫生院业务用房面积占总面积比例	%	报告期末乡镇卫生院的业务用房面积占总面积的比例
	卫生资金供给	财政补助收入占乡镇卫生院总收入比例	%	报告期末乡镇卫生院财政补助收入占其总收入的比重
		医疗收入占乡镇卫生院总收入比例	%	报告期末乡镇卫生院医疗收入占其总收入的比重
		医疗卫生支出占乡镇卫生院支出比例	%	报告期末乡镇卫生院医疗支出占其总支出的比重
	卫生供给产出	农村卫生院诊疗人次数	亿次	报告期末农村卫生院诊疗的患者人次数（患者人数×每人就诊次数）
		农村婴儿死亡率	%	报告期末指婴儿出生后不满周岁死亡人数同出生人数的比率

资料来源：中国卫生健康统计年鉴

第四节　我国农村公共医疗卫生服务供给指数测算

一、我国农村公共医疗卫生服务供给指标权重

指数表示基于某个时期内经济现象的价值与基期相同现象的价值相比较的比率，该比率表示经济现象的变化程度。农村卫生服务供给指数垂直比较了不同时期内同一地区的农村卫生服务或水平和同期不同地区中的农村卫生服务。

第一步：将指标数值归一化。

$$a_{ij} = x_{ij} \Big/ \sum_{i=1}^{n} x_{ij} \qquad (i = 1, 2, 3, \cdots, n; j = 1, 2, 3, \cdots, m) \qquad （6\text{-}1）$$

第二步：计算评价指标的熵值。

$$H_j = -k \sum_{i=1}^{n} a_{ij} \ln a_{ij} \qquad (k = 1/\ln n) \qquad （6\text{-}2）$$

熵值法的基本原理与变异系数法的原理相似，其权重的确定也是以原数据差距的大小为基础，因此权重不能反映数据的独立性和评估者的偏好。用熵值法求出各项指标的权重后，可以根据各项指标的权重和数据计算出中国农村公共医疗卫生服务供给的发展指数。从 2008 年至 2017 年中国农村公共医疗卫生服务供给发展的各项指标中选择数据，并计算出中国农村公共医疗卫生服务供给的发展指数。

计算我国农村公共医疗卫生服务供给指数先用熵值法求得各指标权重之后，再根据各指标的权重和数据计算我国农村公共医疗卫生服务供给指数。我们选取 2008～2017 年的我国农村公共医疗卫生服务供给各指标的数据，说明农村公共医疗卫生服务供给指数的建立过程。2008～2017 年的农村公共医疗卫生服务供给各指标的数据如表 6-3 所示。

通过对 2008～2017 年我国主要的农村公共医疗卫生服务供给数据及其指标权重进行比较分析，可以发现卫生设施供给、卫生资金供给计算得出的权重分别是 0.3043、0.2817，对我国公共医疗卫生服务供给的发展影响显著。在"卫生设施供给"这个二级指标中，乡镇卫生院业务用房面积占总面积比例与乡镇卫生院万元以上设备总价值两项指标权重分别为 0.3407、0.3034，相对而言更为重要。而在"卫生资金供给"这个二级指标中，医疗收入占乡镇卫生院总收入比例的指标权重占到了 0.5605，这表明医疗收入占乡镇卫生院总收入比例在卫生资金供给指标中的一项重要内容。

二、我国农村公共医疗卫生服务供给指标比值

按照取得的数据，假定以 2008 年的农村公共医疗卫生服务供给指数作为基准，就是将 2008 年的农村公共医疗卫生服务供给指数设为 100。以 2008 年的各指标数据为基础，之后历年的各指标与 2008 年相应指标的数据进行比较，求出比值。各年度各项比值与权重相乘求和再乘 100 即可求得各年农村公共医疗卫生服务供给指数，各年指标与 2008 年相应指标的数据比值如表 6-4 所示。

对比 2008～2017 年我国农村公共医疗卫生服务供给主要指标的数据比值，可以比较清晰地把握近年来我国农村公共医疗卫生服务供给的发展状况。除农村婴儿死亡率、农村卫生院数医疗收入占乡镇卫生院总收入比例指标外，其他各项农村公共医疗卫生服务供给指标数据比值均呈增长趋势，其中乡镇卫生院万元以上设备总价值的指标增长最为显著，从 2008 年的 100 增长到 2017 年的 487.71。除此之外，从 2008 年 100 增长到 2017 年264.71 的财政补助收入占乡镇卫生院总收入比例指标和从 2008 年 100 增长到 2017 年的 213.16 的每千农村人口拥有注册护士指标与其他指标相比也较高，这都表明 2008～2017 年我国农村公共医疗卫生服务供给投入力度加大。

表 6-3　2008～2017 年我国农村公共医疗卫生服务供给指标权重

一级指标	二级指标	三级指标	权重	2008 年	2009 年	2010 年	2011 年	2012 年	2013 年	2014 年	2015 年	2016 年	2017 年
农村公共医疗卫生服务供给	卫生人员供给（0.268 9）	每千农村人口拥有卫生技术人员	0.318 9	2.80	2.94	3.04	3.19	3.41	3.64	3.77	3.90	4.08	4.28
		每千农村人口拥有执业（助理）医师	0.339 9	1.26	1.31	1.32	1.33	1.40	1.48	1.51	1.55	1.61	1.68
		每千农村人口拥有注册护士	0.341 0	0.76	0.81	0.89	0.98	1.09	1.22	1.31	1.39	1.50	1.62
	卫生设施供给（0.304 3）	农村卫生院数	0.154 9	652 223	671 245	686 260	700 189	690 516	685 634	682 372	677 353	675 558	668 608
		每千农村人口乡镇卫生院床位数	0.200 7	0.96	1.05	1.04	1.16	1.14	1.18	1.20	1.24	1.27	1.35
		乡镇卫生院万元以上设备总价值	0.303 4	1 265 084	1 856 601	1 814 201	2 035 007	2 321 587	2 670 725	3 088 402	3 573 119	4 099 911	6 169 879
		乡镇卫生院业务用房面积占总面积比例	0.340 7	0.68	0.69	0.68	0.70	0.72	0.73	0.74	0.74	0.75	0.75
	卫生资金供给（0.281 7）	财政补助收入占乡镇卫生院总收入比例	0.263 4	0.17	0.19	0.25	0.37	0.39	0.40	0.40	0.44	0.44	0.45
		医疗收入占乡镇卫生院总收入比例	0.560 5	0.82	0.80	0.73	0.62	0.57	0.56	0.56	0.53	0.52	0.52
		医疗卫生支出占乡镇卫生院支出比例	0.175 9	0.96	0.95	0.94	0.93	0.96	0.95	0.96	0.96	0.96	0.96
	卫生供给产出（0.145 1）	农村卫生院诊疗人次数	0.382 1	21.96	24.29	25.31	26.58	28.95	30.19	30.15	29.49	29.35	28.99
		农村婴儿死亡率	0.617 8	18.40	17.00	16.10	14.70	12.40	11.30	10.70	9.60	9.00	7.90

表 6-4　各年指标与 2008 年相应指标的数据比值

一级指标	二级指标	三级指标	权重	比值×100									
				2008年	2009年	2010年	2011年	2012年	2013年	2014年	2015年	2016年	2017年
农村公共医疗卫生服务供给	卫生人员供给（0.2689）	每千农村人口拥有卫生技术人员	0.3189	100.00	105.00	108.57	113.93	121.79	130.00	134.64	139.29	145.71	152.86
		每千农村人口拥有执业（助理）医师	0.3399	100.00	103.97	104.76	105.56	111.11	117.46	119.84	123.02	127.78	133.33
		每千农村人口拥有注册护士	0.3410	100.00	106.58	117.11	128.95	143.42	160.53	172.37	182.89	197.37	213.16
	卫生设施供给（0.3043）	农村卫生院数	0.1549	100.00	102.92	105.22	107.35	105.87	105.12	104.62	103.85	103.58	102.51
		每千农村人口乡镇卫生院床位数	0.2007	100.00	109.38	108.33	120.83	118.75	122.92	125.00	129.17	132.29	140.63
		乡镇卫生院万元以上设备总价值	0.3034	100.00	146.76	143.41	160.86	183.51	211.11	244.13	282.44	324.08	487.71
		乡镇卫生院业务用房面积占总面积比例	0.3407	100.00	101.47	100.00	102.94	105.88	107.35	108.82	108.82	110.29	110.29
	卫生资金供给（0.2817）	财政补助收入占乡镇卫生院总收入比例	0.2634	100.00	111.76	147.06	217.65	229.41	235.29	235.29	258.82	258.82	264.71
		医疗收入占乡镇卫生院总收入比例	0.5605	100.00	97.56	89.02	75.61	69.51	68.29	68.29	64.63	63.41	63.41
		医疗卫生支出占乡镇卫生院支出比例	0.1759	100.00	98.96	97.92	96.88	100.00	98.96	100.00	100.00	100.00	100.00
	卫生供给产出（0.1451）	农村卫生院诊疗人次数	0.3821	100.00	110.61	115.26	121.04	131.83	137.48	137.30	134.29	133.65	132.01
		农村婴儿死亡率	0.6178	100.00	92.39	87.50	79.89	67.39	61.41	58.15	52.17	48.91	42.93

三、我国农村公共医疗卫生服务供给指数分析

已假设 2008 年的农村公共医疗卫生指数为 100，不需再计算，计算结果如表 6-5 所示。

以 2008 年我国农村公共医疗卫生服务供给各项指标为基准，对 2008~2017 年我国农村公共医疗卫生服务供给总指数进行计算，可以发现在此阶段中卫生设施供给指标的指数从 2009 年的 117.03 上涨至 2017 年的 229.72，卫生人员供给指标的指数从 105.19 上涨至 2017 年的 166.79，卫生资金供给指标的指数从 2009 年 101.55 上涨至 2017 年的 122.89。卫生人员供给、卫生设施供给、卫生资金供给这三项指标的指数均明显增加表明在此期间我国农村公共医疗卫生服务供给发展成效较为显著。其中，卫生设施供给指标的涨幅最大，这表明社会各界对卫生设施供给尤为重视。

通过折线统计图表示我国农村公共医疗卫生服务供给总指数的变动趋势，同时对每个指数的变动也进行趋势分析。2008~2017 年我国农村公共医疗卫生服务供给总指数变动趋势如图 6-1 所示。从图 6-1 中可以看出，2008 年以来我国农村公共医疗卫生服务供给总指数呈稳步增长。我国农村公共医疗卫生服务供给总指数 2008 年和 2017 年增长速度快，2009 年增长速度有所放缓，2010 年至 2016 年增长较平稳，基本保持在一个稳定的水平上。

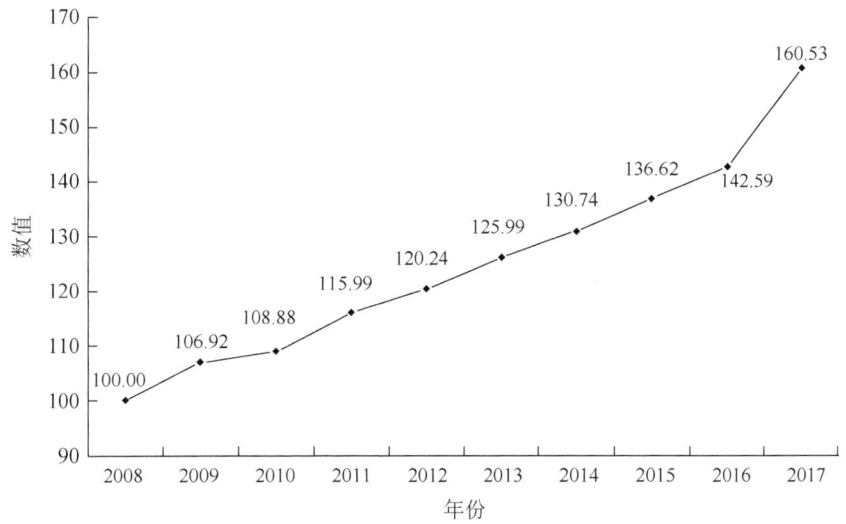

图 6-1 2008~2017 年我国农村公共医疗卫生服务供给总指数变化趋势

表 6-5　2008～2017 年农村公共医疗卫生服务供给指数

指标	权重	2008 年	2009 年	2010 年	2011 年	2012 年	2013 年	2014 年	2015 年	2016 年	2017 年
卫生人员供给	0.2689	100.00	105.19	110.19	116.20	125.54	136.15	142.48	148.63	157.24	166.79
卫生设施供给	0.3042	100.00	117.03	115.65	124.80	132.02	141.62	152.48	164.83	178.55	229.72
卫生资金供给	0.2816	100.00	101.55	105.88	116.78	117.01	117.69	117.87	122.02	121.34	122.89
卫生供给产出	0.1451	100.00	99.35	98.11	95.61	92.01	90.48	88.39	83.55	81.29	76.97
总指数	1.0000	100.00	106.92	108.88	115.99	120.24	125.99	130.74	136.62	142.59	160.53

　　本章基于数据资料的可得性与可操作性以及指标的可量化性选取了2008～2017年卫生人员供给、卫生设施供给、卫生资金供给以及卫生供给产出四大类别的指标构建了我国农村公共医疗卫生服务供给体系,而在实际的管理操作过程中,可以根据具体情况与实际需求进行指标体系的调整与重构。根据平均先进法的基本理念对我国农村公共医疗卫生服务供给标准的指数确定,将高于平均指数的各年指数均值作为我国农村公共医疗卫生服务供给标准,可以为政府农村公共医疗卫生服务水平的测算与评估提供参考依据,便于进行绩效考核。

　　确定农村公共医疗卫生服务供给标准的第一步是根据已确定的各项指标数据对各项指标的各年比值及总指数进行计算,并利用各年指数总和除以年份数即求出在此期间我国农村公共医疗卫生服务发展指数的几何均值。第二步,求出几何均值之后,再将每年的发展指数与指数均值进行逐一比较,可以看出哪些年份的指数超过了平均值,而哪些年份的指数是低于平均值的。

　　设将各期水平 $a_1, a_2, \cdots, a_i, \cdots, a_n$ 不依时间先后排列,而按其指标值由小到大依次排列为 $a_{(1)}, a_{(2)}, \cdots, a_{(i)}, \cdots, a_{(n)}$,且设这一数列的中位数(中项)为 a,即有 $a = a\left(\dfrac{n+1}{2}\right)$,则其几何平均数为

$$
\begin{aligned}
G &= \sqrt[n]{a_1, a_2, \cdots, a_i, \cdots, a_n} \\
&= \sqrt[n]{a_{(1)}, a_{(2)}, \cdots, a_{(i)}, \cdots, a_{(n)}}
\end{aligned}
\tag{6-3}
$$

　　以之前计算的2008～2017年我国农村公共医疗卫生服务供给指数为例,我们将这十年间的农村公共医疗卫生服务供给指数根据平均先进法的公式进行几何平均数计算得出表6-6,可以得出均值是123.66。2012年我国农村公共医疗卫生服务供给指数是120.24,是小于这个均值的,2013年我国农村公共医疗卫生服务供给指数增长至125.99才超过了均值,而2013～2017年的指数水平又是逐年上升的,由此我们再选取2013年之后这几年的指数计算平均值,得到一个最终的平均指数是138.80。按照这个平均指数来看,在只有2016年和2017年的农村公共医疗卫生服务指数是超过这一均值,可以认为只有这两个年的农村公共医疗卫生服务供给水平是达标的,说明我国农村公共医疗卫生服务供给仍有较大的发展空间。政府部门工作人员可以依据这个标准制定相关工作评估方法,设立与该地区实际情况相适应的农村公共医疗卫生服务供给标准,以便更好地为农村地区提供公共医疗卫生服务支持与保障,增强部门执行效力。

表 6-6　2008 年～2017 年我国农村公共医疗卫生服务供给相关数据

项目	具体数据									
年份	2008	2009	2010	2011	2012	2013	2014	2015	2016	2017
总指数	100.00	106.92	108.88	115.99	120.24	125.99	130.74	136.62	142.59	160.53
几何平均值	123.66									
平均先进值	138.80									

第七章　我国农村社会保障供给标准

第一节　我国农村社会保障供给界说与发展现状

一、农村社会保障供给概念界说

（一）社会保障的界定

社会保障第一次被官方正式定义是在 1942 年国际劳工组织出版的文献中，社会保障被诠释为：劳动者在遭遇疾病、失业或某种危险时，国家或者社会通过一定的组织向劳动者提供保险金或其他保障，帮助劳动者预防、治疗疾病，并帮助他们重新找到工作。英国的社会保障被认为是一种公共福利项目，重在社会救助，主要指当个人或者家庭因年老、疾病、失业、残疾等社会问题无法达到最低生活标准时，有从社会获得救济的权利。德国的社会保障侧重强调通过国家强化干预，运用立法手段在全社会实施社会福利。

《中华人民共和国国民经济和社会发展第七个五年计划》第一次明确而清晰地提出了"社会保障"的概念，并将其本质定义为社会再分配。社会保障是指国家和社会按照法律规定，在公民年老、疾病、伤残、死亡、丧失劳动能力或因自然灾害生活困难时，通过国民收入再分配形成的消费基金，为他们提供物质帮助，保障每位社会成员的基本生活，避免生存危机。《中华人民共和国宪法》中也有明确规定，"中华人民共和国公民在年老、疾病或者丧失劳动能力的情况下，有从国家和社会获得物质帮助的权利"。国家努力发展社会保险、社会救助和社会福利，保证公民更平等地享有社会保障权。《中华人民共和国国民经济和社会发展第十四个五年规划和 2035 年远景目标纲要》中明确提出社会保障整体上将以社会保险为主体，社会救助保底层，社会福利、慈善事业、优抚安置等为补充。郑功成认为社会保障是国家和社会依法建立起来的、具有经济福利性的国民生活保障与社会稳定系统。[1]邓大松认为社会保障体系包括社会保险、社会救济、社会福利、优抚安置和社会

---

[1] 郑功成：《中国社会保障 70 年发展（1949—2019）：回顾与展望》，《中国人民大学学报》2019 年第 5 期，第 1—16 页。

互助，是缓和贫富差距和社会成员之间的矛盾，促进社会成员协调发展的有力手段。[①]

综上可以看出，我国的社会保障本质上是一种社会再分配，它在公民因各种原因暂时或者永久丧失劳动能力而无法正常生活时，通过国民收入再分配，为公民从社会保险、社会救济、社会福利、优抚安置和社会互助方面提供帮助，保障公民正常生活。我国目前的社会保障是政府主导的，以政府为责任主体并伴有法律保障执行。

（二）农村社会保障供给的界定

社会保障既然是为全体公民提供的保障，本不应有城乡之分，但由于我国特殊的国情和长期存在的二元经济结构，以及有差别的城乡思想观念和生活方式等，我国的社会保障呈现出明显的地区差异和城乡差异。农村社会保障保障农村地区居民，与城镇社会保障相对应存在，二者统属于社会保障，在本质上具有一致性。

我国的农村社会保障针对的是农村居民，在保障对象上较社会保障具有一定的特殊性。农村社会保障的定义和社会保障如出一辙，农村社会保障可以概括为农村地区居民在年老、疾病或遇自然灾害而无法维持正常生活时，国家和社会通过国民收入再分配，在严格遵循法律规定的前提下，为农村居民提供物质帮助以保障其基本生活的一项制度。而社会保障的非排他性和非竞争性，决定了政府应当成为社会保障品的供给主体。

综上，本章界定农村社会保障供给是国家或社会通过立法和采取行政手段对国民收入进行再分配，通过政府主导，由政府、事业单位和其他公共组织协同合作，向广大农村地区年老、疾病、伤残、死亡、失业及其他不幸遭遇的发生而使生存出现困难的社会成员从社会保险、社会救助和社会福利等方面给予一定的物质上的帮助，以保证其基本生活权利的措施、制度和活动的过程。

二、我国农村社会保障供给现状

（一）我国社会保障体系现状

1. 在新农村背景下城乡社会保障的发展

（1）工业化进程中的农村社会保障。社会保障水平指的是一定时期内一国（地区）社会成员享受社会保障的高低程度，社会保障水平与其经济

---

① 邓大松、李芸慧：《新中国 70 年社会保障事业发展基本历程与取向》，《改革》2019 年第 9 期，第 5—18 页。

发展息息相关，社会保障与经济发展之间既互相促进又互相制约，经济发展决定着社会保障的发展，也在一定程度上受社会保障发展的制约。工业化是一个国家经济发展的必由之路，现代社会保障制度是随工业化进程而产生和发展的，随着工业化的发展经济水平不断提高，人们应该共享经济发展的福利获得更高的社会保障水平，特别是当农村居民失去土地保障时，他们对社会保障制度的要求也会提高，社会保障水平也要随之增长，而我国城乡经济二元体制结构的存在，农村社会保障水平一直滞后于城市社会保障水平和社会经济发展水平。根据林闽钢在 2007 年出版的著作《社会保障国际比较》指出，从历史上看，各国第一产业产值比重在不断下降，而为了给失去土地的人提供保障，各国社会保障水平在不断地上升，而中国并没有像国外那样，随着第一产业产值比重不断下降而给失去土地的农民提供保障，我国仍把主要精力放在城镇职工身上，导致我国农村社会保障水平并没有随工业化进程的推进而得到提高。因此，在工业化和城镇化进程中，需要不断完善农村社会保障体系，使那些进城的农村剩余劳动力享受到适配的社会保障待遇。

（2）社会保障城乡共同发展。剩余农村劳动力进入城市打工，如果这一群体的人们不能享受同等的社会保障待遇，我国的社会保障会面临"三维"格局，城乡的社会保障、城乡经济、劳动力市场等领域的群体分离状况会更加明显。[①]必须在城乡经济、社会经济市场等区域保持的背景下重新分配领域一体化。不然，农村居民面临的社会风险将更深，更难解决。因此，应对农村居民社会风险的城乡统筹社会保障总体战略主要取决于两个方面：第一，完善社会保障体系建设，构建良好的化解社会危机的政策。第二，城乡社会保障体系一体化的政策框架已逐步形成了城乡居民动态平衡的风险解决政策治理模式。

（3）社会保障领域城市乡村共同发展和"以工补农"的反向补给策略。对其他国家在工业化过程的研究可知，工农业之间的动态互动可以分为两个阶段。第一阶段是工业化之前的时期，体现在"农业改良"的发展规模中。[②]第二阶段的重点是"农业工作"的"逆向供给"协调战略，[③]第二阶段可分为两个层段：过渡阶段和综合反馈阶段。第二阶段的"农业工作"的"逆向供给"的动态协调战略主要表现为社会保障城乡一体化的

①　王增文：《新型城镇化背景下中国城乡社会保障制度发展路径研究》，《农业技术经济》2016 年第 7 期，第 89—97 页。

②　陈斌开、林毅夫：《发展战略、城市化与中国城乡收入差距》，《中国社会科学》2013 年第 4 期，第 81—102、206 页。

③　Giles J，"Is Life More Risky in the Open? Household Risk-coping and the Opening of China's Labor Markets"，*Journal of Development Economics*，Vol. 81，No. 1，2006，pp.25-60.

过程、社会保障一体化的时间和城乡之间的"农业补给工作"基本实现了共同进步，是工业全面支持农业的第二个战略协调期。它将促进典型国家的农业、农村和农村居民的社会保障体系的融合。一体化进程和过渡时期表明，我国目前正面临着建立包括城市和农村地区在内的社会保障体系的正确时机和节点。

（4）社会保障领域城市乡村共同发展和城市农村双重结构的增大。使用城市优惠政策可以解释城乡发展的社会保障差异化的事实，但并不能代表我国城乡社会保障的全部发展过程，理由主要是基于以下两个方面：第一，城市的优惠政策对其他地区的影响并不显著，但由现实可知，我国的城乡社会保障发展路径显示出明显的地区差别，东部沿海地区的社会保障城乡一体化进程明显高于中西部，城市优惠政策不能准确地诠释地区差异的特征。①第二，从理论上讲，需要将社会保障城市优惠政策产生的重新分配"收益"反向受益给农村居民，这样就能缩短城乡差距。尽管地方政府对农村社会保障的投资逐年增加，但自2000年以来我国城乡的城乡二元结构差距逐年扩大，且我国城乡二元结构系数保持在约20%，所以城市优惠政策不能诠释我国城市农村二元结构不断扩大的模式。②

2. 农民工社会保障制度科学规划与一体化发展现状

随着对"三农"问题的关注和农民工人数的持续增加，国家对农民工问题持续关注，在政策条件基本得到满足的情况下，开始为农民制定高水平的发展战略，给予他们"工业工人"和"国民待遇"的地位以及权利的平等和身份认同。③《中华人民共和国社会保险法》的采用，象征着针对工人的社会保障政策从零散的与工作相关的伤害、医疗和旧问题等的解决方案到统一解决，从简单的部门法规、社会政策与立法制定到立法的执行。《中华人民共和国社会保险法》中规定"进城务工的农民居民依照本法规定参加社会保险"。

此外，国家政策还继续强化将农民工纳入城市工人社会保障体系并为农民工提供公平的社会保障待遇的概念。2013年11月，《中共中央关于全面深化改革若干重大问题的决定》建议"把进城落户农民完全纳入城镇住房和社会保障体系，在农村参加的养老保险和医疗保险规范接入城镇社保体系"。2014年9月，国务院研究和完善了农民工的灵活就业制度，

---

① 张明斗、王姿雯：《新型城镇化中的城乡社保制度统筹发展研究》，《当代经济管理》2017年第5期，第42—46页。

② 刘飞、王欣亮、白永秀：《城乡协调分异、社会保障扭曲与居民消费差距》，《当代经济科学》2018年第3期，第35—44、125页。

③ 龚晶、赵姜：《农民工社会保障制度发展演变与未来展望》，《河北学刊》2019年第2期，第139—143、148页。

以参加农民工基本就业保险政策，使依法与雇主保持稳定劳资关系的农民工纳入基本养老保险和城镇职工基本医疗保险。《国务院关于进一步做好为农民工服务工作的意见》中"努力实现用人单位的农民工全部参加工伤保险""推动农民工与城镇职工平等参加失业保险、生育保险并平等享受待遇"。在此期间一些地区实现了农民工社会保险计划向城镇工人社会保险和城乡居民社会保险的转变。

3. 我国处理经济发展与社会保障关系的经验

我国经济发展的成就在世界范围内得到公认，已成为当今全球经济发展的主要驱动力，我国社会保障变革与发展也取得了长足进步，引起了国际社会的关注。[①]这两个方面的成绩并非偶然叠加，它们的内部机理却非常接近。我国已经实现了经济发展与社会保障之间的两性互动和协同发展的目标，经验主要体现在以下几个方面。

（1）坚持经济增长与社会保障的共同增长。中华人民共和国成立70多年来，制定了以经济建设为中心的发展战略，追求经济增长的目的是迅速消除贫困，不断改善人民生活。尤其是进入21世纪以来，保护和改善民生已成为经济和社会发展的起点和跳板，与此同时，更加明显的是将人口增长作为经济发展的永久动力。我国的发展实践证明，经济发展是保护和改善民生的基础和前提，保护和改善民生是经济发展的目的和动力。

（2）完善社会保障基本制度，并根据经济发展水平调整福利水平。增加除一般公共预算以外的各种社会保险基金的收支，将进一步加强支持该制度的物质基础。中华人民共和国成立70多年来，我国医疗保健支出的变化也反映了民生支出的快速增长。国民卫生总支出占GDP的百分比从1978年的3%增加到1990年的4%，到2010年的5%，到2015年的6%和2017年的6.2%。2021年达到7.12%，其中社会医疗保险支出发挥了非常重要的作用，社会保险体系与经济发展以及政府的金融投资基本同步增长，养老保险和医疗保险的财政投入不断增加，低收入城乡居民得到有力支持，因此社会支持可以成为低收入救济的关键制度保障。由此可知，我国的经济增长成绩通过社会保障体系使所有人受益，这是解决我国经济问题和实现可持续增长的重要因素。

（3）建立一个共同建设和共同分享相结合，完善权利与义务相结合的社会保险和社会保障体系，原来的筹款方法已经从政府为主导转变为政府、企业和个人之间共同分担风险的筹款机制。由此，我国建立了以工人社会保险为基础的制度体系。其中，从不缴费向缴费的养老保险和医疗保

---

① 郑功成：《中国社会保障改革与经济发展：回顾与展望》，《中国人民大学学报》2018年第1期，第37—49页。

险的过渡是最重要的一环。政府还根据家计调查的社会支持原则，部分或全部减免低收入人群的养老保险和医疗保险缴费。这种将权利和义务结合在一起的制度安排实质上是对共同建设和共享的追求。例如，在计划经济时代，非缴费型养老金计划在国家的责任下实施。1991 年，国务院开始改革公司雇员养老金保险计划，由此进入缴费型的养老金时期。1995 年，国务院出台了改革综合账户和职工养老保险的试点方案。2009 年以来，逐步建立了以财政资金为重点的城市农民和非劳动者基本养老保险制度，2012 年全面覆盖城乡。从 1998 年到 2017 年，参加基本养老保险的从业人数从 1.12 亿人增加到 4.03 亿人，城乡居民基本养老保险增加到 5 亿多人。将社会养老保险计划由单位担保过渡到社会保险，不单单和国有企业改革的目标相吻合，另外还可以均衡各公司之间的负担，提高企业的经济活力，为职工提供更加稳定的养老保障。尽管当前的基本养老保险体系仍处于地区和群体分裂的状态，其他地区的养老保险计划却存在着不公平的支付负担和资金短缺，加剧了地区发展之间的失衡，影响市场经济的平等竞争，但随着国家养老金计划的加速实施和多层次养老保险计划的建立，它将成为支持中国经济增长的坚实力量。

（二）我国社会保障体系面临的困境

1. 我国农村社会保障的多重困境

从总体上看，我国社会保障事业的发展虽然整体发展速度比较快但仍然很不平衡，特别是农村社会保障体系还很不健全。[①]当前，我国农村社会保障在制度、结构和责任部分存在多重困难：第一，缺乏稳定性。第二，公平问题。第三，权利和责任模棱两可。

（1）制度碎片化：稳定性缺失的农村社会保障制度。长期以来，我国一直以渐进式改革和先试先行战略为基础，通常是"摸着石头过河"。在发展方面，我国农村社会保障经过了土地保障（1949～1965 年）、集体保障（1965～1978 年）、扭转发展（1978～2002 年）、试点探索（2002～2013 年）以及发展（2014 年至今）五个阶段。我国农村社会保障制度的改革往往始于时代的现实，极少关注制度改革的合理目的和方向。虽然那时的改革获得了一定的成效，但它们具有十分明显的历史局限性和很多后遗症。农村社会保障长时间没有办法形成定型观念，所以稳定性不足。长期测验带来了更多的区域创新，而缺乏国家协调则加深了社会保障的本地化和当地利益品牌。当有必要深化改革以整合相关体系时，形成共识变得越来越有难度。实践表明，如果未能及时解决体系上显示的故障，则路径

---

① 秦继伟：《农村社会保障的多重困境与优化治理》，《甘肃社会科学》2018 年第 3 期，第 16—22 页。

依赖很容易产生。由此引起的严重结果是，由于制度多变并且不确定，人们动摇了对农村社会保障体系稳定性的期许，更严重的后果是人们开始不信任农村社会保障体系。

（2）结构条块化：公平性阙如的农村社会保障制度。我国当前的社会保障体系存在许多非理性现象，如城乡、部门和资源部门的分离等。在保障成效部分，城市居民高于农村居民，当地人口大于流动人口。主要原因有以下三点。

第一，城乡地区分裂。当前，我国城市地区已经构建了比较完整的社会保障体系，可以满足城市居民的基本需求。但是与城市相比，我国农村社会保障体系还很不完善。其特点是体制变化多样，覆盖范围狭窄和保障不足。特别是在城市化进程中，农村流动人员一直处在城乡社会保障的灰色地带。现有的农村社会保障体系和城市社会保障体系无法有效地联系起来。与城市相比，我国农村服务型社会保障水平仍然很低。

第二，资源分裂。财政资源的配置方式对农村的社会保障资源配置的影响是举足轻重的。在我国目前的情况下，农村社会保障财政资源的区域配置存在很大差异，若干地区的农村社会保障财政支出与全国社会保障支出的比例与该地区农村人口和全国农村人口比例不符。不同省份之间的社会保障支出与 GDP 的比例的差距超过 10 倍。在农村社会保障项目中，各个地区社会救助支出负担的差异最为凸显。目前我国的各个地区，城市和农村地区的经济发展水平和财政收入差异很大。因此，农村地区的社会保障达不到该有的水平。

第三，部门分裂。人力资源和社会保障部主要负责社会保险，民政部主要负责最低程度生活保障和安全援助，国家卫生健康委员会主要负责计划生育家庭援助和"新农合"服务，住房和城乡建设部主要负责房屋安全住房管理。各部门之间没有统一的管理结构和管理方法，这使得多个部门在执行策略时无法进行协调。例如，农村养老保险基金、最低生活保障和救灾基金以及新型农村合作医疗基金分别由社会保障部门、民政部门和卫生部门分别管理，但整个农村社会保障基金的预算由财政部门管理。

（3）模糊的权利和责任：我国的农村社会保障体系目前存在社会保障制度权利和责任不确定的困境。在制度的实施过程中发生了各种不合和冲突。中央政府、地方政府、社会与个人之间的关系不明确，权利与责任失衡的问题突出，政府的财政责任奖惩机制不明确。突出表现在以下三方面。

第一，国家支出不足。2020 年我国一般公共预算社会保障和就业支出为 32 568.51 亿元，企业职工基本养老保险补贴、城乡居民养老保险、救灾、养老金补贴、优抚安置、城乡居民最低生活保障和临时性抚养费等占国家一般公共预算支出的比重约为 13.26%，为决战决胜医疗保障脱贫攻坚战，

2020 年累计资助 7837.2 万贫困人口（含动态调出）参加基本医疗保险。2020 年中央财政投入医疗救助补助资金 260 亿元，比去年增长 6%，另外安排 40 亿元补助资金专门用于提高"三区三州"等深度贫困地区农村贫困人口医疗保障水平，安排 15 亿元特殊转移支付医疗救助补助资金。尽管，我国用在社会保障的资源规模是有限的，这决定了社会保障在调节国有财产分配和贫富差距上的有限作用。

第二，社会责任不足。发展社会保障应注重社会群众的参与，强调社会责任，充分发挥社会群众在提供社会保障中的补充作用。非政府组织和非营利组织（第三部门）具有独特的优势，与政府（主要）和市场（第二）相比，提供社会支持和社会服务及贫困可以执行缓解措施、救灾和伤残援助。换句话说，第三部门可以充分利用社会力量为特定目标提供非正式的社会保障服务，以弥补缺乏正式的官方社会保障的人性化的缺点。随着经济和社会的不断发展，非政府组织和非营利组织在我们的城市迅速发展，并在社会支持和社会服务中发挥重要作用。但是，由于缺乏私人和非营利组织的支持，我国的社会保障社会化不足，农村社会保障体系的社会责任不足。

第三，参与主体单一。目前，我国社会保障监督管理体系的参与者是单一的。这种由政府控制的社会保障体系和机制面临许多挑战。这种"政府是服务提供者和服务监管者"的单一参与模式，可能导致道德风险和寻租的现象发生，"低收入保障"和社会救助的目标将无法实现，而缺乏合作将使信息处于弱势地位。例如，在社会救助中，人民群众通过对自身真实情况进行谎报或者隐瞒自己的其他实际收入这种手段来获得社会救助。该主体的单一参与还导致我国农村社会保障资金来源不足。社会保障基金的投资渠道单一，收入有限，因此无法实现价值的稳定和增加。

2. 农村社会保障财政资源配置面临的困难

（1）农村社会保障财政资源配置地区差异大。"新型农村合作"是由政府、集体和个人共同出资的筹款机制，其中中央和地方政府出资超过80%。在募捐和养老金支付中结合了个体交费、团体赠款和政府补贴的筹款模式，对地方政府作为筹款人具有重要作用。[①]经济发展和财政收入的不同使地方政府的社会保障经济学有所不同，导致农村人口更加密集，对农村社会保障的需求更大的地区由于缺乏财政资源而没有效果。相反，在农村人口少，经济发达的地区，地方政府提供的社会保障不仅可以满足基本生活需求，而且可以改善生活水平，因此造成该地区的农村社会保障分

---

① 李宏、张向达：《中国财政社会保障支出扩面效应的测算与比较》，《经济学家》2020 年第 4 期，第 68—79 页。

配财政资源的不平等化冲突增加，并进一步导致先进地区的"虹吸效应"日益明显，区域之间的经济差距越来越大。

（2）农村社会保障财政资源配置结构不科学。通过在各个项目之间分配农村社会保障财政资源可知，农村社会救助支出因地区而异，新农村保险和"新农合"的价值比率超过七倍的主要原因是，农村社会救助的所有支出均由地方财政承担，并且基层财政承诺的比例相对较高，地方政府在财政资源的背景下增加了农村生计补贴的数量。因此，农村低保补贴居民补助标准不仅是财政资源的廉价标准，还是维持自给自足基本生活条件的标准。在一些地区，用于农村社会支持的财政资源分配存在很大差异，这阻碍了实现农村社会保障平等最低目标的目标。

（3）资源配置的运行管理有待改进。我国农村社会保障财政资源配置效率低下，除了规模和结构配置两个原因外，运营管理也是一个很重要的原因。第一，协调层次不高。当前，我国农村社会保障项目基本上仅限于县级协调，协调层级不高，限制了保障项目的互助，并且由于各地区经济发展水平和财政收入的不同，在保障项目的保障区域、保障水平等方面存在重大差异。第二，资源分配的运作和管理不协调。"新农合"尚未实现城乡一体化，资金运作由不同部门管理，不仅降低了资金使用效率，而且浪费了一定数量的社会保障资源，造成了重复投保和多次报销的现象。第三，监督管理实现度不高，资金管理的系统设计存在特定缺陷。以新型农村合作社为例，资金的筹集和管理实际上并不是两个收支分开。农民个人捐赠和农村集体经济组织缴纳的资金，由农村合作医疗服务机构或城市（县）有关机构收取，存入农村合作医疗专项资金。新的农村合作医疗制度的资金发放仍是通过征收机构进行的，资金的运作有失去监督的风险。

3. 城乡社会保障有限统筹一体化建构的困境

（1）城镇乡村社会保障统筹实践中存在问题。第一，重视社会保障覆盖面的扩大，城乡社会保障模式的结构调整有限。以居民养老金和医疗保险为例，城市采用统一账户组合模式，农村采用政府担保模式。财政投入是资金的主要来源，城乡居民的权利、责任和利益不统一，转移壁垒仍然存在。第二，地方政府考虑到城乡经济社会发展的差异，对"促进城乡基本公共服务均等化"缺乏认识。什么是基本的公共服务，应包括什么，平等是平均还是公平，地方政府对这些问题的理解仍然模糊。在财政压力下，地方政府对实现城乡基本公共服务均等化缺乏信心，区域战略选择也存在差异。第三，农村社会保障的财政投入、社会家庭互助与农村社会保障的项目职能之间的联系不足。利用大规模金融投资迅速提高了农村地区的社会保障水平，但农村社会保障和互助能力却很低。农村社会福利和农村贫困缓解与发展等项目概念不明确，功能联系不统一，融合效果不佳。

（2）城市乡村社会保障统筹理论研讨存在问题。第一，城乡一体化社会保障的战略定位和实施措施相对复杂。从目标的角度来看，有三个角度：一是为城乡居民建立社会保障体系，二是为每个人提供基本的生活保障，三是建立基本的综合社会保障体系。在推广措施上，逐步建立城乡公共规划最低生活保障制度、公共卫生和重大疾病协调制度，逐步建立城乡统筹的社会保障。在实施的做法上有四个观点。第一点是分层级推进。第二点是重点关注城乡统一发展、建立健全新的社会保障体系。第三点是实施共同协调的发展战略。第四点是统一领导、改革管理体制。这些论点有助于阐明观点并推动行动，也表明了我国城乡社会保障一体化的复杂性和缺乏重大研究一体化的事实。共同点是对社会保障体系的关注必须建立在社会公平与正义概念的基础上，并以最低生活保障水平确保人们的基本生存。当然，一些学者认为，"建立一体化的社会保障体系的尝试是一种'洋跃进'，经济动机是短期的，战略目标是错误的"。

第二，社会保障的功能结构更合适，顶层宏观布局和整体研究不足。目前的学术研究在基本养老保险、医疗保险、社会救助等项目的基本结构等方面的研究比较充足，在城乡和社区安全的比较实证分析中取得了更多的成就。学术界的一种更普遍的看法是，社会保障包括社会保险、社会救助、社会福利和社会优抚安置的四个模块（还包括农村社会保障作为第五模块）。社会保险包括养老保险、医疗保险、失业保险和生育保险。但是什么是社会救助、社会福利和优抚安置？应该设立什么项目？如何在项目之间适应功能仍处于探索、讨论和集成阶段。如果农村社会保障不是分开设置的，那么我们应该如何设计整个中国的社会保障？是否要改革现有的分为城乡居民的社会保障模式结构或者通过现有的城乡社会保障筹资结构吗？社会保障项目在城市和农村地区的基本公共服务中同样得到标准化，对于这些问题，学术界还不足以进行宏观布局和全面研究。

第三，政策取向在很大程度上是不一致的，社会保障立法的思想和技术措施也存在争议。加快社会保障立法进程的一个非常重要的思想是制度具有普遍性、统一性和公正性，实现了城乡体系的融合，但目前我国的社会保障项目规划和相关学术研究是按照政策取向进行的，并且整个立法被忽略了科学研究和结构布局。社会保障立法非常困难，除了复杂而长期的影响外，还有另一个重要原因——中国的社会保障学研究和法学研究是"两块皮"，权威的建议还不够。作为社会救助的一个例子，我国在2020年9月7日颁布了《中华人民共和国社会救助法（草案征求意见稿）》，向社会各界征求意见，其对救助的标准、原则、管理体制和资金保障、具体措施以及临时救助和灾害救助均做了详细的规定，内容从医疗、教育、住房到司法、临时急救和灾难，但有关项目定位和内容安排还存在争议。

第四，关于西方社会保障理论的研究很多，仅根据我国国情进行的社会保障研究还不够。我国的研究人员主要关注欧美或智利的社会保障改革。德国建立的互助和分担责任机制构成了现代社会保障体系的本质。在这方面，有必要总结和评估实施现有社会保障体系的效果，改革和突破现有的保障模式和体制环境，城乡分割对于城乡社会保障是否必要是此过程中要仔细考虑的问题。

第五，关于社会保障的社会身份的研究很多，关于自然群类的研究很少，并且在研究之初并没有太大的突破。从当前研究来看，我国有关社会保障制度的相关研究对象主要是"社会工作者""公务员""机构雇员""城市居民""农村居民""农民工""贫困人口"。而对自然身份的研究较少，如"家庭""老人""婴儿和儿童""残疾""女性""鳏寡独孤""国民"。当前的大多数社会保障计划都基于社会身份类别，并且没有与这些自然身份完全融合。由于社会地位的不稳定和资源分配的差异，基于社会地位的社会保障不能实现城乡社会保障平等和城乡基本公共服务均等化的目标。

（三）我国社会保障发展趋势

经济发展、执政智慧、技术进步等为新时代我国社会保障问题的求解提供了一定经济保障、政治基础和技术支撑。①第十九次全国人民代表大会报告明确提出了"全面建成覆盖全民、城乡统筹、权责清晰、保障适度、可持续的多层次社会保障体系"的奋斗目标，并为我国的社会保障政策创新提供了相对清晰的政策方针。从增强公平性、适应流动性，保证可持续性出发，全面推进社会保障体系建设，覆盖城乡居民社会保障体系基本建立，保障项目日益完备，制度运行安全有序，保障水平稳步提高，让人民群众更多地分享到经济社会发展成果。

因此，政府应充分利用政策工具功能作用，充分调动社会和市场力量，在合作管理、合作利益、合作与共享思想的基础上实现每个人的获取感、幸福感和安全感，重点放在社会保障和全面建成多层次社会保障体系上。通过将医疗、养老和护理相结合，加强要素和资源整合。通过经济支持、技术支持、设施支持和文化支持建立社会保障支持系统，确保所有社

---

① 席恒：《新时代、新社保与新政策——党的十九大之后中国社会保障事业的发展趋势》，《内蒙古社会科学（汉文版）》2019 年第 1 期，第 24—30 页。

会成员因社会保障服务而享有获得感、幸福感和安全感。构建具有统一的社会保障支付平台，标准化的保障支持系统，这将是在我国发展社会保障业务的主要任务。这些目标挑战的实现集中在三个方面：制度优化、管理创新和质量提升。

（1）制度优化。制度是实现社会保障公平的基础，是国家有序治理的前提。进行我国社会保障制度的优化，以最大限度地扩大各种受益人之间的合作利益，其中包括有关社会保障制度演进的基本法律、新时代对社会保障的追求以及我国社会保障发展的制约因素。社会救助系统的优化应着重于优化救助结构和调整相关系统，基于优先救助和激励措施精准地识别和精准管理受助人，以整合消除贫困和支持贫困。社会保险制度的优化应建立在排他和分担风险责任机制的基础上，并建立激励兼容的制度框架。以养老保险为例，有必要重建基本养老金、职业养老金和私人养老金三大支柱之间的关系，从整体和制度的角度来优化三者的结构，构建养老金机制。各个主体负责自己的职能，并尽最大努力进行合作。第一支柱是基本养老金，主要由政府、雇主和个人共同调整和匹配收费率、支付期限、工作年限和退休年龄以制定科学合理的养老金机制，以实现养老金机制的平衡。第二支柱是职业养老金，按照"扩展、强制和灵活性"的原则，主要由雇主和雇员共享的职业养恤金能充分调动雇员的积极性。第三支柱是私人养老金。在个人已拥有商业养老保险和个人储蓄养老保险的情况下，还应积极储备各种形式的养老服务。除此以外，有必要优化工资结构，设定实际的养老金支付标准，降低个人和单位缴费率，延长个人支付期限，并根据工作年份采取渐进、差异化和灵活的延迟退休年龄政策。社会福利制度的优化应该基于社会福利与经济增长之间良性互动的原则，充分实现经济发展成果的社会共享。为了发展包容性、整体性的社会福利制度，应体现社会福利的公益性特征并因地制宜。个体福利计划还可以确保改善每个群体生活中的危机和风险防范能力，并最终改善每个社会成员的社会健康。

（2）管理创新。创新是社会进步的动力，通过管理创新提质增效是全面建成社会保障体系的基本路径。管理创新应紧密回应我国社会保障的现实需求，围绕资源整合、流程设计和质量控制等管理学基本问题进行。养老保险亟待解决的问题是如何尽快实现国家基本养老保险的总体规划。中央政府可以在养老基金统筹的基础上，按照相对统一的标准统一缴纳保费，最终实现全国统一政府基本缴费保险的统筹。但是，地方政府可以鼓励地方养老金计划，因为部分国家（特别是在发达国家）统一支付养老金，中央政府无法满足其他地区的养老金需求，如何补充并最终构建一个用于国家综合养老金、商业保险养老金和个人储蓄养老金等的全面的多层次养老金系统，如何在社会保险管理服务管理中充分利用现代信息技术来构建国家综合社会保障公共管理平台，是全面建设社会保障体系的关键因素。

在社会保险关系转移中，如何确保被保险人的社会保险权益在流通过程中不丢失，如何确保社会保险权益具有足够的可移性是社会保障体系综合构成的重要组成部分。建立公平、合理、科学的基本社会保险转移和退休的转移系统，是保护被保险人社会保障权利的唯一途径。在社会保障生活服务管理中，使用现代信息技术和方法来改变传统的老年护理和保障方法，以帮助公众对社会保障服务的获取，这是社会保障的主要目标。使用现代互联网、物联网和区块链技术，从传统的点对点服务（传统家庭护理、现场护理服务）、跨包服务（机构养老金、医院护理）到一揽子服务（智能养老金、智能医疗）和点对点服务（区块链养老金、家庭护理）是未来社会保障生活服务的发展趋势。

（3）质量提升。首先，细分人的社会保障需求，并正确识别他们的社会保障需求。只有不断进行细分和准确识别，才能实现更有效地供应。例如，高级护理服务、事故预防、心理安慰和临终关怀护理对于老年人来说是常见的，但是存在某些个体差异。只有集聚整个社会的力量，专注于所有要素的生产，关注整个生命周期，才能确保体面的生活质量。其次，要不断降低社会保障服务的提供成本，不断提高人们获得社会保障服务的便利性，使公众能够方便地消费，更容易消费和有能力消费各种类型的社会保障服务。最后，有必要不断加强社会保障服务的管理，平衡社会保障服务的供求，生产和交易成本的平衡以及边际利润的平衡。这就意味着社会保障服务资源与服务需求之间的有效匹配和有效联系，以及社会保障服务功能和社会整体有效性的不断提高。只有社会保障服务能力和效率不断提高，社会保障服务的质量才会不断提高。

第二节　我国农村社会保障供给的典型案例分析

一、案例背景

经过测算，我国已经进入人口老龄化时代，未来的几十年发展中，空巢老人的数量只增不减，尤其是在我国广大的农村地区，与城市相比其发展不充分、不平衡的问题还有待进一步解决。从中国老龄科学研究中心2020 年发布的一项报告显示，在我国农村地区，有45.2%的老人对自己的生活感到不幸福，有35.1%的老人认为自己的生活很孤独，而独居和没有配偶的老人感到不幸福和孤独的比例更高。中国老龄科学研究中心研究员张秋霞提出在广大农村地区，农民面临子女上学、子女成家等各种问题，在各方面都需要开支的情况下,农村老人的社保问题、养老问题根本就排不上号。当前老人们大多关心衣、食、住、行等生活中最基本的问题,更深层次的社会福利、社会保险、社会救助等社会保障相关的因素还不在农村空巢老人的主要考虑范围之中。

二、案例过程

(一)农村老人"家门口"过晚年

位于黑龙江省大兴安岭地区的呼玛县,是当地少有的农业县,穿过一片片广袤的农田,当地人口中的"幸福大院"逐渐出现在眼前。

整体来看,"幸福大院"的房屋错落有致、房屋之间没有围墙,不少村民都坐在房屋前谈笑风生,院落中劈的柴火也整整齐齐地摆放在角落,地面打扫得干干净净,整个大院显得干净朴素。

呼玛镇镇长赵洁介绍说,"幸福大院"是有县里出资 200 余万元于 2014 年最终建成使用的,主要是为了给当地以及呼玛镇周边村子的困难老人提供免费住房和优质服务的场所。"幸福大院"一经开放就受到广大老人的一致好评,目前陆陆续续为许多贫困老人提供服务。

其中住户徐秀云,因为孙女患上重病,多年来为孙女治病,几乎把家中的积蓄都掏空了,为了能好好照顾孙女,徐秀云住进了"幸福大院",45 平方米的屋子打扫整理得干干净净。徐秀云也感慨:"还好住上了这屋,房子冬暖夏凉,住起来很舒适,给我生活带来了巨大便利,现在我也没有后顾之忧,能够安心好好照顾孙女了。"而在 63 岁王泽花的眼中,大院是温暖的,工作人员知道老人家习惯睡火炕后,就为每户都垒砌出了大炕。在第一年冬天之时,县政府来到这里慰问老人,发现窗户只有一层玻璃,考虑到这里地处大兴安岭地区,老人家身体更加需要保护,立马又加了层玻璃,整个冬天都暖和得很。

(二)"幸福大院"解决养老后顾之忧

为了减轻广大农村地区特别是贫困家庭的养老负担,让每位老年人都能过上幸福的晚年生活。黑龙江省一共让 2829 个有切实需求的贫困户入住"幸福大院"。当这些老人住进大院后,到底过得怎么样?从老人们的话语中可以窥探一二。

吃完午饭后,75 岁的艾爷爷打开电视机,一边看电视,一边躺在床上与同屋的另一位老人聊天,有时隔壁房间的老人也跑过来凑热闹。刚聊一会儿,艾爷爷在县城的儿子打来电话问候老人,说是等工作不太忙的时候,来看看爷爷。艾爷爷笑着说:"你不用总惦记我,你好好工作,我在这里吃得好,睡得好,还有人和我聊天说话,你就安安心心赚钱就行了。"

通过了解发现，之前艾爷爷的儿子在外务工，儿媳妇在家种地，还有两个正在上小学的孙子需要照顾，农活多的时候，儿媳妇都顾不上吃饭，艾爷爷一想到还要腾出手来照顾他，就心里过意不去。甚至儿子的工作也因为家里的缘故，不能长久地干下去，总是等家里的事情忙完了，再去县城里面找活干。

现在，艾爷爷的顾虑迎刃而解了，住进"幸福大院"之后，顿顿饭食都有工作人员做好，生病了也有医生上大院来诊断，衣服也有服务人员帮忙清洗。"儿子安心工作，儿媳妇好好照顾家庭和孩子，我也有自己的去处，不会成为他们的累赘，家里收入逐渐提高，终于能够好好生活了"。

镇长赵洁介绍到，当地"幸福大院"的入驻是在老人自愿的前提下，通过个人申请、村申报、镇审批的标准流程来安排入住的，"幸福大院"在选址时，也充分考虑到当地的经济发展状况，修建在离周围公共活动场所距离较近的区域，满足了老人家就地养老的诉求。

（三）"能人"带头、互助形成友爱新村风

通过调查走访"幸福大院"，发现虽然贫困老人的家庭背景各不相同，但是管理起来却井然有序。老人来到大院居住，相互串门唠家常，有很多人陪伴自己，有一大家子的感觉，大院充满了"人气儿"，让大家生活在这里不感到孤单。

大院里做什么事情都是有商有量的，通过民主的形式推选了徐秀云担任院长，王泽花担任副院长，主要就是照看院里的老人。她们带动身体健康的老人自愿参与大院的维护工作，让他们帮助身体相对困难的老人劈劈柴、搬搬煤，一方面起到锻炼身体的作用，另一方面也是让他们打发时间。

不少老人家提出这种互帮互助的形式让他们更像是真正的一家人，他们还集体制定环境卫生管理办法，让大院保持干净整洁的模样。每年，政府也会购买生活用品来奖励卫生习惯好的老人，充分调动了他们的积极性。

特别是到了夏天晚上，大家都在空地上锻炼身体，活动活动筋骨，还有些老人家聚集在一起下下棋，打打扑克，甚至到了春节的时候，大院的老人们回到自己家里吃团圆饭，镇上的干部们也没有忘记他们，给他们送来了各种水果进行慰问。老人们对于大院的管理活动也给予了高度评价，院长和副院长还有村上的干部经常来到大院进行消防安全宣传，嘱咐老人家注意用电用火，对安全隐患提出早日发现，提前预防，甚至刮风下雨这样的小事也会及时通知。生病也能得到护理。在"幸福大院"里，麦奶奶躺在床上，而旁边就是护理工作人员正在为她按摩、擦药。"麦奶奶是之前不小心摔倒扭伤了腰，现在每天给她按摩按摩，促进血液循环，再擦上药，会好得快点。"

"幸福大院"的工作人员不仅仅负责照顾老人人身安全，还给有需要的老人提供医疗护理服务，在"幸福大院"里配备了专门的康复训练师和专业的康复设备，让老人能够享受到基本的护理。到中午吃饭时间，二楼的餐厅坐满了老人，工作人员在为老人盛好饭菜后，把饭菜为当前行动不便的老人送到床前，让每一位老人都能安心在这里生活。即使是生病，也不用发愁。"幸福大院"都配备了医护人员，在每一位老人入住之时都为其建立了健康档案。日常慢性病的相关照护在大院就能随时进行，如果遇到突发疾病，也不慌，最近的卫生院离大院只有 5 分钟车程，能够及时将老人送至医院进行救治。

"这里可是 24 小时提供热水，在自己的房间就能洗澡，喝的开水都有人打好送到屋里来，冬天还有火炕，这可不比家里面照顾得差。"大院的老人们说出了他们的心声。

当然，"幸福大院"不仅仅是解决老人的个人问题，还帮助当地村民找到了合适的工作岗位，清秀原本是呼玛县一名家庭妇女，有过一点照护经验，通过对其进行专业培训后，就来到当地"幸福大院"工作。"每 24 小时轮班一次，每月有 2300 元工资，还给交社保，我安心在这里照顾老人，家里生活也越变越好了。"农村幸福大院项目就是为了让农村地区的困难老人实现老有所养，住得安心舒心的保障性工程，政府部门通过加强其保障性的供给服务，让广大农村老人都能幸福安居。

（四）"幸福大院"探索互助养老新模式

根据呼玛县 2016 年民政部门统计，呼玛县总共约 4 万多人口，60 岁以上的老人有 8800 人，其中享受低保的老人占到 11.3%。由此，"大家还缺点啥？"就成了不少干部常挂在嘴边的口头禅。当地政府部门对老人们开展扶贫结对的活动，让医疗服务队每年为大院老人进行两次医疗检查，当地的志愿者也定期来到大院看望老人，每年接受服务的次数多达 60 次。

当地有关部门总是积极听取住户的相关意见，当有居民提到想要周边居住环境得到改善时，县政府就通过制订规划，进行招标设计，通过合理的布局，选出地址位置相对合适的区域进行建设，并在"幸福大院"周围建立休闲娱乐广场、便民小超市以满足当地老人的生活需求，并在每户门前留有一小片土地，用于种植蔬菜，让老人们能够打发时间，老有所为。通过这一系列的硬化、绿化来美化亮化环境，给居民带来一个温馨的居住环境。

呼玛县委书记介绍道："呼玛县因地制宜，在选址时充分利用原有资源，将闲置校舍进行部分扩建和重建，在原有基础上建造幸福大院，卫生、娱乐、文化设置一应俱全，按照老人自愿、自理，大院自治的相关原则，走出一条集中生活，分户居住，统一服务的农村互助养老新模式。"而其中"集中生活"就是像村里的五保户、空巢老人、生活条件差的老人就近搬迁到"幸福大院"里面集中生活。"分户居住"就是让老人们每户分开居住，既在这个集体中，但分灶饮食，也能保持之前的生活习惯。"统一服务"就是"幸福大院"是有政府进行供给的，由当地政府统一进行管理，让能够自理的老人们相互结对，彼此做些力所能及的事情，相互照顾。

当地干部提出，"幸福大院"之所以受到老人们的一致欢迎，是因为它满足了需要老人就近的养老需求，政府部门通过整合资源，为当地老人养老提供很多惠民政策，把农村困难群众的服务工作放在乡村振兴的重要位置上。通过将项目与当地经济发展水平相结合，与农村社会保障体系供给相结合，将农村社会保障供给与各种惠民政策相衔接，推动农村"幸福大院"的有效运行。呼玛县在保持原先待遇不变的基础上，不断提高当地老年人社会保障水平。一是提高农村低保的保障水平。2017 年农村低保保障标准比 2016 年增加了 280 元，达到了 3854 元。二是冬季每年为每户发放 600 元标准的爱心煤，让居民冬天不再寒冷。三是实施高龄补贴惠普制度，对年满 80 周岁以上的老年人每年发放 1500 元的补贴，对享受低保的老人每年发放 1200 元的补贴。四是实现养老保险全覆盖，让年满 60 周岁的老人每月至少拿到 125 元的养老金。从社会保障方方面面的有效供给来保证农村老人养老所依。

赵洁说道："'幸福大院'这种互助养老模式对于基层政府和基层工作人员都提出了更高的要求，我们要真正了解每一位老人的真实需求，关注他们的内心世界，他们除了身体健康这种最基本的需求，还有精神慰藉、个人价值实现等更高水平的需求，要真心关爱老人，只有这样老人才能信任你，和你说心里话。"为此，当地政府出台了一系列规范农村"幸福大院"的相关措施，提出由民政部门牵头，乡镇管理、村委会服务、乡民互助、社会共同参与的管理办法。通过民政部门对其提供业务指导，检查监督来确保"幸福大院"的有效运行，乡镇成为"幸福大院"的管理主体，全面负责人员的准入、退出、服务、设施维护等方面的情况。村民委员会陪护"幸福大院"的工作人员负责大院日常的管理服务活动。乡民互助，让居民民主管理、自我管理、通过互助服务的方式来实现发展。当然，社会的共同参与也是必不可少的环节。发动社会各界人士为"幸福大院"的老人们提供陪伴、献爱心。鼓励社会各界参与"幸福大院"的建设，鼓励社会志愿者和专业服务组织为其提供心理慰藉和疏导。

三、案例启示

当前农村的经济发展相对还处于较低的水平，农村整体的素质与城市相比还相对落后，但其对于社会保障的需求日益增多。因此对于农村社会保障的相关供给无论是从数量上还是质量上都应该不断加强，从而满足当前的需求。而我国社会保障的供给模式是供给导向型，即社会保障供给水平取决于当前政府的供给水平和供给能力。而政府供给能力的差距是影响社会保障水平均等化的重要影响因素。从案例中可以看出，想要为农村提供高质量的养老服务，要推进服务设施等方面的供给，加大社会福利、社会保险、社会救助等多方面进行供给力度，只有这样才能适应当前农村老人巨大的社会保障需求，才能真正实现乡村振兴。

第三节　我国农村社会保障供给标准体系的构建

一、我国农村社会保障供给标准体系的文献述评

（一）农村社会保障发展水平指标体系构建

邓大松和张怡研究指出，在指标选择指标的时候，主要遵循代表性原则、定性和定量相结合的原则以及数据可获得性原则，并将农村社会保障发展的评价指标可以分为三大类。[①]第一类，农村社会保障覆盖率指标。社会保障覆盖率就是社会保障的人口覆盖率。常见的覆盖率指标如下：①"新农合"人口参与率，即参加"新农合"人数/应该参加的人口数×100%。②新农保覆盖率，即新农保参保人数/16 岁以上应参保总人数×100%。③农村低保覆盖率，即农村低保人数/农村常住总人口数×100%。第二类，农村社会保障保障度指标。社会保障保障度表明各种社会保障水平的高低。①"新农合"次均门诊补偿比例，即次均门诊补偿费用/次均门诊费用×100%。②"新农合"住院补偿费比例，即次均住院补偿费用/次均住院费用×100%。③新农保基本养老金发放率，即新农保基础养老金实际发放人数/应发放人数×100%。④新农保基础养老金替代率，即新农保基础养老金/农村居民人均纯收入×100%。⑤农村低保替代率，即农村低保金/农村居民人均纯收入×100%。⑥农村低保生活救助系数，即农村低保金/农村居民人均生活消费×100%。第三类，农村社会保障持续性指标。社会保障的可持续性主要是关于社会保障资金的充足性。反映可持续性的指标包括：①"新农合"人均筹款额；②新农保人均基金余额；③农村低保财政补贴占财政支出比重。

华黎和杨植强建立的农村社会保障评估指标体系主要包括两类：第一类，评估农村和农村地区社会保障支出成果的总体状况、社会保障支出以

---

① 邓大松、张怡：《社会保障高质量发展：理论内涵、评价指标、困境分析与路径选择》，《华中科技大学学报（社会科学版）》2020 年第 4 期，第 38—47 页。

及城乡社会保障水平差异。社会保障占财政支出的比重，该指标反映了政府对社会保障的投资。第二类，反映农村社会保障绩效的评价指标。养老保险的覆盖范围：该指标反映了养老保险计划的覆盖范围。[1]目前，城乡居民合作医疗已逐步取代农村合作医疗，基本涵盖了所有农村地区，取得令人满意的成就。医疗保险支付率：该指标代表支付被保险人医疗费用的健康保险机构的百分比。国际承诺的百分比通常约为80%，因此该指标的标准值可以确定为80%。五保户结构比率：该指标反映了政府对五保户的覆盖范围，该指标的标准值为100%。本章根据国内的研究选择人均移民收入来衡量农村社会保障。《中国统计年鉴2016》指出，转移性收入包括养老金或养老金、社会救济和补贴、政策性生产补贴、政策性生活津贴、救灾资金和医疗费用。可以得知，刘丹和卢洪友[2]采用的农村收入转移指标基本上可以包括农村社会保障支出的内容。

　　农村地区社会保障财政支出有效性的标准是资源分配的效率，即政府是否为农民提供具有多种公共资源的多样化社会保障产品组合[3]。目前很多学者采用DEA方法对我国社会保障财政支出效率进行量化分析。例如，李立清和张婧婧运用聚类分析的方法将31个省份分为四类，并研究了各类别下财政分权度对效率的影响，提出应因地制宜推行社会保障政策[4]；李胜会和熊璨利用DEA方法从现状描述和趋势变化角度对比分析了农村与城市的社会保障财政支出效率并借助Tobit模型对其影响因素进行探究，认为我国农村支出效率明显高于城市[5]；黄文正和李宏则是运用DEA模型评估了我国中部六个省份的社会保障财政支出效率，建议中央以区域经济为基础，从区域视角出发完善社会保障顶层设计，同时地方政府应根据实际情况尽快完善支出效率的评估指标和评价体系[6]。国外学者基于福利型社会保障制度，构建了国家社会保障支出的综合产出指标，用DEA方法测度了欧洲发达国家的社会保障财政支出效率，并探究了效率差异的

---

　　① 华黎、杨植强：《农村社会保障政府供给信息体系的构建》，《开放导报》2011年第1期，第98—100页。

　　② 刘丹、卢洪友：《中国农村社会保障的居民消费效应研究》，《江西财经大学学报》2017年第5期，第68—78页。

　　③ 李胜会、熊璨：《社会保障财政支出：城乡效率差异及原因》，《公共管理学报》2016年第3期，第135—146、160页。

　　④ 李立清、张婧婧：《我国社会保障财政支出效率区域差异研究》，《湘潭大学学报（哲学社会科学版）》2020年第1期，第34—39页。

　　⑤ 李胜会、熊璨：《社会保障财政支出：城乡效率差异及原因》，《公共管理学报》2016年第3期，第135—146、160页。

　　⑥ 黄文正、李宏：《新形势下中部地区社会保障支出效率测度与比较——基于两阶段DEA模型的实证研究》，《经济问题》2018年第7期，第111—115页。

影响因素，发现不同国家效率差异较大，教育水平、经济发展水平、政府腐败程度都会对效率产生影响①。效率测算指标选取上来看，社会保障投入指标是以社会保障和就业支出作为衡量财政投入的指标，社会保障支出大多采用社会保险、社会救助、社会福利和就业四大部分，养老保险覆盖率、医疗保险覆盖率、失业保险覆盖率、工伤保险覆盖率以及生育保险覆盖率作为产出指标，测算社会保障财政支出效率，在做效率的影响因素分析时，多数学者采用社会环境与政府境况两个层面选取指标，其中，社会环境包括经济发展水平、人口抚养比及人口受教育程度；政府境况则以政府规模和财政自主权加以表示。

（二）我国城乡社会保障评价

李胜会和熊璨认为，财政效率是政府财政投入与产出之比，反映了政府管理水平和政府支出的表现。②其中，财政投入本身就是财政支出，生产是指财政支出带来的多元化公益。政府支出社会福利基金，以满足各种社会保障公共物品和服务的需要。政府的公共物品供应包括两个阶段：第一阶段是判断对公共物品的需求的阶段，决定要提供哪种商品和服务来满足公众的需求；第二阶段是生产阶段，生产是将资金转换为公共物品的过程。政府支出的效率也分为两个维度：①公共产品与公共需求之间的协议程度，政府在供给水平上提供的优惠；②政府是否可以在生产水平上进行公开生产，将产品成本降到极低。政府的社会保障支出效率衡量标准主要包括社会保障投入和社会保障产出两个方面。

根据上述理论分析，在衡量政府社会保障财政支出的有效性时，选择社会保障财政支出作为输入变量，代表政府为提供社会保障公共服务而消耗的资源。社会保障支出直接反映了政府对当地社会保障服务的投资，而特殊支出则直接反映了政府对社会保障的支持。我国政府未发布有关城乡社会保障支出的数据，因此很难根据社会保障子系统支出来区分城乡支出比率。根据社会保障相关的研究可知，社会保险、社会救助和社会福利是组成社会保障的主要部分，所以在评价社会保障财政支出效率水平的时候得从这三个方面均衡考虑。但是，中国的城乡社会保障体系在政策设计和实际操作上存在许多差异，城乡养老保险和医疗保险的数据不具备可比性，难以直接衡量公共社会保障的福利收益。主要用反映政府的社会保障财政支出和所有城市和农村地区的三个支出指标

---

① Antonelli M A, de Bonis, "The efficiency of social public expenditure in European countries: a two-stage analysis", *Applied Economics*, Vol.51, No.1, 2019, pp.47-60.

② 李胜会、熊璨：《社会保障财政支出：城乡效率差异及原因》，《公共管理学报》2016年第3期，第135—146、160页。

来反映社会保险、社会救助和社会福利带来的各种好处。其中，城乡居民人均消费水平（Y1）反映了政府在社会保障领域的整体投资的提高、社会保障投资的增加、城乡居民生活水平的提高以及居民整体幸福感的提高。自从全面推进医疗改革以来，覆盖城乡的社会化全民医保体系基本覆盖了全部医护人员和医护人员。由于许多学者也将指标纳入医疗保障和社会保障评估系统中，因此，城乡从业人员的人数（Y2）及城乡医院和诊所的数量（Y3）是社会保障体系的重要组成部分，可以反映医疗系统的输出效果。

由李琼等的研究可知，建立合理的社会保障体系要坚持科学、系统、包容性和可操作性的原则，并建立在索引系统以前的 3 个级别上[①]：目标层别、准则层和指标层。其中，参考层包括 5 个指标：社会保障支出、社会保险、社会保障基金水平、社会支持和社会福利。指标层次结构中有26 个特定指标。

二、我国农村社会保障供给标准体系的构建方法

农村社会保障与以往的研究相结合，包括农村社会救助、农村社会福利和农村社会保险。农村社会救助对象是指没有法定抚养的人，无有劳动能力、没有生活来源的老年人、残疾人、未成年人以及由于疾病、灾难、无法劳动导致生活资源短缺的人口。国家将采用物质支持和提供就业机会等办法来保护维持他们的基本生活。其中物质支持主要依靠经济投入、实施最低社会保障制度、救助特困人员等手段，所以选择农村最低生活保障支出、农村低保平均标准、农村特困人员人数、农村低保人数作为农村社会救助的指标。农村社会福利是指国家和社会为改善全社会成员的物质和精神生活而采取的公共服务，所以选择农村社区服务中心、农村社区服务站和农村养老服务机构数作为农村社会福利指标。农村社会保险是指按照国家法律、法规和有关政策参加社会保险的人数，所以选取农村养老保险参保人数、农村医疗保险参保人数作为农村社会保险的指标。综合考量各专家构建的我国农村社会保障指标，得出本书我国农村社会保障指标体系，如表 7-1 所示。

① 李琼、周宇、田宇等：《2002—2015 年中国社会保障水平时空分异及驱动机制》，《地理研究》2018 年第 9 期，第 1862—1876 页。

表 7-1 农村社会保障供给指标体系与数据来源

一级指标	二级指标	三级指标	单位	指标说明
农村社会保障供给	农村社会救助	农村最低生活保障支出	亿元	全年各级财政社会保障支出
		农村低保平均标准	元/人·年	由县级以上地方人民政府按照能够维持当地农村居民全年基本生活所必需的吃饭、穿衣、用水、用电等费用确定，并报上一级地方人民政府备案后公布执行。农村最低生活保障标准要随着当地生活必需品价格变化和人民生活水平提高适时进行调整
		农村特困人员人数	万人	救助供养城乡老年人、残疾人以及未满16周岁的未成年人，同时具备无劳动能力，无生活来源，无法定赡养、抚养、扶养义务人或者其法定义务人无法履行义务能力的农村特困人员的人数
		农村低保人数	万人	由于存在重度残疾或疾病丧失劳动力，享受最低生活保障补助的人数
	农村社会福利	农村养老服务机构数	个	农村集中供养老年人，为提供饮食起居、清洁卫生、生活护理、健康管理和文体娱乐活动等不同程度的综合性服务的机构
		农村社区服务中心	个	为农村居民服务的中心场所
		农村社区服务站	个	在农村直接为农村居民服务的场所
	农村社会保险	农村养老保险参保人数	万人	报告期末参加农村居民养老保险（在经办机构参保登记并已建立缴费记录及制度实施当年已经年满60周岁并在经办机构参保登记）的人数（不包括已经办理注销登记手续的人数）
		农村医疗保险参保人数	万人	报告期末按国家有关规定参加农村居民基本医疗保险人员的合计

资料来源：中国民政年鉴、中国民政部统计公报、中国社会统计年鉴、中国民政部统计季报

注：考虑到数据的可获取性及研究的可持续性，农村社会保险相关指标不加入本章的指数计算

第四节　我国农村社会保障供给指数测算

一、我国农村社会保障供给指标权重

指数是指某一经济现象在某时期内的数值和同一现象在另一个作为比较标准的时期内的数值的比数，指数表明经济现象变动的程度。农村公共服务供给指数为某一地区不同时期农村公共服务供给情况的纵向比较，或是同一时期不同地区的农村公共服务供给情况的横向比较提供了依据。

在信息论中，熵是对系统无序程度的一种度量，可以度量数据提供的有效信息。熵值法是根据每个指标发送给决策者的信息量来确定指标权

重的方法。评估指数的差异越大，熵值越小，它包含的信息越多，发送的信息越多，其权重就越大。

第一步：对各个指标数值进行统一化处理。

$$a_{ij} = x_{ij} / \sum_{i=1}^{n} x_{ij} \qquad (i=1,2,3,\cdots,n; j=1,2,3,\cdots,m) \qquad （7-1）$$

第二步：计算评价指标的熵值。

$$H_j = -k \sum_{i=1}^{n} a_{ij} \ln a_{ij} \qquad (k=1/\ln n) \qquad （7-2）$$

熵值法的基本原理与变异系数法的原理相似，也是确定原始数据权重差异的基础，因此权重不能反映数据的独立性和评估者的偏好。[①]可以使用熵值法对各个指标进行加权，然后根据各个指标的权重和数据计算我国农村社会保障发展指数。选择 2013～2017 年我国农村社会保障发展供给指标数据，计算出我国农村社会保障供给发展指数。

计算我国农村社会保障指数先用熵值法求得各指标权重之后，再根据各指标的权重和数据计算农村公共服务指数。考虑到数据的可获取性及持续发展性，我们选取 2013～2017 年我国农村社会保障各指标中的社会救助和社会福利的数据（表 7-2），说明农村公共服务指数的建立过程。

表 7-2　2013～2017 年的农村社会保障各指标的数据

二级指标	三级指标	2013 年	2014 年	2015 年	2016 年	2017 年
农村社会救助	农村最低生活保障支出	2 175.50	2 079.50	2 223.70	2 370.00	2 575.10
	农村低保平均标准	2 433.90	2 776.60	3 178.20	3 744.00	4 300.70
	农村特困人员人数	537.20	529.10	516.80	496.90	466.90
	农村低保人数	5 388.00	5 207.20	4 903.60	4 586.50	4 045.20
农村社会福利	农村养老服务机构数	30 247.00	20 261.00	15 587.00	15 398.00	15 006.00
	农村社区服务中心	5 550.00	7 310.00	8 505.00	8 565.00	9 371.00
	农村社区服务站	44 446.00	54 513.00	60 379.00	64 535.00	72 001.00

由图 7-1 可知，2013～2017 年农村社会救助的四个方面的发展趋势。农村最低生活保障支出逐年增加，但增速较缓；农村低保平均标准增加较为明显，从 2013 年的 2433.90 元增加至 4300.70 元，代表国家对低保人群的经济支持不断强化；农村特困人员人数逐年递减，从537.20 万人减少至 466.90 万人，说明我国社会保障的兜底作用不断发挥出实际作用，帮助特困人员缓解了贫困。农村低保人数每年都在减

① 李昶达、韩跃红：《健康中国评价指标体系的构建》，《统计与决策》2019 年第 9 期，第 24—27 页。

图 7-1　2013～2017 年农村社会救助情况

少且降幅明显，意味着随着社会保障制度的不断完善，需要低保抚养的人群已经越来越少了，进一步反映出社会保障制度的减贫性。

由图 7-2 可知，2013～2017 年农村社会救助三个方面的发展趋势。农村养老服务机构数逐年减少，农村社区服务中心数量激增，农村社区服务站缓慢增加，农村社会救助供给总体上呈现上升趋势。

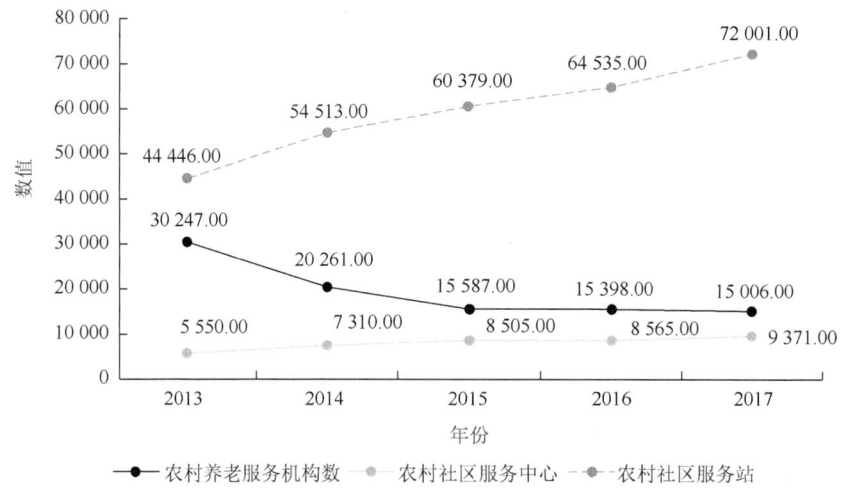

图 7-2　2013～2017 年农村社会福利情况

从表 7-3 可知，农村社会救助的指标权重为 0.5234 略大于农村社会福利的指标权重 0.4766。农村社会救助对应的三级指标中农村最低生活保障支出权重最大，农村特困人员人数权重最小，但四个三级指标差距不大。农村社会福利对应的三个三级指标权重存在较大差异,其中农村养老服务机构数的权重为 0.5606,远远大于其他两个指标,说明农村养老服务机构数在 2013~2017 年变化较大。

表 7-3　农村社会保障供给水平指标权重

一级指标	二级指标	权重	三级指标	权重
农村社会保障供给	农村社会救助	0.5234	农村最低生活保障支出	0.2808
			农村低保平均标准	0.2702
			农村特困人员人数	0.2433
			农村低保人数	0.2056
	农村社会福利	0.4766	农村养老服务机构数	0.5606
			农村社区服务中心	0.2120
			农村社区服务站	0.2274

二、我国农村社会保障供给指标比值

根据获取的数据,我们假定 2013 年的农村社会保障供给指数为基准指数,[①]即假设 2013 年的农村社会保障供给指数为 100;以 2013 年的各指标数据为基础,之后历年的各指标与 2013 年相应指标的数据进行比较,求出比值。各年各项比值与权重相乘求和再乘 100 即可求得各年农村社会保障供给发展指数,各年指标与 2013 年相应指标的数据比值如表 7-4 所示。

表 7-4　各年指标与 2013 年相应指标的数据比值

一级指标	二级指标	指标	权重	2013 年	2014 年	2015 年	2016 年	2017 年
农村社会保障供给	农村社会救助	农村最低生活保障支出	0.2808	100.00	95.59	102.22	108.94	118.37
		农村低保平均标准	0.2702	100.00	114.08	130.58	153.83	176.70
		农村特困人员人数	0.2433	100.00	98.49	96.20	92.50	86.91
		农村低保人数	0.2056	100.00	96.64	91.01	85.12	75.08
	农村社会福利	农村养老服务机构数	0.5606	100.00	66.99	51.53	50.91	49.61
		农村社区服务中心	0.2120	100.00	131.71	153.24	154.32	168.85
		农村社区服务站	0.2274	100.00	122.65	135.85	145.20	162.00

① 本章以 2013 年为基准指数只是为了举例说明问题,在实际应用中可根据具体情况确定基准指数。但是,为了统计上的一致性,基准指数一旦确定,不宜变动。

三、我国农村社会保障供给指数分析

已假设 2013 年的农村社会保障供给指数为 100，不需再计算，计算结果如表 7-5 所示。

表 7-5 2013～2017 年农村社会保障供给指数

项目	权重	2013 年	2014 年	2015 年	2016 年	2017 年
农村社会救助	0.5234	100.00	101.33	105.79	112.09	118.24
农村社会福利	0.4766	100.00	93.36	92.26	94.27	100.44
总指数	1.0000	100.00	97.53	99.34	103.60	109.76

通过折线统计图表示我国农村社会保障供给指数的变动趋势，同时对每个指标的变动也进行趋势分析。

2013～2017 年我国农村社会保障供给指数变动趋势如图 7-3 所示。从图 7-3 中可以看出，2013 年以来我国农村社会保障供给指数只有 2014 年下降，其他年份均呈稳步增长。我国农村社会保障供给指数 2017 年增长速度快，2015 年和 2016 年增长较平稳，基本保持在一个稳定的水平上。

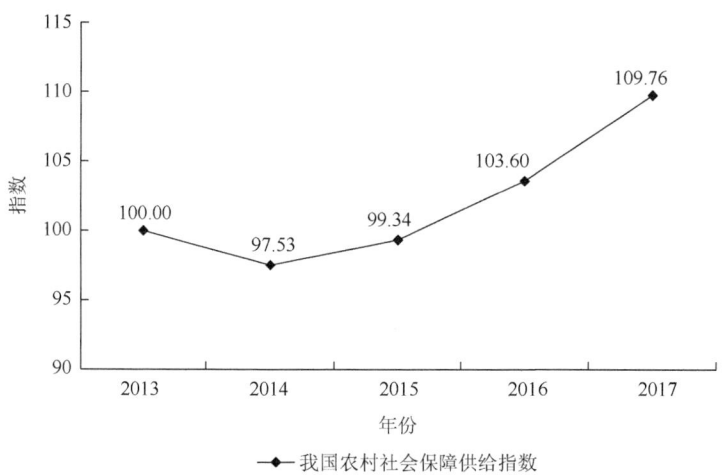

图 7-3 2013～2017 年我国农村社会保障供给指数变动趋势

2013～2017 年我国农村社会救助指数变动趋势如图 7-4 所示。从图 7-4 中可以看出，2013～2014 年我国农村社会救助指数缓慢增长，2014 年以后我国农村社会救助指数增长进入"快车道"，2015 年、2016 年、2017 年三年指数增长一路走高，表明近三年农村社会救助对农村低保、特困人群给予了越来越多的保障和救助。

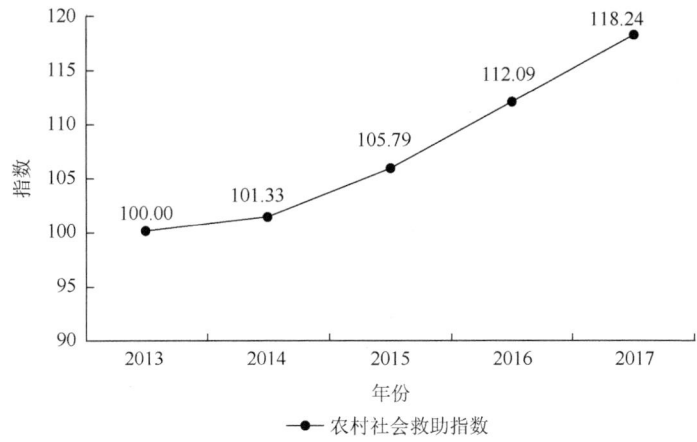

图 7-4　2013～2017 年我国农村社会救助指数变动趋势

2013～2017 年我国农村社会福利指数变动趋势如图 7-5 所示。从图 7-5 中可以看出，我国农村社会福利指数呈现出一个"U"形趋势。2014 年相比 2013 年农村社会福利指数降幅明显，跌至 93.36，2015 年仍然呈下降趋势，但降幅减少。2016 年实现缓慢回升，增幅较小，2017 年指数大幅攀升，超越 2013 年的基准指数，达到 100.44。

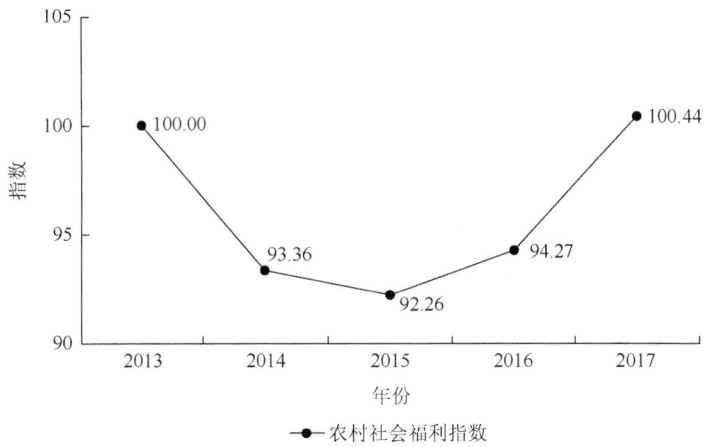

图 7-5　2013～2017 年我国农村社会福利指数变动趋势

我国农村社会保障供给标准的确定采用先进标准确定原则，即首先计算所有年度指数的均值，把超过均值的年份再取均值，最终先进标准即为此均值。因此根据先进标准的确定方式，计算结果如表 7-6。

利用计算出来的先进标准与指标的指数进行比较，找出高于先进标准的年度。如图 7-6 所示，2013～2017 年农村社会救助指数只有 2017 年超过先进标准。同样地，在图 7-7 中，2013～2017 年农村社会福利指数也只有 2017 年超过先进标准。从图 7-8 中我们可以明显地看出社会保障供给总指数超过先进标准的也只有 2017 年。

表 7-6　我国农村社会保障供给标准测算

项目	五年指数平均值	先进标准
农村社会救助	107.49	115.17
农村社会福利	96.07	100.22
总指数	102.05	106.68

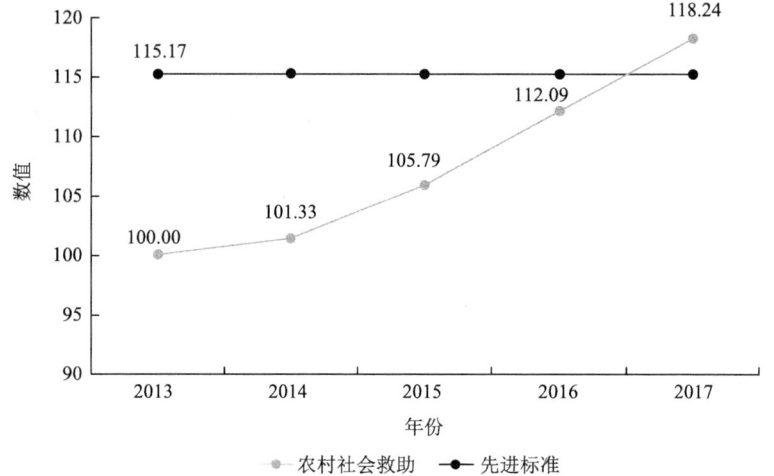

图 7-6　2013～2017 年农村社会救助与先进标准的比较

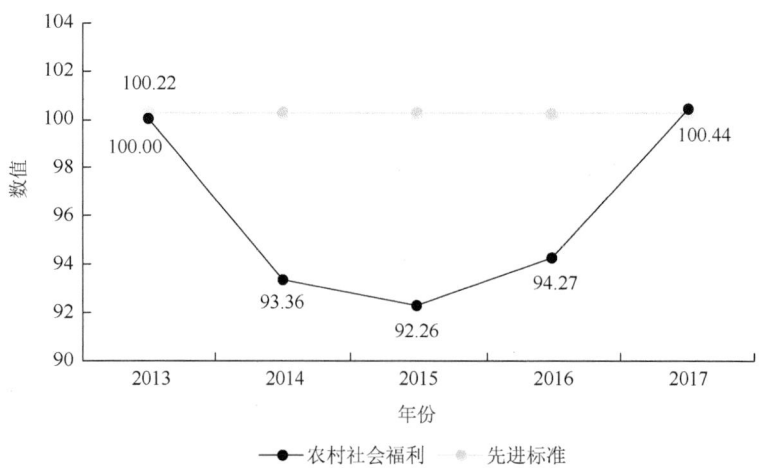

图 7-7　2013～2017 年农村社会福利与先进标准的比较

　　从各指数与先进标准的比较结果发现只有 2017 年是超过先进标准的，因此进一步探索均值、先进标准与 2017 年的指标指数的差距。根据图 7-9 计算得出 2017 年的农村社会救助指数超出先进标准为 3.07，农村社会福利指数超出先进标准为 0.22，农村社会保障供给总指数超出先进标准为 3.08，表明当前的社会保障供给总体上属于先进水平。但不容忽视的是农村社会福利指数与先进标准之间差距较小，因此为了使社会保障供给持续处于先进水平，政府应该关注农村社会福利的投入，提高投入资金的使用效率，强化农村社会福利的作用。

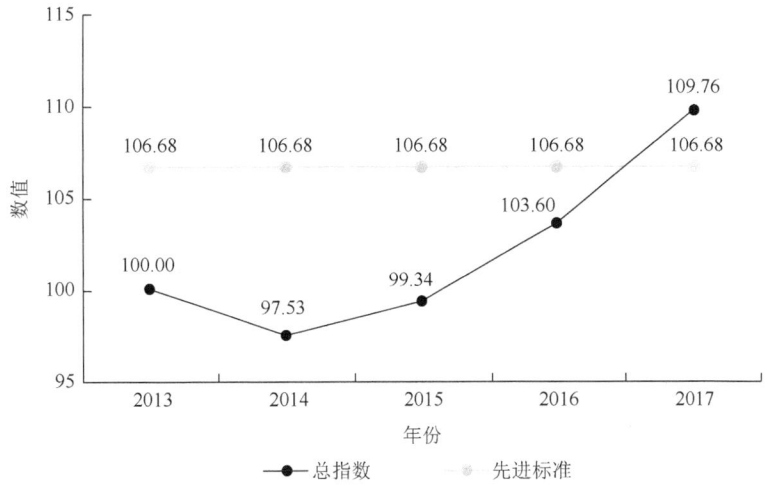

图 7-8　2013～2017 年农村社会保障供给总指数与先进标准的比较

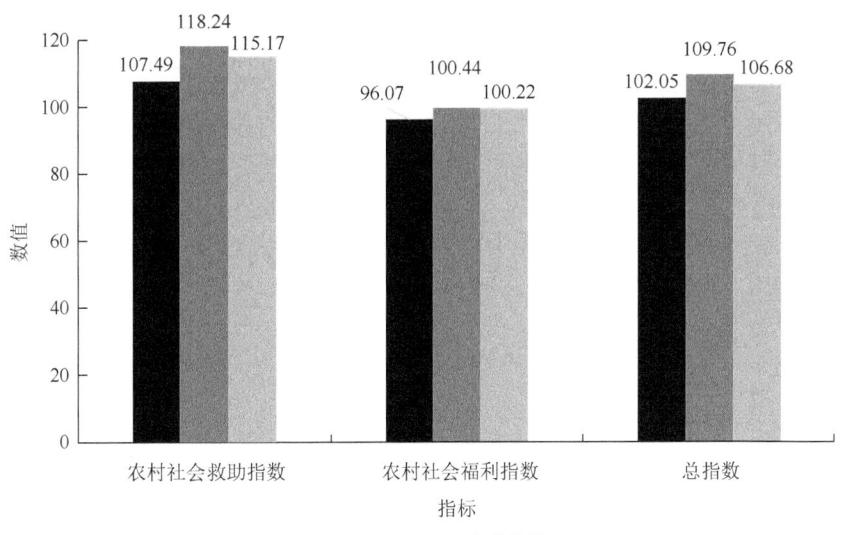

图 7-9　2017 年农村社会保障供给情况与先进标准的比较

第八章　我国农村生态公共品供给标准

第一节　我国农村生态公共品供给界说与发展现状

一、农村生态公共品供给概念界说

（一）生态公共品的界定

2010 年，《全国主体功能区规划》首次提出"生态产品"概念，把生态产品定义为维系生态安全、保障生态调节功能、提供良好人居环境的自然要素，包括清新的空气、清洁的水源和宜人的气候等，明确了国家层面四类主体功能区的生态产品定位。[①]2012 年，党的十八大提出要加大自然生态系统和环境保护力度[②]。2017 年，党的十九大明确指出，"要提供更多优质生态产品以满足人民日益增长的优美生态环境需要"[③]，这就意味着生态公共品从传统意义上的"物质财富和精神财富"向"优美生态环境需要"转变。2021 年，生态环境部提出要在"十四五"期间把握好生态公共品"五个坚持"的总体思路，即坚持新发展理念，以生态环境高水平保护促进经济高质量发展。坚持以改善生态环境质量为核心，推动生态环境综合治理、系统治理、源头治理。坚持突出精准治污、科学治污、依法治污，深入打好污染防治攻坚战。坚持深化改革创新，完善生态环境监督管理制度体系。坚持稳中求进总基调，推动重点领域工作取得新突破。对于生态公共品的概念界定，我国学界尚处于起步阶段。曾贤刚认为生态公共品是指具有公共产品属性的，用于维系生态安全、保障生态调节、提供环境舒适性功能的纯自然物品。[④]王明安认为生态公共品是指具有非竞争性、非排他性、区域性和整体性的自然产品，其使用者和受益者是拥有这

[①] 俞敏、李维明、高世楫等：《生态产品及其价值实现的理论探析》，《发展研究》2020 年第 2 期，第 47—56 页。

[②] 《胡锦涛在中国共产党第十八次全国代表大会上的报告》，https://www.12371.cn/2012/11/17/ARTI1353154601465336.shtml[2022-11-20]。

[③] 《习近平：决胜全面建成小康社会 夺取新时代中国特色社会主义伟大胜利——在中国共产党第十九次全国代表大会上的报告》，http://www.gov.cn/zhuanti/2017-10/27/content_5234876.htm[2022-11-20]。

[④] 曾贤刚、虞慧怡、谢芳：《生态产品的概念、分类及其市场化供给机制》，《中国人口·资源与环境》2014 年第 7 期，第 12—17 页。

一生态资源的全体成员。[①]王茹强调生态公共品是指具有稀缺性、公共性等特征的维系生态安全和提供良好人居环境的自然要素。[②]廖茂林等基于产品需求的视角，指出生态公共品是指具有非排他性、非竞争性的生态公共产品，包括生态公共产品和生态准公共产品两大类别。[③]

纵观生态公共品的研究成果，可以发现学者大多从生态公共品的服务价值属性来阐释其内涵和外延。鉴于此，本书认为生态公共品指的是与人们的工作和生活密切相关的具有非排他性和非竞争性的自然、物质和制度型的环境资源和环境服务。

（二）农村生态公共品的界定

农村生态公共品具有公共产品特性、强外部性、地域性及公共产权属性，对农村环境的高质量发展具有重要意义。2005 年 12 月，中共中央、国务院制定的《关于推进社会主义新农村建设的若干意见》，明确了社会主义新农村的生态公共品的培育方向。2012 年，党的十八大提出要努力建设美丽乡村，加大农村生态公共品供给。2017 年，党的十九大提出乡村振兴战略，将农村生态环境治理作为乡村振兴的重要抓手，要求加大农村生态公共品供给力度。2021 年，中央一号文件提出到 2025 年，农村生产生活方式绿色转型取得积极进展，化肥农药使用量持续减少，农村生态环境得到明显改善。[④]当前，由于农村生态环境的复杂性，农村生态公共品的概念界定尚未达成一致。秦建成认为农村生态公共品是指由法律授权的地方政府组织和事业单位提供，并由村支两委组织落实，关乎农村生态的可持续发展的公共产品，包括土地、动植物资源、大气等。[⑤]孙爱真指出，农村生态公共品是指在农村范围，具有正外部性的，能够满足农村公共需求的公共产品或准公共产品。[⑥]可见，人们对农村生态公共品概念的阐释主要是从外部性、服务主体、服务模式等方面展开。

---

① 王明安、董树军：《区域生态公共产品供给之地方政府合作的应然、实然及其转化——以洞庭湖生态经济区为例》，《生态经济》2019 年第 12 期，第 165—169 页。

② 王茹：《基于生态产品价值理论的"两山"转化机制研究》，《学术交流》2020 年第 7 期，第 112—120 页。

③ 廖茂林、潘家华、孙博文：《生态产品的内涵辨析及价值实现路径》，《经济体制改革》2021 年第 1 期，第 12—18 页。

④ 《中共中央 国务院关于全面推进乡村振兴加快农业农村现代化的意见》，http://www.gov.cn/zhengce/2021-02/21/content_5588098.htm[2022-11-20]。

⑤ 秦建成、苟晓朦：《村支两委与农村生态型公共产品供给:价值、困境与出路》，《重庆理工大学学报(社会科学)》2017 年第 8 期，第 64—69 页。

⑥ 孙爱真：《西南地区农村公共生态产品的市场化模式》，《中国商论》2017 年第 2 期，第 127—128 页。

鉴于此，本书基于生态公共服务的常态化情境，认为农村生态公共品是指用于满足农村生态协调、社会保障、文化服务等公共需要的，具有非竞争性和非排他性属性的纯自然物品。

（三）农村生态公共品供给的界定

农村生态公共品供给是我国生态环境建设的重要组成部分和绿色发展理念的生动践行。1996年，国务院发布的《关于环境保护若干问题的决定》中，明确将农业环境保护中有关农村生态公共品供给的职能赋予国家环境保护局行使，将生态公共品供给提升至一个重要的高度。2008年，国务院召开了首次全国农村环境保护会议，对农村生态公共品供给主体、范围、模式等进行了全局性、整体性规划。2013年，中央一号文件《中共中央国务院关于加快发展现代农业进一步增强农村发展活力的若干意见》明确提出"努力建设美丽乡村"的战略布局。"十三五"期间，国家制定出台了《农村人居环境整治三年行动方案》《农业农村污染治理攻坚战行动计划》《国家乡村振兴战略规划（2018—2022年）》等重要文件，部署农村生态公共品供给工作，为"十四五"农村生态环境保护奠定了良好基础。

关于农村生态公共品供给的解释，如今学术界主要有以下观点：赵其国指出，农村生态公共品供给是指在政府主导下的涵盖社会、经济、文化政治等因素复杂系统工程，对于农村经济可持续发展意义重大。[①]刘承礼和丁开杰认为，农村生态公共品供给是指在农村生产生活中，政府作为供给主体，通过规划、融资、执行和监督体系等方式建设农村物质文明、提高农民的生态意识、发展农村生态文化的活动过程。[②]张灿强和付饶指出，农村生态公共品供给是指以政府为供给主体促进，促进生态公共品资源在农村地区合理配置的活动过程。[③]

综上所述，人们主要以供给侧为关注重点，以政府为供给主体，对农村生态公共品供给的内涵和外延进行界定。鉴于此，本书从社会效益、经济效益和生态效益的角度出发，认为农村生态公共品供给是指在农村地区，为更好地维持和改善农村生态环境，在政府主导下，由政府、市场、社会各主体提供非营利性生态环境公共产品的资源配置活动。

---

① 赵其国、黄国勤、马艳芹：《中国生态环境状况与生态文明建设》，《生态学报》2016年第19期，第6328—6335页。

② 刘承礼、丁开杰：《农村公共品供给与城乡一体化——基于贵州省"四在农家·美丽乡村"建设的分析》，《新视野》2016年第2期，第78—84页。

③ 张灿强、付饶：《基于生态系统服务的乡村生态振兴目标设定与实现路径》，《农村经济》2020年第12期，第42—48页。

二、我国农村生态公共品供给现状

（一）我国农村生态公共品供给发展过程

自 1978 年我国改革开放以来，国家高度重视经济发展，在很长的一段时间里忽视了生态公共品供给。根据我国工业化、城市化过程中不同时期所出现的农村环境问题，以及我国应对环境问题所出台的政策的特征，本书将农村生态公共品供给历程划分为以下三个阶段。

第一阶段是 1999～2007 年，农村生态公共品供给的初级阶段。20 世纪末，面对日益严重的农村生态环境形势，生态公共品供给问题首次引起国家重视，第一次进入到全国生态公共品供给的议事日程。1999 年印发的《国家环境保护总局关于加强农村生态环境保护工作的若干意见》，首次以农村生态公共品供给为主题发文开展全面部署工作，指导各地开展农村环境保护工作。这一阶段虽然关于农村生活和农业生产污染防治的内容逐渐清晰，但由于没有资金保障和技术支撑，各项政策的操作性较弱。

第二阶段是 2008～2017 年，农村生态公共品供给进入局部发力阶段。以 2008 年所倡导的农村环境综合整治为标志，我国农村生态公共品供给已进入局部集中发力阶段。在短短的一段时间内，解决了农村一些突出的环境问题，积累了大量的农村环境管理经验。2008～2017 年，中央政府共拨付农村环保专项资金 435 亿元。截至 2017 年底，全国已有 13.8 万个村庄完成环境综合整治，近 2 亿农村居民直接受益。

第三阶段是 2017 年底至今，农村生态公共品供给得到全面推进。2017 年我国召开了中国共产党第十九次全国代表大会，在会上明确提出了乡村振兴战略，指出"按照产业兴旺、生态宜居、乡风文明、治理有效、生活富裕的总要求，建立健全城乡融合发展体制机制和政策体系，加快推进农业农村现代化"，这意味着我国农村生态公共品供给从国家战略高度进入了全面推进的新阶段。2018 年，全国生态保护大会进一步明确了到 2035 年的"美丽中国"建设蓝图：确保到 2035 年，生态环境质量实现根本好转，美丽中国目标基本实现。目前，我国已将农村生态公共品供给提到前所未有的国家高度和深度。①

（二）我国农村生态公共品供给政策的发展过程

尽管农村生态公共品供给在我国已经被提出很多年了，但其制度多年来却一直还未被完善，无法独立发挥作用，需要农业生态经济、生态政治

---

① 贾小梅、董旭辉、于奇等：《中日农村环境管理对比及对中国的启示》，《中国环境管理》2019 年第 2 期，第 5—9 页。

法律、生态伦理和生态道德等相关制度来对它进行支撑，从而实现农村生态公共品供给的法治化与法规化。1957～2019年，按照改革目标，我国农村生态公共品供给政策可划分为四个阶段，相关政策梳理如表8-1。

（1）起步阶段（1957～1992年）：初步建构环境保护制度体系框架。

（2）发展阶段（1993～2002年）：可持续发展战略的"三个结合"。

（3）深化阶段（2003～2012年）："两型"社会的多元治理体制。

（4）成熟阶段（2013～2019年）：生态文明体制改革的顶层设计。

表 8-1　1957～2019 年我国农村生态公共品供给政策梳理

年份	内容	法规、政策、会议
1957	第一次正式提出了农村生态环境保护的要求，开启了我国农村生态环境保护的进程	《中华人民共和国水土保持暂行纲要》
1966	受到当时特殊的时代背景的影响，我国关于生态环境保护的规章制度破坏了农村生产系统和生态系统，导致了生态环境的恶性循环	推行"牧民不吃亏心粮""以粮为纲"等政策
1973	为我国生态环境保护奠定了基础，推动了农村生态环境保护的建设	第一次全国环境保护会议
1978	首次在宪法中提出防治污染和其他公害，为我国农村生态村环境保护奠定了立法基础	《中华人民共和国宪法》
1979	提出要积极发展高效、低毒、低残留的农药。合理利用污水灌溉，防止土壤和作物的污染	《中华人民共和国环境保护法（试行）》
1984	指出要重点保护农业生态环境，各级相关部门和地方要积极配合环境保护部门进行生态农业的推广减少或改善农业污染和破坏	《关于环境保护工作的决定》
1986	指出对于乡镇、街道企业的发展，要采取积极扶持、正确引导、合理规划的态度，并根据各地实际情况加强管理。其中要注意的是，在乡镇企业蓬勃发展的过程中，也要注意防治污染环境，要做到少污染、无污染生产	《中华人民共和国国民经济和社会发展第七个五年计划》
1989	提出各级人民政府应当重点加强对农业生态环境的保护，积极防治饮用水污染、土壤污染、水土流失等问题，在农业生产时合理使用植物生长激素、化肥、农药、农膜等	《中华人民共和国环境保护法》
1990	提出农业部门必须加强对农业环境的保护和管理，控制农药、化肥、农膜等对环境的污染	《国务院关于进一步加强环境保护工作的决定》
1991	提出要重点关注我国水土保持，严格控制化肥、农药、农膜等的使用，积极防治并减少水土流失而引起的面源污染，加强保护饮用水水源	《中华人民共和国水土保持法》
1993	农业生产工作者要合理使用化肥、农药等，保养好土地，防治土壤污染	《中华人民共和国农业法》
1993	重点关注我国农村村容村貌、人居环境卫生的建设，推进我国农村生态环境的改善，减少农村污染	《村庄和集镇规划建设管理条例》
1995	从事畜禽规模养殖应当及时收集、贮存、利用或者处置养殖过程中产生的畜禽粪污等固体废物，避免造成环境污染	《中华人民共和国固体废物污染环境防治法》

续表

年份	内容	法规、政策、会议
1996	指出要因地适宜发展生态农业，严格控制农药、农膜、化肥等对农田土壤和饮用水源的污染	《国务院关于环境保护若干问题的决定》
1996	要加强控制乡镇企业在生产过程中做到少污染甚至无污染，保护好农村环境，防治农村生态污染	《中华人民共和国乡镇企业法》
1997	指出乡镇企业生产中要特别加强对土壤、生活饮用水源等水域的保护，造成生态环境破坏的，要限期进行治理和恢复	《关于加强乡镇企业环境保护工作的规定》
1997	指出我国农业、农村生产组织在生产过程中要严格防控污染、加强对生活饮用水源等水域的保护，严格遵守生态环境保护的相关法律法规规定，做到少污染、零污染生产	《中华人民共和国农药管理条例》
1998	指出要严格控制农业生产中不合理使用农药、农膜、化肥等对土地和水资源造成的污染	《中共中央关于农业和农村工作若干重大问题的决定》
1998	国家提倡农民在进行农业生产时要均衡合理地使用化肥和农药	《基本农田保护条例》
2001	指出各级政府要重视禽畜养殖污染防治，对于超过标准排放或造成周围环境污染的养殖场，基层环境监管组织可以向相关环境保护部门提出限期治理的建议	《畜禽养殖污染防治管理办法》
2001	指出要积极发展绿色生态农业，科学合理地使用化肥、农药、农膜等，防治不合理施用和超标灌溉带来的化学污染与面源污染，要将改善农村生产和生活治理作为现阶段我国环境保护的重要任务，同时也要重点控制禽畜、水产规模化养殖中所产生的污染	《国家环境保护"十五"计划》
2002	指出农民在进行农业生产时要合理均衡使用化肥、农药、农用薄膜，防止化肥使用过程中对土壤和水源造成污染	《中华人民共和国农业法（修订）》
2004	指出农村生活垃圾污染防治的具体办法，要由地方性法律法规来进行规定。要重点管理禽畜、养殖中产生的污染，积极鼓励使用农用薄膜的单位和个人多回收利用农膜，减少与控制农用薄膜对环境的污染	《中华人民共和国固体废物污染环境防治法（修订）》
2006	指出要推进农村生活垃圾和污水处理的进程，继续重点关注农药、化肥等面源污染，减少禽畜、水产规模养殖中产生的污染，继续改善农村村容村貌，给农民提供一个生态宜居的人居环境	《中华人民共和国国民经济和社会发展第十一个五年规划纲要》
2007	指出要建立农村环境保护责任制。重点抓好农村生活污水和垃圾治理，防治城市污染和工业污染向农村转嫁。要积极鼓励农民对农膜进行回收再利用，加强秸秆综合利用率，不断向农民宣传环保重要性，让农民养成环保意识	《关于加强农村环境保护工作的意见》
2010	持续推进对我国水土保持的关注，减少水土流失带来的面源污染，积极宣传推广沼气使用，积极开展清洁小流域的建设，保护饮用水水源，严格控制农药和化肥的使用、减少污染	《中华人民共和国水土保持法》（修订）
2014	进一步把生态文明建设提高到前所未有的国家战略高度，并提出要新型工业化、信息化、城镇化和农业现代化共同发展的新目标；全面推进农业生态发展、先后实施水土资源污染防护、农业农村环境污染治理等重大工程，把防治农田和养殖业污染、促进环保节约利用、发展绿色生态循环农业等作为主要的工作目标，来积极开展乡村振兴战略活动	《关于全面深化农村改革加快推进农业现代化的若干意见》

续表

年份	内容	法规、政策、会议
2015	为了进一步保护和改善我国环境、防治环境污染和其他公害，以推进我国生态文明保护建设、保障公民健康、促进国家经济社会可持续协调发展而制定的国家环境保护法律法规	《中华人民共和国环境保护法》
2016	将生态文明建设上升至国家战略层面，把改善环境质量、补齐生态环境短板、加强生态环境的综合治理作为我国目前的核心任务	《"十三五"生态环境保护规划》
2017	进一步推进我国关于农村生活垃圾的专项治理行动，促进农村地区垃圾分类和资源化可持续利用，选择适宜可行的农村生活污水治理模式，进一步集中加大力度支持农村环境的综合治理和厕改行动，集中开展农村垃圾乱排乱放排查整治行动，实行农村新能源行动，如推进光伏发电，以逐渐扩大农村电力、燃气和清洁型煤的供给	《关于深入推进农业供给侧结构性改革加快培育农业农村发展新动能的若干意见》
2018	为了进一步改善我国农村人居环境综合水平、增强农民生态环境保护与健康意识，给农民提供基本整洁、干净有序的生活环境，继而提出三年农村人居环境整治行动计划以加快推进农村人居环境整治	《农村人居环境整治三年行动方案》
2019	提出在农村生态环境保护方面，我们要学习浙江省"前村示范、万村整治"工程的经验，以生活垃圾治理、污水治理和村容村貌、厕所改革等为重点展开农村人居环境整治行动，以确保能够改善我国农村人居环境综合水平、增强农民生态环境保护与健康意识，给老百姓提供一个基本整洁的生活环境	《中共中央国务院关于坚持农业农村优先发展做好"三农"工作的若干意见》

（三）我国农村生态公共品供给存在的问题

自 20 世纪 70 年代我国农村环境问题被提出，其已经从最初农村自然资源配置使用不合理、环境卫生方面的"脏、乱、差"，发展到改革开放后，经济发展局部定位不合理、过分追求短期利益、产品选择不适当、生产装备过差等各种原因所导致的自然生态资源浪费和乡村环境破坏。主要有如下原因。

第一，农村生态公共品供给缺乏总体性的顶层规划和具体的法律法规。农村的生态环境污染过程是一个量的积累过程，往往在早期不容易被人们所发现和重视。而当这种污染积累到一定程度时，就会产生质变，以一定的形式爆发出来，如镉大米、癌症村、沙尘暴、雾霾等事件，这些事件的发生开始使人们认识到农村生态公共品供给对于人类生存和发展的重要性，从而开始采取行动来保护、治理和建设生态环境。但是我国前期缺乏总体性的顶层规划和具体的法律法规，导致了农村生态公共品供给在很长一段时间里处于缺位状态。例如，国家出台了《城市市容和环境卫生管理条例》对城镇环境管理做出具体化的要求，但农村却没有相对应的管理条例。[1]

---

[1] 唐江桥、尹峻：《改革开放 40 年来城镇化背景下农村生态环境问题探析》，《现代经济探讨》2018 年第 10 期，第 104—109 页。

第二，缺乏对农村生态公共品供给的相关规范和技术模式。例如，《生活垃圾焚烧飞灰污染控制技术规范（试行）》等标准就缺乏相应的技术模式，《畜禽养殖业污染物排放标准》中的规范也尚不完善。除此以外，农村偏远地区也尚未建立生活垃圾处理、生活污水处理、禽畜排放物处理等污染治理措施的规范模式。因此，在农村生态公共品供给过程当中，仍然需要与时俱进，不断探索与规范农业、农村污染治理的新技术与新模式。

第三，污染防治设施建设投融资渠道单一，各级政府投入的农村环保资金不足。现有的农村环境治理工作主要依靠中央和地方政府投入，中央和地方环保资金投入比例约为1∶1。因此"十三五"期间，我国近51万个行政村中，15万个行政村完成农村环境的综合整治，占比约30%。

第四，农村大部分地方缺乏污水和垃圾处理的收费激励机制，污水、垃圾处理的投资回报机制也不健全。其中，有一部分乡村虽然建立了以政府主导、其他社会组织和人员共同参与的环境治理模式，但其机制也仍不健全。"谁污染、谁治理、谁受益、谁付费"的原则还没有被广泛认可和实行，导致市场参与者缺乏环境保护的积极性。

第五，化肥施用能较大程度增加农作物产量，贡献率大概在40%以上，但其带来的生态环境污染问题也比较突出。首先是对耕地的破坏，改革开放后，我国农业生产种植中，农民为了增产，已经从过去依靠传统的农家土粪，转变为现在依靠人工合成的化肥来进行施肥，这种过分依赖化肥方式，导致土壤缺乏有机肥，土壤养分失衡、土壤孔隙减少、土质变差。其次，对江、河、湖及地下水源造成污染，我国化肥施用量普遍偏高，这种过量施用会使得农田径流带入地表水体，化肥中的许多物质都是污染物，会对水体造成污染。最后，化肥中的大量氮肥流失，会导致河海水体富营养化，给"赤潮生物"提供了丰富的生存养分，从而诱发海洋赤潮，威胁到近海生物。

第六，我国畜禽养殖总量不断增加，但养殖所产生的废弃物的处理设施建设相对滞后。据国家统计局统计，2018年我国生猪存栏量达到42 817万头，如此高的存栏量也意味着大量畜禽粪便的产生，目前我国畜禽粪便的产生量已经达到难以及时处理和利用的地步，这使得畜禽养殖废弃物的身份从原本是拥有诸多益处的肥料变成了污染物。

第七，农村农作物秸秆的产生量大，但资源再利用的秸秆处理水平还有待提高，而且伴随着我国农业生产的水平不断提高，粮食产量持续增加，农村农作物秸秆的产生量也逐年递增。据农村部统计，虽然我国2017年秸秆综合利用率已超82%，但秸秆焚烧问题依然存在，秸秆加工转化能力不强、资源再利用效率不高、收储运体系不健全，导致我国每年仍然有近两亿吨农作物秸秆被焚烧，不仅造成了极大的环境污染，还浪费了资源浪费。[①]

第八，农村环境监管的重点不够、边界不清，基层监管人员严重不足。目前，我国农村环境监管的重点仍然围绕着乡镇企业、家庭企业等的生产过程、禽畜养殖的过程、秸秆焚烧等，对于饮用水源的保护、化肥施用、农村生活污水等问题的关注不够。随着农业不断发展，农村环境问题任务量也不断递增，人员设备不足的矛盾也更加突出。

截至 2020 年，我国农业人口有 50 979 万占比为 36.11%，农业发展一直是我国经济发展的基础，如果农村生态环境遭到破坏，农业毫无疑问将会受到影响，这意味着不仅会严重影响当代人的生活发展，而且还将严重影响我国社会经济发展进程。目前，我国农村生态环境污染的压力还在逐年增加，这种压力时刻警示着我们，加速农村环境保护刻不容缓。

第二节　我国农村生态公共品供给标准的典型案例

一、案例背景

"一团团浓绿串点连线，一排排白墙红瓦连线成片，两条清澈溪流紧绕华一村……"然而，2008 年前情况并非如此。当时华一村又名柿树村（后来柿树村、农林村、林场合并成华一村）。因缺少有效的治理手段，村里的环境状况日渐显现脏、乱、差的状况，垃圾乱堆，污水遍地，四处是危旧房。村中的道路几乎是土渣路，一到雨天，路面泥泞不堪，村民寸步难行。室外旱厕又臭又脏，一到夏天更是臭气熏天，蚊虫乱飞。由于山上的树木可以卖钱，村民开始乱砍滥伐。树少了，水土流失越来越严重，对生态的健康发展造成威胁。尤其是 2005 年和 2006 年，村里经常发生山洪、滑坡、泥石流等灾害。这些灾害不仅淹了农田，还堵住了溪流，使灌溉大受影响，村民的收入增长也因此受到制约。环境变差了，不仅人不舒服，动物都"不得劲儿"，村民对此怨声载道。

二、案例过程与案例结果

（一）案例过程

1. 村民合力，携手共建诗画家园

"每一次的回家都让我们对家乡产生惋惜。我们一定要团结起改变华一村，用自己的双手建设美丽家园！"就这样，一场让华一村彻底告别"脏

---

① 程会强：《农村环境保护体系的构建策略》，《改革》2017 年第 11 期，第 50—53 页。

乱差”的保护行动正式开始了。2008 年 2 月，在爱心企业的帮助下，几位热心村民自发组建环境保护协会，制定会员守则，倡导大家自觉维护环境。会员守则的内容涵盖了植树造林、耕地保护、改水改厕、科学施肥用药、回收农业废弃物等多项内容，成为引导全村环境整治行动的重要依据。然而，"理想很丰满、现实很骨感"。改变还没开始就遭到了不少村民的反对。有村民不理解，"大家几十年来都是这样生活的，为什么现在要改变？"也有村民不支持，"环境整治是政府的事，我为何要参与？"村民们的层层追问，并没有让刚成立不久的协会打起"退堂鼓"，大家反而更加沉下心来分析潜在问题，寻求有效的解决方法。

如何消除村民们的顾虑？如何把村民们团结起来把华一村打扮得更加美丽？经过走访发现，村民们并非故意阻挠，只是担心花费大、太折腾，自己忙于生计无暇参与。对此，环境保护协会进行了深入广泛的宣传工作，一户一户地谈，一户一户地做工作，与村民推心置腹交谈，力求化解大伙的疑虑。"一次说不通，我们就说两次。两次说不通，我们就说三次、四次。"在乡村环境整治这件大事上，环境保护协会可谓是"铁定了心"。通过几个月耐心细致的思想沟通，村民开始主动响应，加入环境保护协会成为会员，通过自身行动维护家园环境的健康发展。

2. 评优奖惩，做出乡村"美"

在与村民达成共识后，环境保护协会着手实施美丽乡村建设行动。但是因为美丽乡村内容覆盖面广，需要解决的困难众多，所以在缺经验、缺资金、缺技术的情况下，对于怎么建设，如何实施，大家心里都没数。经过近一年的勘察、规划、设计与磋商，协会开始对乡村环境整治工作有了进一步的思路，美丽乡村建设行动逐步从纸上走入现实。为保障落实到位，华一村在一些爱心企业和热心村民的帮助下成立了环保基金，奖励家中有 65 岁以上老人的且对环境卫生整治和清理有贡献的村民。"我们与一些热心企业和村民，设立奖励基金，解决协会资金短缺的问题，这样村民的积极性就能有整体的提升，咱村的环境也会因为大家的自觉而变得更好，"华一村村党支部书记说，"希望通过大家的共同努力，引导村民养成良好的卫生习惯。""配合村里工作的家庭，每月有 50 元的生活奖励，大家都很乐意参加。虽然刚开始的时候有人不配合村里的村规民约，但是慢慢地大家都养成了习惯。如果不保护环境，大家的心就不安了。"村民陈佳顺说。与此同时，为了提升村民的环境保护技能，环境保护协会还成立了评选工作小组，定期开展"卫生能手""美丽庭院""十星级文明户"等评选活动，对优胜的村民通报表彰并发放奖牌和奖品。

3. 干群携手，同圆美丽乡村梦

在村民们自发维护生态安全的同时，政府的力量也介入进来，并成为引领华一村生态保护的重要力量。2015 年，华容县启动了华一村示范点的美丽乡村建设。以农村面貌提质升级为着力点，先后建设绿色步行道、休闲广场、全民健身广场、绿化廊道等项目。2017 年，华一村申请了湖南省农业面源污染综合治理项目，以王字港为核心，投放白鲢鱼、麻鲢、草鱼、青鱼等生态鱼苗 4000 多条，力求搞好水源循环和清洗养殖。对于村里的水土流失治理工作，政府狠抓堤防工程的建设，启动各项资金，投入 1580 万元修筑农田生态廊道、硬化沟渠、农户一体化化粪池、户用湿地污水处理池、畜禽养殖综合治理工程、饮用水源地水质保护等配套建设。此外，为促进垃圾分类工作有效开展，村民委员会还制定了《华一村不可降解垃圾有奖回收办法》，并给每家每户发放可回收物、自行回收处理、不能再利用、有毒有害物四类垃圾桶，引导村民有序投放废弃物，减少垃圾乱堆乱放的现象。保洁员每周不少于两次上门回收垃圾，检查村民垃圾分类投放情况，对于不配合工作的村民进行批评教育。美化环境的同时，华一村还着力发展产业，组建成立七女峰旅游合作社，着力打造集休闲、文化、观光于一体的美丽乡村休闲旅游产业链条，让生态福祉惠及全民。

（二）案例结果

让环境越来越好，身体越来越健康，是老百姓的期盼和梦想。在 1320 名村民的共同努力下，华一村美丽乡村建设赢得了一系列称号和荣誉：2009 年，华一村被授予湖南省省级森林公园，2014 年被列为岳阳市市级卫生文明村镇，2015 年被列为岳阳市秀美乡村和省级卫生文明村镇，2016 年被列为湖南省美丽乡村建设省级示范村，2019 年被列入全国乡村治理示范村名单。其标本兼治的环境整治经验在全县乃至全省推广。

到 2019 年 2 月为止，华一村升级改造了山塘 18 口，基本解决了农田的干旱死角问题；修建了垃圾池 350 个，配备了固定保洁员 5 名和垃圾收集车 2 台，真正达到了全村范围内再无裸露垃圾、无乱堆乱放的效果；总投入 1580 万元集中建房 40 户，基本排查了农村房屋安全隐患；王子港流域农业面污染源治理项目投入建设，基本解决了村里污水横流问题；投入 600 多万元新增建设 80 亩花海，打造华容桃花山旅游区；投入 700 多万元，有序推进七女庙、尚德博物馆等景区景点建设，优化升级七女峰景点。我们置身其中，华一村的生产生活环境有了质的提升，随处可以看到关于环境卫生宣传的标语。与此同时，在旅游产业的支持下，华一村的人均可支配收入提高至 15 600 元，村民的健康幸福指数稳步提高。

三、案例启示

美丽乡村建设是贯彻落实 2013 年中央一号文件精神的重要举措，也是美丽中国建设的重要组成部分。绿水青山就是金山银山，保护生态环境就是保护生产力。华一村成功从"脏乱差"向"绿富美"蝶变的原因在于，在政府的主导下，干群齐心协力，集中攻坚生活垃圾、污水处理、农业污染等突出问题，着重实施畜禽养殖污染治理、生活污水处理、垃圾固废处理、化肥农药污染治理、河沟池塘污染治理、水土流失治理、堤防建设、农村改厕等，不断提高农村生态文明创建水平和改善农村生活生产环境。环境就是民生，青山就是美丽。良好生态环境是最公平公共产品、最普惠民生福祉。也正因为人人皆可共享，保护生态环境需要大家共同参与。只有持之以恒治陋习、树新风，广泛开展干群合作的生态文明创建活动，才能让美丽乡村建设走得更稳、更好、更有活力。

第三节　我国农村生态公共品供给标准体系的构建

一、我国农村生态公共品供给标准体系的文献述评

（一）生态公共品供给评价范围的文献梳理

对生态公共品供给测度评价首先要明确评价主体、范围、对象等。从现有研究看，对生态公共品供给的测度评价已深入到宏观、中观、微观区域，基本涵盖了国家、省域、市域、区域、煤矿区、林区、生态涵养区等（表 8-2）。但是针对县市、乡村、社区等微观层面的评价研究较少。

表 8-2　生态公共品供给评价范围研究文献分类汇总

序号	文献作者	文献评价范围	文献标题
1	华章琳[①]	中国	生态环境公共产品供给中的政府角色及其模式优化
2	高小平[②]	中国	我国政府生态公共服务的基本属性、存在问题与对策建议
3	蔡晶晶、杨文学[③]	省城	生态公共服务政府购买的地区效果比较研究——基于福建重点生态区位商品林赎买的实证分析

① 华章琳：《生态环境公共产品供给中的政府角色及其模式优化》，《甘肃社会科学》2016 年第 2 期，第 251—255 页。

② 高小平：《我国政府生态公共服务的基本属性、存在问题与对策建议》，《四川大学学报（哲学社会科学版）》2015 年第 5 期，第 5—9 页。

③ 蔡晶晶、杨文学：《生态公共服务政府购买的地区效果比较研究——基于福建重点生态区位商品林赎买的实证分析》，《林业经济》2020 年第 2 期，第 69—82 页。

续表

序号	文献作者	文献评价范围	文献标题
4	姫翠梅①	市城	生态公共服务视野下城市森林生态-经济系统的协同机理研究
5	王明安、董树军②	区域	区域生态公共产品供给之地方政府合作的应然、实然及其转化——以洞庭湖生态经济区为例
6	田淑英、胡虹彦、秦国伟③	煤矿区	采煤塌陷区生态修复制度优化研究——基于公共品供给效率视角
7	朱颖、张滨、倪红伟等④	林区	基于公共产品供给理论的森林生态产品产出效率比较分析
8	孙庆刚、郭菊娥、安尼瓦尔·阿木提⑤	生态涵养区	生态产品供求机理一般性分析——兼论生态涵养区"富绿"同步的路径

（二）生态公共品供给评价指标的文献梳理

迄今为止，国家环境保护相关部委按照中央对我国生态文明建设的指示，制定了一系列的绩效考核评价指标体系（表 8-3），并开展了许多生态示范活动，对我国农村生态公共品供给指标体系的构建具有借鉴和指导意义。

表 8-3　国家各部委、地方政府单位构建的生态公共品供给指标体系

序号	制定部门	名称	指标类型与数量	指标示例
1	农业部、国家林业局、水利部	国家生态文明先行示范区建设目标体系（2013 年，共 51 指标）	资源能源节约利用（19 个） 经济发展质量（5 个） 生态建设与环境保护（16 个） 体制机制建设（4 个） 生态文化培育（7 个）	森林覆盖率、林地保有量、城乡居民收入比例、人均 GDP、生态文明建设占党政绩效考核的比重、国土开发强度、耕地保有量、单位建设用地生产总值、生态文明知识普及率
2	环境保护部	各生态文明试点示范县（含县级市、区）建设指标（2013 年，共 29 个指标）	生态经济（8 个） 生态环境（6 个） 生态人居（5 个） 生态文化（4 个） 生态制度（6 个）	生态环境教育课时比例、资源产出增加率、单位工业用地产值、新建绿色建筑比例、主要污染物排放强度

---

① 姫翠梅：《生态公共服务视野下城市森林生态-经济系统的协同机理研究》，《西部林业科学》2021 年第 1 期，第 85—89 页。

② 王明安、董树军：《区域生态公共产品供给之地方政府合作的应然、实然及其转化——以洞庭湖生态经济区为例》，《生态经济》2019 年第 12 期，第 165—169 页。

③ 田淑英、胡虹彦、秦国伟：《采煤塌陷区生态修复制度优化研究——基于公共品供给效率视角》，《生态经济》2018 年第 8 期，第 169—173 页。

④ 朱颖、张滨、倪红伟等：《基于公共产品供给理论的森林生态产品产出效率比较分析》，《林业经济问题》2018 年第 2 期，第 25—32、102 页。

⑤ 孙庆刚、郭菊娥、安尼瓦尔·阿木提：《生态产品供求机理一般性分析——兼论生态涵养区"富绿"同步的路径》，《中国人口·资源与环境》2015 年第 3 期，第 19—25 页。

续表

序号	制定部门	名称	指标类型与数量	指标示例
3	环境保护部	生态文明试点示范指标（含地级行政区）建设指标（2013年，共30个指标）	生态文化（6个） 生态经济（8个） 生态人居（3个） 生态环境（8个） 生态制度（5个）	资源产出增加率；主要污染物排放强度、新建绿色建筑比例、生态环保投资占财政收入比例、党政干部参加生态文明培训比例
4	国家发展和改革委员会	美丽中国建设评估指标体系（2020年，共22个指标）	空气清新（3个） 水体洁净（3个） 土壤安全（5个） 生态良好（5个） 人居整洁（6个）	地级及以上城市空气质量优良天数比例、森林覆盖率、农村卫生厕所普及率
5	北京林业大学生态文明研究中心	生态文明建设评价指标体系（2009年，共22个指标）	生态活力（3个） 环境质量（4个） 社会发展（6个） 生态资源环境协调度（5个） 生态环境资源与经济协调度（4个）	森林覆盖率、地表水体质量、人均GDP、工业固体废物综合利用率、环境污染质量投资占GDP比重
6	浙江省统计局	浙江省生态文明建设评价指标体系研究（2013年，共37个指标）	生态文化（5个） 生态制度（4个） 生态经济（15个） 生态环境（13个）	产业结构、污染减排、节能降耗、循环利用、资源利用、环境保护、环保意识、生态创建、政策保障、科学执政

（三）生态公共品供给评价方法的文献梳理

目前，已有研究主要聚焦在如何将众多的指标合成为一个生态公共品供给指数，采取的方法通常有指标法和指数法。指标法深受学者的青睐，[①]常见的评价方法包括属性分析叠加层次分析法、熵值耦合模型、隶属层次模型、生态位理论、网络层次分析等。在具体的操作中，常见的问题有：①指标法由多个指标综合得到生态公共品供给指数，能反映生态环境与社会经济、政治、文化等各方所结合的共生关系，[②]但这种融合方法经过加权求和后得出的综合值并没有单位，只是一个数字，失去了生态经济的意义，不便于理解和运用。[③]②指数法是由一个或多个指数形成生态公共品供给指数，能反映出生态环境原本的真实情况和本质属性，但在转换的过程中误差较大。因此，亟须找寻能兼顾指标法和指数法优势的生态公共品供给评价方法。

---

① Ulucak R，Apergis N，"Does Convergence Really Matter For the Environment? An Application Based on Club Convergence and on the Ecological Footprint Concept for the EU Countries"，*Environmental Science & Policy*，Vol. 80，2018，pp.21-27.

② 高广阔、于明洋：《生态文明建设统计测度方法的研究进展》，《统计与决策》2014年第13期，第33—36页。

③ 严耕、林震、杨志华等：《中国省域生态文明建设评价报告（ECI 2010）》，社会科学出版社2010年版。

二、我国农村生态公共品供给标准体系的构建方法

主要通过以下四个基本步骤构建农村生态公共品供给指标体系的层次结构。

（一）确立目标层

指标体系的目标水平是对指标体系相对于评估目标的总体目标的全面描述和全面反映。农村生态公共品供给显然是指标体系的最高层次。

（二）确立准则层

在新的大背景下充分理解农村生态公共品供给的组成部分后，农村生态公共品供给被分为农村生活环境、农村生产环境、农村自然环境三大方面。

（三）确定子准则层

重复第二步，找到影响农村生态公共品供给中每个基础层实施的组件，并建立子系统与这些组件之间的对应关系。根据农村生态公共品供给的具体情况，"农村生活环境"具体分为两个部分：生活污水净化沼气池、卫生厕所普及率。"农村生产环境"具体分解成农村化肥施用量、农用塑料薄膜使用量、农用柴油使用量、农药使用量四个构成要素。"农村自然环境"具体分解成水土流失治理面积、堤防保护耕地面积、节水灌溉面积三个构成要素。

（四）确定指标层

根据在第三级配置的特定内容，设计这些指标，直到每个指标层因子都可以由几个明确的特定指标直接反映出来。

三、我国农村生态公共品供给标准体系的指标内涵

在国内学者关于我国农村生态公共品供给指标体系的建设及国家对于农村示范地区生态环境考核的指标体系的基础上，本章从农村生活环境、农村生产环境、农村自然环境三个方面，选取了九个指标（表8-4）。数据来源于《中国环境统计年鉴》和《中国农村统计年鉴》。

表 8-4　我国农村生态公共品供给指标体系

一级指标	二级指标	三级指标	单位
农村生态公共品供给	农村生活环境	生活污水净化沼气池	个
		卫生厕所普及率（农村总人口中使用卫生厕所的人口百分率）	%
	农村生产环境	农村化肥施用量	万吨
		农用塑料薄膜使用量	万吨
		农用柴油使用量	万吨
		农药使用量	万吨
	农村自然环境	水土流失治理面积	万公顷
		堤防保护耕地面积	万公顷
		节水灌溉面积	万公顷

农村生活环境可以指人居环境在农村区域的延伸，农村生活环境的衡量主要包含污水治理、厕所治理等内容。本章筛选了生活污水净化沼气池和卫生厕所普及率两个指标来衡量农村生活环境。

农村生产环境是指在进行农业经济时农作物的生产环境，生产环境在很大程度上决定着农作物的产量，这也意味着生产环境将会对农民的经济也就是生活环境造成一定影响，而且生产过程中的许多不当行为也会对自然资源造成影响，所以本章从农村化肥施用量、农用塑料薄膜使用量、农用柴油使用量、农药使用量等四个指标来衡量农村生产环境。

农村自然环境则是指各种自然因素的总和，包括空气、土壤、水源等，这是人类生存的基本物质条件，为农村生活环境和生产环境提供自然资源，本章主要选择了水土流失治理面积、堤防保护耕地面积、节水灌溉面积等三个指标来衡量农村资源环境。

第四节　我国农村生态公共品供给指数测算

一、我国农村生态公共品供给指标权重

指标权重的确定，是本章考察农村生态公共品供给标准的关键。本章采用熵值法来确定各指标的权重，这是因为熵值法的内在计算原理是依据各指标所发送给决策者的信息量来确定各指标权重，能减少主观因素所带来的偏差。2006～2017 年的农村生态公共品供给原始数据及各指标权重如表 8-5 所示。

第一步：将各项指标的数据进行归一化处理。

$$a_{ij} = x_{ij} / \sum_{i=1}^{n} x_{ij} \quad (i=1,2,3,\cdots n, j=1,2,3,\cdots m) \quad (8\text{-}1)$$

第二步：计算评价指标的熵值。

$$H_j = -k \sum_{i=1}^{n} a_{ij} \ln a_{ij} \quad (k=1/\ln n) \quad (8\text{-}2)$$

二、我国农村生态公共品供给指标比值

在运用熵值法计算得出各指标权重后，本章以 2006 年为基准，设定指数值为 100，之后历年的各指标数据与 2006 年进行比较，求出比值，如：$\dfrac{2007年生活污水净化沼气池}{2006年生活污水净化沼气池} = \dfrac{144\,258}{130\,793} = 1.102\,9$，其他依此类推（表 8-6）。

三、我国农村生态公共品供给指数分析

从图 8-1 中可以看出，2006～2017 年我国农村生态公共品供给指数总体上呈稳步上升趋势，总指数在 12 年间从 2006 年基准年的 100 上升至 2017 年的 125.24，共增长 25.24%，约四分之一的增长率。但在 2013 及 2017 年这两年中指数不增反降，尤其 2013 年指数下降了约 2%。通过分析原始数据可知，2013 年中，我国农村自然环境的三个指标数据（水土流失治理面积、堤防保护耕地面积、节水灌溉面积）都骤减，这也直接导致我国农村生态公共品供给指数在稳步上升的进程中，出现了停滞向下的现象。2013 指数的下滑和 2014 年指数的回升，都说明了指标选取具有一定代表性，指标体系中任何指标的变动都能在每年的指数中得到合理反映，也进一步说明了我国要从各方面均衡开展农村生态公共供给活动，任何短板的出现都将导致我们无法实现农村生态建设的目标。而 2017 年指数的下降主要是我国农村生产环境中指标（农村化肥施用量、农用塑料薄膜使用量、农用柴油使用量、农药使用量）数据的减少导致的，这也反映出自 2017 年起我国农村开始逐渐注重保护农村生产环境，有意识地减少了化肥、农药等化学物质的使用。

表 8-5 2006~2017 年我国农村生态公共品供给原始数据

一级指标	二级指标	三级指标	2006 年	2007 年	2008 年	2009 年	2010 年	2011 年	2012 年	2013 年	2014 年	2015 年	2016 年	2017 年
农村生态公共品供给	农村生活环境（0.203 3）	生活污水净化沼气池（0.404 5）	130 793	144 258	163 719	186 945	191 613	198 347	208 551	208 551	210 719	202 039	191 967	184 473
		卫生厕所普及率（0.595 5）	55	57	59.7	63.2	67.4	69.2	71.7	74.1	76.1	78.4	80.3	81.7
	农村生产环境（0.396 1）	农村化肥施用量（0.246 0）	4 927.7	5 107.8	5 239	5 404.4	5 561.7	5 704.2	5 838.8	5 911.9	5 996.4	6 022.6	5 984.1	5 859.4
		农用塑料薄膜使用量（0.302 1）	184.5	193.7	200.7	208	217.3	229.5	238.3	249.3	258	260.4	260.3	252.8
		农用柴油使用量（0.261 8）	1 922.8	2 020.8	1 887.9	1 959.9	2 023.1	2 057.4	2 107.6	2 154.9	2 176.3	2 197.7	2 117.1	2 095.1
		农药使用量（0.190 1）	153.7	162.3	167.2	170.9	175.8	178.7	180.6	180.2	180.7	178.3	174.0	165.5
	农村自然环境（0.400 6）	水土流失治理面积（0.304 1）	9 749.1	9 987.1	10 158.7	10 454.5	10 680.0	10 966.4	11 186.2	10 689.2	11 160.9	11 554.7	12 041.2	12 583.9
		堤防保护耕地面积（0.400 5）	4 548.6	4 551.8	4 571.2	4 654.7	4 683.1	4 595.6	4 259.7	4 031.7	4 279.4	4 084.4	4 108.7	4 094.6
		节水灌溉面积（0.295 4）	2 242.6	2 348.9	2 443.6	2 575.5	2731.4	2 917.9	3 121.7	2 710.9	2 901.9	3 106.0	3 284.7	3 431.9

表 8-6 2006～2017 年我国农村生态公共品供给指数

年份	生活污水净化沼气池	卫生厕所普及率	农村化肥施用量	农用塑料薄膜使用量	农用柴油使用量	农药使用量	水土流失治理面积	堤防保护耕地面积	节水灌溉面积	总指数
2006	100.00	100.00	100.00	100.00	100.00	100.00	100.00	100.00	100.00	100.00
2007	110.29	103.64	103.65	104.99	105.10	105.60	102.44	100.07	104.74	104.06
2008	125.17	108.55	106.32	108.78	98.18	108.78	104.20	100.50	108.96	106.89
2009	142.93	114.91	109.67	112.74	101.93	111.19	107.24	102.33	114.84	111.85
2010	146.50	122.55	112.87	117.78	105.22	114.38	109.55	102.96	121.80	115.77
2011	151.65	125.82	115.76	124.39	107.00	116.27	112.49	101.03	130.11	119.02
2012	159.45	130.36	118.49	129.16	109.61	117.50	114.74	93.65	139.20	121.58
2013	159.45	134.73	119.97	135.12	112.07	117.24	109.64	88.64	120.88	119.61
2014	161.11	138.36	121.69	139.84	113.18	117.57	114.48	94.08	129.40	123.53
2015	154.47	142.55	122.22	141.14	114.30	116.01	118.52	89.79	138.50	124.58
2016	146.77	146.00	121.44	141.08	110.11	113.21	123.51	90.33	146.47	125.27
2017	141.04	148.55	118.91	137.02	108.96	107.68	129.08	90.02	153.03	125.24

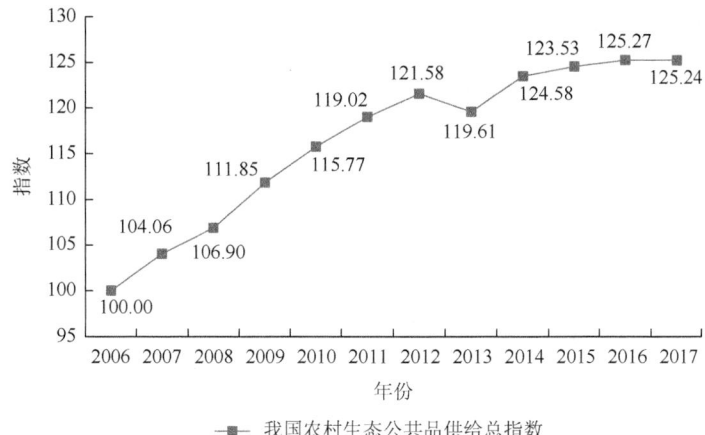

图 8-1 我国农村生态公共品供给总指数变化趋势

在确立基准指数时，本章以 2006 年我国农村生态公共品供给指数作为基准只是为了举例说明问题，读者在实际运用时还应根据各地农村生态公共品供给的实际情况来确立基准指数。但也需要注意，一旦确定好基准指数，就不能随意变动，这样才能保证统计上的一致性。在建立指标体系时，本章是在参考国内许多学者有关农村生态公共品供给指标体系的基础上，遵循指标筛选原则，从现有统计数据中筛选了更具代表性、操作性、统计口径一致的指标建立了我国农村生态公共品供给指标体系。但日后，若我国农村生态公共品供给相关的数据更加系统更加完备了，还可根据实际情况对指标体系进行适当调整，也建议加强我国对农村生态公共品供给各指标的统计工作。

在本章中确定基准指数的方法如下：本章基于数据资料的可得性以及指标的可量化性选取了 2006～2017 年农村生活环境、农村生产环境、农村自然环境这三大类别的指标构建了我国农村生态公共品供给指标体系。以此类推，农村生态公共品供给标准的确定也可根据平均先进法的基本理念进行。

在本章中确定我国农村生态公共品供给标准指数的方法如下：确定农村生态公共品供给指数的第一步是根据已确定的各项指标数据对各项指标的各年比值及总指数进行计算，并利用各年指数总和除以年份数即求出在此期间我国农村生态公共品供给指数的几何均值。第二步，求出几何均值之后，再将每年的发展指数与指数均值进行逐一比较，可以看出哪些年份的指数超过了平均值，而哪些年份的指数是低于平均值的。可以认为，只有农村生态公共品供给指数数值超过这个平均值即达到了标准，该年度的农村生态公共品供给才算达标，否则为不合格。

设将各期水平 $a_1, a_2, \cdots, a_i, \cdots a_n$ 不依时间先后排列，而按其指标值由小到大依次排列为 $a_{(1)}, a_{(2)}, \cdots, a_{(i)}, \cdots a_{(n)}$，且设这一数列的中位数（中项）为 a，即有 $a = a\left(\dfrac{n+1}{2}\right)$，则其几何平均数为

$$\begin{aligned}G &= \sqrt[n]{a_1, a_2, \cdots, a_i, \cdots a_n}\\&= \sqrt[n]{a_{(1)}, a_{(2)}, \cdots, a_{(i)}, \cdots a_{(n)}}\end{aligned} \tag{8-3}$$

以之前计算的 2006～2017 年我国农村生态公共品供给总指数为例，我们将这 12 年的农村生态公共品供给指数根据平均先进法的公式进行几何平均数计算，可以得出均值是 116.45。根据表 8-7 的数据可看出，2011 年我国农村生态公共品供给总指数是 119.02，是大于这个均值的，且自 2011 年起直至 2017 年都是大于这个均值的，由此我们再选取 2011 年之后这几年的指数计算几何均值，得到一个最终的平均指数是 122.69，这就是基于本书中的农村生态公共品供给指标体系测算出来的我国农村生态公共品供给标准指数。按照这个标准来看，2014～2017 年的农村生态公共品供给总指数都超过了这一均值，即这几年农村生态公共品供给都是达标了的，这意味着我国农村生态公共品供给在近几年实现了平稳上升，随着农村生态公共品供给的不断推进，我国农村生态公共品供给也得到了十分明显的改善。政府部门工作人员可以依据这个标准制定相关工作评估方法，设立与该地区实际情况相适应的农村生态公共品供给指数，以便更好地为农村地区提供公共生态环境服务支持与保障，增强部门执行效力。

表 8-7　2006~2017 年我国农村生态公共品供给相关数据

项目												
年份	2006	2007	2008	2009	2010	2011	2012	2013	2014	2015	2016	2017
总指数	100.00	104.06	106.89	111.85	115.77	119.02	121.58	119.61	123.53	124.58	125.27	125.24
几何平均值						116.45						
平均先进值						122.69						

具体数据

第九章 我国农村基础设施供给标准

第一节 我国农村基础设施供给界说与发展现状

一、农村基础设施供给概念界说

（一）基础设施的界定

我国是一个农业大国，2020 年国家统计局数据显示，全国人口中有36.11%是农民。1982 年到 1986 年，中央政府发布了五个一号文件，对农村改革和农业发展做出了具体部署；2004 年至 2020 年，中央政府再次连续发布了主题为"农业、农村、农民"的十七个一号文件，强调了"三农"问题在社会主义现代化时期的重要地位。2020 年中央一号文件《中共中央国务院关于抓好"三农"领域重点工作确保如期实现全面小康的意见》明确指出，补上农村基础设施和公共服务短板。

1943 年，罗森斯坦·罗丹（Rosenstein-Rodan）在把一个国家或地区的社会总资本或社会总投资分为社会分摊资本和私人资本的基础上，第一次提出了基础设施的概念，并指出基础设施是经济发展的先决条件，构成国民经济发展的分摊成本。[①]法国重农学派的代表人物弗朗索瓦·魁奈（Francois Quesnay）甚至直接将基础设施当作是生产资本，并参与到生产过程中来。[②]郭鹏飞等提出基础设施不仅作为一项"投资"，通过需求拉动及资本积累在短期内直接影响区域经济增长，同时，基础设施还具有"外部性"，从提高全要素生产率、降低企业成本和提高交易效率等方面体现出了基础设施的间接长期作用。[③]叶璐和王济民指出要实现城乡平衡发展，重点是缩小城乡社会、经济、基础设施建设和社会公共服务等方面的差距。[④]

因此，本书认为基础设施是社会赖以生存发展的一般物质条件，为社会生产和居民生活提供公共服务的物质工程设施，是用于保证国家或地

---

① Rosenstein-Rodan P N, "Problems of Industrialisation of Eastern and South-Eastern Europe", Vol. 53, No. 210-211, 1943, pp.202-211.

② 〔法〕魁奈 F：《魁奈经济著作选集》，吴斐丹、张草纫译，商务印书馆 1979 年版。

③ 郭鹏飞、曹跃群、赵世宽：《基础设施投入、非农就业转移与区域经济增长》，《经济与管理研究》2021 年第 1 期，第 51—65 页。

④ 叶璐、王济民：《我国城乡差距的多维测定》，《农业经济问题》2021 年第 2 期，第 123—134 页。

区社会经济活动正常进行的公共服务系统，其被经济学家称之为"间接社会资本"，通常被提前投入到工业行业中，成为"先行资本"用来推进未来工业的发展。一个国家或地区的完善的基础设施，是其经济可以长期持续稳定发展的重要基础。

（二）农村基础设施的界定

农村的公共基础设施建设关系到农村的经济发展及农民的幸福感。为了更好地实现乡村振兴战略，2018 年 1 月 2 日，由中共中央和国务院发布的《关于实施乡村振兴战略的意见》中，在农村基础设施建设上明确指出，"推动农村基础设施提档升级。继续把基础设施建设重点放在农村，加快农村公路、供水、供气、环保、电网、物流、信息、广播电视等基础设施建设，推动城乡基础设施互联互通"。学者也从不同的角度对农业基础设施进行了界说与分析。马静等指出，农村公共基础设施是提供农民生活的公共服务基础设施，基本范畴主要包括文化体育、公共教育、医疗卫生、抗震救灾、社区服务、公用服务、商业金融等设施。[1]田祥宇和景香君指出，农村基础设施传统意义上属于公共产品，历史上政府几乎是农村基础设施供给的唯一主体。[2]但随着经济发展水平的提高和城镇化的推进，一些地区的农村基础设施呈现准公共产品和俱乐部产品的特征。因此，我们可以认为农村公共基础设施也具备公共产品的两大基本特征，即消费或使用上的非竞争性及收益上的非排他性。杨邦杰在提到环境保护与基础设施建设的时候，认为农村的基础设施落后与城市现代化形成对比，需要从生产性基础设施、生活性基础设施、生态环境建设、社会发展基础设施四个方面统筹规划乡村发展。[3]骆永民等则认为工农业劳动生产率差距缩小的宏观背景下，整体的农村基础设施投入能够促进非农就业，并且这种作用会在很长的一段时间内持续和强化，并得出结论：为进一步促进新型城镇化的发展、缓解人口老龄化所带来的劳动力短缺问题，农村基础设施建设仍是重中之重。[4]

综上，本书认为我国农村基础设施不仅仅只包含了农业基础设施，而

① 马静、邵建平、王晓等：《农村公共基础设施标准化的研究》，《中国标准化》2017 年第 23 期，第 77—82 页。

② 田祥宇、景香君：《农村基础设施投资公平性研究现状与展望——基于政策保障机制的视角》，《经济问题》2019 年第 4 期，第 85—91 页。

③ 杨邦杰：《乡村振兴：产业、基建、人才与政策》，《中国发展》2017 年第 6 期，第 1—4、94、92—93 页。

④ 骆永民、骆熙、汪卢俊：《农村基础设施、工农业劳动生产率差距与非农就业》，《管理世界》2020 年第 12 期，第 91—121 页。

是指由政府等多元主体向农业、农村、农民提供的生产、生活方面的公共产品或公共服务，并保证其能顺利进行扩大再生产的各种物质、技术条件的总和，即为发展农村生产和保证农民生活而提供的公共服务设施的总称。农村基础设施具体包括：农业生产性基础设施、农村生活基础设施、生态环境建设、农村社会发展基础设施四个大类，其中包括了交通邮电、农田水利、供水供电、商业服务、园林绿化、教育、文化、卫生事业等生产和生活服务设施。它们是农村中各项事业发展的基础，也是农村经济系统的一个重要组成部分，与农村经济的发展相互协调。

（三）农村基础设施供给的界定

在以上概念界定的基础之上，本书将农村基础设施供给的概念界定为：在农村地区，为发展农村整体经济社会和保证农民生产生活，在政府主导下，由政府、政府公有企业、私人机构、金融机构、村组织、农民自治组织或农民等多元主体提供的非营利性或营利性的公共服务设施的过程。

二、我国农村基础设施供给现状

（一）我国农村基础设施发展现状

近年来，公共基础设施建设的重心逐渐由城市转移到农村。自党的十八大以来，农村基础设施建设逐渐得到重视，要实现新时代乡村振兴、开启城乡融合发展和农业农村现代化建设新局面的必要条件是具备完善通达的基础设施。尽管农村基础设施的建设已经取得一部分的成效，但与城市的基础设施建设相比仍然存在一定的差距，农村基础设施仍较为薄弱。

1. 我国农村基础设施建设中存在的问题

（1）农田水利设施问题。灌溉水利设施主要存在以下三个方面：一是水利投资结构的建设不合理。财政投入主要集中在能够惠及全社会的大型水利设施，而直接惠及农户的小型水利设施资金投入比例太小。据统计，60%的财政支农资金用于治河和气象方面的发展，而40%则直接用于农业生产，因此对小型农田水利工程的建设几乎没有。[①]二是农田水利建设质量低。经许多专家学者研究证明，有效灌溉面积的增加可能不会带来显著的正向农业收益。[②]这是因为排水与污染难以建立有效的规范化管理措施

---

① 何军、王越：《以基础设施建设为主要内容的农业供给侧结构改革》，《南京农业大学学报（社会科学版）》2016 年第 6 期，第 6—13、152 页。

② 李谷成、尹朝静、吴清华：《农村基础设施建设与农业全要素生产率》，《中南财经政法大学学报》2015 年第 1 期，第 141—147 页。

进行控制分离。因此,"因人而不为人"的问题由来已久,水利灌溉设施难以充分发挥作用。三是灌溉水利技术建设水平不高。我国有效灌溉面积逐年增加,有效灌溉率在 50% 左右波动。2016 年,国务院办公厅印发了《关于推进农业水价综合改革的意见》通知的正式修订版,要求"用10 年左右时间,建立健全合理反映供水成本、有利于节水和农田水利体制机制创新、与投融资体制相适应的农业水价形成机制"。在此基础之上,完善农业的水价的体系、补贴政策及节水奖励等,从而利用先天优势,高效地推进改革工作。

(2)农村交通设施问题。近年来,随着政府对新农村建设的大力要求,新农村建设得以快速发展,但源源不断的新问题逐渐暴露出来。农村地区中仍有大量"断头路"和"脚脖路"存在,严重影响了农村交通的效率。"求速度,轻质量"等问题也大量存在。调查发现,很多农村交通设施项目采取建设速度作为主要指标来评估设施建设状况,这就导致为了追求农村交通项目的实施速度而降低建设标准的情况时有发生。

(3)农村电力设施问题。电力已成为农村生产和生活的主要能源之一。然而农村电力设备等基础设施落后,一些农村电力设备陈旧落后甚至过期很久,许多变压器也老化严重,能耗高、性能差,不仅影响电力的正常使用,而且容易导致安全事故。虽然我国目前的农村基本实现了用电全覆盖,但农村电网升级也有一定的滞后性,不能满足农民生活用水的增加和农业产业快速发展的要求,电力设施可靠性不强,电能质量、电压不稳定,供电能力不足,没有考虑到农村文化的电网布局模式,严重影响乡村面貌,制约了农村经济和旅游业的发展。

(4)农村供水设施问题。集中式供水的农村地区的比例仍然很低。另据国家统计局的数据,"十三五"以来,全国农村自来水普及率达到 83%,未能建立覆盖全省农村的供水保障体系,且仍然存在着供水和排水设施覆盖不完全、农村饮水安全无法保证、农村地区水资源的分布不均等问题。在我国中西部部分地区,农村严重缺水,土地干旱且不完整,并且供水能力不足,水质和水环境安全不能得到有效保障,水资源污染情况频发,农民饮水安全问题严峻,不是每个家庭都能得到干净、安全的水。

(5)农村环卫设施问题。一是农村环境卫生与环境改造还有较大差距,农村公共卫生与环境设施存在明显差异。我国农村污水处理率仅为22%,其中东部地区 34.1%,中部地区达到 13%,而西部只有 12.4%。二是生活垃圾集中或部分处理的区域差距。三是截至 2020 年底,全国农村卫生厕所普及率为 68% 以上,还有较大提升空间。

(6)农村网络设施问题。根据我国互联网发展的统计报告,截至2017 年 6 月,我国市区的互联网普及率比农村高 35.4 个百分点,农村地区为34%。在互联网用户比例方面，我国农村网民占同期网民的26.7%，城市网民占73.3%，城乡差距仍然很大。这些问题表明，与城市相比，农村网络设施供给仍然严重缺失。

2. 科学建设农村基础设施

2017年国务院办公厅《关于创新农村基础设施投融资体制机制的指导意见》强调"到2020年，主体多元、充满活力的投融资体制基本形成，市场运作、专业高效的建管机制逐步建立，城乡基础设施建设管理一体化水平明显提高，农村基础设施条件明显改善"。目前，城乡一体化基础设施建设的水平有着质的飞跃，农村基础设施改善状况尤其明显。加快开展"舒适宜居"的美丽乡村建设，更进一步提高广大农民的生活质量。基于以上目标，针对我国现阶段农村基础设施建设中仍然存在的诸多问题，在立法规划、资金保障、建设管理和保护这几个重点层面上提出了有力的相关政策，也为我国乡村振兴战略的进程添砖加瓦。

（1）科学制订农村基础设施建设规划。要根据农村基础设施建设的实际需要，科学制订计划。一是建立健全农村基础设施建设法律法规。为确保农村基础设施建设法律体系的顺利发展有法律可循，将提高农村基础设施建设的标准，健全管理机制和监督机制，依法追究违法行为、严格执法。二是为了逐步淘汰较为陈旧的农村基础设施建设，发达国家的新农村建设计划普遍优先考虑改善农村基础设施建设，在此基础上进一步促进农村社会基础设施建设。因此，我国农村基础设施建设也应有条不紊地进行。三是根据当地情况，有必要补充农村基础设施建设的"短板"。东西部、中西部、西部之间的每个农村地区的现有基础设施建设水平都存在很大区别，政府必须根据当地的真实情况对农村基础设施建设进行"补偿"。例如，我国东部的农村经济基础设施已达到较高水平，可以集中精力建设农村社会基础设施，而中西部地区则应该优先发展农村经济基础设施。与此同时，还要严格防止农村基础设施的过度建设，避免造成浪费资源的情况。

（2）保障农村基础设施建设资金来源。在保障农村基础设施建设资金方面，需要"多种补贴"和"实时披露"，以此来建立完整的农村基础设施建设投资和财务的整体结构，形成一个长期投资的机制。农村基础设施具有公共性，这就决定了政府在基础设施产品供应中占主导地位，各级政府都需要增加农村基础设施建设的资金。可以采取多种投资方式，以保证规划预算资金充足，增加投资总额，以农业和农村金融投资为主。政府应当调整土地出让收入，整合相关渠道的资金，并以多种方式支持农村基础设施建设。此外，国有企业需要增强社会责任，积极支持农村基础设施建设项目。另外，为了确保农村基础设施建设拥有稳定的经济基础，必须"实时"释放资金。通过建立全社会参与农村基础设施建设的激励机制，鼓励社会各界积极参与农村基础设施建设。鼓励农民投资参与利益相关的基础设施建设（如农村供水）以专注于面向业务的基础设施（如农村电力供应），并革新农村基础设施的投资主体。鼓励政府购买社会化服务，支持银行金融机构开展有保证的创新贷款业务，如债权和特许权。

（3）健全农村基础设施管护体制机制。要改善农村基础设施的管理和维护体系，首先，必须改革农村基础设施的产权制度，并根据农村基础设施建设的主体和规模来确定基础设施的所有权。政府投资的所有大型农村基础设施产权属于县级人民政府或授权部门，政府投资的小型农村基础设施产权属于农村集体经济组织，由企业或农民投资的农村基础设施产权属于企业或农民。投资主体决定农村基础设施财产的所有权，财产的所有者是负责管理和保护财产的人。其次，要合理地制定农村基础设施管理制度。积极探索农村生活污水处理一体化管理体系，有效解决多头管理问题。再次，有必要改善农村基础设施的建设和维护机制。农村基础设施维护不到位、不及时的主要原因是缺乏维护资金。因此，有必要将维护资金纳入总预算，以加强"整合与维护"的整合，可以通过基础设施命名权和广告权授予来筹集维护资金。最后，有必要改进农村基础设施建设绩效评价的方法。在开展农村基础设施项目时，必须强调后期管理和整个项目建设中维护的重要地位，建立基础设施评估、绩效评估、监督和激励措施等管控机制，确保不会发生"重建设轻管理"的现象。

（4）完善农村基础设施配套制度。只有完善农村基础设施支撑体系才能保证农村基础设施的正常运行，同时有利于刺激投资动力和活力。一是完善农村基础设施价格体系。对于可盈利的农村基础设施，则需要合理设置价格。根据补偿成本和合理利润的原则确定基础设施价格（如农村水和电力供应），可采用付费服务、计量费率、阶梯定价等收费策略。二是完善农村基础设施建设的支付制度和系统。在综合考虑经济、社会和农村意愿等因素的前提下，支付程序和方法的合理性是至关重要的。三是完善农村基础设施运行和补贴制度。利用农村基础设施建立上下游价格联动机制，如果不进行本地价格调整，地方政府和有条件的农村组织则需要在实际条件下补贴其基础设施业务部门，以确保其正常运转。

（二）农村基础设施建设对农民增加收入和农村经济发展的影响

基础设施投资和经济增长之间的关系一直是宏观经济研究的重点。从经济理论的角度来看，基础设施投资可以直接形成有效的社会总需求，进一步扩大通过投资乘数的输出效果。完整的基础设施系统可以加快生产要素之间的流动，提高资源分配效率，促进区域市场一体化以及间接地根据政策实践促进经济增长。自改革开放以来，我国政府也一直将基础设施投资作为经济增长的一个重要工具。

1. 影响农民增收的因素

李雪等认为粮食主产区农民家庭收入与家庭农业劳动时间呈负相关，与家庭劳动力受教育水平、单位土地面积生产粮食的质量、家庭投资能力、各种粮食品种播种的面积呈正相关。①李晓龙、郑威从优化制度环境、统筹城乡发展、积累人力资本、改革金融体制以及创新农业科技等方面入手，多管齐下，破解农民增收瓶颈，促进农民收入的稳定可持续增长。②吴国松、姚升指出要素市场扭曲、农村人力资本、地区工业化水平是导致农民总收入和收入结构地域差异扩大的前三位因素。③骆永民、樊丽明研究发现各种农村基础设施投资对本省份和邻省份的农民收入均具有正向促进作用，说明农村基础设施建设对农民收入的影响存在显著的空间溢出效应。④高越、侯在坤的研究发现，农村基础设施对农民收入具有显著的正向影响，且农村基础设施对低收入农民的影响显著高于高收入农民，收入较低的群体从农村基础设施中获益更多，这意味着农村基础设施具有收入分配效应，可以促进社会公平。⑤

研究表明，农村基础设施对粮食生产有重要影响。2007 年《农业部关于推进农田节水工作的意见》指出："有针对性地推广应用农田节水技术，能够直接促进粮食综合生产能力的提高。"张琰等也认同农田水利设施是确保粮食安全生产的基础。⑥许多学者对农业基础设施与粮食产量的关系进行了定量分析，如蒋黎、朱福守结合数据对粮食主产区的粮食产量、种植面积、单产情况及农民收入情况进行了统计，分析了粮食主产区在农业基础设施方面存在的问题和制约因素。⑦谢小蓉、李雪根据吉林省城市面板

---

① 李雪、付文革、韩一军：《粮食政策对主产区贫困户收入影响的实证研究——基于冀鲁豫农户调研数据》，《中国农业资源与区划》2019 年第 9 期，第 151—159 页。

② 李晓龙、郑威：《农民收入影响因素的理论、实证与对策》，《中国农业资源与区划》2016 年第 5 期，第 90—95 页。

③ 吴国松、姚升：《要素市场扭曲背景下不同地域农民收入变动与结构优化研究》，《经济经纬》2021 年第 1 期，第 48—56 页。

④ 骆永民、樊丽明：《中国农村基础设施增收效应的空间特征——基于空间相关性和空间异质性的实证研究》，《管理世界》2012 年第 5 期，第 71—87 页。

⑤ 高越、侯在坤：《我国农村基础设施对农民收入的影响——基于中国家庭追踪调查数据》，《农林经济管理学报》2019 年第 6 期，第 733—741 页。

⑥ 张琰、叶文辉、杨小明等：《近年来农田水利设施建设问题的研究——以云南为例》，《经济问题探索》2011 年第 5 期，第 180—185 页。

⑦ 蒋黎、朱福守：《我国主产区粮食生产现状和政策建议》，《农业经济问题》2015 年第 12 期，第 17—24、110 页。

数据，对农业基础设施与粮食产量的关系进行了实证研究。[①]阿库图阿里索（Rakotoarisoa）通过比较研究，发现发达国家和发展中国家之间在基础设施建设中的差异将进一步加大它们之间水稻产量的差异。[②]有学者认为，农业基础设施建设，特别是水利、交通基础设施建设，大大促进了粮食生产效率的提高。[③]相关研究还表明，农村基础设施建设和粮食生产成本密切相关，完善农村基础设施有利于节约农业生产成本。[④]但是一些学者的意见却与之相反，如李谷成等基于开放产品模型和成本函数理论，使用量化回归方法研究并发现基础设施建设（如灌溉）可以通过促进农业生产要素的优化分配来增加生产成本。[⑤]

2. 农村基础设施的功能

王昕宇、马昱研究了政府和农民对贫困地区农村基础设施的投资对农民收入的影响，认为贫困地区农民生活水平与基础设施投资有着明显的正比例关系，基础设施投资增加则农民收入也相应增加。[⑥]张亦然基于中国家庭追踪调查微观数据库，实证检验发现"通公路"这一交通基础设施的改善显著降低了农村家庭的恩格尔系数，并且低收入家庭的恩格尔系数下降得更加明显，这表明交通基础设施改善的减贫效应显著。[⑦]骆永民等研究发现整体的农村基础设施投入能够促进非农就业，并且这种作用会在很长的一段时间内持续并强化，为进一步促进新型城镇化的发展、缓解人口老龄化所带来的劳动力短缺问题，农村基础设施建设仍是重中之重。[⑧]杨真等使用中国家庭追踪调查 2010 年和2014 年的家庭面板数据研究了交通基础设施对农户人力资本投资的影响，研究表明交通基础设施能够显著改善农户的教育观，进而促进农户提

---

① 谢小蓉、李雪：《农业基础设施与粮食生产能力的实证研究——吉林省例证（1989—2012 年）》，《学术研究》2014 年第 7 期，第 91—97、160 页。.

② Rakotoarisoa M A，"The Impact of Agricultural Policy Distortions on the Productivity Gap：Evidence from Rice Production"，*Food Policy*，Vol. 36，No. 2，2011，pp.147-157.

③ Teruel R G，Kuroda Y，"Public Infrastructure and Productivity Growth in Philippine Agriculture，1974—2000"，*Journal of Asian Economics*，Vol. 16，No. 3，2005，pp.555-576.

④ 朱晶、晋乐：《农业基础设施、粮食生产成本与国际竞争力——基于全要素生产率的实证检验》，《农业技术经济》2017 年第 10 期，第 14—24 页。

⑤ 李谷成、尹朝静、吴清华：《农村基础设施建设与农业全要素生产率》，《中南财经政法大学学报》2015 年第 1 期，第 141—147 页。

⑥ 王昕宇、马昱：《农村基础设施建设减贫效应研究——基于面板平滑转换模型的实证分析》，《农村经济》2020 年第 3 期，第 47—53 页。

⑦ 张亦然：《基础设施减贫效应研究——基于农村公路的考察》，《经济理论与经济管理》，2021 年第 2 期，第 28—39 页。

⑧ 骆永民、骆熙、汪卢俊：《农村基础设施、工农业劳动生产率差距与非农就业》，《管理世界》2020 年第 12 期，第 91—121 页。

高物质和非物质人力资本投资，这有利于端正农村青少年的学习态度，并最终有利于提高农村青少年学业成绩。[①]

3. 农村基础设施对农民收入的影响

任晓红等研究发现提升农村交通基础设施存量对农村居民人均纯收入及其两大主要构成要素均具有非线性正向促进作用，相较而言，更有利于农村居民家庭经营纯收入的增长，这有助于缓解农民贫困与农村空巢化问题。[②]郝二虎等分析指出，农村电力、燃气及水的生产和供应业基础设施存量，农村水利、环境和公共设施管理业基础设施存量对农民收入有正向作用，且随地区经济发展水平的提高而增加。[③]赵周华、霍兆昕研究发现加大贫困民族地区教育和医疗扶贫的投入力度、加快贫困民族地区农业和信息化服务性基础设施的建设步伐、加强交通基础设施建设与其他要素的相互配合等可以为贫困民族地区的精准脱贫提出应对之策。[④]袁伟彦、周小柯认为，交通基础设施建设与教育发展在促进我国农村居民收入增长上具有互补、协同效应，其作用机制是为农村居民家庭劳动力转移和劳动配置优化创造有利的客观与主观条件。[⑤]

（三）农村基础设施对乡村振兴作用的机理分析

1. 农村基础设施是产业兴旺的"先行资本"

在 1950～1960 年，为了协调基础设施和直接生产部门之间的关系，形成了两个优先领域的分支。以罗森斯坦·罗丹为代表的经济学家支持国家大规模投资建设基础设施，以促进国民经济全面发展，即大推动理论。[⑥]以赫希曼（Hirschman）为代表的经济学家考虑的是直接生产部门的直接发展及由此产生的瓶颈压力，他认为这些应被用来推动基础设施建设或形成基础设施发展缓慢的"滞后发展理论"。赫希曼的"压力理论"认为在资本稀缺的情况也要进行工农业生产，从而尽快获得投资回

① 杨真、张东辉、张倩：《交通基础设施对农户人力资本投资的影响——基于准自然实验的因果推断分析》，《人口与经济》2020 年第 2 期，第 74—86 页。

② 任晓红、但琴、王春杨：《农村交通基础设施对农村居民收入的门槛效应分析》，《经济问题》2018 年第 5 期，第 46—52、63 页。

③ 郝二虎、胡凯、陈小萍：《农村基础设施存量的增收效应——基于全国 30 个省级面板数据的分析》，《农村经济》2015 年第 4 期，第 64—68 页。

④ 赵周华、霍兆昕：《农村基础设施建设对贫困民族地区减贫的影响——基于内蒙古 20 个国家级贫困县的实证研究》，《湖北民族大学学报（哲学社会科学版）》2020 年第 2 期，第 68—76 页。

⑤ 袁伟彦、周小柯：《交通、教育与中国农村居民收入——基于省级面板数据的经验研究》，《当代经济管理》2015 年第 10 期，第 7—14 页。

⑥ Rosenstein-Rodan P N，"Notes on the Theory of the 'Big Push'" In Ellis H S，Wallich H C（Eds.），*Economic Development for Latin America*，London：Palgrave Macmillan，1961，pp.57—81.

报，增加产出和收入，并利用这种进口和瓶颈压力扩大基础设施投资，降低风险、改善效率。[1]但是，根据实际经验，基础设施供应不足造成的瓶颈严重限制了经济增长，并导致资源分配效率低下。例如，在 20 世纪 90 年代初期，我国由于缺乏铁路运输能力而每年损失 4000 亿元的产值，而由于电力供应和需求的缺乏，其四分之一的运输能力处于闲置状态，很难将有限的资金投资于基础设施建设。但从长远来看，基础设施投资应该是优先事项。同理，要有效推动农村产业发展，农村基础设施是"先行资本"，必须要夯实农村基础设施的建设。

农村基础设施在工业繁荣中的作用机制主要体现在以下几个方面：首先是农村基础设施某些基本要素流动的影响。发达的农村运输基础设施降低了生产部门的成本，并为各种生产要素和产品提供了空间流动。其次是农村基础设施的规模影响。大规模的特殊生产是现代工业的典型特征，是在第一、第二和第三产业的融合之后形成的新的商业体系。确信无疑的是，提高农村基础设施建设可以降低平均生产成本。再次是农村基础设施的完整性效应。在农村经济发展中，基础设施具有整合生产要素和无缝整合社会生产各个方面的整体功能。生产部门可以将资源集中在各自行业的研发和生产上，从而提高生产投资的回报。最后是农村基础设施的乘数效应。投资乘数理论的重点是随着投资的增加，投资的GDP 会增加一倍以上，这项投资对扩大生产的影响称为乘数效应。以农村运输基础设施为例，发展运输基础设施就需要发展更多的相关产业，如钢筋混凝土行业，许多农民工可以利用自己的劳动在钢筋混凝土行业中获利。另外农村运输基础设施也可以使更多的农村居民受益，如汽车，农民工愿意消费更多的汽车，这就将打开农村消费市场。新一轮的消费将促进农村市场的良性循环，带动新一轮的投资和生产。

2. 农村基础设施是生态宜居的"必要条件"

张晓山强调农村基础设施建设是建设生态优美农村的必要条件。[2]生态生存的重点是生态，农村生态遭到破坏的原因主要包括固体废物污染、农药和化肥污染、农村工业污染、畜禽粪便污染以及植被破坏造成的污染。这些污染不仅导致农村人类住区的"肮脏混乱"，而且直接威胁到农村居民的身心健康。分类回收不仅可以有效控制生活垃圾的污染，还可以提高资源的回收效率。[3]此外，一个生态适合居住的地方就是一个好地方，人

---

① 〔美〕赫希曼 A：《经济发展战略》，曹征海、潘照东译，经济科学出版社 1991 年版，第 7 页。

② 张晓山：《实施乡村振兴战略的几个抓手》，《人民论坛》2017 年第 33 期，第 72—74 页。

③ 杨曙辉、宋天庆、陈怀军等：《中国农村垃圾污染问题试析》，《中国人口·资源与环境》2010 年第 S1 期，第 405—408 页。

们对住区的需求才可以满足。按照马斯洛（Maslow）的需求理论，人们可以将人类住区的需求分为不同层次的需求，每项需求还应该具有相应的适合居住的农村基础设施（表 9-1）。

表 9-1　人类住区需求与农村基础设施对应表

马斯洛需求层次	人居环境需求	农村基础设施
自我实现需求	人居环境应能感受到自我价值和理想的实现	教育等基础设施
尊重需求	人居环境应能使身处其中的人感受到受重视和尊敬	公共服务设施
社交需求	人居环境应能提供社交便利	交通设施和网络设施等
安全需求	人居环境应能满足安全感和足够的保护	社会治安等公共服务
生理需求	能满足人类健康生存和繁衍的要求	水利设施、交通设施和医疗设施等

3. 农村基础设施是生活富裕的"重要保障"

丰富生活的关键是农民收入的增加，而农村基础设施就是众多影响农民的收入增长因素中的一个。农村基础设施通过两种方式增加农民的收入：直接收入增长和间接收入增长。在直接收入增长方面：首先，良好的农村基础设施可以节省和释放农村劳动力，增加农民的外出机会，并增加农民的收入，即替代效应；其次，良好的农村基础设施可以节省生产成本并提高劳动生产率，实现农民收入的增加，即节省成本。在间接收入增长方面：首先，农村基础设施改善了农村居民的收入分配，实现了农村的全面增长；其次，良好的基础设施吸引了城乡生产要素和产品的流动，提供了农民增加收入的机会。具体来说：首先，农村基础设施可以替代部分劳动力；其次，农村基础设施可以为农民群众降低粮食生产成本；再次，农村基础设施可以带来包括效率和公平的全面性增长；最后，农村基础设施创造了新产业和新形势。

第二节　我国农村基础设施供给的典型案例分析

一、案例背景

中华人民共和国成立以来，一直在积极发展城市基础设施。在农村地区，实行了与城市不同的自给自足的供应体系，由于政府没有给予充分的建设农村基础设施的资源，农村基础设施基础薄弱、质量低下，制约了农村经济社会的全面发展，因此无法适应建设社会主义新农村的需求。2020 年底，我国共有县域 1866 个，占总土地面积的 90% 左右，GDP 比重为 38.3%，可见加强我国农村基础设施供给是改善农民居住环境、提高生活水平和幸福指数的重中之重。然而，要想改善农村基础设施就需要政府部门投入大量的资金。在当前形势下，新农村基础设施建设的目标让国家财政压力倍增，为解决农村基础设施供应与资金需求之间的矛盾，除了政府财政下乡外，各职能部门和地方政府还参与了各种政策的制定与实施。一方面找准重点建设项目，以确保有限的资金花在"刀刃"上；另一方面对融资模式进行探索创新，积极引导信贷资金、私人资金和国际资金以及其他社会资金参与农村基础设施建设。湖北宜都市在农村基层设施建设过程中通过引入 PPP 模式，解决了我国新农村基础设施建设的融资难题，成功修复和建设了农田水利等基础设施，进一步完善了当地基础设施的建设与供给，给村民生活提供了极大的便利。

（一）湖北宜都市水利设施概况

湖北宜都市地处长江中上游，位于湘西武陵山区与东巫山余脉交界处，规划面积 1357 平方公里，辖 10 个乡、镇、街道办事处，1 个矿区管理委员会，1 个工业区，涵盖 127 个村庄，851 个居民小组和 21 个地方居民委员会。截至 2019 年底，全市户籍总人口 38.6 万，耕地 21.34 万亩，其中水田 3.61 万亩，旱地 17.72 万亩，人均耕地 0.55 亩。该市没有大型项目，除了 5 个水库达到中等规模外，其余 41 个水库和其他项目规模较小。就中型水库以外的管理系统而言，其余大多数节水设施和中型水库是城市和乡村管理的一部分，而水和一些水井则由单户居民拥有，但水井总数量较少，并且由几个村民共享。翻新之前的大多数基础设施都存在各种各样的问题，如所有权不确定、管理职责不明确、维护成本不足以及节水效果差。由于水源不足，肥沃的土地普遍减少，农民的收入急剧下降。

（二）PPP 融资方式的农村特色——地方专用性

PPP 也称为"公私合营"融资模式，意味着政府、营利性公司和基于基础设施项目的私营非营利组织之间的合作形式。PPP 模式不仅使更多的私人公司参与了项目的建设，还确保了一定程度的私人投资回报，减轻了政府投资的负担，并为政府、企业和私人非营利组织赢得了"胜利"。[1]由于农村地区人口流入相对较少，短期内很难投资于收入项目，并且由于农村基础设施使用群体相对固定，因此可以根据农村基础设施状况适当地改善 PPP 财务模型，以适应农村基础设施的建设和管理。

为了扩大和重建农村基础设施，政府可以采用一种模式来扩展项目合同

---

[1] 侯俊霞：《PPP 模式参与农村基础设施建设探究》，《合作经济与科技》2020 年第 3 期，第 64—66 页。

的整体运作和"采购管理"。扩大和转让协议后，整个项目的运营是政府与私营部门之间的一项合同。私人公司负责在建设过程中扩展和融资现有基础设施。完成后，私人公司将负责整个基础设施的运营和维护，并在某些让步中获得商业利益。采购施工管理模式是政府与私营部门之间的合作伙伴关系，由政府向私营部门颁发特许经营证书。私营部门创新原始基础设施，并管理转型后的基础设施。这样，运营商可以加速其农业基础设施的升级和改造。在升级现有基础设施的同时，政府可以筹集资金来建设其他基础设施。乡村文化、教育和卫生等收费基础设施也可以通过这种方式进行升级。

二、案例过程

（一）案例经过

本着财政部第〔2005〕115号文件的精神，宜都市被纳入建设中央小型节水项目的"民办公助"项目的试点项目。为了保证项目的顺利实施，当地政府成立了项目建设领导小组，并下发了《宜都市小型农田水利"民办公助"项目建设管理实施细则》。该市的"民办公助"项目与"受益户公有制"改革的实施相结合，公众的积极投资也产生了令人意外的结果。

过去因重建轻管，导致农业灌溉的"最后一公里"陷入"国家照顾不到、群众解决不了"的窘境。面对水利设施"建、管、用"的严重脱节，宜都市大胆创新，在姚家店镇黄莲头村试点"小水利"产权改革。不到3个月时间，该村完成了120口堰塘的产权改革。受益的村民们将堰塘视为"责任田"，主动投资投劳，对74口堰塘进行全面整治。宜都市将黄莲头村小型节水设施改造为试点项目，改造了小池塘、小型抽水站和水路，该项目的创新同时解决了农村小型节水项目建设的融资问题，并已得到上级领导的确认。2006年3月25日，CCTV（China central television，中国中央电视台）新闻频道播出了该试点项目的相关内容，于是宜都市在此次成功实践的基础上因地制宜，找准关键，进一步扩大了实践范围。

1. 模式推广，为农村基础公共服务供给注入"新鲜血液"

为了建立农村基础设施，政府可以通过服务合同和运营维护合同引进私营企业，从而提高基础设施的运营和服务质量。农村基础设施相对分散、节水灌溉、人畜饮水、农村沼气、农村水电、农村道路和牧场围栏等"六个小项目"在区域上很分散，难以集中管理。这些设施中的大多数面对的是提供无偿服务和无偿消费的农民，而财产权却不属于他们，并且常常存在"无人建造，倒塌和未经修理的建筑"的问题。

黄莲头村一组农民余吉鹏说："改革前，余家大堰是'下雨一满堰、雨停便漏完'，5亩大堰塘变成小池塘，小池塘再变成淤泥巴塘。改革后，我和19个受益户夯堰堤、堵漏洞，将'责任田'整修一新。第二年夏季没下大雨，但满满一堰水让40亩稻田没受到一点旱灾的影响。"通过创新引入PPP模型的概念，可确保长期有效地使用此类基础结构。

2. 改革产权，建立民众"心甘情愿"的投资机制

宜都市姚家店镇黄莲头村白家冲水库，一台挖掘机正在进行抽槽换土，10名农民忙着修建防渗墙……隆冬时节，走在宜都市乡村的田埂上，随处可见这类热闹场面。村民热衷于水利建设的诱因，源自宜都市近年来一项以"受益户公有制"为核心的"小水利"产权改革。

"民办公助"项目是基于公共筹款并得到国家支持的项目。在项目资本投资比例中，自筹资金仅为85%，国家补贴仅为15%。为了调动农民自愿投资的热情，宜都市首先调动农民对产权改革的热情，然后建立了"受益户公有制"来实施该项目。这两个激励机制形成了合力，人民申报工作十分活跃。黄莲头村干部说："一开始我们还担心国家支持率太低，村民们会没什么反应，结果根本没有，村民们的干劲十足，热情停不下来。"起初，人们担心国家补贴不足，只能采取有限的措施，但后来一些项目甚至超出了该计划。例如，堰塘整治计划的两个村庄原本规划的小型节水项目只有106个，结果完成量为119个，彻底解决了公共投资问题。

3. 建全产权保护机制，落实项目"法人"或"业主"

落实"法人"或"业主"是在建设项目开始之前必须执行的程序，建立基本的问责制，促进项目投资，通过加强监督的方式提高建筑质量、保障资金安全，并以此来获得最大的收益。为了建立有效的项目"公司制度"或"所有者制度"，市"民政支持"项目建设领导小组规定，当前项目的"法人"或"业主"应与财产所有人或受益人联系起来。根据项目的实际情况，该项目是实施"受益户公有制"改革的项目，财产所有人与受益人相同，财产代理人为所有者。如果大型项目的受益人不明确，则受益人是其所在的村民委员会。在该项目中，共有139名房地产经纪人担任项目建设业主，1个项目实施了项目法人制度，并且在项目开展之前就实施了"业主"和"法人"制。

4. 先筹集自己的股本，然后确定国家的补贴

为了获得项目建设资金，每个村庄都有各种特殊的赠款方法和措施以确保该项目的顺利实施，黄莲头村村支书说："我们采用的方案是先筹集资金，然后决定拨款。"

在这个项目中，谭玉忠是黄莲头村所拥有的第6个村庄的居民，是

7 个农户共有堰塘的产权代理人，也是公众的委托管理人，尽管该地区受益的 16 亩土地中，他只有 1 亩的土地，但是他还是自发地投入了 1600 元，并请来了挖掘机将池塘挖深了 1 米，并加固了提防以防止其渗漏，使池塘蓄水能力由原来的 1000 立方米增加到 2500 立方米。村委会看到了公众的参与热情，并对此堰补助 1200 元。在建设该项目时，通过及时实施政策，人力投入比例相对较高，因此项目进展仍然顺利。

5. 按"份额"筹工，标准人员自行决定

大规模投资是实施"民办公助"项目的另一个重要问题，宜都市的资金筹集方法主要是"受益户共享制"，用于确定每个受益人的产权份额。财产权的分配不仅是权利的一部分，而且是义务的一部分，改革在合同中得到了明确定义和体现，也是公众最满意的工作方式。鉴于在项目实施过程中农民工通常在家庭以外工作，所以通常采用资本计算方法来平衡辛苦家庭与非工作家庭之间的关系，折旧标准由受益家庭确定。项目的自定折旧标准多种多样，技术工作的类型为 40～50 元/天，通常在 20 元以上，城市折价的平均标准为 25 元/天。

黄莲头村村民李大伯满心欢喜地说："这才是真正根据我们老百姓的需求设计的好方案啊，我们大家都觉得很公平，也就不会再有人吵吵嚷嚷了。"这种工作方式的制定不仅解决了无劳动家庭之间的矛盾，实现了家庭与家庭之间的平衡，保证了该项目建设所需的人工投入。

6. 实行市级报账，中央国库集中支付和直接补贴

实行市级报账制度有利于确保用于"民办公助"项目建设的专项资金落实到位。市财政局根据"民办公助"项目建设管理实施细则的规定，对国家补助资金实行市级报账制，即在项目通过水利部门的验收后，是业主建设的，直接补助到所有者的"一卡通"上，是中标人承建的，直接支付到承包者。该制度的实施减少了过去的资金从城市转移到乡镇、从乡镇转移到村，从村转移到家庭的烦琐过程中不必要的中间环节，并消除了滥用、扣减和截留款项的情况。

7. 项目产权移交给受益人，建立长期运行机制

宜都市的"民办公助"项目中，"受益户公有制"改革及在工程建设前将产权转让给受益人之前增加的通勤投资仍然对农民有利，并且所得股份不随原始量化股份而变化。工程项目通常采用两种管理方法：该项目有收入（如农业收入），受益人可以与一个人签约；没有收入，则由受益人谈判并委托一个人来管理。该方法对小型水利工程的建设和管理具有重要意义。一是解决"民办公助"项目建设后的问题，即并非所有项目政府都提供管理所需的人力和资金。二是解决水利工程维护形式。农村税费改革

后，乡村集体经济组织必须放弃管理水利项目的经济能力，并寻找新的管理形式来代替它们。

水利产权制度改革一直是个难点，同时又是一个关键问题，宜都市却探索出了一条新路子。宜都市当地农民群众中流行一句话，"田到户，土生金；林定户，树定根"。同样的道理，塘到户，水才到田，人才定心。

（二）案例结果

截至 2006 年底，宜都市大胆地将 PPP 模式的概念引入了小规模农田节水基础设施建设，并在此基础上进一步运用到人畜饮水、农村沼气、农村水电、农村道路和牧场围栏等领域，改革了"受益户共享制"，并将小规模节水项目的使用权转让给了受益人，而管理方法则由受益人群体决定。通过阐明其财产权、责任和利益点，激发了群众的投资热情和保护小规模水资源的积极性。2007 年，全市共整改小水利工程 9715 个，惠及农村户数 69 447 户，灌溉面积 92 950 亩，受益户维修费用 1373 万元，财政支持资金 772 万元。财政补助资金共计 230 万元，仅占总投资的 29.8%，改善了堰塘的蓄水功能，保证了灌溉水源，解决了能源供应、电力、通信等问题，促进了渔业、蔬菜等相关产业的发展，探索出一条行之有效的农村基层设施建设和管护模式。

在整改过程中，公共投资和投资情况占主导地位。小型农田水利项目的"民办公助"项目的实施通过恢复节水设施、疏通灌溉渠等方式，提高了蓄水能力与农田复原力，而这些设施在项目地区已经缺失多年。该项目的实施改变了农村生产的基本条件，促进了农业生产和农民增收，在经济、社会和生态方面取得了良好的成绩。例如，黄莲头村的 14 名受益人在半个月内对袁家大堰进行整治，并在 2006 年底结账时发现，在旱季每亩水稻的产量超过了 1000 公斤，柑橘类水果产量则超过了 5000 公斤，进口额超过 15 000 元人民币，比上年增长了 10%。从整个项目来看，项目区灌溉相关的农作物收入为 850 万元，年收入可达 85.1 万元。水利设施得到了修复，农业生产弹性增加了，农民的收入也大大增加了。谈起改革带来的变化，宜都市委书记算了一笔细账：全市 1 万多口堰塘，每口增加蓄水 2000 立方米，相当于新增 200 座 10 万立方米的小型水库，有效灌溉面积将达 40 万亩；每口堰塘由财政补助 1500～2000 元，将产生 1∶3 的"拉动效应"，直接带动农民 5000 多万元的综合投入。

三、案例启示

为了能更好地促进城市和农村相互协调，均衡共进，也为了能更好地实现乡村振兴的目标，我国政府在最近这几年加大了对农村基础设施建设的投入,并取得了一定的成绩。但是农村基础设施建设仍然存在很多问题,需要进一步研究和改进。对于有限的国家金融投资而言,如何在最大限度地利用现有资金的基础上再进一步吸引各种资金,特别是农民个人资金,是在我国新农村地区建设中的重大难题。

通过湖北宜都市农村基础设施建设方面的创新实践可知,第一,要因地制宜,补齐农村基础设施建设的短板,将有限的资金投入到民众最需要的地方,实现效益最大化。在湖北宜都市水利设施完善和产权制度改革一直是个难点,同时又是一个关键问题,而完善的农田水利保护基础设施可以减少水费,有效地调节自然降雨的丰度和分配不均的情况,并减少农田受影响的面积,进而增加农民收入,因此宜都市抓住该关键问题,从试点到推广,一步步击退了这一"拦路虎"。在全国其他许多地区,农村基础道路设施的建设、农村宽带网络建设、能源供应设施的建设以及农村安全防灾体系的建设都是促进农业经济增长的关键,是各地需要持续关注并解决的问题。第二,要积极鼓励农民进入农村基础设施供应部门。农民是深化农田改革的主流,离开农民后,不可能建立新的农村基础设施供应机制。第三,要弄清农村基础设施的产权关系。为了实施这种购买力平价模式,在农村基础设施建设完成后,应明确财产关系,是群体的就是要属于群体,是个体农民的就应该属于个体农民,只有产权关系是明确的,才能有效建设农村基础设施供应新机制。第四,要围绕财产所有者和受益人实施"法人"或"业主"项目。由于所有者和受益人都最关注项目的资金、质量和收益,因此与业主或受益人相关的履约项目的"法人"或"业主"系统可以促进项目投资和建筑质量监督,保证使用资金将为其带来最大的收益。湖北省宜都市创新的 PPP 融资模式是对该问题的有益探索,其经验具有很高的推广价值,在其他省(区、市)农村地区也值得一试。

第三节　我国农村基础设施供给标准体系的构建

一、我国农村基础设施供给标准体系的文献述评

在国内文献中主要从影响农民收入的因素分析人力资本、粮食直接补贴、公共投资和劳动力转移对农民收入的影响,而在农业基础设施建设方面的主要重点是农村经济。通过对农村基础设施对农业和非农业收入的长期和短期影响进行实证分析,验证了基础设施对农村经济发展和农民收入的影响。在影响农民收入的基础设施建设方面,劳动密集型基础设施、教育设施和科技设施对农民收入的影响更大。根据国内外文献,可以看出农村农田水利建设在农民收入中起着重要作用。从国外实践和国内文献的角

度来看，农村基础设施供给实际上极大地促进了农村经济的发展和农民的收入。黄禹认为加快农田水利设施的建设能全面提高黑龙江省农业综合生产能力，认为黑龙江农村水利设施的建设农业耕地有效灌溉面积增幅较大，但除涝面积增幅较为缓慢。[①] 罗国亮等认为我国农村现有的能源和电力基础设施以及能源服务发展滞后，城乡差距悬殊，还远不能适应农村居民对美好生活追求的需要，提到要继续把基础设施建设重点放在农村，持续加大投入力度，加快补齐农村基础设施短板，构建农村现代能源体系，推进农村能源消费升级，大幅提高电能在农村能源消费中的比重。[②]

农村地区的各种基础设施对农业经济产生积极影响，根据学术界普遍接受的分类方式，农村基础设施可大致分为生产和生活两大类。促进农业经济增长方面：①完善的农田水利保护基础设施可以减少水费，有效地调节自然降雨的丰度和分配不均的情况，并减少农田受影响的面积。农村基础道路设施的建设加快了物资的运输，扩大了交通运输范围，而农村宽带网络建设则加强了信息的交流与沟通。沟通的速度和广度增加可以有效减少生产资料的运输流程，降低农业和贸易成本，减小农产品滞销的可能性，并实现资源的整体流动。②生活基础设施建设可以全面增加农村劳动力的人力资本，提高农业经济发展的可持续性。饮用水安全、卫生环境和教育基础设施不仅可以改善农村居民的生活条件，而且可以促进农民知识和生产技能的积累，并随着时间的推移逐步提高农民的身体素质和科学文化素质，增加和扩大人力资本可缓解农民农业生产中劳动力不足的问题。③各种农村基础设施相互配合，促进农业经济增长。农村道路、能源、信息网络和其他基础设施互相配合将有助于提高农业生产的机械化水平，从而减轻农业生产的劳动强度并节省劳动力投入，而农村服务、农业技术推广和其他公共服务将帮助农民提高劳动技能。农村基础设施的多方面合作将通过推动农业经济体系内某些业务进一步改善的方式来促进农业经济发展。④持续改善农村基础设施将有助于解决农村贫困问题。完善的交通、稳定的能源供应、完善的仓库和高速的信息网络等农村基础设施，可以拓宽农民的产业链，并尽可能多地维持农村的加工环节，直接增加农民的工资收入。

二、我国农村基础设施供给标准体系的构建方法

主要通过以下四个基本步骤构建农村基础设施供给指标体系的层次结构。

---

① 黄禹：《加快农田水利设施建设全面提升黑龙江省农业综合生产能力》，《现代化农业》2014年第10期，第29—31页。

② 罗国亮、张嘉昕、郭晓鹏等：《我国农村能源发展状况与未来展望》，《中国能源》2019年第2期，第37—43、24页。

（一）确立目标层

指标体系的目标水平意味着对指标体系相对于评估目标的总体目标的全面描述和全面反映。农村基础设施供给显然是指标体系的最高层次。

（二）确立准则层

在新的大背景下充分理解农村基础设施供给的组成部分后，农村基础设施被分为"三个生"：生产基础设施、生活基础设施和生态基础设施。总体目标被详细细分并归纳为"三个提"："提振生产能力"、"提高生活质量"和"提升生态环境"。

（三）确定子准则层

重复第二步，找到影响农村基础设施中每个基础层实施的组件，并建立子系统与这些组件之间的对应关系。根据农村基础设施供给的具体情况，"提振生产能力"具体分为四个部分：农村农田水利设施、农村道路交通设施、农村能源供应设施、农村电力电信设施；"提高生活质量"具体分解成农村饮水供给设施、农村安全防灾设施、农村公共服务设施三个构成要素；"提升生态环境"具体分解成农村排水及污水处理设施、农村环境改善设施、农村生态保育设施三个构成要素。

（四）确定指标层

根据在第三级配置的特定内容，对子准则层进行由表及里、由粗到细的分解，直到每个子准则都可以由几个明确的特定指标直接反映出来。

三、我国农村基础设施供给标准体系的指标内涵

结合并分析国内外许多研究机构、政府机构和学者建立的有关指标体系，总结与农村基础设施供给有关的具体指标，构建了如表9-2的指标体系，同时结合"频率分析方法"和"合理分析方法"来分析组合指标。先对指标数据库中每个关键指标的频率进行计数，合理分析指标的重要性，然后选择最能代表农村基础设施供给主要内容和特点的指标。

表9-2　农村基础设施供给指标体系

总目标	准则	子准则	指标名称	单位
农村基础设施供给	提振生产能力	农村农田水利设施	农业耕地有效灌溉率	%
			农村节水灌溉工程普及率	%
			除涝面积比率	%

续表

总目标	准则	子准则	指标名称	单位
农村基础设施供给	提振生产能力	农村道路交通设施	农村等级道路通村率	%
			农村进村道路硬化率	%
		农村能源供应设施	农村户用沼气池正常使用率	%
			农村秸秆气化集中供气普及率	%
			农村太阳能利用率	%
			农村生活燃气普及率	%
		农村电力电信设施	农村居民人均生活用电量	千瓦时
			农村户通电率	%
			农村电话普及率	%
			农村有线电视普及率	%
	提高生活质量	农村饮水供给设施	农村自来水入户率	%
			农村饮用水卫生合格率	%
			农村集中式饮用水源地水质达标率	%
			农村集中供水的行政村比率	%
		农村安全防灾设施	每千人农村人口医生和卫生员数	人
			农村砖混结构或水泥浇筑房屋普及率	%
			有避难场所的行政村比率	%
		农村公共服务设施	有标准化卫生室的行政村比例	%
			农村义务教育普及率	%
	提升生态环境	农村排水及污水处理设施	农村生活污水集中处理率	%
			农村生活污水达标处理率	%
			农村规模化禽畜养殖污水排放达标率	%
		农村环境改善设施	农村生活垃圾无害化综合处理率	%
			农村生活垃圾定点存放及清运率	%
			农村无害化卫生厕所普及率	%
			农村规模化畜禽养殖场粪便综合利用率	%
			农村农作物秸秆综合利用率	%
			农村河道沟塘疏浚率	%
		生态保育设施	农村森林覆盖率	%
			农村退化土地治理（恢复）率	%

（一）指标筛选

综合以前的研究，农村基础设施是指农村生产和生活的各种物质和技术条件的总和。为了以多种方式建设社会并实现我国的梦想，需要重视农村地区的关键作用，必须把建设重点放在农村，而具体的实施方案则取决于农村基础设施的建设情况。根据我国新的农业和农村发展标准，农村基础设施供给将依靠农村农田水利设施、农村道路交通设施、农村能源供应设施、农村电力电信设施、农村饮水供给设施、农村安全防灾设施以及农村公共服务设施。由于很难从权威书籍中获得诸如农村道路交通设施之类的数据，因此综合考虑各专家构建的我国农村基础设施供给指标，得出本书我国农村基础设施供给指标体系，如表 9-3 所示。

表 9-3   我国农村基础设施供给指标体系

一级指标	二级指标	三级指标	单位	数据来源
农村基础设施供给	农村农田水利设施	农业耕地有效灌溉面积	千公顷	中国农村统计年鉴
		除涝面积	万公顷	中国农村统计年鉴
	农村能源供应设施	农村沼气池产气量	亿立方米	中国农村统计年鉴
		太阳能热水器	万平方米	中国农村统计年鉴
	农村环境改善设施	农村无害化卫生厕所普及率	%	中国农村统计年鉴
	农村电力电信设施	农村用电量	亿千瓦时	中国农村统计年鉴
		农村有线电视普及率	%	中国统计年鉴
		农村宽带接入用户	人	中国社会统计年鉴
	农村安全防灾设施	设卫生室的村数占行政村数比重	%	中国农村统计年鉴
		农村医生和卫生员	人	中国卫生健康统计年鉴
		每千农村人口村卫生室人员	人	中国农村统计年鉴

（二）指标意义

（1）农业耕地有效灌溉面积，表示存在一定水源，耕地相对平坦，灌溉工程或设备稳定且可在正常情况下进行常规灌溉的耕地面积。通常情况下，耕地的灌溉面积应等于稻田或灌溉设备可用灌溉面积的总和。这是反映我国农业土地保护建设的重要指标。

（2）除涝面积，是指由于兴修治涝工程或安装排涝机械等水利设施（或进行改种），使易涝耕地免除淹涝，除涝标准达三年一遇以上者。易涝面积虽经过治理，但标准尚未达到三年一遇的，不作为除涝面积统计。

$$除涝面积 = 三年至五年治理面积 + 五年至十年治理面积$$
$$+ 十年以上治理面积$$

除涝面积＝上半年除涝面积（上年基数）＋本年新增除涝面积

　　　　　　－本年减少面积

（3）农村沼气池产气量。有机物质在一定温度，湿度和 pH 值条件下，在厌氧条件下通过微生物发酵产生的易燃气体。

（4）太阳能热水器。太阳能热水器是利用阳光加热水的设备。太阳能热水器分为真空管太阳能热水器和平板太阳能热水器，真空管太阳能热水器占据国内市场的 95%。真空管家用太阳能热水器由储热管、储水箱和支架等组成。太阳能到热能的转换主要取决于真空收集管，即使用热水以确保漂浮在水中的水产生微循环以实现所需的循环热水的原理。

（5）农村无害化卫生厕所普及率。农村无害化卫生厕所指的是农村使用符合卫生厕所的基本要求、具有粪便无害化处理设施、按规范进行使用管理的厕所。

$$农村无害化卫生厕所普及率 = \frac{农村无害化卫生厕所数}{农村总户数}$$

（6）农村用电量，表示全年农村生产和生活的年度总用电量（年度累计）。但是，它不包括农村地区所有专有行业交通运输和基础设施的功耗，也不包括用于县级运营和城市生活的用电。

（7）农村有线电视普及率，指农村有线电视的普及程度。

$$农村有线电视普及率 = \frac{农村有线电视户数}{农村总户数}$$

（8）农村宽带接入用户，指农村可以拨号上网的用户。

（9）设卫生室的村数占行政村数比重。

$$设卫生室的村数占行政村数比重 = \frac{设卫生室的行政村数}{行政村总数}$$

（10）农村医生和卫生员，指乡村医生的数量。

（11）每千农村人口村卫生室人员。

$$每千农村人口村卫生室人员 = \frac{村卫生室人员数}{1000}$$

第四节　我国农村基础设施供给指数测算

一、我国农村基础设施供给指标权重

在信息论中，熵是对系统无序程度的一种度量，可以度量数据提供

的有效信息。熵值法是根据每个指标发送给决策者的信息量来确定指标权重的方法。评估指标的差异越大，熵值越小，它包含的信息越多，发送的信息越多，其权重就越大。

第一步：将各项指标数值进行归一化处理。

$$a_{ij} = x_{ij} / \sum_{i=1}^{n} x_{ij} \qquad (i = 1,2,3,\cdots,n; j = 1,2,3,\cdots,m) \qquad （9-1）$$

第二步：计算评价指标的熵值。

$$H_j = -k \sum_{i=1}^{n} a_{ij} \ln a_{ij} \qquad (k = 1/\ln n) \qquad （9-2）$$

熵值法的基本原理与变异系数法的原理相似，也是确定原始数据权重差异的基础，因此权重不能反映数据的独立性和评估者的偏好。[1]使用熵值法获取各指标的权重后，我们将选择根据各指标的权重和数据计算出我国基础设施供给发展指数。我们选取 2010～2017 年的我国基础设施发展各指标的数据，计算我国基础设施供给发展指数。

计算我国农村基础设施供给指数先用熵值法求得各指标权重之后，再根据各指标的权重和数据计算农村公共服务指数。我们选取 2010～2017 年的我国农村基础设施供给各指标的数据，探究农村公共服务指标体系的建立过程。2010～2017 年的农村基础设施供给各指标的数据如表 9-4 所示。

从表 9-4 我们可以了解农村设施的部分基本状况。从 2010 年起，农村农田水利设施和农村环境改善设施都呈现逐步上升的趋势，农村能源供应设施中农村沼气池产气量和农村电力电信设施中的农村有线电视普及率的都呈现先上升后下降的趋势，这主要原因是农村能源使用结构的改变及无线电视的普及。因此，在农村能源供应总量和农村电力电信设施的投入基本上可以说是上升的。而在农村安全防灾设施方面，其投入基本保持不变。

二、我国农村基础设施供给指标比值

假设 2010 年农村基础设施供给指标为基准指标，根据获取的数据，我们假定 2010 年的农村基础设施供给指数为基准指数，即假设 2010 年的农村基础设施供给指数为 100。以 2010 年的各指标数据为基础，之后历年的各指标与 2010 年相应指标的数据进行比较，求出比值。各年度各项比值与权重相乘求和再乘 100 即可求得各年农村基础设施供给指数，各年指标与 2010 年相应指标的数据比值如表 9-5 所示。

前文已假设 2010 年的农村公共服务指数为 100，不需再计算。计算出 2010～2017 年农村基础设施供给指数如表 9-6 所示。

---

[1] 李昶达、韩跃红：《健康中国评价指标体系的构建》，《统计与决策》2019 年第 9 期，第 24—27 页。

表9-4　2010～2017年农村基础设施供给各指标数据

一级指标	二级指标	三级指标	权重	2010年	2011年	2012年	2013年	2014年	2015年	2016年	2017年
农村基础设施供给	农村农田水利设施（0.2507）	农业耕地有效灌溉面积	0.3675	60 347.7	61 681.6	62 490.5	63 473.3	64 539.5	65 872.6	67 140.6	67 815.6
		除涝面积	0.6325	2 169.1	2 172.1	2 185.7	2 194.3	2 236.9	2 271.3	2 306.7	2 382.4
	农村能源供应设施（0.2283）	农村用电量	0.3870	6 632.3	7 139.6	7 508.5	8 549.5	8 884.4	9 026.9	9 238.3	9 524.4
		农村沼气池产气量	0.2611	139.7	152.8	157.6	157.8	155.0	153.9	144.9	123.8
		太阳能热水器	0.3519	5 498.3	6 231.9	6 801.8	7 294.6	7 782.9	8 232.6	8 623.7	8 723.5
	农村环境改善设施（0.0975）	农村无害化卫生厕所普及率	1	45.00	47.30	49.70	52.40	55.20	57.50	60.52	62.54
	农村电力电信设施（0.1655）	农村有线电视普及率	0.3817	29.35	32.38	33.49	35.29	31.55	33.49	33.17	31.70
		农村宽带接入用户	0.6183	2 475.7	3 308.8	4 075.9	4 737.3	4 873.7	6 398.4	7 454	9 377.3
	农村安全防灾设施（0.2580）	设卫生室的村数占行政村数比重	0.2387	92.3	93.4	93.3	93.0	93.3	93.3	92.9	92.8
		农村医生和卫生员	0.3000	1 091 863	1 126 443	1 094 419	1 081 063	1 058 182	1 031 525	1 000 324	968 611
		每千农村人口乡村卫生室人员	0.4613	1.46	1.53	1.56	1.66	1.67	1.50	1.49	1.52

表 9-5 各年指标与 2010 年相应指标的数据比值

一级指标	二级指标	三级指标	权重	2010	2011	2012	2013	2014	2015	2016	2017
农村基础设施供给	农村农田水利设施（0.2507）	农业耕地有效灌溉面积	0.3675	100.00	102.21	103.55	105.18	106.95	109.16	111.26	112.37
		除涝面积	0.6325	100.00	100.14	100.77	101.16	103.13	104.71	106.34	109.83
	农村能源供应设施（0.2283）	农村用电量	0.3870	100.00	107.65	113.21	128.91	133.96	136.11	139.29	143.61
		农村沼气池产气量	0.2611	100.00	109.38	112.81	112.96	110.95	110.16	103.72	88.62
		太阳能热水器	0.3519	100.00	113.34	123.71	132.67	141.55	149.73	156.84	158.66
	农村环境改善设施（0.0975）	农村无害化卫生厕所普及率	1.0000	100.00	105.11	110.44	116.44	122.67	127.78	134.49	138.98
	农村电力电信设施（0.1655）	农村有线电视普及率	0.3817	100.00	110.32	114.11	120.24	107.50	114.11	113.02	108.01
		农村宽带接入用户	0.6183	100.00	133.65	164.64	191.35	196.86	258.45	301.09	378.77
	农村安全防灾设施（0.2580）	设卫生室的村数占行政村数比重	0.2387	100.00	101.19	101.08	100.76	101.08	101.08	100.65	100.54
		农村医生和卫生员	0.3000	100.00	103.17	100.23	99.01	96.92	94.47	91.62	88.71
		每千农村人口村卫生室人员	0.4613	100.00	104.79	106.85	113.70	114.38	102.74	102.05	104.11

年份

表 9-6 2010～2017 年农村基础设施供给指数

指标	权重	年度							
		2010	2011	2012	2013	2014	2015	2016	2017
农业耕地有效灌溉面积	0.3675	100.00	102.21	103.55	105.18	106.95	109.16	111.26	112.37
除涝面积	0.6325	100.00	100.14	100.77	101.16	103.13	104.71	106.34	109.83
农村用电量	0.3870	100.00	107.65	113.21	128.91	133.96	136.11	139.29	143.61
农村沼气池产气量	0.2611	100.00	109.38	112.81	112.96	110.95	110.16	103.72	88.62
太阳能热水器	0.3519	100.00	113.34	123.71	132.67	141.55	149.73	156.84	158.66
农村无害化卫生厕所普及率	1.0000	100.00	105.11	110.44	116.44	122.67	127.78	134.49	138.98
农村有线电视普及率	0.3817	100.00	110.32	114.11	120.24	107.50	114.11	113.02	108.01
农村宽带接入用户	0.6183	100.00	133.65	164.64	191.35	196.86	258.45	301.09	378.77
设卫生室的村数占行政村数比重	0.2387	100.00	101.19	101.08	100.76	101.08	101.08	100.65	100.54
农村医生和卫生员	0.3000	100.00	103.17	100.23	99.01	96.92	94.47	91.62	88.71
平均每千农村人口村卫生室人员	0.4613	100.00	104.79	106.85	113.70	114.38	102.74	102.05	104.11
总指数		100.00	108.02	113.71	120.44	122.26	129.16	134.70	143.07

三、我国农村基础设施供给指数分析

2010～2017 年我国农村基础设施供给总指数变动趋势如图 9-1 所示，通过绘制折线统计图展示我国农村基础设施供给发展指数的变动趋势，同时对每个指标的变动进行趋势分析，从图 9-1 中可以看出，2010 年以来我国农村基础设施供给指数呈稳步增长，其中 2017 年增长速度最快。

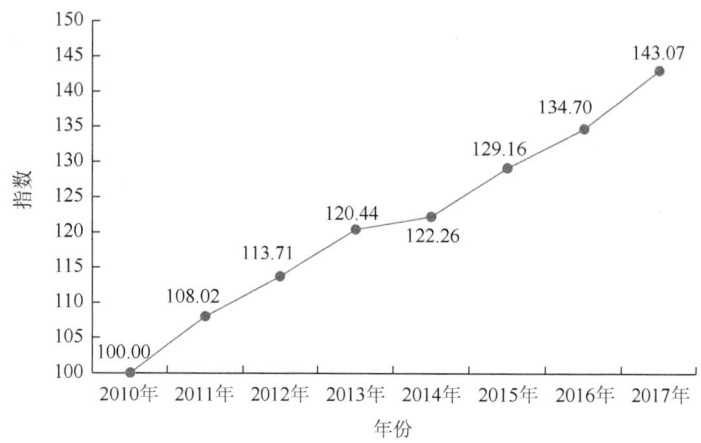

图 9-1　2010～2017 年我国农村基础设施供给总指数变化趋势

在本章中确定基准指数的方法如下：我们使用 2010～2017 年作为八年来的基准指数来说明此问题。在实际应用中，基准指数可以根据具体情况确定。但是，如果确定基准指数的统计一致性，则不宜对其进行更改。指标体系的建设是在现有统计数据可操作性的基础上，为我国农村基础设施供给建立指标体系，如果与我国农村基础设施供给有关的数据更加系统化，则可以考虑采用指标体系。选取来自不同地区和不同时间段的统计数据时必须保证统计数据具有一致性和可比性。

在本章中确定我国农村基础设施供给的标准指数的方法如下：第一步，计算 2010～2017 年八年以来我国农村基础设施供给总指数的几何均值，得出其平均指数为 121.42。第二步，再计算超过平均指数年份的指数的几何均值，第二次均值为 132.30。我们将此作为我国农村基础设施供给标准指数。由图 9-1 可以明显看出，我国农村基础设施的供给在 2015 年以前并未达到标准，而在 2015 年以后即 2016 年和 2017 年则达到了标准。2016 年的农村基础设施供给指数高出了标准指数 2.40，而 2017 年高出了标准指数 10.77，高出 2016 年 8.37，同时结合全图的趋势来看，我国农村基础设施供给指数是呈向上的增长趋势，并且在 2014 年以后的增长趋势明显大于 2014 年以前，我们由此可以预测 2017 年以后的农村基础设施供给指数短时间内依然将呈现一个增长的趋势，并且将高于已有农村基础设施供给标准。

第十章 我国农村基层基础工作供给标准

第一节 我国农村基层基础工作供给界说与发展现状

乡村振兴的重要内容之一就是有效地进行乡村治理，为此需要全面深入地推进乡村善治工作。党的十九大报告中明确提出要"加强农村基层基础工作，健全自治、法治、德治相结合的乡村治理体系。培养造就一支懂农业、爱农村、爱农民的'三农'工作队伍"。①由此，本章将从如何加强农村基层基础工作供给标准方面展开。

一、农村基层基础工作供给概念界说

（一）农村基层基础工作界定

早在 1995 年，我国就有关于农村基层基础工作的研究，但此时这一段时间的研究仅仅局限于公安司法机关领域。随着社会转型、经济转轨和利益格局的调整，关于农村基层基础工作的研究慢慢扩展到基层党组织建设和村民自治等多方面上。2018 年 1 月 2 日，《中共中央 国务院关于实施乡村振兴战略的意见》正式实施，其中对加强农村基层基础工作提出了五点建议：加强农村基层党组织建设、深化村民自治实践、建设法治乡村、提升乡村德治水平和建设平安乡村。2019 年 6 月，在《关于加强和改进乡村治理的指导意见》中，中共中央办公厅、国务院办公厅从 17 个方面提出加强和改进乡村治理的意见。其中包括"完善村党组织领导乡村治理的体制机制"、"增强村民自治组织能力"、"推进法治乡村建设"、"实施乡风文明培育行动"以及"加强平安乡村建设"。

乡村治理，必须把夯实基层基础作为固本之策。早在 2006 年，习近平就谈到要加强基层基础工作，夯实社会和谐之基，基层是社会的细胞，是构建和谐社会的基础。②可以说，基层不仅是利益冲突和社会冲突的"根源"，而且还是协调利益关系、缓解社会矛盾的"茬口"。夯实基层基础工作，协调好利益关系，理顺思想情感，及时解决社会发展中的不稳定因素，

---

① 《习近平：决胜全面建成小康社会 夺取新时代中国特色社会主义伟大胜利——在中国共产党第十九次全国代表大会上的报告》，http://www.gov.cn/zhuanti/2017-10/27/content_5234876.htm[2022-11-20]。

② 《习近平：加强基层基础工作 夯实社会和谐之基》，http://www.gov.cn/zwhd/2006-11/01/content_429969.htm。

有效解决各种矛盾和冲突，社会和谐也就有了牢固的基础。因此，夯实基层基础，不仅是构建和谐社会的重要内容，而且是有序推进和谐社会建设的重要保证，具有重要的意义。杨威威、徐选国通过个案研究方法，以"制度—治理—生活"关系为理论视角，坚持"还权、赋能、归位"的理念来完善"项目制"的制度设计，为党建引领基层社会治理的制度实践提供了一种解释思路。①

可见，农村基层基础工作是由党委领导、政府负责、社会协同、公众参与的现代乡村社会治理多元组织体系为供给主体，坚持自治、法治、德治相结合的原则，以实现农村社会充满活力、和谐有序、乡村振兴为目标，加强农村基层党组织建设、深化村民自治实践、建设法治乡村、提升乡村德治水平和建设平安乡村的活动过程。

（二）农村基层基础工作供给界定

贺雪峰认为，村庄社会基础对村庄治理具有重要影响，村庄社会基础不同，村庄治理模式会有不同的表现，国家制度建设和政策落实也会有不同的实践效果。②因此，基层基础工作的展开与村庄社会基础有密切的关系。杨念群认为，与城市中的社会生活相比，农村社会的程序化和模式化程度是很低的，实际上缺少一成不变的正式程序和正式规则。在许多情况下，即使存在这样的程序和规则，有时也不会真正起作用。③因而，基层基础工作供给要采取非正式的方式或随机处理的弹性手段。根据中共中央关于农村基层基础工作的精神，基层基础工作供给从这五个方面展开。

1. 基层党组织建设

《中国共产党农村基层组织工作条例》明确规定：乡镇党的委员会和村党组织（村指行政村）是党在农村的基层组织，是党在农村全部工作和战斗力的基础，全面领导乡镇、村各类组织和各项工作。据中国共产党党内统计公报，2018年底，我国共产党党员从1949年时的448.8万名增至9059.4万名，增长约20倍；全国党的基层组织与1949年相比，增长近23倍，数量增加到461.0万个。可见，我国成立70多年来，党员数量持续稳定增长，基层党组织力不断焕发，党的凝聚力、吸引力、战斗力在不断提高。在新的历史任务和时代条件背景下，农村基层党组织一直走在时代前列，领导农村各项事业向前发展。

---

① 杨威威、徐选国：《嵌入生活的项目制：党建引领基层社会治理的制度基础——基于海市塘村"美丽乡村"建设经验的个案研究》，《河南社会科学》2020年第4期，第100—109页。

② 贺雪峰：《论中国农村的区域差异——村庄社会结构的视角》，《开放时代》2012年第10期，第108—129页。

③ 杨念群：《中层理论——东西方思想会通下的中国史研究》，江西教育出版社2001年版，第188页。

2. 村民自治建设

伴随着农村改革的进步，1978 年家庭联产承包责任制应运而生。但农村公共事务如水利设施、道路、桥梁修护、社会治安改善等的治理仍然处于滞后的状态。①1980 年全国第一个村民委员会在河池市宜州区合寨村诞生，这一举动受到了中央政府的高度重视。经过试点和全国推行，1982 年《中华人民共和国宪法》中明确规定，"城市和农村按居民居住地区设立的居民委员会或者村民委员会是基层群众性自治组织"，从而为农村村民自治提供了宪法依据。1987 年第六届全国人民代表大会常务委员会第二十三次会议审议通过了《中华人民共和国村民委员会组织法（试行）》，这一法律对村委会的性质、地位、职责、产生方式、组织结构等做出全面的规定，从而使村民自治作为一项新型的群众自治制度以法律的形式确定下来。②

自 1980 年以来，村民自治的实施与推广对我国农村地区产生了广泛而深远的影响。③随着村民自治制度的运行，农村基层组织的形式越来越多元化。现如今，农村地区普遍设立了村党支部、村民委员会、新的社会组织和村级经济组织。与此同时，国家对村民自治制度更加重视，把村干部工资纳入了财政体系，这一举措不仅提高了村干部的收入，而且相比之前村干部花费大量时间在农活上的做法，更专注于服务村民。2017 年全国乡镇总数约为 3.99 万个，相比 1987 年的 69842 个镇，减少了约 3 万个。至 2019 年，我国乡镇行政单位比 2017 年进一步减少 1000 多个。可以看出，乡镇总数正在慢慢减少，这也给农村基层治理带来了不小的变化。

3. 法治乡村建设

党的十八大以来，以习近平同志为核心的党中央从保证党和国家的长治久安的战略高度上出发，深刻指出，推行全面依法治国是深刻总结我国社会主义法治建设成功经验和深刻教训作出的重大抉择，此举开创了法治的新局面。党的十九大对新时代推进全面依法治国提出了新任务，明确到 2035 年，法治国家、法治政府、法治社会要基本建成。法治社会建设的重点和难点在基层，尤其是农村建设，而法治国家也离不开法治乡村的建设。

回顾我国法律制度在农村的发展，有两点重要的原因。一方面是农村

---

① 韩玉祥：《乡村振兴战略下农村基层治理新困境及其突围——以农村人居环境整治为例》，《云南民族大学学报（哲学社会科学版）》2021 年第 2 期，第 48—56 页。

② 袁金辉、乔彦斌：《自治到共治：中国乡村治理改革 40 年回顾与展望》，《行政论坛》2018 年第 6 期，第 19—25 页。

③ 黄君录：《协商民主的地方治理模式及其内生机制——基于村民自治地方经验的四种模式》，《南京农业大学学报（社会科学版）》2019 年第 4 期，第 69—77、158 页。

社会结构的变迁。改革开放之后，农民工外出打工的情况增多，一个村子里往往留下来的只有老人、小孩和妇女，一个家庭的聚合性随之减弱，村民之间的陌生感也在逐步增加。由此带来的一是家庭的互动交往圈越发缩小，朝着私密化和小型化方向发展，关系网络对村民处理各种矛盾的牵制力逐步减弱，就事论事成为他们惯常的解纠手法。[①]二是村民价值观念的改变，对于村庄的共同体的认同度下降，个体越来越注重自身利益，一些村民为获取自身利益的最大化不惜触碰他人利益，部分纠纷不再因为乡土生存法则的制约而得到有效控制，村民求助法律的需求就大大提升。另一方面是基层法治建设的增强。2019 年是第 7 个普法年，国家自 1986 年起连续开展了 7 个五年普法宣传教育活动，在普法活动中农村是重点领域。经过 7 次普法宣传的洗礼，广大农民的法律意识、维权意识慢慢觉醒，运用法律的积极性有所提高，乡镇基层干部领导在依法行政、依法办事等方面的能力也得到显著提升。同时国家为了保障依法治国战略的实施，大规模的立法活动铺展开来。仅仅在农业领域这一块，截至 2019 年，全国人民代表大会及其常务委员会先后颁发了 20 多部涉及农业和农村经济方面的法律，国务院制定了 60 多个有关行政法规，农业农业部出台了 400 多个部门规章。这些涉农立法为法治权力成功进入农村领域提供了制度保障，避免了无法可依的尴尬局面，提高了乡村法律适用的效率和灵活性。

4. 德治乡村建设

"德"是一种人内心的道德理性，"治"有疏通、管理、整治之意，传统的"德治"是对民众进行道德教化，根本目的在于培养其羞耻心使其服从封建阶级的统治，而当今的"以德治国"是旨在提高人民群众道德素质的同时提升从政为官者的道德修养，根本目的在于构建公正和谐的社会主义社会。[②]传统乡村是以道德伦理为基础的熟人社会，通过乡村伦理道理、宗法礼治等来维持乡村社会的秩序，而在乡村秩序的维护中德治占据很大比重。相比法律制度、规则等硬性的治理方式，德治是一种带有柔性的治理方式。它以润物细无声的方式影响村民的价值观，改变村民的一些不文明行为，引导村民自觉遵守和维护乡村秩序，[③]有利于维护乡村社会的稳定发展。

5. 平安乡村建设

乡村振兴战略是推进农村发展、推进全面建成小康社会的重大战略，

---

① 李牧、李丽：《当前乡村法治秩序构建存在的突出问题及解决之道》，《社会主义研究》2018 年第 1 期，第 131—137 页。

② 王海成、张丽君：《"三治"结合背景下乡村德治的定位与转型》，《西北农林科技大学学报（社会科学版）》2020 年第 6 期，第 112—118 页。

③ 李文钰：《新时代乡村德治建设的若干思考》，《党政论坛》2019 年第 1 期，第 18—21 页。

而平安乡村建设是实施乡村振兴战略的重要保障,是乡村振兴的基础和前提。平安乡村建设的关键在于提升当前农村社会治理治安能力。一方面,如果整个农村秩序混乱,刑事犯罪活动猖獗,则与社会主义精神文明建设的要求背道而驰;另一方面,如果远离平安乡村建设,就不可能从根本上消除产生犯罪和影响社会稳定的根源,树立社会主义的新道德、新风尚,就不可能提高农民的思想道德和科学文化水平,农村的精神文明建设则失去重要载体。因此农村要发展经济,要建设新农村,就必须需要一个平安和谐的社会环境。[①]

农村基层党组织处于领导核心地位,是党在农村全部工作和战斗力的基础;村民自治作为乡村治理的基础,村民自治有效程度影响到乡村的治理绩效;法治乡村建设是重要保障,是加强基层基础工作的重要环节;德治乡村建设是重要力量,在基层基础工作中能起到良好的规范作用;平安乡村建设具有重大的历史使命,是实现乡风文明、治理有效的关键所在。综上所述,本书认为农村基层基础工作供给的概念被界定为:在党委领导下,政府、社会组织、公众等多方主体为加强农村建设,强化对基层的管理与服务,夯实构建和谐社会的坚实基础,在坚持五位一体的基础上,不断开拓创新,健全自治、法治、德治相结合的乡村治理体系的过程。

二、我国农村基层基础工作供给现状

(一)基层党组织建设发展现状

党中央历来高度重视农业、农村和农民工作,特别重视以农村党支部为核心的基层基础建设,使农村基层党组织取得了很大的成就。这些成就包括在农村党员数量的增加,广大农村基层党员的责任意识得到加强,农村基层党干部的素质得到提升,一些年轻的、充满朝气的、文化程度较高的党员加入了基层党组织等。党的工作覆盖面明显扩大,基层党组织与村民委员会、妇女联合会等基层组织的关系更加协调,党群关系更进一步密切,这一切都为农村基层基础工作的开展增进了力量。

在充分肯定基层党组织建设成绩的同时,我们也应该清醒地看到,当前我国农村社会阶层、经济结构、农民内部利益等多方面的工作形势发生了深刻的变化,基层党组织也面临了一些困难和问题。下面是集中体现的问题。

---

① 杜艳艳:《新时代法治乡村建设的理论创新与实践发展》,《哈尔滨工业大学学报(社会科学版)》2021年第2期,第22—27页。

1. 农村基层党组织的党内民主建设相对滞后

一是党内民主制度的不完善，一些党内民主制度缺乏完备性。例如，党务公开制度对党务公开的内容、范围、程序和方式等并没有作出科学而具体的规定；党内选举制度只对提名、选举环节作出了规定，而缺乏对监督、罢免环节的具体条款。制度缺乏具体的实施细则和程序规定，使制度所规定的内容处于应然的状态而不是实然的状态，使党员的权利得不到落实和保障，严重制约了党内民主的发展。二是相当多的党员领导干部缺乏民主意识，实际工作中不执行民主集中制，重大事项决策和重大项目实施不注重调查研究，对党内人事安排、工作安排、财务情况等重大事务不公开，使已有的民主措施流于形式。

2. 农村党员干部自身素质亟待提高

提高农村基本党员干部的素质，是建设社会主义新农村的必然要求，是全面实施乡村振兴战略的重要保障。目前广大农村党员干部的素质并没有随着农村经济、文化、政治等方面的发展而有明显的提高。一些农村党员干部的先进性意识、服务意识淡薄，或把自己等同于一般群众，或把自己看作高人一等。[1]一些农村基层党员干部工作能力不突出，思想方面仍然保持陈旧的观念，缺少规划农村大局发展的能力，对于在新形势下农村如何适应市场经济来发展生产、调整产业结构、防止返贫没有完整的思路，在如何快速有效地为农民群众提供资金、技术、信息等服务方面没有具体的计划，既跟不上时代快速发展的步伐，也没有应急处理突发性事件和重大社会矛盾的能力。还有个别干部在组织内以权谋私、存在权钱交易的行为，在群众中造成了恶劣的影响，损害了党的威信和群众基础。

3. 农村基层党组织领导方式的不适应

2018 年 5 月，习近平在中央全面深化改革委员会第三次会议上提出："基层党组织作为基层治理的主体，必须勇于承担责任，直面时代挑战，强化基层治理创新，提升基层治理效率与质量。"[2]基层党组织是联系党和群众的纽带，担负着基层社会治理的重要任务。进入新时代以来，城市化进程的加快，使得越来越多的农民从农业转向非农业、从农村转向城镇，在这期间农村村民群众意识得到加强，迫切需要在党组织领导下的基层组织提供有效的服务，这都给党组织领导工作带来了新的挑战。但是在多数农村地区，一些基层党组织仍然采用集中权利、从上而下的方式，用命令式的、简单粗暴的行政命令指挥农村群众，这往往是事倍功半，甚至造成

① 颜俊儒、梁国平：《乡村治理视角下新时代农村基层党组织组织力的提升》，《理论探讨》2019 年第 2 期，第 145—149 页。

② 《基层党组织如何引领基层治理》，http://www.rmlt.com.cn/2018/0930/529496.shtml[2022-11-20]。

干部与群众的紧张关系局面。一些基层党组织没有办法、没有能力来满足农民要求提供的服务。农民迫切需要农村基层组织为他们提供产前、产中、产后服务，为他们进入市场创造条件，帮助解决一家一户办不了、办不好的事情，而实际上乡村组织因种种因素，在这方面提供的服务是十分有限的。

对于上述问题，提出加强农村基层党组织建设工作的几点对策思考。

（1）积极推进农村基层党组织的民主建设。基层民主建设要从组织和个人两个层面来抓。从组织层面上看，科学而行之有效的制度是落实党内民主的重要保障。基层党组织要不断完善各项制度、规则、规定以及有关政治方面的纪律，列出"负面清单"，为基层党内干部明确地划出一道不可逾越的底线，进一步强调正确与错误、守规与违规、合法与非法的边界。具体来说，基层党组织要避免封闭式的决策，要不断改进农村基层的民主选举制度，继续完善党务公开制度，切实保障基层群众的知情权、监督权和参与权，保证党务政务公开工作制度化、规范化，促进民主决策、民主管理、民主监督制度得到进一步落实，民主政治得到进一步加强。从个人层面上看，党内民主的实质就是党员当家作主，拥有对党内事务的最高、最终权利，而党员个体素质决定着党组织的民主水平，因此要不断加强基层党员工作能力建设，加强民主意识的培育和民主方法的教育。一方面通过多种形式组织广大党员深入学习马克思主义思想、《中国共产党章程》、《中国共产党党员权利保障条例》等法规制度，使广大党员对党内民主的认识更加深刻、把握更加全面、运用更加自觉。另一方面组织引导广大党员积极参与党内民主实践，进一步改善党内民主生活氛围，鼓励广大党员发表不同意见，坚持用民主的方式处理党内思想理论上的分歧，努力营造敢说真话、畅所欲言的良好氛围。事实证明，只有重视党内民主建设，调动和发挥党内组织和党员的积极性、创造性，党的事业才会持续发展、繁荣兴盛。

（2）大力加强农村基层党组织的干部队伍建设。首先，要在原来基础上创新基层党内干部的选拔任用机制。传统上，农村是一个熟人社会，少部分党员的发展主要是依据亲戚关系或贫富来发展，造成党内干部的素质普遍不高，因而党组织作出的部分政策、方针等决策不能满足农村和农民的需求发展。党组织要更新用人观念，从农村回村青年大学生、退伍军人、选调生等中培养选拔党员干部。其次，基层的党员干部年龄结构偏大，一方面是经济的发展使外出务工的年轻人增多，另一方面由于传统的家长观念老人说话更有权威。因此基层党组织要加快发展年轻党员、积极培养后备人才。在确保发展新党员质量的基础上，拓宽选人育人渠道，侧重从文化程度高、综合素质强的优秀农村青年中发展党员，以改善农村党员的年龄结构、知识结构和干部队伍结构，提高党员队伍整体素质。同时对不合格党员要严明党纪，确保农村基层党员的先进性和队伍的纯洁性。最后，要不断完善党员教育内容，创新培训方式，促使党员教育培训工作逐步向科学化、制度化、规范化方向发展，努力提高农村党干部依法办事、解决实际问题的能力。

（3）调整和完善农村基层党组织设置模式。中共中央在《关于推进农村改革发展若干重大问题的决定》中指出要"创新农村党的基层组织设置形式，推广在农村社区、农民专业合作社、专业协会和产业链上建立党组织的做法。加强农民工中党的工作。健全城乡党的基层组织互帮互助机制，构建城乡统筹的基层党建新格局"。第一，优化现有党组织设置。对党员人数较多的村，可以将相邻两个或两个以上的村党组织合并成一个大的党支部，或按照行业性质不同设立党组织，以适用农业专业化、产业化发展的需要。第二，针对外出务工的农村党员，设置流动党员党组织。在流动党员相对集中的经济组织或行政组织中，构建以流入地党组织管理为主，流出地党组织和流入地党组织密切配合、有机衔接、双向互动、共同负责的流动党员管理体制，加强基层党组织对务工农民党员的管理。①

（二）村民自治建设现状

村民自治制度在实践中不断发展、创新和完善，有效地促进了农村经济社会的可持续稳定发展。但随着美丽农村建设及新型城镇化的发展，村民自治的运行效率既有增又有降，处在一种不稳定的状态之中，农村社会基层矛盾尚未解决。②此外，当地农民的利益发生了变化，现有的村民自治不能满足新的利益分配要求。实现乡村振兴需要一个有效的村民自治组织，由于村民自治组织地位下降，功能弱化，影响力降低的问题，难以发挥真正的作用。温铁军等指出，国家安全应立足于农村的优劣，但是当前农村治理的恶化往往会积累风险，这是新形势下城市自治制度的一种视差。③

在城乡一体化的背景下，沿海发达地区掀起了一波新的乡村治理改革

---

① 霍军亮、吴春梅：《乡村振兴战略下农村基层党组织建设的理与路》，《西北农林科技大学学报（社会科学版）》2019年第1期，第69—77页。

② 李晓鹏：《论"村民自治"的转型和"乡—村"关系的重塑》，《社会主义研究》2016年第6期，第96—101页。

③ 温铁军、张俊娜、邱建生等：《国家安全以乡村善治为基础》，《国家行政学院学报》2016年第1期，第35—42页。

浪潮，基本方向是村级治理的半行政化，其主要内容是适当地将权力下放，实现"议行分离"。某种程度上，把村民委员会变成了基层政府的下派机构，或者说是其科层化的延伸，将村民委员会的部分自治权移交给了基层政府。村级治理的半行政化是由城乡一体化时期的管理需求驱动的，具有一定的现实意义和合理性。同时，项目运作作为对村民委员会行政管理的驱动机制，强化了村民委员会作为基层政府管理工具的性质。但是理想的设计和系统的实际情况之间仍然存在差异。自从村民自治"选举式"治理模型实施以来，问题也开始变得突出。除了学术界已经广泛讨论的基层政府与村民委员会之间的关系、"两委"之间的关系、宗教信仰与黑恶势力、缺乏民主监督等问题，还存在着村民委员会自治过程中对自然村组的治理问题，特别是在一些欠发达地区尤为凸显。这类问题可以被归纳为"上管不着，下管不了"①，具体体现在以下几个方面：首先，上级领导很少能对每个自然村庄形成有效的自治管理。通常，每个村民委员会下面都有几个自然村，一个自然村可以有一个村组或几个村组。此外，一些自然村落离村民委员会很远。由于村落众多，村民群体众多，距离较远，村民委员会通常没有时间照顾好所有自然村组，乡镇政府管理起来工作难度更大。其次，自然村组相互独立，缺乏整体协调。这在具有多个自然村组的自然村庄中很常见。这些自然村组大多数是从最初的生产队演变而来的，通常根据其自然地理位置和宗族进行划分，在其中形成了强烈的区域性或宗族礼节，即"乡村利益共同体"。当涉及该自然村组的事务时，如果不能满足他们的利益要求，很难开展工作。最后，法律和秩序错乱，散漫自由。缺乏有效的治理可以使许多自然村庄崩溃，村民不遵循村庄的行政管理，不关心村庄的建设，尤其是在城市化的发展过程中，这种现象更加明显，无视法律和道德基准。无疑，这是社会治理中的一大难题。

1. 村民自治过程中的问题存因

（1）部分基层管理干部管理素养低。村干部文化水平普遍不高，学习和创新能力不足，思想观念与新时代社会主义科学发展观念有一定差距。而在管理方面，村干部普遍信奉利用人际关系解决问题的管理思路，缺乏对规章制度和科学管理方法的敬畏，在处理村民矛盾时难以坚守公平公正的原则，往往偏向关系近的一方。在处理与乡镇政府领导的关系时，以拉拢关系、讲人情为主，以工作成绩为辅，对于本职工作敷衍塞责，没有坚持全心全意为人民服务的理念。

（2）部分地方乡镇政府干预过多。乡镇政府的过多干预阻碍了农村基层基础的发展，具体表现在：乡镇政府暗中指定或直接委派村干部，村民

---

① 韦广雄：《村域基层社会治理的创新与村民自治的有效实现》，《求实》2015年第2期，第91—96页。

的选举权得不到保障；乡镇政府以村民委员会的绝对领导者自居，不征求其意见、不举行村民会议直接进行决策；强行对乡村资源进行开发，未尊重村民意愿，既造成了农村资源的浪费，也损害了村民的利益。

（3）村民参与热情不高。农村基层基础建设的参与主体是村民，基层基础的建设离不开村民，村民参与自治的积极性不高，这严重阻碍了基层民主自治的发展，具体表现在：民主选举弃权和代行投票现象较多；对于民主决策漠不关心，不积极建言献策；不积极参与民主管理活动，被动接受村民委员会或者乡镇政府制度的管理；不积极行使民主监督权力。这为部分村干部贪污腐败埋下隐患。

2. 村民自治过程中存在的问题

（1）村民自治法律制度的缺陷。第一，《中华人民共和国村民委员会组织法》存在一定的局限性。随着时代的发展，原有的《中华人民共和国村民委员会组织法》已经不能满足实践要求。尽管《中华人民共和国村民委员会组织法》于 2010 年进行了第一次修订后，已针对现有问题制定了新法规，但部分内容仍然存在原则性、规范性和操作性薄弱的问题。例如，第十七条规定："以暴力、威胁、欺骗、贿赂、伪造选票、虚报选举票数等不正当手段当选村民委员会成员的，当选无效。"但是实际上，大部分村民会认为"自己人只会帮自己人"，存在"官官相护"的问题，举报的作用微乎其微。第二，法规内容的不完善。除了现行立法中《中华人民共和国宪法》《中华人民共和国村民委员会组织法》规定的基本内容外，其他地方制定的执法措施和地方性法规是对《中华人民共和国村民委员会组织法》的一种另类复制，不够细致，实施力度偏弱。第三，由于村民文化程度普遍不高，当地又缺乏相应的普法教育，一些村民对组织法里的内容知之甚少，参加村民自治活动也只是单纯遵循村民委员会的安排，易被蒙骗。2018 年 12 月，全国人民代表大会常务委员会经过长期考察，征求多方意见，再次对《中华人民共和国村民委员会组织法》进行了修订，针对当前村民自治过程中出现的诸多问题给予了解决依据与法律支持。

（2）宗族势力的影响。与城市人口的分散和流动不同，我国农村村民植根于土地，形成"熟人"或"半熟人社会"，族裔关系和血缘关系构成了农村地区的基本社会关系，并影响着基层民主政治。根据调查，宗族的力量渗透到村庄行使自治的各个方面。首先，它对民主选举产生直接影响。一方面，大姓宗族在行使选举权时，具有明显的优势。在我们调查的村庄中，有 90%的村民官员来自当地村庄的大姓宗族。另一方面，如果同时有两个以上的大家族，则每个族裔群体将保护其本族利益，采用不正当手段破坏选举正常进行，或者依靠宗族力量来阻碍村民委员会的发展和运作。其次，它影响民主决策和民主管理。宗族势力在某种程度上可以通过使其成员成为村民委员会成员来保护本家族的利益，村干部们为其利益可能做出有失公正性的决定，如虚报冒领、挤占挪用、贪污私分、低效浪费当地的惠农补贴和支农资金。根据调查，当许多村民申报低保补贴时，部分村干部会谎称其不满足低收入家庭条件，而属同一家族的另一些村民即使不满足条件也会入选，这就导致贫困家庭被挡在了低保资格的门外。

（3）村民自治物质基础薄弱。经济基础决定上层建筑，乡村物质条件的落后影响了村民自治的发展。首先，农村经济的落后发展影响了村民的政治参与。一个地区经济发展水平越高，地区群众对政治参与的认识度、对政治活动的参与度就越高。当前，我国农村发展相对落后，大部分村民外出谋生，因而对村民自治活动参与度不高。其次，村庄中的基础设施需要进一步完善。近年来，由于乡村振兴战略的实施，农村基础设施得到了很大改善。相关数据显示，大部分村庄的公共基础设施比较好，村民委员会的办公室、学校、路灯和娱乐设施也较完善，为村民们带来了很大便利。但在偏僻的村庄，由于地理和自然环境等各种因素的影响，只能在荒凉的小学设立了村民委员会办公室，村庄中的公告板和广播设施趋近于无。村庄越靠近城镇和道路，村庄的发展就越好，能够享受的惠农惠民政策越多，给村民们带来的利益就越大，相对偏远的地区的村庄自然也就相对落后。最后，农村人口的逐步外流扰乱了传统的农村社会结构。经济社会的飞速发展，导致城乡一体化进程中城乡之间、地区之间的人口流动更加频繁，农村中大部分青年人选择进城务工或直接迁入城镇，造成农村人口年龄分布不均，缺少建设村庄的人才力量。

（4）消极思想观念的束缚。消极的思想观念是约束村民行使自治的一个内部因素。我国的小农经济历史由来已久，在这种自给自足的农民经济社会背景下，农民长期深受古代"官本位""自上而下"等传统政治观念的影，从众的社会心理植根于村民心中，束缚了他们的思想解放、对政治参与的认识以及法治观念的形成和发展。农村教育资源匮乏，城乡教育水平存在很大差异。受过高等教育的村民大多数已定居城市，留在农村的大部分是文化水平较低的村民，他们民主意识和法律制度薄弱，政治参与度不高。于是，当地村民自治的主导权就掌握在了当地"德高望重"的人手中。这种消极文化起源于自然经济，与现代社会提倡的民主相违背。它对村民的民主观念进行束缚，减弱村民的政治参与意识，然后将其内化为某种消极行为。这使村民不愿参与民主自治活动、行使民主自治权利，而由于农村封闭和缺乏教育资源，这种传统文化对村民产生了广泛的影响。

3. 村民自治过程中问题的解决措施

（1）充分发挥基层党组织的领导作用。"两级村民自治"是对不同区域背景下实施村民自治的有效探索，它是对行政村民主规模过大问题的有效协调，也是对小村庄社区的有效利用。但是，在发展过程中，应特别注意行政村与村组的双重行政化问题，同时应避免村组被家族（宗族）势力所绑架。①村民组织层面的创新为形成村民自治的党建提供了机会，可以通过制度设计、制定文件政策和试点经验推广等手段，尽可能吸纳不同的村庄组织进入行政村党建体系。通过生活化运作和党建工作在"行动系统中双向嵌入"，使村级自治融入基层党建体系。农村基层党组织的"领导核心"作用是促进农村基层民主发展的关键，提高农村基层党组织机制、队伍建设机制、群众机制、教育培训机制和激励保障机制的科学水平，有利于提高农村基层组织的自治水平。②③基于经验分析，农村民主政治的实践与基层组织的领导密不可分，这对于理解如何管理我国民主发展具有普遍意义。

（2）转变立法观念，健全法治体系。自中共十八大以来，依法治国被列入"四个全面"战略之一，这极大地展示了法治的全面变革和进步。建立健全基层法治机制对乡村地区五位一体布局建设领导作用的关键在于积极发挥《中华人民共和国村民委员会组织法》等法律法规的正面影响作用。首先，坚定为大局服务，为基层服务的信念，不断对《中华人民共和国村民委员会组织法》进行补充和完善，提高可行度和实操性，明确实施方法，执法程序和违法代价。其次，中央和地方要积极鼓励并推动当地立法。为了使村民自主行使自治权，具有地方立法权的部门必须积极进行实地调查，根据当地自治的实际情况，在符合上位法的规定、原则精神以及《中华人民共和国村民委员会组织法》和相关政策的前提下，应注重乡村事务公开立法和村民自治领域的完善，做到有法可依、有法必依、执法必严、违法必究。最后，在立法过程中，应注意加强基层法律项目的建设，推进法治建设和乡村项目建设，着力依法培育各种典型村庄，规范依法治村的审议规则，依法自治和"还权于民"，促进基层民主的有效运行。

（3）加强执法监督力度，纠正违法行为。加强对村民委员会各项职能的监督，将监督融入村民自治各个环节全过程。例如，提高选举的公正性、透明度和民主性，及时惩罚民主选举过程中贿赂等非法选举民主活动；加强对村民代表会议的民主监督，加强决策的科学性和民主性；加强民主管

---

① 朱敏杰、胡平江：《两级自治：村民自治的有效实现形式——兼论农村基层民主实现的合理规模》，《社会主义研究》2014 年第 5 期，第 102—107 页。

② 殷焕举、袁静、李晓波：《构建农村基层党组织科学工作机制的路径选择》，《理论导刊》2013 年第 7 期，第 41—44 页。

③ 桂华：《竞争性选举、党的领导与农村基层民主实践——对我国东部沿海两地经验的比较分析》，《南京社会科学》2018 年第 8 期，第 64—73 页。

理中的农村基础设施建设，增强村庄事务的透明度，制定相应的村庄规章制度，在行使民主权利过程中的手段更加有效规范化；在民主监督中，必须建立和完善村民监督委员会等机构，明确界定该委员会的监督内容和义务，规范切实可行的监督措施。定期举行村民代表会议和村民会议，听取村民意见，严肃调查非法侵犯村民自治权并给集体经济组织造成损失的活动，如贿赂选举和不合理地引入投资。同时，不断规范村民委员会的职能，理清村民委员会和村党支部的职权划分，促进村民委员会与村党支部之间的分工合作。简化村民委员会与基层政府之间的关系，明确区分基层政府与村自治组织之间的指导与支持、服务与监督之间的关系。充分发挥行政监督的作用，成立监事会、财务审计组等，充分发挥监事会、基层政府、人民群众等方面的监督作用，完善并拓宽信访、投诉监督路径，为行使村民自主行使自治权利创造政治环境。

（4）开展法律宣传，增强民主法治意识。通过宣传栏、法律知识讲座等外在形式，进行各种法律宣传，并重点宣传《中华人民共和国宪法》《中华人民共和国村民委员会组织法》。同时，有必要加强对财产、婚姻家庭、继承权和义务教育等知识的普及，提高村民法律素质和村民参与村庄自治活动的能力。在当前环境中，村民必须学会拿起法律武器来维护自己的正当权利。因此，基层政府和党支部需要培养村民知法懂法守法用法意识，引导村民通过正当法律途径解决问题。同时，要加强对村干部的培训。村干部不仅是村民自治的组织者，而且是村民自治的参与者和实施者，村干部的民主意识和法治意识将直接影响村民自治的民主决策能否真正落实。因此，有必要将村干部培训纳入乡村振兴计划体系之中，加强对村干部的业务水平培训，提高村干部的法律法规素养，树立依法治村理念和对村庄的责任感，培养民主习惯，为农村经济发展营造良好环境。

（5）重视农村经济，完善农村基础设施建设。首先，只有振兴农村经济，村民的政治参与能力和意愿才会增长。根据当地条件发展特色农业，生产满足公共需求的农产品，在大数据时代使用数据并合理地分析市场消费需求，扩张产业链并进行深加工。深入分析区域优势，充分利用当地资源，通过村民委员会吸引潜在客户群体，利用"互联网+制定产业"模式和营销策略，促使农产品收益最大化，实现乡村多元化发展。在当今集体经济相对脆弱的现实背景下，努力寻求外部经济支持，鼓励有经济实力的个人和团队支持农村公益事业，积极探索和建立新机制，推动农村经济建设，缩小城乡差距。其次，政府应增加财政投入，提升农村公共财政使用效能，加强农村基础设施建设，及时修复或增加公共设施，促进资源的公平分配。最后，有必要加强农村基层文化的建设，开展精神文明创建活动，创造舒适和谐的民主环境。

4. 乡村振兴背景下村民自治的新需求分析

党的十九大将"乡村振兴战略"作为全面建设小康社会的七大战略之一，提出"建立健全城乡融合发展体制机制和政策体系""坚持农业农村优先发展，按照产业兴旺、生态宜居、乡风文明、治理有效、生活富裕的总要求"[①]等政策，促进城乡发展一体化，这与我国在工业化的中后期阶段的背景相吻合。生态环境文明和农村治理制度的创新，是"自治、法治、德治"三者有机结合的善治之路，也是国家治理体系和治理能力现代化建设的关键，更是实现全面小康社会和乡村振兴战略目标的重要保证。[②]因此，村民自治在乡村振兴背景下有了六个新的需求。

（1）村庄形态从行政村自治向农村社区自治转变。在当前城镇融合发展的背景下，新农村社区的迅速发展促使村民自治从行政村自治转向农村社区自治，[③]这些变化已成为改善和完善居民自治制度的重要组成部分，也是组织和管理农村基层的重要部分。目前，许多地区已经形成了各种农村社区，但尚未在全国范围内实施，也未在全国范围建立新农村社区组织体系。农村社区治理的趋势越来越明显，当前的问题是"村改社区"与社区治理体系难以有效衔接。[④]在浙江省湖州市，对各种类型的农村社区采用了灵活的管理模式。例如，"集中安置式"的农村社区采用城镇社区改造的方式，在维持原有的村党组织和村民委员会负责集体资产管理和价值保全的基础上，建立了新社区。原有的村党组织和村民委员会继续负责管理社区的公共事务。扩展式的农村社区采用"以村带社"模式，维护村级管理体制。促进农村社区建设的最终目标是改善村民的生活环境，满足村民的日常需求，并将村民的归属感和认同感传递给社区，从而改善村民的现代社会生活。

（2）调动村民自治中的村民积极性。在乡村振兴中实现村民自治的关键在于村民政治素质和参与公共事务的能力。但是目前由于广大中青年农民外出务工、各户利益分化和同村利益协调等多种因素，大多数村民参与自治活动的热情不高。这些问题反映在一些关键的事务决策中，一方面，一些村民对村民委员会的选举不感兴趣，甚至拒绝参加选举，从而产生了"委托投票"人数超过正常限额。另一方面，投票也被用于

① 《习近平：决胜全面建成小康社会 夺取新时代中国特色社会主义伟大胜利——在中国共产党第十九次全国代表大会上的报告》，http://www.gov.cn/zhuanti/2017-10/27/content_5234876.htm[2022-11-20]。

② 张艺颉：《乡村振兴背景下村民自治制度建设与转型路径研究》，《南京农业大学学报（社会科学版）》2018年第4期，第47—54、157页。

③ 任中平：《村民自治究竟应当向何处去？》，《理论与改革》2011年第3期，第132—138页。

④ 朱政、徐铜柱：《村级治理的"行政化"与村级治理体系的重建》，《社会主义研究》2018年第1期，第121—130页。

经济快速发展和政治利益的交易中，许多村民认为召开村民大会是一种程序形式，因而不愿意主动发表意见和表决。郭正林认为，在经济发展初期的乡村，村民选举可能是反竞争的；在经济发展适中的村民中，他们愿意促进自由公正的选举，但在经济发展中处于落后或富裕阶段中的农村地区，大多数村民认为，选举无法解决温饱问题或存在过度的经济权力垄断力的现象，从而大大降低了民主选举积极性。[①]为了在乡村振兴的背景下促进乡村自治的发展，有必要进一步加强村民对乡村自治的认识，培养自治氛围，完善乡村自治制度，以有效调动村民对乡村自治的热情。只有村民积极参与自治进程，将村民的主要利益与当地政府紧密联系，村民才能以负责任的态度履行自己的权利和义务，提升村民对自治政策的支持程度。[②]

（3）理顺并规范村民自治的组织体系。中共十九大报告指明："加强社区治理体系建设，推动社会治理重心向基层下移，发挥社会组织作用，实现政府治理和社会调节、居民自治良性互动。"[③]经过多年的发展，农村基层自治逐步丰富了工作经验，形成了决策、管理和监督权适当分离、相互监督的结构体系。同时，建立了以村民委员会为管理机构，村民会议、村民代表会议为主要决策机构，村务监督委员会为监督机构的乡村自治组织体系。但是，农村治理是一个综合的特征体系，除了"1+N"治理体系和水平分权外，还需要发展新的社会力量，如监事会和理事会。[④]在建立自治组织体系时，应在邻近村庄建立村代表会议和互助协会等自治机构，同时激发社会组织的活力，鼓励和指导社会团体在村庄自治中发挥积极作用。支持基层组织、社会团体和个人参与解决农村问题。例如，根据村民的生活服务，应该建立一个以志愿者为核心的团队，并定期为公众开展志愿者工作。在乡镇政府的工作中，有必要借鉴城市社区的模式，逐步实施"议行分离"。例如，嘉兴市、苏州市等地建立城乡社区通道机制的过程中，逐步开始支持基层群众自治组织协助政府工作事项和基层群众自治组织依法履行职责事项，村民对自治事项认识更深，也规范了农村和自治组织关系。

（4）建立优秀人才参与村民自治的引导机制。在城乡一体化发展的过程中，村民自治正在从行政村的自治逐渐过渡到社区的自治，完成这种转

---

① 郭正林：《国外学者视野中的村民选举与中国民主发展：研究述评》，《中国农村观察》2003年第5期，第70—77、81页。

② Hetherington M J, "Why Trust Matters: Declining Political Trust and the Demise of American Liberalism", *Perspective on Politics* Vol. 4, No. 1, 2006, pp.81-122.

③ 《习近平：决胜全面建成小康社会 夺取新时代中国特色社会主义伟大胜利——在中国共产党第十九次全国代表大会上的报告》，http://www.gov.cn/zhuanti/2017-10/27/content_5234876.htm[2022-11-20]。

④ 刘金海：《乡村治理模式的发展与创新》，《中国农村观察》2016年第6期，第67—74、97页。

变需要优秀人才的加入及各类社会资源的支持。现实事件中，也不乏这些例子：成功的企业家回村投资、优秀的务工人员或政务机关人员下派挂职。根据城乡一体化发展的要求，必须进一步制度化和规范化这些探索成果，以解决体制上的制约和局限，拓宽优秀人才参与乡村自治的途径。特别是在有大量移民的村庄，有必要充分考虑外部人口的权利，以使其参与利益的决策、管理、监督和分配。同时，应建立和完善优秀人才下乡激励政策及村干部晋升通道，关注他们的政治思想、工作生活和物质条件。

（5）保障城乡公共服务均等化。促进城乡公共服务均等化是实施农村振兴战略的重要组成部分，是实现城乡一体化的重要措施。当前，基本公共服务不平衡的问题十分突出，主要表现在公共服务供给不足和公共服务供给不平衡。山东省潍坊市南张楼村引入德国的"城乡等值化"发展模式，改善农村劳动强度、工作条件、就业机会、收入和居住地环境等，以缩小该村与城市的差异。在村民自治体系设计过程中，应创新农村公共服务平台，整合农村经济实力、社会事业、综合治理、劳动保障、公共卫生、文化体育等功能，融入统一的公共服务网络，提高农村公共服务供给能力。

（6）推进集体经济股份制改革。中共十九大报告指出，有必要进一步"深化农村集体产权制度改革，保障农民财产权益，壮大集体经济"①。按照《中共中央 国务院关于稳步推进农村集体产权制度改革的意见》的具体要求，"逐步构建归属清晰、权能完整、流转顺畅、保护严格的中国特色社会主义农村集体产权制度"。村民自治制度的建设要适应这一要求，加强新农村集体经济组织的建设，促进边界成员和产权关系清晰的集体经济股份合作企业的建立，落实农民土地承包经营权、宅基地使用权和集体收益分配权，强化集体经济活动的民主管理权，形成有效维护农村集体经济组织成员权利的制度体系。

（三）法治乡村建设现状

改革开放之后，中央提出了要建设社会主义法治国家的战略构想，党的十八届三中全会指出建设法治社会的目标，党的十八届四中全会进一步作出了战略部署。经过三十多年的立法努力，我国现在已经形成了较为完备的社会主义法律体系，为我国法治提供了制度保障。

自 1986 年开始，国家陆续组织实施了七次全国性的普法活动，群众法治意识明显提高，司法机关深入基层"送法下乡"，运用法律化解矛盾纠纷，有效维护了基层社会的稳定，也使人们受到了法治教育。基层政府

---

① 《习近平：决胜全面建成小康社会 夺取新时代中国特色社会主义伟大胜利——在中国共产党第十九次全国代表大会上的报告》，http://www.gov.cn/zhuanti/2017-10/27/content_5234876.htm[2022-11-20]。

精心组织和指导农村"两委"的选举工作也成为农村法治的生动实践。然而，当前的基层社会以血缘和地缘等纽带而形成的具有伦理色彩的"民间法"依然发挥着作用，在某种程度上仍然维系着传统社会结构与生活，人们还习惯于把情与理作为调节社会关系的标准。随着现代化对传统社会的冲击日趋激烈，"民间法"对越来越陌生化的社会显然"力不从心"①。具体来说，目前基层法治工作中面临的问题有如下三点。

1. 农村法律法规不健全

首先，中华人民共和国成立以来，我国不断建立健全法律制度和法治体系，出台了许多适用社会和国家发展的法律法规，其中就包括农业农村方面的。截止到 2018 年，农业领域和现行有效法律 15 部，行政法规 29 部，部门规章 148 部，地方性农业法规规章 600 多部，但是在数量和质量上都远远不能满足当前农村的需求。相关法律没有及时根据经济社会发展和现实情况变化进行修改或废除，具有一定的滞后性。其次，一些法律法规只是原则性的规定，操作性不强，或者存在的法律空白也为基层法治建设带来了工作上的困难。最后，我国农村分布范围广，村民数量多，涉及的相关利益具有多样性和复杂性，法律法规难以全面考虑广大农民的实际情况，也使得法律法规在实施过程中存在一定难度。

2. 村民法治素养总体不高

我国是一个具有五千多年文化的大国，其中有两千多年的封建历史文化，不少村民受到传统历史观念的影响，小农意识残存，思想封闭，解决纠纷时更喜欢维护以人际关系为主的方式，法治下乡具有较大的难度。法律难下乡，具体表现在三个方面。第一，农村的经济主要以农业和手工业为主，商业和工业不发达，资金流动量小，对应的经济纠纷或其他问题比较少，因而相关法律需求在农村是不大的。第二，农村宗族思想深厚，对法律权威缺乏信仰。在自身权益受到侵害时，倾向于乡长或村民委员会主任出面来解决，或者选择忍气吞声，或者私底下找关系摆平。相比较复杂的法律程序，广大村民更喜欢私下协商解决，因而法律适用的空间较少。第三，农村法律的宣传力度小，没有专业的法律人士进行专门的系统性讲解，因此广大村民对法律制度一知半解，法律知识具有匮乏性。

3. 部分农村基层干部执法不严

"有法可依、有法必依、执法必严、违法必究"，这 16 字方针是我国依法治国的一项基本原则。有了法律制度，同时执行也是十分重要的。但是农村地区部分基层干部在执法过程中，或多或少地存在不能依法办事的

---

① 赵媛媛、黄迪民：《"法治中国"建设中的基层治理法治化》，《青海社会科学》2015 年第 4 期，第 88—93、157 页。

现象。第一，基层干部相比较广大村民，在知识储备和道德素养上，是高于大部分村民的。但是其中也会存在对法律制度不够了解，在处理纠纷矛盾时依据自己主观的判断，更多的是站在维护村民感情的立场上，这可能会与法律规定的程序相背离。第二，有权利的地方往往存在腐败现象。一些基层执法人员常常利用自己的职务之便，在执法时牟取不正当利益，对自己有益的方面积极去做，对自己没有好处或者阻碍自己利益的消极对待，更为严重的是基层执法人员与当地黑恶势力勾结，欺压百姓。第三，对基层法律执法人员缺乏有效的监督。大部分村民维权意识不强，常常为了避免走法律程序的麻烦而选择私了的方式，或者怕报复而选择沉默，更别提对基层执法人员不正当行为进行有效监管了。

法治作为社会控制最有效的方式之一，对整个社会的凝合起着牵制作用。基于《中共中央 国务院关于实施乡村振兴战略的意见》，对农村法治建设过程中存在的问题提出以下建议。

（1）加强立法工作，健全农村法律法规制度建设。在以人情关系为主导的农村社会，村规民约一直扮演着十分重要的角色，但受其本身制定程序模糊，内容与法律法规可能相抵触，往往对推动法治建设起到阻碍作用，或者规定的内容没有法律健全，只能起到辅助作用，因此需要加强顶层设计，建立健全农村法律法规体系。对于那些与社会发展不匹配的法律，地方政府应结合农村和村民的实际情况，及时进行修改或废除，避免法律的滞后性进一步扩大；对于法律法规的空白或漏洞，要出台相关法律法规来弥补，做到有法可依。

（2）加大农村普法力度，提高村民法治素养。首先，国家应加大经费和精力的有效投入。农村范围大，经济不发达，很多专业法律人士不愿下乡进行法律知识宣讲，因此可以采用激励的方式鼓励专家、学者举办讲座等形式来扩大法律宣传。教育是开化思想、推动社会发展的有效办法。可以在基础教育上增加法律课本或法律相关课程，定期邀请法律人士进入校园开展知识讲座，让农村的孩子能够从小接受法律知识的熏陶。其次，除了国家普法活动，还可以多种宣传方式进行。除了传统上只靠村民委员会召开大会宣讲相关法律知识或在宣传栏上制作法律相关的期刊之外，我们应跟紧网络时代的发展，利用互联网、手机等电子产品加大宣传力度。当然，经费充足的农村地区，也可以印刷一些小手册分发给村民，内容体现为与农民密切相关的法律知识。总之，提高农村村民的法律素养，要从思想观念上转变村民对法律无用或麻烦的看法，使法治在基层得到有效的扩展。

（3）增强基层干部法治观念，加强执法队伍建设。依法行政一直是我国强调的重要原则，作为基层干部更要履行好此项义务，因此要对其严格要求，增强其法治观念，加强执法队伍的建设。第一，提高基层干部的准入机制，加强考核和评定。准入机制作为人才选拔的第一道门槛，关系到整个执法队伍的水平，较高的基层干部准入壁垒，能够筛选出高水平的工作人员。[①]第二，要定期对基层干部加强法律知识培训。现代社会发展迅速，知识更新的速度也在加快，一名基层干部要不断更新自己的知识库，以适应农村经济和文化的发展，创新解决问题的办法。第三，要建立对基层干部的监督机制，避免腐败、消极不作为情况的发生，让权力在阳光下运行。

第二节　我国农村基层基础工作供给的典型案例分析

一、案例背景

广东省是我国非常富饶的省份，有着深圳市、广州市两座 GDP 超两万亿的城市，另外佛山市、东莞市等城市也非常富有。但是在广东省，也有比较落后的城市，如云浮市，其是广东省唯一一座五线城市。

云浮市是广东省的大西关，是连接广东省与西南地区的纽带，是一个经济发展水平较低的山区农业城市，60%以上的人口居住在农村。云浮市非常年轻，1992 年才撤县立市，至今不过几十年的时间。从一个山区农村发展到今天，尽管云浮市仍然是广东省最穷的城市，但其经济增长速度并不低。2016 年云浮市的 GDP 总量为 781.03 亿，不过增长速度却超过了 20%。

随着时代的不断发展，最近几年云浮市的发展不断提速。但如何在新时代背景下，实现又好又快的高质量发展、让各个生产业有更多的发展空间和发展机会，仍是云浮市值得深入探讨的问题。

二、案例过程

（一）云浮市发展的重点难点

张铁强（化名）是云浮市土生土长的本地人，在 Y 县拥有一间占地200 平方米的工厂，但 2018 年之前工厂差点办不下去，濒临破产。谈及那段经历，张铁强深叹一口气，说道："云浮市的石材产业非常有名，为云浮市的经济发展贡献了三分之一的力量。但云浮市只有石材产业，再没有其他特色产业，而石材业操作起来不需要什么高难度技术，一个普通的

---

① 王莹、孙超：《乡村振兴背景下法治乡村建设路径选择》，《菏泽学院学报》2019 年第 1 期，第 57—61 页。

劳动力上手一天就会，这样就导致云浮市的人才流失非常严重，基本上都往珠三角跑。我们工厂的工人大部分年纪都在 45 岁以上，没有几个年轻人，管理人才更是缺乏，根本没方法让工厂转起来。只留下一些力气大的人来锯石头，这样工厂怎么能发展起来呢？"

产业结构过于单一的问题导致无法留住人才，所有的经济发展都需要人才来推动，如果云浮市经济不转型，就只能是广东省经济倒数第一。

赵秀兰（化名）是云浮市 Q 县基层工作人员，有二十多年与村民打交道的经历，也是见证云浮市从农村转变为城市的人。谈及这二十多年最大的工作感受，赵秀兰告诉笔者，"这么多年，最大的变化感受就是党委的力量增强，村民自治制度真正落到了实处。放在之前，一些地方由于村务、财务不公开，管理也不到位，干群关系还是紧张的，有个别地方还发生了群体性事件，村民委员会号召力不断弱化。同时，一些事情不知道是党组织牵头还是村民委员会来办，有时候两头没衔接好，导致事情没办好，伤了村民的利益。"

通过与赵秀兰的谈话中，了解到云浮市发展过程中，农民主体能动作用发挥不足，同时也缺乏让农民参与农村建设和管理的制度性平台，两委关系的不清晰也加剧了农村基层基础工作治理的困难性。

云浮市想发展，重心在基层，难点在农村。云浮市发展过程中，一方面面临着农村人才和资金的外流问题，另一方面，村民自治过于形式化，两委关系的不明晰也导致村民自治找不到着力点，如何破解这些难题成为云浮市农村基层基础工作建设的重要课题。

（二）先行试点，以点带面

2008 年 10 月，担任中共中央政治局委员、广东省委书记汪洋在了解云浮市的整体发展情况后，提出一项重大改革要求：云浮市应建设成广东省富庶文明大西关，努力成为全省农村改革与发展的示范区。2010 年 3 月，广东省政府为了全面落实汪洋同志提出改革要求，正式批准在云浮市建立农村改革与发展试验区。2011 年 11 月，云浮市被农业部批准为国家农村改革试验区。在新形势下，云浮市加强农村基层基础工作建设，创新农村基层管理都有了充分的条件。

2011 年 6 月，作为广东省农村改革示范县的云安县，在本县情况的基础上，培育和发展了乡贤理事会。该理事会吸收了县中有名望的老党员、经验丰富的教师、退伍军人、乡村精英以及热心参与本地经济社会建设服务的其他人士等乡贤。乡贤理事会的主要任务是协助当地的党委和政府开展农村公益事业建设和社会建设服务。同时，根据乡贤理事会的实时发展情况，及时做好总结和推广工作。

2012 年 5 月 22 日，云浮市举行了云安县乡贤理事会经验推广现场会，在乡贤理事会代表的精彩讲解和带领下参会成员参观了云安县内的石城镇横洞村、富林镇大坪村的乡贤理事会的具体发展情况宣传了云安县乡贤理事会的成功建设经验，云浮市政府由点及面进一步在全市培育和发展自然村乡贤理事会。

（三）分类指导，加速发展

云浮市政府出台了《关于培育和发展自然村乡贤理事会建设的指导意见》，明确了乡贤理事会具有互帮互助服务的性质，是基层政府和自治组织提供公共产品和公共服务不足时的有益补充。其主要任务是调解和处理好乡邻间的矛盾争端，协助开展村民自治以及兴办乡村公益事业，包括动员村民申报"以奖代补"项目、推广本地传统优秀文化、加强乡村法规建设等。同时，确定理事会成员的产生方式是由受人尊敬的乡贤推荐提名，在召开理事会成员大会的会议上投票选举出理事长、副理事长、秘书长，随后还需要在村党支部进行政治审查并在乡镇注册登记，最后公示，无异议就是当选成功。

与此同时，上级政府部门必须及时将《关于培育和发展自然村乡贤理事会建设的指导意见》转变为理事会章程，让理事会成员在县（市，区）、乡镇（街道）的各级党校中学习。党校教师和理事会中的优秀代表共同合作授课，通过现场教学、远程培训等形式，对理事会成员进行轮换培训，提高理事会的综合素质能力。

2012 年 5 月至 6 月，云浮市党委组织牵头、各县委党校配合，以送课下乡形式在各县举办了五期专题培训班。同时，还开展了各个村乡贤理事会建设经验交流大会和学习云安县乡贤理事会的成功经验，为提高各地乡贤理事会提供了理论指导。云浮市的新闻媒体也积极宣传不同村的乡村理事会的良好经验，为促进乡贤理事会的良好发展提供示范。

（四）培育和发展乡贤理事会

在云浮市培育和发展乡贤理事会的实践带动下，各级乡镇的有关部门深入基层，了解当地村落的发展情况，对发展缓慢的理事会给予经济支持，遵循低投入、高效益的原则，培养具有不同特征、不同类型的乡贤理事会。例如，发展较好且各具特色有安塘街下白村乡贤理事会、水台镇石龙岗旧村乡贤理事会、石城镇留洞村委会横洞村乡贤理事会等。截至 2012 年 8 月，云浮市已建立乡贤理事会 8196 个，吸收理事成员 6.9 万人，基本实现了全覆盖。

乡贤理事会为反映群众的热点问题、政治参与提供了规范化路径，也让党委政府与公众的沟通更加顺畅、互动更加有效，促进了政府与公众之间的关系融洽。例如，2011～2012 年，市县两级信访部门受理集体访批数、人次分别平均下降了 25.5%、30.15%。

（五）"公司+理事会+农户"商业模式

"公司+理事会+农户"的经营机制是依托乡贤理事会，进一步发挥其沟通、协调的桥梁作用，协助解决农业龙头企业与农户之间解决土地流转、标准化生产、农田综合整治等问题。

罗定市稻香园农业科技股份有限公司通过实施这种经营机制，建成 10 万亩全国绿色食品原料标准化生产园区，辐射带动 10 个镇发展 20 多万亩绿色稻米生产，该公司以高于市场约 30%的价格与合作农户进行订单收购，农民的收入大幅增加。2016 年，罗定市探索创新此项经营机制的公司有 9 家，通过创新经营机制，打造了亚灿米、聚龙米、金稻康、青洲米、金瓯米等优质稻米品牌。

商业模式的创新解决了主要的农业企业与村民合作的问题，促进农村土地开发、承包经营和生产环境的改善。2012 年，该市的地区生产总值和固定资产投资增长位居全省第三，大型工业的工业增加值和地方公共预算收入的增长位居第二，农村居民人均纯收入 9219 元，比上年增长 13.2%。同时，在 2012 年和 2013 年发布的关于广东幸福建设的综合评价报告中，云浮市的综合指数在广东省的东部和西部地区排名第二，城市居民特别是农村居民的幸福感很高。

（六）实施"以奖代补"项目

云浮市依靠乡贤理事会，推出了以村为基本单位的具有竞争性的"以奖代补"举措，目的是激发群众主动"共谋、共建、共管、共享"社会主义新农村。

2012 年，罗定市双东镇白荷村委开坝村，充分发动群众申报包括村道建设、卫生整治、文化体育娱乐等在内的 20 多个"以奖代补"项目，45 户村民在 8 天内主动拆除旧房面积达到 1700 平方米，并争取到企业捐出 20 万元物资和外出乡贤首期 30 万元捐款。

2012 年，新兴县石龙岗旧村积极参与了竞争性"以奖代补"项目和村级公益项目的建设，开展并建成项目 221 个。其中，群众拆迁旧房、猪舍粮仓修建共 1.8 万平方米，让出土地 1.6 万平方米，募集资金 0.37 亿元。从 2011 年到 2012 年，超过 500 个奖补项目和其他公益性建设项目（例如获奖奖学金和扶贫建设）大大改善了农村生产和生活环境，使约 10 万人受益。

2012 年,全市共设置包括农村环境建设、农村基础设施、农村公共服务、农村社会管理等 18 个"以奖代补"项目,乡贤理事会从中引导协助村庄申报的座谈会达 5365 场次,帮助 61 000 户村民进行申报,捐资共计 9622 万元。

(七)法治德治齐推进

云安县大坪村组织村民在每年的正月初三进行慈善捐赠活动,为村中 60 岁以上的老人提供 60~110 元的补助,贫困家庭有 1000 元补助,并购买了一辆老人和儿童就医的专用车。

云浮市政府推动编写乡村歌曲、乡村历史等文化活动,并建立荣誉榜单,宣扬道德操守,指导人们区分是非,知荣辱;开展各类民风民俗活动,如"舞火筹""走大王",促进乡村精神文明建设。以罗定市为例,试行建立乡村荣誉奖励机制,在重大节日期间,在电视,广播和其他媒体上对优秀事迹进行大规模滚动式宣传报道。与此同时,在市县选取试点乡村建立人民群众的评价和监督机制,组织公众在每年的十二月进行审议。乡贤理事会提醒评估分数不高的理事成员加强工作,增强乡贤理事会工作的积极性。截至 2012 年底,乡贤理事会共收到公众 2230 次综合评论。

2012 年底,云浮市自然村村委会形成了 3904 个村规章制度,促进了 2806 项村级秩序管理体系的发展,成立了 1582 个监督小组,管理和保护小组达到 4119 个,村级公共设施保护资金 590 万元,按照村规章化解决矛盾和纠纷 1691 件。

三、案例启示

云浮市自然村发展的成功实践,为农村基层基础工作供给注入活力,对农村社会创新管理产生了积极影响,也为基层基础工作供给标准的建设提供了可借鉴性的意见。

(一)加强农村基层党组织建设

基层党组织是实施农村基层基础工作的战略支点,加强基层党组织领导乡村治理能力体系建设,提高党组织全面领导农村工作的水平,是实现乡村有效治理的重要抓手。在加强农村基层党组织建设过程中,值得注意的是,我们的思想观念必须从过去的"撑船"转变为"掌舵",重视农民的主体地位,有意识地向农村社会"放权",实现政府与社会之间的合理分工,让农村治理更加有序。

(二)注重发挥乡贤作用,加强自治

乡贤理事会的成功推广有助于农村基层基础工作建设,提高农民的自

我意识。村民自治是实现和维护基层社会稳定结构的一个重要因素，要多注重发挥村民自治能力，让村民以主人翁的姿态主动参与村庄建设，进一步增强乡村自治的治理韧性，扩大村民自治的内在张力。

（三）充分利用优良的传统文化资源

优秀传统文化影响着人们的日常生产、生活和价值追求，并且在促进农村社会管理方面发挥着积极作用。云浮市是一个欠发达的山区农业城市，培育和发展的乡贤理事会，充分遵循了本地的优良传统文化，与现代农村社会管理相适应，为促进农村基层基础工作提供新的活力。

（四）为实现民事民治作用提供新载体

民事民治需要新的载体为乡村治理提供抓手和方向，特别是与民众的生产、生活和学习密切相关的载体，同时最大化实现其作用。乡贤理事会提供了"以奖代补"项目、一事一议财政奖补项目、信用户评估等工作载体，致力于让村民受益，业务范围丰富，能够吸引更多的村民参与农村社会的建设和管理。

第三节　我国农村基层基础工作供给标准体系的构建

近年来，县级统计机构加强了基层基础统计工作，不断规范基础统计工作流程，建立健全了一系列统计工作制度和内部管理制度，不断完善统计功能和工作条件，最终形成了"垂直到乡村企业，水平到部门"的统计操作网络。从统计工作环境的角度来看，大多数县区都有专业职工队伍，基本完成了全国省市区县乡镇五级统计联网配置，统计队伍不断壮大，统计队伍素质逐步提高，县级统计工作渐渐走上规范轨道，基层统计工作的加强为基层基础工作打下了基石。

一、我国农村基层基础工作供给标准体系的文献述评

基层基础工作是统计工作的基石，是统计工作发展的基本保证。当前我国的经济发展已进入新常态，统计工作的转型任务仍十分艰巨，统计基层基础工作仍然存在统计力量薄弱、劳动力素质不高、监管和管理不善、资金不足等问题，这些都是统计基层基础工作改革和发展的瓶颈。如何适应新经济发展，促进新旧动能转换重大工程，完善统计资料，解决发展瓶颈，需要研究和贯彻习近平新时代中国特色社会主义思想和中共十九大的精神，确保源统计工作的质量。

卫龙宝和张菲调查了 1509 位农户，研究认为农民对基层管理的满意

度在很大程度上受到与生产和生活有关的公共物品供给效率的影响。[①]张红阳和朱力指出，乡村治理由于国家进场失效、集体缺场和村民离场而变得效率低下，解决这一问题需要新的治理方式即通达型治理。[②]陈浩天则坚信"乡政村治"与农民的要求引起了农村资源的纷争，惠农政策的出台有助于增强农民的需求与基层行政结构设计之间的适应性，引导政府服务转变以适应农民的需求。[③]"党的根基在基层，一定要抓好基层党建"[④]，巩固治理资源，并在基层治理中发挥核心作用。

《山东省人民政府办公厅关于进一步加强统计基层基础建设的通知》鲁政办字〔2018〕第 43 号文件关于加强基层基础统计工作提出了七项考核维度：配齐配强基层统计力量、着力提升基层统计队伍素质、推进基层统计规范化建设、突出强化部门统计工作、不断提高基层统计信息化水平、持续加大统计普法执法力度、切实加强组织领导。

2019 年 9 月 25 日，我国第一个农村基层党建优质发展指标体系在江苏省太仓市双凤镇率先建立——《双凤镇农村基层党建高质量发展指标体系》。这套指标体系的建立之初邀请了全国党建专家、苏州大学马克思主义学院的教授来共同参与制定，具有较高的科学性，同时也解决了以往政府绩效考核实操性弱的问题。双凤镇位于长江以南，是历史文化名城，素有"千年古镇，双凤福地"和"太仓之根"之称。近年来，双凤镇积极推行"党建红镇"战略，经济社会各方面得到很大发展，各种形式的经济形态踊跃发展，目前镇上有超过 100 家汽车配件公司，年总产值高达 30 亿元。2017 年获评"中国商旅文产业发展示范镇"和"中国美丽乡村建设示范镇"。《双凤镇农村基层党建高质量发展指标体系》是双凤镇落实基层乡镇上级政府发展新理念的有利实践，也是对中央政府提高党建质量的呼应，具有强烈的现实意义。双凤镇的指标体系具有严格的运营评估程序，为村级党组织设计的评价指标共 100 项，默认评分为 100 分，构成了对 100 个指标和百分比评价的"双百考核"机制。除了附加加分项和特殊说明以外，评分时均根据 A、B、C 和 D 四个级别（合格、基本合格、不合格和未开展此工作）来评估每个指标的内容，其对应的分数分别为 1、0.8、0.6 和 0。

---

① 卫龙宝、张菲：《农村基层治理满意程度及其影响因素分析——基于公共物品供给的微观视角》，《中国农村经济》2012 年第 6 期，第 85—96 页。

② 张红阳、朱力：《"权力悬浮"背景下乡村治理无效性的根源——基于华北 D 村自来水工程建设史的分析》，《学习与实践》2017 年第 3 期，第 90—98 页。

③ 陈浩天：《资源下乡：农户需求治理与政府治理变革的服务转型》，《学术交流》2014 年第 9 期，第 192—197 页。

④ 《习近平在参加党的十九大贵州省代表团讨论时强调 万众一心开拓进取把新时代中国特色社会主义推向前进》，http://www.gov.cn/zhuanti/2017-10/19/content_5233122.htm[2022-11-20]。

在促进国家治理体制和治理能力现代化的背景下，需要把"把基层党组织建设成为领导基层治理的坚强战斗堡垒"①。在基层治理领域的现有研究中，基层党建研究与基层现实相结合的案例研究开始涌现。例如，王海侠和孟庆国对"党建+"模式进行了研究。②周庆智对深圳罗湖"质量党建"模式进行了阐述。③这些研究在体现关注实践问题的学者的务实精神的同时，也体现了我国正积极探索和创新基层党建。从理论上讲，基层党建研究主要涉及党组织的建设、党建职能、管理方式、党组织和基层管理人员关系。基层党组织作为执政党的基层力量，领导和促进着基层治理，不断提高党组织的战斗力，在组织凝聚力、政治领导力、模式提升和社会动员四个维度上加强基层党组织的支配地位。④加强基层党建与基层治理的互动，协调和沟通辖区内各种企业、事业单位、社会团体和政党成员，⑤加强服务型政党的建设，协调与公众利益关系，完善党组织主导的基层协商机制和基层治理机制。党政军民学、东西南北中，党是领导一切的，基层党组织同样也是基层领导核心。

除党组织外，基层组织还包括村民委员会自治组织。付明卫和叶静怡选取选举质量和村干部监督制度两个变量来衡量村民自治的效果，得出我国现在村委会选举质量比较高，但村干部监督制度缺失比较严重，我国需要进一步加强村民自治建设。⑥卢福营分析了村民大量外流背景下村民自治面临的新问题，提出了应由农民群众自主选择村民自治的形式，合理开发和利用家庭在村民自治中的功能。⑦李华胤以政策落地为现实因素，强调村民自治的基本前提要考虑"政策距离"和"政策参与"两个变量。⑧

---

① 《中共中央 国务院关于加强基层治理体系和治理能力现代化建设的意见》，http://www.gov.cn/zhengce/2021-07/11/content_5624201.htm[2022-11-20]。

② 王海侠、孟庆国：《乡村治理的分宜模式："党建，"与村民自治的有机统一》，《探索》2016 年第 1 期，第 127—133 页。

③ 周庆智：《权威主义基层治理——以深圳罗湖"质量党建"为例》，《求实》2016 年第 10 期，第 4—14 页。

④ 林清新、陈家喜：《提升组织力：城市社区党建的战略着力点——基于深圳市宝安区的个案研究》，《理论视野》2019 年第 2 期，第 67—72 页。

⑤ 徐玉生、张彬：《新时期基层党组织建设与社会治理耦合互动研究》，《探索》2016 年第 1 期，第 85—89 页。

⑥ 付明卫、叶静怡：《选举质量和村干部监督制度对村民自治效果的影响》，《广东财经大学学报》2016 年第 2 期，第 101—112 页。

⑦ 卢福营：《农民流动：嵌入村民自治的新变量——浙江省奉化市庄家村调查》，《华中师范大学学报（人文社会科学版）》1999 年第 2 期，第 21—26 页。

⑧ 李华胤：《政策落地：探索村民自治基本单元的现实因素》，《西北农林科技大学学报（社会科学版）》2016 年第 3 期，第 26—31 页。

乡村法治秩序是乡村治理体系的重要一环,也是乡村振兴战略的重要保障。李牧和李丽认为当前乡村法治建设应从健全法律机构、克服法律特权、设置驻村法官、创新法治教育方式、重构乡土规范和健全乡村治理体系六个方面来展开。[①]胡胜认为农民法律意识与法律思维的建设是农村法治建设的重点与难点,因此,要推动法治体系构建,推动普法宣传,推进农村基层民主制度建设。[②]徐铜柱和杨海莺认为乡村治理法治化进程要通过加强法治教育、法治实践和农村党建等举措来实现。[③]沈晓蓝等以浙江省湖州市为例,提出美丽乡村民主法治标准化建设从推进创建流程标准化、法治宣传标准化、村务管理标准化、"三务"公开标准化、公共服务标准化和社会治理标准化六个方面展开。[④]

德治在我国乡村治理中有着悠久的历史,以乡土人情和道德规范来不断提高对德治的认识。潘敏芳研究了浙江省桐乡市以评立德、以文养德、以规促德的具体做法来加强德治建设。[⑤]王丽敏研究了河南省先进村镇建立以规立德、以文养德、以评弘德和家风建设的德治体系。[⑥]龚松柏、罗贝认为乡村德治应该从加强农村文化建设、重视乡规民约建设、健全道德评议体系、壮大乡村精英队伍等方面下功夫。[⑦]夏红莉认为乡村德治水平应该从文明乡风、良好家风、淳朴民风三个方面来提高。[⑧]乔惠波认为乡村治理要发挥好德治的作用需要吸收传统乡村德治的历史经验,重视家族、乡规民约等要素的作用。[⑨]

平安乡村建设就是通过各种途径和方式,保证基层稳定发展,提高农民群众的生活水平。平安乡村标准有两方面:一是组织工作,涉及综合工作组织网络和工作制度健全,治安秩序稳定,防范措施落实,矛盾纠纷排

① 李牧、李丽:《当前乡村法治秩序构建存在的突出问题及解决之道》,《社会主义研究》2018 年第 1 期,第 131—137 页。

② 胡胜:《乡村振兴离不开法治护航》,《人民论坛》2018 年第 6 期,第 106—107 页。

③ 徐铜柱、杨海莺:《乡村治理中法治文化的缺失与建构——兼论村干部腐败的治理》,《湖北民族学院学报（哲学社会科学版）》2017 年第 6 期,第 135—141 页。

④ 沈晓蓝、俞栋、沙季超等:《美丽乡村民主法治建设标准化研究——以浙江省湖州市为例》,《新西部》2018 年第 24 期,第 70—72、67 页。

⑤ 潘敏芳:《深化乡村德治建设 服务乡村振兴战略》,《江南论坛》2019 年第 3 期,第 46—48 页。

⑥ 王丽敏:《乡村振兴战略视域下乡村自治、法治、德治"三治融合"的实践探索——基于河南省先进村镇的实证分析》,《领导科学》2019 年第 14 期,第 110—113 页。

⑦ 龚松柏、罗贝:《新时代乡村治理中德治存在的问题及其完善路径探析》,《重庆工商大学学报（社会科学版）》2019 年第 4 期,第 107—113 页。

⑧ 夏红莉:《提升乡村德治水平 健全乡村治理体系》,《中共青岛市委党校.青岛行政学院学报》2018 年第 4 期,第 96—99 页。

⑨ 乔惠波:《德治在乡村治理体系中的地位及其实现路径研究》,《求实》2018 年第 4 期,第 88—97、112 页。

查及时处理，安置帮教工作扎实，平安创建氛围浓等方面；二是乡风文明方面，包括孝老爱亲、邻里和睦、没有黄赌毒、安全意识较强等方面。目前，农村治安形势日益复杂的主要原因之一是农村人口增长与就业不足之间的矛盾。

当前，社会正处于全面推进乡村振兴的新时代。有许多新情况，新问题和新挑战需要基层工作者去应对、去思考、去解决。因此需要为基层工作者松松绑，为他们减轻不必要的负担，撕掉负面标签。第一，各级党组织必须履行各自的职责，谁主管谁负责，防止有人逃避基层责任。第二，避免"千篇一律"的考核，考虑当地实际情况，因地制宜地制定考核规则，激发基层工作者的活力，为基层干部提供可以大展身手的平台。第三，重视基层的人才培养，注重基层人才选拔，敢于培育开拓进取的基层管理人员，敢于善用基层管理人员，形成注重实干、公开透明的用人环境。第四，坚持以人为本，重视基层管理人员的身心健康，严格实行休假制度，使基层管理人员可以多花些时间陪伴家人。认真与基层人员对话，及时掌握基层管理人员的思想动态，有针对性地进行心理指导。第五，重视基层管理人员的教育培训。对于基层管理人员而言，提升自我的机会是进行再学习和再培训，以此来提高其素质和技能，更新知识层面及提高工作技能和信心。

"基层天地，大有作为"。基层工作者需要各级党委、政府为他们提供坚定的支持与广阔的平台，他们才能大展拳脚，有所作为。习近平说过，"提高党的执政能力，关键在于提高包括基层干部在内的各级干部的能力"[1]。这将使基层干部工作起来更跃跃欲试，动力更足，人民的日子更加充满希望。因此，为提高各地基层干部的工作能力，有必要在全国建立一套科学、可行、实用的农村基层基础工作供给标准考评体系。

二、我国农村基层基础工作供给标准体系的构建方法

本章指标体系构建借鉴了2015年5月27日发布的《美丽乡村建设指南》国家标准中关于基层基础工作的考核内容，同时也参考了《双凤镇农村基层党建高质量发展指标体系》，考虑到根据目前的农村基层组织基本情况中涵盖的指标和考虑到数据的可获得性，构建了一套我国农村基层基础工作供给标准体系，表中数据分别由《中国统计年鉴》《中国民政统计年鉴》《中国社会统计年鉴》《中国共产党党内统计公报》中的相关数据整理计算而得，具体见下表10-1。

---

[1] 习近平：《之江新语》，浙江人民出版社，2007年版，第111页。

表 10-1　我国农村基层基础工作供给标准体系

一级指标	二级指标	三级指标	单位	数据来源
农村基层基础工作供给	基层组织建设	村民委员会单位密度指标	个/万人	中国统计年鉴
		乡镇级区划密度指标	个/十万人	中国统计年鉴
		建制村党支部密度指标	个/万人	中国共产党党内统计公报、中国统计年鉴
		仲裁机构仲裁委农民委员数	人	中国农业统计年鉴
		农业及农村发展类社会团体密度指标	个/千人	中国民政统计年鉴、中国统计年鉴
	基层工作建设	政治参与率	%	中国社会统计年鉴、中国统计年鉴
		乡镇年发展农牧渔党员数	人/个	中国共产党党内统计公报、中国统计年鉴
		农村集体组织收益	万元	中国农业统计年鉴
		农民一事一议筹资	万元	中国农业统计年鉴

资料来源：中国统计年鉴、中国民政统计年鉴、中国社会统计年鉴、中国共产党党内统计公报

注：2011 年的中国共产党党内统计公报数据来自论文《全国党员总数 8260.2 万名基层党组织 402.7 万个》

三、我国农村基层基础工作供给标准体系的指标内涵

农村基层基础工作供给评价指标体系由三级指标构成，二级指标由基层组织建设、基层工作建设两个指标构成，基层组织建设指标包括五个三级指标，分别是村民委员会单位密度指标、乡镇级区划密度指标、建制村党支部密度指标、仲裁机构仲裁委农民委员数、农业及农村发展类社会团体密度指标，用来反映我国农村基层组织建设情况；基层工作建设指标包括四个三级指标，分别是政治参与率、乡镇年发展农牧渔党员数、农村集体组织收益、农民一事一议筹资，用来反映基础组织工作强度。具体计算方法如下所示。

（1）村民委员会单位密度指标=村民委员会单位数（个）/乡村人口（万人），反映农村基层自治的组织化程度的密度指标，该指标越大说明农村基层自治组织化程度越高。

（2）乡镇级区划密度指标=乡镇级区划数（个）/乡村人口（十万人），反映农村基层的组织化程度的密度指标，该指标越大说明农村基层组织化程度越高。

（3）建制村党支部密度指标=建制村党支部数（个）/乡村人口（万人），说明农村基层党组织建设情况，该指标越大说明农村基层党组织班子建高越强，越有利于拓展基层党组织的服务功能。

（4）仲裁机构仲裁委农民委员数是指在农村土地承包仲裁委员会中的

农民代表（人），说明农村基层法治的情况，指标越大越能从农民个体角度说明农村基层组织在治理中主体地位。

（5）农业及农村发展类社会团体密度指标=农业及农村发展类社会团体（个）/乡村人口（千人），由于农民专业组织数据不齐，因此采用中国民政统计年鉴中的各类社会团体数中的农业及农村发展类社会团体数来说明农村基层的自组织化程度，该指标越大说明第三方组织提供公共服务越多。

（6）政治参与率=参与村居委员会选举投票人数（亿人）/登记选民人数（亿人），说明农村居民参与政治的程度，该指标越大说明农村基层组织政治建设越强。

（7）每个乡镇年发展农牧渔党员=年发展农牧渔党员（人）/乡镇级区划数（个），说明党建引领加强农村基层的组织化程度。

（8）农村集体组织收益是指村集体直接进行的农、林、牧、副、渔、工、商、运、建、服务等产业获得的收益，反映农村基层组织经济建设情况。

（9）农民一事一议筹资是指按照"一事一议"民主程序确定的为兴办村民直接受益的集体生产生活等公益事业的村民出资额。该指标反映农村基层中农村居民按自己意愿提供村内公益事业建设的准公共服务情况。

第四节　我国农村基层基础工作供给指数测算

一、我国农村基层基础工作供给指标权重

指数表示基于某个时期经济现象的价值与另一对比时期相同现象的价值的比率，该比率表示研究时期经济社会现象相对基准时期的变化程度。农村基层基础工作供给标准为不同地区农村基层基础工作供给标准的纵向比较或同期不同地区农村基层供给标准的横向比较提供了基础。在信息论中，熵是系统无序程度的量度，并且可以衡量由数据提供的有效信息的大小。熵值法是根据每个指标发送给决策者的信息量来确定指标权重的方法。评估指数的差异越大，熵值越小，它包含的信息越多，传递的信息越多，其权重也就越大。

第一步：将各项指标数值进行归一化处理。

$$a_{ij} = x_{ij} / \sum_{i=1}^{n} x_{ij} \qquad (i = 1,2,3,\cdots,n; j = 1,2,3,\cdots,m) \qquad （10\text{-}1）$$

第二步：计算评价指标的熵值。

$$H_j = -k \sum_{i=1}^{n} a_{ij} \ln aij \qquad (k = 1/\ln n) \qquad (10\text{-}2)$$

熵值法的基本原理与变异系数法的原理相似,也是将原始数据的差异大小作为权重确定的依据,因此权重不能反映数据的独立性和评估者的偏好。[①]使用熵值法,我们可以获取每个指标的权重,然后根据每个指标的权重和数据来计算我国农村基层基础供给标准。我们选取 2011~2017 年的我国农村基层基础供给标准各指标的数据,计算我国农村基层基础供给标准指数,先用熵值法求得各指标权重,再根据各指标的权重和数据计算农村基层基础供给标准指数。我们选取 2011~2017 年的我国农村基层基础供给标准各指标的数据,说明农村基层基础供给标准的建立过程。2011~2017 年的农村基层基础供给标准相关数据如表 10-2 所示。

表 10-2 农村基层基础工作供给水平指标权重

指标	权重	年份						
		2011	2012	2013	2014	2015	2016	2017
村民委员会单位密度指标	0.0700	0.1400	0.1400	0.1400	0.1400	0.1500	0.1500	0.1500
乡镇级区划密度指标	0.1000	0.1300	0.1400	0.1400	0.1400	0.1400	0.1500	0.1500
建制村党支部密度指标	0.0600	0.1400	0.1400	0.1400	0.1400	0.1500	0.1500	0.1500
仲裁机构仲裁委农民委员会数	0.2300	0.1200	0.1300	0.1400	0.1400	0.1500	0.1600	0.1600
农业及农村发展类社会团体密度指标	0.5400	0.0700	0.1300	0.1300	0.1500	0.1500	0.1700	0.1900
政治参与率	0.1700	0.1500	0.1300	0.1500	0.1500	0.1500	0.1000	0.1700
农村集体组织收益	0.1200	0.1200	0.1300	0.1400	0.1400	0.1500	0.1500	0.1500
农民一事一议筹资	0.4400	0.2000	0.2200	0.1700	0.1300	0.1200	0.1000	0.0700
乡镇年发展农牧渔党员数	0.2800	0.1600	0.2100	0.1500	0.1200	0.1200	0.1200	0.1200

数据来源:根据中国民政统计年鉴、中国统计年鉴、中国社会统计年鉴、中国第三产业统计年鉴、中国共产党党内统计公报计算而得

注:表中数值进行过修约,故存在合计不等 1 的情况

二、我国农村基层基础工作供给指标比值

假设 2011 年农村基层基础工作供给指数为基准指数,即假设 2011 年的农村基层基础工作供给指数为 100。以 2011 年的各指标数据为基础,之后历年的各指标与 2011 年相应指标的数据进行比较,求出比值。各年

[①] 李昶达、韩跃红:《健康中国评价指标体系的构建》,《统计与决策》2019 年第 9 期,第 24—27 页。

度各项比值与权重相乘求和再乘 100 即可求得各年农村公共服务指数,各年指标与 2011 年相应指标的数据比值如表 10-3 所示。

表 10-3 2011～2017 年农村基层基础工作供给指数

二级指标	三级指标	权重	2011	2012	2013	2014	2015	2016	2017
基层组织建设	村民委员会单位密度指标	0.0700	100.00	101.74	104.25	105.94	108.46	107.54	109.73
	乡镇级区划密度指标	0.1000	100.00	101.90	104.52	106.48	108.26	111.71	115.08
	建制村党支部密度指标	0.0600	100.00	100.91	103.20	104.22	106.48	105.66	108.08
	仲裁机构仲裁委农民委员数	0.2300	100.00	108.36	117.91	123.28	131.02	132.76	138.91
	农业及农村发展类社会团体密度指标	0.5400	100.00	174.87	180.05	194.95	198.20	231.53	260.35
	二级指标指数	**0.3500**	**100.00**	**142.51**	**148.10**	**157.74**	**161.78**	**180.32**	**197.87**
基层工作建设	政治参与率	0.1700	100.00	85.94	96.59	98.84	95.24	66.18	109.38
	农村集体组织收益	0.1200	100.00	106.27	115.07	119.05	121.83	126.51	137.52
	农民一事一议筹资	0.4400	100.00	111.11	84.52	63.56	59.52	51.19	34.41
	乡镇年发展农牧渔党员数	0.2700	100.00	134.26	91.54	75.86	76.11	74.44	78.10
	二级指标指数	**0.6500**	**100.00**	**112.66**	**92.18**	**79.59**	**77.63**	**69.22**	**71.53**
总指数			100.00	123.13	111.80	107.01	107.16	108.20	115.86

根据表 10-3 中 2011～2017 年的我国农村基层基础供给标准各项三级指标的数据及熵值法求得的各指标权重,分别加权求和可计算出各年度二级指标指数,再对基层组织建设和基层工作建设两个二级指标指数分别加权求和计算出农村基层基础工作供给一级指标指数,具体见表 10-3。

三、我国农村基层基础工作供给指数分析

(一)农村基层组织建设指数分析

我们利用村民委员会单位密度指标、乡镇级区划密度指标、建制村党支部密度指标、仲裁机构仲裁委农民委员数和农业及农村发展类社会团体密度五个指标的值分别乘以运用熵值法求得的权数,再求和得出反映我国农村基层组织建设情况综合指数,根据其随时间变化的趋势做成图(图 10-1),了解 2011～2017 年我国农村基层组织建设指数变动趋势。

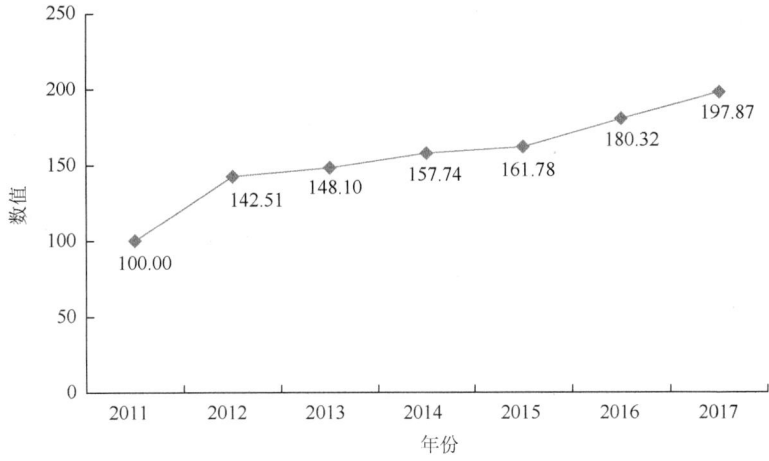

图 10-1　2011～2017 年我国农村基层组织建设指数的变动趋势

从图 10-1 中可以看出，农村基层组织建设指数从 2011 开始呈上升趋势，但是从 2012 年至 2015 年上升趋势放缓，而在 2015 年以后农村基层组织建设指数又开始加速上升，整体来说在 2011～2017 年这一阶段农村基层组织建设指数是上升的。随着城镇化的进程，农村居民不断迁入城市，尽管村民委员会单位数、乡镇级区划数、建制村党支部数在绝对量是减少的，但是这些指标与乡村人口数变化相比较后的发展密度指标还是增加的，仲裁机构仲裁委农民委员数、农业及农村发展类社会团体数两个指标无论是从绝对量还是相对乡村人口来看都是增加，因此综合来看，2011～2017 年农村基层组织建设一直是在加强。就我们发现追求目标或是说农村基层组织建设发展标准来看，可以通过计算这一段时间农村基层组织建设指数的先进平均数，也就是 75%的分位数 179.99 作为农村基层组织建设标准。

（二）农村基层工作建设指数分析

我们利用政治参与率、农村集体组织收益、农民一事一议筹资、乡镇年发展农牧渔党员数四个指标的值分别乘以运用熵值法求得的权数，再求和得出反映我国农村基层工作建设情况综合指数，根据其随时间变化趋势做成图（图 10-2），了解 2011～2017 年我国农村基层工作建设指数变动趋势。

从图 10-2 中，可以看出从 2011～2017 年基层工作建设指数在 2011～2012 年是上升，其他年份都是下降的。据中国农业统计年鉴数据计算可知政治参与率一直维持在 75%左右，只有 2016 年最低只有 53%，随着农村集体产权制度改革的深化，农村集体经济不断壮大，农村集体组织收益

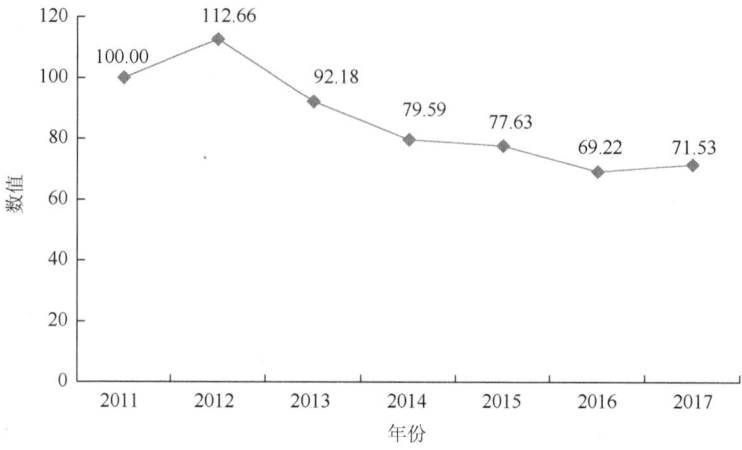

图 10-2　2011～2017 年我国农村基层工作建设指数的变动趋势

也是稳步攀升，而农民一事一议筹资 2011～2012 年大幅增加，完善了农村公益事业的建设，2013 年为了减轻农民负担，中央决定一事一议财政奖补资金分配不与农民筹资筹劳挂钩村民一事一议筹资大幅下滑，乡镇发展农牧渔党员数 2011～2012 年 2016～2017 年是处于上升阶段，十八大以来，党中央高度重视党员队伍建设，对提高发展党员质量等提出明确要求，2013 年新发展党员的数量同比下降，2014～2017 年一直处于低位。综合来看主要是受农民一事一议筹资与乡镇发展农牧渔党员数两个指标下行的压力，我国农村基层工作建设指数下降，虽然农民一事一议筹资下降，但村内公共产品供给纳入公共财政负担的范围并未减少农村公共服务的提供，只是从农村基层政府来看是减少了公共服务的提供。

（三）农村基层基础工作供给指数分析

我们利用基层组织建设与基层工作建设两个指标的值分别乘以运用熵值法求得的权数，再求和得出反映我国农村基层基础工作供给指数，根据其随时间变化的趋势做成图（图 10-3），了解 2011～2017 年我国农村基层基础工作供给指数变动趋势。

从图 10-3 中，可以看出从 2011～2017 年基层基础工作供给指数在 2011～2012 年是上升，其他年份都是下降的，主要原因是农民一事一议筹资与乡镇发展农林牧渔党员数大幅减少，但这并不是表示农村居民的享受的公共服务减少了，只是提供主体发生了改变，从根本上说是农村居民的公共服务更有保障。

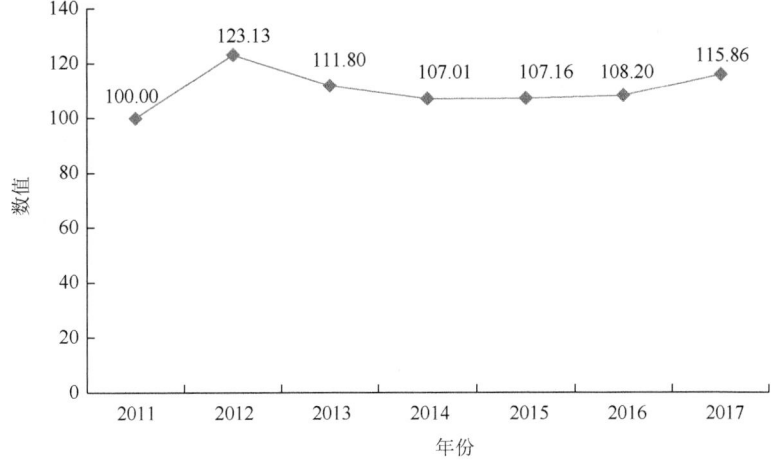

图 10-3　2011～2017 年我国农村基层基础工作供给指数的变动趋势

第十一章　我国农村脱贫攻坚标准

第一节　我国农村脱贫攻坚界说与发展现状

一、农村脱贫攻坚概念界说

（一）关于贫困的界定

贫困的界定有助于人类认识贫困、了解贫困，进而解决贫困问题。《社会学简明辞典》将贫困定义为一种物质生活困难的状态，即一个人或一个家庭以至一个特定的群体生活水平，比所在地区的平均生活水平低。他们经常缺乏某些必要的生活资料和服务，生活处于困苦、悲惨的境地。[①]《新编经济金融词典》对贫困做出以下定义：一种社会物质生活和精神生活贫乏的综合现象。[②]1987年，国家统计局城市调查总队和农调总队分别成立了"中国城镇居民贫困问题研究"和"中国农村贫困标准"两个课题组，对我国的贫困展开了深入的研究。在课题组撰写的研究报告中，"贫困"被定义为"缺乏某些必要的生活资料和服务"。与此同时，国内外专家和学者以及相关国际组织都对贫困的内涵做了不同的解释，比较有影响的有以下几种：①经济学之父——亚当·斯密在《国富论》中提出，一个人贫困与富有的界定在于他所拥有生活必需品、娱乐品的数量与质量。[③]②英国的奥本海姆（Oppenheim）在《贫困真相》一书中认为，"贫困是指物质上的、社会上的和情感上的匮乏，它意味着在食物、保暖和衣着方面的开支要少于平均水平"[④]。③英国学者汤森（Townsend）在他的《英国的贫困：家庭财产和生活标准的测量》一书中对贫困下的定义是"所有居民中那些缺乏获得各种食物、参加社会活动和最起码的生活和社交条件资源的个人、家庭和群体就是所谓贫困的"[⑤]。④国内学者李棉管、岳经纶提出，"当人口中的个人、家庭和群体缺乏足够的

[①] 李剑华、范定九主编：《社会学简明辞典》，甘肃人民出版社1984年版，第314页。

[②] 杨明基主编：《新编经济金融词典》，中国金融出版社2015年版。

[③] 斯密 A：《国富论》，高格译，北京联合出版公司2015年版，第358—456页。

[④] Oppenheim C，*Poverty*：*the Facts*，London：Bath Press，1993，p.83.

[⑤] Townsend P，*Poverty in the Kingdom*：*a Survery of the Household Resource and Living Standard*，Berkeley：University of California Press，1979.

资源来获得他们所属社会的饮食类型、参加社会公认的活动或拥有得到广泛认可的生活条件和便利设施时,他们可以说是处于贫困之中"①。⑤"贫困"作为一种随处可见的社会现象,表面看来是一个非常简单的概念。但将贫困现象与致贫原因结合起来以深入理解贫困,贫困的内涵又是极其复杂的。因此,有学者梳理了国内外关于贫困各种定义,整合经济条件、发展能力、社会剥夺与阶层地位形成"多维贫困"理念,主张从经济、社会、政治、文化、环境等角度理解贫困这一复杂事物②。

事实上,贫困是一个动态范畴的定义,由于社会的不断发展对贫困定义的解读也经历了一个发展变化的过程,这在一定程度上也说明了贫困问题的复杂性和动态性。总的来说,随着脱贫实践和研究的不断深入,贫困的含义越来越多地得到丰富和完善。其覆盖范围不仅仅是单一的物质贫困,还逐渐涵盖了能力贫困、精神贫困、权利贫困、灾害贫困、生态贫困、病残贫困和文化贫困等诸多方面。同时,贫困的含义还是个人或家庭的物质或生活水平未达到社会可接受的最低标准。综上所述,贫困既要反映动态发展和时代特征,又要反映其实质和政治、经济、社会发展水平。它是历史性、动态性、多维性、绝对性和相对性的对立统一。

综上,本章认为贫困不仅意味着衣食住行等方面的低支出,还包括被剥夺了享受自由生活、安全保障、接受良好教育、受尊重以及享有舒适居住条件与退休生活保障的机会。造成贫困的根本原因是权利机会和能力的丧失。鉴于贫困的内涵和原因的差异,本章将贫困分为不同的类型。根据致贫原因,贫困可分为能力贫困、权利贫困、收入贫困等多种类型。此外,根据贫困程度,贫困有绝对贫困和相对贫困之分。当大多数人脱离极端贫困时,由于存在相对贫困的人们,扶贫开发工作将继续进行。即使进入发达国家行列,由于贫困标准的演变,贫困群体将依然存在,扶贫工作需要继续开展。贫困是相对和绝对的统一体,绝对贫困也称为生存困难,是指无法维持生存所必需的最低生活水平和生存所必需的基本知识,而维持生存所需的基本条件包括食物、住房和衣服等消费。相对贫困既包括因社会和经济发展而使贫困线不断改善引起的贫困,还包括同一时期不同地区之间的贫困、不同阶层之间以及同阶层的不同成员之间由收入差异引起的贫困。在经济发展的初期,扶贫工作主

---

① 李棉管、岳经纶:《相对贫困与治理的长效机制:从理论到政策》,《社会学研究》2020 年第 6 期,第 67—90、243 页。

② "城乡困难家庭社会政策支持系统建设"课题组、韩克庆、唐钧:《贫困概念的界定及评估的思路》,《江苏社会科学》2018 年第 2 期,第 24—30 页。

要涉及绝对贫困问题。当经济全面发展时，它将集中于转向相对贫困的问题。

（二）关于脱贫攻坚的界定

中华人民共和国成立以来，扶贫开发经历了救济扶贫（1949～1978年）、改革扶贫（1978～1985年）、开发扶贫（1986～1993年）、攻坚扶贫（1994～2000年）、定点扶贫（2001～2010年）、扶贫攻坚（2011～2015年）、脱贫攻坚（2016～2020年）。在不同的历史时期，"脱贫攻坚"一直以各种不同的形态作为一种公共品呈现。以毛泽东为代表的中国共产党人，在社会主义革命和建设时期，通过社会主义三大改造确立了社会主义公有制的主体地位，为国家动员减贫奠定了基础；通过土地制度改革，为解决温饱进而摆脱贫困提供了保障；通过实行人民民主专政制度，为集中力量解决贫困问题提供了组织合力。以邓小平为代表的中国共产党人，在改革开放和社会主义现代化建设新时期，通过分步实施推进农村经济体制改革推动减贫、区域开发式扶贫、综合性扶贫攻坚、整村推进与"两轮驱动"扶贫等，逐步建立了常态化的减贫工作机制，减贫重心实现了从救济式到开发式，再到参与式的重大转变，中国扶贫开发事业进入了一个新的发展阶段。[①]党的十八大以来，以习近平同志为核心的党中央不仅把脱贫攻坚纳入"五位一体"总体布局和"四个全面"战略布局，还实施了精准扶贫、精准脱贫新方略，并将脱贫攻坚作为全面建成小康社会的标志性工程。随着2020年脱贫攻坚任务顺利完成，千百年来困扰中华民族的绝对贫困问题历史性地画上了句号，我们如期全面建成小康社会，实现了第一个百年奋斗目标。习近平在中央农村工作会议上指出：脱贫攻坚取得胜利后，要全面推进乡村振兴，这是"三农"工作重心的历史性转移。稳住农业基本盘，守好"三农"基础是应变局、开新局的"压舱石"[②]。但要实现"三农"工作重心由集中资源支持脱贫攻坚向全面推进乡村振兴平稳过渡，唯有扎实做好巩固拓展脱贫攻坚成果同乡村振兴有效衔接。由此可见，中国的脱贫之路是一以贯之、与时俱进和动态调整的过程，同时也是扶贫开发工作由量变向质变转变的过程。

对于脱贫攻坚的概念内涵等方面的研究，不同的学者也有各种的观点和见解。肖乐在他的研究中写道：脱贫攻坚就是解决扶贫工作过程中最困难的问题，这是我国扶贫理论的重大创新和突破，为我国扶贫工作的进一

---

① 蒲实、袁威：《中国共产党的百年反贫困历程及经验》，《行政管理改革》2021年第5期，第16—25页。

② 《习近平出席中央农村工作会议并发表重要讲话》，http://www.gov.cn/xinwen/2020-12-29/content_5574955.htm[2022-11-20]。

步开展提供了助力。①从以前的精准扶贫到脱贫攻坚，这是一个从过程到结果的转变。如何确保高质量打赢脱贫攻坚战？关键在于破除精准扶贫工作的难点，巩固拓展脱贫攻坚成果。魏后凯指出：如何在脱贫攻坚历史任务完成后，调动全社会力量全面推进乡村振兴，是"三农"研究的热点。②胡钰等又指出在农村生态保护和建设方面，如果说脱贫攻坚阶段的关键是扶贫，那么脱贫后的重点则应该是生态。③同时，黄征学等提出2020年后，现行标准下的绝对贫困现象将基本消除，全国范围内的脱贫攻坚将取得阶段性胜利，但这并不意味着贫困的终结，可持续的长期减贫将会面临新困难和新挑战，明确和调整今后的减贫目标、方向、重点、动力等至关重要。④

综上，本章认为脱贫攻坚是各级人民政府、企事业单位、社会团体及个人通过各项措施，帮助农村实现贫困人口不愁吃、不愁穿；保障农村贫困人口义务教育、基本医疗、住房安全；实现贫困地区农民人均可支配收入增长幅度高于全国平均水平、基本公共服务主要领域指标接近全国平均水平；帮助农村贫困地区和贫困人口提高自我发展能力，巩固拓展脱贫攻坚成果，守住不发生规模性返贫底线是一项长期而重大的活动。

二、我国农村脱贫攻坚现状

党的十八大以来，以习近平同志为核心的党中央把脱贫攻坚摆在治国理政突出位置，团结带领全党全国各族人民，经过8年持续奋斗，取得了脱贫攻坚战的全面胜利，完成了消除绝对贫困的艰巨任务。为摸清脱贫实际成效，党中央、国务院作出开展国家脱贫攻坚普查的决定。在国家脱贫攻坚普查领导小组的正确领导和相关地区、部门的共同努力下，2020年至2021年年初，21万多名普查人员对中西部22省（区、市）开展了国家脱贫攻坚普查。普查结果显示，现行标准下农村贫困人口全面实现了脱贫。

2018年是全面贯彻党的十九大精神和为脱贫攻坚而开展的三年行动的元年。国家统计局公布的2018年全国农村贫困状况调查数据显示，2018年全国农村贫困人口数量显著下降；截至2018年底，全国农村贫困人口已从2012年底的9899万人下降到1660万人，减少了8239万人，贫困发生率从2012年底的10.2%降至1.7%，累计下降8.5个百分点。贫困

---

① 肖乐：《精准扶贫理念下推进地方政府脱贫攻坚工作的研究》，湘潭大学，2017年。

② 魏后凯：《当前"三农"研究的十大前沿课题》，《中国农村经济》2019年第4期，第2—6页。

③ 胡钰、付饶、金书秦：《脱贫攻坚与乡村振兴有机衔接中的生态环境关切》，《改革》2019年第10期，第141—148页。

④ 黄征学、高国力、滕飞等：《中国长期减贫，路在何方？——2020年脱贫攻坚完成后的减贫战略前瞻》，《中国农村经济》2019年第9期，第2—14页。

地区农村居民的贫困增长率也大幅下降,其收入的增长幅度高于同期全国农村居民收入增长幅度;截至 2018 年底,贫困地区农村居民人均可支配收入 10 371 元,比上年增加 994 元,增长了 10.6%。减去价格因素,实际增长了 8.3%,高于全国农村 1.7 个百分点,圆满完成了增长幅度高于全国的总年度任务。深度贫困地区农村居民人均可支配收入 9668 元,比上年增加 938 元,名义增长 10.7%。据《中华人民共和国 2020 年国民经济和社会发展统计公报》,按现行农村贫困标准计算,551 万农村贫困人口全部实现脱贫。党的十八大以来,9899 万农村贫困人口全部实现脱贫,贫困县全部摘帽,绝对贫困历史性消除。全年贫困地区农村居民人均可支配收入 12 588 元,比上年增长 8.8%,扣除价格因素,实际增长 5.6%,增速分别比全国居民和全国农村居民高 3.5 个、1.8 个百分点。随后,根据国家脱贫攻坚普查结果,中西部 22 省(区、市)建档立卡户全面实现不愁吃、不愁穿,义务教育、基本医疗、住房安全有保障,饮水安全也有保障。2021 年 2 月 25 日,习近平在全国脱贫攻坚总结表彰大会上庄严宣告:我国脱贫攻坚战取得了全面胜利。①

第二节　我国农村脱贫攻坚典型案例分析

脱贫攻坚事关我国在全面建成小康社会决胜阶段能否取得成功,事关人民福祉,更事关我党的执政基础和国家的长治久安。十九大报告指出,坚决打赢脱贫攻坚战。让贫困人口和贫困地区同全国一道进入全面小康社会,是我们党的庄严承诺。要动员全党全国全社会力量,坚持精准扶贫、精准脱贫,确保到二〇二〇年我国现行标准下农村贫困人口实现脱贫,贫困县全部摘帽,解决区域性整体贫困,做到脱真贫,真脱贫。②本节介绍了河南省范县结合实际情况,以习近平新时代中国特色社会主义思想为引领,按照"党建引领、全民动员、精准施策、稳定脱贫"的工作思路,积极探索"党建+集体经济+贫困户""龙头企业+基地+新型合作社+贫困户""金融扶贫 5+"等脱贫新模式。

一、案例背景

河南省既是一个人口大省又是一个农业大省,脱贫攻坚的过程充满挑

---

① 《习近平:在全国脱贫攻坚总结表彰大会上的讲话》,https://www.ccps.gov.cn/xtt/202102/t20210225_147575.shtml[2022-11-20]。

② 《习近平:决胜全面建成小康社会 夺取新时代中国特色社会主义伟大胜利——在中国共产党第十九次全国代表大会上的报告》,http://www.gov.cn/zhuanti/2017-10-27/content_5234876.htm[2022-11-20]。

战和困难，且越是往后越是难啃的硬骨头。范县属于河南省"三山一滩"地区，辖有 7 个镇、5 个乡、574 个行政村，总人口达 56 万多，于 1987 年被确定为首批国家级贫困县，2002 年被确定为国家扶贫开发工作重点县。范县地理位置特殊，黄河、金堤河横贯县境，沿黄河线长达 47 公里，县内黄河滩区面积占全县的 16.1%。全县基础条件差，处于省际边缘，经济发展相对滞后，是国家扶贫开发工作重点县，河南省"三山一滩"脱贫攻坚主战场。2016 年通过精准识别"回头看"，全县共识别出贫困村 151 个，精准识别中建档立卡的贫困户有 19 463 户 61 814 人。经过 2017 年的贫困人口动态调整之后，全县仍有贫困村 99 个，贫困户 10 044 户 27 316 人。截至 2018 年底，全县有全口径建档立卡贫困户还有 17 884 户 57 747 人。按照河南省脱贫计划到 2019 年实现全部贫困县摘帽、贫困户脱贫，范县的脱贫攻坚压力巨大。

在上级党委及政府的坚强领导下，范县深入学习、宣传、全面贯彻落实党的十九大精神和习近平在调研指导河南时做出的重要指示精神，打了一场可歌可泣的攻坚战，脱贫攻坚取得了良好成效。可尽管如此，因范县的基础条件较差，又处于省际交界之地，较为偏僻闭塞，经济发展相对滞后，范县的脱贫攻坚还面临很大压力。选准、选对脱贫攻坚的重点和难点，集中攻克这些重点和难点，对全县乃至全省都具有重要的现实和借鉴意义。

二、案例过程

（一）案例经过

2019 年 10 月 2 日，范县白衣阁乡敬老院的小院里洒满阳光，老人们搬着马扎走出屋门，一边晒着太阳，一边拉家常。"家里没啥人了，得亏还有政府照顾俺。"五保户陈士龙说，他没花一分钱就住进了敬老院，吃穿不愁、看病不愁。

无处不在的民生关怀，已成为范县贫困群众心中最温暖的感受。聚焦贫困群众最关心、最直接、最现实的问题，范县把改善和保障民生放在脱贫攻坚主战场的突出位置，真抓实干、补齐短板，紧盯"一个目标"、夯实"两个基础"、聚焦"三个关键"、落实"四个到位"为贫困群众织牢"幸福网"。

1. 紧盯"一个目标"

以全县现有建档立卡贫困人口全部实现稳定脱贫为目标，严格按照中央"六个精准""五个一批"和省委"五条途径""五项举措""五个保障"等要求，加强领导、集中力量、密切配合、持续发力，奋力走在全省脱贫攻坚工作的前列。

2. 夯实"两个基础"

范县县委领导在开展脱贫攻坚工作时深刻认识到"基础不牢,地动山摇",因此提出"一定要打牢'地基',夯实基础"。一是夯实精准扶贫基础。按照省委"四个必到""三个零差错""三率明显降低"的工作要求,全面开展入户普查于 2017 年 8 月顺利通过了全省脱贫攻坚问题整改成效实地核查和第三方评估,在全省 131 个县(区)中排名第 41 位,全市排名第 2 位。二是夯实精准脱贫基础。持续加大农村基础设施和公益事业建设力度,按照"四有六通"要求,完善实施基础设施项目,如农村道路、饮水、文体中心等基础设施建设。在农村电网改造方面,完成全县所有贫困村电网改造任务,实现了贫困村生产、生活用电全覆盖。

3. 聚焦"三个关键"

一是聚焦产业扶贫增动力。坚持把产业扶持作为稳定脱贫的根本之策,在"五个着力"上下功夫、求实效,不断增强贫困群众"造血"功能。着力做强特色农业,坚持以农业供给侧结构性改革为主攻方向,擦亮"国家有机产品认证示范区"品牌,强化传统产业升级和新兴产业培育"双轮驱动",大力发展温棚瓜菜、双孢菇、水产养殖莲稻鳅共作、畜牧养殖、特色种植五大扶贫产业。积极探索"龙头企业+基地+新型合作社+贫困户""金融扶贫 5+"等扶贫模式,加快推进强势龙头项目建设,通过生产带动、劳务增收、产权入股、带资入股等扶贫方式,带动贫困户稳定增收。着力打造扶贫车间,以"便民、利民、带贫、富民"为突破口和切入点将扶贫车间建到群众相对集中的学校、村室附近,重点引进服装加工、手工编织和玩具加工等技术门槛低劳动密集型产业,积极吸纳贫困群众就业。着力实施精准扶贫,抢抓政策"窗口期",合理分配收益,截至 2018 年全县 46%的贫困户有了稳定的增收渠道。着力发展旅游扶贫,大力推进中原荷花园、"五彩黄河"旅游观光带、柳溪小镇、荷花小镇等建设,实现旅游带动周边贫困人口直接或间接从事旅游服务。

同时,积极谋划建设田园综合体项目,推进农村一二三产业融合发展,实现扶贫产业良性互动互促。着力推进电商扶贫,站位市场发展前沿,巩固国家级电子商务进农村示范县,大力开展电子商务进农村工作,运用"电商+产业扶贫"模式,与淘宝、京东等 12 家知名电商企业合作,网上销售范县大米、范县莲藕等有机农产品。中央电视台财经频道"中国电商扶贫行动"对范县网络销售大米、莲藕给予了报道,还成功举办了"有机之乡生态粮仓"范县年货采购节暨 CCTV7《中国科技扶贫》走进范县大型直播活动。贫困户李大伯眉飞色舞地说:"这下好了啊,以前种出来的粮食吃不完卖也卖不出去,种地就是为了能吃饱饭,没想到现在还能赚钱,不用挑担子不用赶集就能轻轻松松卖出去。"

二是聚焦就业扶贫，整合县人社、教育、残联等职能部门培训资源，针对群众需求开展订单式培训，确保贫困户至少掌握1～2项实用技术；在各乡镇成立劳务输出公司，积极帮助有条件的贫困群众外出务工，增加工资性收入。针对劳动能力弱的困难户，采取政府购买岗位的方式，安排其从事保洁、护林、保险宣传等职业，实现贫困群众稳定增收。

三是聚焦金融扶贫添活力。构建县乡村三级金融扶贫服务网络，完善金融服务、信用评价、风险防控和产业支撑四大体系，支持贫困户创业就业。

4. 落实"四个到位"

一是教育、健康扶贫到位。走进范县农村中小学校，一座座崭新的学校伴随着朗朗的读书声，与昔日用老粮仓改造成的破旧不堪的教室形成了鲜明对比。范县本着不让一个学生因贫失学、不让一个孩子在求学路上掉队的原则，积极落实教育扶贫各项政策，不断加强义务教育寄宿制学校和小规模学校建设，全面改善农村教育教学条件。通过一系列措施，全县有接受教育能力的适龄儿童少年九年义务教育阶段入学率、巩固率均达到或超过全省平均水平，实现了无一人因贫辍学的目标。

二是基本保障到位。强化住房保障，率先实施农村危房清零行动。强化困难群众生活保障，进一步完善最低生活保障制度，逐步调整低保标准与扶贫标准的差距。实施重度残疾人护理补贴，完善残疾人社会保障体系，对符合条件的贫困和重度残疾人落实"两项补贴"。2018年，基本保障投入552万元，积极实施"六改一增"工程，切实改善了贫困户生活条件。

三是搬迁扶贫到位。抢抓黄河滩区居民迁建政策机遇，强力推进滩区居民迁建工程建设。同时，为确保搬迁群众"搬得出、稳得住、可发展、能致富"，依托濮阳市木业产业园，大力发展木业深加工，努力打造滩区迁建群众就业基地，吸纳滩区迁建群众就业。

四是社会扶贫到位。组建扶贫开发协会，引导全县非公经济企业积极开展扶贫工作，2018年50家企业与50个贫困村结成帮扶对子，累计捐款捐物总价值570余万元。聚焦公益慈善，设立桑梓助学、残疾学生教育资助基金，实施金秋助学、希望工程圆梦、扶残励志教育、"雨露计划"等工程，对困难家庭孩子上学进行资助，全年发放128.5万元，惠及665名学生，吸收"两代表一委员"、致富能人等扶贫协会，形成了多点发力、各方出力共同给力的扶贫格局。[1]

---

[1] 储慧红：《关于新时代脱贫攻坚新模式的研究——以范县脱贫攻坚为例》，《经济研究导刊》2018年第22期，第43—44页。

（二）案例结果

1. 聚焦稳定脱贫，狠抓持续增收

范县始终把培育产业作为推动脱贫攻坚的根本出路，自2016年以来，该县累计投入7.04亿元，实施产业项目154个，实现了贫困户产业扶持措施全覆盖。一是壮大产业创增收。截至2020年，范县优质水稻种植面积达18万亩食用菌种植达150万平方米，温棚瓜菜种植面积2.2万亩，规模化养殖场达140家，林果、中草药等特色种植面积达到3万亩，带动5万余农户实现增收。建成分布式村级光伏电站111座，累计实现收益3022.81万元。率先探索"车间+贫困户"就业模式，带动2074名贫困群众在家门口就业，人均月收入1500余元。二是扩大就业保增收。开展贫困劳动力技术培训7156人次，累计实现转移就业17 734人。开发公益性岗位6357个。三是做强金融助增收。创新"工业+"扶贫模式，鼓励企业积极参与脱贫攻坚，累计为18家企业发放贷款1.9亿余元，实现带贫6234户，户均增收2000元。

2. 聚焦核心指标，实施政策清零

范县坚持民生优先，积极落实教育、医疗、住房政策，织牢民生防护网，实现惠民利民。一是抓好教育扶贫。2016年以来，累计投资3852万元，新建、改扩建幼儿园12所；投入1.5亿元，新建、改造农村中小学校校舍49所，改善53所乡村学校办学条件；积极实施生源地信用助学贷款，累计为14 574名贫困大学生、研究生办理助学贷款10 553.24万元。二是抓好健康扶贫。县内21家定点医院全部实现"先诊疗、后付费""一站式"即时结算，2019年，"五重"保障报销资金5557.64万元，困难群众自付费用344.86万元，报销比例达94.16%。三是抓好住房安全。2016年以来，累计拨付资金6219万元，实施危房改造5068户，涉及建档立卡贫困群众3231户。

3. 聚焦群众期盼，幸福指数提高

一是持续抓好基础设施提升。全县农村公路总里程达1428公里，农村公路通达率100%，荣获全国"四好农村路"示范县称号；统一购买城乡新能源客运班车140辆，全县574个行政村客运班车通达率100%。大力实施安全饮水巩固提升工程，实现了村村通自来水；实施农村电网工程530个，新（改）建农村电网1439.62公里，实现用电保障全覆盖，村级电网供电能力提升2倍。

二是持续抓好公共服务设施完善。扎实推动公共文化设施配套建设，完成532个村文化广场和简易戏台建设任务，实现151个贫困村全覆盖。不断完善医疗卫生公共服务设施。县级医院，每千人拥有床位数2.2张；

基层医疗机构，每千人床位数 1.79 张。建设 374 所标准化村卫生室，实现贫困村全覆盖。

三是持续抓好农村人居环境整治，彻底消除农村脏、乱、差现象。当前，全省首批滩区居民迁建试点工程已全面完成，三年规划涉及 4 个乡镇 24 个村 5350 户 19 364 人的滩区迁建工程正在加快推进。第一批试点和三年规划共涉及 21 个贫困村 1380 户 4490 名贫困群众。

三、案例启示

在实际工作中，范县结合实际情况，以习近平新时代中国特色社会主义思想为引领，深入贯彻落实精准扶贫精准脱贫战略部署，坚持以脱贫攻坚统揽经济社会发展全局，按照"党建引领、全民动员、精准施策、稳定脱贫"的工作思路，积极探索"党建+集体经济+贫困户""龙头企业+基地+新型合作社+贫困户""金融扶贫5+"等脱贫新模式，强化产业和就业扶持根本之策，加大教育、医疗、卫生、饮食等扶贫力度，2016～2018 年全县实现 1.1 万人稳定脱贫。创新"工业+"扶贫模式，鼓励企业积极参与脱贫攻坚，实现企业带贫 6234 户，户均增收 2000 元。自 2016 年以来，全县累计投入财政资金 16.08 亿元用于脱贫攻坚。2017 年动态调整后，全县有贫困村 99 个，贫困户 10 044 户、27 316 人，贫困发生率降至 5.09%，降低了 257 个百分点。截至 2019 年 11 月，全县贫困发生率降为 0.75%，151 个建档立卡贫困村已全部出列，贫困村退出率 100%，各项指标均达到贫困县退出标准。

为打赢脱贫攻坚战，着力建体系、抓队伍、严监管、强督查，范县建立了"横向到边、纵向到底"的推进机制，确保脱贫攻坚质量和效果"双提升"，范县脱贫攻坚模式也为全国其他地区脱贫攻坚进程的推进带来了一定的启示。第一，要构建财政涉农资金统筹整合长效机制，提升农村居民可支配收入和人均消费支出；第二，要继续完善医疗、教育、金融等扶贫政策，从衣食住行四个方面改善现有基础设施的供给状况；第三，要统筹贫困县中贫困村与非贫困村，贫困户与非贫困户平衡发展，从根本上降低贫困发生率，减少农村居民数量及贫困人口规模。

第三节 我国农村脱贫攻坚标准体系的构建

一、我国农村脱贫攻坚标准体系的文献述评

衡量贫困标准的界定主要从物质条件来界定，现阶段难以将机会的缺失纳入贫困标准制定体系中。衡量贫困程度的标准一般为贫困线，各国的

贫困线不一样，其贫困衡量标准也不相同，贫困线一般是根据某一地区家庭的人均收入水平计算得出的。学术界和各国政府将贫困区分为绝对贫困和相对贫困，绝对贫穷是建立在以最低标准的物质需求为基础的贫困，而相对贫困则是在社会里依托当时的常态环境而选择一种可接受的客观的生活水平和方式的状态。

国外学者研究形成的贫困指标主要包括基本贫困指标、Sen 贫困指标、FGT 贫困指标、社会福利函数贫困指标和多维贫困测度指标等。国内学者对贫困评估的研究主要基于上述指标的参考和转化。实际上，国外学者提出的系列指数、指标在我国贫困评估中存在着适用性的问题。基本贫困指标中的贫困发生率可以直接反映贫困的社会层面，而贫困差距率可以直接反映贫困的强度，但两者都不是详尽无遗地反映贫困程度。虽然 Sen 贫困指标和 FGT 贫困指标比较完整，但直接解释能力较弱，还不能很好地解释一些社会现象。社会福利函数贫困指标理论上看较完美，由于其存在不确定性，很难实际应用；多维贫困测度指标从理论上讲是客观科学的，但实践中很难规范其与贫困测度相关属性的贫困阈值，因此，该指标的操作性大打折扣，同时这些指标也不完全符合我国的国情。

贫困县、贫困村和贫困户是反映中国式扶贫政策的历史缩影，但是"贫困退出"并不表明永远地消除了贫困，相对贫困永远都存在，减贫是永恒的主题。即使发达国家同样也存在贫困问题，只是不同国家贫困差异和程度有所不同，2020 年脱贫攻坚已取得决定性成就，现行标准下农村贫困人口已实现脱贫，但一些边缘化人口存在返贫风险，必须加以防范。首先，脱贫具有不稳定性和脆弱性，需要警惕返贫现象。其次，有学者提出当前的贫困退出只解决了农村贫困问题，下一步应考虑将重点转移到城乡贫困问题。受历史、习惯、制度等因素的影响，我国城乡贫困的对象更加特殊，有必要充分考虑城乡贫困的严重性和紧迫性，并从多角度为解决城乡贫困提供思路和建议。最后，贫困退出后需要重视贫困地区和贫困群体发展能力的可持续发展。在贫困退出机制中完善对贫困人口的风险评估，有效避免贫困人口返贫后被动进行处理的局面，对巩固脱贫成效和持续、稳定地进行脱贫工作具有积极意义。

二、贫困标准的确立

贫困标准是测量贫困人口规模和贫困程度的重要基础和工具。世界各国、国际性组织都制定了相应的贫困标准，但是由于经济社会发展及区域的差异，有关贫困线的计算方式和标准也会有所不同。大部分国家和国际组织的贫困标准都是根据本国的具体情况，从收入水平、满足生活消费的最小需求量以及恩格尔系数等角度进行详细测算的基础上确立的。英国是最早制定收入贫困标准的国家，之后美国也开始制定收入贫困标准。到20世纪90年代中期，全球已有30多个国家制定了收入贫困标准。世界银行提出日均收入1.25美元和日均收入2美元两个贫困标准线，即极端贫困（绝对贫困）线和贫困线。极端贫困是指满足生活所需的最低限度，达到此标准线意味着生活水平达到"基本温饱水平"。贫困线则意味着生活水平达到"稳定温饱水平"。世界银行所确定贫困线在国际上具有很高的认可度，被大多数国家参照并使用的国际性标准。

三、国际常用的确定贫困的指数标准

（1）按居民收入确定贫困指数。收入贫困一直是世界各国确定贫困指数广泛使用的方法，分为绝对贫困指数和相对贫困指数。例如，美国的国家贫困线不是绝对值，而是基于该地区扶贫目标家庭状况的。一方面，根据城市居民消费价格指数，对不同地区之间的差异进行了调整，从而使全国不同地区相同状况的家庭可以维持相对无差异的生活水平。另一方面，美国的贫困标准兼顾了不同的家庭情况，有两个主要衡量标准——65岁以上的人口数和18岁以下的儿童人数，并根据这两个变量的不同范围制定了国家梯级贫困线。

2008年，世界银行根据75个国家（包括经济转型国家和发展中国家）的贫困线数据，将极端贫困线设定为每人每天生活支出低于1.25美元，在2015年之前世界银行一直使用此指数。我国自2013年开始实施精准扶贫，也参考了此指数，确立的贫困线为人均收入2736元，这一指数略低于2008年世界银行制定的国际绝对贫困线。2015年世界银行根据2011年ICP（internet content provider，网络内容服务商）项目的PPP数据计算得到国际贫困指数为1.9美元（"基本温饱水平"——极端贫困标准）和3.1美元（"稳定温饱水平"——高贫困标准）。

（2）将人类发展指数作为贫困指数。20世纪80年代初期，印度著名经济学家、诺贝尔经济学奖获得者阿玛蒂亚·森（Amartya Sen）首次提出从"寿命、知识和生活水平"三个方面来衡量人类发展指标，具体而言：寿命指预期平均寿命，知识是指受教育程度，生活水平则用人均实际GDP（购买力平价换算），这三者的综合就是人类发展指数（human development index，HDI）。自从引入人类发展指数以来，联合国开发计划署每年都对世界各国的人类发展指数进行测量和排名，在1997年关于贫困与人类发展的报告中指出，人类发展指数对世界反贫困具有重要意义。将人类发展指数作为贫困指数说明扶贫不仅要发展经济，而且要促进人的全面发展，这是一种全新的扶贫理念和发展思想。

（3）根据多维贫困指数（multidimensional poverty index，MPI）确定

贫困指数。多维贫困是基于这样的观念即人类贫困不限于可以直接在货币尺度上衡量的金钱（如收入、支出等），还应包括基础设施（如自来水、道路、卫生设施）、获得的社会福利及保障等指标，以及对这些指标的主观感受。多维贫困概念将贫困视为一种综合的社会现象，主张除了从收入等货币因素衡量贫困外，还应将教育、医疗卫生、社会保障、基础设施等非货币因素纳入衡量体系。根据这一理念，2010年，在联合国开发计划署的委托和支持下，牛津大学贫困与人类发展中心发布了一个界定绝对贫困人口的新指数——多维贫困指数，并将其确定为一种衡量贫困的新方式。2014年该机构对一些国家的多维贫困指数进行了测量，并将其纳入《2014年人类发展报告》，该指标所使用的多维贫困指数主要由三个次要指标和十个三级指标。通常，在确定评估指标时，逻辑是按照层次分析法的要求逐步进行的。在测量和计数时，它是按从下到上的逻辑，由一定的权重和比例求和。初始权重全部均匀分布，然后通过专家评分使用矩阵计算来设计权重。[①]

（4）熵值法确定贫困指数。熵值法使用信息熵来计算每个指标的熵值，然后通过熵值来校正每个指标的权重，从而获得可观的指标权重。我们使用j的指数来表示家庭收入，其值的范围为$j = 1, 2, \cdots, n$；每个指标的响应者的响应值由i表示，其值的范围为$i = 1, 2, \cdots, m$。①指标数据指数化。为了消除因维度不同而对数据分析造成的影响，有必要对数据进行指数化并将其转换为无维度的纯值，这便于比较和加权不同指标。②计算第j个指标下第i个调查对象的指标值的比重p_{ij}：

$$p_{ij} = \frac{r_{ij}}{\sum_{i=1}^{m} r_{ij}} \tag{11-1}$$

计算第j个指标的熵值e_j：

$$e_j = -k \sum_{i=1}^{m} p_{ij} \cdot \ln p_{ij}$$

其中，$k = \frac{1}{\ln m}$。 （11-2）

计算第j个指标的熵权w_j：

$$w_j = \frac{(1 - e_j)}{\sum_{j=1}^{n} (1 - e_j)} \tag{11-3}$$

---

① 冯怡琳：《中国城镇多维贫困状况与影响因素研究？》，《调研世界》2019年第4期，第3—10页。

四、我国农村贫困退出指标体系的构建与指标内涵

(一) 贫困退出指标

贫困退出指标的指标选取和设定主要借鉴和吸收联合国人类发展指标体系、OECD 绿色增长指标体系、牛津大学贫困与人类发展研究中心多维贫困指标体系以及我国贫困户建档立卡的内容,并结合我国贫困地区的实际现状,构建了贫困退出的四个向度,每个向度下又分为三或四个子目标[①](表 11-1)。一是贫困基础向度。脱贫意味着贫困户在解决基本生存的基础上能够自给自足。一般而言,衡量贫困最基本的指标是贫困户的人均纯收入和贫困率。近年来,由于劳动力出口在反贫困中的重要作用,因此已经开始利用劳动力转移率来对其进行评估。其中,贫困的基本方面包括了贫困(贫困发生率)、劳动力(劳动负担因子)和收入水平(家庭人均纯收入)。二是生存环境向度。从农业社会的"成长时代"到工业社会的"发展时代"再到知识社会的"可持续发展时代",人类生存的社会无法从其生存环境中转移。适宜的生活环境是人类赖以生存和创造文明的基础,其中主要包括了基础设施(通电率、通路率、通水率、通厕率)等。三是经济发展向度。贫穷最原始的表现是经济发展水平低下,尤其是指其收入不能满足人类生存的基本需求。一般指标包括消费水平(恩格尔系数)、生活条件(住房条件)、健康状况(家庭成员的营养状况)、技能和产业发展(参与农村合作社)。四是人文发展向度。社会是指基于共同的物质生产活动而彼此联系的人的总数。在评估区域社会发展状况时,人口、教育、文化和健康至关重要,其中包括健康状况(平均预期寿命)、文化教育(平均受教育年限)和社会保障(享有社会保障人口比重)。全面建成小康社会的贫困退出机制中涉及贫困退出标准和退出指标的研究,而指标属于一种社会指标体系,具有多重主体性。根据以上四个目标的分类和重组,可以建立以下子目标来描述和评估农村贫困与发展的总体趋势。

表 11-1 贫困退出指标体系

一级指标	二级指标
贫困基础	贫困发生率
	家庭人均纯收入
	劳动力负担因子

---

① 雷国胜、王艳奇、李晓茹:《贫困人口可持续发展能力视角下的贫困退出考核机制研究》,《现代商贸工业》2019 年第 19 期,第 152—155 页。

续表

一级指标	二级指标
生存环境	通电率、通路率、通水率、通厕率
	森林覆盖率
经济发展	恩格尔系数
	住房条件
	家庭成员的营养状况
	参与农村合作社
人文发展	平均受教育年限
	平均预期寿命
	享有社会保障人口比重

（二）不同贫困主体脱贫指标分析

1. 贫困户脱贫的条件和指标

贫困户是基于贫困人口之上的家庭整合，参照家庭、户口等集体单位指标确定下来的以户为单位的测量贫困的概念。个体的贫困体现在单个的贫困人口的测量上，而单个的贫困人口是生活、生存于每一个家庭之中的，又鉴于我国采用户籍政策确定个体的归属，所以界定一个户口本为一个家庭户，家庭户为户口本在册的所有人员，这样就便于对贫困户的监测和评价。本章借鉴和吸收人类发展指标体系、绿色增长测度指标体系、多维贫困指标体系以及我国贫困户建档立卡的内容，并结合了我国贫困地区的实际现状，选取了三个维度六项指标作为贫困户脱贫指标（表 11-2）。

表 11-2 全面建成小康社会的贫困户脱贫指标

向度	项目	退出评价
贫困基础	家庭人均纯收入	家庭户人均可支配收入连续三年超过贫困线
	劳动负担因子	具有劳动能力的人数占户口本在册人数至少有一个劳动力
经济发展	住房条件	没有自住房，或者住房为危房
	教育水平	义务教育巩固率 95%
人文发展	医疗水平	医疗保险参与率 98%
	养老水平	养老保险参与率 98%

注：所涉及指标数据均可从中国农村贫困监测报告和扶贫开发建档立卡指标体系中的《贫困户登记表》获得

第一是农民家庭的人均可支配收入需要连续三年保持在贫困线以上。收入水平主要是指贫困（绝对贫困）家庭的国家标准，2011 年中央决定将农村贫困家庭的认定标准是以农民年人均可支配收入 2300 元（2010 年不变价，相当于 2013 年 2736 元，2014 年 2884 元，2015 年 3028 元）的国家农村扶贫标准为识别指标。而收入水平是衡量贫困的基本指标，直接关系到贫困家庭的消费水平和生活质量等，贫困家庭的人均纯收入增加则反映了贫困家庭的生活水平提高。如果说贫困家庭的人均纯收入连续三年保持稳定，那么这种改善也就可以进一步确保家庭生活的稳定。在具体的测量过程中，应根据年度贫困线（贫困标准）来进行调整测算。第二是劳动力。由于农民家庭中的劳动力决定了家庭的收入水平，因此考虑添加此指标。劳动力有两种：一是有劳动能力，人均纯收入不足 2500 元/人的贫困家庭；二是无劳动能力，人均纯收入不足 2500 元/人的贫困和低收入家庭。但是每个家庭中的劳动力数量需要特殊考虑。随着我国贫困线标准的逐步上调，"低收入"和"扶贫"两种制度正在趋同，这要求我们在制定退出机制的同时充分考虑"低保户""低保线"与"贫困户""贫困线"的联系。当然在具体的测算过程中需要考虑各省份的实际情况，标准因时因地会有所不同。第三是住房条件。居住环境作为生存的基本条件需要予以保证。参考联合国人类发展指标体系和牛津大学贫困与人类发展研究中心多维贫困指标体系，住房条件主要考察是否有自住房，或者住房是否为危房。第四是教育水平。参考牛津大学贫困与人类发展研究中心多维贫困指标体系，决定将教育水平纳入我们考核的指标体系指标。根据《关于创新机制扎实推进农村扶贫开发工作的意见》中提出"到 2015 年，贫困地区义务教育巩固率达到 90%以上"的相关规定，以及《国家中长期教育改革和发展规划纲要（2010—2020 年）》提出的"巩固提高九年义务教育水平"的要求，设定义务教育巩固率为 95%。第五、第六是医疗水平和养老水平。为保障贫困家庭的健康和养老金，参考牛津大学贫困与人类发展研究中心多维贫困指标，纳入医疗保障指标。根据《中国农村扶贫开发纲要（2011—2020 年）》和《关于扎实推进农村卫生和计划生育扶贫工作的实施方案》提出的到 2015 年，新型农村合作医疗参合率稳定在 90%以上；到 2020 年，贫困地区群众获得的公共卫生和基本医疗服务更加均等，服务水平进一步提高，低生育水平持续稳定，逐步实现人口均衡发展，确定到 2020 年医疗保险参与率和养老保险参与率达到 98%的目标。

2. 贫困村退出的指标分析

根据国务院扶贫开发领导小组办公室关于《扶贫开发建档立卡工作方案》的通知，识别贫困村庄的标准是按照"一高一低一无"的标准执行的。也就是说，行政村贫困发生率比全省贫困发生率高一倍以上，行政村 2013 年全村农民纯收入低于全省平均水平 60%，行政村无集体经济收入。对于贫困村的退出，评估应在省级基础上进行，贫困村的确定应参考两个指标：一个是村庄一级的贫困发生率，另一个是村民的人均可支配收入。如果行政村的贫困发生率连续三年达到或低于省贫困率，则该贫困村应退出。贫困村的退出标准是"两个确保，两个完善"，其中，"两个保证"意味着贫困发生率下降到 2%以下，当年该村的集体经济收入超过40 000 元（不包括转移支付），有一项不达标就不能通过验收；"两个完善"是指基础设施和公共服务基本完善，包括农村道路畅通，人畜饮水安全，生产和生活用电得到保障，住房得到保障，上学便利，"新农合"及养老、低保、五保等政策落实到位，基层组织达到有效运作标准。贫困村的退出是以贫困发生率为主要指标，并结合了村内基础设施、基本公共服务、产业发展和集体经济收入等综合因素。原则上贫困村庄的贫困发生率低于2%（西部地区低于 3%）。

3. 贫困县退出的指标分析

由于贫困致因错综复杂，使用某个单一指标来测度贫困程度，很难将真正的贫困户、贫困家庭乃至贫困县测度出来，所以需要研究确定多因素的贫困评估指标体系。关于贫困县的退出机制，研究人员认为应从经济、社会、生态等维度构建县级扶贫绩效评价指标体系，综合衡量贫困县的退出。贫困县退出是一项复杂的系统工程，需要各级政府的正确领导、相关部门的积极配合及全社会的大力支持。从操作层面来看，贫困县应按"借助全国扶贫信息网络系统和各县建档立卡系统采集充分反映贫困人口生活水平的信息→借助扶贫开发效果和贫困程度评估指标体系与评估模型对贫困县的扶贫开发效果和贫困程度进行评估→使用统一的扶贫开发效果和贫困程度考核指标识别贫困县与脱贫县→达标脱贫县有序退出"的流程自动退出。

扶贫绩效评价指标体系是贫困地区扶贫效果评价的基础，该指标体系的指导思想来自《关于创新机制扎实推进农村扶贫开发工作的意见》，"由主要考核地区生产总值向主要考核扶贫开发工作成效转变，对限制开发区域和生态脆弱的国家扶贫开发工作重点县取消地区生产总值考核，把提高贫困人口生活水平和减少贫困人口数量作为主要指标，引导贫困地区党政领导班子和领导干部把工作重点放在扶贫开发上"。基于此指标体系的建设主要围绕对贫困人口生活水平的测定和扶贫状况的衡量展开。1978 年联合国修订了《社会和人口统计体系》文件专辑，提出测定生活水平的12 类指标，包括出生率、死亡率及其他人口学特征；医疗卫生条件；居住条件；教育和文化；劳动条件和就业率；居民的收入和支出；生活费用和消费价格；运输工具；休息的安排；社会保障；人的自由。根据这 12 项指标，加上反映贫困人口数量减少状况的指标，借鉴层次分析法，充分考虑贫困的特点、我国贫困户建档立卡的内容和精准扶贫的需要，将贫困县扶贫效果评估指标划分为温饱水平、生存环境、人文发展和减贫状况 4 个一级指标和 16 个二级指标（表 11-3）。

表 11-3　贫困县扶贫效果评估指标体系

一级指标	二级指标
温饱水平	人均纯收入
	人均消费支出
	恩格尔系数
生存环境	人均住房面积
	户均运输工具拥有量
	劳动力转移率
	四通率
	自然村卫生室比率
	"新农合"参合率
	新农保覆盖率
人文发展	平均寿命
	文盲率
	人均文化消费支出
减贫状况	贫困发生率
	贫困缺口率
	减贫率

对完成扶贫效果评估的贫困县，需要进一步评估其贫困程度。扶贫绩效评估标体系是一个多层次、多因素的综合评估指标体系，需要综合运用发展经济学的循环累积因果理论、收入分配理论、人力资本理论和贫困评估理论等，仍然借鉴层次分析法，在充分考虑当前贫困的特点、我国贫困户建档立卡的内容和精准扶贫的需要的基础上，可以将贫困县贫困程度度量指标划分为经济资本、人力资本和社会资本 3 个一级指标，并创建各一级指标的具体测量指标，共 17 个（表 11-4）。[①]

[①] 李茜、赵俊琴、贾美琴：《基于赋权理论的贫困县脱贫退出机制研究》，《中国经贸导刊》2018 年第 35 期，第 48—51 页。

表 11-4　贫困县贫困程度评估指标体系

一级指标	二级指标
经济资本	户均纯收入
	人均纯收入
	户均住房面积
	人均住房面积
	户均生产物资拥有量
	户均家用电器拥有量
人力资本	劳动力负担系数
	户均非义务教育负担学费
	户均大病及地方病等医疗支出
	户均非农专业技能培训及资料费支出
	户均非农专业技能收入
社会资本	每千人卫生院床位数
	"新农合"参合支出
	"新农合"报销比例
	新农保缴费支出
	新农保月发放标准
	四通率

五、我国农村脱贫攻坚标准体系的构建与指标内涵

脱贫攻坚标准体系的构建是一项复杂的系统工程,构建该指标体系是为了能够在 2020 年前在中国大陆范围内实现全面小康,这是一个对现实问题或者对潜在问题制定共同使用和重复使用的条款以及编制、发布和应用文件的活动。脱贫攻坚标准体系是一个有内在联系的、科学的有机整体,因此构建此类复杂的标准体系需要系统地思考以便做出有效的决策。而层次分析法反映了具有递阶层次系统的决策特点,它把一个复杂问题条理化、层次化,构造成一个有层次的系统。最高层次即一级指标,一般只有一个元素,一般它是作为分析问题的预定目标或理想结果。中间层即二级指标,其中包括为实现目标所涉及的中间环节,它可以由若干个层次组成。最底层即三级指标,包括为实现目标可供选择的各种措施、决策方案。

在界定贫困和识别贫困户时,我们已注意到不同地区贫困的异质性和差异性。而贫困不仅只是农民收入不足导致生计难以维持的物质贫乏,更是社会权利与发展能力的不足。因此,在精准识别贫困户及脱贫户时应采用多维评估指标,尤其要关注评估对象可持续的脱贫能力和权利获取。在

指标体系构建方面，本书将贫困基础和经济发展为一级指标，在此基础上筛选出七个二级指标，构建脱贫攻坚评估指标体系。运用该指标体系对2013～2017年贫困县进行实证分析（表11-5），本章使用的所有数据均来自2013～2017各年中国统计年鉴和中国农村贫困检测报告。

表 11-5　我国农村脱贫攻坚指标体系

一级指标	二级指标	三级指标	单位	数据来源
我国农村脱贫攻坚	贫困基础	贫困发生率	%	中国农村贫困监测报告
		农村居民人均消费支出	元	中国统计年鉴
		贫困人口规模	万人	中国农村贫困监测报告
	经济发展	贫困县农户饮水无困难占比	%	中国农村贫困检测报告
		贫困县百户汽车拥有量	辆/人	中国农村贫困检测报告
		农村粮食产量	万吨	中国农村统计年鉴
		农村居民可支配收入	元	中国统计年鉴

其中三级指标中贫困发生率也称贫困人口比重指数，是指低于贫困线的人口占全国人口比例；农村居民人均消费支出是指农村总消费支出与农村总人口数之比；贫困人口规模是指调查到的乡村的贫困人口总量；贫困县农户饮水无困难占比是指贫困县区无困难饮水人数占整个县总人数比例；贫困县百户汽车拥有量是指基于贫困县每百人计算汽车的拥有量；农村粮食产量是指在贫困县内主产粮食产量；农村居民可支配收入是指用于可自由支配的总收入与农村地区总人口的比值。

第四节　我国农村脱贫攻坚指数测算

一、我国农村脱贫攻坚供给指标权重

（一）贫困线

1999 年，诺贝尔经济学奖获得者、印度经济学家阿玛蒂亚·森大力提倡贫困度量的公理化理论。阿玛蒂亚·森不仅提出了衡量贫困的公理化方法，还明确提出了一个贫困指数——Sen 贫困指数。由于阿玛蒂亚·森在社会经济中对贫困问题的研究做出的杰出贡献，使得贫困的测量一直是活跃的研究领域，并且该领域的理论文献也非常丰富[1]。衡量贫困的主要

---

① 李泉、王茜：《贫困的度量：贫困线与公理化标准》，《甘肃行政学院学报》2010 年第 1 期，第 99—104，128 页。

条件是识别并确定谁属于贫困人群。贫困指数或贫困线是用于衡量个人、家庭或某个地区是否贫困的已定义的指标或度量系统，且互相之间有明显的区别。贫困人口有多种识别方法，其中更方便易用的是根据综合经济收入，以此用作识别贫困者的特定贫困线。沿着该思路，主流经济学不仅将收入作为研究贫困度量问题的基本视角，而且提供了一套科学的测量方法。因此，在特定的时空条件下，收入低于贫困线的人是贫困人口；相反，则不是贫困人口。需要强调的是，贫困线必须考虑最低需求和最低收入。与此同时，我们必须注意计量单位、时间跨度、空间区域等其他因素的不同影响。贫困线的确定和贫困识别理论的辨析，对判断研究对象是否属于贫困具有重要作用，参考科学的指数可以帮助我们确定一个人或一个家庭是否处于"贫困状态"。因此，贫困测量综合指标及公理化指数问题，不仅是衡量整个社会贫困水平的指标，而且是对贫困研究的进一步深化，它起着测量"贫困程度"的作用。

（二）多维贫困指数和多维脱贫指数的建立

首先，计算多维贫困发生率 H，$H = H(y; z)$；$H = q/n$，式中，q 为在 z_k 之下的贫困个体即同时存在 k 个维度贫困的个体数；k 为在 K 个维度上识别贫困者的函数；y 为收入；z 为剥夺临界值。这种多维贫困发生率计算方法无法测量贫困的分布和贫困剥夺深度，而且无法识别在其他维度上出现的新的贫困人口。为了克服上述方法的缺点，引入了平均剥夺份额 A。M_0 为调整后的多维贫困指数，它由两部分构成：一部分 H（多维贫困发生率），另一部分平均剥夺份额 A。多维贫困指数既反映了贫困的密度，又反映了贫困的强度，等于多维贫困发生率与平均被剥夺程度的乘积。用平均贫困距进一步对 M_0 进行调整，则得到 M_1；若对 M_0 用平均贫困深度进行调整，则得到 M_2。综上所述，多维贫困指数具有不同的形式如 M_0、M_1、M_2 等。在实际应用中，可根据实际情况选择。

1. 多维贫困发生率

其公式为

$$H_0 = q_0/n_0$$

式中，q_0 为贫困维度大于等于 2 的多维贫困人口；n_0 为样本总人数。

2. 平均剥夺份额

其公式为

$$A_0 = \left(\sum_{i=1}^{n} C_i P_i \right) \Big/ q_0 d \tag{11-4}$$

式中，d 为维度总数；$\sum_{i=1}^{n} C_i P_i$ 为贫困人口的贫困维度总和。

调整后的多维贫困指数其公式为

$$M_0 = \left(\sum_{i=1}^{n} C_i P_i \right) \Big/ n_0 d \qquad (11\text{-}5)$$

3. 多维脱贫指数测算

多维脱贫的度量主要有多维脱贫率、多维脱贫平均份额和多维脱贫指数。

（1）多维脱贫率。用 q_2 表示脱贫人口，则用 n_2 表示贫困人口，则多维脱贫率为 $H_2 = q_2 / n_2$。

$$q_2 = \sum_{i=1}^{n} R_i^{t/t+1} \qquad (11\text{-}6)$$

式中，$R_i^{t/t+1}$ 为个体 i 从 t 期贫困状态到 $t+1$ 脱贫状态的个数。

（2）多维脱贫平均份额。用脱贫人口 t 期的贫困维度数减去 $t+1$ 期的贫困维度数并除以脱贫人口维度总数可得

$$A_2 = \left[\sum_{i=1}^{n} R_i^{t/t+1} (C_i^t - C_i^{t/t+1}) \right] \Big/ q_2 d \qquad (11\text{-}7)$$

式中，C 为贫困维度总数。

（3）多维脱贫指数。结合反映脱贫广度的多维脱贫率和反映多维脱贫深度的多维脱贫平均份额可得

$$M_2 = \left[\sum_{i=1}^{n} R_i^{t/t+1} (C_i^t - C_i^{t/t+1}) \right] \Big/ n_2 d \qquad (11\text{-}8)$$

不难发现，$M_2 = H_2 A_2$。在此基础上可以得到各维度对多维返贫指数的贡献额和贡献率。以 j 维度为例，贡献额为[1]

$$M_{2j} = \left[\sum_{i=1}^{n} Q_i^{t/t+1} (g_{ij}^t - g_{ij}^{t+1}) \right] \Big/ n_1 d \qquad (11\text{-}9)$$

式中，$Q_i^{t/t+1}$ 为个体 i 从 t 期到 $t+1$ 期经历的脱贫的个数。

从多维贫困动态视角出发可以发现，脱贫人口的返贫、贫困人口的脱贫以及持续贫困人口贫困程度的变化既是贫困动态变动的过程，也是贫困最终发生转变的直接原因。①返贫对贫困变动的影响。第一，返贫使贫困人口增多，返贫率越高，贫困人口增长相应越多，贫困率向增大的方向的变动越大。第二，返贫率只能反映新增贫困人数的比例，不能反映返回贫

---

① 蒋南平、郑万军：《中国农村人口贫困变动研究——基于多维脱贫指数测度》，《经济理论与经济管理》2019 年第 2 期，第 78—88 页。

困的深度，因而对贫困平均份额没有影响。返贫人口的返贫维度总数计入贫困人口的贫困维度计算中，返贫维度总数越多，贫困平均份额相应变化越大。第三，返贫率和返贫人口总是同时对贫困指数产生作用，返贫率越大将使得贫困的广度增大，返贫人口越多则贫困的深度越深，两者共同作用使得贫困指数相应变化。②脱贫对贫困变动的影响与返贫对贫困变动的影响相反。第一，脱贫使贫困人口减少，脱贫率越高，贫困人口减少相应越多，贫困率向减少的方向的变动越大。第二，脱贫率只能反映脱贫人数的比例，不能反映脱贫的深度，其变动对贫困平均份额没有影响。在计算贫困人口贫困维度时脱贫人口脱贫的维度总数不再计算，脱贫维度总数越多，贫困平均份额相应减少就越多。第三，脱贫率和脱贫人口脱贫的维度总数同时对贫困指数的减少产生作用，脱贫率越大将使贫困的广度变小，脱贫人口脱贫维度总和越多将减少贫困的深度，两者共同作用使得贫困指数相应变化。③持续贫困人口和持续非贫困人口对贫困变动的影响。第一，持续贫困人口在两期都计入了贫困人口，因此，对于贫困率的变动没有影响。第二，持续贫困人口的贫困维度总数反映了贫困的深度，贫困维度总数变多时，贫困平均份额和贫困指数都将增大。第三，持续非贫困人口在两期都不计入贫困人口，因而对贫困率的变动没有影响，其变动对贫困平均份额和贫困指数的变动也没有影响。

（三）脱贫攻坚供给权重的测算

熵值法使用信息熵来计算每个指标的熵权，然后通过熵值来校正每个指标的权重，从而获得可观的指标权重。我们将影响家庭收入的指标用 j 表示，其取值范围为 $j = 1, 2, \cdots, n$；调查对象对各个指标的回答值用 i 表示，其取值范围为 $i = 1, 2, \cdots, m$。具体过程如下。[①]

1. 指标数据的标准化

为了消除测定标准不同造成的数据分析的影响，要对数据进行标准化并将其转换为无量纲的纯数值以进行测算，比较和加权不同的指标会相对更为方便。

$$M_{2j} = \left[\sum_{i=1}^{n} Q_i^{t/t+1} (g_{ij}^t - g_{ij}^{t+1}) \right] \Big/ n_1 d \qquad （11\text{-}10）$$

2. 计算第 j 个指标的熵值 e_j

$$H_j = -k \sum_{i=1}^{n} a_{ij} \ln aij \qquad (k = 1/\ln n) \qquad （11\text{-}11）$$

---

① 雷国胜、王艳奇、李晓茹：《贫困人口可持续发展能力视角下的贫困退出考核机制研究》，《现代商贸工业》2019 年第 19 期，第 152—155 页。

在用熵值法求得各指标权重之后，就可以根据各指标的权重和数据计算我国贫困评估指数。我们选取 2013～2017 年的贫困退出各项指标的数据，计算我国农村脱贫攻坚各项指标权重，得到表 11-6。

表 11-6　2013～2017 年我国农村脱贫攻坚供给权重的测算

一级指标	二级指标	三级指标	权重	2013 年	2014 年	2015 年	2016 年	2017 年
我国农村脱贫攻坚	贫困基础（0.358 1）	贫困发生率	0.330 0	8.5	7.2	5.7	4.5	3.1
		农村居民人均消费支出	0.335 9	7 485.2	8 382.6	9 222.6	10 129.8	10 954.5
		贫困人口规模	0.334 1	8 249	7 017	5 575	4 335	3 046
	经济发展（0.641 9）	贫困县农户饮水无困难占比	0.214 8	81.0	82.3	85.3	87.9	89.2
		贫困县百户汽车拥有量	0.176 6	5.5	6.7	8.3	11.1	13.1
		农村粮食产量	0.428 2	63 048	63 965	66 060	66 044	66 161
		农村居民可支配收入	0.180 4	9 429.6	10 488.9	11 421.7	12 363.4	13 432.4

表 11-6 显示，我国农村脱贫攻坚的二级指标贫困基础和经济发展权重分别为 0.3581 和 0.6419，表明经济发展对推动我国农村脱贫攻坚工作开展作用更大。具体到三级指标而言，贫困发生率、农村居民人均消费支出以及贫困人口规模三项权重较为相近（权重分别为 0.3300、0.3359、0.3341），说明这三项指标重要程度相似、都是衡量农村贫困基础情况的重要指标；贫困县农户饮水无困难占比、贫困县百户汽车拥有量、农村粮食产量和农村居民可支配收入的权重分别为 0.2148、0.1766、0.4282 和 0.1804，从数据可以看出农村粮食生产是增加农民收入主要来源及我国农村脱贫攻坚的重中之重。

二、我国农村脱贫攻坚供给指标比值

以 2013 年的贫困评估指数为基准指数，即假设 2013 年的贫困评估指数为 100，以 2013 年的各指标数据为基础，之后历年的各指标与 2013 年相应指标的数据进行比较，求出比值。各年度各项比值与权重相乘求和再乘 100 即可求得各项指标指数，具体数据如表 11-7 所示。

表 11-7 数据表明，和 2013 年基数相比，贫困发生率比值和贫困人口规模比值 5 年以来均呈现持续下降的态势，分别从 2013 年的 100.00 下降为 2017 年的 36.47 和 36.93；而农村居民人均消费支出比值从 2013 年的 100.00 上升到 2017 年的 146.35，连续增长 5 年。就经济发展来看，三项

表 11-7 2014～2017 年指标与 2013 年相应指标的数据比值

一级指标	二级指标（权重）	三级指标（权重）	比值×100				
			2013 年	2014 年	2015 年	2016 年	2017 年
我国农村脱贫攻坚	贫困基础（0.3581）	贫困发生率（0.3300）	100.00	84.71	67.06	52.94	36.47
		农村居民人均消费支出（0.3359）	100.00	111.99	123.21	135.33	146.35
		贫困人口规模（0.3341）	100.00	85.06	67.58	52.55	36.93
	经济发展（0.6419）	贫困县农户饮水无困难占比（0.2148）	100.00	101.60	105.31	108.52	110.12
		贫困县百户汽车拥有量（0.1766）	100.00	121.82	150.91	201.82	238.18
		农村粮食产量（0.4282）	100.00	101.45	104.78	104.75	104.94
		农村居民可支配收入（0.1804）	100.00	111.23	121.13	131.11	142.45

指标均呈现增长趋势。其中，贫困县百户汽车拥有量比值增长尤为迅速，从 2013 年的 100.00 增长到 2017 年的 238.18，年增长率 24.23%；贫困县农户饮水无困难占比比值和农村居民可支配收入比值增长幅度较小，2013～2017 年分别增长了 10.12% 和 42.45%。农村粮食产量比值总体呈增长趋势，但增长趋势较为平缓。

三、我国农村脱贫攻坚供给指数分析

将 2013～2017 年脱贫攻坚供给指标的比值的原始数据和权重加权求和，得到 2013～2017 年脱贫攻坚供给标准，如表 11-8 所示。

表 11-8 2013～2017 年我国农村脱贫攻坚供给指数的测算

二级指标（权重）	2013 年	2014 年	2015 年	2016 年	2017 年
贫困基础（0.3581）	100.00	93.99	86.09	85.09	73.53
经济发展（0.6419）	100.00	106.85	115.99	159.10	136.35
总指数	100.00	102.24	105.28	132.59	113.85

从表 11-8 可以看出 2013～2017 年我国农村脱贫攻坚供给指数整体呈下降趋势，且速度越来越快。以 2013 年我国农村脱贫攻坚供给各项指标为基准对 2013～2017 年我国农村脱贫攻坚供给标准总指数进行计算，可以看出这几年在国家政府的努力下，贫困标准在不断地降低，经济水平在 2015～2016 年呈现了高速的发展，农村脱贫攻坚取得了良好的成绩。

2013～2017 年我国农村脱贫攻坚总指数变化趋势如图 11-1 所示，通过绘制折线统计图表示我国农村脱贫攻坚总指数的变化趋势，同时对各个指标的变动进行趋势分析，从图 11-1 中可以看出，总体上来看，2013 年以来我国农村脱贫攻坚工作成效呈现一个上升的趋势，其中 2016 年增长速度最快。2017 年以后，由于脱贫攻坚工作接近收尾，增长速率较为不明显。

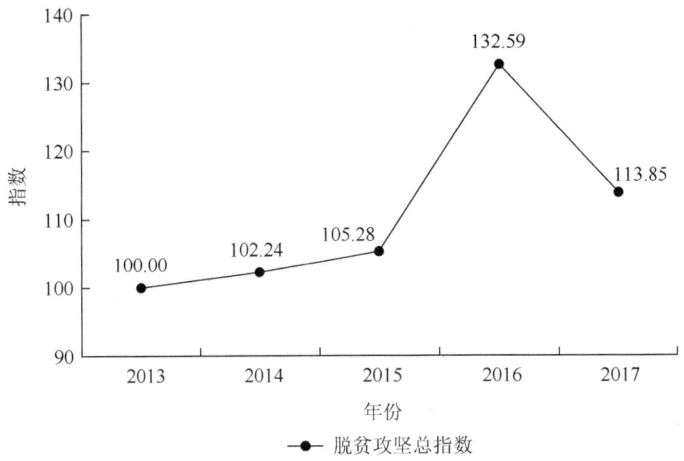

图 11-1　2013～2017 年我国农村脱贫攻坚总指数变化趋势

在本章中确定基准指数的方法如下：我们使用 2013～2017 年作为五年来的基准指数来说明此问题。在实际应用中，基准指数可以根据具体情况确定。但是，如果确定基准标准的统计一致性，则不宜对其进行更改。指标体系的建设是在现有统计数据可操作性的基础上，为我国农村脱贫攻坚工作建立指标体系，如果与我国农村脱贫攻坚工作有关的数据更加系统化，则可以考虑采用指标体系。选取来自不同地区和不同时间段的统计数据时必须保证统计数据具有一致性和可比性。

本章囿于数据资料的可得性与可操作性及指标的可量化性等限制，选取了 2013～2017 年贫困发生率、农村居民人均消费支出和贫困人口规模三项指标作为贫困基础的测量指标，贫困县农户饮水无困难占比、贫困县百户汽车拥有量、农村粮食产量和农村居民可支配收入四项指标作为经济发展的测量指标。根据平均先进法的基本理念来测算我国农村脱贫攻坚供给指数，即将高于我国农村脱贫攻坚平均指数的各年指数均值作为我国农村脱贫攻坚供给标准。该标准一方面可以直接作为政府制定标准、评估标准的依据，另一方面各级政府可以参考其指数测算过程，以结合本级政府辖区实际情况计算并确定本辖区脱贫攻坚供给的指数。确定农村脱贫攻坚供给指数的步骤如下。

首先，根据已确定的各项指标数据来计算各项指标历年比值及总指数，并利用各年指数总和除以年份数即求出在此期间我国农村脱贫攻坚供给总指数的均值。其次，将每一年的脱贫攻坚供给总指数与各年脱贫攻坚供给总指数均值进行逐一比较，可以看出哪些年份的脱贫攻坚供给总指数超过脱贫攻坚供给总指数几何均值，而哪些年份的脱贫攻坚供给总指数是低于脱贫攻坚供给总指数几何均值的。最后，计算超过脱贫攻坚供给总指数几何均值年份的几何均值即平均先进值，将所得到的平均先进值作为我国农村脱贫攻坚供给标准指数。当农村脱贫攻坚指数均值数值超过平均先进值即达到了指数，该年度的农村脱贫攻坚供给服务才算达标，否则为不合格。

设将各期水平 $a_1, a_2, \cdots, a_i, \cdots, a_n$ 不依时间先后排列，而按其指标值由小到大依次排列为 $a_{(1)}, a_{(2)}, \cdots, a_{(i)}, \cdots, a_{(n)}$，且设这一数列的中位数（中项）为 a，即有 $a = a\left(\dfrac{n+1}{2}\right)$，则其几何平均数为

$$G = \sqrt[n]{a_1, a_2, \cdots, a_i, \cdots, a_n}$$
$$= \sqrt[n]{a_{(1)}, a_{(2)}, \cdots, a_{(i)}, \cdots, a_{(n)}} \tag{11-12}$$

运用平均先进法的算法，分别测算并确定了这五年的农村脱贫攻坚二级指标贫困基础指数、经济发展指数及我国农村脱贫攻坚供给总指数。

根据以上算法步骤及公式，计算并制作了图 11-2。2013～2017 年五年的贫困基础几何均值为 87.2721，2015 年、2016 年、2017 年三年指数连续降低且均低于几何均值。进一步以 2015～2017 年三年数据为基础，计算其几何均值即平均先进值（81.36），也就是贫困基础指数。贫困基础为负向指标，因此 2013～2017 年我国农村脱贫攻坚贫困基础指数小于该平均

图 11-2　2013～2017 年我国农村脱贫攻坚贫困基础指数、几何均值、平均先进值

先进值即为达标，反之则未达标。计算结果显示，2017 年贫困基础指数为 73.53，小于贫困基础平均先进值 81.36，是达标的，其他年份贫困基础均未达标，说明我国政府在农村脱贫攻坚贫困基础方面仍有许多工作要做，政府应努力降低贫困发生率，减小贫困人口规模，增加农村居民人均收入和人均消费支出，以巩固并保持后续贫困基础达标。

相同步骤，我们计算了 2013～2017 年我国农村脱贫攻坚经济发展指数、几何均值、平均先进值，如图 11-3 所示。2013～2017 年五年的经济发展几何均值为 121.87，2013 年、2014 年、2015 年这三年经济发展指数持续上升但仍然低于经济发展几何均值，故仅采用 2016 年和 2017 年经济发展指数来确定经济发展的标准。经计算，确定经济发展平均先进值为147.28，这意味着当年经济发展指数必须大于等于 147.28，才能算脱贫攻坚经济发展指标合格。图 11-3 展示了 2013～2017 年我国农村脱贫攻坚经济发展指数，2016 年经济发展指标达标（159.10），然而 2017 年经济发展指数降低至 136.35，低于经济发展平均先进值即不达标。近几年我国政府在农村脱贫领域投入大量资源，出台系列政策，在贫困县农户饮水无困难占比、贫困县百户汽车拥有量、农村粮食产量和农村居民可支配收入领域都实现持续、稳健的增长，总体经济发展取得了较大的进步。由于政策推动、外来资源投入也导致了内生发展能力可持续性不足，发展水平受政策和资源影响大，这也是 2016 年经济发展指数较 2015 年增加了 37.17%，而较 2017 年经济发展指数下降了 16.68%。因此，未来我国农村脱贫攻坚需要激发农村内生发展动力，从而实现可持续的稳定发展。

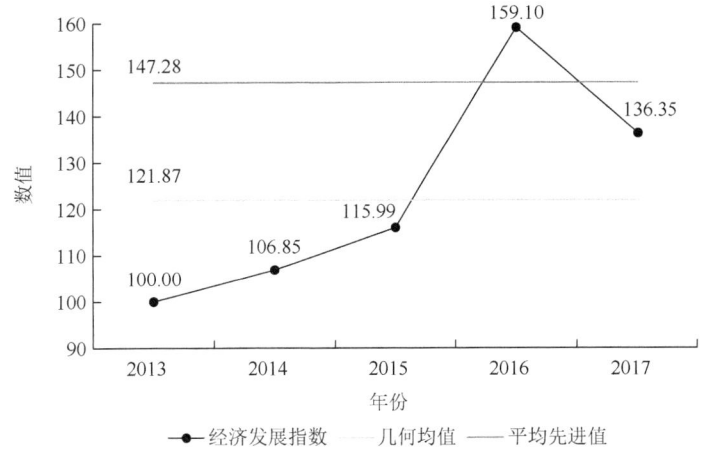

图 11-3　2013～2017 年我国农村脱贫攻坚经济发展指数、几何均值、平均先进值

在测算脱贫攻坚贫困基础指数和经济发展指数的基础上，本章进一步测算了我国农村脱贫攻坚总指数，具体结果如图 11-4 所示。2013～2017 年

五年的脱贫攻坚总指数呈先上升后下降、总体上升的态势，五年脱贫攻坚几何均值为110.20，其中2016年、2017年度农村脱贫攻坚总指数分别为132.59、113.85超过平均水平。根据平均先进值的算法，采用2016年和2017年数据计算得到的农村脱贫攻坚总指数平均先进值为122.87，也就是说若要当年脱贫攻坚指标合格则当年农村脱贫攻坚总指数必须大于等于122.87。以这个指数来看，仅有2016年脱贫攻坚是达标的，2013年、2014年、2015年和2017年脱贫攻坚工作均未达标。2013～2015年以及2017年农村脱贫攻坚总指数与2016年差异悬殊，这种变化趋势与经济发展指数变化趋势类似，因此有可能是2016年外部资源投入猛增、政策扶贫力度陡然增大所致，2017年外部资源投入、政策扶持回归常态所致。政策扶贫、输血式扶贫在短期内可使我国农村贫困群体脱离贫困状态，但长久之计还应从提高农村居民人力资本、提高土地收益率等角度出发，增强农村居民发展的内生动力。

图11-4 2013～2017年我国农村脱贫攻坚总指数、几何均值、平均先进值

第十二章　我国乡村振兴标准

第一节　我国乡村振兴界说与发展现状

一、乡村振兴概念界说

（一）乡村振兴战略的界定

十九大报告指出，"农业农村农民问题是关系国计民生的根本性问题，必须始终把解决好'三农'问题作为全党工作重中之重"[①]。《乡村振兴战略规划（2018—2022 年）》指出"实施乡村振兴战略，是解决新时代我国社会主要矛盾、实现'两个一百年'奋斗目标和中华民族伟大复兴中国梦的必然要求，具有重大现实意义和深远历史意义"。实施乡村振兴的"三步走"战略要求，到 2020 年我国要实现全面建成小康社会；到 2035 年，乡村振兴取得决定性进展，农业农村现代化基本实现；到 2050 年，乡村全面振兴，农业强、农村美、农民富全面实现。2021 年 1 月 4 日，《中共中央 国务院关于全面推进乡村振兴加快农业农村现代化的意见》正式实施，提出要加快形成工农互促、城乡互补、协调发展、共同繁荣的新型工农城乡关系，促进农业高质高效、乡村宜居宜业、农民富裕富足，为全面建设社会主义现代化国家开好局、起好步提供有力支撑。

民族要复兴，乡村必振兴。关于乡村振兴的内涵，学界进行了大量研究。刘俊杰认为乡村振兴，即地方行为主体，在由自然、经济、社会、生态等子系统构成的内核系统与外缘系统的框架之内，通过优化配置以人口、土地、产业、文化为核心的物质与非物质要素，有效管理内核与外缘系统间要素流动，重构乡村生活、生产、生态空间以提供空间载体，实现乡村系统"生产—生活—生态—文化"功能全面提升，最终实现产业兴旺、生态宜居、乡风文明、治理有效、生活富裕总要求的过程。[②]许晓和季乃礼认为当前我国的乡村治理正面临着严重的结构性困境，具体表现为村级党组织的涣散及村庄社会关联的断裂，因此在实施乡村振兴的过程中，

---

① 《习近平：决胜全面建成小康社会 夺取新时代中国特色社会主义伟大胜利——在中国共产党第十九次全国代表大会上的报告》，http://www.gov.cn/zhuanti/2017-10/27/content_5234876.htm[2022-11-20]。

② 刘俊杰、朱新华：《基于"要素—结构—功能"视角的乡村振兴实施路径研究》，《经济体制改革》2020 年第 6 期，第 79—85 页。

政党若能够有效地调和国家与乡村之间的关系，使国家的权力、资源及社会治理的重心能够顺利传导和下沉至基层，作为乡村振兴基础的治理有效便能够实现。[①]于立和王艺然认为乡村是推进我国经济发展、人民幸福、国家长治久安的关键地区，也是内源性需求、内循环发展潜在的市场。我国乡村地区面临的主要问题为资金、技术和人才。目前的政策和制度在吸引人特别是人才下乡并且投身乡村建设方面还有待进一步完善，与此同时，一旦大量来自城市的资本和人口进入乡村地区，也可能对乡村本地的文化、环境和经济造成冲击。因而提出希望以"乡村中产化"解决乡村人才、资金和技术短缺问题，促进乡村振兴，实现共同富裕。[②]

实施乡村振兴战略，要全面贯彻党的十九大精神，以习近平新时代中国特色社会主义思想为指导，加强党对"三农"工作的领导，统筹推进"五位一体"总体布局和协调推进"四个全面"战略布局，加快推进乡村治理体系和治理能力现代化，让农业成为有奔头的产业，让农民成为有吸引力的职业，让农村成为安居乐业的美丽家园。综上所述，本书认为乡村振兴供给的概念为：在农村地区，坚持党管农村工作和农民主体地位的前提下，为解决新时代我国社会主要矛盾和实现中华民族伟大复兴中国梦的目标，由党委牵头，政府部门、社会组织、公众等多方主体协同合作，按照产业兴旺、生态宜居、乡风文明、治理有效、生活富裕的总要求，统筹推进农村经济建设、政治建设、文化建设、社会建设、生态文明建设和党的建设，全面推进乡村产业、人才、文化、生态、组织振兴的过程。

（二）乡村振兴的目标

《中共中央 国务院关于实施乡村振兴战略的意见》中对乡村振兴战略进行了全新的解释，重点将农民作为实施这一战略的主力军，充分运用广大农民群体的智慧，引导农民在乡村振兴战略中发挥更大的作用。乡村振兴战略的目标是——产业兴旺、生态宜居、乡风文明、治理有效、生活富裕。产业兴旺是推动乡村振兴发展的核心力量，生态宜居是在可持续生态建设的基本前提，乡风文明是推进社会进步的主要推动力，治理有效是提供各项任务的基石，生活富裕是广大农民的最迫切的希望。这是从我国目前最核心、最根本、最亟须解决的矛盾和问题出发，提出的极具现实针对性的目标要求，是与五位一体总体布局紧密相关的。

---

① 许晓、季乃礼：《村级党建、治理重心下移与乡村振兴——基于 Y 村党员"包片联户"制度的田野调查》，《西南民族大学学报（人文社会科学版）》2021 年第 3 期，第 195—202 页。

② 于立、王艺然：《乡村振兴背景下我国乡村中产化的实施路径探讨》，《经济地理》2021 年第 2 期，第 167—173、193 页。

产业兴旺是乡村振兴发展板块的第一项。农村发展的前提需要足够的资源，重点是人、土地和金钱的融合。在此过程中，将产业发展作为基础，吸引资源、人才，避免外流情况的发生。从现实层面来讲，单方面通过政府的财力物力的支持显然是不足的，也应该通过各种惠民政策吸引企业、人才、资金等各要素不断向乡村靠拢，才能实现乡村振兴可持续化。

生态宜居是衡量乡村生活质量的"里子"。农村生态环境质量的高低凸显了生活宜居品质的舒适度，同时，也是农民生活、生产的基本保障。很显然，如果没有一个适合生活的家园，广大农民不可能留下来。因此，对于创建更加适宜农民居住的地方应当受到政府重视，在农村生态建设的过程中要不断强调政府责任，不能再走过去一味追求经济建设的老路。

乡风文明是强调乡村优秀传统文化的保护和传承。乡风文明是可以直观表现出来的，不但体现了广大农民的整体素质，而且说明了整个社会的进步。良好的村风、传统不仅能提升家庭和邻里的气氛，还能促使整个社会的和谐。因此，乡村文化的振兴，必然会成为乡村振兴锦上添花的角色，进而推动各项任务实施，成为整个战略中的点睛之笔。

治理有效是乡村振兴的组织保障。治理的成效与农业、农村、农民息息相关，必然会影响乡村振兴战略的整体布局。作为乡村基础保障的重要内容，如果未能将农村整治稳定，其他内容也将化为乌有。治理有效的关键在于如何积极地调动各方利益主体有序地参与乡村治理的过程，实现德治、法治、自治的乡村治理格局。

生活富裕是对振兴质量的静态考量，也是动态考量，更是乡村振兴的终极目标。这是广大农民最关心的问题。显而易见，乡村振兴的出发点仍然是人民，通过乡村振兴战略让广大人民生活得更加富裕、生活质量更加优质，此项战略也是对人民美好生活的向往的具体回应。当然，农民只有过上更好的、优质化的富裕生活后，才可以积极投身于美好乡村建设，实现乡村振兴战略。

贾晋等表示此战略的五个板块的目标任务之间是一个整体，需要用系统性的思维来进行统筹考虑，但各分项目标任务之间却各有侧重，既兼具了整体性的逻辑主线又体现了独立性的特色内容。[①]张红宇则认为我们需要更好地关注以下农业目标才能更好地推进这一战略：①千方百计确保国家粮食安全；②完善农业结构；③推进农村特色旅游、

---

① 贾晋、李雪峰、申云：《乡村振兴战略的指标体系构建与实证分析》，《财经科学》2018年第11期，第70—82页。

电子政务；④现代绿色发展。①总体来讲，我们需要有一个高层次的视角来统筹规划五个模块，更加全面地思考怎么才能将五个模块统一协调，实现乡村振兴的目标。

二、我国乡村振兴现状

（一）乡村振兴的现状

乡村振兴的目的在于解决农业、农村及农民问题。针对这一问题，目前学界已达成了较为一致的共识，即乡村振兴战略就是要从根本上解决"三农"问题，乡村振兴的目标定位于现代化的"三农"发展。②如今，农民工城市化、非农就业和返乡创业等为解决我国"三农"问题提供了广阔的空间，但也带来了许多问题，如非农业生产要素效率低、旧村主体的弱化、农村地区的空洞化以及生态环境的恶化等。农业的吸引力大大降低，农民的生计与农村日益分离，农村发展落后，这样的景象成为实现乡村振兴与现代化强国蓝图的关键短板。③④我国农业的发展趋势已向结构性矛盾转换，农业的可持续性当前非常受重视，迫切需要发展高值高效、生态安全及特色农业化。⑤⑥

卓玛草认为"三农"问题根本目标是实现农民增收、农民生活状况改善提高，是否顺利地解决农民贫困问题，也就体现着我们是否能将"三农"问题顺利推进，也关系着我国是否进一步走向城市化、现代化。⑦李玉恒等指出，实施乡村振兴战略，亟须破解"乡村病"，充分利用农民的智慧，引导他们在这个大环境中去创造，进而为农村的可持续发展添砖加瓦。⑧党国英认为城乡关系演化有其规律，只有认清规律，因势利导，才

① 张红宇：《乡村振兴战略与企业家责任》，《中国农业大学学报（社会科学版）》2018 年第 1 期，第 13—17 页。

② 陈锡文：《从农村改革四十年看乡村振兴战略的提出》，《行政管理改革》2018 年第 4 期，第 4—10 页。

③ 陈秋分，刘玉，李裕瑞：《中国乡村振兴背景下的农业发展状态与产业兴旺途径》，《地理研究》2019 年第 3 期，第 632—642 页。

④ Liu Y S, Li Y H, "Revitalize the world's countryside", *Nature*, Vol. 548, No. 7667, 2017, pp.275-277.

⑤ 黄季焜：《农业供给侧结构性改革的关键问题：政府职能和市场作用》，《中国农村经济》2018 年第 2 期，第 2—14 页。

⑥ Jia L Y, Jian W. "The Sustainability of Agricultural Development in China: The Agriculture-Environment Nexus" *Sustainability*, Vol. 10, No. 6, 2018, p.1176.

⑦ 卓玛草：《新时代乡村振兴与新型城镇化融合发展的理论依据与实现路径》，《经济学家》2019 年第 1 期，第 104—112 页。

⑧ 李玉恒、阎佳玉、宋传垚：《乡村振兴与可持续发展——国际典型案例剖析及其启示》，《地理研究》2019 年第 3 期，第 595—604 页。

能在推进乡村振兴战略中少出偏差，避免发生基本导向性问题。^①刘合光指出农村公共资源分配不足，使农民难以分享经济发展成果，尤其是新一代农民已经将生活的基本保障转变成对优质的美好生活追求。然而，当前城市经济社会发展的劳动力需求解除了土地对农民生活的限制，农村居民向城镇聚集，对现有城市公共资源形成了拥挤效应，既影响了公共资源的使用效果，又没能实现广大农村居民的要求。^②

乡村振兴是坚持乡村优先发展，加快"三农"升级转型的时代要求，必须加大乡村公共资源供给力度满足农民的美好生活需求，从而弥补乡村发展中的短板。党的十八大以来，"三农"发展取得了丰硕的成果。韩俊指出乡村振兴作为现阶段非常重要的攻坚战略，应将五大模块的重点内容考虑全面，将农业农村作为乡村振兴的重点，使国家的整体农村发展有着质的飞跃。^③韩长赋指出，坚持农业农村优先发展是实施乡村振兴战略的总方针，我们要准确把握坚持农业农村优先发展的内涵要求，坚持不懈把农业农村优先发展总方针落到实处。^④

中国人民大学刘守英提出，乡村振兴战略是对重农业轻农村的矫正。张晓山认为实施乡村振兴战略已经与之前战略的导向有着明显的变化，所以我们应该抓住重点环节、领域，从根本上解决问题。产业兴旺强调了产业发展，广大农民的生活水平也有了很大的提升，治理有效强调社会的政治，生态宜居是质的升华。^⑤宋洪远认为，乡村振兴根植于农村，而产业繁荣则需要发展现代农业，需要瞄准农业供给方面的改革来实现目标，注重提高农业创新力、加强现代化农业生产和管理体系，要实现产业繁荣必须大力推进农村体制改革。^⑥叶兴庆认为，我们现在所关注的问题不应仅停留在农村容貌整洁，而是应该更加强调生态的文明，懂得保护自然发展。农村基础设施的改善和基本公共服务的变化，可以提高乡村文明质量、创造绿色生态环境、提高乡村软环境的竞争力，让农民从中获益。^⑦张红宇强调，小农依旧是我国农业经营的基础，也是农

① 党国英：《关于乡村振兴的若干重大导向性问题》，《社会科学战线》2019 年第 2 期，第 172—180 页。

② 刘合光：《乡村振兴战略的关键点、发展路径与风险规避》，《新疆师范大学学报（哲学社会科学版）》2018 年第 3 期，第 25—33 页。

③ 韩俊：《以习近平总书记"三农"思想为根本遵循实施好乡村振兴战略》，《管理世界》2018 年第 8 期，第 1—10 页。

④ 《坚持农业农村优先发展　大力实施乡村振兴战略》，http://www.moa.gov.cn/jg/leaders/hanchangfu/huodong/201904/t20190401_6177510.htm[2022-10-08]。

⑤ 张晓山：《推动乡村产业振兴的供给侧结构性改革研究》，《财经问题研究》2019 年第 1 期，第 114—121 页。

⑥ 宋洪远：《为什么要完善乡村治理体系》，《人民论坛》2017 年第 1 期，第 31 页。

⑦ 叶兴庆：《新时代中国乡村振兴战略论纲》，《改革》2018 年第 1 期，第 65—73 页。

业发展，农村繁荣和治理基础巩固的依托力量。我们需要引导新型的企业实体来鼓励小农发展现代农业，并通过股份合作、产业管理和社会化服务分享现代化成果。①

随着我国各方面发展加快，越来越多的乡村地区青壮年为了追求更高的收入和方便快捷的生活方式，选择离开家乡，涌入大城市务工、求学，乡村人口大量减少。人口的不断外流造成乡村的衰落，耕地废弃，农业现代化推进迟缓；乡村的发展离不开经济的发展，而经济的发展离不开城镇居民收入的提高。当今社会中，乡村产业主要以一产为主，工业化程度较低，工作稳定性不高，居民收入不理想，难以形成大的产业竞争优势。

（二）乡村振兴的发展路径及方向

1. 乡村振兴的发展路径

在实施乡村振兴战略的同时，如何选择正确的战略路径，是实现这一战略的关键所在。郭晓鸣和张耀文指出我国实施乡村振兴的路径包括基本动力、支撑、手段和指向等。②目前，对于乡村振兴的路径都是基于新农村研究的，主要分为农村的内外部两个方面。农村内部将土地和户籍制度改革作为关键，农村外部将发挥文明作为重点，两方协同发展。③张军认为能够从进一步推进制定法律、编制规划、创新政策等方面着力。④廖彩荣和陈美球认为，乡村振兴的有效途径主要有城乡融合发展体制、强农惠农政策扶持、农民权益保障体制建设等，将相关政策与法律道德的背景相结合，充分发挥农民的智慧，使他们在这个大环境中创造，实现脱贫攻坚任务。⑤郑有贵认为农村地区的乡村振兴应该增加一类发展模式"党支部+合作社+农户"。⑥唐任伍认为乡村振兴首先要解决制度上的不完善，加强产权制度的管理，完善要素配置机制。土地作为农村地区最主要的可用资产，要充分发挥土地资源从而完善政策。⑦乡村

---

① 张红宇：《大国小农：迈向现代化的历史抉择》，《求索》2019 年第 1 期，第 68—75 页。

② 郭晓鸣、张耀文：《贫困地区实施乡村振兴战略的路径与对策》，《农业经济与管理》2018 年第 4 期，第 11—17 页。

③ 刘合光：《乡村振兴战略的关键点、发展路径与风险规避》，《新疆师范大学学报（哲学社会科学版）》2018 年第 3 期，第 25—33 页。

④ 张军：《乡村价值定位与乡村振兴》，《社会科学文摘》2018 年第 7 期，第 9—12 页。

⑤ 廖彩荣、陈美球：《乡村振兴战略的理论逻辑、科学内涵与实现路径》，《农林经济管理学报》2017 年第 6 期，795—802 页。

⑥ 郑有贵：《由脱贫向振兴转变的实现路径及制度选择》，《宁夏社会科学》2018 年第 1 期，第 87—91 页。

⑦ 唐任伍：《新时代乡村振兴战略的实施路径及策略》，《人民论坛·学术前沿》2018 年第 3 期，第 26—33 页。

振兴首先要实现产业的融合，使得农村地区得到充分的发展，利用新工业和信息化产业带动农业发展，扬长避短。[①]其次是农业的内部自我融合，占据特色资源与农林牧相结合是产业融合的重点工作，在不断完善的过程中，发展绿色资源、推进绿色农业。再次，完善基础设施，紧随时代潮流，将农业和"互联网+"充分融合。[②]最后，还要确保农村地区能够获得足够的资金、技术、人才等要素，促进相关因素向农村引入。叶兴庆认为政府要加大对农村建设的投入，完善财政支农的机制体制，扩宽农村建设筹资的渠道，以农村的创新性带动当地经济发展。[③]张强认为要解决城乡差距过大的前提就是削弱二元制度鸿沟、打破二元结构的格局，公平公正地推动农村和城市共同发展，逐渐缩小城乡差距，实现乡村和城镇的有效衔接。[④]

2. 乡村振兴的重点发展方向

实现小农户与现代农业有机衔接。实现小农户与现代农业有机衔接，可以把规模狭小、经营分散的小农户纳入农业现代化轨道，主要举措是发展多种形式适度规模经营，培育新型农业经营主体。在服务主体上，应建立以公共服务机构为依托、合作经济组织为基础、龙头企业为骨干、其他社会力量为补充的多元化服务体系；在服务内容上，应提供农业生产资料供应、农产品加工销售、农业科技、农业保险、农业信息等全方位的服务；在服务环节上，应进行农业产前、产中、产后各个环节的全过程服务。

加强环境保护，促进生态兴村。实现这一目标，需将乡村环境进行"大扫除"，主要可以从以下几方面攻破：一是垃圾治理。对此，应该建立和完善一套符合农村实际情况并以多种方式满足生活条件的家庭废弃物收集和运输系统，促进垃圾分类和利用。例如，现在施行的垃圾分类，需要按照一定的规定和标准将垃圾分类储存、分类投放和分类搬运。二是污水治理。大力持续农村"厕所革命"，建设不同水平的卫生厕所并对其建设和粪便进行改造整理。污水包括对生活和生产中的水，也应进行科学治理，减少生活的污水乱排乱放，以防导致当地的水质变差。三是加强村风村貌建设。发挥农村特色产业、特色景点

---

① 周立：《乡村振兴战略与中国的百年乡村振兴实践》，《人民论坛·学术前沿》2018年第3期，第6—13页。

② 蔡丽君、潘京：《以乡村经济多元化发展推进乡村振兴战略实施》，《农业经济》2018年第4期，第41、88页。

③ 叶兴庆：《新时代中国乡村振兴战略论纲》，《改革》2018年第1期，第65—73页。

④ 张强：《城乡一体化：从实践、理论到策略的探索》，《中国特色社会主义研究》2013年第1期，第93—97、109页。

的吸引力，对通村道路、入户道路升级改造，加强乡村和庭院环境整治与美化，提升乡村的整体环境，加强传统历史文化的保护，为乡村的旅游事业打下良好的基础。2017 年 7 月 31 日，全国认定第三批"中国乡村旅游创客示范基地"，为全国乡村旅游项目建设提供了一个参考标杆。农民作为乡村旅游建设与参与的主力军，将农民的庭院、农产品和当地的风俗资源作为招牌，将农家乐作为经营手段为前来旅游的人提供服务，乡村旅游的质量提升的同时，农民也会获益，从而形成正向循环。与此同时，也增加了农民的就业机会。

发展农村电子商务，增强金融服务支持力度。农村电子商务有利于农村的特色产品走出农村、走出城市甚至走向全国，让广大农民摆脱地域限制，生活富裕起来。农村电子商务可以优先设立在基础设施较差的地区，打造综合社示范项目，实现特产网络化。加大对农村地区的流通基础设施投资力度及县乡物流服务体系支持力度，加强培育地区特色品牌，从而充分发挥电子商务对农村经济发展的积极作用。商业尤其是电子商务的发展，离不开金融服务行业的服务与支持。因此，有必要改善金融服务的方式，增强金融行业对"三农"支持力度，推动乡村振兴落实发展，助力农村资源变资产、资金变股金、农民变股东改革，通过盘活集体资源、入股参股、量化资产收益等渠道增加集体经济收入。多管齐下，农村创业环境将有质的变化，应积极引导、鼓励农民回乡创业，汇聚更多的人才，助力乡村发展振兴。

第二节　我国乡村振兴的典型案例分析

一、案例背景

受新冠疫情影响，国际国内经济形势都不太乐观，GDP 的下滑速度加快。

在经济寒冬的萧瑟笼罩之下，袁家村这里竟然生意兴隆。袁家村的地理位置处于关中平原，是非常有利的位置，交通十分便利。2020 年2 月中国传统村落数字博物馆官网显示，袁家村以汉族为主，户籍人口286 人，常住人口 500 人，其中外来人口多于本村人。袁家村不仅地理位置十分优越，也拥有着大量的特色资源。餐饮业、民宿业、农家乐等行业发展火热。

新冠疫情对各行各业经济活动造成冲击，国内不少中小企业被迫停产停业，各地的旅游业发展不起来，为什么袁家村能够维持相对的繁荣，这是值得我们深思和探讨的问题。

二、案例过程

（一）艰苦创业找出路

梁磊一家是土生土长的袁家村人，根据其父母的讲述，20 世纪 70 年代的袁家村是"点灯没油，耕地没牛，吃粮靠救济，住房潮湿破旧，小伙子难讨媳妇，群众选不出好头"的贫困村。"那个时候可穷啦，饭都没得吃，我那个时候都担心自己找不到媳妇，"梁父脸上带着笑容说道，"有一天，我整天都没吃东西，饿得实在受不了啊，现在小孩子哪里懂饿的感觉，那个时候门后面有那种根有一点甜味的草，我就吃啊，那个时候吃到甜的草都觉得幸福。"梁母在旁边应和道："那么辛苦的日子也算是熬过来了，这还是得感谢老书记郭裕禄，是他带领我们找水改土，种植粮棉，依靠这个我们村才终于甩掉了贫困的帽子。"

"1986 年印象深刻嘞，当时村子里头发生了很大变化，村办企业红红火火，村里好多家庭都盖起了两层房子，我们的腰包也是鼓了起来。"梁父说。

袁家村内村办企业的突起，不仅使得农民的收入增加，同时也为村内的农业现代化发展提供了有利条件。"过了两年，村内又兴办了一个 25 亩的园林场，培育花卉苗木，说是为了让村子变得更美丽，加强绿化，"梁母说道，"听当时的村书记作报告，说村子里头大部分劳动力都从事工业、服务业去了，农业仅占 0.5%，我们村子由传统农业跨入了现代农业的新阶段。"

"不过在 2000 年后，村内工业企业效益持续下滑，经济效益没有之前那么好。"梁父叹了一口气说道。

（二）乡村旅游创新驱动袁家村发展

2007 年，当村办集体企业的衰退成为袁家村未来的发展一个紧迫的问题时，新当选的村党支部书记郭占武说道，"我们必须做发展和带领村民发展的一切可能产业，要全面建设小康社会，绝不要让一个家庭落伍。"郭占武要求全体干部树立榜样，全心全意为人民服务，以实际行动赢得群众的信任。

怎么做？郭占武发现了其他人看不见的资源——村民的日常生活和村落的传统习俗。"当时我们设定的主题是'关中民俗，乡村生活'，这实际上是当前的乡村旅游。"郭占武回忆道。

郭占武首先在关中村里修建了一条带有传统老作坊的老街，试图尽可能地找到乡村的原始形式，追求乡村的真实性和活力。"当时，在 100 米长的街道上聚集了六七个车间。在榨油过程中，醋车间正在酿造醋，碾磨机在碾磨面粉，纺车在纺纱，织机的参观者可以去体验一下，这使城市居民能够找到久违的怀旧风情和民俗风情，立即在整个陕西引起轰动！"郭占武兴奋地说。

但是，他也很清楚，在当今的城乡发展中，农村发展一方面必须具有物质文明，另一方面必须具有精神文明。如果只关注物质文明而忽略了精神文明，那么美丽乡村的魅力将不会持久。

"农村生活必须有一种文化，"郭占武说，"袁家村惟德书店的店主宰先生以前是大学老师和报纸记者，现在一家人住在袁家村。他喜欢读书、锻炼身体、享受乡村生活，并帮助我们做一些农民教育工作。我认为宰老师一家的生活方式是袁家村未来发展的缩影，也是我们未来努力的方向。"

自 2010 年以来，村子里有很多游客，但袁家村的村民也发现了一个问题。白天有很多游客，晚上无法留人。这是全国旅游业遇到的问题，于是袁家村开始转型升级。为了乡村度假，建造了一个客栈区，为游客过夜提供了条件。但是袁家村的人们在游客逗留期间发现了另一个问题，晚上出来时他们没事做，所以袁家村又新建了一条酒吧街，包括现在的艺术街、时尚街和几条大型主题街，支持乡村休闲和度假，引导大学生和艺术青年参与，逐步实现了从白天的袁家村到月光下的袁家村的转变。

（三）乘势而进，全面提升

袁家村致力于充分满足人们对优质旅游休闲度假生活的向往和追求，从数量变化到质变，不断完善基础设施和服务设施，努力增强袁家村高质量发展的能力。通过改善业务形式和参与项目，增加游客的参与度和体验感，并延长游客的停留时间。

在现阶段，袁家村发展遇到的致命的问题是农民的素质跟不上旅游业的发展速度，这也是制约袁家村发展的瓶颈。为了提高村民素质，该村开办了"农民学校"和"袁家村夜校"，通过农民学校解决了农民的思想、教育和服务问题，发展提高农民的整体素质，这比他们挣钱更有意义。在村民的教育中，邀请村里的有识之士分享经验，共同学习，并定期邀请专家讲学，根据不同的发展需求制定相应的课程，促进大家共同进步。同时，每年袁家村组织村民去外面学习。2016 年，该村组织了 300 人，分六批赴日本学习。

郭占武已经扎根农村多年，在乡村旅游经营方面有着丰富的经验，他对笔者说，他内心仍然对未来农村生活有更美好的向往。他认为，农村生活的未来必须首先是便捷，有交通便利和完善的配套设施，如医疗、教育和公共服务。其次，乡村中简单的民风是必不可少的，邻居之间的关系融洽，相处融洽，生活丰富多彩。最后要有行业支持，在经济安全和工业支持下，农民可以持续致富。

（四）青年才俊助力袁家村发展

得知自己的家乡发展迅速，梁磊毅然辞掉了西安的公职。他不仅在袁家村创业时发现了艺术灵感，还获得了三年免费租金优惠政策，这使他无法拒绝。"不同的文化生态、不同维度的思想冲突以及灵感的火焰可以使艺术变得更加朝气蓬勃！"在短短的两三年之内，梁磊已在业界声名大噪，甚至开始在南京、西宁和南京开设分店。

"80后"美容师杜丹曾经是两家公司的高管，由于偶然的出差机会而爱上了袁家村，因此开民宿的想法诞生了。从装修设计到水电和油漆施工，用了五个月的时间，终于在2018年1月完成了整个项目。在短短的五个月内，她经营的秋田精品民宿已成为"网红店"，入住率超过80%。"民宿不同于酒店，它是一个温暖而人性化的旅馆。"

如今，越来越多的具有文化和创造力的年轻人，如袁家村的梁磊，他们创建具有独特特色的工作室、书店、旅馆、咖啡吧和创意工坊等，新的业务形式丰富了风景区的运营项目和服务功能，进一步满足了城市居民休闲度假和文化消费的需求，并吸纳周边更多农民就业，逐步实现了日光下的袁家村到月光下的袁家村的转变，即从一日游到两日游、多日游、度假游的转变。

（五）周边万余农民实现增收脱贫

高勉良是西屯村的一个低收入人员，距离袁家村只有十几分钟的车程。他的女儿结婚后，家里就剩下自己和老伴两人过日子。他的妻子是残疾人，不能做繁重的工作，家里的开支主要靠他一个人。

高勉良回忆说，过去生活很艰难，上一代留下的土房每次下雨都漏水了，一家人没有固定收入。但是，自2017年以来，家庭生活已明显改善。2017年，村上设立了公益职位，高勉良开始有固定薪水。"现在我在村上负责环境卫生，每月收入600元，这样我一年就可以挣7200元，对我来说是很多收入。"

高勉良在谈到袁家村时说："袁家村对我们的生活产生了很大的影响。我们村里有很多人在这里工作，有的人做餐饮业，有的是保安员。每个人月收入约2000元。有些人在袁家村进行投资，每年可以获得一万多股。"

2020年，西屯村还成立了集体经济合作社，高勉良出资1万元入股。在闲暇时光，高勉良自己数了数红利，数完后，他觉得奔小康的劲头越来越足，生活越来越有希望。在袁家村的支持下，周围的村民基本都变富了，实现了脱贫。

（六）推动"三产"有机融合

为了确保食品安全，袁家村建立了自己的面粉、粉丝等加工厂，合作建设了养殖场、农场、蔬菜基地等，发展了承包农业，真正实现了第一产业、第二产业和第三产业的有机整合。目前，袁家村所使用的农副产品和原材料来自自建加工厂、养殖场、合作农场、蔬菜基地等，并与质检部门配合，定期对基地商品进行质检和公示。为了确保食品质量，袁家村车间采用"前店后厂"的生产和销售模式。所有商户均已将食品安全宣誓制成牌匾，并将其悬挂在商店的醒目位置，每个村干部都是食品安全监督员。同时，袁家村还建立了产品质量标准、加工技术标准和供应链管理体系，以确保袁家村的食品安全。

（七）在创新中打造独特发展模式

乡村旅游的同质化现象很普遍。袁家村在发展过程中不断创新，始终保持自己的特色。第一，除了建造民俗小吃街外，还创造了新形式，如民俗客栈、艺术品街区和酒吧（图12-1）。第二，该村的总体规划设计，分为七个区域：关中印象体验区、正街农舍区、关中四合院住宅安置区、欧式花园果园游乐区、钓鱼烧烤区、运动场区和商务区。第三，扩大和升级旅游服务项目，如通过体验关中乡村生产和生活方式的活动、美食节和民间文化展览，以及将关中印象体验店复制到西安等大城市的繁华街区。第四，加强与政府和企业的合作，开发袁家村外部项目，通过输出策划、规划、设计、招商、运营全链条服务运作来激活和驱动其他地区的新农村产业发展。已开发的外部项目包括：山西忻州古城"袁家村·秀容印象"、青海平安驿"袁家村·河湟印象"等。第五，着力培养后备管理团队和人才。经过多方努力，多措并举，自2007年袁家村发展乡村民间文化旅游以来，接待的游客人数逐年增加，年旅游收入已超过5亿元。

图 12-1　袁家村内的酒吧

　　"袁家村的成功得益于思想和经验两方面。通过多年的经营，可以说袁家村是将旅游业与农村农民结合的最佳村落。我们拥有自己的发展经验和专业的团队。无论是规划，设计还是投资和运营，袁家村都准备好了。"

　　在谈到袁家村的未来时，郭占武充满信心："将来，袁家村将做两件事：一是旅游业的发展，二是第三产业的融合。我们现在在陕西所做的就是'袁家村·关中印象'，将我们自己的思想和经验带给全国，并结合当地特色，打造出更多袁家村印象。我们的目标是让来自世界各地的游客无论走到哪里都能找到一个不同的袁家村。在第三产业融合方面，我们将利用品牌带动市场，用三产带二产，二产带一产，努力将袁家村的农副产品销售给全国。"

三、案例启示

　　经过多年的努力，在村民委员会的带领下，袁家村通过募捐建立了具有地方特色的管理模式。带领村民建立农家乐并获得收入来源；面对旅游市场需求不足的情况，在成长期修建小吃街，增加周边村庄的就业；在快速发展时期建立合作社，以平衡村民的利益冲突。在稳定增长时期创新旅游业务模式，实施多元化发展战略。在每个阶段，村支书总揽全局、两委成员落地实施，以包容性发展为指导思想，带领全民参与旅游业。通过参与旅游过程，使村民获得经济、制度、环境和文化的包容性发展。

　　袁家村的发展是陕西乡村旅游致富之窗。乡村旅游的发展不仅为当地农民带来了家庭收入的增加，更重要的是促进了文明水平的提高和文化生活的变化、观念的升华和生活观的提高、幸福指数的提高，这使农民在掏腰包的同时感到更加自信。袁家村成功的乡村旅游商业模式，为实施乡村振兴战略提供了新的范例，对广大农村地区具有重要的借鉴意义。

第三节　我国乡村振兴标准体系的构建

一、我国乡村振兴标准体系的文献述评

　　乡村振兴评价标准是将现有农村的振兴水平及制订农村的振兴规划综合起来，部署乡村振兴各要素及乡村振兴实践的重要基础。我国乡村振兴评价研究主要包括乡村振兴指标体系研究和乡村振兴评价的方法研究。

　　我们从构建指标体系方面，总结各研究学者的评价指标体系。贾晋从乡村振兴战略中的五大模块入手，从理论上解构了乡村振兴战略的体系，筛选出了35项精细化指标，构建了"三农"核心问题的指标体系。采用TOPISS方法测算了2015年全国30个省（区、市）乡村振兴发展水平，

为乡村振兴发展提供理论和方法参考。具体指标选择如下：产业兴旺的"六化"包括是农业效率化、农产品品质化、农业机械化、农业科技化、农民组织化以及农业融合化；生态宜居的"四率"包含道路通行率、农村规划的比率、生活宜居率和医疗保障率；乡风文明的"三风"有家庭之风、邻里之风和社会之风；治理有效的"三治"是民主自治、基层法治和社会治理；生活富裕的"三维"为农民收入、收入差距和生活质量。[①]韦家华和连漪依然是从乡村振兴的5个维度构建了评价指标体系。产业兴旺下共设置了农民对农业基础设施满意率、二三产业收入占农民总收入比重、农业机械化比重、农户参加农村专业合作经济组织比重、小农生产与现代农业融合率和特色优势农产品比重6个指标；生态宜居下共设置了农户饮用清洁水比重、乡村河流水质标准、农户使用卫生厕所比重、垃圾处理率4个指标；乡风文明设置了农民纠纷发生率、"黄赌毒"发生率、每年集中性科普次数、农民文化体育娱乐消费比重、农民对乡村两级公共文化服务满意度5个指标；治理有效指标下设置了乡镇和村级的政务公开、农民对乡村干部廉政的满意率、农民参与一事一议制度、村干部中大学生比重和农民对法治乡村建设的满意率5个指标；生活富裕设置了农民的纯收入、人均住房面积、农民对子女教育的满意度和农民对医疗保障的满意率4个指标。[②]

　　另外还有一些学者从其他视角构建乡村振兴评价指标体系。例如，涂丽和乐章从乡村建设的理论视角出发，运用中国家庭追踪调查2014年的数据，构建了包括乡村经济发展、村民自治、公共服务和宜居条件4个维度的乡村发展评价指标体系。把乡村振兴理解为集乡村经济建设、政治建设和社会文化建设为一体的综合性发展过程。[③]程莉和文传浩从农业可持续发展、农村产业融合、农村生态环境治理和农村基础设施建设4个核心指针出发，分析了乡村绿色发展对乡村振兴影响的内在逻辑，然后基于乡村产业发展、美丽乡村建设和农民生活改善3个维度构建了我国乡村振兴评价指标体系，运用主成分分析法对2000～2016年我国乡村振兴水平进行了评价，并进一步构建计量经济模型实证分析了乡村绿色发展对乡村振兴的影响效应。[④]沈费伟和肖泽干在美丽乡村的建设的基本要求下，构建

　　① 贾晋、李雪峰、申云：《乡村振兴战略的指标体系构建与实证分析》，《财经科学》2018年第11期，第70—82页。

　　② 韦家华、连漪：《乡村振兴评价指标体系研究》，《价格理论与实践》2018年第9期，第82—85页。

　　③ 涂丽、乐章：《城镇化与中国乡村振兴：基于乡村建设理论视角的实证分析》，《农业经济问题》2018年第11期，第78—91页。

　　④ 程莉、文传浩：《乡村绿色发展与乡村振兴：内在机理与实证分析》，《技术经济》2018年第10期，第98—106页。

了一套乡村振兴评价指标体系，分别从 5 个板块筛选了 24 个指标。运用浙江省 2008～2014 年的数据，采用 TOPSIS 方法对美丽乡村建设进行了实证分析。[①]

目前，大量学者都在研究乡村振兴评价的方法，并形成了很多具有代表性的观点。闫周府和吴方卫基于 2016 年数据对全国层面的乡村振兴水平进行测算。研究发现：2016 年全国乡村振兴指数得分为 75.89，离预期目标存在一定距离，显示出实施乡村振兴战略的必要性。具体到乡村振兴发展的 5 个方面，整体的得分情况如下，产业兴旺的分数略高，接下来 3 个板块是生活富裕、乡风文明、治理有效，生态宜居分数最低。这几个板块的发展和产业兴旺发展还存在不少差距，特别是生态宜居和产业兴旺发展相差近 20%，表明乡村振兴内部各方面发展仍然十分不协调。在地区层面，研究表明我国乡村发展存在区域不均衡现象，由东到西呈现明显的梯度变化。[②]陈磊等在参考《美丽乡村建设指南》（GB/T 3200—2015）、《农业部 20 项指标描画"美丽乡村"》、安吉县美丽乡村评价指标体系以及相关市、县域美丽乡村验收标准的分析基础上，并向相关部门的专家问询及对村级走访调查，对以上各指标进行筛选合并，兼顾新疆农村发展现实情况，遴选出 30 个指标，构建了昌吉市美丽乡村建设评价体系。[③]张挺等将层次分析法和熵权法相融合对主客观权重进行相加，得出综合权重。该研究基于 35 个样本村连续 4 年数据，进行了共计 140 个村次的评价研究；将 35 个村每一年的评价结果，都分别按照综合指标和 5 个二级指标进行了排名。从年度数据看，2013 年度 35 个样本村的综合得分为 59.07，2014 年度 35 个样本村的综合得分 64.79，2015 年度 35 个样本村的综合得分 71.21，2016 年度 35 个样本村的综合得分 76.05。整体上看，乡村振兴成效评分逐年提高。[④]

二、我国乡村振兴标准体系的构建方法

（一）乡村振兴指标体系构建的现实意义

乡村振兴战略是以习近平同志为核心的党中央作出的重大决策部署，从农村基建重点、民生领域、多元资金投入等方面进行规划，有效地推动

[①] 沈费伟、肖泽干：《浙江省美丽乡村的指标体系构建与实证分析》，《华中农业大学学报（社会科学版）》2017 年第 2 期，第 45—51、132 页。

[②] 闫周府、吴方卫：《从二元分割走向融合发展—乡村振兴评价指标体系研究》，《经济学家》2019 年第 6 期，第 90—103 页。

[③] 陈磊、王承武、王彬：《昌吉市美丽乡村建设评价体系构建及应用》，《科技和产业》2019 年第 5 期，第 47—51 页。

[④] 张挺、李闽榕、徐艳梅：《乡村振兴评价指标体系构建与实证研究》，《管理世界》2018 年第 8 期，第 99—105 页。

了乡村的发展。通过构建乡村振兴的评价体系有利于各级政府更好地了解乡村振兴的实施进程并进行针对性的施策,同时更能发挥广大干部群众的聪明才智、积极性和创造性。①

乡村振兴指标的构建是对乡村振兴的每一项要求的精细化考量,即对五个模块的要求具体化。本章根据党中央和国务院的指导精神,综合相关学者观点,从可操作性的原则,构建出乡村振兴评价指标。乡村振兴评价指标体系可对乡村振兴战略进程进行监测和纠偏。运用乡村振兴评价指标体系,可以监测乡村振兴战略实施的进程,从而得出可参考性的数据。在这个过程中还能发现如产业的空心化、庸俗的文化、脏乱的环境等问题,有针对性地纠正发展中的偏差,确保乡村振兴战略沿着正轨前进。另外,乡村振兴评价指标体系可以更加高效地对整体情况进行分析。根据各地的实际状况有针对性地分析、解决,科学地掌握乡村振兴的进展,从而高效地提升乡村振兴质量。因此,乡村振兴指标标准体系的构建十分重要。

(二)乡村振兴评价体系的构建

乡村振兴评价体系是多项指标协同作用的最终结果,因此评价指标体系的构建要综合考虑乡村发展的多个方面,既要包括宏观层面与微观层面,也要包括数量因素与质量因素等。②中共中央、国务院出台了《乡村振兴战略规划(2018—2022年)》,并发布乡村振兴战略主要指标规划,其中提出了22项具体指标,包括3项约束性指标、19项预期性指标(表12-1)。

表 12-1　乡村振兴战略规划主要指标

一级指标	二级指标	三级指标	单位	2016年基期值	2020年目标值	2022年目标值	2022年比2016年增加(累计提高百分点)	属性
乡村振兴	产业兴旺	粮食综合生产能力	亿吨	>6	>6	>6	—	约束性
		农业科技进步贡献率	%	56.7	60	61.5	〔4.8〕	预期性
		农业劳动生产率	万元/人	3.1	4.7	5.5	2.4	预期性
		农产品加工产值与农业总产值比	—	2.2	2.4	2.5	0.3	预期性
		休闲农业和乡村旅游接待人次	亿人次	21	28	32	11	预期性

---

① 韦家华、连漪:《乡村振兴评价指标体系研究》,《价格理论与实践》2018年第9期,第82—85页。

② 闫周府、吴方卫:《从二元分割走向融合发展——乡村振兴评价指标体系研究》,《经济学家》2019年第6期,第90—103页。

续表

一级指标	二级指标	三级指标	单位	2016年基期值	2020年目标值	2022年目标值	2022年比2016年增加〔累计提高百分点〕	属性
乡村振兴	生态宜居	畜禽粪污综合利用率	%	60	75	78	〔18〕	约束性
		村庄绿化覆盖率	%	20	30	32	〔12〕	预期性
		对生活垃圾进行处理的村占比	%	65	90	>90	〔>25〕	预期性
		农村卫生厕所普及率	%	80.3	85	>85	〔>4.7〕	预期性
	乡风文明	村综合性文化服务中心覆盖率	%	—	95	98	—	预期性
		县级及以上文明村和乡镇占比	%	21.2	50	>50	〔>28.8〕	预期性
		农村义务教育学校专任教师本科以上学历比例	%	55.9	65	68	〔12.1〕	预期性
		农村居民教育文化娱乐支出占比	%	10.6	12.6	13.6	〔3〕	预期性
	治理有效	村庄规划管理覆盖率	%	—	80	90	—	预期性
		建有综合服务站的村占比	%	14.3	50	53	〔38.7〕	预期性
		村党组织书记兼任村委会主任的村占比	%	30	35	50	〔20〕	预期性
		有村规民约的村占比	%	98	100	100	〔2〕	预期性
		集体经济强村比重	%	5.3	8	9	〔3.7〕	预期性
		农村居民恩格尔系数	%	32.2	30.2	29.2	〔-3〕	预期性
	生活富裕	城乡居民收入比	—	2.72	2.69	2.67	〔-0.50〕	预期性
		农村自来水普及率	%	79	83	85	〔6〕	预期性
		具备条件的建制村通硬化路比例	%	96.7	100	100	〔3.3〕	约束性

　　乡村振兴指标中主客观指标不仅要体现社会现象，还要将不可直观发现和没办法测量的数值的两类指标进行相应的处理。通过对中共中央、国务院印发了《乡村振兴战略规划（2018—2022年）》及相关乡村振兴文献指标体系标准分析的基础上，本章对以上各指标进行筛选合并，兼顾数据可获得性的条件下，遴选出 22 个三级指标（表 12-2）。

表 12-2　乡村振兴战略标准体系

一级指标	二级指标	三级指标	单位	来源
乡村振兴	产业兴旺	粮食综合生产能力	亿吨	中国统计年鉴
		农业科技进步贡献率	%	第三次全国农业普查主要数据公报
		农业劳动生产率	万元/人	中国统计年鉴
		农产品加工产值与农业总产值比	—	中国统计年鉴、中国农产品加工业年鉴
		人均农林牧渔业产值[①]	元/人	中国农村统计年鉴
	生态宜居	农业生产污染物投放强度	万吨	中国农村统计年鉴
		设卫生室的村数占行政村数比重	—	中国统计年鉴
		农村污水处理率	%	中国环境统计年鉴
		农村卫生厕所普及率	%	中国环境统计年鉴
	乡风文明	村综合性文化服务中心覆盖率	%	中国统计年鉴
		全国文明村占行政村的比重	%	中国农村统计年鉴
		农村义务教育学校专任教师占比	%	中国农村统计年鉴
		农村居民教育文化娱乐支出占比	%	中国统计年鉴
	治理有效	全国民主法治示范村占行政村比重	%	司法部、民政部全国民主法治示范村相关数据
		大学生村官比率	%	中国青年网
		农村贫困发生率	%	中国农村统计年鉴
		有村规民约的村占比	%	中国文明网及第三次全国农业普查公报
		城乡一体化治理程度	%	中国民政统计年鉴
	生活富裕	农村居民恩格尔系数	%	中国统计年鉴
		城乡居民收入比	—	中国统计年鉴
		农村自来水普及率	%	全国水利发展统计公报
		具备条件的建制村通硬化路比例	%	中国农村统计年鉴

---

① 贾晋、李雪峰、申云：《乡村振兴战略的指标体系构建与实证分析》,《财经科学》2018 年第 11 期, 第 70—82 页。

三、我国乡村全面振兴标准体系的指标内涵

本章构建了包含 22 项具体指标的乡村振兴标准指标体系，其中约束性指标 3 项、预期性指标 19 项。数据主要来源于《中国统计年鉴》、《中国农村统计年鉴》、《中国环境统计年鉴》、《中国农产品加工业年鉴》、第三次农业普查主要数据公报以及民政部、司法部全国民主法治示范村相关数据。

这一评价指标体系是一个动态评价体系，具有三个特点：一是这一指标体系是在当前乡村振兴战略规划引领下形成的，评价的是乡村发展实际与规划预期之间的距离。因此，指标体系所衡量的是乡村振兴的绝对程度，是一个绝对指数。二是乡村振兴是一个长期、动态上升的过程，在不同的发展阶段，预期目标设定会有所不同。三是随着发展阶段的变化，一些新的问题也将浮现，继续以往行之有效的发展路径，有可能损失农业农村发展的效率。因此，长期指标选取需要根据"三农"工作重心的变化而调整，并侧重选取那些对"三农"发展更关键的因素进行分析。从这个角度来看，这一评价体系所衡量的又是乡村振兴的相对程度，是一个相对指数。本书的相关指标选取及目标值设定还应根据当地现实情况做适当调整。具体指标选择如下文所示。

1. 产业兴旺

从粮食综合生产能力、农业科技进步贡献率、农业劳动生产率、农产品加工产值与农业总产值比、人均农林牧渔业产值五个指标衡量产业兴旺水平。

粮食综合生产能力：指一定时期的一定地区，在一定的经济技术条件下，由各生产要素综合投入所形成的，可以稳定地达到一定产量的粮食产出能力。

农业科技进步贡献率：农业科技进步的大小对农业总产值的比重，体现出的是当地科技进步对经济发展的大小。从某种程度上来讲，经济越发达，科技进步对国民经济的贡献率越大。计算方法借鉴朱希刚[1]的研究成果，根据《全国农业现代化规划（2016—2020 年）》指导要求，设定目标值为 60%。农业科技进步率＝农业总产值增长率－物质费用产出弹性×物质费用增长率－劳动力产出弹性×劳动力增长率－耕地产出弹性×耕地增长率。

---

[1] 朱希刚、张社梅、赵芝俊：《我国棉花生产率变动分析》，《农业经济问题》2007 年第 4 期，第 9—13、110 页。

农业劳动生产率：此项指标主要体现了农业劳动者的效率。农业劳动生产率的提高，是人类社会中农业以外的一切经济部门得以独立化和进一步发展的基础。其计算方式为：农业劳动生产率=单位时间内的农产品量或产值/农业劳动人口。

农产品加工产值与农业总产值比：农产品加工是延伸农业产业链条、提升农产品附加价值、增加农民收入，促进农业产业转型升级的有效途径。根据《全国农业现代化规划（2016—2020年）》的要求，设定目标值为2.4。

人均农林牧渔业产值：人均农林牧渔业产值指乡村农林牧渔业总产值与乡村常住人口的比值，是反映乡村生产力的重要指标。其计算方法为人均农林牧渔业产值 = 乡村农林牧渔业总产值/乡村常住人口。

2. 生态宜居

生态宜居是相对以往农业农村政策由关注局部到强调整体的升级，要求建设宜居环境的同时也对广大农民的生活质量有着质的提升，达到"高质量的宜居"。因此，指标设计用农业生产污染物投放强度、设卫生室的村数占行政村比重、农村污水处理率、农村卫生厕所普及率四个二级指标来衡量生态宜居水平。

农业生产污染物投放强度：农业生产污染物投放强度可分为化肥施用强度、农药施用强度。化肥施用强度，用每公顷化肥投入量表示。参考《美丽乡村建设指南》的指导要求，按照农业部发布的《肥料合理使用准则通则》设定目标值≤360公斤/公顷。农药施用强度用每公顷农药投入量表示。

设卫生室的村数占行政村比重：此指标用来反映农村卫生保障和向往美好生活的主要内涵。

农村污水处理率：此指标反映了乡村环保效率的重要内涵，也是体现了生态宜居的重要指标。参考《美丽乡村建设指南》的指导要求，设定目标值≥70%。

农村卫生厕所普及率：农村"厕所革命"关系到农村居民生活环境和卫生改善，用无害化卫生厕所普及率来衡量。参考《美丽乡村建设指南》的指导要求，设定目标值≥80%。

3. 乡风文明

乡风文明将精神文明和物质文明一同发展，有利于提升广大农民的精神面貌和农村整体的风俗乡俗，从而带动整个社会文明的进步。据此，选取村综合性文化服务中心覆盖率、全国文明村占行政村的比重、农村义务教育学校专任教师占比、农村居民教育文化娱乐支出占比四个二级指标。

村综合性文化服务中心覆盖率：此指标用建有文化服务站的乡镇占比来反映。根据《乡村振兴战略规划（2018—2022 年）》的指导要求，设定目标值为 98%。

全国文明村占行政村的比重：此指标即全国文明村和与行政村的比重。根据《乡村振兴战略规划（2018—2022 年）》考核要求，全国文明村占比设定目标值＞50%。

农村义务教育学校专任教师占比：根据《乡村振兴战略规划（2018—2022 年）》规划要求，设定目标值＞68%。

农村居民教育文化娱乐支出占比：随着可支配收入的不断增加，居民增强闲暇时间的意愿不断增强，从而有更多精力投入到精神文明建设上，促进乡风文明水平的提升。用农村居民教育文化娱乐支出占比来衡量。根据《乡村振兴战略规划（2018—2022 年）》考核要求，设定目标值＞13.6%。

4. 治理有效

乡村治理必须把夯实基层基础作为固本之策，建立健全党委领导、政府负责、社会协同、公众参与、法治保障的现代乡村治理体制，坚持自治、法治、德治相结合，确保乡村社会充满活力、和谐有序。据此，选取全国民主法治示范村占行政村比重、大学生村官比率、有村规民约的村占比、农村贫困发生率、城乡一体化治理程度五个二级指标合成。

全国民主法治示范村占行政村比重：反映了基层法治，体现了乡村治理过程中乡村社会文明和人民公共安全的内涵。

大学生村官比率：此指标是大学生村官进入村"两委"的比率，可反映村干部文化素质水平，有利于提升基层治理水平。

有村规民约的村占比：根据《乡村振兴战略规划（2018—2022 年）》考核要求，设定目标值为 100%。

农村贫困发生率：此指标反映了农村对扶贫的投入及扶贫的力量，体现了农村治理的效果。

城乡一体化治理程度：此指标可用农村低保平均标准/城市低保平均标准求得。

5. 生活富裕

生活富裕是乡村振兴战略的最后一大关卡。这个领域重点放在农民的收入水平、当地的农村基础设施的发展上面。据此，主要选取农村居民恩格尔系数、城乡居民收入比、农村自来水普及率、具备条件的建制村通硬化路比例四个二级指标来衡量生活富裕水平。

农村居民恩格尔系数：恩格尔系数是食品支出总额占个人消费支出

总额的比重。19 世纪德国统计学家恩格尔（Engel）根据统计资料，分析消费结构的变化得出一个规律，一个家庭收入越少，家庭收入中（或总支出中）用来购买食物的支出所占的比例就越大，随着家庭收入的增加，家庭收入中（或总支出中）用来购买食物的支出比例则会下降。

城乡居民收入比：城乡居民收入之比不仅是能够集中反映城乡发展和收入水平差距的主要结构指标，还是评价农民收入增长数量和质量的指标，能够从侧面印证该地区城乡融合发展的情况。人均可支配收入水平高低反映了经济发展的效率，而城乡居民收入比反映了收入分配的公平性。根据各省城乡居民收入比现状，将各省这一指标值的最小值设为目标值。

农村自来水普及率：根据《农村饮用水安全卫生评价指标体系》的建设要求，设定目标值为 100%。

具备条件的建制村通硬化路比例：此指标用村庄路面硬化率来体现。根据《美丽乡村建设指南》关于村庄路面硬化率的指导要求，设定目标值为 100%。

第四节　我国乡村振兴发展指数测算

一、我国乡村振兴指标权重

指标权重确定是整个评估系统中非常重要环节，是每个指标的定量表示。权重确定的方法主要包括主观授权法和客观授权法。最常用的主观授权方法是德尔菲法和层次分析法，客观授权方法有主成分分析法，"拉开档次"法和熵值法等，本章采用确定权重的熵值法。

首先，确定指标的权重。指标权重确立的基本原则是反映每个指标的相对重要性。指标越重要，权重越高。权重较低的则是较低区分度且不理想应用效果的指标。其次，关于指标的计算方法。确定标准化指标值和指标权重后，将标准化值进行合成，并将相应的权重乘以无量纲化的方式，处理各个指标的标准化值，并综合执行该指标的有效性，据此获得乡村振兴战略的得分，也就是乡村振兴战略完成程度的综合指标。根据指标得分总和的大小，可以看出各个地区乡村振兴与发展的现状和水平高低不一。被调查的每个地区都按照指标得分总和进行排名，清楚地比较各个地区乡村振兴五个部分的总体水平，也可以基于两个地区之间各项指标总和之间的差异，就是两个地区乡村振兴水平的差异来进行比较（表 12-3）。

表 12-3 乡村振兴指标体系（2015～2017 年数据）

一级指标	二级指标	三级指标	单位	测算方法	2015 年	2016 年	2017 年	2017 年较2015 年比增加
乡村振兴	产业兴旺	粮食综合生产能力	亿吨	粮食总产量	6.21	6.16	6.62	0.41
	产业兴旺	农业科技进步贡献率	%	农业科技进步率＝农业总产值增长率－物质费用产出弹性×物质费用增长率－劳动力产出弹性×劳动力增长率－耕地产出弹性×耕地增长率	56	56.7	57.5	1.5
		农业劳动生产率	万元/人	农业劳动生产率＝单位时间内的农产品量或产值/农业劳动人口	2.2	2.3	3.1	0.9
		农产品加工产值与农业总产值比	—	农产品加工产值/农业总产值	1.7	2.1	2.2	0.5
		人均农林牧渔业产值	元/人	乡村农林牧渔业总产值/乡村常住人口	27 306.3	29 052.4	30 872.8	3 566.5
	生态宜居	农业生产污染物投放强度	万吨	农村农药、化肥施用强度	6 200.8	6 158.1	6 024.9	-175.9
		设卫生室的村数占行政村数比重	—	—	93.3	92.9	92.8	-0.5
		农村污水处理率	%	—	11.4	22	22	10.6
		农村卫生厕所普及率	%	—	57.5	60.5	62.5	5
	乡风文明	村综合性文化服务中心覆盖率	%	有文化服务站的乡镇占比	92.51	92.53	92.52	0.01
		全国文明村占行政村的比重	%	全国文明村/全国行政村	0.13	0.16	0.21	0.08
		农村义务教育学校专任教师占比	%	农村义务教育学校专任教师数/所有专任教师	57.87	57.25	56.81	-1.06
		农村居民教育文化娱乐支出占比	%	农村居民教育文化娱乐支出/全部消费支出	10.51	10.56	10.69	0.18
		全国民主法治示范村占行政村比重	%	全国民主法治示范村/行政村总数	0.05	0.11	0.12	0.07

续表

一级 指标	二级 指标	三级指标	单位	测算方法	2015 年	2016 年	2017 年	2017 年较 2015 年比 增加
乡村 振兴	治理 有效	大学生村官 比率	%	大学生村官进 入"两委"班 子比率	48.9	51.9	51.5	2.6
		农村贫困发 生率	%	—	5.7	4.5	3.1	−2.6
		有村规民约的 村占比	%	—	95	98	98	3
		城乡一体化治 理程度	%	农村低保平均 标准/城市低保 平均标准	58.83	63.08	67.11	8.28
	生活 富裕	农村居民恩格 尔系数	%	—	33	32.2	31.2	−1.8
		城乡居民收 入比	—	—	2.73	2.72	2.71	−0.02
		农村自来水普 及率	%	—	79	79	80	1
		具备条件的建 制村通硬化路 比例	%	—	94.25	96.7	98.4	4.15

本章根据 2015～2017 年的数据，在熵值法的基础上来确定乡村振兴指标体系确定权重。如表所示，根据 2015～2017 年三期的数据对其乡村振兴指标计算权重（表 12-4）。

表 12-4　乡村振兴指标体系权重（2015～2017 年）

一级指标	二级指标	三级指标	权重	2015 年	2016 年	2017 年
乡村振兴	产业兴旺 （0.254 9）	粮食综合生产能力	0.259 9	6.21	6.16	6.62
		农业科技进步贡献率	0.166 0	56.0	56.7	57.5
		农业劳动生产率	0.258 6	2.2	2.3	3.1
		农产品加工产值与农业总 产值比	0.151 8	1.7	2.1	2.2
		人均农林牧渔业产值	0.163 7	27 306.3	29 052.4	30 872.8
	生态宜居 （0.157 7）	农业生产污染物投放强度	0.245 6	6 200.8	6 158.1	6 024.9
		设卫生室的村数占行政村 比重	0.251 1	93.3	92.9	92.8
		农村污水处理率	0.251 0	11.4	22.0	22.0
		农村卫生厕所普及率	0.252 3	57.5	60.5	62.5

一级指标	二级指标	三级指标	权重	2015 年	2016 年	2017 年
乡村振兴	乡风文明 (0.181 2)	村综合性文化服务中心覆盖率	0.218 4	92.51	92.53	92.52
		全国文明村占行政村的比重	0.254 0	0.13	0.16	0.21
		农村义务教育学校专任教师占比	0.245 5	57.87	57.25	56.81
		农村居民教育文化娱乐支出占比	0.282 1	10.51	10.56	10.69
	治理有效 (0.199 1)	全国民主法治示范村占行政村比重	0.194 9	0.05	0.11	0.12
		大学生村官比率	0.195 0	48.9	51.9	51.5
		农村贫困发生率	0.251 0	5.7	4.5	3.1
		有村规民约的村占比	0.198 7	95	98	98
		城乡一体化治理程度	0.206 9	58.83	63.08	67.11
	生活富裕 (0.207 1)	农村居民恩格尔系数	0.195 1	33	32.2	31.2
		城乡居民收入比	0.200 3	2.73	2.72	2.71
		农村自来水普及率	0.411 9	79	79	80
		具备条件的建制村通硬化路比例	0.192 6	94.25	96.70	98.40

二、我国乡村振兴指标比值

从 2015～2017 年中选取了一些可作比较的数据,用以建构一个由五个二级指标——产业兴旺、生态宜居、乡风文明、治理有效、生活富裕——构成的指标体系。本章将上述 5 个二级指标每个权重设定为 1,最终再将指标综合成一个综合指数,体现每个二级指标的权重,可以非常直观地进行每个二级指标的比较。

表 12-5 显示,从二级指标——产业兴旺这一板块来看,可以直观地发现农业劳动生产率这一指标占比较大,其他依次是粮食综合生产能力、农业科技进步贡献率等。前三项因素对产业兴旺这一板块有着举足轻重的作用,可见从侧面反映农业劳动生产率是促进乡村的产业繁荣的重点。

表 12-5 二级指标——产业兴旺权重

三级指标	粮食综合生产能力	农业科技进步贡献率	农业劳动生产率	农产品加工产值与农业总产值比	人均农林牧渔业产值
指标权重	0.259 9	0.166 0	0.258 6	0.151 8	0.163 7

表 12-6 显示，在二级指标下的四个三级指标中，所占权重相当，农村卫生厕所普及率相对较为突出，所占权重 0.2523，四项指标应齐头并进共同创造"宜居"生态。

表 12-6　二级指标——生态宜居权重

三级指标	农业生产污染物投放强度	设卫生室的村数占行政村比重	农村污水处理率	农村卫生厕所普及率
指标权重	0.2456	0.2511	0.2510	0.2523

表 12-7 显示，作为传达家风、乡风影响社会风气的重点指标，农村居民教育文化娱乐支出比所占比重较大，所占权重为 0.2821；其次是全国文明村占行政村的比重。这两项因素对乡风建设尤为重要。

表 12-7　二级指标——乡风文明权重

三级指标	村综合性文化服务中心覆盖率	全国文明村占行政村的比重	农村义务教育学校专任教师占比	农村居民教育文化娱乐支出占比
指标权重	0.2184	0.2540	0.2455	0.2821

表 12-8 显示，城乡一体化治理程度是检验治理有效的重要指标；其次是有村规民约的村占比、大学生村官比率、全国民主法治示范村占行政村比重。较为重要的第二项因素是农村贫困发生率，这也可以侧面反映出乡村治理的有效性。

表 12-8　二级指标——治理有效权重

三级指标	全国民主法治示范村占行政村比重	大学生村官比率	农村贫困发生率	有村规民约的村占比	城乡一体化治理程度
指标权重	0.1949	0.1950	0.2044	0.1987	0.2069

表 12-9 显示，生活富裕这个板块中的指标，农村自来水普及率将近占一半比重，可见农村现在的生活条件还可以进一步提升；其次是城乡居民收入比所占比重达到 0.2003，农村居民恩格尔系数紧跟其后；最后是具备条件的建制村通硬化路比例，这个数据可以显示出农村的质量还可以大幅度提升。

表 12-9　二级指标——生活富裕权重

三级指标	农村居民恩格尔系数	城乡居民收入比	农村自来水普及率	具备条件的建制村通硬化路比例
指标权重	0.1951	0.2003	0.4119	0.1926

三、我国乡村振兴指数分析

乡村振兴发展指数是用以测度和评价各地乡村振兴水平、实现程度、进展以及存在的主要问题的指标。用通俗的话来讲，是我们将第一年实施战略的成绩为标准，持续观察发展几年后的成绩，这样就可以直观地看出实施战略的情况与问题。测算出的乡村振兴发展指数，可以评价全国各个地区的乡村振兴水平，通过这样的方式直观地、高效地认识本地区的发展水平，也可与其他地区的发展情况相比较，找出自身不足，还可与发展较好的地区吸取经验，总结后因地制宜，探寻一套适合相当的指标体系。我们应跟随党中央的脚步，对乡村振兴战略展开"三步走"的发展。2020 年，实现全面建成小康社会；到 2035 年，农业农村现代化基本实现；到 2050 年，乡村全面振兴，农业强、农村美、农民富全面实现。总之，这一套指标体系本着科学性的原则，强调了"5 个板块、20 个字"的要求，在这基础上，全国的各个地区都可以使用这套标准及相应的发展指数，使乡村振兴可测量、可评估。

本章将按照党中央对乡村振兴战略的"三步走"部署，发展指数也以 2035 年基本实现农业农村现代化为目标值，本书针对产业兴旺、生态宜居、乡风文明、治理有效、生活富裕 5 大板块，提出 22 项具体指标，利用 2015～2017 年三年数据计算乡村振兴的发展指数。

（一）假设 2015 年乡村振兴发展水平为基准水平

根据获取的数据，我们假定 2015 年的乡村振兴发展指数为基准指数，即假设 2015 年的乡村振兴指数为 100.00。

（二）各年指标与 2015 年相应指标的数据比值

以 2015 年的各指标数据为基础，之后历年的各指标与 2015 年相应指标的数据进行比较，求出比值，如：

$$\frac{2016年粮食综合生产能力}{2015年粮食综合生产能力} = \frac{6.16}{6.21}$$

其他依此类推。各年度各项比值与权重相乘求和再乘 100 即可求得各年乡村振兴发展指数，各年指标与 2015 年相应指标的数据比值（表 12-10）。

表 12-10 2015～2017 年乡村振兴发展指数

一级指标	二级指标	三级指标	权重	2015年乡村振兴发展指数	2016年乡村振兴发展指数	2017年乡村振兴发展指数
乡村振兴	产业兴旺 (0.2549)	粮食综合生产能力	0.2599	100.00	110.76	116.15
		农业科技进步贡献率	0.1660			
		农业劳动生产率	0.2586			
		农产品加工产值与农业总产值比	0.1518			
		人均农林牧渔业产值	0.1637			
	生态宜居 (0.1577)	农业生产污染物投放强度	0.2456			
		设卫生室的村数占行政村比重	0.2511			
		农村污水处理率	0.2510			
		农村卫生厕所普及率	0.2523			
	乡风文明 (0.1812)	村综合性文化服务中心覆盖率	0.2184			
		全国文明村占行政村的比重	0.2540			
		农村义务教育学校专任教师占比	0.2455			
		农村居民教育文化娱乐支出占比	0.2821			
	治理有效 (0.1991)	全国民主法治示范村占行政村重	0.1949			
		大学生村官比率	0.1950			
		农村贫困发生率	0.2044			
		有村规民约的村占比	0.1987			
		城乡一体化治理程度	0.2069			
	生活富裕 (0.2071)	农村居民恩格尔系数	0.1951			
		城乡居民收入比	0.2003			
		农村自来水普及率	0.4119			
		具备条件的建制村通硬化路比例	0.1926			

（三）计算各年乡村振兴二级指标指数

前文已假设 2015 年的各二级指标基期值均为 100.00，不需再计算（表 12-11）。

表 12-11　2015～2017 年乡村振兴二级指标发展指数

年份	产业兴旺	生态宜居	乡风文明	治理有效	生活富裕
2015	100.00	100.00	100.00	100.00	100.00
2016	103.25	124.15	105.83	122.40	99.95
2017	111.73	124.73	115.78	122.53	100.16

（四）计算乡村振兴三级指标发展指数

基于以上计算方式，已假设 2015 年的三级指标的发展指数为 100.00，如三级指标：粮食综合生产能力 2015 年基期值为 100.00，利用权重推算出 2016 年、2017 年的发展指数，不需再计算（表 12-12）。

表 12-12　2015～2017 年乡村振兴三级指标发展指数

一级指标	二级指标	三级指标	权重	比值×100		
				2015 年	2016 年	2017 年
乡村振兴	产业兴旺	粮食综合生产能力	0.0662	100.00	99.19	106.60
		农业科技进步贡献率	0.0423	100.00	101.25	102.68
		农业劳动生产率	0.0659	100.00	104.55	140.91
		农产品加工产值与农业总产值比	0.0387	100.00	123.53	129.41
		人均农林牧渔业产值	0.0417	100.00	106.39	113.06
	生态宜居	农业生产污染物投放强度	0.0387	100.00	99.31	97.16
		设卫生室的村数占行政村比重	0.0396	100.00	98.61	99.46
		农村污水处理率	0.0396	100.00	192.98	192.98
		农村卫生厕所普及率	0.0398	100.00	105.22	108.70
	乡风文明	村综合性文化服务中心覆盖率	0.0415	100.00	100.02	100.01
		全国文明村占行政村的比重	0.0454	100.00	123.08	161.54
		农村义务教育学校专任教师占比	0.0439	100.00	98.93	98.17
		农村居民教育文化娱乐支出占比	0.0504	100.00	100.48	101.71
	治理有效	全国民主法治示范村占行政村比重	0.1000	100.00	220.00	240.00
		大学生村官比率	0.0080	100.00	106.14	105.32
		农村贫困发生率	0.0720	100.00	78.95	54.39
		有村规民约的村占比	0.0040	100.00	103.16	103.16
		城乡一体化治理程度	0.0160	100.00	107.22	114.07

续表

一级指标	二级指标	三级指标	权重	比值×100		
				2015 年	2016 年	2017 年
乡村振兴	生活富裕	农村居民恩格尔系数	0.0404	100.00	97.58	94.55
		城乡居民收入比	0.0415	100.00	99.63	99.27
		农村自来水普及率	0.0853	100.00	100.00	101.27
		具备条件的建制村通硬化路比例	0.0399	100.00	102.60	104.40

（五）乡村振兴各级指标的发展指数分析

如图 12-2 显示出乡村振兴战略下的五大领域的发展指数。清晰地看出，"生态宜居"及"治理有效"两个领域在 2016 年、2017 年发展较快。每个版块下的指标才是决定每个版块的增长速度的关键所在，所以综合以上三级指标的发展指数进行分析。

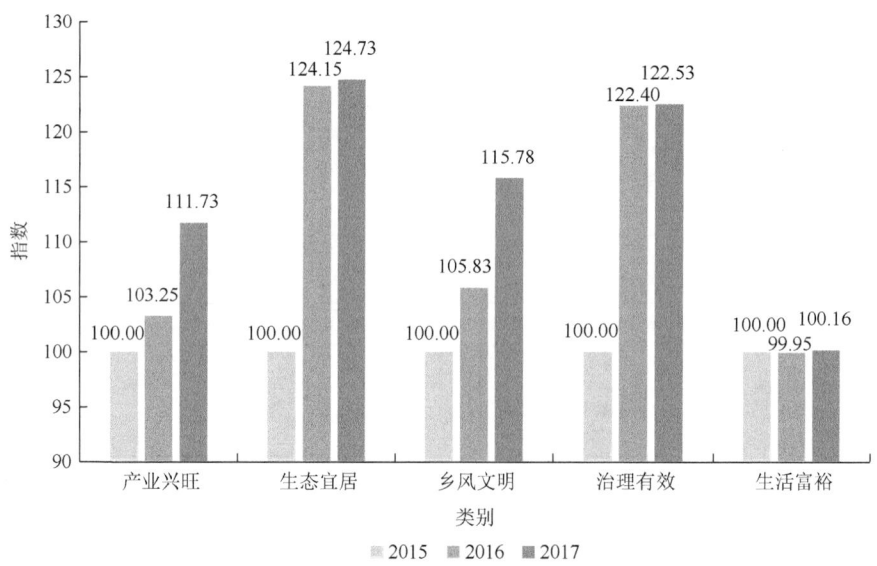

图 12-2　2015～2017 年乡村振兴二级指标发展指数

第一个板块：产业兴旺的发展指数从 2015 年至 2017 年增长了 11.73。粮食综合生产能力从 2015 年至 2017 年增长了 6.60；农业科技进步贡献率增长了 2.68；农业劳动生产率 2015 年到 2017 年，由 2.2 万元/人增长到 3.1 万元/人，发展指数增长了 40.91；农产品加工产值与农业总产值比从 2015 年到 2017 年，由 1.7 增长到 2.2，发展指数增长 29.41；人均农林牧渔业产值由 27 306.3 元/人到 30 872.8 元/人，发展指数上升了 13.06。产业兴旺整体趋势还是稳步上升的。

第二个板块：生态宜居的发展指数从 2015 年至 2017 年增长了 24.73，2016 年较 2017 年增长相对缓慢。农业生产污染物投放强度由 2015 年的 6200.8 万吨降到 2017 年的 6024.9 万吨，发展指数有所降低，说明投放污染程度降低；设卫生室的村数占行政村比重由 2015 年的 93.3%减少到 2017 年的 92.8%，发展指数降低了 0.85；农村污水处理率发展指数增强了 92.98；农村卫生厕所普及率由 2015 年的 57.5%增长至 2017 年的 62.5%，发展指数增长了 8.70。这些都将使得未来的农村变成村容村貌整洁、生态环境优美、居住条件宜人的美丽乡村。

第三个板块：乡风文明的发展指数从 2015 年至 2017 年增长了 15.78。村综合性文化服务中心覆盖率从 2015 年 92.51%增长至 2017 年的 92.52%，发展指数增加了 0.01；全国文明村占行政村的比重由 2015 年的 0.13%增长至 2017 年的 0.21%，发展指数增长了 61.54；农村义务教育学校专任教师占比由 2015 年的 57.87%降至 2017 年的 56.81%；农村居民教育文化娱乐支出占比发展指数增长 1.71。

第四个板块：治理有效的发展指数从 2015 年至 2017 年增长了 22.53。全国民主法治示范村占行政村比重由 2015 年的 0.13%增长至 2017 年的 0.21%；大学生村官比率由 2015 年的 48.9%增长为 2017 年的 51.5%，发展指数增加了 5.32；农村贫困发生率由 2015 年的 5.7%降至 2017 年的 3.1%，发展指数降低了 45.61；有村规民约的村占比由 2015 年的 95%增长至 2017 年的 98%，发展指数增加了 3.16；城乡一体化治理程度由 2015 年的 58.83%至 2017 年增长到 67.11%，发展指数增长了 14.07。

第五个板块：生活富裕的发展指标从 2015 年至 2017 年增长了 0.16。农村居民恩格尔系数由 2015 年的 33%降低为 2017 年的 31.2%，发展指数降低了 5.45；城乡居民收入比由 2015 年的 2.73%降低为 2017 年的 2.71%，发展指数降低了 0.73；农村自来水普及率的发展指数增加了 1.27；具备条件的建制村通硬化路比例由 2015 年的 94.25%至 2017 年增加到 98.4%，发展指数增加了 4.40。这一板块在 2016 年低于 2015 年的标准值，这也不难发现，带动广大农民生活富裕是我们最终的目标。

（六）2015～2017 年乡村振兴发展总指数

图 12-3 显示的是整体乡村振兴的发展指数，我们将 2015 年乡村振兴的基期值设为 100.00，我们可以清晰地看出 2016 年已相较 2015 已经提升了 10.76，发展指数达到了 110.76；2017 年的发展较 2015 年提升了 16.15，与 2016 年相比较增加 5.39，可以看出 2016 年至 2017 年的发展速

度趋于缓慢。但从整体分析来看，乡村振兴发展指数还是稳步上升的，可以肯定的是各地区在振兴农村的工作上还是下了一定的功夫。

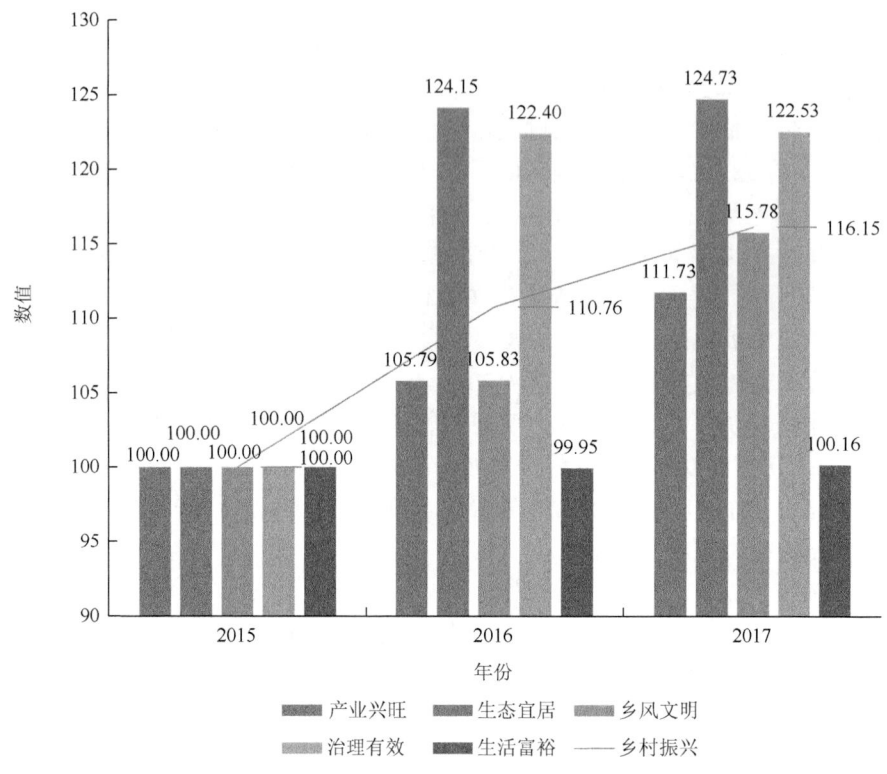

图 12-3　2015～2017 年乡村振兴发展指数

第十三章　我国农村公共产品供给综合指数结果分析及其调整方案

改革开放 40 多年来，中国经济建设取得了举世瞩目的成就，但持续的经济增长奇迹的背后，也出现了城乡和地区之间发展不均衡、居民收入差距过大等社会问题或矛盾。尤其是中国当前存在的农民日益增长的公共服务需求与公共产品总体供给不足、质量低下之间的矛盾日渐凸显。目前，中国各地区的农村公共产品供给的内容不尽不同，且侧重点也存在差异性，在管理和比较方面缺乏一致的判断依据。因此，本章尝试建立较为统一的农村公共产品供给综合指数，这既是对现有研究成果的有益补充，也能促进中国农村基本公共产品供给水平的提升和目标实现，为中国经济与社会的可持续发展提供理论与实践支撑。此外，考虑到农村公共产品供给的标准化发展，随着时代的发展和变化，技术进步和实践探索的深化，中国农村基本公共产品供给指数也可以为修订完善或更新不适用的标准作为重要参考。在此基础上，本章还尝试将基于农村公共产品供给标准化指标体系计算出的农村公共产品供给综合指数，运用到农村公共产品供给标准制定中，这对于促进我国标准化事业、社会经济的可持续发展、维护市场公平竞争以及实现乡村振兴战略具有重要的现实意义。

第一节　我国农村公共产品供给综合指数结果分析

一、农村公共产品供给综合指标权重计算

如前文所述，基于数据的可得性和综合考虑上文中农村公共产品供给指数测算的统一性，通过选取上文与农村公共产品供给高度相关的八大方面（农村公共教育供给、农村科技公共服务供给、农村公共文化服务供给、农村公共医疗卫生服务供给、农村社会保障供给、农村生态公共品供给、农村基础设施供给以及农村基层基础工作供给）的各服务指数为基础，在统一时间维度上，以 2013 年为基期，利用 2013 年至 2017 年农村公共产品供给指数相关指标数据，重新计算各相关农村公共产品供给指数，并在此基础上计算中国农村公共产品供给综合指数。选择 2013～2017 年作为本书农村公共产品供给综合指数分析的时间长度，其原因在于前文社会保障

发展指数的计算时间维度为 2013~2017 年，因此，在综合考虑数据一致性、完整性以及可得性情况下，本章节的农村公共产品供给综合指数计算时间长度也选择 2013~2017 年。在计算中国农村公共产品供给综合指数时，首先用前文所述的熵值法，求得各相关公共产品供给指数的指标权重后，再根据各指标的权重和数据计算中国农村公共产品供给综合指数。2013~2017 年的中国农村公共产品供给综合指数相关的各指标体系数据及权重的计算结果如表 13-1 所示。

二、农村公共产品供给综合指数的计算

在上述指标权重计算的基础上，根据获取的数据，我们假定 2013 年的农村公共产品供给综合指数为基准指数，即假设 2013 年的农村公共产品供给综合指数为 100。以 2013 年的各指标数据为基础，之后历年的各指标与2013 年相应指标的数据进行比较，求出比值。以农村普通中小学生均预算内事业费支出为例，经过计算可知，2014 年农村普通中小学生均预算内事业费支出指数=2014 年农村普通中小学生均预算内事业费支出/2013 年农村普通中小学生均预算内事业费支出≈1.0836，类似的，2015 年农村普通中小学生均预算内事业费支出为 1.2577，2016 年农村普通中小学生均预算内事业费支出为 1.3534，2017 年农村普通中小学生均预算内事业费支出为1.4464，其余以此类推。各年指标与 2013 年为基期的相应指标数据比值计算结果如表 13-2 所示。

基于上述选取的 2013 年为基期各年度公共产品供给相关指数，各年度的各项比值和权重相乘求和再乘 100，即可以获得 2013~2017 年各指标体系的农村公共产品供给综合指数。具体计算过程以农村教育供给为例，假设 2013 年农村教育供给对应指标的指数为 100，则 2014 年农村教育供给指数的计算方式具体为：（0.1566×1.0836 + 0.1595×0.9855 + 0.1692×0.9839 + 0.1289×1.0614 + 0.2350×0.8298 + 0.1508×0.9422）×100≈96.73，以此方式进行计算可知，2015 年农村教育供给指数为98.38；2016 年农村教育供给指数为 99.20；2017 年农村教育供给指数为 102.05。遵照上述计算方式，农村科技服务供给、农村文化服务供给、农村公共医疗卫生服务供给、农村社会保障供给、农村生态公共品供给、农村基础设施建设供给以及农村基层基础工作供给等一级指标的计算过程以此类推，可以获得各一级指标对应各年份的农村公共产品供给指数。最后，利用所有指标的权重与对应的指标比值，通过上述计算过程，最终形成农村公共产品供给综合指数，计算结果如表 13-3 所示。

表 13-1 中国农村公共产品供给各指标体系及其权重结果

一级指标	二级指标	权重	2013 年	2014 年	2015 年	2016 年	2017 年
农村公共教育供给（0.075 2）	农村普通中小学生均预算内事业费支出	0.156 6	16 050.73	17 392.84	20 187.23	21 723.35	23 215.65
	农村中小学生师比	0.159 5	13.76	13.56	13.68	13.24	14.57
	每万名农村中小学生拥有校数	0.169 2	0.217 9	0.214 4	0.215 8	0.219 9	0.223 5
	农村中小学人均校舍建筑面积	0.128 9	138 433.50	146 928.80	152 135.68	156 825.40	163 242.80
	农村中小学毕业生数	0.235 0	874.2	725.4	676.2	657.0	638.7
	农村中小学在校生数	0.150 8	4 031.5	3 798.4	3 668.4	3 558.7	3 418.8
农村科技公共服务供给（0.136 0）	农业科学 R&D 机构数	0.075 0	1 279	1 280	1 278	1 260	1 247
	农业科学 R&D 人员	0.087 8	52 240	53 833	56 354	57 958	60 318
	农业 R&D 全时人员	0.120 2	23 620	23 398	24 224	24 019	25 805
	农业 R&D 人员全时当量	0.119 8	26 562	26 679	27 528	27 111	28 453
	农业科学 R&D 经费内部支出	0.104 5	1 170 155	1 244 090	1 485 688	1 625 800	1 920 969
	农业科学 R&D 经费外部支出	0.172 3	28 588	30 889	30 462	78 244	68 128
	科技论文	0.086 2	31 667	32 377	32 508	33 547	34 060
	科技著作	0.074 3	917	1 029	974	1 056	1 086
	有效发明专利	0.094 1	7 576	9 481	11 658	15 378	17 611
	形成国家或行业标准	0.065 8	828	888	735	879	932
农村公共文化服务供给（0.178 6）	乡镇文化站机构数	0.070 0	34 343	34 465	34 239	34 240	33 997
	农村文化室个数	0.065 2	424 290	475 865	562 440	604 436	588 313
	农村广播节目综合人口覆盖	0.070 0	97.53	97.29	97.00	96.60	96.09

续表

一级指标	二级指标	权重	2013 年	2014 年	2015 年	2016 年	2017 年
农村公共文化服务供给（0.178 6）	农村电视节目综合人口覆盖	0.070 0	98.32	98.11	97.86	97.55	97.10
	乡镇文化站藏书	0.064 5	17 199.73	18 494.54	19 330.55	20 205.04	21 160.69
	乡镇文化站计算机数	0.066 1	200 735	238 423	248 029	257 990	263 540
	乡镇文化站从业人员	0.066 3	87 922	93 307	95 939	101 970	100 216
	乡镇文化站培训人次	0.065 1	1 488.10	1 615.82	1 771.39	1 955.63	1 950.25
	乡镇文化站资产总计	0.062 3	20 007 071	27 303 562	27 673 309	29 149 315	33 294 464
	乡镇文化站收入	0.098 6	6 762 353	7 472 639	8 169 719	8 556 145	1 002 453
	乡镇文化站支出	0.057 9	662 200	730 262	781 682	840 204	1 040 176
	乡镇文化站组织文艺活动次数	0.062 8	398 373	456 507	514 182	554 405	595 553
	乡镇文化站举办展览个数	0.065 6	88 539	82 615	88 386	95 754	97 444
	艺术表演团体到农村演出场次	0.059 3	105.07	114.04	139.08	151.60	184.31
	艺术表演团国内演出农村观众人次	0.056 3	529 734	558 627	584 537	620 521	829 564
	每千农村人口拥有卫生技术人员	0.078 5	3.64	3.77	3.90	4.08	4.28
	每千农村人口拥有执业（助理）医师	0.086 9	1.48	1.51	1.55	1.61	1.68
	每千农村人口拥有注册护士	0.075 7	1.22	1.31	1.39	1.50	1.62
农村公共医疗卫生服务供给（0.164 6）	农村卫生院个数	0.062 5	685 634	682 372	677 353	675 558	668 608
	每千农村人口乡镇卫生院床位数	0.090 5	1.18	1.20	1.24	1.27	1.35
	乡镇卫生院万元以上设备总价值	0.097 8	2 670 725	3 088 402	3 573 119	4 099 911	6 169 879
	乡镇卫生院业务用房面积占总面积比例	0.064 1	0.73	0.74	0.74	0.75	0.75
	财政补助收入占乡镇卫生院总收入比例	0.109 7	0.40	0.40	0.44	0.44	0.45

续表

一级指标	二级指标	权重	2013年	2014年	2015年	2016年	2017年
农村公共医疗卫生服务供给（0.164 6）	医疗收入占乡镇卫生院总收入比例	0.135 2	0.56	0.56	0.53	0.52	0.52
	医疗卫生支出占乡镇卫生院支出比例	0.054 0	0.95	0.96	0.96	0.96	0.96
	农村卫生院诊疗人次数	0.077 1	30.19	30.15	29.49	29.35	28.99
	农村婴儿死亡率	0.068 0	11.3	10.7	9.6	9.0	7.9
农村社会保障供给（0.087 2）	农村最低生活保障支出	0.150 2	2 175.5	2 079.5	2 223.7	2 370.0	2 575.1
	农村低保平均标准	0.144 6	2 433.9	2 776.6	3 178.2	3 744.0	4 300.7
	农村特困人员人数	0.107 9	537.2	529.1	516.8	496.9	466.9
	农村低保人数	0.110 0	5 388.0	5 207.2	4 903.6	4 586.5	4 045.2
	农村养老服务机构数	0.273 2	30 247	20 261	15 587	15 398	15 006
	农村社区服务中心	0.103 3	5 550	7 310	8 505	8 565	9 371
	农村社区服务站	0.110 8	44 446	54 513	60 379	64 535	72 001
农村生态公共品供给（0.112 2）	生活污水净化沼气池	0.109 5	208 551	210 719	202 039	191 967	184 473
	卫生厕所普及率	0.110 5	74.1	76.1	78.4	80.3	81.7
	农用化肥施用量	0.102 9	5 911.9	5 996.4	6 022.6	5 984.1	5 859.4
	农用塑料薄膜使用量	0.108 4	249.3	258.0	260.4	260.3	252.8
	农用柴油使用量	0.116 5	2 154.9	2 176.3	2 197.7	2 117.1	2 095.1
	农药使用量	0.089 0	180.2	180.7	178.3	174.0	165.5
	水土流失治理面积	0.113 1	10 689.2	11 160.9	11 554.7	12 041.2	12 583.9
	堤防保护耕地面积	0.140 3	4 031.7	4 279.4	4 084.4	4 108.7	4 094.6
	节水灌溉面积	0.110 0	2 710.9	2 901.9	3 106.0	3 284.7	3 431.9

续表

一级指标	二级指标	权重	2013 年	2014 年	2015 年	2016 年	2017 年
农村基础设施供给（0.148 3）	农业耕地有效灌溉面积	0.081 4	63 473.3	64 539.5	65 872.6	67 140.6	67 815.6
	除涝面积	0.083 0	2 194.3	2 236.9	2 271.3	2 306.7	2 382.4
	农村用电量	0.071 8	8 549.5	8 884.4	9 026.9	9 238.3	9 524.4
	农村沼气池产气量	0.061 2	157.8	155.0	153.9	144.9	123.8
	太阳能热水器	0.073 9	7 294.6	7 782.9	8 232.6	8 623.7	8 723.5
	农村无害化卫生厕所普及率	0.078 5	52.40	55.20	57.50	60.52	62.54
	农村有线电视普及率	0.112 8	35.29	31.55	33.49	33.17	31.7
	农村宽带接入用户	0.118 8	4 737.3	4 873.7	6 398.4	7454	9 377.3
	设卫生室的村数占行政村数比重	0.098 1	93.0	93.3	93.3	92.9	92.8
	农村医生和卫生员	0.076 6	1 081 063	1 058 182	1 031 525	1 000 324	968 611
	平均每千农村人口村卫生室人员	0.143 8	1.66	1.67	1.50	1.49	1.52
农村基层基础工作供给（0.097 9）	基层村委会中共党员数量	0.157 6	1 344 643	1 315 790	1 327 149	1 292 486	1 285 911
	行政村数	0.153 2	589 447	585 451	580 575	559 166	554 202
	乡村人口	0.131 6	62 961	61 866	60 346	58 973	57 661
	村民委员会会数	0.153 3	588 547	585 451	580 856	559 186	554 218
	村委会中大学及以上学历人数	0.165 9	57 236	55 939	56 481	27 819	23 858
	农村就业人数	0.125 3	38 737	37 943	37 041	36 175	35 178
	村卫生室	0.113 1	648 619	645 470	640 536	638 763	632 057

表 13-2　各年指标与 2013 年为基期的各指标数据比值

一级指标	二级指标	权重	比值×100				
			2013 年	2014 年	2015 年	2016 年	2017 年
农村公共教育供给（0.0752）	农村普通中小学生均预算内事业费支出	0.1566	100.00	108.36	125.77	135.34	144.64
	农村中小学生师比	0.1595	100.00	98.55	99.42	96.22	105.89
	每万名农村中小学生拥有校数	0.1692	100.00	98.40	99.04	100.92	102.57
	农村中小学人均校舍建筑面积	0.1289	100.00	106.14	109.90	113.29	117.92
	农村中小学毕业生数	0.2350	100.00	82.98	77.35	75.15	73.06
	农村中小学在校生数	0.1508	100.00	94.22	90.99	88.27	84.80
农村科技公共服务供给（0.1360）	农业科学 R&D 机构数	0.0750	100.00	100.08	99.92	98.51	97.50
	农业科学 R&D 人员	0.0878	100.00	103.05	107.88	110.95	115.46
	农业 R&D 全时人员	0.1202	100.00	99.06	102.56	101.69	109.25
	农业 R&D 人员全时当量	0.1198	100.00	100.44	103.64	102.07	107.12
	农业科学 R&D 经费内部支出	0.1045	100.00	106.32	126.97	138.94	164.16
	农业科学 R&D 经费外部支出	0.1723	100.00	108.05	106.56	273.70	238.31
	科技论文	0.0862	100.00	102.24	102.66	105.94	107.56
	科技著作	0.0743	100.00	112.21	106.22	115.16	118.43
	有效发明专利	0.0941	100.00	125.15	153.88	202.98	232.46
	形成国家或行业标准	0.0658	100.00	107.25	88.77	106.16	112.56

续表

一级指标	二级指标	权重	比值×100				
			2013年	2014年	2015年	2016年	2017年
农村公共文化服务供给（0.1786）	乡镇文化机构数	0.0700	100.00	100.36	99.70	99.70	98.99
	村文化室数	0.0652	100.00	112.16	132.56	142.46	138.66
	农村广播节目综合人口覆盖	0.0700	100.00	99.75	99.46	99.05	98.52
	农村电视节目综合人口覆盖	0.0700	100.00	99.79	99.53	99.22	98.76
	乡镇文化站藏书	0.0645	100.00	107.53	112.39	117.47	123.03
	乡镇文化站计算机数	0.0661	100.00	118.78	123.56	128.52	131.29
	乡镇文化站从业人员	0.0663	100.00	106.12	109.12	115.98	113.98
	乡镇文化站培训人次	0.0651	100.00	108.58	119.04	131.42	131.06
	乡镇文化站资产总计	0.0623	100.00	136.47	138.32	145.70	166.41
	乡镇文化站收入	0.0986	100.00	110.50	120.81	126.53	14.82
	乡镇文化站支出	0.0579	100.00	110.28	118.04	126.89	157.08
	乡镇文化站组织文艺活动次数	0.0628	100.00	114.60	129.07	139.17	149.50
	乡镇文化站举办展览个数	0.0656	100.00	93.31	99.83	108.15	110.06
	艺术表演团体到农村演出场次	0.0593	100.00	108.54	132.37	144.28	175.42
	艺术表演团体国内演出农村观众人次	0.0563	100.00	105.45	110.35	117.14	156.60
农村公共医疗卫生服务供给（0.1646）	每千农村人口拥有卫生技术人员	0.0785	100.00	103.57	107.14	112.09	117.58
	每千农村人口拥有执业（助理）医师	0.0869	100.00	102.03	104.73	108.79	113.51

续表

一级指标	二级指标	权重	比值×100				
			2013 年	2014 年	2015 年	2016 年	2017 年
农村公共医疗卫生服务供给（0.1646）	每千农村人口拥有注册护士	0.0757	100.00	107.38	113.93	122.95	132.79
	农村卫生院个数	0.0625	100.00	99.52	98.79	98.53	97.52
	每千农村人口乡镇卫生院床位数	0.0905	100.00	101.70	105.08	107.63	114.41
	乡镇卫生院万元以上设备总价值	0.0978	100.00	115.64	133.79	153.51	231.02
	乡镇卫生院业务用房面积占总面积比例	0.0641	100.00	101.37	101.37	102.74	102.74
	财政补助收入占乡镇卫生院总收入比例	0.1097	100.00	100.00	110.00	110.00	112.50
	医疗收入占乡镇卫生院总收入比例	0.1352	100.00	100.00	94.64	92.86	92.86
	医疗卫生支出占乡镇卫生院支出比例	0.0540	100.00	101.05	101.05	101.05	101.05
	农村卫生院诊疗人次数	0.0771	100.00	99.87	97.68	97.22	96.03
	农村婴儿死亡率	0.0680	100.00	94.69	84.96	79.65	69.91
农村社会保障供给（0.0872）	农村最低生活保障支出	0.1502	100.00	95.59	102.22	108.94	118.37
	农村低保平均标准	0.1446	100.00	114.08	130.58	153.83	176.70
	农村特困人员人数	0.1079	100.00	98.49	96.20	92.50	86.91
	农村低保人数	0.1100	100.00	96.64	91.01	85.12	75.08
	农村养老服务机构数	0.2732	100.00	66.99	51.53	50.91	49.61
	农村社区服务中心	0.1033	100.00	131.71	153.24	154.32	168.85
	农村社区服务站	0.1108	100.00	122.65	135.85	145.20	162.00

续表

一级指标	二级指标	权重	比值×100				
			2013 年	2014 年	2015 年	2016 年	2017 年
农村生态公共品供给（0.1122）	生活污水净化沼气池	0.1095	100.00	101.04	96.88	92.05	88.45
	卫生厕所普及率	0.1105	100.00	102.70	105.80	108.37	110.26
	农用化肥施用量	0.1029	100.00	101.43	101.87	101.22	99.11
	农用塑料薄膜使用量	0.1084	100.00	103.49	104.45	104.41	101.40
	农用柴油使用量	0.1165	100.00	100.99	101.99	98.25	97.22
	农药使用量	0.0890	100.00	100.28	98.95	96.56	91.84
	水土流失治理面积	0.1131	100.00	104.41	108.10	112.65	117.73
	堤防保护耕地面积	0.1403	100.00	106.14	101.31	101.91	101.56
	节水灌溉面积	0.1100	100.00	107.05	114.57	121.17	126.60
农村基础设施供给（0.1483）	农业耕地有效灌溉面积	0.0814	100.00	101.68	103.78	105.78	106.84
	除涝面积	0.0830	100.00	101.94	103.51	105.12	108.57
	农村用电量	0.0718	100.00	103.92	105.58	108.06	111.40
	农村沼气池产气量	0.0612	100.00	98.23	97.53	91.83	78.45
	太阳能热水器	0.0739	100.00	106.69	112.86	118.22	119.59
	农村无害化卫生厕所普及率	0.0785	100.00	105.34	109.73	115.50	119.35
	农村有线电视普及率	0.1128	100.00	89.40	94.90	93.99	89.83

续表

一级指标	二级指标	权重	比值×100				
			2013 年	2014 年	2015 年	2016 年	2017 年
农村基础设施供给（0.1483）	农村宽带接入用户	0.1188	100.00	102.88	135.06	157.35	197.95
	设卫生室的村数占行政村数比重	0.0981	100.00	100.32	100.32	99.89	99.78
	农村医生和卫生员	0.0766	100.00	97.88	95.42	92.53	89.60
	平均每千农村人口村卫生室人员	0.1438	100.00	100.60	90.36	89.76	91.57
	基层村委会中共党员数量	0.1576	100.00	97.85	98.70	96.12	95.63
	行政村数	0.1532	100.00	99.32	98.49	94.86	94.02
	乡村人口	0.1316	100.00	98.26	95.85	93.67	91.58
农村基层基础工作供给（0.0979）	村民委员会数	0.1533	100.00	99.47	98.69	95.01	94.17
	村委会中大学及以上学历人数	0.1659	100.00	97.73	98.68	48.60	41.68
	农村就业人数	0.1253	100.00	97.95	95.62	93.39	90.81
	村卫生室	0.1131	100.00	99.51	98.75	98.48	97.45

表 13-3 2013～2017 年农村公共产品供给综合指数计算结果

一级指标	权重	年份				
		2013	2014	2015	2016	2017
农村公共教育供给	0.0752	100.00	96.73	98.38	99.19	102.05
农村科技公共服务供给	0.1360	100.00	106.20	110.40	147.03	148.98
农村公共文化服务供给	0.1786	100.00	108.67	116.03	122.35	119.23
农村公共医疗卫生服务供给	0.1646	100.00	102.44	105.03	108.05	117.29
农村社会保障供给	0.0872	100.00	97.61	99.59	103.89	109.91
农村生态公共品供给	0.1122	100.00	103.21	103.81	104.17	104.03
农村基础设施供给	0.1483	100.00	100.49	104.45	107.62	112.20
农村基层基础工作供给	0.0979	100.00	98.56	97.91	87.48	85.28
综合指数		100.00	102.63	105.83	112.36	114.78

三、农村公共服务供给综合指数结果分析

上述各表较为详细展示了中国农村公共服务供给综合指数的计算过程及其结果。由表 13-3 农村公共产品供给标准化综合指数的计算结果可知。

首先，从农村公共产品供给标准化所构成的八大层面一级指标（农村教育公共供给、农村科技公共服务供给、农村公共文化服务供给、农村公共医疗卫生服务供给、农村社会保障供给、农村生态公共品供给、农村基础设施供给以及农村基层基础工作供给）所计算的指数权重和变化趋势来看，其中，农村公共文化服务供给的权重最大，说明其对中国农村公共服务供给综合指数变化而言最为重要，农村科技公共服务供给、农村公共医疗卫生服务供给、农村生态公共品供给、农村基础设施供给指数的权重均超过 0.1，说明这些一级指标对中国农村公共服务供给综合指数变化而言相对较为重要，而农村公共教育供给、农村社会保障供给以及农村基层基础工作供给则所占权重相对较小，说明在其他指标项不变的情况下，这些一级指标项的变化对中国农村公共服务供给综合指数的影响相对较小，这也要求地方政府将更多的财力和物力投入到农村文化服务供给等权重较大的方面中，以提升农村公共服务供给指数。此外，农村教育公共供给、农村公共医疗卫生服务供给、农村社会保障供给、农村基础设施供给指数呈现稳步增长的趋势，但相对较为平缓；农村科技公共服务供给、农村公共文化服务供给指数则表现出较大的增长幅度与波动，这与国家对科技兴农和农村文化发展等的重视程度迅速提高具有重要关系；农村生态公共品供给指数则增长幅度不大，这也意味着我国的农村生态环境服务相对于其他七个方面中，尽管存在上升趋势，但其改善的程度并不显著，需要提高劳动

力、资本和土地等生产要素的配置效率，并深化制度改革与制度配套保障等以促进农村绿色发展；农村基层基础工作供给指数则存在明显下降的趋势，原因可能是基层组织中共党员数量、村个数、乡村人口数和村民委员会数都在慢慢减少，在城市化进程加快的背景下，农村人口大量外流，越来越多的进城农民留在了城市里，这可能也是导致该指数出现下降的重要原因。

其次，从上述八个层面的一级指标公共服务供给指数变化特征可知，相比之下，当前农村公共教育供给水平、农村社会保障供给水平、农村生态公共品供给水平和农村基层基础工作供给水平相对较低，以 2017 年为时间节点，其公共服务供给指数均低于 110，尤其是农村基层基础工作供给水平甚至呈现出逐年下降的趋势，这也进一步要求在提升当前农村公共服务供给水平的过程中，需要加大在这四大方面的投入力度，尤其是在农村基层基础工作的供给上，需要在当前快速城镇化背景下，创新农村基层基础工作组织、方式和结构等，以适应日益提升的农村公共服务需求。农村科技公共服务供给、农村公共医疗卫生服务供给以及农村基础设施供给等三方面则所表现出的较大程度增长水平，侧面说明我国农村公共服务在这些方面取得了较好的成绩，为实现乡村振兴战略夯实了基础的同时，也为我国深入指导农村地区提升公共服务供给水平提供了方向与标准。

最后，基于前文所测度的农村公共产品供给综合指数计算结果，本书利用折线统计图来表示中国农村公共产品供给综合指数变动趋势（详见图 13-1）。从图 13-1 中可以看出，整体而言，2013～2017 年以来，中国农村公共产品供给综合指数呈稳步增长的趋势。具体而言，从增长幅度变动上来看，2013～2014、2014～2015、2016～2017 年中国农村公共产品供给综合指数增长较为平稳，但是在 2015～2016 年，中国农村公共产品供给

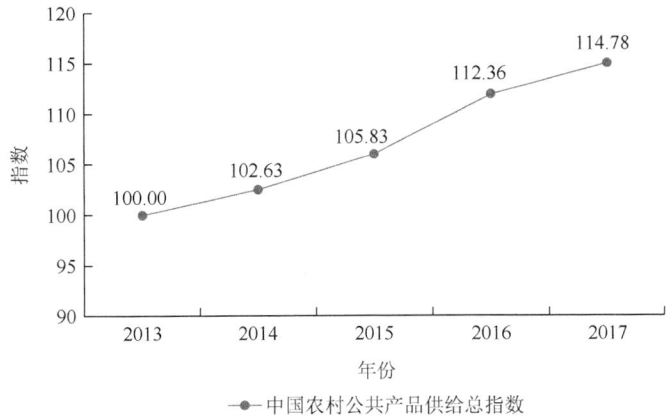

图 13-1　2013～2017 年中国农村公共产品供给综合指数变化趋势

综合指数的整体增长速度较快。究其原因，可能在于"十二五"规划期间，强化了公共教育、社会保障、医疗卫生和公共文化等领域的建设，加快了公共财政向农村的覆盖，为推动农村公共产品供给综合指数的增长夯实了基础，并为 2015～2017 年的中国农村公共产品供给综合指数的持续增长提供了重要的动力支持。

本书以 2013 年的农村公共产品供给综合指数作为中国农村公共产品供给综合指数的确定基准，并只将时间长度因数据可得性等问题而限制在 2017 年，只是为了举例说明农村公共产品供给综合指数的形成过程，在实际应用中各地区可根据指标体系数据的可获得性等实际情况来确定各自基准指数。但总的来看，为了统计上保持一致性，基准指数一旦确定，不宜过多变动。农村公共产品供给的指标体系建立是在考虑现有统计数据可操作性的基础上，基于农村公共产品供给标准体系建立起的中国农村公共产品供给指标体系，建议国家加强农村公共产品供给的标准化发展以及各指标的统计工作。未来若中国农村公共产品供给的相关标准体系和数据更加系统完备，还可以考虑对该指标体系进行调整以增强该指数与实际情况匹配程度。同时，统计数据的选取方面，不同地区、不同时期的统计数据在选取时需要注意统计口径一致且具有可比性。此外，由于指标体系的构建本身具有内容丰富性，随着评价技术和指标体系的发展，可以综合运用统计学、经济学等学科的方法，利用更新颖和更全面的综合评价模型或技术方法来计算农村公共产品供给综合指数，以此实现农村公共产品供给综合指数的动态调整。

第二节　我国农村公共产品供给综合指数预测及其调整

一、我国农村公共产品供给综合指数预测

回归预测在研究社会经济问题等现象直接的定量关系有较为广泛的运用，线性回归预测则是最基本、最简单的预测方法，也是对其他预测方法进行掌握和运用的基础。基于前文所计算的中国农村公共产品供给综合指数构成的总体情况，考虑到农村公共产品供给综合指数的变化趋势与农村的经济发展水平可能内在联系最为紧密，为此，令 y 代表农村公共产品供给综合指数，令 x 表示农村经济发展水平，为了研究农村公共产品供给综合指数的总体发展趋势，试图将其与经济发展水平之间进行联系，可以建立简单的针对农村公共产品供给综合指数的线性回归预测模型，其数学表达式为

$$y = \beta_0 + \beta_1 x + \mu \qquad (13\text{-}1)$$

式中，y 为预测变量，即农村公共产品供给综合指数；为因变量或被解释变量；x 为影响变量，即农村经济发展水平，为自变量或解释变量；β_0、β_1 为回归系数，其含义表示 y 主要受某个因素 x 的影响，且这种影响表现出线性关系；μ 为随机误差。一般而言，经济发展水平是推动农村公共产品供给增加最为重要的影响因素之一，因此认为 $\beta_1 > 0$。

由于数据的可得性和预测的必要性，利用上文测算的 2013～2017 年农村公共产品供给综合指数和农村经济发展水平的相关数据，联系农村公共产品供给综合指数和农村经济发展水平的 OLS（ordinary least squares，普通最小二乘方）回归线为

$$y = -8.9536 + 0.002x + \mu \tag{13-2}$$

式中，截距项和斜率都被四舍五入到小数点后四位。通过该式很容易比较出农村经济发展水平取不同值时农村公共产品供给综合指数的预测值。假设 2018 年的农村经济发展水平 $x = 65\,000$ 亿元，则农村公共产品供给综合指数 $y = -8.9536 + 0.002 \times 65\,000 = 121.0464$。当然，这并不是说明在农村经济发展水平 $x = 65\,000$ 亿元时每个地区的农村公共产品供给综合指数都能达到 121.0464，因为还有很多其他影响因素会影响农村公共产品供给综合指数。这只是基于农村经济发展水平的从 OLS 回归线得到的整体预测值。图 13-2 画出了该条估计线，同时也给出了可能的总体回归函数 $E(y\,|\,x)$。

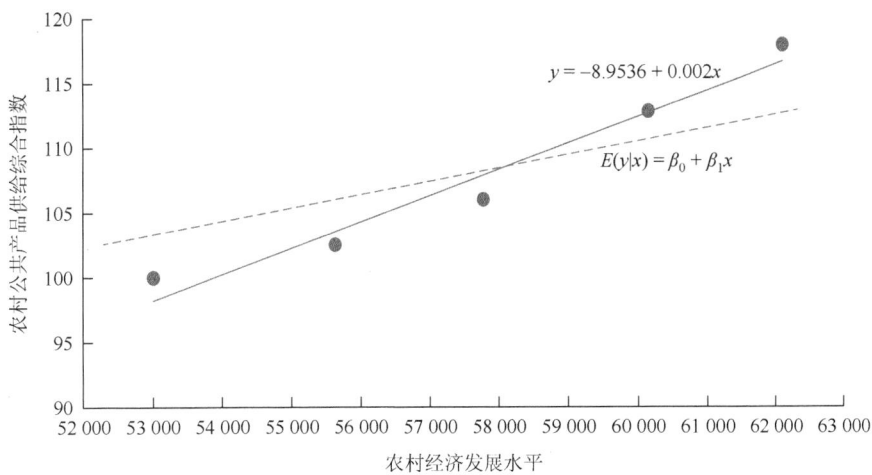

图 13-2　2013～2017 年我国农村公共产品供给综合指数 OLS 回归线和（未知的）总体回归函数

二、我国农村公共产品供给综合指数调整方案

市场经济条件下，随着生活水平的提升和物质文化等需求的增加，会

促使农村居民增加对公共产品的需求。因此随着经济发展水平的提升，加上各地区之间的差异性，若按照统一的方式制定地区的公共产品供给，会使得农村公共产品的供给水平不断降低，农村居民所能享受的公共产品和服务受到限制。因此有必要根据社会经济发展的变化，针对前文所计算出的农村公共产品供给综合指数建立指数调整机制。由于农村公共产品供给与地区经济发展水平、人口增长、人均可支配收入以及农林水财政投入等密切相关，在农村公共产品供给综合指数调整设计时需要把握以下原则。其一是调整指数的适度原则。由于农村公共产品供给综合指数增长的刚性，如果调整系数在初期的调整中设定过高，会给一些地区经济发展造成负担。如果调整指数设定较低，那可能不能满足农村居民对公共产品供给的实际需求量。其二是调整方向的单向性原则。调整应该让农村公共产品供给水平保持不断上升的趋势。当发生通货膨胀或者收入水平上升时，那么农村公共产品综合指数也需要随之调整，但收入水平下降或通货紧缩时，则需要将农村公共产品供给综合指数不随之向下调整。基于此，本章试图对2013～2017年中国农村公共产品供给综合指数进行拟合调整，提出对农村公共产品供给综合指数标准化进行适度调整设计和选择的可能性方案。

基于上文对农村公共产品供给综合指数的设想和目前公共产品供给制度，在确定农村公共产品供给时，农村公共产品供给综合指数的调整与确定都是一个重要问题。为使农村公共产品供给综合指数能切实与农村居民的需求相匹配，农村公共产品供给综合指数并非一成不变，必须根据社会经济生活的变化做出相应的调整，但具体调整的额度和方法，目前还没有成熟的做法。鉴于目前农村公共产品供给综合指数调整方法的空白，现行的农村公共产品或服务供给的调整也具有较大的随意性和盲目性，没有与经济社会发展的各项指标相互联系起来，缺乏科学的精算与标准化的过程，且没有具有可以供操作化的指标或标准体系，因此在调整的过程中也无法确保其与经济社会发展水平相适应。基于此，本书试图提出和设计一个农村公共产品供给指标调整体系与方案，其能使农村公共产品供给综合指数调整系数与经济发展和农民生活水平关联起来，使调整额度科学合理，从而保证农村公共产品供给综合指数调整既符合社会经济发展状况，又可以合理地满足各地区农民的基本公共产品需求。

农村公共产品供给综合指数调整是公共产品供给中较为复杂的一项工作，会涉及许多问题，如农村公共产品供给综合指数调整的依据、农村公共产品供给综合指数调整要考虑的影响因素、农村公共产品供给综合指数调整的参考系数等。农村公共产品供给综合指数调整是受诸多因素如经济、社会、人口等综合作用的影响，并非单一因素的影响，需要综合考虑地区人口规模、农民的公共产品供给需求、财政能力、地区发展水平等多方面。其中，农民的公共产品供给需求取决于以往的收入水平和个人行为偏好特征；财政能力取决于政府的财政收入与支出，财政收支的数值一定程度上与当年经济发展指标是正相关的，同时各项经济指标也会影响国民的经济行为。

基于以上几个农村公共产品供给确定需要考虑的方面，并通过对影响因素的选择和对数据的指数分析，本章认为，在农村公共产品供给综合指数的确定上，人口规模、人均收入水平、财政能力、农村经济发展水平尤为重要。因此，拟决定以农村人口规模变化率代表人口规模因素；农村人均纯收入增长率代表人均收入水平因素；农林水财政支出增长率代表财政能力因素；第一产业经济发展速度代表当地农村经济发展水平，这四个因素作为影响农村公共产品供给综合指数的核心因素，可以反映影响农村公共产品供给综合指数的基本方面，而且可以这四个参数的变动来确定农村公共产品供给综合指数调整系数，将农村公共产品供给综合指数与经济、社会、个人的发展状况联动起来。

各因素之间的关系及农村公共产品供给综合指数调整模型设计如下：

$$\Delta M = M_{I-1} \times K \tag{13-3}$$

$$K = H \times F \times Y \times D \tag{13-4}$$

式中，ΔM 为农村公共产品供给综合指数调整额；M_{I-1} 为上年农村公共产品供给综合指数；K 为农村公共产品供给综合指数调整系数；H 为上年农村人口规模变化率；F 为上年农林水财政支出增长率；Y 为上年农村人均纯收入增长率；D 为上年第一产业经济发展速度。

在以上模型中，关于几个重要指标计算的说明如下。

（1）上年农村人口规模变化率（H）。由于人口的增长与公共产品供给的需求息息相关，对于农村公共产品供给综合指数的调整额也必须根据人口规模的变化来相应作一些调整。之所以选取农村人口规模变化率来代表人口规模发展变化的指标，是因为通过对各地区农村人口规模变化率的测算发现同时期不同地区的变化率是一个比较稳定的指标，没有显著差异，基本可以看作一个常数，表明同时期各地区的人口指标差异不大，基本反映一定时期的人口情况。但不同年份农村人口规模变化率指标又有一些发展变化，这与人口的发展和生活水平提高有关。总的来说，该指标的变化不是很快，但是考虑到人口规模具有重要影响，在较长周期内的农村公共产品供给综合指数测算中加入人口的发展指标十分必要。考虑到农村人口规模处于逐年减少的趋势，农村人口规模变化率＝当年农村人口规模/上年农村人口规模。

（2）上年农林水财政支出平均增长率（F）。农林水财政支出增长率作为财政支出平均增长率的代理变量。该指标的选择可以根据当地的若干年份至上一年农林水财政支出数据计算得出。农林水财政支出增长率＝（当年农林水财政支出－上年农林水财政支出）/上年农林水财政支出。

（3）上年农村人均纯收入增长率（Y）。该指标的选择可以根据当地连续若干年份到上一年的农村人均纯收入数据计算得到。农村人均纯收入增长率＝（当年人均纯收入－上年人均纯收入）/上年人均纯收入。

（4）上年第一产业经济发展速度（D）。第一产业经济发展速度的大小意味着经济增长的快慢，而农村经济发展速度直接影响了农村公共产品供给的可能性，因此有必要考虑将第一产业经济发展速度与农村公共产品供给综合指数的调整系数相联系。第一产业经济发展速度＝当年第一产业产值/上年第一产业产值。

根据上述农村公共产品供给综合指数调整模型，结合现有关数据，计算出 2013～2017 年的农村公共产品供给综合指数的调整系数，见表 13-4。

表 13-4　2013～2017 年农村公共产品供给综合指数相关重要指标及调整系数

项目	2013 年	2014 年	2015 年	2016 年	2017 年
农村人口规模变化率	0.9804	0.9826	0.9754	0.9743	0.9807
农林水财政支出增长率	0.1149	0.0617	0.2262	0.0694	0.0270
农村人均纯收入增长率	0.1240	0.1123	0.0889	0.0824	0.0865
第一产业经济发展速度	1.0803	1.0490	1.0386	1.0409	1.0326
调整系数	0.0151	0.0071	0.0204	0.0058	0.0024

通过上述的农村公共产品供给综合指数的调整系数计算，可以基于上一年的调整系数来进一步预估下一年度的农村公共产品供给综合指数的调整额，如 2017 年的农村公共产品供给综合指数为 114.78，那么 2018 年农村公共产品供给综合指数的调整额则可以表示为 $\Delta M = 114.78 \times 0.0024 \approx 0.2755$，后续以此类推。利用上述的农村公共产品供给综合指数调整的办法，基于农村公共产品供给综合指数相关重要指标及调整系数，可以对下一年度的农村公共产品供给综合指数进行有规律性的调整，这样能较好地配合经济社会发展的规律，具有连续性和稳定性好，且随着社会指标的变动，农村公共产品供给综合指数可以始终与经济生活贴合。总的来看该调整方式具体有如下优势。①在可操作性方面，采取农村公共产品供给综合指数的系数调整法要考虑社会经济发展的动态因素，可以将上述公式模块化，只要将每年的相关指标值输入模块，通过计算机系统的简捷操作，就可获得所需要的农村公共产品供给综合指数的调整系数。②科学性方面。在进行农村公共产品供给综合指数的系数调整时，考虑到了和农民生活有

关的收入、消费以及人口因素，所以具有一定的科学性。虽然设计的调整系数计算办法有待于进一步验证和论证，但是其代表了一种可能的、较为科学的农村公共产品供给综合指数调整方向。③稳定性方面。农村公共产品供给综合指数的系数调整法作为一个调整机制，使每年的指数调整贴合当年的各项社会经济人口指标，是一种平稳的动态变化，不会出现人为波动，实现了调整标准的动态可持续。

总体而言，对于农村公共产品供给综合指数的调整还需要遵循以下标准或原则。①选择科学的方法确定农村公共产品供给的标准。在确定农村公共产品或服务标准时，需要借助科学的测算方法与分析工具。在农村公共产品或服务标准制定过程中，需要结合各地区的基本情况，科学地选择农村公共产品供给相关项目，要实行定性和定量的结合，同时对农村公共产品标准进行动态跟踪，使确定的农村公共产品标准能够不断得到实施效果的反馈，对具有现实性、可操作性、高效和易行的方法要加以推广。由于经济发展水平存在差异，因此，在农村公共产品供给标准的制定上也应承认一定的差异性，使农村公共产品供给标准更加符合实际。②实现农村公共产品供给的底线公平与多元需求的统一。在对农村公共产品供给标准基本结构进行设计时，需要统一底线基准和参考系数，以便于构建符合当地实际发展水平和居民现实需求的农村公共产品供给制度。对于保证农村居民基本公共产品供给的底线目标，需要以农村公共产品供给综合指数为衡量基准，以满足基本需求。由于经济与社会的发展，居民收入和消费水平不断提高，同时其需求项目也日益多元化，只用临时性的补贴等公共服务机制，并不能满足其基本需求。因此，可以使用相对科学的测算方法来设计农村公共产品供给综合指数，使农村公共产品供给在不断调整的过程中有比较科学且可衡量的变动范围。③设计农村公共产品供给标准动态调整机制并分阶段实施。可以根据地区发展特点、水平及物价变动等情况，在各阶段设计与不同农村公共产品供给综合指数挂钩的调整机制，因地制宜地设置农村公共产品供给综合指数的标准和调整参数。例如，在起步阶段，将不同地区农村公共产品供给与财政对地区公共服务供给的成本、地区经济发展水平相挂钩来设置和调整农村公共产品供给综合指数，这样有利于保障农村居民的基本公共产品或服务；在初步发展阶段，可将农村公共产品供给与消费、收入挂钩来设置和调整，这样既能避免因物价上涨导致受助者消费能力相对降低，又能实现与经济发展水平在一定程度上的协调；在发展相对成熟阶段，可将农村公共产品或服务与城镇化发展速度、政府的施政目标、人均收入增长率挂钩来设置和调整农村公共产品供给综合指数，这样将有利于缩小农村公共产品或服务的城乡差距，使全体社会成员的生活与经济发展水平相协调。④完善农村公共产品供给制度与其他社会保障制度的衔接机制。制度之间的有效衔接将有利于充分发挥农村公共产品供给制度的作用，能够促进形成各项保障制度协调互动的良好局面。农村公共产品供给综合指数是地区提供公共产品的重要参考指标，对于地方政府提升公共产品的供给水平而言，则需要对失去工作岗位但却有劳动能力的农民，采取再就业培训等失业保险制度措施，培训其劳动技能并促使其就业并实现向城市的转移，进而减轻农村公共产品供给的负担。对于某些受到外在环境冲击或自身条件的负向约束的农民，要重新计算其家庭收入，强化农村公共产品供给机制，既有利于减少"福利依赖"现象的发生，也有利于实现农村社会保障制度整体效益的最大化。

整体而言，当前并没有确定的农村公共产品供给综合指数的调整办法，本章提出的农村公共产品供给综合指数调整系数法为建立农村公共产品供给的调整机制提供了参考和借鉴的依据。同时，科学合理的调整办法，也可以推广运用到确定城市公共产品供给的标准调整中去，丰富以往的标准确定方法。本章在简化制度运行和增强制度的可衔接性上提出了自己的见解和设想，尽管还很不成熟，但作为一种尝试性的探索，期望能起到抛砖引玉的作用，引起同行的关注和完善，对建立我国农村公共产品供给综合指数的调整机制起到积极的促进作用，也希望能为各地农村公共产品供给综合指数的调整机制提供些许指导和参考，以此促进我国农村公共产品供给相关制度设计上的不断优化和改进，使农村公共产品供给综合指数能完成它应有的历史性角色和任务。

第三节　我国农村公共产品供给综合指数标准的现实运用

近年来，国内外部分政府部门，为提高政府公共产品的供给能力，大胆探索创新，把标准化体系导入政府公共产品供给之中。在经济社会转型和服务型政府改革的背景下，将标准化管理理论引入政府公共产品和服务供给的管理领域，通过标准化"简化、优化、协调、统一"的原理，有效调整公共产品供给过程中的组织关系和工作运作程序，为公众提供公正、快捷、高质量的公共产品和服务，已经成为政府管理现代化的新趋势和推动服务型政府建设的重要手段。而通过研究农村公共产品供给标准体系的构建及对农村公共产品供给综合指数的测算以推动公共产品供给的标准化工作，也是目前公共产品和服务领域值得重视和研究的重要课题。本章从农村公共产品供给的标准化体系构建和农村公共产品供给综合指数的测算与预测出发，主要通过对动态指数的测度和挖掘，给未来农村公共产品的供给水平提供研判和预测的标准，基于标准化和指数测算技术，将碎片化的公共产品供给方式转变为政府主动提供农村公共服务和精准化的农村公共产品供给,并将农村公共产品的供给方转型为基于数据模型构建的服务指数和需求为导向的公共产品供给模式,通过建立指数形成标准化的公共产品供给机制,并对预判公共产品的需求及实现对公共产品的基本感知和有效供给,以及对公共产品供给效果进行差异化分析与判断,进而为公共产品的有效供给和乡村振兴战略提供参考与借鉴。

一、农村公共产品供给综合指数标准化运用的理论依据

农村公共产品供给综合指数是运用简化、统一、优化和协调的标准化原理,结合农村公共产品供给需要和管理标准,最终形成的农村公共产品供给的综合标准化,最终取得较好的经济、社会以及生态效益。随着我国经济的快速发展,尽管农村公共产品供给的规模有所增加,供给质量也有明显改善,但其实际供给率仍然较低。基于农业现代化的要求,其本质是科学化、商品化和社会化、集约化以及一体化的过程,离不开标准化的指导,因此,农村公共产品供给综合指数标准化是将农业公共产品转化为现实生产的重要载体,有利于提高农村公共产品供给的水平和质量,在维护农民基本利益的前提下,促进农业和农村经济的快速与稳定发展。此外,地区自然禀赋差异和经济发展程度等现实情况,导致了农村公共产品供给的质量稳定性差,其原因主要是管理方面存在随意性,归根结底就是“管理规范”缺失,也就是说公共产品供给缺少标准化的管理方式。在新的形势下,要使公共产品供给的质量具有稳定性和高效性,以往的某些方法已不能很好地适应经济发展形势的需求。而标准化给人们印象一般是在企业技术领域的应用,如基础技术标准、方法标准、产品标准、工艺标准等。同时,标准化也在社会生活中,尤其是企业管理中发挥着重要作用。近年来,我国很多服务行业,包括交通运输、贸易等行业均陆续开展了标准化管理工作,把标准化管理引入到服务行业中也取得了较为明显的效果。农村公共产品的供给与企业产品或服务供给具有一定的相似之处,表现为两者都将追求供给、改善和提高公共产品供给品质作为改革和发展的目标。政府公共产品供给的标准化管理,将标准化管理的管理理念和原则与政府部门为人民服务的精神相结合,成为大幅度提升政府绩效和政府管理水平的有效途径和工具。

对农村公共产品供给综合指数进行较为全面的测算与分析,将该指数作为政府在提高农村公共产品供给的标准,能很好地增强政府推进农村经济发展、实现城乡融合发展和乡村振兴的效果。通过对农村公共产品供给标准化,达到系统和规范,为农村公共服务供给的管理提供了交互的基础与条件。农村公共产品供给综合指数标准化的推动和实行,能让农村公共产品的供给更具精准性,实现便捷和节约的效果,也减少了人为干扰并避

免重复的农村公共产品供给，提升农村公共产品供给的有效性，从而可以更好地提升农村公共产品供给的数量和质量。

农村公共产品供给综合指数是否适用于供给标准化不仅取决于其自身的优点，更取决于农村公共产品供给综合指数的基本特征。从农村公共产品供给综合指数的内在逻辑来看，不仅是政府提供公共产品时的参考与指导，也是地方解决农村公共产品供给问题的重要指示灯。一般而言，农村公共产品供给综合指数具有政策目的性、政府干预性以及精算测度性等几个基本特征。其中，政策目的性决定了农村公共产品供给综合指数强调的公共产品供给的多元性和目标性的相互统一，同时更强调社会的效益性。政府干预性以及精算测度性要求获得较为稳定的公共产品供给指数，通过测算可以抑制公共产品供给的随意性和波动性，有利于促进农村公共产品供给的稳定性和农村经济的稳定发展。因此，可以认为农村公共产品供给综合指数比较适合农村公共产品供给标准的制定，这就为农村公共产品供给标准化提供了重要依据。在此基础上，通过农村公共产品供给标准化，可以推进创新体系的建立和完善，促使农村公共产品供给的有效性。

基于上述农村公共产品供给综合指数对农村公共产品供给标准化的优势和适用性分析，农村公共产品供给实际上是一个有机循环的过程，包含了从农村公共产品供给综合指数出发形成和制定相关的农村公共产品供给标准及农村公共产品供给标准化对农村公共产品的有效供给，具体来看，主要是通过农村公共产品供给综合指数的确定、预测和调整，在给农村公共产品提供供给标准时，有效作用于农村公共产品供给，并通过标准的设立，及时对农村公共产品供给形成反馈和指导，从而促进农村公共产品的有效供给。这种农村公共产品的有效供给也可以细分为供给质量、数量和结构，即通过对农村公共产品供给标准的制定可以进一步优化农村公共产品的供给结构，将政府偏好性的农村公共产品供给的数量和质量予以及时调整与纠正，进而实现农村公共产品有效供给，以此推进乡村振兴战略的逻辑主线，其内在的结构如图 13-3 所示。

二、农村公共产品供给综合指数标准化运用的现实问题

农村公共产品供给综合指数相关的研究核心在于将农村公共产品供给的意图转变为管理上的具体行为，将公共产品供给政策的理想现实化。其难点在于促进对公共产品供给指数的标准化运用以改善地方政府提供公共产品的实践。通过对农村公共产品供给综合指数的标准化运用不仅可以促使农村公共管理学的深化发展，而且可以推动公共产品和服务的市场化和社会化，促使公共产品供给过程中形成合作等新的政府治理模式。

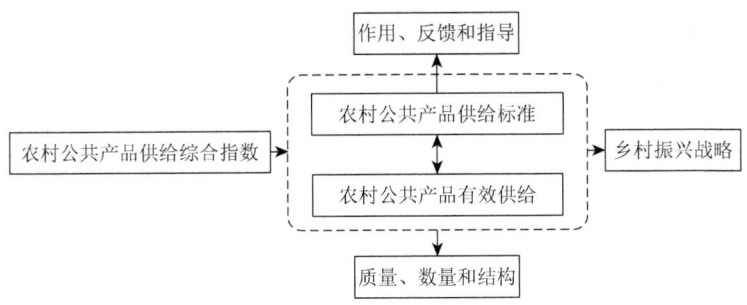

图 13-3 农村公共产品供给综合指数推进乡村振兴战略的逻辑

对于农村公共产品供给而言，政府需要根据自身能力、经济与社会发展程度以及公共产品供给类型等进行标准化的分类考评、科学选择和规划实施。一般而言，对于农村公共产品供给综合指数的标准化运用，往往是一个较为复杂的供给体系，透过该体系，农村公共产品供给综合指数的作用方式与各参与标准化主体之间可能存在交互作用。那么，政府可以应用农村公共产品供给综合指数分析评价成果，把分析评价成果用于指导农村公共产品供给的建设实践、推动实际工作，这也是对政府能力的重要评价维度之一。因此，考虑依托农村公共产品供给综合指数，建立以评价促进农村公共产品供给的考评机制，定期开展农村公共产品供给综合指数的评估，可以促使政府部门及时从中发现农村公共产品供给过程中可能出现的问题与薄弱环节，并通过该方式来推动政策制定与实施，以此全面促进和提升农村公共产品供给。那么，政府究竟该如何将农村公共产品供给综合指数运用到供给的标准化过程之中？首先，合理界分公共产品供给指数的性质和准确判断适用的环境，这是运用农村公共产品供给综合指数的首要前提。如果地方的公共产品供给属于基础性、全面收益的公共产品，那么政府应该采用直接供给的形式有效地进行供给，如果公共产品的供给具有目的性，那么在公共产品供给指数的运用过程中，则需求将指标进行相关的调整，通过偏向性的公共产品供给来缓解政府所面临的压力。其次，农村公共产品供给综合指数标准化是选择和运用的公共产品供给指数的重要方向。公共产品供给指数是由多个不同的维度所形成的综合指数，若维度发展转变，则需要选择多种工具来进行调整这种维度所造成的影响。此外，对于农村公共产品的供给标准化过程中，涉及政府、私人部门和民间组织联合共同对公共产品进行供给的可能性，这三者可能也形成相互补充、支持和监督的关系。因此，在准确把握农村公共产品指数的特点和适用性范围的基础上，政府应与其他参与主体形成有效配合，将农村公共产品供给综合指数进行标准化、为地方政府合理有效提供公共产品是运用公共产品供给指数的重要内涵与方向。最后，动态发布农村公共产品供给综合指数的标准化是政府实现公共产品有效供给的重要保障。通过发布公共产品供给的标准，让各利益相关者能理解政府对公共产品的供给意图，可以促使公共产品供给的目标群体能有效接受政府的供给方式。在实现公共产品供给指数标准化时，政府可以通过正式和非正式的引导方式来调动相关利益群体的积极性，包括出台相关公共产品供给制度，乡镇和村民委员会对相关政策进行宣传与动员，通过说服、调解和协商等方式来化解政府和农民之间或邻里之间的纠纷与矛盾，即在行政方式上采用较为柔性、服务性质而非官本位等强制性工作方式，从而促使公共产品供给指数的标准化、实现政府的政府目标并促使公共产品的有效供给。

在农村公共产品供给综合指数标准化运用过程中，还要注意三个方面的现实问题。

一是农村公共产品供给综合指数标准化体系的建立、维护及更新。农村公共产品供给综合指数标准化基本涵盖了农村的各个方面，是一个较为综合的标准，其体系框架应该包含影响农村公共产品供给的相关要素，如科学、教育、文化、卫生等。在农村公共产品供给综合指数标准体系框架构建时，还需要充分考虑各影响因素的相关性及对农村公共产品供给综合指数的调整和地区差异影响，科学且系统地建立起相关标准体系框架，并引用相关的国家和行业标准，促使农村公共产品供给标准化与其能进行融合，构建综合性标准体系。除此之外，还需要提高制定和修订农村公共产品供给综合指数标准的速度，在配合国家发展战略的同时，对于过时的评价标准和体系及时进行修改和更新，在标准体系运行和实施的过程中，还需要能不断地对标准体系进行维护和更新，通过不断地修改和完善，实现该标准体系的改进，增强与其现实情况的匹配程度。

二是农村公共产品供给综合指数标准化的及时推广、宣传和贯彻。这需要立足于当前各农村地区公共产品供给的现状，完善农村公共产品供给综合指数标准化推广体系，加快农村公共产品供给综合指数标准的推广进程。农村公共产品供给综合指数的标准及其体系是农村公共产品在供给过程中的重要判断依据，决定了相关生产、经营以及管理的执行主体行为，在农村公共产品供给综合指数标准及其体系建立之后，将其运用到各农村地区的实际活动中，能为农村公共产品的有效供给提供参考依据。因此，需要相关部门和领导以及广大的农民对农村公共产品供给综合指数标准化的工作有较为清晰的认识。然而，在标准化的实践过程中，我国许多农业相关的国家标准、行业标准以及地方标准常常被束之高阁，并未能有效地通过各种渠道向广大农民群众进行普及，存在重制度设计而轻政策实施的现象。农村公共产品供给综合指数标准化是促进农村公共产品有效供给和调整的重要技术基础，是规范农村公共产品生产及促进农村经济发展的有效措施，是现代化农业发展的重要标准，更是推进乡村振兴战略的重要内涵。因此，要实现农村公共产品的有效供给，就必须重视和加大对农村公共产品供给综合指数标准化的宣传力度，组建相关队伍展开标准宣传并予以贯彻。在此过程中，可以采用建立示范点或示范区等形式进行以点带动面的发展，树立典型和示范，通过开展相关指数技术资料、读本等进行标准宣传及指导培训。此外，还需要将公共产品供给指数标准体系的源数据开放，为相关工作提供学习和讨论标准提供良好的环境。同时，还可以将公共产品供给标准推行入户行动，让政府可以积极参与，让农民能自觉参与到公共产品有效供给的行动中。

三是农村公共产品供给综合指数标准化的技术、队伍及平台支撑。通过培养一批热爱"三农"工作、综合能力强和技术水平高的人才队伍，不断改革和完善用人机制，将农村公共产品供给标准化的相关培训和实施作为重要内容，激励其积极将农村公共产品供给标准融入实践工作中。此外，加强顶层设计，统筹协调，在政府主管部门的指导下，联合高等院校、科研院所等机构，确保农村公共产品供给综合指数标准的有效实施，提高标准科研水平的同时，可以建立农村公共产品供给标准化信息平台，形成多层次、全方位、新动态相结合的联动体系，有效提升农村公共产品供给的质量水平，并通过将"示范带动、上下联动"作为准则，将实施农村公共产品供给综合指数标准化融入实践氛围，为农村公共产品供给综合指数标准化建设创造良好的社会文化环境，进而实现农村公共产品供给的现代化和可持续性发展。

农村公共产品供给综合指数的标准化运用，要立足于全面推进乡村振兴战略实施，长远规划、统一部署、逐步推进。乡村振兴战略不仅是中国新农村建设和解决"三农"问题的重大战略，也是解决新时代中国城乡发展不平衡、不充分的重大举措。乡村振兴战略的实施，不仅需要对其意义有充分的认识，而且还需要把握其科学内涵、目标任务以及实施路径。[①]

当前，我国已经进入以高质量发展为主题的新发展阶段，在"以人民为中心"的新发展理念指导下，应运国内外新发展格局的基于和挑战，党的十九届五中全会高瞻远瞩地提出要"优先发展农业农村，全面推进乡村振兴"[②]，将解决好农业农村问题是全党工作重中之重，这不仅是增进广大农民福祉、化解新时期社会主要矛盾的重要战略，更是实现中国特色社会主义现代化建设中长期远景目标的关键所在。在全面推进乡村振兴的进程中，我们应该认识到：由于农村公共产品供给综合指数具有动态性的特

[①] 黄祖辉：《准确把握中国乡村振兴战略》，《中国农村经济》2018 年第 4 期，第 2—12 页。

[②] 《中共中央关于制定国民经济和社会发展第十四个五年规划和二〇三五年远景目标的建议》，http://www.gov.cn/zhengce/2020-11/03/content_5556991.htm[2022-11-30]。

点，应该根据经济社会发展不同阶段的实际要求，制定出具有差异性和阶段性的政策目标并推进。因此，在农村公共产品供给综合指数标准化改革及确定的过程中，需要以高水平战略规划指导顶层设计，预留长期发展的动态优化空间，并依据地区的经济发展水平，因地制宜地对标准化方案提前进行优化设计。要切实利用农村公共产品供给标准体系的前瞻性，在落实民生改善工程过程中提升广大农民的获得感、安全感和幸福感。本章按照"两个一百年"规划蓝图要求，对我国政府职能转变"三个三十年"的划分方法进行修正，在此基础上提出包括县（市、区）政府及乡（镇）政府农村公共产品供给标准化改革在内的农村公共产品供给改革"三步走"的路径，详见图13-4。

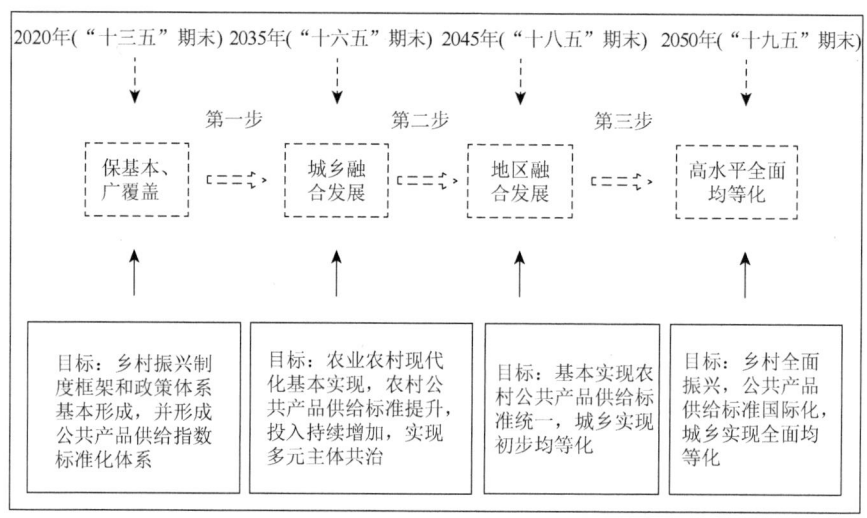

图13-4　基于乡村振兴战略的农村公共产品供给综合指数标准化改革路径

本章提出的农村公共产品供给综合指数标准化改革路径，是将县（市、区）政府及乡（镇）政府农村公共产品供给放到建设社会主义新农村、统筹城乡和区域发展、全面推进现代化建设、圆满实现乡村全面振兴的大局之中进行思考与设计的。"三步走"改革路径的新起点是夯实"保基本、广覆盖"的社会主义新农村公共产品供给标准化体系，在此基础上迈出城乡融合发展、地区融合发展和高水平全面均等化的"三步走"，到21世纪中叶争取达到国际化新水平。"三步走"改革路径如下所示。

第一步城乡融合发展，到"十三五"期末的2020年基本实现中央与地方"事权与财责"清晰，乡村振兴制度框架和政策体系基本形成，并形成公共产品供给指数标准化体系。到2035年形成良好的多元共治环境。

第二步地区融合发展，到"十八五"期末的2045年基本实现农村公共产品供给标准统一。缩小不同省（区、市）之间的差距，通过扩大一般性财政转移支付的方法，逐渐消除经济发达与不发达地区之间的差距，取消城乡居民的户籍标志区分，城乡居民一律使用居民身份证和统一保障账号，享受公共产品供给和公共服务基金。

第三步高水平全面均等化，2050 年基本实现建立公共财政保障有力、市场机制灵活多样并与国际接轨的高水平公共产品供给标准体系。实现公共产品供给的高水平全面均等化是实现中华民族伟大复兴事业的一个重要内容。在具体政策措施方面，应该重点推动公共产品供给标准国际化，并通过对供给体制机制的全面深化改革，允许国外资本进入国内公共服务市场，在供给主体、供给规模、供给质量，推动提档升级，赶超国际水平，不断提高公共产品供给标准的国际化新水平。

三、农村公共产品供给综合指数标准化运用保障

农村公共产品供给标准化运用是推动农村基本公共服务均等化、满足广大农民群众公共产品需求的民心工程和基础工程，要有效实现农村公共产品供给的标准体系，推动乡村振兴战略的实现，需要从多方面予以保障。

一是健全组织保障，推进农村公共产品供给标准化。在农村公共产品供给标准化体系建设过程中，可建立由地方政府行政部门、标准化专业服务机构、社会力量三方组成的"三位一体"的组织机构联合推动公共产品供给标准化的工作模式，完善三方协调沟通机制，提升农村公共产品供给标准化的应用和服务能力。此外，可以成立以地方政府主管领导、村民委员会等牵头的农村公共产品供给标准化建设领导小组，建立相关工作机构，设立领导小组工作办公室。农村公共产品供给标准化涉及整个农村公共产品供给的流程与运作，也涉及地方各职能部门的工作规范和流程，其实施需要各级领导的参与和强有力的支持，这是农村公共产品供给标准化能否顺利推进的重要条件。

二是提升智力保障，改进农村公共产品供给标准化。依据农村公共产品供给综合指数对农村公共产品供给进行的标准化制定、实施和推广，都离不开既懂农村公共服务业务，又懂标准化专业知识的专业人才队伍。人才队伍建设是做好农村公共产品供给标准体系建设和实施的基础。要实行农村公共产品供给的标准化，就必须依靠专业人才来进行，公共产品供给过程中，参与人员素质的高低直接决定着农村公共产品供给标准化效果的好坏。在农村公共产品供给标准化体系建设过程中，需要借助各地区标准化研究院及国内高等院校的人力资源，依托地方的标准化及信息资源等，为农村公共产品供给标准化建设提供人才和信息资源保障。要利用平时在各类检查活动、公共产品提供过程当中的信息和资料，对农村公共产品供

给开展状况和农村内部管理水平进行客观细致的分析，及时通报改进情况，从而使政府的公共产品供给标准化管理不断改进和提升。

三是完善法律保障，提高农村公共产品供给标准化。我国农村公共产品供给目前已初步形成了一套标准化法律体系，其中包括《中华人民共和国标准化法》，《中华人民共和国标准化法实施条例》及其相配套的《国家标准管理办法》、《地方标准管理办法》、《村级公共服务中心建设与管理规范》和《农业农村标准化管理办法》等标准化管理办法和规章制度，并在江苏、湖北、重庆及四川四地进行农村公共服务运行维护标准化试点。但是，由于传统思想和法治建设的不完善的影响，标准化法律体系不能完全适应形势需要和社会发展要求的现象依然存在。因此，我国的标准化法律体系建设必须遵循合法与合理、效能与便民、监督与责任原则的思路，使政府行为实现法治化、规范化、理性化。只有良好的法律和制度支持，才能保证政府行政服务功能的有效实现。这就需要完善政府行政服务的相关法律，以确保政府各方面工作有法可依。要完善政府在所有标准化行政服务领域的法律法规，要求行政权力的行使要受到必要的限制，要有明确的法律依据，要接受广泛的监督，造成损失的要依法给予赔偿或补偿。

四是加强宣传保障，丰富农村公共产品供给标准化。公共产品供给标准化制度需要各级人民政府、各职能部门负责人以及相关工作人员积极宣传农村公共产品供给标准化的重要性和必要性等有关知识，通过召开标准研讨会、交流会、座谈会等形式，对工作人员进行相关的知识技能的训练，加深工作人员对公共产品供给标准化建设重要性的认识，增强工作人员执行标准的能力，进一步提高标准化在公共产品供给过程中的作用和影响，提高标准贯彻实施的自觉性和主观能动性。

第十四章　我国农村公共产品供给标准化实践探索与典型案例

标准是对重复性事物和概念所做的统一规定，它以科学技术和实践经验的结合成果为基础，经有关方面协商一致，由主管机构批准，以特定形式发布作为共同遵守的准则和依据。标准化是指在经济、技术、科学和管理等社会实践中，对重复性的事物和概念，通过制订、发布和实施标准达到统一，以获得最佳秩序和社会效益。基本公共服务与标准化之间存在着性质上的契合，同时，标准化也可以为基本公共服务的提供贡献治理价值。基本公共服务的标准化是一个制度化过程，也是一个社会治理过程。基本公共服务标准化不仅是对基本公共服务的不同维度给出一个量纲值，更重要的是在于其动态的提供机制和实现机制。

20世纪90年代，西方发达国家将标准化研究广泛引入到社会管理和公共服务领域，国外的实践证明将标准化管理思想与管理技术引入公共服务体制创新中来，提高了政府管理与服务水平。在合理协调配置公共服务资源、促进公共服务均等化与规范化、提高公共服务绩效方面发挥着巨大的作用。我国农村公共产品供给标准化工作始于20世纪90年代，公共服务绩效偏低与基本公共服务的城乡公共服务差异的现状，为保障均等化与公益性，公共服务"质量管理"与"绩效评估"、新农村建设以及基本公共服务均等化成为我国公共服务重要治理对象。2007年成都市获批"全国统筹城乡综合配套改革试验区"后，将"努力实现城乡基本公共服务均等化"列为改革试验的主要任务，积极开展农村基本公共服务标准化体系的建设。2012年7月，我国在首次明确提出了基本公共服务国家标准，这一标准在内容上，同时从公共教育等八个方面涵盖了一个人从出生到终老各个阶段生存与发展所需的基本公共服务；在供给过程中，强调政府主导、社会参与、公办民办并举的协同供给国家基本公共服务，主张坚持政府为主导，充分发挥市场机制作用，鼓励社会力量参与，推动基本公共服务提供主体和提供方式多元化。

2013年10月31日，国家标准化管理委员会和财政部联合发布了《关于开展农村综合改革标准化试点工作的通知》，开启了我国的农村公共服务标准化实践的新历程，其为实现党的十八大提出的城乡发展一体化战略部署和基本公共服务均等化目标，直指农村公共服务资源配置效率低、管理水平不高、城乡区域差距大等问题。截至 2021 年 6 月共开展农村综合改革标准化试点 141 个。2014 年国家发展和改革委员会等 11 部门印发《关于开展国家新型城镇化综合试点工作的通知》《国家新型城镇化综合试点方案》，分 3 批将 2 个省、246 个城市（镇）列为试点，2020 年 4 月又新增第四批新型城镇化标准化试点项目 9 项，国家新型城镇化标准化试点项目以新型城市建设、新农村建设、产城融合、城乡公共服务均等化为内容，旨在全面提高城镇化质量水平。

随着农村标准化工作的全面启动，在农村公共服务方面、农村人居环境改善方面和在乡村治理方面发布实施的一系列国家标准与地方标准，发挥了标准化对农村综合改革以及新型城镇化发展的支撑作用，使农村资源配置有标可依，农村公共服务有章可循，农村治理效果有据可考，保证了农村综合改革措施更有操作性，有利于提高公共服务质量和群众监督，有助于农村治理能力和治理水平的提高，从技术层面有效支撑了美丽宜居乡村建设，助推乡村振兴战略实施。截止到 2019 年，共完成 50 个全国农村综合改革标准化试点和 16 个新型城镇化标准化试点项目建设任务，在美丽乡村建设、农村产权流转交易服务，以及新型城镇建设和产城融合发展等领域形成一批可复制、可推广的标准化工作的先进经验。

为了进一步提高农村公共服务绩效，将社会治理的成效经验，用标准化的手段提炼固化、推广实施，各地区积极探索的农村基本公共服务的合理布局，找出了适合当地实际的改革模式和实现形式，本章将介绍我国农村公共产品供给标准化实践探索概况及典型案例。

第一节　我国农村公共产品供给标准化实践探索概况

为进一步改善农村公共产品供给质量，促进城乡基本公共服务均等化，引导公共财政资金合理配置，改善农村生产生活条件，提高农村社会治理水平，2013 年，国家标准化管理委员会和财政部联合印发《关于开展农村综合改革标准化试点工作的通知》，在全国组织开展农村综合改革标准化试点工作。文件下发后，各省（区、市）踊跃申报，国家标准化管理委员会和财政部对各地报送的农村综合改革标准化试点项目进行了审核。2014 年 4 月，联合下达第一批农村综合改革标准化试点项目，在浙江、安徽、福建、贵州等 12 个省（区、市）的 39 个县启动试点工作，其中美丽乡村标准化试点项目 25 个、农村公共服务运行与维护标准化试点项目 15 个、农业社会化服务标准化试点项目 2 个。试点项目下达以后，各地积极探索开展农村公共产品供给标准体系建设和实施工作，初步建立结构合理、层次分明、与当地经济社会发展水平相适应的标准体系，重要标准相对完善并得到有效实施,促进了资源的有效整合,建立健全建设高质量、管理高效率、维护可持续、服务有依据、评价更科学的美丽乡村建设、农村公共服务运行维护和农业社会化服务模式,形成了以标准化支撑农村公共服务的长效机制,促进了城乡公共服务均等化和城乡发展一体化。

一、主要做法

各地试点工作整体上进展顺利,一方面是因为当前农村存在生产生活环境迫切需要改善、社会治理能力和公共服务水平迫切需要提升、农民渴望获得基本公共服务保障的内在需求,这些需求推动了标准化在农村公共产品供给领域的应用。另一方面是因为试点工作与地方重点、亮点工作契合度高,试点地区政府和有关部门高度重视,参与试点工作的积极性高、主动性强。主要工作经验和做法有以下几点。

(一)建立工作机制

构建"两部门+标准化研究机构+试点单位"三位一体的工作模式。试点省、市两级质监部门与财政部门建立协调推进机制,统筹部署试点工作。江苏创建了"321"工作模式,省、市财政(农村综合改革部门)和质监两部门双线合一、上下联动,共同做好试点项目的统筹管理、督促指导、经费支持等工作。以省级标准化研究机构为主的技术支撑单位,在标准体系建设、标准制定和宣贯实施等方面提供技术指导。各试点成立由主要行政领导为组长或副组长的领导小组,为试点工作提供组织保障。定期召开联席会议和工作协调会,制订工作规划,及时解决创建工作中出现的问题。

(二)加强标准化研究

根据农村实际需求,研究提出标准体系框架,并结合试点工作中的重点、难点问题加强标准前期研究,拟定重点标准制修订计划。各试点将建设中形成的好经验、好做法、好制度进行总结和提升,用标准的形式固化下来,使试点工作运行在标准化轨道上。江苏构建了包括省级和试点县(市)两个层级的农村公共服务运行维护标准体系,在省级层面上研制发布《农村(村庄)基础设施管理与维护通则》等11项村级公共服务运行维护系列地方标准,在县(市、区)级层面上研制了一批试点区域内控标准。

(三)强化宣贯培训

举办标准化知识培训班,对质监、财政等部门和各试点县政府分管领导、试点村负责人、大学生村官等进行培训。浙江安吉在党课上专题讲标准化，对四大班子、乡镇村负责人进行全员培训。各试点单位充分利用党报党刊、网络平台等媒体开展标准化宣传，并通过召开标准发布会、项目启动会、工作座谈会等活动，提高全社会特别是广大农民的标准化意识。

（四）注重因地制宜

在实践中，各试点结合各自特色，注重共性特点和个性特征相结合，开展试点建设。福建借鉴台湾"富丽农村"建设的精髓，突出"生产、生活、生态"三生协调发展，将福建在水土流失治理、母亲河保护、古村落修缮等工作上取得的成效转化为标准，形成具有福建地方特色的美丽乡村标准体系，打造"乡村有个性，美丽有标准"的福建版美丽乡村建设模式。

（五）注重村民参与

各试点在建设中，始终保证村民充分的参与权，尊重试点村规民约，建立合理的群众参与机制，把主动权交给村民，让村民广泛参与到试点建设中来。浙江安吉强化"我的乡村我来建"的主人翁意识，推动村民参与标准化工作，部分村民甚至做出了"标准改变了习惯，习惯写进了标准"的经典解读。

二、经验成效

（一）推动建设模式创新，打响美丽乡村品牌

浙江、安徽、福建、广西、海南、重庆、贵州等7省（区、市）开展美丽乡村建设标准化试点的县（市、区）紧密结合当地自然、人文、历史条件等特点，因地制宜，积极探索标准化支撑美丽乡村建设的新模式，走出一条既独具特色又有借鉴推广价值的美丽乡村建设标准化发展道路。涌现了如浙江安吉、福建长泰、贵州余庆等先进典型。浙江海盐结合土地流转开展就地城镇化标准化，贵州凤冈推进"四在农家·美丽乡村"标准化建设，福建永春突出文化传承、生态保护和产业培育标准化，安徽铜陵分类打造生态旅游型、产业带动型、田园风貌型美丽乡村，都各具特色，取得良好成效。

特别是浙江安吉美丽乡村建设标准化试点，建立了包括基础标准、生态治理、村庄建设、公共服务和社会管理、产业经营、长效管理六大方面的升级版美丽乡村标准体系，收集各级标准近500项，发挥标准化的规范提升和普惠共享作用，全面改善了农村环境面貌。到2016年，全县建成美丽乡村精品村164个、重点村12个、特色村3个，呈现出一村一品、

一村一韵、一村一景的大格局。浙江安吉、福建永春标准化试点还被中央电视台新闻联播、焦点访谈等作为典型多次进行报道，得到了社会各界的充分肯定。

（二）改善农村基础设施，美化农村人居环境

农村基础设施是城乡统筹发展的重要内容。试点从与农业生产最相关、农村建设最实际、农民要求最迫切的农村基础设施的建设入手，以改善农村人居环境、建设美丽乡村的目标作为标准体系构建的根本落脚点，充分借鉴农村建设经验，提炼形成农业生产基础设施、农村生活基础设施、农村生态环境建设基础设施等系列标准。贵州、浙江、安徽、江苏等省发布实施了农村厕所、农村生活污水、生活垃圾处理等设施建设管理方面的地方标准，发挥标准的示范指导作用，确保农村建设规划先行，规避创建经验的不足和人、财、物浪费等问题，引导农村加强基础设施建设和维护，有效改善农村生产、生活以及生态环境，促进城乡资源的均衡配置。

重庆南川区通过"标准支撑建设、产业促进发展"的工作模式，坚持以需求为导向积极开展美丽乡村建设标准化试点，有力助推了南川区的高山生态移民、现代农业产业发展和农村环境综合整治。根据尊重自然美、注重现代美、突出个性美、构建整体美的建设思路，截至 2020 年，南川区运用《重庆市巴渝新农村民居通用图集（2010 版）》和《南川区巴渝新居建设和农村危旧房改造工作指南》等标准新修建生产生活便道 132 公里，完成农村危房改造 310 户，安装村庄照明路灯 520 盏，建成美丽庭院 250 户，通过实施《农村公路建设指导意见》等标准，修建试点村公路和便道 52 公里，彻底消除了村民"晴天一身灰、雨天一身泥"的局面。通过实施农村饮水工程，试点村 2500 余户家庭全面接入城镇供水系统，饮水标准实现与城市供水同步。

福建长泰推广标准模式，让"干净常在"。村容整洁坚持"四无"（房前屋后无垃圾、鸡鸭圈养无异味、河道沟渠无污水、道路两旁无丢弃）标准，长效运作坚持"六点机制"（美、用、管、合、俭、富）等已成为福建美丽乡村建设推广应用的样本。"户分类、村收集、镇转运、县处理"垃圾处理模式的全面落实，实现长泰农村生活垃圾收集率 90% 以上，转运率 100%。"农村垃圾不落地"的"美丽约定"渐成村规民俗，成为"好习惯标准化、好标准习惯化"的生动写照。

（三）规范村级公共服务，提升乡村管理水平

农村治理是国家治理体系和治理能力现代化的关键，推进农村治理体

系建设和提升基层治理能力，是美丽乡村建设的重要任务。江苏、湖北、重庆、四川4地选择在已开展农村公共服务运行维护工作的县（市、区）开展农村公共服务运行维护标准化试点，探索依靠标准化手段解决农村综合改革中存在的农村公共服务资源配置标准不一、管理评价标准缺乏、政府效果评价与绩效考核难等问题。试点单位以当前农民最为关心的公共服务领域为重点，充分发挥标准化在规范服务要求、提升服务水平、优化服务管理等方面的基础作用，通过"标准化+公共服务"，加强运行维护制度建设，创新管护模式，建立健全农村公共服务体系。江苏、湖北等省围绕环境卫生、公共服务中心、文体设施等村级公共服务运行维护的核心内容，研制发布了《村级公共服务中心建设与管理规范》等村级公共服务运行维护系列地方标准，取得了较好的效果，农村村容村貌大为改观，村庄环境整治成果得以巩固，有效提升了村级公共服务运行维护管理水平、工作效能。参与标准化试点的村庄中，村民普遍感受到身边的日常公共服务发生了明显改变，满意度大幅提升。

江苏靖江在试点过程中，不断将"八位一体"为基础的农村公共服务运行维护成果标准化，初步实现河道、绿化、村庄保洁、道路、桥梁、涵洞、污水处理、公共设施维护等管理内容"有标可依"和"按标管护"，创新了农村公共产品和公共服务供给机制，进一步加强农村社会管理，从而大大缩小了城乡环境差距，巩固公共服务均等化的成果，并参与研制《农村生活垃圾处理导则》。2016年，通过两年多的试点建设，1583个自然村全部达到省"环境整洁村"以上标准，农村公共卫生服务覆盖率达100%。

四川宜宾在推进城乡一体化、公共服务均等化方面进行大胆探索。在试点过程中，确立了"标准化夯实农村社会和谐治理基础，领先川南建设幸福美丽乡村"的目标，结合经济发展规划、农村发展现状和群众意愿，从县域标准体系、区域性地方标准和内控标准出发，建立全县农村公共服务运行维护标准体系。内容涵盖基础设施及环境、生产、生活、社会事务四大板块，覆盖村内户外道路、垃圾处理、纠纷调解、关爱留守儿童等11个项目。收集整理法规、标准218项，制定区域性地方标准14项，内控标准126项。标准化试点惠及群众2万余人，群众对标准知晓率达98%，群众认同度显著提高。

（四）助推农业结构调整，促进农业综合发展

美丽乡村的建设要走符合农村实际的路子，遵循乡村自身发展规律，注重乡土味道，保留乡村风貌，留得住绿水青山，系得住乡愁。遵循这一发展思路，试点项目在美化乡村、改善风貌、提升服务的同时，遵循标准化的原理，注重共性特点与个性特征相结合，有机融合发展现代农

业和特色服务业，带动乡村旅游、休闲农业、电子商务等产业的发展，积极引导美丽乡村加快转变农村经济发展方式，优化产业结构，促进农业综合发展。

浙江遂昌以电子商务为引擎，建设智慧乡村。建立生态农产品电子商务标准体系、制定《生态农产品供应商入驻标准》等 6 个服务标准规范，开展生态农产品电子商务标准化省级试点项目，建立包括农家乐住宿及基地采摘游预定、农产品信息发布、农产品物流系统的农村电子商务综合服务平台。截至 2015 年 10 月，遂昌已拥有网店 2000 多家，网货供应商 200 多家，第三方服务商 40 多家，全县从事农村电子商务产业人员超过 6000 人，带动 1000 多户农民发展效益农业，农村居民人均可支配收入已连续 8 年超过 12%。

安徽烈山区榴园村，通过特色产业与乡村旅游业之间的融合及以标准化手段进行管理，大力发展"龙头+基地+协会+农户"的标准化模式，石榴种植面积、产量逐年攀升，2019 年 6 月石榴种植总面积达 6 万余亩，总产值近 2 亿元，榴园村村民人均年收入增加 3000 多元，达到 13 500 元。通过实施《国家石榴标准果园建设标准》《采摘体验基地旅游服务规范》等标准，实现了"服务有规范""质量有要求""评价有标准"，有力推动了乡村旅游的快速健康发展，榴园村被评为"全国特色景观旅游名村"，2016 年"四季榴园"成功跻身国家 4A 级旅游景区，累计接待游客 20 万余人次，旅游销售收入达 300 万元。

（五）繁荣农村乡土文化，打造区域文化特色

农村是我国传统文明的发源地、乡土文化的根。在推进农村综合改革标准化试点工作中，要尊重农耕文明，注重突出独特的村居风貌、传统的风土人情和田园风光，最大程度地保留原汁原味的乡村文化和乡土特色，推进传统村落保护发展。在美丽乡村标准化试点建设中，依据国家标准《美丽乡村建设指南》中文化保护与传承的要求，试点单位发掘古村落、古建筑、古文物等乡村物质文化，进行整修和保护；搜集民间民族表演艺术、传统戏剧和曲艺、传统手工技艺、传统医药、民族服饰、民俗活动、农业文化等乡村非物质文化，进行传承和保护。

贵州丹寨县美丽乡村标准体系构建从村庄建设、生态环境、文化传承、经济发展等多方面提出了 32 项量化指标要求，保留了民族风情和原生环境，推进了民族特色化、村庄品位化、城镇一体化的建设。2016 年，丹寨县兴仁镇采取农户加合作社加企业的模式，动员周边村寨农村妇女积极参加刺绣培训，吸收 128 位绣娘入社，为了推进刺绣产品生产标准化，丹寨成立了关于加快手工产业发展的领导小组，启动了丹寨县关于加快少数

民族手工业发展的规划和实施方案的编制；2018 年贵州省丹寨县大力实施手工产业脱贫计划，让县内的少数民族贫困人口直接参与到以刺绣为主的民族手工产业中，全省直接从事民族手工产业的村民有 2000 余人，年产手工艺品 60 多万件，产值近 1.1 亿元，有 1500 余人足不出户就能参与民族手工生产。王家寨村于 2014 年成功入选第三批"中国传统村落"名录。

浙江遂昌制定实施《乡村公共文化服务管理规范》等标准规范，至 2018 年底建成了 105 个规范且独具特色的农村文化大礼堂，成立了全国首个县级乡村文明促进会，广泛开展健康养生、孝道文化、洁净乡村、基层民主协商等活动，传承乡村文化，创新基层社会治理模式。浙江安吉通过推进《美丽乡村村落文化展示馆建设与服务通用要求》标准实施，建成 32 个不同地域特色、不同文化类型和不同展示方式的村落文化生态展示馆，优秀的传统文化得以传承和弘扬。2015 年 5 月，以安吉县人民政府为第一起草单位的《美丽乡村建设指南》国家标准正式发布实施。

（六）制定地方标准和国家标准，复制推广试点经验

各地在开展农村综合改革标准化试点建设的过程中，积极围绕美丽乡村建设、农村生活环境治理等方面，制定了一批行之有效的地方标准，共计 300 余项。浙江在总结安吉经验的基础上，结合实际，于 2014 年 4 月发布了全国首个美丽乡村的地方标准《美丽乡村建设规范》（DB33/T 912—2014），福建、海南、安徽、贵州、广西等也先后制定有关美丽乡村建设规范的地方标准，部分省（区、市）还结合自身实际出台了美丽乡村建设评价的地方标准。通过标准，引领、指导美丽乡村建设。江苏、湖北、四川等省制定出台了《农村（村庄）生活垃圾收运设施管理与维护规范》《农村（村庄）公共文体设施管理与维护规范》等村级公共服务运行维护的地方标准。

国家标准化管理委员会联合国务院农村综合改革工作小组办公室在各地实践基础上，积极组织开展《美丽乡村建设评价》《农村公共服务基本要求》等 50 余项国家标准的制定工作，通过标准制定和实施，复制推广试点经验。2015 年 4 月，国家质量监督检验检疫总局和国家标准化管理委员会正式发布《美丽乡村建设指南》，这是我国首个指导以村为单位的美丽乡村建设的国家标准。该标准转化了我国各地美丽乡村建设的经验、成果，使得美丽乡村建设从一个宏观的方向性概念转化为可操作的工作实践，为开展美丽乡村建设提供了框架性、方向性技术指导。

三、问题与展望

试点工作虽然取得了一定成效，但从总体上看，这项工作还处于探索、起步阶段，办法和经验不多，工作成效与党中央、国务院的要求、与人民群众特别是广大村民的期待相比，还存在一定的差距。其一，农村公共产品供给标准化意识有待提升。标准化对于县、乡政府领导、农村综改部门、村民总的来说是非常陌生的，短期宣传和培训虽有效果，但难以在较短时间内有效提高其标准化意识。另外，农村居民的知识水平普遍较低，对于标准的认识和接受能力较弱，实施标准化还不能成为农村生产生活的自觉行动。其二，试点体制机制需要进一步深入探索。第一批农村综合改革标准化试点尚局限于硬件设施的建设、公共文化服务的改善、生态环境的优化等物质和技术层面的内容，还要深入到体制机制层面，着力在农村产权制度改革、乡村社会治理机理创新上积极探索，真正融入农村经济建设、政治建设、文化建设、社会建设各方面和全过程，最终实现乡村全面振兴的总目标。其三，部门之间协调配合有待加强。农村公共产品供给标准化工作是一项系统工程，除标准化主管部门外，还涉及财政、教育、民政、环保、城建、农水、卫生、市容、商务、广电等部门。由于多种因素的影响，有的地区部门之间不能做到优势互补、形成合力。

针对上述问题，我国农村公共产品供给标准化试点工作还需要进一步深入推进。一是要持续推进农村综合改革标准化试点工作。二是要加强试点总结，提炼典型经验。对试点示范的成果进行梳理，认真总结工作中形成的有效经验和重要成果，提炼可复制、可推广、可操作的做法，带动更多地区农村综合改革标准化建设，深入推进全国农村综合改革标准化试点工作上台阶、上水平。为巩固农村综合改革标准化试点成果，推广试点成功经验，国家标准化管理委员会将从第一批试点项目中，择优选择部分特色鲜明，具有较强示范带动作用的项目，进行持续支持，开展标准化示范工作。三是要加快推进基础通用国家标准的制定。继续加强重点领域标准前期研究，加快构建完善美丽乡村建设、农村公共服务等标准体系，为全国各地试点开展标准研制工作提供基础性、方向性指导，同时也为政府财政投入提供决策参考。加快推进基础通用国家标准的制定工作，为乡村振兴战略实施各环节提供有力的技术支撑。四是要加大对农村基层管理人员的标准化培训。继续加强对农村基层管理人员的标准化培训，提升其在工作实践中应用标准的能力，培育符合农村公共产品供给标准化工作需要的人才队伍。充分利用已经建立的"农业农村标准化试点示范服务平台"，推动和组织各试点单位相互交流、相互学习，不断提高基层工作人员的标准化业务素质。

第二节　我国东部地区农村公共产品供给标准化实践案例
——以浙江海盐、江苏长泰、福建靖江为例

一、浙江海盐实施美丽乡村建设标准化试点实践

（一）案例背景

海盐地处杭州湾北岸，是一个经济相对发达的平原县，被列为全国农村综合改革示范试点县、全国县城新型城镇化建设示范县，是国内农村综合改革的先行地区。

近年来，海盐积极贯彻落实国务院《深化标准化工作改革方案》精神，推行"标准化+"战略，实现标准化与技术创新、现代农业、生态文明和公共服务的融合发展，实现"优化生产、优雅生活、优美生态"的目标。2014 年启动全国农村综合改革标准化试点工作以来，充分发挥标准化支撑改革的基础性、战略性、引领性作用，以就地城镇化工作的实践经验为重要支撑，将美丽乡村建设与就地城镇化深度融合，以"大美丽乡村"的概念，构建了美丽乡村"生产·生活·生态"三大标准体系。通过改革实践，"标准化+"效应在各行各业充分彰显，海盐逐步探索出了一条"标准化+"战略引领深化改革的新路径。

海盐一直以来十分重视通过标准化工作，积极参与和推进各项改革，加强针对性调研工作，确定标准化工作重点推进领域，力求破解改革中遇到的难题。获批全国农村综合改革标准化试点后，成立了由领导小组、工作小组构建的"四位一体"标准化工作网络，制订研究试点工作实施方案，确定试点项目的目标任务、实施步骤和保障措施，明确分工，落实责任。先后组织 12 期调研，到乡镇、村点、家庭农场进行实地调研，了解各部门在美丽乡村建设和就地城镇化过程中的主要成果和存在的问题，反复讨论，确定了全县农村综合改革领域的标准化需求：一是农业产业转型升级的质量和水平存在差距，城乡基本公共服务的提供与运行需要进一步规范，美丽乡村建设缺乏统一的长效管理标准，进一步均衡发展是亟须解决的问题；二是海盐在土地流转、家庭农场建设、城乡一体化、五水共治等工作成效显著，走在全省乃至全国前列，相关创新举措亟待推广；三是各地美丽乡村与城镇化建设亟须先进的标准作为参考，制定美丽乡村建设标准体系与重点标准，可以将海盐就地城镇化的先进经验以标准的形式保存下来，实现海盐模式的可复制性。

（二）案例经过

围绕农村综合改革重点环节，海盐全面搭建标准体系。以提升现代农业产业转型升级，提高基本公共服务运行管理质量，规范美丽乡村建设长效管理为方向，打造沿海发达地区特色的标准体系。在认真总结已有工作成果的基础上，确定了统一指导、条线为主的工作方式，由主管部门分别负责起草标准文本。建立农村综合改革标准化专家智库，以中国标准化研究院、浙江省标准化研究院为技术指导，邀请了上海社会科学院、南京大学、福建师范大学、浙江省城市化发展研究中心、浙江省农业农村厅、浙江省教育厅等省内外科研机构、大专院校及上级部门的专家参与论证，确保制定的各项标准化程序与指标的科学性、合理性与前瞻性，截至 2016 年，共计召开标准审评会 19 场，邀请专家 133 人次，构建统一的"生产·生活·生态"标准体系，涉及国家、行业、地方标准共计685 项、法律法规和行政规章 155 条，发布县级地方标准规范 25 项。

在此基础上，海盐进一步量化改革目标。将涉及农业生产、农民生活、农村生态 90% 以上的事项纳入标准化范围，将涉及 41 个职能部门的 200 多项行政公文提炼成 25 项重点标准，理清各部门及各层次的权力责任，规范工作程序，量化改革具体目标。同时，借鉴浙江及省外先进经验，结合国家新型城镇化建设与发展的各项政策，将"美丽乡村"与"就地城镇化"深度融合，研制出全国首项《就地城镇化评价指标体系》，提炼出涉及人口结构、经济发展、生态环境、公共服务 4 个方面49 项特征指标，并给出了指标的内涵、计算方法与权重，为"什么是就地城镇化，如何实现就地城镇化"提供了清晰、量化的评价模式，解答就地城镇化到底发展到什么程度，处于什么样的水平，探索性地为县城就地城镇化发展水平和质量作出量化评价提供方法和依据，为绩效评估提供基础支撑。

通过发挥"标准化+"的催化效应，海盐促进"农村综合改革"全面深化。

一是推动现代农业优质产业。全国首发《农村土地承包经营权流转管理规范》等 5 项标准，建立县、镇（街道）、村三级联网的土地流转中心，实现土地流转的便利化、规范化和最优化，村民流转土地可足不出村，实现网上点击交易，确保信息资源共享、公平公开；网上竞价，实现交易价格的最优化，大力推进全县农业生产集约化、规模化、产业化水平，自2014 年海盐被列为全国 39 家农村综合改革标准化试点以来，至 2016 年7 月全县已累计流转土地 22.82 万亩，土地规模化经营率达 70%；2015 年发布《家庭农场建设与示范性家庭农场评定规范》，从而推动 2016 年建立了新型农业主体 706 个，其中家庭农场 412 家；发布实施《农村劳务合作社建设管理与评价规范》，组建农村劳务合作社 109 家，实现村级劳务合作社全覆盖；发布实施《农业生产社会化服务管理规范》，在全省率先成立 3 家合作社，建立起"农业企业+合作社+家庭农场"的利益联结模式，2015 年被农业部列为"政府购买农业公益性服务机制创新"试点县。

二是提升新型农民优雅生活。全国首发城乡一体化交通、教育、文化、卫生、社会保障、就业 6 个方面基本公共服务标准，2016 年实现了公交"村村通"，县域内城乡公交 2 元一票制，公共交通站点服务半径 500 米全覆盖，公共交通分担率达 20%。义务教育均衡发展指数小学 0.336、初中 0.334，远高于国家小学 0.5、初中 0.45 的要求；大力推进农村医疗卫生建设，按照标准要求对基层医疗卫生机构设施、人员和服务质量进行配备和管理，村村配有标准医务室。加强镇（街道）综合文化站建设，下派文化专员，全县 9 个镇（街道）都建标准灯光篮球场和室内活动室，村村配有文化礼堂、健身场所。对规模流转和长期流转的农民，以社保方式给予补助，城乡职工基本养老保险、城乡居民社会养老保险、城乡居民合作医疗参保率均达 100%。探索"新型社会"管理模式，全国首发《农村基层组织建设规范》等标准，打造"阳光村务"，村级基层组织标准化运行率达 50%以上，农村社区综合服务中心覆盖率 100%，逐步建立社区公共服务、市场服务和志愿互助服务相结合的"三位一体"社区服务体系。2015 年获评全省唯一的省级基本公共服务均等化改革试点。

三是营造美丽乡村优美生态。以更好地实现人口集聚、产业集中、土地集约、功能集成为目标，发布实施《农村村庄规划与布局》标准，积极优化规划和产业布局，形成了适合当地实际的"1+X"的县域空间布局模式。2015 年发布实施《农村环境卫生基础设施设置要求》等 2 项标准，在嘉兴市率先实行集镇、村庄、河道、道路"四位一体"农村环卫管理模式和市场化运作机制，实现农村生活垃圾收集率 100%，市场化运作覆盖率 100%，年财政投入 5000 余万元。全省首发实施《畜禽养殖污染防治与管理规范》等 2 项标准，实现规模化生猪养殖污染治理率达 90%以上。2016 年，实施五水共治标准化，全面消灭劣 V 类断面水质，Ⅳ类水断面占比 90.9%，跨行政区域交接断面水质考核评价为优秀。

（三）案例结果与讨论

海盐发挥"标准化+"的倍增效应，打造出"县域发展"先进样本。

一是打造就地城镇化样本。以科学性、预见性和可复制性，打造一枝独秀的"就地城镇化海盐样本"，让其他地区在农村综合改革中有本可依、有据可考，实现了海盐模式的可复制性，也为进一步深化改革、推广海盐形象提供了有效的途径。2015 年,《就地城镇化评价指标体系》《家庭农场建设与管理规范》2 项标准获得国家标准主导起草立项,《村级公共服务中心建设与管理规范》获得国家标准参与起草立项,为中央顶层设计提供了基层改革经验。2016 年 3 月,"标准化+"工作获得朱从玖副省长批示,要求在全省范围推广学习。2019 年 4 月出台《海盐县农村居民宅基地管理办法》。

二是打造绿色发展样本。研究国家、省、市各项绿色发展政策与发展趋势,邀请深圳市标准技术研究院技术支持,经过全县征求意见、专家审评、报批等程序,2016 年发布了全国首项绿色发展地方标准规范《县域绿色发展评价指标》,以此为基础编制了《海盐县绿色发展报告(2015 年度)》,并召开盛大新闻发布会,取得了新华社、人民日报、中国质量报、浙江日报等 40 多家媒体的广泛报道。《县域绿色发展评价指标》的发布,一方面可以作为衡量海盐绿色发展水平的重要工具,为今后海盐绿色发展方向提供重要的指导意义,另一方面填补了国内县域层面绿色发展评价标准的空白,对其他县域开展绿色发展评价工作也具有重要借鉴意义。

三是打造基本公共服务均等化样本。作为浙江唯一的基本公共服务均等化改革试点,起草了《县域基本公共服务均等化评价指标体系》地方标准规范,将以标准化为新载体继续优化提升基本公共服务水平和质量,推动各项改革工作深入开展。以科学性和实用性为基本原则,以提高公共服务的效率、实现基本公共服务均等化、城乡一体化、就地城镇化为目标,深入实施并持续改进已发布的就业、社会保障、教育、卫生等 9 项县级地方标准规范,制定养老与社会救助、公共安全、法律等领域基本公共服务标准,构建基本公共服务均等化标准体系。用标准化手段进一步规范城乡基本公共服务的提供、运行与评价,提高公共服务的效率和质量,为进一步深化改革及推广改革成果提供了有效的途径。

二、福建长泰实施美丽乡村建设标准化试点实践

(一)案例背景

截至 2021 年,长泰下辖 6 个乡镇(场)、1 个省级经济开发区、1 个市级工业区和 1 个市级生态旅游区,总面积 912 平方公里,总人口 30 万人(其中外来人口 10 万人)。长泰地处厦门、漳州、泉州中心结合部,东距厦门 45 公里,南至漳州 17 公里,北望泉州 130 公里。厦蓉、福广、沈海复线 3 条高速公路过境,并在长泰设置 4 个互通口。

2014 年以来,长泰根据国家、省、市的部署和要求,扎实推进美丽乡村标准化试点工作,探索"发展快、百姓富、生态美、文化兴"和谐统

一的新模式，着力建设经济发展、环境优美、文化繁荣、社会和谐的美丽乡村，打造具有闽南风、长泰味、标准范的美丽乡村建设标准化长泰模式。长泰美丽乡村建设标准化工作的开展，实现了美丽乡村建设的机制和模式创新，巩固了美丽乡村建设的成果，有效引领了美丽乡村建设的提档升级，取得了显著的社会、经济、文化和生态效益。

（二）案例经过

1. 高位推进工作，创"长泰模式"

美丽乡村建设标准化试点工作是一项系统性工程、创造性工作，需要投入大量的精力、人力、物力、财力。2014年长泰获批创建国家级美丽乡村建设标准化试点县以来，为做好试点工作，创造可复制、可借鉴、可推广的美丽乡村"长泰模式"，长泰县委、县政府重点从组织、人员、经费、制度、政策、宣传等6个方面下功夫，全面保障试点工作顺利开展。

组织保障上，构建了"政府促动、部门联动、村民主动、社会齐动"等四轮驱动体系，在试点创建获得批复后，成立了由县长任组长，分管副县长任副组长，20个县直单位主要领导为成员的工作领导小组，突出重点、细化方案、全面推进；乡、村两级也相应成立试点工作领导小组，统一部署，层层推进，层层落实。同时，注重发挥群众主体作用，充分调动群众主动参与旧村改造、卫生整洁、景观绿化、监督管理等工作，体现"群众的事由群众议、群众定、群众办"；注重凝聚各镇村、各部门和社会各界的力量，发动党员、乡贤、侨亲、企业、村民等各界人士捐资美丽乡村建设基金，自2014年获批开展美丽乡村建设标准化试点工作3年以来，共筹集400多万元。

人员保障上，抽调精干力量12名具体参与标准制定，并将任务分解到岗、责任细化到人，各试点乡镇村均指定专人负责试点创建。召开了专题部署动员会、现场推进会、工作联席会等，统筹协调各部门形成工作合力，高效解决创建工作中存在的难题；深入开展与福建省标准化研究院等科研机构的专项合作，引智共推美丽乡村建设标准化工作。

经费保障上，将试点工作经费纳入县级财政预算，落实标准化创建工作专项资金100万元，确保试点创建工作顺利推进；2014年来还投入2.37亿元进行环境整治，为试点创建奠定扎实的基础。

制度保障上，出台县、乡、村三级美丽乡村建设标准化试点工作实施方案，明确目标任务，突出工作重点，明晰创建步骤，强化分工配合，并先后制定了美丽乡村建设标准化项目资金管理制度、长效管理暂行办法、监督检查制度、考核奖励办法，以制度构建了美丽乡村建设长效机制，做到美丽乡村可创建、管长远。

政策保障上，出台了《"全民参与治水、建设美丽长泰"三年行动方案》《宜居环境建设行动计划》《关于 2015 年美丽乡村建设扫盲整治行动的实施方案》等一系列保障政策，从规划、建设、整治、管理等方面，多角度、全方位指导美丽乡村创建。

宣传保障上，运用电视广播、闽南方言快板、乡村文艺晚会等形式，聘请标准化、旅游、乡村建设等领域专家授课，制作美丽乡村建设标准化宣传画册，统一美丽乡村建设标准化标识及试点村牌匾，拍摄美丽乡村建设标准化专题片，营造了浓厚氛围，形成了"习惯标准化、标准习惯化"的效果。

2. 科学构建体系，造"长泰标准"

标准决定质量，高标准决定高质量。对于美丽乡村建设而言，高水平的标准体系，是确保长泰乡村高质量发展之根本。

一是构建标准体系，引领工作推向深入。美丽乡村建设标准化工作涉及面广、要求高，既要考虑美丽乡村建设的全面性和完整性，更要突出创新建设、运行、管理和维护手段，形成先进经验和推广模式。在省、市有关部门的指导和技术支持下，长泰现已建立了包括综合通用基础标准、农村生态基础设施、农村生活环境治理、农村公共服务、农村文化传承、农村休闲旅游和农村基层组织等七大子体系的县级美丽乡村标准体系，该体系共有各级标准 160 项，其中属长泰自主制定的县技术规范 30 项，有效引领了长泰县试点工作的深入推进。5 个试点村也根据各自工作重点，搭建了相应的标准体系，梳理制定了各村特色的技术规范，形成"1+5"（即 1 个县体系和 5 个村体系）系统推进美丽乡村建设标准化的工作格局。

二是精心制定标准，致力工作模式输出。在试点工作开展中，长泰将前期美丽乡村建设形成的好思路、好经验、好做法、好制度进一步优化、提升，用标准的形式固定下来，形成了《村干部职业化管理规范》《农村生活垃圾分类与无害化处理》《流域水环境综合整治规范》等 30 项特色标准，为美丽乡村建设标准化相关工作开展和实施提供依据和指南，实现了标准明细表中相关标准制修订任务完成率 100%，实现了长泰乡村自然美、现代美、个性美和整体美的有机统一。长泰还积极将美丽乡村建设中形成的好标准、好技术规范申报地方、国家标准，努力实现长泰美丽乡村建设标准化模式的输出和推广。目前，部分长泰经验已上升为地方和国家标准，并积极主导或参与《村容村貌管理与维护规范》《农村土地承包经营权信托流转管理与服务规范》等 4 项地方标准，以及《美丽乡村建设评价》《村务公开管理规范》《村级公共服务中心建设与管理规范》《农民专业合作社运行管理规范》等 5 项国家标准的制定。

三是强化标准实施，建立工作长效机制。标准体系发布之后，县、乡、村三级各拟定标准实施方案，采取培训会、讨论会等多种形式，对标准体系进行宣传贯彻和实施培训，并做好标准实施情况检查记录和问题处理记录，使相关人员掌握标准实施技能，让标准落地生根。目前，已纳入标准体系表的所有标准都得到了有效实施，标准化长效工作机制正逐步形成，农民对标准化实施的满意度达到 97%。

（三）案例结果与讨论

在推进美丽乡村建设标准化进程中，长泰在时间紧、任务重的情况下，应用三边（边制定、边实施、边改进）制标方法，使标准化工作得到全面提升、广泛运用，有效引领了美丽乡村建设的提档升级，"村品景韵闽南风、富美乡村标准范"的长泰美丽乡村正逐渐成为周边城市向往的美好家园。

1. 规划引领，让"美景常在"

长泰围绕"厦漳泉生态型核心区"的发展定位，认真实施《美丽乡村建设指南》国家标准和地方标准，突出规划先行的理念，按照"生活宜居、环境优美、设施配套、产业发展"的要求，充分考虑地理地貌、自然景观、产业结构、民俗文化等因素，科学制订覆盖县、乡、村三级的全域景区化规划，做到布局优化、定位合理、衔接有序、实施可行。2016 年 7 月，全县 62 个行政村启动美丽乡村规划编制，完成编制 48 个，完成率达 71%。针对以往乡村规划不管用、不好用、可操作性不强的问题，按照生产、生活、生态"三生平衡"，原山、原水、原生态、原田园、原住民的"五原合一"的要求，努力打造一村一景、一村一业、一村一韵。同时，把城建、旅游、环保、水利、林业、农业等规划融入美丽乡村规划中，用心编制重点村、中心村、特色村整治规划，做到每个重要节点都有详细规划，每座房子的拆除与改造都有效果图，真正让农村群众看得懂规划、执行得了规划、遵守得住规划。

2. 整治先行，让"干净常在"

美丽乡村建设必须做到"干净、美丽、品位"三个层面。为此，长泰先后开展了"田园风光、生态之城"整治水环境行动、美丽乡村建设计划、"全民参与治水、建设美丽长泰"三年行动等专项行动。在流域水环境整治方面，到 2017 年，县财政四年投入专项资金 3.91 亿元，推进生猪养殖、农村垃圾、桉树种植、工业排污、矿山石材、水土流失等"六个专项治理"，并归纳形成《长泰县规范畜禽养殖暂行规定》《流域水环境综合治理规范》《长泰县流域乡镇交接面及沟渠水质考核办法》等技术规范。在农村垃圾处理方面，制定并实施《农村生活垃圾分类与无害化处理》等标准，2014～2016 年，全县每年投入垃圾处理专项经费约 2700 万元，由县、镇、村按

1：1：1 比例承担，各村（作业区）采取"一事一议"，向村民收取生活垃圾处理费每人每年 10～12 元，并通过"户分类、村收集、镇转运、县处理"模式，到 2016 年实现了可降解垃圾不出村，农村垃圾收集率 90%以上，转运率 100%。同时，以岩溪镇为试点，推行"农村垃圾不落地"模式，进一步提升农村环境保洁水平。在实施美丽乡村建设三年计划方面，全民推进"美丽乡村扫盲年"活动，全县各行政村按照"拆彻底、扫干净、摆整齐、保畅通"的要求，实施"搬、拆、建、绿、整、改"六项措施，做好十个规定动作，即每户一张宣传单、召开一次动员会、进行一次拆除行动、开展一次摆齐行动、建立一套乡规民约、筹措一笔垃圾经费、健全一支保洁队伍、开展一次考评行动，做到宣传教育零盲区、环境整治零死角、美丽乡村建设零遗漏，形成《美丽乡村建设评价》《村容村貌管理与维护规范》《农村（村庄）公共厕所管理与维护规范》等标准，为工作持续推进立下规矩。

3. 彰显特色，让"品味常在"

重点突出县域特色、生态特色和人文特色。在突出县域特色方面，长泰是闽南宝地，长泰话是闽南中原古音活化石，所以，长泰以彰显闽南特色为目标，持续做好建筑风格传承。城镇新建楼房沿街一律采用地中海风格加闽南元素，骑楼加坡屋顶；村庄房屋立面按红砖白墙燕尾脊进行改造，保持浓郁的地方特色。在突出生态特色方面，按照宜土不宜洋、宜简不宜繁、宜淡不宜浓、宜软不宜硬、宜少不宜多等"五宜五不宜"原则，注重去城市化、去园林化、去趋同化，力求做到自然美、生态美、田园美、农耕美、乡愁美等"五美效果"。在突出人文特色方面，《古琴制作技术规范》和《五古保护指南》等标准的制定和实施，提升了人文底蕴。充分挖掘漳州史上唯一状元林震的状元文化、五里清风亭的清廉文化、林墩高安军的抗倭文化、三公下水操的忠义文化等优秀本土文化，用心保护古村落、古民居、古建筑、古树名木等乡土历史遗迹，致力建设传统文化和现代文明有机结合的美丽乡村。此外，长泰依托五好文明家庭评选规范、星级文明家庭评选要求的推广应用，广泛深入开展家庭文明建设活动，以好的家风支撑起好的社会风气，充分发挥五好文明家庭评选表彰和星级文明家庭评选活动在弘扬传统美德，培育良好家风，推进家庭文明，促进社会和谐中的积极作用。

4. 产业带动，让"幸福常在"

引导农民转产、转业、转型，发展特色农业、服务产业、休闲农业与乡村旅游产业，拓宽农民增收渠道，在农村越来越美的同时，带动农民越来越富。一是发展阳光产业，实现富村惠民。出台加快花卉产业发展、扶持林下经济、发展农家乐和旅游民宿等扶持政策，制定《长泰县发展旅游民宿扶持办法》《漳州市长泰区旅游民宿管理指导意见》《休闲农庄服务质量规范》等，出台现代农业发展及专项资金管理办法，每年安排专项资金 1000 万元，引导发展现代农业、花卉苗木、餐饮住宿、休闲娱乐与观光农业等旅游配套项目，带动农业农村和乡村旅游产业发展，帮助农民增收致富。二是建设"宜居、宜业、宜养"幸福地，增加群众获得感。出台《长泰县关于推进旅游产业转型升级的实施方案》《农村（村庄）公共文体设施管理与维护规范》《农村社会养老保险管理规范》《农村社会治安管理规范》等标准。从文化建设、扶贫济困、卫生教育、文明乡风等方面着手，不断改善民计民生，提高群众幸福指数。健全扶贫济困体系，截至 2016 年，投资 1385 万元，建成农村幸福园 17 个，解决农村困难弱势群体的住房问题。发展农村卫生事业，建设标准化村卫生所，完善一批文化广场、绿地景观、老人活动中心等农村公共文化服务设施，繁荣农村文化事业，实现卫生机构村村盖、绿地公园村村建、农家书屋村村有、广播电视村村响、广场舞台村村设，美丽乡村真正成为农民宜居、宜业、宜养的幸福地。

长泰美丽乡村建设标准化工作实现了上述的"四个常在"，也展示了美丽乡村建设标准化对促进农业发展、农民增收、农村繁荣的"五大效应"。一是产业融合效应，试点建设推进了乡村旅游和现代农业的规范化发展，形成新的经济增长点，产生了产业融合效应。山重村把美丽乡村建设与旅游、文化等优势产业规范化发展结合起来，2022 年，山重村十里蓝山景区接待游客人数高峰时达 30 多万人次。二是农民致富效应，试点建设带动了村民收入的大幅增加，产生了农民致富效应。2014 全县农村居民人均可支配收入为 13 420.69 元，2015 年农村居民人均可支配收入为 14 736 元分别比创建前（2013 年）的 11 934 元，增加了 12.46% 和 23.48%，位居漳州市各县（市、区）前列。三是就地就业效应，通过美丽乡村建设标准化，融现代文明、乡村风情于一体，吸引了大量外出务工人员回流，充实了新农村的建设主体，带动了周边村庄的农民就业，促进了乡村就业结构的显著变化，还在一定程度上缓解了"空心村""空巢老人""留守儿童"等问题。四是生态环境效应，2014 年长泰森林覆盖率 67.2%，全县市级以上生态村创建率达 96.5%，被确定为"全国休闲农业与乡村旅游示范县""全省宜居环境建设示范县"等，并荣获"国家卫生县城""国家级生态县""全国园林县城"等多项国家级荣誉称号，成为漳州"全域看长泰"的先行县份。五是村级造血效应，美丽乡村建设拓宽了村庄建设的投资渠道，增强了村级集体经济的造血功能，为村级基本公共服务提供了支撑。

三、江苏靖江实施农村公共服务运行维护标准化试点实践

（一）案例背景

2014 年，江苏靖江被国务院农村综合改革工作小组办公室、国家标准化管理委员会遴选为全国 12 家农村公共服务运行维护标准化试点县市之一。两年多来，靖江市严格按照"分类指导、突出重点，民主管理、量力而行"的工作原则，以"农村基础设施管护、农村环境卫生维护、农村综合服务中心运行维护、农村文体活动设施管护"为主要内容，积极探索构建"政府主导、市场补充、社会协同、农民参与"的农村公共服务供给格局，努力实现农村公共产品和基本公共服务标准化、均等化目标，为创新农村综合改革探索新路子。靖江将工作模式归纳成"1189"模式。"11"即 11 项地方标准，"8"即农村环境"八位一体"综合管护，"9"即九大保障机制。

靖江总面积 665 平方公里，常住人口 66.34 万人。辖 1 个国家级经济技术开发区、1 个省级开发区和 8 个镇、1 个街道、3 个办事处。2015 年，全市实现地区生产总值 702.55 亿元，公共财政预算收入 67.27 亿元，全国百强县排名跃居第 25 位。近年来，靖江按照利民惠民的民生工作思路，不断加大强农惠农政策力度，公共资源不断向农村倾斜，公共服务不断向农村延伸。在新农村建设中全面实施河道、道路、村庄、绿化"四位一体"综合管护新模式，按照"水清、岸绿、田美、路硬、村洁"的管护要求，建立覆盖全市乡镇的责任考核体系，严抓管护效果、队伍建设、经费保障等，从根本上解决农村环境的脏乱差现象；"四位一体"综合管护模式两次荣获"江苏省农村工作创新奖"。2015 年，靖江又根据村镇发展新形势，对"四位一体"综合管护模式进行提档升级，将河道、道路、村庄、绿化"四位一体"升级为河道、道路、村庄、绿化、农村公共设施、小农桥、涵洞及灌排设施"八位一体"综合管护，列入市政府年度九大民生实事工程。

随着对农村公共基础设施建设投入力度的不断加大，农村基础设施建设严重滞后的状况得到明显改善的同时，迫切需要一个长效运行维护机制，使维护经费有保障、管护工作有队伍、维护运行有制度，确保建成的基础设施和整治过的农村环境持续有效发挥作用。农村公共服务运行维护标准化试点工作是深入推进农村综合改革、创新农村公共服务体制、提升农村公共服务能力、建设美丽乡村的重要举措。靖江紧紧抓住这一有利契机，按照"试点先行，逐步推开"和"保基本，广覆盖"的原则，2014 年获评农村公共服务运行维护标准化试点县市后两年时间在经济发展和社

会事业不同层次的3个镇3个村精心打造农村公共服务运行维护标准化试点工作，建成村级公共服务运行维护标准11项（农村基础设施管护4项、农村环境卫生维护5项、农村综合服务中心运行维护1项、农村文体活动设施管护1项），投入试点村累计489.7万元（其中：财政整合补助资金340万元、村集体投入资金110万元、其他资金39.7万元），全面推广后，直接和间接受益人口49.9万人。

（二）案例经过

改善农村生产生活条件，改善农村民生是开展农村公共服务运行维护标准化试点的出发点和立足点，农村公共服务运行维护标准化建设是创新农村公共服务供给体制的重要抓手，是促进城乡公共服务均等化、标准化、制度化的重要平台，是改善农村面貌和农民人居环境的重要保障。靖江紧扣国家标准化管理委员会、江苏省质量和标准化研究院和上级综合改革部门相关文件精神，正确理解标准化试点的内涵，按照"农村资源配置有标可依、农村公共服务有章可循、农村治理效果有据可考"的工作思路，找准工作方向，明确工作目标，坚持改革与稳定相统一，把推进的力度、实施的速度、社会接受的程度以及财政承受的能力统一起来，稳妥有序推进标准化试点工作。

1. 强化组织领导，明确工作职责，为试点工作提供组织保障

试点工作开展以来，靖江市委、市政府高度重视，把农村公共服务运行维护标准化试点工作作为建设美丽乡村、构建和谐社会的重要民生工程之一。一是组织领导到位。市政府成立由市政府主要领导任组长，分管领导任副组长，中共靖江市委农村工作办公室、靖江市市场监督管理局、靖江市发展和改革委员会、靖江市财政局、靖江市农业委员会、靖江市城市管理局、靖江市交通运输局、靖江市水利局、靖江市爱国卫生运动委员会办公室等相关部门主要负责人为成员的农村公共服务运行标准化试点工作领导小组，明确了成员单位实施试点推进工作的具体职能。试点镇相应成立了工作机构，将农村公共服务运行维护标准化试点工作作为党的群众路线教育实践活动和"两学一做"的重要内容，同步推进，狠抓落实。二是投入保障到位。建立"以市为主、多元投入、政府兜底"的试点工作保障机制，充分调动部门、镇村和社会各界的积极性，全面形成合力推进试点工作的良好氛围。2013~2016年，累计投入489.7万元试点保障资金，其中市财政投入340万元，村集体投入资金110万元，其他社会资金39.7万元，有力保障了试点工作的顺利开展。三是督查指导到位。建立试点工作督查指导机制，根据试点总体方案，列出项目实施的时间表、计划书、责任人，实行清单上墙，项目化推进。对纳入政府年度为民办实事项目、试点课题未

达标事项，逐项分解，明确责任，由靖江市委农村工作办公室、市政府督查室挂牌督办，月通报、季过堂，形成倒逼推进态势，确保试点任务落实到位。试点乡镇村也成立了对应的机构，明确了分管领导和具体责任人员，把农村公共服运行维护标准化试点工作作为党的群众路线教育实践活动和"两学一做"的重要内容之一，同步推进，狠抓落实，不断创新村级公益事业建设新模式。

2. 强化责任落实，分步组织实施，试点工作按序时稳步推进

先后多次召开全市农村公共服务运行维护标准化试点工作推进会、部门联席会议，抽调靖江市市场监督管理局、中共靖江市委农村工作办公室专业人员组成标准编写小组和工作推进小组，明确工作目标、工作步骤和工作职责，有序推进试点工作。一是认真开展调研。多次组织标准编写小组深入各地，采取听介绍、看资料、走村户等方式对靖江三个试点村进行实地调研，调研中突出"为民"主题，注重"务实"要求，不回避矛盾，客观真实全面反映出全市农村环境现状，为标准的制定打下了坚实的基础。二是科学制定标准。在江苏省财政厅和省、市质量设计监督部门的关心支持下，结合调研成果和国内农村标准现状，多次召开内部座谈会、标准讨论会，深入讨论标准内容的全面性、科学性和可操作性，并就标准的主体内容和关键性技术指标提出了意见与建议，初步确定了靖江农村公共服务运行标准体系框架，靖江主导制定了《农村（村庄）环境卫生管理与维护通则》《农村（村庄）村容村貌管理与维护规范》《农村（村庄）生活垃圾收运设施管理与维护规范》《农村（村庄）绿化管理与养护规范》《农村（村庄）公共厕所管理与维护规范》5个地方标准，参与制定了《农村生活污水处理导则》《农村生活垃圾处理导则》《农村（村庄）河道管理与维护规范》3项国家标准。在制定地方标准的同时，结合"八位一体"的管护成果，拟订23个供试点村执行的工作标准，统一全市农村公共服务运行维护的操作和考核模式，进一步完善标准化管理体系。三是及时宣贯标准。标准及时、有效地宣贯是综合改革成功的核心保障。靖江多层次、多渠道、多形式广泛开展宣贯工作。一方面，分层次实施人员培训。邀请了省、市市场监督管理部门和江苏省质量和标准化研究院专家对试点村和美丽乡村主要负责人进行了专题培训，不断强化各试点村主要负责人的标准化意识，营造良好的试点工作氛围；对村组织相关管理人员和操作人员，着重培训专业技术标准、岗位工作标准、管理标准，帮助其了解岗位工作内容、职责权限、检查考核等相关要求，将标准化试点工作宣贯到每一个岗位，深入到每一个角落。另一方面，通过学习观摩、外出参观、媒体新闻报道、发放宣传手册、张贴宣传标语、召开村（居）组会议、村（居）民大会、专家现场答疑等一系列形式多样、丰富多彩的

现场宣传活动，让群众在寓教于乐中实实在在地感受到标准化带来的实惠和好处，坚定其通过标准改变农村面貌、建设幸福生活的热情和信心。为确保标准宣贯效果，靖江还通过对标准实施进行业绩考核等手段，做好标准宣贯效果评价，发现问题，及时分析原因，补充培训。四是狠抓标准实施。在收到江苏省标院下发的 11 个地方标准后，靖江组织人员对 11 个地方标准进行了系统的学习和研讨，并结合靖江"八位一体"管护要求，对标准中的重点和难点进行了细致的分析。根据标准化试点工作要求和靖江实际，在全市选择了 3 个试点村，重点围绕农村公共服务运行维护的11 个方面开展标准化试点。试点村选择按照 ABC 三类各选择 1 个，A 类指集体经济发达村，其中经营性收入 60 万元以上，农民人均纯收入达 2 万元以上；B 类指中等类，其中经营性收入 40 万~60 万元，农民人均纯收入1.8 万元以上；C 类指经济薄弱村，其中经营性收入 40 万元以下，农民人均纯收入 1.6 万元以下。为了确保 11 项标准在靖江 3 个试点村得到有效落实和实施，靖江市政府和试点村加大推进创新，加强探索实践，立足从体制、机制上谋求突破，对标准化试点工作实行项目化管理，形成项目任务分解表，明确目标任务、时间要求和进度安排，试点村对照项目任务分解表，进一步细化目标措施，落实工作责任，高标准，严要求，创造性地抓好各项工作的落实。推进期间，建立了联席会议制度，成员单位定期召开多次会议，交流试点开展情况，协调解决工作中出现的问题和矛盾；深入各村进行实地调研，坚持"对照标准找差距、对比表格抓落实、对比标杆找问题"的"三对比"理念，因村制宜推进标准化试点工作，引导试点村不断提高公共服务运行维护的管理水平。

3. 强化制度建设，点面结合推动，为试点工作提供机制保障

试点工作开展以来，靖江坚持试点与发展相结合、宣传与实践相结合、点上试验与面上推动相结合，按照"分类指导、突出重点，民主管理、量力而行"的原则，把上级要求和基层创新紧密结合起来，在试点探索的基础上，把标准体系适度向全市辐射，积极探索符合靖江实际的新思路、新路径、新举措，切实解决农村改革试验中存在的资源配置标准不一、管理评价标准缺乏、政府效果评价与绩效考核难等方面的问题，形成了一批易操作、可推广的工作机制。一是建立新型社区管理服务机制。完善了社区组织架构，推进"一委一居一站一办一督"管理体制，普遍建成"七室两超市一广场"和标准化社会便民服务大厅，让农民不出社区就能享受社保、就业等公共服务。二是建立群众需求表达和汲取机制。开放式汲取群众意愿，开展调查问卷、满意度测评等，广泛征询和把握农村群众的不同需求内容，提高公共产品和公共服务供给的针对性。三是建立供给责任分担机制。对农村公共服务的供给以政府部门提供为主，市场主体（公司、企业）

为辅，吸引社会组织参与。四是完善村务监督机制。创造条件，健全机制，让群众监督村级事务，增进群众参与度，使标准化试点和决策民主化。五是建立农村环境长效管护机制。健全"市推动、镇组织、村实施"组织体系，明确管护范围和管护要求，落实管护责任，建好农村环境专业管护队伍。六是建立稳定的资金投入机制。在保障试点经费的基础上，市级财政面向全市每年拿出 2400 万元专项经费，市镇两级按 7：3 的比例投入，并实现逐年稳步增长。七是建立基础设施适时升级机制。将村级道路、绿化、河道、垃圾中转站等设施列入农村公共设施建设计划，及时修造升级，垃圾桶、垃圾收集房、垃圾中转等设施实现全覆盖，垃圾无害化处理率达 95%以上。八是建立村庄环境监测通报机制。对农村大气、水、地表等实行定期监测，向镇村群众实时通报，发现问题及时整改。九是建立村庄环境技术指导机制。做好规划技术、建设技术、生态环境技术的咨询，服务支持等业务，加大对镇村相关人员技术培训、提升业务技能。

（三）案例结果与讨论

农村公共服务运行维护标准化试点后，省市两级财政专项补助资金对农村公共服务运行维护工作起到了积极推动作用，既促进了城乡公共服务供给的均等化，又满足了各村差别化的公共服务需求；试点村的农业综合生产能力进一步提升，农村生产生活条件得到进一步改善，农村基层民主政治建设和组织活力得到进一步增强，村组干部的威信得到了进一步提升，有力地促进了农村社会和谐稳定。

一是试点村的运维管理更趋科学。标准化的实施改变了传统的管理理念，由原来命令式管理转变成标准化的管理，优化了公共服务的流程，清理了各部门、人员的职责，合理设置了部门之间的服务接口，过程更加规范高效。同时，标准化的实施使得公共服务与公共产品的设置和维护有标可依，便于进行科学、合理的预估，有限的公共服务资源发挥最大效应，也增加了透明度，村民可以了解公共服务运行维护的基本要求、各部门和管护人员的工作职责以及各项服务的流程规范，最大限度地减少了公共服务在供给过程中不合理的操作弹性。

二是试点村的村级经济发展迅速。2014 年三个试点村经营性收入为 101.76 万元，2015 年达到 162.33 万元，同比增长 59.52%，2014 年三个村农村人均纯收入 17 347 元，2015 年达 18 596 元，同比增长 7.2%；2014 年农村劳动力从事非农产业比重为 79.63%，2015 年达 82.75%；2014 年三个村设施农业面积为 17.26%，2015 年达到 21.36%；2014 年三个村农业适度规模经营面积比重 61.23%，2015 年达到 65.47%；2014 年三个村农村贫困户比例 1.76%，2015 年减少到 0.47%。

三是试点村的基础设施不断完善。2014 年三个村通村道路硬质化率90.25%，通组道路硬质化率 70.18%，2015 年分别达到 100%和 85.6%；2014 年农村河塘清洁率 80.23%，2015 年达到 98.73%；2014 年卫生厕所普及率 88.23%，2015 年达到 100%；2014 年有线电视入户率 88.24%，2015 年达到 99.23%。

四是试点村的社会事业不断进步。自来水的普及率达到 100%，农村合作医疗覆盖率达到 100%，城乡居民养老保险缴费率达到 99.73%，农村计划生育率达 100%，村务公开规范化 100%，村级班子群众满意率达 98%，村民对社会治安满意率达 100%，村民的幸福感、获得感不断增强，民事纠纷小事不出组，大事不出村，近几年试点村没有出现一例越级上访。

五是试点村的生态环境不断优化。2015 年，三个试点村秸秆还田面积 6427 亩，收储秸秆 0.27 万吨，垃圾无害化处理率达 100%，建成三个标准化垃圾收集房，添置 1246 个垃圾桶，配置 12 部垃圾清运车，彻底改善了"脏乱差"现状，农村生态环境不断优化。

第三节　我国中部地区农村公共产品供给标准化实践
——以湖南武冈、江西彭泽、湖北宜城为例

一、湖南武冈推进村卫生室标准化建设实践

（一）案例背景

乡镇卫生院和村卫生室是三级医疗卫生服务体系的网底，是最贴近老百姓的医疗卫生服务场所。在全面脱贫之前，湖南省是全国脱贫攻坚的主战场之一，贫困地区因地处偏远，受经济发展、交通条件和卫生人员缺乏等影响，湖南省部分村级卫生服务网底不健全。近年来，湖南省一直高度重视基层医疗卫生服务体系建设，按照"保基本、强基层、建机制"的原则，不断加大了投入力度，达到了"村村有卫生室、乡乡有卫生院、每个县都有达标县级医院"的目标，人民群众看病就医的公平性、可及性、便利性得到显著改善。

2016 年，湖南武冈是武陵山区连片贫困区县市之一，全市辖 14 个乡镇，485 个行政村，总面积 1549 平方公里，总人口 84.13 万，其中农村人口 71.83 万，占 85%。从 2015 年 3 月开始，武冈市委、市政府组织了为期 2 个月的基层医疗情况走访调研"问诊"，从调研情况看，农村群众就近就医意愿强烈，但村卫生室建设滞后，医疗条件差，难以满足群众就近看病的需求。

一是村卫生室医疗设备简陋，诊断治疗难。因为村卫生室没有设备就近检测，患普通疾病的老百姓要跑到城里医院去排队检查，疾病没有确诊，会造成心理煎熬，来回奔波进大医院检测，又造成钱财浪费。如果小病去卫生院，去城里医院，特别是青壮年大多外出务工去了，家中老人、儿童去城里看病，没有人陪同。生了病非去县级医院住院不可的，需要人员陪护，需要买饭吃，要费人、费心、费钱，不方便，不划算，在县级医院住院基本痊愈后，本可回乡村医疗机构就近康复，但村里没条件。

二是村医技术水平低，服务能力弱。由于历史原因，乡村医生的素质参差不齐，年龄老化，学历层次和医疗技术水平不高，全市近 600 名村医中，中专以下学历的占 80%，执业助理医师以上人员占全市乡村医生总数的还不到 15%，难以胜任群众的看病需求。

三是村卫生室管理不规范、安全隐患多。村卫生室设置不规范，全市村卫生室 99% 的村医，在自己家里执业，没有诊断室，没有治疗室，没有药房，没有基本的检测设备。药品乱放乱摆，配药打针在鸡笼鸭笼旁边。病人打了针、输了液没有留观室观察，就走路回家，一旦药物过敏反应就会有生命危险。

四是村医待遇低、工作不安心。医保难及时兑付，尤其实施基本药物制度后，药品没收入了，村医的待遇也不高，医疗纠纷多，医闹现象严重。干活有风险，待遇又不高，条件也很差，许多村医不安心本职工作。

针对调研反映出来的问题，武冈市委、市政府决定把建好村卫生室，解决村民在家门口看病的问题，放在精准扶贫"六个落实"的首位，印发了《武冈市 2015 年村卫生室建设方案》，从 2015 年 8 月开始，用 3 年时间，建好 300 个左右的村卫生室，实现全市标准化村卫生室全覆盖。

（二）案例过程

近年来，武冈借深化医改和扶贫攻坚东风，实施健康按揭工程，推行"五统一""三加强"，对全市 299 个村卫生室同步进行标准化建设，实现标准化村卫生室全覆盖，快速补齐了村级医疗卫生基础设施短板。在村卫生室全覆盖的依托下，全市县乡村三级医疗服务能力齐头并进。截至 2019 年底，总诊疗 2 589 396 人次，其中基层（乡村）首诊为 1 575 708 人次，村卫生室首诊 877 237 人次，基层首诊率为 60.85%，门诊费用直接支出同比下降 23%，县域内就诊率 93.88%，贫困人口县域内就诊率 98.50%。国务院深化医药卫生体制改革领导小组对武冈的做法和经验进行了推介：武冈建设完成的高标准、高质量村卫生室，解决了制约基层医疗卫生的房屋、设备、人员三大瓶颈，走稳了分级诊疗第一步。

1. 精准规划，科学合理确定村卫生室功能布局

村卫生室主要负责给农村居民提供基本医疗服务和基本公共卫生服务。基于此，武冈确定，新建的村卫生室要打造四大功能，发挥"四个作用"，做到"四个防止"：一是打造宣教平台。充分发挥宣教作用，做好村民健康生活习惯的倡导、卫生常识的宣传、生命健康的守护，防止村民无病变有病。二是打造治病平台。充分发挥村医就近服务群众的便利性，强化为老百姓提供及时有效服务的质量，及时医治群众小病，防止村民小病变大病。三是打造检测预防平台。加强检测检验设备的配置，发挥就近及时检测作用，提高初级体检诊断水平，做好危重病的早期诊断治疗和转诊服务，防止大病变危病。四是打造服务平台。配齐政策兑现设施，充分发挥"新农合"的保障作用，开展大病保险，防止村民因病返贫。围绕这一目标，武冈提出"适度超前，10年不落后"的要求，统一设计图纸，统一建设标准。新建的村卫生室每个实际投资35万元左右，其中土地5万元左右，房屋25万元左右，设施设备5万元左右；每个面积为180～200平方米，内部设置诊断室、治疗室、处置室、药房、观察室、康复室、公共卫生室、健康教育室、资料值班室、卫生间等，满足村级基本医疗和基本公共卫生服务的需要。

2. 精准建设，保证村卫生室设施设备满足基本需要

一是统一建设。新建村卫生室选址选择人口集中的地方，方便群众看病就医。武冈市卫生健康局负责图纸设计、现场考察选址、指导并审定乡镇上报的建设名单；乡村两级负责选址并以调整承包土地方式低成本提供土地，搞好"三通一平"，工程建设由市城市建设投资开发有限公司统一组织，通过政府采购统筹安排施工单位进场施工，聘请监理公司全程监理，保证了工程质量。

二是统一标配。由武冈市卫生健康局负责为每个新建的村卫生室统一配备4类77件设施设备，包括观察床、康复床、治疗车、氧气袋、移动式紫外线灯、神灯、火罐、温湿度计、急救药品盒、高压消毒锅等医疗设备45件；药品柜、诊断桌、档案资料柜、办公椅等办公用品10件；铝合金无菌操作间、无菌操作台等配套设施11件；42英寸彩电、电冰箱等辅助设施11件。给351个村接通了宽带网络，可实现"新农合"网上直报，医疗、公卫数据网上直传。同时，争取省里为武冈114个村卫生室配备了健康一体机。以前只有在乡镇卫生院，甚至要在县级医院才能做的白细胞测量、十二导心电图测量、尿液分析仪测量、血糖测量、血氧测量、红外额温测量等，在村卫生室也能做了，大大提高了村卫生室的检测能力和技术水平。

三是统一管理。新建卫生室的土地由集体提供，产权为集体所有；房

屋由政府修建,产权为国家所有;建设经费由武冈市城市建设投资开发有限公司向国家开发银行争取中长期低息贷款全额解决,建成后由武冈市卫生健康局统筹管理。

3. 精准支持,着力加强乡村医生队伍建设

加强乡村医生业务培训。除组织实施乡村医生 IPTV(internet protocol television,交互式网络电视)培训外,还自选动作,根据本市实际,在村卫生室开工建设的同时,从县级医院聘请副高以上职称的医务人员,对新建的村卫生室从业人员,进行为期 2 周的集中强化理论培训和临床见习培训。培训以基本公共卫生服务、临床常见病多发病的一般诊治、常见急救处理、临床抗菌药物的合理应用、中医适宜技术的应用和中药调剂、"新农合"政策、卫生法律法规等为主要内容。同时,选送 21 名本土乡村医卫人员到省定点医学院校进行乡村医生"全科"培训,为乡村医生后备力量增添了生力军。2016 年,现有的 564 名乡村医生中,执业助理医师以上的 77 人,占总数的 13.7%。新卫生室投入使用后,武冈还从乡镇卫生院派出技术骨干定期到村卫生室坐诊带班,现场指导,进一步壮大了村卫生室的骨干力量。

提高乡村医生待遇。为切实保障乡村医生的待遇,武冈明确除正常允许的医疗收入外,乡村医生的财政补助有三个渠道:一是政府购买基本公共卫生服务经费的 40%,人均 18 元;二是政府补助基本药物经费人均 10 元左右;三是"新农合"补偿的一般诊疗费每人次 5 元。如果工作做到位,1000 人的村,村医的政府补助收入有 3.3 万元左右,2000 人的村,有 6.6 万元左右,待遇水平的提高,稳定了乡村医生队伍。

武冈实施村卫生室标准化建设,打通了党委政府服务群众医疗卫生的"最后一公里",使广大农村居民和乡村医生的获得感大大提高。乡村医生态度热情了,医疗水平提高了,设备条件好了,特别是乡镇卫生院医疗资源下沉,医生定期下村坐诊带班送医上门,12 大类 43 小项基本公共卫生服务项目在村卫生室可以落地了,乡亲们看在眼里,喜在心里。现在,慢性病人定期到村卫生室接受基本公共卫生服务,特别是那些空巢老人,有事没事喜欢去村卫生室走走坐坐,在那里可以看电视健康教育专题片,可以相互交流谈心,有个说话的地方,还可以要医生量量血压、测测体温,在村卫生室既可解除身体病痛,又可解除精神疾病,慢慢地村卫生室成了一个活动中心。同时,焕然一新的村卫生室,让乡村医生有了固定、良好的执业环境,更重要的是让乡村医生找到了自己这个职业的归属感,激发了他们的工作热情,能让他们踏实安心地留在乡村为老百姓提供优质的健康服务。

（三）案例结果

1. 小病不出村　家门口可看流动门诊

"以前看病等班车去县医院，排队拿号看医生，一折腾就是一天，现在家门口就能看病，方便，"患有胃病的村民邓集光刚刚拿完药，"10 分钟就能走回家，一点都不耽误事。"武冈市湾头桥镇四清村 7 组的村民杨春兰已经 72 岁，因患糖尿病多次往返市区的医院治疗，每个月都需要家人陪同复诊，提起曾经的看病经历，杨春兰坦言，"费人，费心，费钱"。"三费"问题不仅困扰着杨春兰，也是武冈广大农村居民就医的真实写照。

相比之下，新建的卫生室干净明亮，诊断室、治疗室、药房、康复室等一应俱全，每个卫生室还配备了超声雾化器、健康一体机等，不但能够进行简单疾病的治疗和护理康复，连接宽带后，还能实现"新农合"网上直报、公共卫生数据网上直传，在村卫生室就能报销，直接享受 12 大类 43 小项基本公共卫生服务。"黄医生给我开了 32.4 元钱的处方药，"新农合"报销 19.4 元，个人只需要付 13 元。"作为受益者，邓元泰镇木瓜村的村民熊正深对武冈市去年以来实施的新医改民心工程竖起了大拇指。不仅如此，武冈卫计局还规定由各县级医疗机构选派内科、外科、妇科、产科、儿科等专科具有主治医师及以上职称的住院医生，每周五 10 时至 15 时在新建的标准化村卫生室轮流坐诊，群众在家门口就能看到专家门诊。

此前，"战时状态、人满为患"曾是各大医院的常态，与此形成鲜明对比的是许多基层医院门庭冷落。自武冈标准化村卫生室建成以后，推行分级诊疗，建立转诊机制，疏通分流病人的各路"毛细血管"，越来越多的村民选择在村卫生室接受诊治。

2. 身份大转变　村医有了职业归属感

"以前就是老三样，听诊器、体温计和血压表，稍微复杂点的病都看不了"，湾头桥镇铜湾村卫生室的村医张卫红曾经也开过诊所，因为没有仪器，看病只能凭经验，"收入得不到保障，经常还要干农活补贴家用，百姓来看病也不一定能碰上人。"

村卫生室过去属性不明确，乡村医生大多数在自己家中执业，场地、房屋、办公用品、医疗设备大多数是私人的，上级发放的设备和补助的资金也难以分清公私。新建的村卫生室，土地由集体提供，房屋由政府修建，设备由政府配置，产权为国家所有；财政托底保障经费，由武冈市卫生计生局统筹管理，村卫生室已完全改为"姓公"。

有了高标准的村卫生室，但要让群众愿意在这里首诊或康复期下转，村卫生室必须能"顶得上""拿得下"。为此，武冈认真组织实施乡村医生 IPTV 培训，从市级医院聘请副高级以上职称的专家型技术人员，对新建村卫生室的乡村医生进行集中强化培训,同时抓好乡镇卫生院每月一次乡村医生培训的例会工作。

医疗服务技术提高了,收入如何保障?武冈卫生行政部门的领导算了笔账,除了政府购买人均 18 元的基本公共卫生服务经费的 40%和人均 10 元左右的政府补助基本药物经费外,村医还可获得每人次 5 元的"新农合"补偿的一般诊疗费。"如果工作做到位,1000 人的村,村医的政府补助收入有 3.3 万元左右,2000 人的村,有 6.6 万元左右。"

作为受益者,村医刘云和杨春兰一样对该市实施的"新医改"给予了高度评价。刘云笑着说:"我终于也穿上了白大褂,有自己上班的地方了!"

湾头桥镇六家铺村是武冈第一批村卫生室标准化试点村,新建的 180 平方米卫生室白墙红瓦,像别墅一样坐落在村中心,村医伍彬正忙着给村民做体检。他笑着说:"现在的硬件设施改善,可以说是鸟枪换大炮。有了健康一体机,一般常规检查都可以马上出结果。检查结果出来直接可以上传到资料库,有疑难杂症可以请教专家。"

焕然一新的村卫生室,让乡村医生有了固定、良好的执业环境,医疗业务水平的提升更让乡村医生找到了执业的归属感,激发了他们的工作热情,踏实安心地留在乡村提供优质医疗服务。截至 2016 年 3 月 17 日,武冈现有的 564 名乡村医生中,执业助理医师以上的为 77 人,占总数的 13.7%。

3. "武冈模式"已经成为湖南基层新医改模板

在铜湾村标准化卫生室,前来看病的村民进进出出。"标准化的含义不仅指房屋建筑,还包括 77 项医疗设施设备。"村医刘卫红说,这些设备主要有观察床、康复床、治疗车、氧气袋等医疗设备 45 件;药品柜、诊断桌、档案资料柜等办公用品 10 件;铝合金无菌操作间、无菌操作台等配套设施 11 件;42 英寸彩电、电冰箱等辅助设施 11 件。有了专门的新房,有了先进的检查设备,专家医生定时坐诊,"新农合"报销即时结算……这里的乡村卫生室不一般。来村卫生室看病的人也多了起来,据粗略统计,看病人数是过去的两倍多,可用药品数量由原来的二十多种增加到一百多种。据武冈市委主要负责人介绍,政府从国家开发银行拿到 15 年期低息贷款 1 亿元,一次性投入建设全市的村卫生室,政府今后对村级医疗卫生的财政投入用来还款,打一个"时间差",乡亲们可以提前享受改革红利。武冈的供给侧新医改创造了基层卫生服务体系的新模式,搭建了一个党和政府服务民生的实实在在的平台,建设了一个可复制、可推广、高示范性的规范化建设样板,对造福全省乃至全国的百姓都具有实际意义。

二、江西彭泽推进农村改厕工作的标准化实践

（一）案例背景

厕所是衡量文明的重要标志，改善厕所卫生状况直接关系到国家人民的健康和环境状况。但说起农村厕所，大多数人的第一感受是又脏又臭。有些厕所就是几捆玉米秆围起一个摇摇欲坠的棚子，有些是在自家院墙外面用土坯或碎石块堆一个厕所、有的两块青石一搭便是厕所。这些旱厕，不仅仅是气味难闻，到了夏天蚊蝇乱飞，更重要的是卫生隐患大。农村地区80%的传染病是由厕所粪便污染和饮水不卫生引起的，其中与粪便有关的传染病达30多种，最常见的有痢疾、霍乱、肝炎、感染性腹泻等。厕所不仅是日常生活必备的设施，还是一个地方文明程度的标志。由于基础设施不配套及陈旧观念的影响，农村土厕并未完全消失，严重影响着农村的生态环境和群众的身体健康。要改变这一状况，就必须进行"厕所革命"，解决好厕所问题在新农村建设中具有标志性意义。

党的十八大以来，以习近平同志为核心的党中央高度重视"厕所革命"。2017年11月，习近平再次就"厕所革命"作出批示，"厕所问题不是小事情，是城乡文明建设的重要方面，不但景区、城市要抓，农村也要抓，要把这项工作作为乡村振兴战略的一项具体工作来推进，努力补齐这块影响群众生活品质的短板"。[①]当前，"厕所革命"的重点在农村，难点也在农村。在广袤农村，来一场轰轰烈烈的"厕所革命"，不仅是促进农村人居环境改善、农村民生事业发展的重要突破口，也是实施乡村振兴战略、开展美丽中国建设的重要举措。

2018年1月以来，江西彭泽按照习近平"坚持不懈推进'厕所革命'努力补齐影响群众生活品质短板"[②]的指示要求，率先在全省启动"旱厕两年清零行动"，即用两年时间，到2019年底全面完成旱厕改造，改善农村人居环境。该县不断创新工作推进模式，加强规划引领和标准化推进，并将"厕所革命"与城乡环境整治、卫生城市创建、精准扶贫工作、土地增减挂项目、农村交通便民工程相结合，统一规划、统筹推进、统一奖补，取得了明显成效。2019年9月该县入选全国农村厕所革命典型范例。

---

① 《习近平：坚持不懈推进"厕所革命"努力补齐影响群众生活品质短板》，http://www.gov.cn/xinwen/2017-11/28/content_5242720.htm[2022-11-20]。

② 《习近平：坚持不懈推进"厕所革命"努力补齐影响群众生活品质短板》，http://www.gov.cn/xinwen/2017-11/28/content_5242720.htm[2022-11-20]。

（二）案例经过

规划先行、标准引领，是彭泽推进农户改厕行动过程中的一大经验。彭泽县人民政府依据《环境卫生设施设置标准》（CJJ 27—2012）、《城市公厕设计标准》（CJJ 14—2016）、《农村户厕卫生规范》（GB 19379—2012）、《旅游厕所质量等级的划分与评定》（GB/T 18973—2016）等国家标准规范要求，编制环境卫生设施专项规划。对县域内厕所的现状、布点进行全面摸底调查，科学布局，将厕所纳入景区、公路、车站、加油站等规划，形成分布合理、数量充足的城乡公厕服务体系。综合考虑农村卫生健康、污染防治、生态环境保护等要求，研究制订了农户改厕专项规划。

结合江西实施乡村振兴战略和"整洁美丽，和谐宜居"乡村建设行动，彭泽坚持将农村改厕作为爱国卫生运动的重要内容，充分发挥农户自主性和积极性，坚持因地制宜、集中连片、整村推进，按《农村户厕卫生规范》要求，大力开展农户改厕。重点排查农户旱厕，登记造册，销号办理。综合考虑村庄区位、农户数量、聚居程度等因素，结合经济条件和管理能力，选择适宜的粪污收集和处理模式，防止污染环境。加强农村改厕和乡村振兴、脱贫攻坚、危房改造、农村人居环境改善等专项规划的衔接，统筹建设厕所相关配套设施。村组干部和广大农村党员积极带头，做好农民改厕的思想工作，设身处地为农民解决实际困难，着力做好农村留守老人儿童家庭的户厕改造。将无害化卫生厕所纳入新改建农村住宅设计中，确保不欠新账。2018年江西省人民政府办公厅印发的《江西省"厕所革命"三年攻坚行动方案》明确提出，"到2020年，南昌、赣州、吉安、九江、鹰潭、新余6个设区市农村无害化卫生厕所普及率达到92%"。

在标准化引领农户改厕行动的基础上，彭泽还着力通过"五个结合"，推进农村改厕标准化实施的成效。

1. 通过与城乡环境整治相结合推进农村改厕标准化实施

据时任九江市政府副市长、彭泽县委书记的严盛平介绍，"厕所革命"是城乡环境整治的一部分。一是拆旱厕与"拆三房"（空心房、危旧房、违建房）同步。针对农村旱厕大多建在室外，属于"三房"拆除范畴，彭泽县坚持"一拆到底、一室一厕、厕在屋内"的原则，运用旱厕改造补助的红利引导农民主动拆"三房"。截至2019年9月6日，已拆除"三房"37.6万余平方米，改建3.7万平方米。二是拆旱厕与新农村建设同步。所有的新农村建设点旱厕必须全面清零，旱厕改造达标率必须达到100%，并在千人以上村庄和部分有条件、有需求的村庄建设便民公厕。三是拆旱厕与环卫市场化同步。在全县城乡全面推行环卫市场化，实行政府采购，实现垃圾清理和公厕保洁全覆盖。四是拆旱厕和农村生活污水治理同步。

厕所改到哪里，污水治理就推进到哪里。一般户厕全部建成三格式化粪池，并逐步推进村庄污水收集处理设施建设，已完成360个村庄污水管网建设和70个村庄污水处理设施。

针对农村旱厕改造，2018年1月正式启动农村厕所革命，县财政安排2000余万元专项资金，按照每户650元标准，对当时农村旱厕改造进行以奖代补。对当时属于建档立卡的贫困户，在此基础上再增加350元。坚持"两补、两不补"，"两补"即对在规定时间拆除旱厕的，由县财政按照每户650元标准补助新建；对建档立卡贫困户、五保户拆除旱厕的，在财政补助基础上，由县扶贫办公室再统筹安排350元，达到每户补助1000元。"两不补"即对原新农村建设点遗留旱厕的坚决不补；对已享受国家改厕政策补助但旱厕未拆除到位的坚决不补。

在乡镇重要节点，由县里统一规划、统一图纸、统一出资，乡镇负责建设，打造一批标杆性农村公厕，带动乡镇公厕标准化建设。2018年，投入2250万元在城区新建公厕22座，投入300余万元在农村新建标准化公厕17座；2019年，投入1000余万元在城区新改建公厕23座。按照集镇所在地必须有配套公厕和千人以上村庄新建一座公厕的要求，再布局一批标准化公厕和便民公厕，县财政给予3万～9万元补助，以后每年按照城市发展和群众需求再适当布局建设一批城乡公厕。

为加强组织领导，彭泽县成立了"厕所革命"工作领导小组，领导小组下设办公室，统筹推进"厕所革命"相关工作，县直各部门各司其职、齐抓共管，层层分解，落实工作责任，确保改厕任务落到实处。

2. 通过与卫生城市创建相结合推进农村改厕标准化实施

"进了彭泽县，真是很'方便'。"近两年，不少到彭泽县的外地人如此调侃。这其实是对当地如厕方便的夸赞。

为整合资源，推行共享，彭泽县还鼓励有条件的宾馆、酒店、超市、机关单位对内部公厕进行改造，制定统一的编号、标识牌，设置公厕导向牌，由县城市管理局进行授牌认定，并对外开放。同时要求新建楼盘、大型公共服务设施，必须配套对外开放的标准化公厕。为了让"方便"更方便，还采用App（应用程序，application 的缩写）让群众在最短时间内找到最近的公厕，以解燃眉之急。

"为了让'厕所革命'与创卫工作高度融合，一是按照2019年彭泽创建国家卫生县城的要求，2018年城区所在三个乡镇已全部率先完成旱厕清零，新建户厕全部达标改造，并接入城镇污水管网。二是按照江西省'厕所革命'三年攻坚行动要求，彭泽提出三年攻坚两年完成。三是创建国家卫生乡镇、省级卫生乡镇和园区、景区所在乡镇，农户旱厕率先清零，集镇公厕率先覆盖。"严盛平说。

据介绍，为了科学规划、精致建设彭泽公厕，该县聘请九江市城市规划市政设计院编制了专门规划，把公厕建设纳入城市规划范畴，按照"两个 10 分钟、四个 100%"如厕圈进行规划布局。"'两个 10 分钟、四个 100%'是指城区及乡镇政府所在地公厕全面完成标准化新改建，基本形成步行 10 分钟左右如厕圈；农村国省干线公路车辆行驶 10 分钟有一座公厕。农村旱厕全面清零，无害化卫生户厕普及率达到 100%；集中居住千人以上的村庄无害化卫生公厕覆盖率达到 100%；旅游景区、乡村旅游点等旅游公共场所相应等级的旅游公厕覆盖率达到 100%；火车站、汽车站、加油站等公共服务区域标准化公厕达标率达到 100%。"邵九思说。

为加强督导考核，彭泽县"厕所革命"领导小组办公室不定期对"厕所革命"进展情况进行专项督查、明察暗访，对推进措施有力、工作成效明显的人员和单位实行奖励，对工作不力、进展缓慢的单位和人员进行问责。

3. 通过与精准扶贫工作相结合推进农村改厕标准化实施

截至 2020 年 11 月 11 日彭泽县把"厕所革命"纳入精准脱贫，作为主要指标进行考核。一是重点贫困村优先改造。对十个省级重点贫困村重点督导、率先突破，全部由镇村统一组织施工队、统一拆除、统一改建，已全部完成。二是精准贫困户优先奖补。对精准扶贫户改厕实行基本费用兜底保障，在县级每户 650 元补助基础上，由县扶贫办公室再每户增加 350 元，不足部分由乡镇政府兜底补贴，确保精准贫困户改厕一户不漏，优先享受"厕所革命"带来的便利。由县扶贫办公室统筹安排的 2793 户贫困户补助资金 97.75 万元先期发放到位。三是不具备改厕条件的建设公用公厕。针对少数贫困户室外旱厕拆除后，房屋原有结构又不具备改厕条件的，彭泽整合奖补资金，追加补助资金，采取多户联建、共建公厕的方式，确保贫困户都能用上卫生厕所。已在 11 个乡镇 19 个自然村建设共用公厕 23 个，整合和追加奖补资金 200 多万元。四是驻村第一书记指导改厕。把农村旱厕改造技术指导作为驻村第一书记的重点工作内容，指导和帮助贫困户严格按照标准进行改厕。彭泽多次组织召开驻村第一书记和帮扶干部旱厕改造技术培训会，并制作技术指导手册，做到改厕标准应知应会、精准指导。

"在此过程中彭泽涌现出了一批先进典型，如荣获 2016 年首届全国脱贫攻坚奖贡献奖的王晓阳，曾是九江市一名基层检察院检察长，从 2002 年退休开始，就主动请缨驻点彭泽贫困村帮扶，先后在江西省'十二五'贫困村先锋村、'十三五'贫困村康庄村驻点帮扶，这两个村在其精心指导下，率先在全县整村旱厕清零，村庄环境焕然一新。"彭泽县副县长说。

4. 通过与土地增减挂项目相结合推进农村改厕标准化实施

土地是农民的命根子，也是农村"厕所革命"拆改旱厕过程中不可回避的重大问题。农村破旧房屋和旱厕拆除后土地权属有没有变化？怎么处置？农民十分关心。彭泽县高度重视，坚持"两个不变，两个用好"。

农民原有旱厕和"三房"拆除后，做到"两个不变"。一是土地权属不变。原是哪家的还是哪家的，并在村民理事会上予以确认，对于个别有需要的，还可以由村民理事会出具权属证明材料。二是土地性质不变。原为农村宅基地的，可以由村民按农民建房规划的要求，向乡村两级申请农民建房指标；原为农用地的，面积小的，鼓励农民积极平整复垦，建成菜园地或种上果树，成为农民自家的自留地。

"两个用好"即用好大块土地和连片土地。一是对农民原有旱厕和"三房"拆除后的大块土地，根据村庄特点和群众需求，由村民理事会牵头，采取无偿提供或适当补偿的方式，县乡政府给予适当补助，建设小广场或小游园，方便群众自娱自乐，改善村庄环境。截至 2019 年 11 月，全县已建成类似的村庄小广场、小游园 206 个，政府提供补助资金 3000 余万元。二是农民原有旱厕和"三房"拆除后的集中连片土地，由县政府打包申报土地增减挂项目，既增加了土地复垦面积，又增加了建设用地指标。2019 年，已申报增减挂项目的空余土地有 1500 余亩。

5. 通过与农村交通便民工程相结合推进农村改厕标准化实施

旱厕多的地方，多是交通条件较差的地方。彭泽把农村"厕所革命"与农村交通便民工程相结合，按照 2020 年村村通公交的目标，旱厕向前改，道路向前推，让如厕方便与出行方便相统一。在道路升级上，2018～2019 年彭泽县在建的有 9 个县道升级和 16 个乡道拓宽改造项目，共投入资金 3 亿多元；投入资金 3000 多万元，完成 98 公里村级道路提升。2020 年底，全县所有行政村全部实现道路通公交，所有自然村全部达到道路硬化标准，所有农户全部实现户户通水泥路，彻底告别"晴天一身灰，雨天一身泥"的历史。

升级道路是基础，配套完善是核心。彭泽把候车亭建设作为村村通公交的配套工程，作为农村"厕所革命"的延伸项目，科学规划，精致建设。在县道和乡道沿线布局一批复古的木质便民亭，改造一批老旧候车亭，兼具休息和候车功能。同时，按照开车 10 分钟有一座公厕的要求，部分便民亭还配套建设了高标准的旅游公厕。到 2019 年 11 月，全县已改造和新建 30 个便民候车亭，配套公厕 5 个。下一步还将按照村村通公交的要求，进一步向村道延伸，使之成为农村一道亮丽的风景线。此外，彭泽注重美丽环境向美丽经济的转变，通过对沿路村庄的环境整治，特别是部分有条件、有特点的村庄，鼓励按照农家乐旅游标准，整治农村环境，率先整村推进旱厕改造，同时挖掘民俗文化，推出民俗项目，吸引城里人到农村体验休闲。

（三）案例结果与讨论

自 2018 年 1 月以来，彭泽县率先在全省启动"旱厕两年清零行动"，即用两年时间全面完成旱厕改造，改善农村人居环境。该县将推进"厕所革命"与城乡环境整治等结合起来，统一规划、统筹推进、统一奖补，取得了明显成效。截至 2019 年 11 月，全县已累计拆除旱厕 3.5 万多座，新建和改造城乡标准化公厕 129 座。2019 年 9 月，彭泽入选全国农村厕所革命典型范例，向全国推广。

彭泽农村改厕行动的主要经验有如下几点。

其一，坚持规划先行与统筹推进相结合。农村"厕所革命"是一项错综复杂的系统工程，要想快速打开局面，并且高效持续，必须要规划先行、统筹兼顾。要充分考虑当地城镇化进程、人口流动特点和农民群众需求，先搞规划、后搞建设，先建机制、后建工程，合理布局、科学设计；要发挥好乡村规划统筹安排各类资源的作用，以户用厕所改造为主，统筹衔接污水处理设施，协调推进农村公共厕所和旅游厕所建设，与乡村产业振兴、农民危房改造、村容村貌提升、公共服务体系建设等一体化推进。要科学编制建设规划，综合考虑地理环境、经济水平、农民生活习惯等因素，合理编制农村"厕所革命"专项方案或规划。

其二，坚持标准引领与因地制宜相结合。标准化是规范农村改厕行为、净化农村改厕市场、有序推进农村改厕工作的"良方"。在国家层面上，2020 年 10 月已经成立农业农村部农村厕所建设与管护标准化技术委员会，这有助于统筹协调各方力量，加快补齐农村厕所标准体系短板；有助于推动标准实施推广，提升相关主体和人员实施应用标准的能力和水平；有利于激发市场主体活力，引导行业持续健康发展。在地方层面上，要建立完善管护运行机制，建管并重，明确管护标准，以及农村户厕维修与粪污收集转运处理责任主体，做到有制度管护、有资金维护、有人员看护，形成规范化的运行维护机制。要建立健全省、市、县三级农村"厕所革命"技术支撑服务体系，组建专家技术服务队伍，通过线上互动、线下指导等方式解决基层改厕难题。严格执行标准规范，坚持标准化引领，把标准规范应用贯穿于农村改厕全过程。在标准引领的基础上，还应该注意到"十里不同风，百里不同俗"。我国农村地域广博，数量众多，不同地区自然生态、人文风俗、经济发展水平差异较大。开展"厕所革命"要充分立足各地经济发展水平和基础条件，因地制宜，不能"一刀切"。要结合地方实际与农民需要，选择适宜的改厕模式，合理制订改厕目标任务和推进方案，分类施策，宜水则水、宜旱则旱、宜分户则分户、宜集中则集中，不搞层层加码，杜绝形象工程。

其三，坚持有力有序与务实高效相结合。"厕所革命"不仅直接关系农民的生活品质，还关乎农村社会事业发展的方方面面。开展"厕所革命"不能只重视数量，更要抓好质量和效益。农村"厕所革命"专项行动，时间紧、任务重，各地既要尽锐出战、早见成效，但也不能为了赶任务而忽视质量，要不断强化政治意识，坚决克服短期行为，注重质量优先；要坚持建管结合，积极构建长效运行机制，明确工作责任，细化进度目标，既尽力而为又量力而行，持之以恒将农村"厕所革命"进行到底。

三、湖北宜城推进农村公共服务标准化运行维护的实践

（一）案例背景

宜城位于湖北省西北部、汉江中游，是楚国鼎盛时期的都城、辞赋文学鼻祖宋玉的故乡、抗日英雄张自忠将军的殉国地。面积 2115 平方公里，下辖 11 个镇（办事处），234 个行政村，2020 年末，全市户籍总人口 55.62 万人，其中农村人口 31.78 万人。2014 年以来，宜城以创建全国农村公共服务运行维护标准化试点为契机，大力推进农村公共服务运行维护机制建设，实现了"一年建机制，两年试运行，三年成常态"的试点目标，形成了 7 项可复制可推广的农村公共服务标准，参与了 3 项国家标准和 3 项省级标准的制定。

宜城本着精干高效原则，成立以市长为组长，常务副市长、分管副市长为副组长，市直相关业务部门和镇（办、区）为成员的农村公共服务运行维护标准化试点建设工作领导小组，组建工作专班，明确市农村综合改革领导小组办公室、市质量技术监督局为试点工作牵头单位，各成员单位全力抓好业务指导，镇、村两级为主体责任单位负责具体实施。从而形成了政府主导、部门协作、镇村主体的领导组织机制。为了探索农村公共服务新路子，增强试点工作的可操作性和可复制性，宜城坚持做到"重点先行，整体推进"，将小河镇确定为重点镇，并在全市 234 个村中确定了 21 个重点村，精心组织，扎实推进，实现了全覆盖、无盲区。

（二）案例经过

1. 科学立项，把农民群众急需的公共服务项目作为首选

2014 年初，宜城组织专班力量对小河镇 29 个村、2320 个农户进行抽样问卷调查，了解到群众迫切需要提供服务的项目：①88%的要求加强治安巡逻；②85%的要求改善村庄环境卫生；③75%的要求提供天然气；④70%的要求解决饮水用水问题；⑤60%的要求提供技能培训。宜城还组织专班人

员深入到全市 21 个重点村，充分听取群众意见，确定"公共卫生保洁、公共设施管护、公共事务管理、公共便民利民"四类服务项目。

2. 规范管理，把提升公共服务质量作为重中之重

在公共服务管理上，宜城推行"三个一"管理办法，即"一合同""一张卡""一考核"。"一合同"就是对承担农村公共服务项目的单位和个人按服务岗位签订服务合同，让服务人员"岗位、职责、标准、待遇"四明确；"一张卡"就是将宜城市"卫生保洁、设施管护、事务管理、便民服务"四大类服务人员的姓名、岗位、职责、联系电话等制成卡片和公示牌，方便群众使用，接受群众监督。"一考核"就是实行专项考核与群众评议相结合，日常监督与定期考核相结合，做到动态管理，一年一聘。2016 年全市农村公共服务"四类"岗位，共签订服务合同 1396 份。

3. 强力推进，把狠抓落实作为重要手段

宜城采取现场推动、典型带动、督办促动等多种办法，推进工作扎实开展。到 2016 年，宜城先后召开现场观摩会，检查评比会等 10 余次，市委书记、市长多次带领"四大家"领导和市直有关部门负责人召开工作推进现场会，现场指导，及时解决工作中的矛盾和问题。比如，在农村垃圾处理上，针对原来管理体制不畅，存在的"管城不管乡、管市不管村"、垃圾处理各镇为阵，分散处理不达标等问题，宜城打破现行管理体制，实行垃圾处理城乡一体化。中转站以上垃圾运输处理，以市环境卫生管理局为主，镇（办、区）配合，中转站一下垃圾分类清收，由镇（办、区）负责，市环境卫生管理局提供业务指导。针对村庄环境差、保洁难度大的情况，持续开展全市村庄环境集中整治活动，组建市人大代表、政协委员和专业技术人员组成的专班，对各镇（办、区）环境整治工作进行季考评、年总评、发通报，有效解决农村"脏、乱、差"问题，促进了农村公共服务运行维护机制的常态化。

4. 标准引领，创建公共服务标准化运行机制

为了充分发挥标准引领作用，力求做到公共服务标准化、规范化运行，宜城着重抓了三个方面。

第一是提炼标准。在制定农村垃圾处理、村级便民服务和农田水利设施管理等项标准时，先后多次深入到村组农户调研，请省、市领导和专家指导，组织相关部门分管领导、业务骨干和重点村干部群众代表研究讨论标准，通过自上而下、自下而上的多轮讨论修订，完成《村级生活垃圾分类、收集、转运、处理工作规范》《村级便民服务中心管理和服务规范》等 7 项重要标准的制定和发布。参与制定公共服务省级地方标准 3 项、国家标准 3 项。

第二是宣贯标准。为了让标准语言通俗化、接地气，做到人人知标准、懂标准、用标准，宜城采取多种形式宣贯标准。一是"标准化+互联网"宣贯。在楚都宜城网开通了"农村公共服务标准化，让农民生活更美好"专题网页，通过互联网进行标准宣贯，提高了宣贯工作的效率及覆盖面。二是"标准化+年画"宣贯。每年将垃圾处理"五字诀（沤、烧、交、卖、埋）"制作成年画发放到村民家中，不仅给村民送上免费日历，更提醒村民养成生活垃圾分类处理的良好习惯，得到全市农户好评。三是"标准化+顺口溜"宣贯。让标准讲得顺口，听得顺耳，用得顺手，通俗易懂。比如，"户户都有筐，垃圾分类装""村村都有箱，垃圾全收光"等这些易记、易用的顺口溜很受群众欢迎。四是"标准化+流动课堂"宣贯。组织专业人员走村入户面对面宣贯，使标准入脑入心，让标准成为习惯，让习惯符合标准。

第三是完善标准。宜城根据农民生产生活实际需求，对已发布的 7 大项标准，边实施、边修改、边完善。比如，在垃圾处理城乡一体化机制建设上，2016 年，全市按照标准要求成立保洁公司 9 个，配备保洁人员 602 人，区域布点垃圾中转站 7 个，配备垃圾箱 1000 多个，垃圾转运车 41 辆，小型清运车 500 多辆，国家级标准化填埋场 1 个，取消露天不达标填埋场 65 个。在农村垃圾处理基本实现了户分类、村清收、镇转运、市处理完整标准化链条。

5. 多措并举，创建公共服务标准化经费保障机制

一是转移支付保运转。宜城将农村公共服务运行维护标准化建设资金投入纳入市本级一般性预算安排，每年安排财政奖补资金 811 万元，专项用于村"四类"岗位补贴，按照考核结果直达个人账户，为村公共服务机制运转提供了保障。

二是整合资金保建设。加大资金整合力度，对涉农建设资金，实行项目统筹安排，资金归集管理，到 2016 年，三年累计整合资金 3506 万元，重点支持了村便民服务大厅、"互联网+智慧农村公共服务平台"、农村垃圾处理等硬件设施建设。

三是住户付费强机制。根据 2014 年中央一号文件精神，宜城市反复征求意见，按照"谁受益、谁付费"的原则，积极探索建立了"住户付费，村集体补贴，财政补助"相结合的卫生保洁服务保障机制，充分发挥乡规民约的积极作用，由村民自主确定每户每月不高于 5 元的标准交纳卫生保洁费，既强化了主体责任，又形成了有力约束，收到较好效果。2014 年在重点镇村试行，2015 年全面铺开，成为常态，全市 10 万农户付费率达到 80%以上。

（三）案例结果与讨论

宜城通过推进农村公共服务运行维护标准化建设，加快了城乡公共服务均等化和城乡发展一体化进程，为建设文明和谐美丽乡村提供了有力支撑。一是便民服务更加规范高效。全市 197 个村建立"四类服务岗位"机制，完成便民服务大厅建设；下放 159 项行政审批项目到镇村，实现群众服务事项办理"小事不出村、大事不出镇"。实施"互联网+幸福新农村"三年行动计划，截至 2016 年底，已有 3 个镇 1 万多户农民通过电视、手机、电脑"三屏合一"，实现"互联网+"服务。二是村庄环境更加整洁美丽。村庄环境治理实施常态化推进、专项整治、农户参与"三位一体"模式，人大代表政协委员及专业人员实施例行监督考评通报，形成了干群互动，上下齐抓的良好氛围。环境面貌有了持续明显改观。三是群众文化生活更加丰富。采取财政奖补、部门帮扶、镇村自筹等多渠道，先后建设群众文化小广场 60 多个，文化阅览室 200 个，配备健身、文体器材设施 500 余套，每年举办群众性各类比赛 30 多场次，参加人员数万人。农民闲暇时间跳起了广场舞，做起了健身操，农民生活质量提高了，生活方式改变了。"推行农村公共服务标准化，农村不比城里差"正成为现实。

宜城推进农村公共服务运行维护标准化建设的主要经验有如下几点。

一是要多方投入资金。资金量与群众期望值差距较大，为了发动群众和社会各界参与公共服务的积极性，撬动社会力量和社会资金投入公共服务，宜城采用量化考核方式，将社会资金投入情况作为乡镇绩效考核时的加分项，发挥财政资金的投入引导作用，真正使公共维护资金起到"四两拨千斤"的效果。

二是奖惩机制健全。实行严格的绩效考核制度，考核结果直接与项目资金挂钩。每月对试点建设工作进行一次检查，每两月召开一次碰头会，及时将检查结果全市通报，从而增强各镇（办、区）开展工作的责任感、压力感。例如，小河镇每月组织村书记、主任参加环境卫生互查互评"亮丑"活动，将存在问题以图片的形式张贴于政府门前，起到了很好的警醒促动作用。这种不怕亮丑、不怕揭短、不讲情面的做法，迅速在全市推广，促使村庄环境卫生面貌有了很大改观。

三是体系日趋完善。在体系建设上，建立了四大类公共服务运行维护长效机制，制定了宜城农村公共服务运行维护标准体系框架，基本涵盖了农村公共服务和社会管理全部内容，提升了村级公共服务管理水平，推进了城乡公共服务一体化进程，大事不出镇小事不出村的目标已初步实现。

四是模式逐步成熟。先后总结推广了郑集镇卫生保洁公司化运作，小河镇垃圾处理"五字诀（沤、烧、交、卖、埋）"，鄢城街道办事处木渠村卫生保洁合同管理等可推广、可复制的标准化工作模式，并将小河镇探索出的农村生活垃圾处理"五字决"成功经验制成挂历式年画，发至全市 10 万农户，供农民群众学习和运用，不仅对全市农村公共服务运行维护标准化试点工作起到了宣传作用，还带动村民养成讲卫生的良好习惯。

五是标准发布实施。参与起草《村级环卫保洁服务规范》这一湖北省地方标准，并制定发布了《村级生活垃圾分类、收集、转运、处理工作规范》《村级便民服务中心管理和服务规范》《村级文化体育场所、设施管护工作规范》《村级民主决策工作规范》《村级农田水利设施管护工作规范》《村务公开工作规范》《村级治安防范工作规范》7 项宜城地方标准，使宜城农村公共服务运行维护工作迈上"有序管理"轨道。

第四节　我国西部地区农村公共产品供给标准化实践
——以贵州余庆、重庆万州、四川宜宾为例

一、贵州余庆实施美丽乡村建设标准化试点实践

（一）案例背景

余庆，一个吉祥的名字，一个美丽的地方。余庆地处黔中腹地，遵义、铜仁、黔东南、黔南四地州市结合部。县域面积 1622 平方公里，辖 8 镇 1 乡 1 街道办、71 个村（居、社区），截至 2021 年 3 月，全县总人口 31.09 万人；汉族、苗族、侗族、仡佬族、土家族等二十多个民族聚居。余庆是典型的山区农业县，这里，土地肥沃，气候温和，冬无严寒，夏无酷暑；森林覆盖率 61.13%。这里，物产资源丰富，水能资源蕴藏量大，贵州"西电东送"标志性工程、装机容量达 300 万千瓦的构皮滩水电站位于其境内；余庆同时是革命老区县，红军"三次转战余庆"之战役，强渡乌江战斗遗址也位于境内。

2011 年，余庆申报了全国首个新农村建设标准化试点——余庆县"四在农家·美丽乡村"西部山区新农村建设标准化试点；2014 年全国农村综合改革——美丽乡村建设标准化试点落户余庆。

美丽乡村建设，余庆县遵循"政府引导、村民自主、社会参与"的原则。以统筹规划、因地制宜、合理布局为先导，采取"贯标和制标相结合""试点示范与整县推进"并举的方针推进工作。建设中，一是结合生态环境治理，结合精准扶贫，结合城乡一体化建设，全县一盘棋部署"四在农家·美丽乡村"建设标准化工作。二是不搞大拆大建，不搞大搬大迁，也不搞"大跃进"式。在保持和利用地质特征、自然风貌、乡土人情、文化

传承的基础上，量力、量财、循序推进。充分尊重村民的意愿，不搞大包大揽，不强迫建设。三是以标准化技术为支撑，建立和完善了以"基础标准、村庄建设、社会管理与公共服务、生态环境、经济发展、考核评价"198 项标准组成的标准体系。其中，基础标准类 68 项、基础设施建设类 23 项、社会管理与公共服务类 33 项、生态环境类 5 项、产业发展类 65 项、考核评价类 4 项，体系标准涵盖了新农村建设的各个方面。四是更加注重体系标准的实施工作环节，按标组织生产、按标组织建设。明确以 8 镇 1 乡 1 街道办和 21 个涉及工作部门为体系标准的实施责任主体，基本上是广泛动员，人人参与。

（二）案例经过

1. 以强有力的组织保障形成合力

县委、县政府高度重视"四在农家·美丽乡村"建设标准化工作。成立了书记、县长双组长、分管副县长为副组长，各乡镇书记、镇长和相关职能部门主要负责人为成员的"四在农家·美丽乡村"建设标准化试点工作领导小组。并成立了 2 个专业办公室，负责体系标准编撰和体系标准实施（小康六项行动）。全县各级各部门形成了分工合作、相互配合、资源共用、信息共享、齐抓共管的联动机制。

2. 以强有力的宣传培训营造氛围

在培训方面，除通过各种媒体宣传、报道、刊载标准化试点项目建设工作，宣贯开展标准化工作的目的、意义和展示"四在农家·美丽乡村"标准化工作成就外，更主要的是开展标准化专业知识培训，培训的重点是对村民及体系标准使用者使用方法的技能培训；在培训过程中采取的是分级培训方式层层培训，即由标准化职能部门对县直相关部门、乡镇分管领导及工作人员开展集中培训；由乡镇组织对村级干部、村民进行标准应用培训；标准归口部门对村民进行应用培训。标准实施期间 100 人以上的集中培训 30 余次，参与人数达 5000 余人次。通过宣传培训，使标准化工作家喻户晓、入脑入心，形成了人人学标准、掌握标准、运用标准的浓厚氛围。

3. 以强有力的技术支撑、物资保障推进工作

一是融入标准化理念，运用标准化的原理、方法作为技术支撑。标准化有效规避了"美丽乡村"建设实践中盲目、重复、任性、杂乱无序的建设浪费。

二是建设资金落实。按照"政府奖补、部门整合、群众自筹、社会参与的"原则，2014 年县乡财政投入 8965 万元、整合社会资金 6313 万元、拉动群众投入 19 944 万元用于"四在农家·美丽乡村"建设；2015 年

县乡财政投入 20 732 万元、整合社会资金 10 996 万元、拉动群众投入 26 245 万元用于"四在农家·美丽乡村"建设；2016 年，县乡财政投入 4200 万元基础设施建设专项资金，整合社会资金 31 728 万元，累计完成投资 34 706 万元。"四在农家·美丽乡村"建设经费有保障。

4. 以强有力的指导和督查保证落实

在推进美丽乡村标准化建设工作中，切实加强过程督查和业务指导。一是标准化职能部门和县项目工作领导小组办公室多次组织召开专题研讨会，在对余庆"四在农家·美丽乡村"建设标准体系的科学性、可行性进行研究和分析后进行业务指导；二是余庆将标准化建设工作责任化和网格化，层层签订责任书，并纳入年度目标考核。三是严格督促实施。余庆建立了"周调度、月督查、季通报、年考核"的监督考核机制，加强工作过程监督和问责，随时解决工作中存在的问题，确保标准在实施过程中的持续改进。四是强化信息反馈。建立标准化试点工作信息通报制度，随时掌控标准实施过程中存在的问题和难题，随时掌控建设进度和质量，及时调整工作部署。

5. 以强有力的实施力度检验标准

实践是检验真理的唯一标准。余庆"四在农家·美丽乡村"建设标准体系只有通过实施才能检验体系标准的适用性和可操作性，只有通过实施才能了解村民的满意度。一是制定标准实施监督检查计划对标准实施过程中执行情况的检查，确认各个环节、程序是否达到标准规定要求，跟踪问题并分析、验证；二是对体系标准条款内容叙述是否准确、简明、通俗易懂，参数值的取舍是否切合生活、生产实际和有利于促进生产力的验证；三是通过体系标准实施前后的效果比对，以及村民满意度的测评验证体系标准制（修）订价值和发挥的效果。针对问题提出纠正措施直至问题解决，确保"四在农家·美丽乡村"建设标准体系的科学、适用。

（三）案例结果与讨论

城乡居民经济收入显著增加。2014 年全县城镇居民可支配收入达 20 390 元，增长 13.1%，农村居民人均可支配收入 8061 元，增长 16.3%；2015 年城镇居民人均可支配收入 22 511 元，增长 10.4%，农村居民人均可支配收入 8883 元，增长 10.2%；2016 年同比也是持续增长。通过标准化的引领，产业经济健康发展，产业结构调整强劲推进，全县 96% 的农民分享了建设红利。

农民生产生活水平普遍提高，农村人居环境进一步改善。以小青瓦、坡屋面、白粉墙、雕花窗、转廊楼为标志的特色民居建设，是余庆"四在农家·美丽乡村"建设中最明显的特点。2019 年底，全县拥有民用汽车 3.47 万辆；卫生机构人员数达到 2273 人；城镇和农村常住居民人均可支配收入达到 31 835 元和 12 898 元，切实解决了人民群众最直接、最关心、最期盼的居住环境、交通、水利、通信、供电等基础设施建设愿望。

农村社会管理和公共服务水平普遍提升。为加强和创新社会管理，实现公共服务均等化，着力解决村民最现实的利益问题。通过实施《矛盾化解在基层工作规范》《村庄社会治安管理规范》《乡镇养老院管理服务规范》《社会保险服务规范》《四在学校建设规范》等标准，构建了"小事不出村、难事不出镇、大事不出县、矛盾不上交"的余庆经验防控调处机制；建立了"以防为主，打、防、控、管一体化"的社会治安综合治理网络体系；全县 93% 以上的矛盾纠纷在镇村两级得到化解，平安村寨建设覆盖面达97%；群众安全感、满意率增高。建立了空巢老人有管护、留守儿童有呵护，养老、失业、医疗、计生等服务保障体系。乡镇养老机构实现了全覆盖，全县"新农合"参合率达到了 99.99%。

基层民主政治建设普遍加强，农村和谐文明程度普遍提高。"一事一议"决策规范化、制度化，村居党务政务公开、透明、阳光，全县党务、政务、村务"三公开"率达 100%。改善了党群干群关系，使标准化建设活动成为群众的自觉行动，创新了新时期农村群众工作的新路子，广大村民自我管理、自我教育、自我服务、自我发展、自我规范的意识不断增强，展现出人与社会、人与自然环境、人与生态的和谐。

二、重庆万州实施农村综合改革标准化试点实践

（一）案例背景

国家标准化管理委员会和财政部批准的首批农村综合改革标准化试点 12 个省（区、市）中，万州是试点村最多的区县。万州结合满足国家全局需要和区域个性需求，瞄准关键难点重点，着力特色创新，主要突出"山区"美丽乡村建设标准化特色，在严重影响农村"美丽"环境形象的农村垃圾处理运行模式创新及标准研制上进行了探索，通过试点实施，取得了较好的成效。

（二）案例经过

在试点实施中，围绕试点要求，除了推进农村建设发展的"常规动作"外，万州主要做了四个方面的探索性工作。

一是深度推进标准化进程，制定了具有万州特点的农村综合改革标

准体系。考虑到美丽乡村建设标准化和农村公共服务运行维护标准化本身具有融合交叉特点，同时考虑到农村建设发展近期重点工作和试点的重点任务，形成了包含基础标准、农村基础设施、农村生活环境治理、农村生态环境保护、农村公共安全、农业产业经营发展、乡村旅游和公共服务运行维护等 8 个子体系的农村综合改革标准体系。共引用标准 101 项，采用各类标准、规范、指导意见 71 项，制定标准、规范、指导意见 30 项。

二是具化目标塑样板，探索建立了适合欠发达山区的美丽乡村建设目标体系。万州系统研究和梳理了欠发达山区美丽乡村建设中的共性特点、难点和短板，结合试点村实际，探索性地设立了一个既满足自身的现实发展需求和农民群众愿望，也可供其他同类地区参考借鉴，试点村"三年可成"、其他大部分村"五年可达"的目标体系。体系以建成"环境优美、生活宽裕、社会文明、特色鲜明的花园式美丽山村"为总体目标，包含 5 个目标模块、16 个关键目标项和 32 个目标指标。概括起来就是五句话：美丽环境"三绿一洁"、基础设施"四通八达"、基本公共服务"全有全能"、产业发展"好、特、高、效"、利益分配"两个共享"。

三是着力解决农村公共服务"最后一公里"问题，探索院落社区环境卫生"联户保洁"模式。农村院落社区，既是政府公共服务延伸的终端，也是农村生活垃圾污水排放的源头和治理的前端，是农村公共服务组织管理最薄弱的环节。为此，我们选择了包括试点村在内的 18 个村开展了院落社区环境卫生"联户保洁"模式创新试验。重点推行了以"户分类、户处理"为特点的垃圾源头减量管控模式，建立了"能卖的卖，收购变现；能用的用，入池入地；不能卖和不能用的，进箱进桶（收运集中处理）"的保洁片住户规范，采取了"多维多级无痛激励"模式，形成了一套简单易行、通俗易懂、农民能接受、政府成本低的制度体系。

基本做法是：根据山区农村院落、住户分布特点，在每个村设置若干个可覆盖全村域的院落社区"联户保洁片"。由住户民主推荐的"片长"负责组织住户责任人（"户长"），共同承担本片"门前三包"、公共区域保洁、禁止污水乱排和可利用的生活垃圾就地分类处置等责任。

四是以模式试验为基础，研制发布了两个具有区域特色的地方标准。通过总结联户保洁模式试验的经验，研制了农村生活垃圾处理、农村生活污水处理标准，作为重庆农村综合改革试点标准，经在试点区试验试用中反复修订完善和广泛征求意见后正式发布在全区推广实施。两个标准的主要特点是：兼顾了西部山区农村、重庆生态涵养发展功能区及三峡库区自然和经济社会特点，强化了三峡水库水体保护特殊要求，并将"联户保洁"作为标准推荐的组织管理方式之一。

在工作模式上，一是突出山区个性、着力共性短板。在围绕"建设山区型美丽乡村"目标体系综合推进标准化建设的同时,重点探索解决在全国同类地区带有普遍性的难点问题。例如,交通不便、产业无特色或有特色无优势、农地大量撂荒、垃圾乱排乱放和统一收运处理成本高、农村公共服务"最后一公里"院落社区公共服务组织普遍缺失、村集体经济"空壳化"等。二是多村连片试点,区域化示范推广。在试点村的选择上不光选"最好的",注重"好差兼搭、连片联动",增强试点区域综合效应和试点经验的普遍可推广性。采取了"多级试点统筹实施、两镇连片同步示范、大连片示范带动全区"的区域化示范推广模式,5个国家级试点村和10个市级试点村集中安排在毗邻的甘宁和龙沙两个镇,两级试点方案统筹编制、同步实施。三是引入智力支持,政企学联手。利用高校及科研院所优势,采取政学研合作模式,2017年,重庆市万州区人民政府办公室发布《关于印发万州区深化标准化工作改革实施方案重点任务分工(2017—2018年)的通知》,为试点示范制定科学合理的路线图,提供技术及管理支撑。依托重庆三峡学院山地农业现代化创新团队和生态涵养发展区产业发展制度创新团队,组建了由20多名教授、博士组成的专家团队,全程跟踪服务。四是从群众中来,到群众中去。在"联户保洁"模式探索和生活垃圾、生活污水处理标准的研制推广中,我们总结提炼农民群众自己的经验形成标准,农民群众易懂易行效果好,还能更有效地引导他们建立起标准化意识。五是全过程尊重民意。试点实施方案,由村民代表会审议通过。试点建设项目,由村支两委提议、村民代表会议民主议事通过后由村民委员会组织实施,村民代表会议选出的质量监督小组、财务监督小组负责项目的具体实施与监管。试点期满,组织了村民对试点建设的满意度测评。六是强化政策保障,"分摊式"统筹整合资金。在试点资金较预案大幅减少的情况下,为保证高质量推进试点工作,加强了资金投入的整合力度,确保了项目顺利实施。三年标准化试点共完成投资11 818万元(其中:上级财政奖补试点资金1509万元,整合其他涉农财政资金1677万元,村民筹资86万元,引导社会业主投资8546万元),很好地发挥了试点资金的撬动作用,有力保障了试点项目的实施。

（三）案例结果与讨论

1. "三绿一洁"美丽乡村环境整体呈现

治理难度最大的荒山、荒耕、臭河和垃圾河边、路边、田边、院边"四边堆放"现象基本消除。

2. 基础设施"四通、八达"格局基本形成

道路、电力、水利、光纤等基础设施条件显著改善。特别是交通,实

现最偏远的住户能在 5 分钟内步行上公路, 主要农作区 150 米范围有小型车运道路, 超过 "10 分钟步行" 和 "200 米车运" 预期目标标准。

3. 公共服务 "全有、全能" 目标基本实现

基本公共服务功能齐全, 公共服务运行维护保障机制优化, 主要服务设施能够正常运行, 农村公共服务水平全面升级。

4. 产业发展出现空前繁荣景象

规模化发展了玫瑰香橙、观赏花卉、温室蔬果、长江特种鱼等四大特色产业, 2013～2016 年, 试点区新引进农业企业 13 个, 新流转土地 3310 亩。试点后, 5 个试点村农业增加值达到 6656 万元, 较试点前的 2012 年, 增长 22.91%, 特色产业、休闲观光农业产值比重达到 60%。

5. "两个共享" 机制进一步形成和优化

城乡共建共享格局形成, 到 2016 年 5 个试点村新引入城市资本 8500 余万元, 柔性引进城市高中级管理、技术人员近百名, 陆续吸引近千名城市居民到试点区创业就业。农村土地所有者、承包者和投资者利益共享机制向更加合理的方向优化。试点区农民人均可支配收入大幅增长; 村集体经济来源明显增加, 村公共服务设施自我更新、自我运行保障能力增强。

6. 多村连片试点的联动效应显著

通过试点, 呈现出好的村有新增长、差的村快增长的协调共进的发展新格局。以黑马村为例: 试点前, 该村是全区农业产业化水平最低的村之一, 没有外来投资, 土地流转为零, 耕地撂荒率高达 82%, 农民增收主要靠外出务工。到 2015 年底, 全村土地流转和就地务工收入总量, 分别达到 172 万元和 120 万元, 使农民人均增收 1100 元。

三、四川宜宾实施农村公共服务运行维护标准化试点实践

(一) 案例背景

四川宜宾 (2018 年 7 月 23 日, 调整宜宾市部分行政区划, 撤销宜宾县, 设立宜宾市叙州区) 位于四川盆地南缘, 长江上游和金沙江、岷江下游 "金三角" 地区, 是川滇两省边界地区水陆空立体交通网络的黄金枢纽和重要物资集散地, 是长江经济带核心区, 是抗日民族英雄赵一曼的故乡, 是全国改革名县、全省首批扩权强县试点县, 也是川南农业大县。2015 年, 全县地区生产总值 1525.9 亿元, 农村居民人均可支配收入 11957 元。2012 年, 宜宾启动农村公共服务运行维护试点建设, 在推进城乡一体化、公共服务均等化方面进行大胆探索。2014 年 4 月, 经国家标准化管理委员会、财政部批准, 宜宾成为全国首批农村公共服务运行维护标准化试点县。在试点过程中, 确立了 "标准化夯实农村社会和谐治理基础, 领先川南建设幸福美丽乡村"

的目标，结合经济发展规划、农村发展现状和群众意愿，从县域标准体系、区域性地方标准和内控标准出发，建立了全县农村公共服务运行维护标准体系。内容涵盖了基础设施及环境、生产、生活、社会事务 4 大板块，覆盖村内户外道路、垃圾处理、纠纷调解、关爱留守儿童等 11 个项目。收集整理法规、标准 218 项，制定区域性地方标准 4 项，内控标准 126 项，试点村公共服务运行维护项目的标准覆盖率达 100%。

为做好农村公共服务运行维护标准化试点，宜宾县采取了一系列的保障措施，一是成立了由县委副书记、县政府县长为组长、组织部部长为第一副组长的农村公共服务运行维护标准化试点工作领导小组，确定了日常协调机构，建立健全组织领导。二是制定《农村公共服务运行维护标准体系》《农村公共服务运行维护标准实施与评价》等制度，分解目标任务，细化责任分工，完善试点工作的管理考核机制。三是完善沟通协调机制。试点过程中，由县领导主持召开推进会 3 次，召开协调会 8 次，57 个成员单位通力合作，确保工作有序推进。四是加大了财政投入。试点以来，县财政累计核拨经费 3400 余万元，用于 535 个行政村农村公共服务运行维护基础工作，追加预算 200 万专项用于标准化试点建设，强化了资金保障。五是加强了人才保障。通过外聘技术服务机构，特聘 10 名来自中国科学院、四川农业大学、省（市）农业科学院等科研院所的教授组成专家顾问团，10 名博士、硕士专业人才组成项目推进团队参与试点建设，为试点提供科学指导；建立宜宾县标准化专家库，经逐级推荐，征选行业标准化优秀人员 120 名进入专家库，参与标准制修订和标准解读的编撰，增强了宜宾所制标准的适用性和可操作性。

（二）案例经过

1. 加强宣传引导，提高知晓度

一是建立宜宾县农村公共服务运行维护标准化信息平台。开辟新闻中心、工作动态展示、专家在线答疑等栏目，使其成为群众了解和参与标准化建设的重要渠道。截至 2016 年底，网站点击量达 6 万余次。二是加强新闻媒体宣传。中国新闻网、中国质量报、四川日报等多家新闻媒体先后 20 余次报道宜宾标准化试点工作。三是充分利用宣传橱窗、村务公示栏、动态专报等方式强化宣传引导。制作大型户外广告宣传牌 5 块，在各试点村制作宣传展板 30 余张，编印《工作动态》5 期，强化宣传引导，提高群众知晓度。四是开展标准下乡。通过组织入户宣传、有奖知识竞答等活动，普及标准化知识，让标准化知识成为生活常识，营造了人人"学标准"、个个"用标准"的良好氛围。

2. 开展教育培训，确保标准实施落地

一是完善县镇村三级培训体系。层层开展培训，确保标准全员知晓，2013～2016 年共开展各级培训 21 次，培训各级相关人员 2000 余人次，全面提升标准化试点工作人员运用标准的能力。二是开展基层现场指导。由宜宾县农村公共服务运行维护标准化试点工作领导小组办公室牵头组织专家、各项目主管单位相关人员深入试点村，实行"手把手"教学，一对一指导。2015 年发布《农村公共服务运行维护标准体系》，开展基层现场指导 9 次，确保标准 100%落地实施。三是建立公共服务运行维护操作记录档案，确保运行维护工作可溯源，试点村实施记录覆盖率达 100%。制发《宜宾县公共服务标准化工作手册》1000 余份，相关人员人手一册，比对检查，指导和纠正运行维护行为。

3. 开展推广工作，检验试点效果，发挥标准示范引领作用

县委、县政府出台了《宜宾县农村改革综合试验区建设总体方案》，将深化农村公共服务运行维护标准化建设作为健全城乡一体化机制建设重要内容，并纳入县委县政府绩效目标考核。县政府印发《全面推进农村公共服务运行维护标准化工作实施方案》，在全县 26 个乡镇 78 个村开展推广工作。2017 年，在全县 26 个乡镇 535 个村全面开展农村公共服务运行维护标准化建设工作。促进农村公共服务均等化，实现幸福生活常态化。

（三）案例结果与讨论

1. 服务为先，便民利民惠民

以"服务为先"的原则，按标准化要求，对各村试点村建设进行统一规范。一是组织机构标准化。强化硬件配套建设，成立标准化办公室，明确村级各项目服务联络员，畅通沟通交流渠道，村级服务便民办事明显提升。二是核心标准通俗化。将标准"翻译"成通俗易懂的语言和漫画，在各试点村充分宣传展示，确保标准化操作流程到点达位。三是制度职责公开化。将项目管理制度提炼并上墙，标准化管理机制集点补位。四是标识标牌规范化。识别试点村标识标牌的规范性，增补标识标牌，实现标识标牌的规范化，营造标准化建设氛围。通过"四化"实施，方便群众参与和监督，村民满意度由 80%提高到 96.77%。

2. 推动和谐治理，提升治理水平

通过两年试点，试点村已全面形成了"管理有队伍、服务有质量、实施有监督、评价有依据"的工作格局，标准化试点惠及群众 2 万余人，群众对标准知晓率达 98%，群众认同度显著提高，形成"人人是标准践行者、

个个是标准的监督员"的良好氛围。2016 年，农村人居环境全面改善，垃圾收运、道路维护、水利设施等管理规范有效；群众精神文化生活更加丰富；建立标准化关爱留守儿童之家 36 个，老人日间照料中心 9 个，村级老年大学 1 个，让群众老有所依、幼有所教，老有所乐。

3. 服务产业发展，助推脱贫致富

在试点中，结合脱贫攻坚，采取"标准化+助农增收"措施，通过实施《农村村内户外道路运行维护规范》《村级水利设施运行维护规范》《种养业良种服务运行维护规范》，鼓励各村发展特色产业，提升标准化、产业化经营水平，开启了以标准化引领产业富民之路。鼓励各村发展特色产业，提升标准化、产业化经营水平，试点村茵红李、无核血橙标准化种植面积近 3000 亩，年产值达 1600 余万元；指导群众开拓电子商务销售业务，2015 年，试点村民在电商平台 S 上的销售额达 300 余万元；建设农耕文化休闲旅游点 3 个，试点村人均收入增加 800 余元，群众生活质量明显提升。农村公共服务运行维护标准化托起了农民自主创业、致富奔小康的梦想。

第十五章 结 语

在向第二个百年奋斗目标迈进的历史关口，全面推进乡村振兴事关全局。2021 年中央一号文件《中共中央 国务院关于全面推进乡村振兴加快农业农村现代化的意见》指出：新发展阶段"三农"工作依然极端重要，须臾不可放松，务必抓紧抓实。要坚持把解决好"三农"问题作为全党工作重中之重，把全面推进乡村振兴作为实现中华民族伟大复兴的一项重大任务，举全党全社会之力加快农业农村现代化，让广大农民过上更加美好的生活。

开展农村公共产品供给标准理论与实践研究，是深刻领悟党中央关于"新发展阶段""新发展理念""新发展格局"的最新阐述和深入贯彻习近平"坚持以人民为中心"的重要思想、"三农"重要论述的现实之举，是"十四五"时期全面推进乡村振兴、加快农业农村现代化的紧迫需要，是贯彻落实党中央、国务院关于"加强农业农村标准化工作""健全基本公共服务标准体系""推进基本公共服务均等化""增进民生福祉，改善人民生活品质"和"推进国家治理体系和治理能力现代化"等重大决策部署的必然要求，对于不断满足人民日益增长的美好生活需要、促进社会公平正义、推进人的全面发展和全体人民共同富裕的社会主义现代化建设远景目标而言，具有重要意义。

一、本书的主要内容

本书的第一章与第二章主要是研究背景的分析下，开展文献归纳与理论疏理，从而在从导向功能、规范功能、调节功能、内化功能四个方面分析公共政策在标准体系构建中的向度功能的基础上，利用标准化原理、整体性原理、层次性原理、动态性原理、开放性原理及复杂性原理等六个原理构建了农村公共产品供给标准体系；再通过初始指标的筛选精简，确定指数指标的权重计算方法，最终生成我国农村公共产品供给标准体系通用模板。

第三章在界定我国农村公共教育供给内涵和外延的基础上，对其发展现状进行一般性与典型案例的描述，再结合文献研究的结论搭建我国农村公共教育供给标准体系，利用我国农村公共产品供给标准体系通用模板对我国农村教育供给总指数进行计算与变化趋势分析，结果显示我国农村公共教育供给迅速增长，大致可分为三个阶段。第一阶段为 2000～2004 年我国农村公共教育供给缓慢增长阶段，第二阶段为 2005～2010 年我国农村公共教育供给加速增长阶段，第三阶段 2011～2017 年我国农村公共教育供给快速增长阶段。

第四章在界定我国农村科技公共服务供给内涵和外延的基础上，对其发展现状进行一般性与典型案例的描述，再结合文献研究的结论搭建我国农村科技公共服务供给标准体系，利用农村科技公共服务供给标准体系通用模板对我国农村科技公共服务供给总指数进行计算与变化趋势分析，结果显示我国农村科技公共供给在 2009～2017 年这 9 年间，只有 2016 年和 2017 年的农村科技公共服务供给指数是超过了均值是达到发展标准要求的，说明我国的农村科技公共服务供给仍然有较大的发展空间。

第五章在界定我国农村公共文化服务供给内涵和外延的基础上，对其发展现状进行一般性与典型案例的描述，再结合文献研究的结论搭建我国农村公共文化服务供给标准体系，利用农村公共文化服务供给标准体系通用模板对我国农村公共文化服务供给总指数进行计算与变化趋势分析，结果显示 2009 年以来我国农村公共文化服务供给指数呈稳步上升趋势，从供给角度来看，农村公共文化服务相关法律法规供给、农村公共文化服务相应的资金供给、农村公共文化服务从业人员供给以及农村公共文化各分领域的服务供给都比较充分，尤其是 2016 年 12 月 25 日通过的《中华人民共和国公共文化服务保障法》的出台，标志着农村公共文化服务工作取得了突破性进展，同时这也为我国农村公共文化发展提供了保障。

第六章在界定我国农村公共医疗卫生服务供给内涵和外延的基础上，对其发展现状进行一般性与典型案例的描述，再结合文献研究的结论搭建我国农村公共医疗卫生服务供给标准体系，利用农村公共医疗卫生服务供给标准体系通用模板对我国农村公共医疗卫生服务供给总指数进行计算与变化趋势分析，结果显示在 2008～2017 年十年间我国农村公共医疗卫生服务供给总指数逐步增长，在 2017 年的农村公共医疗卫生服务指数加速上涨，高于先进平均水平。

第七章在界定我国农村社会保障供给内涵和外延的基础上，对其发展现状进行一般性与典型案例的描述，再结合文献研究的结论搭建我国农村社会保障供给标准体系，利用农村社会保障供给标准体系通用模板对我国农村社会保障供给总指数进行计算与变化趋势分析，结果显示 2013 年以来我国农村社会保障供给发展指数只有 2014 年下降，其他年份均呈稳步增长。我国农村社会保障供给发展指数 2017 年增长速度快，2015 年和 2016 年增长较平稳，基本保持在一个稳定的水平上。

第八章在界定我国农村生态公共品供给内涵和外延的基础上，对其发展现状进行一般性与典型案例的描述,再结合文献研究的结论搭建我国农村生态公共品供给标准体系,利用农村生态公共品供给标准体系通用模板对我国农村生态公共品供给总指数进行计算与变化趋势分析,结果显示2014～2017年的农村生态公共品供给指数都超过2006～2017年平均发展水平,意味着我国农村生态公共品供给有较大的改善。

第九章在界定我国农村基础设施供给内涵和外延的基础上,对其发展现状进行一般性与典型案例的描述,再结合文献研究的结论搭建我国农村基础设施供给标准体系,利用农村基础设施供给标准体系通用模板对我国农村基础设施供给总指数进行计算与变化趋势分析,结果显示我国农村基础设施供给指数是呈向上的增长趋势,2016～2017年我国农村基础设施供给总指数超过了2010～2017年的平均发展水平。

第十章在界定我国农村基层基础工作内涵和外延的基础上,对其发展现状进行一般性与典型案例的描述,再结合文献研究的结论搭建我国农村基层基础工作供给标准体系,利用农村基层基础工作供给标准体系通用模板对我国农村基层基础工作供给总指数进行计算与变化趋势分析,结果显示从2011～2017年农村基层基础工作建设指数在2011～2012年是上升,其他年份都是下降的,主要原因是农民一事一议筹资与乡镇发展农林牧渔党员数的大幅减少,但这并不是表示农村居民的享受的公共服务减少了,只是提供主体发生了改变,从根本上说是农村居民的公共服务更有保障。

第十一章在界定我国农村脱贫攻坚内涵和外延的基础上,对其发展现状进行一般性与典型案例的描述,再结合文献研究的结论搭建我国农村脱贫攻坚标准体系,利用农村脱贫攻坚标准体系通用模板对我国农村脱贫攻坚总指数进行计算与变化趋势分析,结果显示2013年以来我国农村脱贫攻坚工作成效呈现一个上升的趋势,其中2016年增长速度最快。2017年以后,由于脱贫攻坚工作接近收尾,增长速率较为不明显。

第十二章在界定我国乡村振兴内涵和外延的基础上,对其发展现状进行一般性与典型案例的描述,再结合文献研究的结论搭建我国乡村振兴标准体系,利用农村乡村振兴标准体系通用模板对我国乡村振兴总指数进行计算与变化趋势分析,结果显示乡村振兴战略下的产业兴旺、生态宜居、乡风文明、治理有效和生活富裕五大领域的发展指数中"生态宜居"及"治理有效"两个领域的在2016、2017年发展较快,"产业兴旺"与"乡风文明"两个领域平稳上升,"生活富裕"发展指数增长最慢。

第十三章是根据第二章构建的我国农村公共产品供给标准体系,基于数据的可得性和综合考虑上文中农村公共产品供给指数测算的统一性,通过选取上文与农村公共产品供给高度相关的八大方面(农村公共教育供给、农村科技公共服务供给、农村公共文化服务供给、农村公共医疗卫生服务供给、农村社会保障供给、农村生态公共品供给、农村基础设施供给以及农村基层基础工作供给）的各服务指数为基础，在统一时间维度上，以 2013 年为基期，利用 2013 至 2017 年农村公共产品供给指数相关指标数据，重新计算各相关农村公共产品供给指数，并在此基础上计算中国农村公共产品供给综合指数，结果显示 2013～2017 年以来，中国农村公共产品供给综合指数呈稳步增长的趋势。具体而言，从增长幅度变动上来看，2013～2014、2014～2015、2016～2017 年中国农村公共产品供给综合指数增长较为平稳，但是在 2015～2016 年，中国农村公共产品供给综合指数的整体增长速度较快。究其原因，可能在于"十二五"规划期间，强化了公共教育、社会保障、医疗卫生和公共文化等领域的建设，加快了公共财政向农村的覆盖，为推动农村公共产品供给综合指数的增长夯实了基础，并为 2015～2017 年的中国农村公共产品供给综合指数的持续增长提供了重要的动力支持。

第十四章是我国农村公共产品供给标准化实践探索与典型案例。为了进一步提高农村公共服务绩效，用标准化的手段提炼固化、推广实施，各地区积极探索的农村基本公共服务的合理布局，找出了适合当地实际的改革模式和实现形式，介绍我国农村公共产品供给标准化实践探索中的主要做法、经验成效及问题与展望，并对我国东中西部农村地区公共产品供给标准化实践案例进行了介绍。研究发现：农村综合改革标准化试点涉及的领域不断扩展，全国各地区纷纷根据国家的文件精神，结合自身经济社会特点、产业优势和地域特色，开展了形式多样的相关领域的标准化试点建设并结合自身特色，制定符合农村发展实际、行之有效的农村公共服务地方标准 300 多项，国家标准 50 余项。但与此同时，农村公共服务标准化工作站在了乡村全面振兴的历史新起点，面临着新的使命任务。这要求我们解析乡村振兴战略的新理念和新要求，继续完善农村公共服务标准体系，不断将农村公共服务标准化试点与研究向纵深拓展，加强理论研究、标准实施绩效评估等方面的研究力度，加快形成基础通用国家标准；要加强试点总结，提炼典型经验，让标准化手段在农村公共服务实践中得到更大发展、发挥更大作用的必然要求。

二、本书的突出特色

一是系统全面地提出了农村公共产品供给的"标准四论"。本书创新性地提出了"标准阶段论""标准效能论""标准体系论""标准指数论"，以期回应农村公共产品供给标准化工作中长远目标与现实阶段之间的矛盾、顶层设计与地方试点之间的矛盾、专项标准与系统性标准之间的矛盾、标准体系建设与实际运行效能之间的矛盾，在深入分析农村公共产品供给相关政策向度、标准化原理和标准体系维度的基础上，在科学理论指导下研发出兼具公共性、系统性、通用性、可测性、有效性的农村公共产品供给标准体系模板，从而为农村公共产品供给标准化提供了系统全面而有效的理论指导。

二是创新性运用农村公共产品供给"六位一体"评判方法。本书创新性地把农村公共产品供给标准体系置于"六位一体"评判模型的大格局中思考和构建；在此基础上运用综合指数评价的定量方法、政策内容分析的系统方法、案例调查与分析的质性方法，不仅定量刻画出我国农村公共产品供给标准化水平现状与发展趋势，而且深度挖掘出我国农村公共产品供给标准化的原理、原则、运行机制和实践重点难点问题，打通了标准制定与执行之间的隔阂，使标准更具执行性、可持续性、可扩散性、可评价性。

三是助力构建农村公共产品供给标准化的"实践科学"。本书把新时代中国特色农村公共产品供给标准化工作视作"中国之制"和"中国之治"的重要观测点和切入点，阐明制度、标准、效能之间的关系，确立了使农村公共产品供给标准从文本中"建起来"到实践中"转起来"、助力实现制度优势向治理效能转化的研究"靶心"。通过梳理全国农村综改标准化试点项目，从中遴选出具有领域代表性和区域覆盖性的经典案例，从中发现农村公共产品供给及其标准化进程中的经验启示、存在的问题和解决方案，以期实现通用框架与选择试点相结合，通用标准与个别标准相结合。

三、本书的主要建树

本书理论视角独特、问题导向凸显，提出了颇具见地的"标准阶段论""标准效能论""标准体系论""标准指数论"，研发出了兼具"公共性""系统性""通用性""可测性""有效性"五大优势的农村公共产品供给标准模板，推动了人民满意的服务型政府建设从理念倡导到方法技术转变。全书格局宏大，操作性强，把农村公共产品供给标准体系放置于"六位一体"评判模型的复杂系统中思考和构建，创新性地将"综合指数评价法"运用于农村公共产品供给标准化实践中，打通了标准制定、执行和评价之间的隔阂，使相关标准更具可执行性、可持续性、可扩散性、可评价性。

第一，"标准阶段论"。本书建基于对我国农村公共产品供给标准化"三个阶段"和"三大转变"的洞察。"三个阶段"：一是20世纪90年代到21世纪初的议程启动期。二是以颁布《国家基本公共服务体系"十二五"规划》《社会管理和公共服务标准化工作"十二五"行动纲要》为标志的初步探索期。三是以党的十九大提出"实施乡村振兴战略"以及"十三五"确立国家基本公共服务制度框架和"清单制"为标志的全面推进期。本书指出,在高质量发展阶段,我国农村公共产品供给标准化应实现"三大转变":一是从增量供给为主转变为更加关注存量改革、结构优化、效能提升;二是从以物质性公共产品供给为主转变为物质性和制度性公共产品供给并重;三是从试点探索为主转变为顶层设计与地方试点相互赋能。该书认为,"地方试点"关键性机制;农业农村标准化在"摸着石头过河"的渐进改革中扩散,直至上升为"顶层设计"。

第二,"标准效能论"。本书认为,我国农村公共产品供给标准化建设存在"低效供给"问题。基于解构和反思,建构出"标准效能论"。一是标准的导向性效能。要处理好乡村振兴与新型城镇化、效率与公平的关系。将投入、过程、产出、结果相结合,数量标准和质量标准相结合,重视见效慢、周期长但具有战略性的纯公共产品供给,避免"逆向选择"和"供需结构失衡"。二是标准的系统性效能。要强化农村公共产品供给顶层设计,确保标准之间协调统一、衔接配套、功能相互关联,激发系统"集成"效应。三是标准的执行性效能。要"标准落地",优化标准执行中的数据动态统计、绩效评价和考核;要从"刚性标准"转向"韧性标准",赋予地方必要自主性,防止因现实误判、政策曲解和利益驱使造成的"错误标准""运动标准""乌托邦标准"。四是标准的制度性效能。推动农村公共产品供给标准化建设的条块体制改革,强化标准主管部门事前技术审查,在多元协同机制下开展标准论证。五是标准的评价性效能。农村公共产品供给标准体系与相应指标体系、政策体系、统计体系、绩效评价、政绩考核,构成"六位一体"评判体系。

第三,"标准体系论"。本书致力于政策科学指导的"标准向度"勘探。本书指出,标准是公共政策的有力支撑,是政策目标的重要实现工具;公共政策在标准化活动中发挥目标导向、行为规范、利益调配、价值内化的功能。在此基础上,该书在系统科学指导下进行"标准体系"建构。本书将农村公共产品供给标准体系分解为"总体目标层""分类指标层"和"具体指标层"。分类指标层是政策内容分析确定"向度""维度"基础上分解出的 10 个子系统。其中 8 个子系统与供给的重点领域(维度)相互契合;"农村脱贫攻坚""乡村全面振兴"与政策目标(向度)紧密相关。

第四,"标准指数论"。本书引入综合指数评价法,用熵值法求得指标权重,测得农村公共产品供给标准综合指数,为实践中的纵向比较和横向比较提供依据;选取农村人口规模变化率、农林水财政支出增长率、农村人均纯收入增长率、第一产业经济发展速度作为参数制定调整系数方案，为各地农村公共产品供给标准规划、建设和管理决策提供支持。本书认为，各地在乡村振兴战略实施中，应根据经济社会发展不同阶段要求，制定出差异性和阶段性标准化目标。按照"两个一百年"规划蓝图，本书提出包括县（市、区）政府及乡（镇）政府农村公共产品供给标准化改革在内的农村公共产品供给改革"三步走"路径。